L'Anti-Fautes d'Orthographe

LAROUSSE
21, rue du Montparnasse 75283 Paris cedex

978-2-03-583300-6

AVANT-PROPOS

Le **Vérificateur d'orthographe** est conçu pour apporter une réponse immédiate sur l'orthographe des mots. Il contient 63 000 termes, les noms propres étant exclus.

Il indique :

• **la catégorie grammaticale** des mots (nom, adjectif, article, pronom, verbe, adverbe, préposition, conjonction, interjection) ;
• **le genre des noms** (l'absence d'indication note, pour le nom de personne, la possibilité des deux genres) ;
• **le féminin** des noms et des adjectifs variables ;
• **le pluriel** des mots composés (noms et adjectifs) et le pluriel des mots simples lorsqu'il présente une difficulté (l'absence de toute indication renvoie aux règles générales exposées dans l'annexe grammaticale) ;
• **les noms et adjectifs invariables ;**
• **la catégorie** des verbes (transitif, transitif direct, intransitif) ;
• **la conjugaison des verbes** (les numéros renvoient aux tableaux du début du livre ; l'absence de numéro indique que le verbe se conjugue sur le modèle régulier de *chanter* pour la 1re conjugaison ou de *finir* pour la 2e conjugaison).

Il permet de lever les hésitations sur :

• **les principaux homonymes. Les homographes** de catégorie ou de genre différents sont séparés par un point-virgule : *ferme* adj. ; n.f. **Les homophones** sont signalés par une brève indication du sens : *fond* (base) et *fonds* (capitaux) ;
• **l'emploi des auxiliaires ;**
• **les prononciations** qui font difficulté par rapport aux règles générales du français.

En tête de l'ouvrage, l'annexe grammaticale contient, outre les tableaux de conjugaison, les principales règles de l'accord des participes et de la formation du pluriel.

PRONONCIATION DU FRANÇAIS

Ont été indiquées dans cet ouvrage les prononciations des mots qui présentent une difficulté. Afin que nos lecteurs étrangers puissent, aussi bien que les lecteurs français, lire ces prononciations, nous avons suivi le tableau des sons du français de l'Association phonétique internationale, en le simplifiant.

consonnes

[p]	*p*	dans pas, dépasser, cap
[t]	*t*	dans tu, étaler, lutte
[k]	*c, k, qu*	dans caste, accueillir, képi, que
[b]	*b*	dans beau, abîmer, club
[d]	*d*	dans dur, broder, bled
[g]	*g*	dans gare, vague, zigzag
[f]	*f*	dans fou, affreux, chef
[v]	*v*	dans vite, ouvrir
[s]	*s*	dans souffler, chasse, hélas !
[z]	*z* ou *s*	dans zone, gaz, raison
[ʃ]	*ch*	dans cheval, mâcher
[ʒ]	*j* ou *g*	dans jambe, âgé, page
[l]	*l*	dans large, mollesse, mal
[r]	*r*	dans rude, mari, ouvrir
[m]	*m*	dans maison, amener, blême
[n]	*n*	dans nourrir, fanal, dolmen
[ɲ]	*gn*	dans agneau, baigner
[ŋ]	*ng*	dans planning, ring
[x]	*j*	dans jota, chamsin

voyelles orales

[i]	*i*	dans il, habit, dîner
[e]	*é*	dans thé, dé
[ɛ]	*è*	dans être, procès, dais
[a]	*a*	dans avoir, mari, patte
[ɑ]	*â*	dans âne, pâte, mât
[ɔ]	*o*	dans or, robe
[o]	*o*	dans dos, chevaux
[u]	*ou*	dans ouvrir, couvert, loup
[y]	*u*	dans user, tu, sûr
[œ]	*eu*	dans cœur, peur, neuf
[ø]	*eu*	dans feu, jeu, peu
[ə]	*e*	dans le, premier

voyelles nasales

[ɛ̃]	*in*	dans *in*térêt, pa*in*, se*in*
[œ̃]	*un*	dans al*un*, parf*um*
[ɑ̃]	*an, en*	dans bla*n*c, *en*trer
[ɔ̃]	*on*	dans *on*dée, b*on*, h*on*te

semi-voyelles ou semi-consonnes

[j]	*y* + voyelle	dans *y*eux, l*i*eu
[ɥ]	*u* + voyelle	dans h*u*ile, l*u*i
[w]	*ou* + voyelle	dans *ou*i, *ou*t

Dans le corps de l'ouvrage, le *h* initial dit « aspiré » est précédé d'un astérisque [*].

ABRÉVIATIONS

adj.	adjectif, adjective
adv.	adverbe, adverbiale
art.	article
auxil.	auxiliaire
card.	cardinal
conj.	conjonction ; conjonctive ; conjugaison
dém.	démonstratif
exclam.	exclamatif
f., fém.	féminin
impers.	impersonnel
indéf.	indéfini
inf.	infinitif
interj.	interjection
interr.	interrogation ; interrogative
inv.	invariable
loc.	locution
m., masc.	masculin
n.	nom
num.	numéral
ord.	ordinal
p., part.	participe
pass.	passé
pers.	personnel
pl.	pluriel
poss.	possessif
prép.	préposition ; prépositive
pron.	pronom
relat.	relatif
seulem.	seulement
sing.	singulier
subj.	subjonctif
v.	verbe
v.i.	verbe intransitif
v.pr.	verbe pronominal
v.t.	verbe transitif
v.t. ind.	verbe transitif indirect
vx	vieux

TABLEAUX DES CONJUGAISONS

1 AVOIR

INDICATIF
présent
j'ai
tu as
il a
nous avons
vous avez
ils ont

imparfait
j'avais
tu avais
il avait
nous avions
vous aviez
ils avaient

passé simple
j'eus
tu eus
il eut
nous eûmes
vous eûtes
ils eurent

futur
j'aurai
tu auras
il aura
nous aurons
vous aurez
ils auront

passé composé
j'ai eu
tu as eu
il a eu
nous avons eu
vous avez eu
ils ont eu

plus-que-parfait
j'avais eu
tu avais eu
il avait eu
nous avions eu
vous aviez eu
ils avaient eu

passé antérieur
j'eus eu
tu eus eu
il eut eu
nous eûmes eu
vous eûtes eu
ils eurent eu

futur antérieur
j'aurai eu
tu auras eu
il aura eu
nous aurons eu
vous aurez eu
ils auront eu

SUBJONCTIF
présent
que j'aie
que tu aies
qu'il ait
que nous ayons
que vous ayez
qu'ils aient

imparfait
que j'eusse
que tu eusses
qu'il eût
que nous eussions
que vous eussiez
qu'ils eussent

passé
que j'aie eu
que tu aies eu
qu'il ait eu
que nous ayons eu
que vous ayez eu
qu'ils aient eu

plus-que-parfait
que j'eusse eu
que tu eusses eu
qu'il eût eu
que nous eussions eu
que vous eussiez eu
qu'ils eussent eu

CONDITIONNEL
présent
j'aurais
tu aurais
il aurait
nous aurions
vous auriez
ils auraient

passé 1re forme
j'aurais eu
tu aurais eu
il aurait eu
nous aurions eu
vous auriez eu
ils auraient eu

passé 2e forme
j'eusse eu
tu eusses eu
il eût eu
nous eussions eu
vous eussiez eu
ils eussent eu

INFINITIF
présent
avoir
passé
avoir eu

PARTICIPE
présent
ayant
passé
eu, eue
ayant eu

IMPÉRATIF
présent
aie
ayons
ayez

2 ÊTRE

INDICATIF
présent
je suis
tu es
il est
nous sommes
vous êtes
ils sont

imparfait
j'étais
tu étais
il était
nous étions
vous étiez
ils étaient

passé simple
je fus
tu fus
il fut
nous fûmes
vous fûtes
ils furent

futur
je serai
tu seras
il sera
nous serons
vous serez
ils seront

passé composé
j'ai été
tu as été
il a été
nous avons été
vous avez été
ils ont été

plus-que-parfait
j'avais été
tu avais été
il avait été
nous avions été
vous aviez été
ils avaient été

passé antérieur
j'eus été
tu eus été
il eut été
nous eûmes été
vous eûtes été
ils eurent été

futur antérieur
j'aurai été
tu auras été
il aura été
nous aurons été
vous aurez été
ils auront été

SUBJONCTIF
présent
que je sois
que tu sois
qu'il soit
que nous soyons
que vous soyez
qu'ils soient

imparfait
que je fusse
que tu fusses
qu'il fût
que nous fussions
que vous fussiez
qu'ils fussent

passé
que j'aie été
que tu aies été
qu'il ait été
que nous ayons été
que vous ayez été
qu'ils aient été

plus-que-parfait
que j'eusse été
que tu eusses été
qu'il eût été
que nous eussions été
que vous eussiez été
qu'ils eussent été

CONDITIONNEL
présent
je serais
tu serais
il serait
nous serions
vous seriez
ils seraient

passé 1re forme
j'aurais été
tu aurais été
il aurait été
nous aurions été
vous auriez été
ils auraient été

passé 2e forme
j'eusse été
tu eusses été
il eût été
nous eussions été
vous eussiez été
ils eussent été

INFINITIF
présent
être
passé
avoir été

PARTICIPE
présent
étant
passé
été
ayant été

IMPÉRATIF
présent
sois
soyons
soyez

	3 CHANTER	6 PAYER (1)
Ind. présent	je chante, tu chantes	je paie, tu paies
Ind. présent	il chante	il paie
Ind. présent	nous chantons	nous payons
Ind. présent	ils chantent	ils paient
Ind. imparf.	il chantait	il payait
Ind. passé s.	il chanta	il paya
Ind. futur	je chanterai	je paierai
Cond. présent	je chanterais	je paierais
Subj. présent	que je chante	que je paie
Subj. présent	qu'il chante	qu'il paie
Subj. présent	que nous chantions	que nous payions
Subj. présent	qu'ils chantent	qu'ils paient
Impératif	chante, chantons	paie, payons
Participes	chantant ; chanté, e	payant ; payé, e

	4 ARGUER	
Ind. présent	j'argue, arguë ;	je paye,
Ind. présent	tu argues, arguës	tu payes
Ind. présent	il argue, arguë	il paye
Ind. présent	nous arguons	nous payons
Ind. présent	ils arguent, arguënt	ils payent
Ind. imparf.	il arguait	il payait
Ind. passé s.	il argua	il paya
Ind. futur	j'arguerai, arguërai	je payerai
Cond. présent	j'arguerais, arguërais	je payerais
Subj. présent	que j'argue, arguë	que je paye
Subj. présent	qu'il argue, arguë	qu'il paye
Subj. présent	que nous arguions, arguïons	que nous payions
Subj. présent	qu'ils arguent, arguënt	qu'ils payent
Impératif	argue, arguë ; arguons	paye, payons
Participes	arguant ; argué, e	payant ; payé, e

	5 COPIER	7 ESSUYER
Ind. présent	je copie, tu copies	j'essuie, tu essuies
Ind. présent	il copie	il essuie
Ind. présent	nous copions	nous essuyons
Ind. présent	ils copient	ils essuient
Ind. imparf.	il copiait	il essuyait
Ind. passé s.	il copia	il essuya
Ind. futur	je copierai	j'essuierai
Cond. présent	je copierais	j'essuierais
Subj. présent	que je copie	que j'essuie
Subj. présent	qu'il copie	qu'il essuie
Subj. présent	que nous copiions	que nous essuyions
Subj. présent	qu'ils copient	qu'ils essuient
Impératif	copie, copions	essuie, essuyons
Participes	copiant ; copié, e	essuyant ; essuyé, e

(1) Pour certains grammairiens, le verbe rayer *(et ses composés) garde le* y *dans toute sa conjugaison.*

	8 CRÉER	**11 CÉDER** (1)
Ind. présent	je crée, tu crées	je cède, tu cèdes
Ind. présent	il crée	il cède
Ind. présent	nous créons	nous cédons
Ind. présent	ils créent	ils cèdent
Ind. imparf.	il créait	il cédait
Ind. passé s.	il créa	il céda
Ind. futur	je créerai	je céderai
Cond. présent	je créerais	je céderais
Subj. présent	que je crée	que je cède
Subj. présent	qu'il crée	qu'il cède
Subj. présent	que nous créions	que nous cédions
Subj. présent	qu'ils créent	qu'ils cèdent
Impératif	crée, créons	cède, cédons
Participes	créant ; créé, e	cédant ; cédé, e

	9 AVANCER	**12 SEMER**
Ind. présent	j'avance, tu avances	je sème, tu sèmes
Ind. présent	il avance	il sème
Ind. présent	nous avançons	nous semons
Ind. présent	ils avancent	ils sèment
Ind. imparf.	il avançait	il semait
Ind. passé s.	il avança	il sema
Ind. futur	j'avancerai	je sèmerai
Cond. présent	j'avancerais	je sèmerais
Subj. présent	que j'avance	que je sème
Subj. présent	qu'il avance	qu'il sème
Subj. présent	que nous avancions	que nous semions
Subj. présent	qu'ils avancent	qu'ils sèment
Impératif	avance, avançons	sème, semons
Participes	avançant ; avancé, e	semant ; semé, e

	10 MANGER	**13 RAPIÉCER** (1)
Ind. présent	je mange, tu manges	je rapièce, tu rapièces
Ind. présent	il mange	il rapièce
Ind. présent	nous mangeons	nous rapiéçons
Ind. présent	ils mangent	ils rapiècent
Ind. imparf.	il mangeait	il rapiéçait
Ind. passé s.	il mangea	il rapiéça
Ind. futur	je mangerai	je rapiécerai
Cond. présent	je mangerais	je rapiécerais
Subj. présent	que je mange	que je rapièce
Subj. présent	qu'il mange	qu'il rapièce
Subj. présent	que nous mangions	que nous rapiécions
Subj. présent	qu'ils mangent	qu'ils rapiècent
Impératif	mange, mangeons	rapièce, rapiéçons
Participes	mangeant ; mangé, e	rapiéçant ; rapiécé, e

(1) Dans la 9e édition de son dictionnaire (1992), l'Académie écrit au futur et au conditionnel je cèderai, je cèderais ; je rapiècerai, je rapiècerais.

	14 ACQUIESCER	**17 INTERPELLER**
Ind. présent	j'acquiesce, tu acquiesces	j'interpelle, tu interpelles
Ind. présent	il acquiesce	il interpelle
Ind. présent	nous acquiesçons	nous interpellons
Ind. présent	ils acquiescent	ils interpellent
Ind. imparf.	il acquiesçait	il interpellait
Ind. passé s.	il acquiesça	il interpella
Ind. futur	j'acquiescerai	j'interpellerai
Cond. présent	j'acquiescerais	j'interpellerais
Subj. présent	que j'acquiesce	que j'interpelle
Subj. présent	qu'il acquiesce	qu'il interpelle
Subj. présent	que nous acquiescions	que nous interpellions
Subj. présent	qu'ils acquiescent	qu'ils interpellent
Impératif	acquiesce, acquiesçons	interpelle, interpellons
Participes	acquiesçant ; acquiescé	interpellant ; interpellé, e

	15 SIÉGER (1)	**18 DÉPECER**
Ind. présent	je siège, tu sièges	je dépèce, tu dépèces
Ind. présent	il siège	il dépèce
Ind. présent	nous siégeons	nous dépeçons
Ind. présent	ils siègent	ils dépècent
Ind. imparf.	il siégeait	il dépeçait
Ind. passé s.	il siégea	il dépeça
Ind. futur	je siégerai	je dépècerai
Cond. présent	je siégerais	je dépècerais
Subj. présent	que je siège	que je dépèce
Subj. présent	qu'il siège	qu'il dépèce
Subj. présent	que nous siégions	que nous dépecions
Subj. présent	qu'ils siègent	qu'ils dépècent
Impératif	siège, siégeons	dépèce, dépeçons
Participes	siégeant ; siégé	dépeçant ; dépecé, e

	16 APPELER	**19 ENVOYER**
Ind. présent	j'appelle, tu appelles	j'envoie, tu envoies
Ind. présent	il appelle	il envoie
Ind. présent	nous appelons	nous envoyons
Ind. présent	ils appellent	ils envoient
Ind. imparf.	il appelait	il envoyait
Ind. passé s.	il appela	il envoya
Ind. futur	j'appellerai	j'enverrai
Cond. présent	j'appellerais	j'enverrais
Subj. présent	que j'appelle	que j'envoie
Subj. présent	qu'il appelle	qu'il envoie
Subj. présent	que nous appelions	que nous envoyions
Subj. présent	qu'ils appellent	qu'ils envoient
Impératif	appelle, appelons	envoie, envoyons
Participes	appelant ; appelé, e	envoyant ; envoyé, e

(1) Dans la 9e édition de son dictionnaire (1992), l'Académie écrit au futur et au conditionnel je siègerai, je siègerais. – *(2)* Assiéger *se conjugue comme* siéger, *mais son participe passé est variable.*

	20 ALLER (1)	22 HAÏR
Ind. présent	je vais, tu vas	je hais, tu hais
Ind. présent	il va	il hait
Ind. présent	nous allons	nous haïssons
Ind. présent	ils vont	ils haïssent
Ind. imparf.	il allait	il haïssait
Ind. passé s.	il alla	il haït
Ind. futur	j'irai	je haïrai
Cond. présent	j'irais	je haïrais
Subj. présent	que j'aille	que je haïsse
Subj. présent	qu'il aille	qu'il haïsse
Subj. présent	que nous allions	que nous haïssions
Subj. présent	qu'ils aillent	qu'ils haïssent
Impératif	va, allons	hais, haïssons
Participes	allant ; allé, e	haïssant ; haï, e

	21 FINIR (2)	23 OUVRIR
Ind. présent	je finis, tu finis	j'ouvre, tu ouvres
Ind. présent	il finit	il ouvre
Ind. présent	nous finissons	nous ouvrons
Ind. présent	ils finissent	ils ouvrent
Ind. imparf.	il finissait	il ouvrait
Ind. passé s.	il finit	il ouvrit
Ind. futur	je finirai	j'ouvrirai
Cond. présent	je finirais	j'ouvrirais
Subj. présent	que je finisse	que j'ouvre
Subj. présent	qu'il finisse	qu'il ouvre
Subj. présent	que nous finissions	que nous ouvrions
Subj. présent	qu'ils finissent	qu'ils ouvrent
Impératif	finis, finissons	ouvre, ouvrons
Participes	finissant ; fini, e	ouvrant ; ouvert, e

(1) Aller *fait à l'impératif* vas *dans* vas-y. S'en aller *fait à l'impératif* va-t'en, allons-nous-en, allez-vous-en.
Aux temps composés, le verbe être *peut se substituer au verbe* aller : avoir été, j'ai été, etc.
Aux temps composés du pronominal s'en aller, *en se place normalement avant l'auxiliaire :* je m'en suis allé(e), *mais la langue courante dit de plus en plus* je me suis en allé(e).

(2) Maudire *(tableau 84) et* bruire *(tableau 85) se conjuguent sur* finir, *mais le participe passé de* maudire *est* maudit, maudite, *et* bruire *est défectif.*

	24 FUIR	27 ACQUÉRIR
Ind. présent	je fuis, tu fuis	j'acquiers, tu acquiers
Ind. présent	il fuit	il acquiert
Ind. présent	nous fuyons	nous acquérons
Ind. présent	ils fuient	ils acquièrent
Ind. imparf.	il fuyait	il acquérait
Ind. passé s.	il fuit	il acquit
Ind. futur	je fuirai	j'acquerrai
Cond. présent	je fuirais	j'acquerrais
Subj. présent	que je fuie	que j'acquière
Subj. présent	qu'il fuie	qu'il acquière
Subj. présent	que nous fuyions	que nous acquérions
Subj. présent	qu'ils fuient	qu'ils acquièrent
Impératif	fuis, fuyons	acquiers, acquérons
Participes	fuyant ; fui, e	acquérant ; acquis, e

	25 DORMIR (1)	28 VENIR
Ind. présent	je dors, tu dors	je viens, tu viens
Ind. présent	il dort	il vient
Ind. présent	nous dormons	nous venons
Ind. présent	ils dorment	ils viennent
Ind. imparf.	il dormait	il venait
Ind. passé s.	il dormit	il vint
Ind. futur	je dormirai	je viendrai
Cond. présent	je dormirais	je viendrais
Subj. présent	que je dorme	que je vienne
Subj. présent	qu'il dorme	qu'il vienne
Subj. présent	que nous dormions	que nous venions
Subj. présent	qu'ils dorment	qu'ils viennent
Impératif	dors, dormons	viens, venons
Participes	dormant ; dormi	venant ; venu, e

	26 MENTIR (2)	29 CUEILLIR
Ind. présent	je mens, tu mens	je cueille, tu cueilles
Ind. présent	il ment	il cueille
Ind. présent	nous mentons	nous cueillons
Ind. présent	ils mentent	ils cueillent
Ind. imparf.	il mentait	il cueillait
Ind. passé s.	il mentit	il cueillit
Ind. futur	je mentirai	je cueillerai
Cond. présent	je mentirais	je cueillerais
Subj. présent	que je mente	que je cueille
Subj. présent	qu'il mente	qu'il cueille
Subj. présent	que nous mentions	que nous cueillions
Subj. présent	qu'ils mentent	qu'ils cueillent
Impératif	mens, mentons	cueille, cueillons
Participes	mentant ; menti	cueillant ; cueilli, e

(1) Endormir *se conjugue comme* dormir, *mais son participe passé est variable.*
(2) Démentir *se conjugue comme* mentir, *mais son participe passé est variable.*

	30 MOURIR	33 COURIR
Ind. présent	je meurs, tu meurs	je cours, tu cours
Ind. présent	il meurt	il court
Ind. présent	nous mourons	nous courons
Ind. présent	ils meurent	ils courent
Ind. imparf.	il mourait	il courait
Ind. passé s.	il mourut	il courut
Ind. futur	je mourrai	je courrai
Cond. présent	je mourrais	je courrais
Subj. présent	que je meure	que je coure
Subj. présent	qu'il meure	qu'il coure
Subj. présent	que nous mourions	que nous courions
Subj. présent	qu'ils meurent	qu'ils courent
Impératif	meurs, mourons	cours, courons
Participes	mourant ; mort, e	courant ; couru, e

	31 PARTIR	34 FAILLIR (1)
Ind. présent	je pars, tu pars	je faillis, faux ; tu faillis, faux
Ind. présent	il part	il faillit, faut
Ind. présent	nous partons	nous faillissons, faillons
Ind. présent	ils partent	ils faillissent, faillent
Ind. imparf.	il partait	il faillissait, faillait
Ind. passé s.	il partit	il faillit
Ind. futur	je partirai	je faillirai, faudrai
Cond. présent	je partirais	je faillirais, faudrais
Subj. présent	que je parte	que je faillisse, faille
Subj. présent	qu'il parte	qu'il faillisse, faille
Subj. présent	que nous partions	que nous faillissions, faillions
Subj. présent	qu'ils partent	qu'ils faillissent, faillent
Impératif	pars, partons	faillis, faux ; faillissons, faillons
Participes	partant ; parti, e	faillissant, faillant ; failli

	32 REVÊTIR	35 DÉFAILLIR (2)
Ind. présent	je revêts, tu revêts	je défaille, tu défailles
Ind. présent	il revêt	il défaille
Ind. présent	nous revêtons	nous défaillons
Ind. présent	ils revêtent	ils défaillent
Ind. imparf.	il revêtait	il défaillait
Ind. passé s.	il revêtit	il défaillit
Ind. futur	je revêtirai	je défaillirai
Cond. présent	je revêtirais	je défaillirais
Subj. présent	que je revête	que je défaille
Subj. présent	qu'il revête	qu'il défaille
Subj. présent	que nous revêtions	que nous défaillions
Subj. présent	qu'ils revêtent	qu'ils défaillent
Impératif	revêts, revêtons	défaille, défaillons
Participes	revêtant ; revêtu, e	défaillant ; défailli

(1) La conjugaison de faillir *la plus employée est celle qui a été refaite sur* finir.
(2) On trouve aussi je défaillerai, tu défailleras, *etc., pour le futur, et* je défaillerais, tu défaillerais, *etc., pour le conditionnel, de même pour* tressaillir *et* assaillir.

	36 BOUILLIR	39 RECEVOIR
Ind. présent	je bous, tu bous	je reçois, tu reçois
Ind. présent	il bout	il reçoit
Ind. présent	nous bouillons	nous recevons
Ind. présent	ils bouillent	ils reçoivent
Ind. imparf.	il bouillait	il recevait
Ind. passé s.	il bouillit	il reçut
Ind. futur	je bouillirai	je recevrai
Cond. présent	je bouillirais	je recevrais
Subj. présent	que je bouille	que je reçoive
Subj. présent	qu'il bouille	qu'il reçoive
Subj. présent	que nous bouillions	que nous recevions
Subj. présent	qu'ils bouillent	qu'ils reçoivent
Impératif	bous, bouillons	reçois, recevons
Participes	bouillant ; bouilli, e	recevant ; reçu, e

	37 SAILLIR (1)	40 DEVOIR
Ind. présent		je dois, tu dois
Ind. présent	il saille	il doit
Ind. présent		nous devons
Ind. présent	ils saillent	ils doivent
Ind. imparf.	il saillait	il devait
Ind. passé s.	il saillit	il dut
Ind. futur	il saillera	je devrai
Cond. présent	il saillerait	je devrais
Subj. présent	qu'il saille	que je doive
Subj. présent		qu'il doive
Subj. présent		que nous devions
Subj. présent	qu'ils saillent	qu'ils doivent
Impératif	*inusité*	dois, devons
Participes	saillant ; sailli	devant ; dû, due, dus, dues

	38 OUÏR	41 MOUVOIR
Ind. présent	j'ouïs, ois ; tu ouïs, ois	je meus, tu meus
Ind. présent	il ouït, oit	il meut
Ind. présent	nous ouïssons, oyons	nous mouvons
Ind. présent	ils ouïssent, oient	ils meuvent
Ind. imparf.	il ouïssait, oyait	il mouvait
Ind. passé s.	il ouït	il mut
Ind. futur	j'ouïrai, orrai	je mouvrai
Cond. présent	j'ouïrais, orrais	je mouvrais
Subj. présent	que j'ouïsse, oie	que je meuve
Subj. présent	qu'il ouïsse, oie	qu'il meuve
Subj. présent	que nous ouïssions, oyions	que nous mouvions
Subj. présent	qu'ils ouïssent, oient	qu'ils meuvent
Impératif	ouïs, ois ; ouïssons, oyons	meus, mouvons
Participes	oyant ; ouï, e	mouvant ; mû, mue, mus, mues

(1) Il s'agit ici de saillir *verbe intransitif.*

	42 ÉMOUVOIR	**45 SAVOIR**
Ind. présent	j'émeus, tu émeus	je sais, tu sais
Ind. présent	il émeut	il sait
Ind. présent	nous émouvons	nous savons
Ind. présent	ils émeuvent	ils savent
Ind. imparf.	il émouvait	il savait
Ind. passé s.	il émut	il sut
Ind. futur	j'émouvrai	je saurai
Cond. présent	j'émouvrais	je saurais
Subj. présent	que j'émeuve	que je sache
Subj. présent	qu'il émeuve	qu'il sache
Subj. présent	que nous émouvions	que nous sachions
Subj. présent	qu'ils émeuvent	qu'ils sachent
Impératif	émeus, émouvons	sache, sachons
Participes	émouvant ; ému, e	sachant ; su, e

	43 VOULOIR	**46 VALOIR**
Ind. présent	je veux, tu veux	je vaux, tu vaux
Ind. présent	il veut	il vaut
Ind. présent	nous voulons	nous valons
Ind. présent	ils veulent	ils valent
Ind. imparf.	il voulait	il valait
Ind. passé s.	il voulut	il valut
Ind. futur	je voudrai	je vaudrai
Cond. présent	je voudrais	je vaudrais
Subj. présent	que je veuille	que je vaille
Subj. présent	qu'il veuille	qu'il vaille
Subj. présent	que nous voulions	que nous valions
Subj. présent	qu'ils veuillent	qu'ils vaillent
Impératif	veux, veuille ; voulons, veuillons	vaux, valons
Participes	voulant ; voulu, e	valant ; valu, e

	44 POUVOIR (1)	**47 PRÉVALOIR**
Ind. présent	je peux, puis ; tu peux	je prévaux, tu prévaux
Ind. présent	il peut	il prévaut
Ind. présent	nous pouvons	nous prévalons
Ind. présent	ils peuvent	ils prévalent
Ind. imparf.	il pouvait	il prévalait
Ind. passé s.	il put	il prévalut
Ind. futur	je pourrai	je prévaudrai
Cond. présent	je pourrais	je prévaudrais
Subj. présent	que je puisse	que je prévale
Subj. présent	qu'il puisse	qu'il prévale
Subj. présent	que nous puissions	que nous prévalions
Subj. présent	qu'ils puissent	qu'ils prévalent
Impératif	*inusité*	prévaux, prévalons
Participes	pouvant ; pu	prévalant ; prévalu, e

(1) À la forme interrogative, avec inversion du sujet, on a seulement puis-je ?

	48 VOIR	51 ASSEOIR (1)
Ind. présent	je vois, tu vois	j'assieds, tu assieds
Ind. présent	il voit	il assied
Ind. présent	nous voyons	nous asseyons
Ind. présent	ils voient	ils asseyent
Ind. imparf.	il voyait	il asseyait
Ind. passé s.	il vit	il assit
Ind. futur	je verrai	j'assiérai
Cond. présent	je verrais	j'assiérais
Subj. présent	que je voie	que j'asseye
Subj. présent	qu'il voie	qu'il asseye
Subj. présent	que nous voyions	que nous asseyions
Subj. présent	qu'ils voient	qu'ils asseyent
Impératif	vois, voyons	assieds, asseyons
Participes	voyant ; vu, e	asseyant ; assis, e

	49 PRÉVOIR	
Ind. présent	je prévois, tu prévois	j'assois, tu assois
Ind. présent	il prévoit	il assoit
Ind. présent	nous prévoyons	nous assoyons
Ind. présent	ils prévoient	ils assoient
Ind. imparf.	il prévoyait	il assoyait
Ind. passé s.	il prévit	il assit
Ind. futur	je prévoirai	j'assoirai
Cond. présent	je prévoirais	j'assoirais
Subj. présent	que je prévoie	que j'assoie
Subj. présent	qu'il prévoie	qu'il assoie
Subj. présent	que nous prévoyions	que nous assoyions
Subj. présent	qu'ils prévoient	qu'ils assoient
Impératif	prévois, prévoyons	assois, assoyons
Participes	prévoyant ; prévu, e	assoyant ; assis, e

	50 POURVOIR	52 SURSEOIR
Ind. présent	je pourvois, tu pourvois	je sursois, tu sursois
Ind. présent	il pourvoit	il sursoit
Ind. présent	nous pourvoyons	nous sursoyons
Ind. présent	ils pourvoient	ils sursoient
Ind. imparf.	il pourvoyait	il sursoyait
Ind. passé s.	il pourvut	il sursit
Ind. futur	je pourvoirai	je surseoirai
Cond. présent	je pourvoirais	je surseoirais
Subj. présent	que je pourvoie	que je sursoie
Subj. présent	qu'il pourvoie	qu'il sursoie
Subj. présent	que nous pourvoyions	que nous sursoyions
Subj. présent	qu'ils pourvoient	qu'ils sursoient
Impératif	pourvois, pourvoyons	sursois, sursoyons
Participes	pourvoyant ; pourvu, e	sursoyant ; sursis

(1) L'usage tend à écrire avec -eoi- *les formes avec* oi : j'asseois, il, elle asseoira, que tu asseoies, ils, elles asseoiraient.

	53 SEOIR (1)	56 ÉCHOIR
Ind. présent		
Ind. présent	il sied	il échoit
Ind. présent		
Ind. présent	ils siéent	ils échoient
Ind. imparf.	il seyait	il échoyait
Ind. passé s.	*inusité*	il échut
Ind. futur	il siéra	il échoira, écherra
Cond. présent	il siérait	il échoirait, écherrait
Subj. présent		
Subj. présent	qu'il siée	qu'il échoie
Subj. présent		
Subj. présent	qu'ils siéent	qu'ils échoient
Impératif	*inusité*	*inusité*
Participes	seyant ; *inusité*	échéant ; échu, e

	54 PLEUVOIR (2)	57 DÉCHOIR
Ind. présent		je déchois, tu déchois
Ind. présent	il pleut	il déchoit
Ind. présent		nous déchoyons
Ind. présent	il pleuvait	ils déchoient
Ind. imparf.	il plut	*inusité*
Ind. passé s.	il pleuvra	il, elle déchut
Ind. futur	il pleuvrait	je déchoirai
Cond. présent		je déchoirais
Subj. présent	qu'il pleuve	que je déchoie
Subj. présent		qu'il déchoie
Subj. présent		que nous déchoyions
Subj. présent		qu'ils déchoient
Impératif	*inusité*	*inusité*
Participes	pleuvant ; plu	*inusité* ; déchu, e

	55 FALLOIR	58 CHOIR
Ind. présent		je chois, tu chois
Ind. présent	il faut	il choit
Ind. présent		*inusité*
Ind. présent		ils choient
Ind. imparf.	il fallait	*inusité*
Ind. passé s.	il fallut	il chut
Ind. futur	il faudra	je choirai, cherrai
Cond. présent	il faudrait	je choirais, cherrais
Subj. présent		*inusité*
Subj. présent	qu'il faille	
Impératif	*inusité*	*inusité*
Participes	*inusité* ; fallu	*inusité* ; chu, e

(1) Seoir *a ici le sens de « convenir ». Aux sens de « être situé », « siéger »,* seoir *a seulement un participe présent* (séant) *et un participe passé* (sis, e).
(2) Pleuvoir *connaît au figuré une troisième personne du pluriel :*
les injures pleuvent, pleuvaient, pleuvront, plurent, pleuvraient…

	59 VENDRE	62 CRAINDRE
Ind. présent	je vends, tu vends	je crains, tu crains
Ind. présent	il vend	il craint
Ind. présent	nous vendons	nous craignons
Ind. présent	ils vendent	ils craignent
Ind. imparf.	il vendait	il craignait
Ind. passé s.	il vendit	il craignit
Ind. futur	je vendrai	je craindrai
Cond. présent	je vendrais	je craindrais
Subj. présent	que je vende	que je craigne
Subj. présent	qu'il vende	qu'il craigne
Subj. présent	que nous vendions	que nous craignions
Subj. présent	qu'ils vendent	qu'ils craignent
Impératif	vends, vendons	crains, craignons
Participes	vendant ; vendu, e	craignant ; craint, e

	60 ROMPRE	63 BATTRE
Ind. présent	je romps, tu romps	je bats, tu bats
Ind. présent	il rompt	il bat
Ind. présent	nous rompons	nous battons
Ind. présent	ils rompent	ils battent
Ind. imparf.	il rompait	il battait
Ind. passé s.	il rompit	il battit
Ind. futur	je romprai	je battrai
Cond. présent	je romprais	je battrais
Subj. présent	que je rompe	que je batte
Subj. présent	qu'il rompe	qu'il batte
Subj. présent	que nous rompions	que nous battions
Subj. présent	qu'ils rompent	qu'ils battent
Impératif	romps, rompons	bats, battons
Participes	rompant ; rompu, e	battant ; battu, e

	61 PRENDRE	64 METTRE
Ind. présent	je prends, tu prends	je mets, tu mets
Ind. présent	il prend	il met
Ind. présent	nous prenons	nous mettons
Ind. présent	ils prennent	ils mettent
Ind. imparf.	il prenait	il mettait
Ind. passé s.	il prit	il mit
Ind. futur	je prendrai	je mettrai
Cond. présent	je prendrais	je mettrais
Subj. présent	que je prenne	que je mette
Subj. présent	qu'il prenne	qu'il mette
Subj. présent	que nous prenions	que nous mettions
Subj. présent	qu'ils prennent	qu'ils mettent
Impératif	prends, prenons	mets, mettons
Participes	prenant ; pris, e	mettant ; mis, e

	65 MOUDRE	68 RÉSOUDRE (2)
Ind. présent	je mouds, tu mouds	je résous, tu résous
Ind. présent	il moud	il résout
Ind. présent	nous moulons	nous résolvons
Ind. présent	ils moulent	ils résolvent
Ind. imparf.	il moulait	il résolvait
Ind. passé s.	il moulut	il résolut
Ind. futur	je moudrai	je résoudrai
Cond. présent	je moudrais	je résoudrais
Subj. présent	que je moule	que je résolve
Subj. présent	qu'il moule	qu'il résolve
Subj. présent	que nous moulions	que nous résolvions
Subj. présent	qu'ils moulent	qu'ils résolvent
Impératif	mouds, moulons	résous, résolvons
Participes	moulant ; moulu, e	résolvant ; résolu, e

	66 COUDRE	69 SUIVRE
Ind. présent	je couds, tu couds	je suis, tu suis
Ind. présent	il coud	il suit
Ind. présent	nous cousons	nous suivons
Ind. présent	ils cousent	ils suivent
Ind. imparf.	il cousait	il suivait
Ind. passé s.	il cousit	il suivit
Ind. futur	je coudrai	je suivrai
Cond. présent	je coudrais	je suivrais
Subj. présent	que je couse	que je suive
Subj. présent	qu'il couse	qu'il suive
Subj. présent	que nous cousions	que nous suivions
Subj. présent	qu'ils cousent	qu'ils suivent
Impératif	couds, cousons	suis, suivons
Participes	cousant ; cousu, e	suivant ; suivi, e

	67 ABSOUDRE (1)	70 VIVRE (3)
Ind. présent	j'absous, tu absous	je vis, tu vis
Ind. présent	il absout	il vit
Ind. présent	nous absolvons	nous vivons
Ind. présent	ils absolvent	ils vivent
Ind. imparf.	il absolvait	il vivait
Ind. passé s.	il absolut	il vécut
Ind. futur	j'absoudrai	je vivrai
Cond. présent	j'absoudrais	je vivrais
Subj. présent	que j'absolve	que je vive
Subj. présent	qu'il absolve	qu'il vive
Subj. présent	que nous absolvions	que nous vivions
Subj. présent	qu'ils absolvent	qu'ils vivent
Impératif	absous, absolvons	vis, vivons
Participes	absolvant ; absous, oute	vivant ; vécu, e

(1) Le passé simple et le subjonctif imparfait, admis par Littré, sont rares.
(2) Il existe un participe passé résous, résoute (rare), avec le sens de « transformé » (Un brouillard résous en pluie). - *(3)* Survivre *se conjugue comme* vivre, *mais son participe passé est toujours invariable.*

	71 PARAÎTRE	**74 ACCROÎTRE** (1)
Ind. présent	je parais, tu parais	j'accrois, tu accrois
Ind. présent	il paraît	il accroît
Ind. présent	nous paraissons	nous accroissons
Ind. présent	ils paraissent	ils accroissent
Ind. imparf.	il paraissait	il accroissait
Ind. passé s.	il parut	il accrut
Ind. futur	je paraîtrai	j'accroîtrai
Cond. présent	je paraîtrais	j'accroîtrais
Subj. présent	que je paraisse	que j'accroisse
Subj. présent	qu'il paraisse	qu'il accroisse
Subj. présent	que nous paraissions	que nous accroissions
Subj. présent	qu'ils paraissent	qu'ils accroissent
Impératif	parais, paraissons	accrois, accroissons
Participes	paraissant ; paru, e	accroissant ; accru, e

	72 NAÎTRE	**75 RIRE**
Ind. présent	je nais, tu nais	je ris, tu ris
Ind. présent	il naît	il rit
Ind. présent	nous naissons	nous rions
Ind. présent	ils naissent	ils rient
Ind. imparf.	il naissait	il riait
Ind. passé s.	il naquit	il rit
Ind. futur	je naîtrai	je rirai
Cond. présent	je naîtrais	je rirais
Subj. présent	que je naisse	que je rie
Subj. présent	qu'il naisse	qu'il rie
Subj. présent	que nous naissions	que nous riions
Subj. présent	qu'ils naissent	qu'ils rient
Impératif	nais, naissons	ris, rions
Participes	naissant ; né, e	riant ; ri

	73 CROÎTRE	**76 CONCLURE** (2)
Ind. présent	je croîs, tu croîs	je conclus, tu conclus
Ind. présent	il croît	il conclut
Ind. présent	nous croissons	nous concluons
Ind. présent	ils croissent	ils concluent
Ind. imparf.	il croissait	il concluait
Ind. passé s.	il crût	il conclut
Ind. futur	je croîtrai	je conclurai
Cond. présent	je croîtrais	je conclurais
Subj. présent	que je croisse	que je conclue
Subj. présent	qu'il croisse	qu'il conclue
Subj. présent	que nous croissions	que nous concluions
Subj. présent	qu'ils croissent	qu'ils concluent
Impératif	croîs, croissons	conclus, concluons
Participes	croissant ; crû, crue, crus, crues	concluant ; conclu, e

(1) Recroître *se conjugue comme* accroître, *mais son participe passé est* recrû, recrue, recrus, recrues. - *(2)* Inclure *se conjugue comme* conclure, *mais son participe passé est* inclus, incluse.

	77 NUIRE (1)	80 SUFFIRE
Ind. présent	je nuis, tu nuis	je suffis, tu suffis
Ind. présent	il nuit	il suffit
Ind. présent	nous nuisons	nous suffisons
Ind. présent	ils nuisent	ils suffisent
Ind. imparf.	il nuisait	il suffisait
Ind. passé s.	il nuisit	il suffit
Ind. futur	je nuirai	je suffirai
Cond. présent	je nuirais	je suffirais
Subj. présent	que je nuise	que je suffise
Subj. présent	qu'il nuise	qu'il suffise
Subj. présent	que nous nuisions	que nous suffisions
Subj. présent	qu'ils nuisent	qu'ils suffisent
Impératif	nuis, nuisons	suffis, suffisons
Participes	nuisant ; nui	suffisant ; suffi

	78 CONDUIRE	81 CONFIRE (2)
Ind. présent	je conduis, tu conduis	je confis, tu confis
Ind. présent	il conduit	il confit
Ind. présent	nous conduisons	nous confisons
Ind. présent	ils conduisent	ils confisent
Ind. imparf.	il conduisait	il confisait
Ind. passé s.	il conduisit	il confit
Ind. futur	je conduirai	je confirai
Cond. présent	je conduirais	je confirais
Subj. présent	que je conduise	que je confise
Subj. présent	qu'il conduise	qu'il confise
Subj. présent	que nous conduisions	que nous confisions
Subj. présent	qu'ils conduisent	qu'ils confisent
Impératif	conduis, conduisons	confis, confisons
Participes	conduisant ; conduit, e	confisant ; confit, e

	79 ÉCRIRE	82 DIRE
Ind. présent	j'écris, tu écris	je dis, tu dis
Ind. présent	il écrit	il dit
Ind. présent	nous écrivons	nous disons, vous dites
Ind. présent	ils écrivent	ils disent
Ind. imparf.	il écrivait	il disait
Ind. passé s.	il écrivit	il dit
Ind. futur	j'écrirai	je dirai
Cond. présent	j'écrirais	je dirais
Subj. présent	que j'écrive	que je dise
Subj. présent	qu'il écrive	qu'il dise
Subj. présent	que nous écrivions	que nous disions
Subj. présent	qu'ils écrivent	qu'ils disent
Impératif	écris, écrivons	dis, disons, dites
Participes	écrivant ; écrit, e	disant ; dit, e

(1) Luire *et* reluire *connaissent une autre forme de passé simple :* je luis, je reluis, etc. - *(2)* Circoncire *se conjugue comme* confire, *mais son participe passé est* circoncis, circoncise.

	83 CONTREDIRE	**86 LIRE**
Ind. présent	je contredis, tu contredis	je lis, tu lis
Ind. présent	il contredit	il lit
Ind. présent	vous contredisez	nous lisons
Ind. présent	ils contredisent	ils lisent
Ind. imparf.	il contredisait	il lisait
Ind. passé s.	il contredit	il lut
Ind. futur	je contredirai	je lirai
Cond. présent	je contredirais	je lirais
Subj. présent	que je contredise	que je lise
Subj. présent	qu'il contredise	qu'il lise
Subj. présent	que nous contredisions	que nous lisions
Subj. présent	qu'ils contredisent	qu'ils lisent
Impératif	contredis, contredisons	lis, lisons
Participes	contredisant ; contredit, e	lisant ; lu, e

	84 MAUDIRE	**87 CROIRE**
Ind. présent	je maudis, tu maudis	je crois, tu crois
Ind. présent	il maudit	il croit
Ind. présent	nous maudissons	nous croyons
Ind. présent	ils maudissent	ils croient
Ind. imparf.	il maudissait	il croyait
Ind. passé s.	il maudit	il crut
Ind. futur	je maudirai	je croirai
Cond. présent	je maudirais	je croirais
Subj. présent	que je maudisse	que je croie
Subj. présent	qu'il maudisse	qu'il croie
Subj. présent	que nous maudissions	que nous croyions
Subj. présent	qu'ils maudissent	qu'ils croient
Impératif	maudis, maudissons	crois, croyons
Participes	maudissant ; maudit, e	croyant ; cru, e

	85 BRUIRE (1)	**88 BOIRE**
Ind. présent	je bruis, tu bruis	je bois, tu bois
Ind. présent	il bruit	il boit
Ind. présent	*inusité*	nous buvons
Ind. présent		ils boivent
Ind. imparf.	il bruyait	il buvait
Ind. passé s.	*inusité*	il but
Ind. futur	je bruirai	je boirai
Cond. présent	je bruirais	je boirais
Subj. présent	*inusité*	que je boive
Subj. présent		qu'il boive
Subj. présent		que nous buvions
Subj. présent		qu'ils boivent
Impératif	*inusité*	bois, buvons
Participes	*inusité* ; bruit	buvant ; bu, e

(1) Traditionnellement, bruire *ne connaît que les formes de l'indicatif présent, imparfait* (je bruyais, tu bruyais, etc.)*, futur, et les formes du conditionnel ;* bruisser *(conjugaison 3) tend de plus en plus à supplanter* bruire*, en particulier dans toutes les formes défectives.*

	89 FAIRE	92 EXTRAIRE
Ind. présent	je fais, tu fais	j'extrais, tu extrais
Ind. présent	il fait	il extrait
Ind. présent	nous faisons, vous faites	nous extrayons
Ind. présent	ils font	ils extraient
Ind. imparf.	il faisait	il extrayait
Ind. passé s.	il fit	*inusité*
Ind. futur	je ferai	j'extrairai
Cond. présent	je ferais	j'extrairais
Subj. présent	que je fasse	que j'extraie
Subj. présent	qu'il fasse	qu'il extraie
Subj. présent	que nous fassions	que nous extrayions
Subj. présent	qu'ils fassent	qu'ils extraient
Impératif	fais, faisons, faites	extrais, extrayons
Participes	faisant ; fait, e	extrayant ; extrait, e

	90 PLAIRE	93 CLORE (1)
Ind. présent	je plais, tu plais	je clos, tu clos
Ind. présent	il plaît	il clôt
Ind. présent	nous plaisons	nous closons
Ind. présent	ils plaisent	ils closent
Ind. imparf.	il plaisait	*inusité*
Ind. passé s.	il plut	*inusité*
Ind. futur	je plairai	je clorai
Cond. présent	je plairais	je clorais
Subj. présent	que je plaise	que je close
Subj. présent	qu'il plaise	qu'il close
Subj. présent	que nous plaisions	que nous closions
Subj. présent	qu'ils plaisent	qu'ils closent
Impératif	plais, plaisons	clos, *inusité*
Participes	plaisant ; plu	closant ; clos, e

	91 TAIRE	94 VAINCRE
Ind. présent	je tais, tu tais	je vaincs, tu vaincs
Ind. présent	il tait	il vainc
Ind. présent	nous taisons	nous vainquons
Ind. présent	ils taisent	ils vainquent
Ind. imparf.	il taisait	il vainquait
Ind. passé s.	il tut	il vainquit
Ind. futur	je tairai	je vaincrai
Cond. présent	je tairais	je vaincrais
Subj. présent	que je taise	que je vainque
Subj. présent	qu'il taise	qu'il vainque
Subj. présent	que nous taisions	que nous vainquions
Subj. présent	qu'ils taisent	qu'ils vainquent
Impératif	tais, taisons	vaincs, vainquons
Participes	taisant ; tu, e	vainquant ; vaincu, e

(1) Le verbe enclore *possède les formes* nous enclosons, vous enclosez *et* enclosons, enclosez.

95 FRIRE

Ind. présent	je fris, tu fris
Ind. présent	il frit
Ind. présent	*inusité*
Ind. présent	
Ind. imparf.	*inusité*
Ind. passé s.	*inusité*
Ind. futur	je frirai
Cond. présent	je frirais
Subj. présent	*inusité*
Subj. présent	
Subj. présent	
Subj. présent	
Impératif	fris ; *inusité*
Participes	*inusité* ; frit, e

ACCORD DU PARTICIPE

ACCORD DU PARTICIPE PRÉSENT

Quand le participe présent exprime une action ou un état (il est alors le plus souvent suivi d'un complément d'objet ou d'un complément circonstanciel), il reste invariable : *des enfants **obéissant** à leurs parents.* Quand le participe présent exprime une qualité et joue le rôle d'adjectif, il s'accorde en genre et en nombre avec le nom auquel il se rapporte : *des enfants très **obéissants**.*

ACCORD DU PARTICIPE PASSÉ

I. Participe passé employé sans auxiliaire
Le participe passé employé *sans auxiliaire* s'accorde (comme l'adjectif) en genre et en nombre avec le nom ou le pronom auquel il se rapporte : *des fleurs **parfumées**.*

II. Participe passé employé avec « être »
Le participe passé des verbes passifs et de certains verbes intransitifs conjugués avec l'auxiliaire *être* s'accorde en genre et en nombre avec le sujet du verbe : *l'Amérique a été **découverte** par Christophe Colomb ; nos amis sont **venus** hier.*

III. Participe passé employé avec « avoir »
Le participe passé conjugué avec l'auxiliaire *avoir* s'accorde en genre et en nombre avec le complément d'objet direct du verbe, quand ce complément le précède : *je me rappelle l'**histoire** que j'ai **lue**.*

Le participe reste invariable :

1 si le complément direct suit le verbe : *nous avons **lu** une **histoire** ; elle a **reçu** de bonnes **nouvelles** ;*
2 s'il n'a pas de complément d'objet direct (cas des verbes transitifs employés intransitivement, des verbes intransitifs et des verbes transitifs indirects) : *ils ont **lu** ; elle a **abdiqué** ; ces histoires nous ont **plu** ; les enfants vous ont-ils **obéi** ? ; ils nous ont **succédé**.*

REMARQUE. Dans les phrases : *les nuits qu'ils ont **dormi**, les mois qu'il a **vécu**,* les participes passés *dormi, vécu* sont invariables ; en effet, *que* représente un complément circonstanciel : les *nuits **pendant lesquelles** ils ont dormi ; les mois **pendant lesquels** il a vécu.*

Toutefois, des verbes intransitifs avec un complément de prix, de quantité, de distance, etc., comme *coûter, valoir, peser, courir, vivre,* etc., peuvent devenir transitifs dans un autre sens et être précédés alors d'un complément d'objet direct : *les efforts* ***que*** *ce travail m'a* ***coûtés*** *; la gloire* ***que*** *cette action lui a* ***value*** *; les dangers* ***que*** *j'ai* ***courus*** *; les jours heureux qu'elle a* ***vécus*** *ici.*

CAS PARTICULIERS

Participe passé suivi d'un infinitif

1 Le participe passé suivi d'un infinitif est *variable* s'il a pour complément d'objet direct le pronom qui précède ; ce pronom est alors le sujet de l'action marquée par l'infinitif : *les fruits* ***que*** *j'ai* ***vus*** *mûrir.*

On peut dire : *les fruits que j'ai vus mûrissant.* C'étaient les fruits qui mûrissaient. *Que,* mis pour *fruits,* faisant l'action de mûrir, est complément direct de *ai vus.*

2 Le participe passé est *invariable* s'il a pour complément d'objet direct l'infinitif ; le pronom est alors complément d'objet direct de l'infinitif et non du verbe principal : *les fruits que j'ai vu* ***cueillir.***

On ne peut pas dire : *les fruits que j'ai vus cueillant.* Ce n'étaient pas les fruits qui cueillaient. *Que,* mis pour *fruits,* ne faisant pas l'action de *cueillir,* est complément direct de *cueillir* et non de *vu.*

REMARQUE. Les participes qui ont pour complément d'objet direct un infinitif sous-entendu ou une proposition sous-entendue sont toujours invariables : *il n'a pas payé toutes les sommes qu'il aurait* ***dû*** (sous-entendu *payer*) ; *je lui ai rendu tous les services que j'ai* ***pu*** (sous-entendu *lui rendre*) ; *je lui ai chanté tous les morceaux qu'il a* ***voulu*** (sous-entendu *que je lui chante*).
Le participe passé *fait* suivi d'un infinitif est toujours invariable : *la maison que j'ai* ***fait bâtir.***

Participe passé des verbes pronominaux

Les verbes pronominaux se conjuguent dans leurs temps composés avec l'auxiliaire *être* ; mais cet auxiliaire *être* peut être remplacé dans l'analyse par l'auxiliaire *avoir* : *je me* ***suis*** *consolé* est équivalent de ***j'ai*** *consolé moi.* Le participe passé d'un verbe pronominal réfléchi ou réciproque s'accorde avec son complément d'objet direct si ce complément le précède : *les lettres* ***que*** *Paul et Pierre se sont* ***écrites*** *sont aimables.*

Il reste invariable si le complément d'objet direct le suit ou s'il n'a pas de complément d'objet direct : *Paul et Pierre se sont* ***écrit*** ***des lettres*** *aimables ; Paul et Pierre se sont* ***écrit.***

Le participe passé d'un verbe toujours pronominal (*s'enfuir, s'emparer*, etc.) s'accorde avec le sujet du verbe : *ils se sont* **emparés** *de la ville.*

REMARQUE. Les participes passés des verbes transitifs indirects employés pronominalement restent toujours invariables : *ils* ***se sont ri*** *de mes efforts ; ils* ***se sont plu*** *à me tourmenter.*

Participe passé des verbes impersonnels
Le participe passé des verbes impersonnels est toujours invariable : *les inondations qu'il y a* **eu.** Les verbes *faire, avoir* sont transitifs par nature, mais ils deviennent impersonnels quand ils sont précédés du pronom neutre *il* : *les chaleurs qu'****il*** *a* ***fait.***

Participe passé et les pronoms « le », « en »
Le participe passé conjugué avec *avoir* et précédé de *le (l')*, complément d'objet direct représentant toute une proposition, reste invariable : *la chose est plus sérieuse que nous ne l'avions* **pensé** *d'abord* (c'est-à-dire *que nous n'avions pensé* **cela**, *qu'elle était sérieuse).*

Le participe passé précédé de *en* reste invariable : *tout le monde m'a offert des services, mais personne ne m'****en*** *a* ***rendu.*** Cependant, le participe varie si le pronom *en* est précédé d'un adverbe de quantité, *plus, combien, autant*, etc. : *autant d'ennemis il a attaqués,* ***autant*** *il* ***en*** *a* ***vaincus.*** Mais le participe passé reste invariable si l'adverbe suit le pronom *en* au lieu de le précéder : *quant aux belles villes, j'****en*** *ai* ***tant visité...***

Participe passé précédé d'une locution collective
Lorsque le participe passé a pour complément d'objet direct une locution collective (adverbe de quantité précédé d'un article indéfini ou mot collectif suivi d'un complément), il s'accorde soit avec l'adverbe ou le mot collectif, soit avec le mot complément, selon que l'on attache plus d'importance à l'un ou à l'autre : *le grand* **nombre** *de* **succès** *que vous avez* **remporté** *(ou* **remportés***) ; le* **peu** *d'***attention** *que vous avez* **apporté** *(ou* **apportée***) à cette affaire.*

e) S'ils sont formés de ***deux verbes*** ou d'***une expression,*** tous les mots restent invariables.

Un *va-et-vient,* des *va-et-vient.*
Un *tête-à-tête,* des *tête-à-tête.*

f) S'ils sont composés d'***un verbe*** et de son ***complément,*** le verbe reste invariable, le nom conserve en général la même forme qu'au singulier. Toutefois, dans un certain nombre de noms composés de cette sorte, le nom prend la marque du pluriel.

Un *abat-jour,* des *abat-jour.*
Un *presse-purée,* des *presse-purée.*
Un *chauffe-bain,* des *chauffe-bains.*
Un *tire-bouchon,* des *tire-bouchons.*

g) Dans les noms composés avec le mot ***garde,*** celui-ci peut être un nom ou un verbe. S'il est un ***nom,*** il prend la marque du pluriel ; s'il est un ***verbe,*** il reste invariable. Dans les deux cas, le nom qui suit peut prendre ou non la marque du pluriel.

Un *garde-voie,* des *gardes-voie* ou des *gardes-voies*
(*Garde* est un nom qui désigne la personne chargée de la garde de la voie.)
Un *garde-boue,* des *garde-boue*
(Ici *garde* est un verbe. Objet qui garde, protège de la boue.)

h) Dans les noms composés avec l'adjectif ***grand,*** celui-ci reste ou non invariable s'il accompagne un nom féminin.

Une *grand-mère,* des *grand-mères* ou des *grands-mères.*
Un *grand-père,* des *grands-pères.*
Exception : une *grande-duchesse,* des *grandes-duchesses.*

LE PLURIEL DES NOMS COMMUNS ÉTRANGERS

Le pluriel des ***noms étrangers*** est formé comme le pluriel des noms communs.

Une *pizzeria,* des *pizzerias.*

Certains de ces noms ont conservé le ***pluriel d'origine étrangère*** à côté du ***pluriel français*** ; toutefois, ce dernier tend à devenir le plus fréquent.

Un *match,* des *matchs* ou des *matches.*
Un *scénario,* des *scénarios* ou des *scenarii*
Un *lied,* des *lieds* ou des *lieder*

Certains de ces ***noms d'origine étrangère*** restent invariables ou gardent ***le pluriel étranger,*** mais ils sont rares.

Un *réal,* des *reais*

LE PLURIEL DES NOMS PROPRES

Le pluriel des ***noms géographiques*** est formé comme celui des noms communs.

Une *Antille,* les *Antilles.*

Les ***noms de peuples*** prennent la marque du pluriel quand ces noms ont été assimilés par le français.

Les *Aztèques,* les *Hottentots.*

Ils tendent à rester invariables quand ils proviennent de langues ayant d'autres règles de formation du pluriel.

Les *Rom,* les *Wolof.*

Les ***noms de personne*** prennent régulièrement la marque du pluriel : quand ils désignent les ***familles royales*** ou ***illustres françaises*** ; quand ils sont pris comme ***modèles*** ou ***types.***

Ils restent invariables quand ils sont pris dans un sens emphatique, grandiloquent et précédés de l'article.

Quand ils désignent les ***œuvres artistiques*** par le nom de l'auteur, ils restent invariables ou prennent la marque du pluriel.

Les *Condés,* les *Bourbons.*
Les *Hugos,* les *Pasteurs.*

Les *Molière* et les *Racine* sont l'image de leur temps
Des *Watteau,* des *Renoirs.*

a

a n.m. inv.
à prép.
aa n.m. inv.
abaca n.m.
abacule n.m.
abaissable adj.
abaissant, e adj.
abaisse n.f.
abaisse-langue n.m. (pl. inv. *ou* abaisse-langues)
abaissement n.m.
abaisser v.t.
abaisseur adj.m.
abajoue n.f.
abandon n.m.
abandonner v.t.
abandonnique adj. *et* n.
abaque n.m.
abasie n.f.
abasourdir v.t.
abasourdissant, e adj.
abasourdissement n.m.
abat n.m. (pluie d'*abat*)
abâtardir v.t.
abâtardissement n.m.
abatis n.m. (terrain, au Canada)
abat-jour n.m. inv.
abats n.m. pl. (tripes)
abat-son *ou* **abat-sons** n.m. (pl. abat-sons)
abattable adj.
abattage n.m.
abattant n.m.
abattée n.f.
abattement n.m.
abatteur n.m.
abattis n.m. (bras, jambes au pl.)
abattoir n.m.
abattre v.t. *et* i. (conj. **63**)
abattu, e adj.
abattu n.m.
abat-vent n.m. inv.
abat-voix n.m. inv.
abbasside adj. *et* n.
abbatial, e, aux adj.
abbatiale n.f.
abbaye n.f.
abbé n.m.
abbesse n.f.
abc n.m. inv.
abcéder (s') v.pr. (conj. **11**)
abcès n.m.
abdicataire adj. *et* n.
abdication n.f.
abdiquer v.t. *et* i.
abdomen n.m.
abdominal, e, aux adj.
abdominaux n.m. pl.
abducteur adj.m. *et* n.m.
abduction n.f.
abécédaire n.m.
abée n.f.
abeille n.f.
abélien, enne adj.
aber n.m.
aberdeen-angus adj. inv. *et* n. inv.
aberrance n.f.
aberrant, e adj.
aberration n.f.
abêtir v.t.
abêtissant, e adj.
abêtissement n.m.
abhorrer v.t.
abiétacée n.f.
abiétinée n.f.
abîme n.m. (gouffre)
abîmé, e adj.
abîmer v.t.
ab intestat loc. adv. *et* loc. adj. inv.
abiotique adj.
abject, e adj.
abjectement adv.
abjection n.f.
abjuration n.f.
abjurer v.t. *et* i.
ablactation n.f.
ablater v.t.
ablatif, ive adj.
ablatif n.m.
ablation n.f.
ableret n.m.
ablette n.f.
ablier n.m.
ablution n.f.
abnégation n.f.
aboi n.m.
aboiement n.m.
abolir v.t.
abolition n.f.
abolitionnisme n.m.
abolitionniste adj. *et* n.
abominable adj.
abominablement adv.
abomination n.f.
abominer v.t.
abondamment adv.
abondance n.f.
abondanciste adj. *et* n.
abondant, e adj.
abondement n.m.
abonder v.i.
abonné, e adj. *et* n.
abonnement n.m.
abonner v.t.
abonnir v.t.
abonnissement n.m.
abord n.m.
abordable adj.
abordage n.m.
aborder v.i. *et* t.
aborigène adj. *et* n.

abortif, ive adj.
abot n.m.
abouchement n.m.
aboucher v.t.
abouler v.t.
aboulie n.f.
aboulique adj. *et* n.
about n.m.
aboutage n.m.
aboutement n.m.
abouter v.t.
abouti, e adj.
aboutir v.t. ind.
aboutissants n.m. pl.
aboutissement n.m.
aboyer v.i. *et* t. ind. (conj. **7**)
aboyeur, euse adj.
abracadabra n.m.
abracadabrant, e adj.
abraser v.t.
abrasif, ive adj.
abrasif n.m.
abrasimètre n.m.
abrasion n.f.
abréaction n.f.
abréagir v.i.
abrégé n.m.
abrègement n.m.
abréger v.t. (conj. **15**)
abreuvement n.m.
abreuver v.t.
abreuvoir n.m.
abréviatif, ive adj.
abréviation n.f.
abri n.m.
Abribus n.m. (nom déposé)
abricot n.m. ; adj. inv.
abricoté, e adj.
abricotier n.m.
abri-sous-roche n.m. (pl. abris-sous-roche)
abrité, e adj.
abriter v.t.
abrivent n.m.
abrogatif, ive
abrogation n.f.
abrogatoire adj.
abrogeable adj.
abroger v.t. (conj. **10**)
abrupt, e adj.
abrupt n.m.
abruptement adv.
abruti, e adj. *et* n.
abrutir v.t.
abrutissant, e adj.
abrutissement n.m.
abscisse n.f.
abscons, e adj.
absence n.f.
absent, e adj. *et* n.
absentéisme n.m.
absentéiste adj. *et* n.
absenter (s') v.pr.
absidal, e, aux adj.
abside n.f.
absidial, e, aux adj.
absidiole n.f.
absinthe n.f.
absinthisme n.m.
absolu, e adj.
absolu n.m.
absoluité n.f.
absolument adv.
absolution n.f.
absolutisme n.m.
absolutiste adj. *et* n.
absolutoire adj.
absorbable adj.
absorbant, e adj.
absorber v.t.
absorbeur n.m.
absorptiométrie n.f.
absorption n.f.
absorptivité n.f.
absoudre v.t. (conj. **67**)
absoute n.f.
abstème adj. *et* n.
abstenir (s') v.pr. (conj. **28**)
abstention n.f.
abstentionnisme n.m.
abstentionniste adj. *et* n.
abstinence n.f.
abstinent, e adj. *et* n.
abstract n.m.
abstraction n.f.
abstraire v.t. (conj. **92**)
abstrait, e adj.
abstrait n.m.
abstraitement adv.
abstrus, e adj.
absurde adj. *et* n.m.
absurdement adv.
absurdité n.f.
abus n.m.
abuser v.t. ind.; v.t.
abusif, ive adj.
abusivement adv.
abusus n.m. inv.
abyme n.m. (en *abyme* : dans)
abyssal, e, aux adj.
abysse n.m.
abyssin, e adj. *et* n. (d'Abyssinie)
abyssin n.m. *et* adj.m. (chat)
abyssinien, enne adj. *et* n.
abzyme n.f.
acabit [akabi] n.m.
acacia n.m.
académicien, enne n.
académie n.f.
académique adj.
académiquement adv.
académisme n.m.
acadien, enne adj. *et* n.
acajou n.m. ; adj. inv.
acalculie n.f.
acalèphe n.m.
acalorique adj.
acanthacée n.f.
acanthe n.f.
acanthoptérygien n.m.
acanthocéphale n.m.
a capella *ou* **a cappella** loc. adv.
acariâtre adj.
acaricide adj. *et* n.m.
acarien n.m.
acariose n.f.
acarus n.m. inv.
acaule adj.
accablant, e adj.
accablement n.m.
accabler v.t.
accalmie n.f.

accaparement n.m.
accaparer v.t.
accapareur, euse n. *et* adj.
accastillage n.m.
accastiller v.t.
accédant, e n.
accéder v.t. ind. (conj. **11**)
accelerando adv.
accélérateur, trice adj.
accélérateur n.m.
accélération n.f.
accéléré n.m.
accélérer v.t. *et* i. (conj. **11**)
accéléromètre n.m.
accent n.m.
accenteur n.m.
accentuation n.f.
accentué, e adj.
accentuel, elle adj.
accentuer v.t.
acceptabilité n.f.
acceptable adj.
acceptant, e adj. *et* n.
acceptation n.f.
accepter v.t.
accepteur n.m.
acception n.f.
accès n.m.
accessibilité n.f.
accessible adj.
accession n.f.
accessit [-sit] n.m.
accessoire adj. *et* n.m.
accessoirement adv.
accessoiriser v.t.
accessoiriste n.
accident n.m.
accidenté, e adj.
accidentel, elle adj.
accidentellement adv.
accidenter v.t.
accidentologie n.f.
accise n.f.
acclamation n.f.
acclamer v.t.
acclimatable adj.
acclimatation n.f.
acclimatement n.m.
acclimater v.t.
accointances n.f. pl.
accointer (s') v.pr.
accolade n.f.
accolage n.m.
accolement n.m.
accoler v.t.
accommodant, e adj.
accommodat n.m.
accommodation n.f.
accommodement n.m.
accommoder v.t.
accompagnateur, trice n.
accompagnement n.m.
accompagner v.t.
accompli, e adj.
accompli n.m.
accomplir v.t.
accomplissement n.m.
accon *ou* **acon** n.m.
acconage *ou* **aconage** n.m.
acconier *ou* **aconier** n.m.
accord n.m.
accordable adj.
accordailles n.f. pl.
accord-cadre n.m. (pl. accords-cadres)
accordé, e n.
accordéon n.m.
accordéoniste n.
accorder v.t.
accordeur, euse n.
accordoir n.m.
accore n.f.
accort, e adj.
accostable adj.
accostage n.m.
accoster v.t.
accot n.m.
accotement n.m.
accoter v.t.
accotoir n.m.
accouchée n.f.
accouchement n.m.
accoucher v.i., v.t. *et* t. ind.
accoucheur, euse n.
accoudement n.m.
accouder (s') v.pr.
accoudoir n.m.
accouer v.t.
accouple n.f.
accouplement n.m.
accoupler v.t.
accourcir v.t.
accourcissement n.m.
accourir v.i. (conj. **33** ; auxil. *avoir ou être*)
accoutrement n.m.
accoutrer v.t.
accoutumance n.f.
accoutumé, e adj.
accoutumer v.t.
accouvage n.m.
accouveur, euse n.
accréditation n.f.
accréditer v.t.
accréditeur, euse n.
accréditif, ive adj.
accrescent, e adj.
accréter v.t.
accrétion n.f.
accro adj. *et* n. (fou de)
accroc [akro] n.m. (déchirure)
accrochage n.m.
accroche n.f.
accroche-cœur n.m. (pl. accroche-cœurs *ou* inv.)
accroche-plat n.m. (pl. accroche-plats *ou* inv.)
accrocher v.t.
accrocheur, euse adj. *et* n.
accroire v.t. (seulem. à l'inf.)
accroissement n.m.
accroître v.t. (conj. **74**)
accroupir (s') v.pr.
accroupissement n.m.
accru, e adj.
accrue n.f.
accu n.m. (accumulateur)
accueil n.m.
accueillant, e adj.
accueillir v.t. (conj. **29**)
acculée n.f.
acculer v.t.

acculturation n.f.
acculturer v.t.
accumulateur n.m.
accumulation n.f.
accumuler v.t.
accusateur, trice adj. *et* n.
accusatif n.m.
accusation n.f.
accusatoire adj.
accusé, e n.
accusé n.m.
accuser v.t.
ace [es] n.m.
acéphale adj. *et* n.m.
acéracée n.f.
acerbe adj.
acerbité n.f.
acéré, e adj.
acérer v.t. (conj. **11**)
acériculteur, trice n.
acériculture n.f.
acescence n.f.
acescent, e adj.
acétabulaire n.f.
acétabule n.f.
acetabulum n.m.
acétal n.m. (pl. acétals)
acétaldéhyde n.m.
acétamide n.m.
acétate n.m.
acéteux, euse adj.
acétification n.f.
acétifier v.t. (conj. **5**)
acétimètre n.m.
acétique adj.
acétocellulose n.f.
acétobacter n.m.
acétimètre n.m.
acétone n.f.
acétonémie n.f.
acétonémique adj.
acétonurie n.f.
acétylcellulose n.f.
acétylcholine n.f.
acétylcoenzyme A n.f.
acétyle n.m.
acétylène n.m.
acétylénique adj.
acétylsalicylique adj.
acétylure n.m.
achaine [akɛn] *ou* **akène** n.m.
achalandage n.m.
achalandé, e adj.
achalander v.t.
achalasie [-ka-] n.f.
achards n.m. pl.
acharisme [-ka-] n.m.
acharné, e adj.
acharnement n.m.
acharner (s') v.pr.
achat n.m.
ache n.f. (plante)
acheb [akɛb] n.m.
achéen, enne adj. et n.
achéménide [-ke-] adj. *et* n.
acheminement n.m.
acheminer v.t.
achetable adj.
achète [akɛt] n.m.
acheter v.t. (conj. **12**)
acheteur, euse n.
acheuléen, enne adj.
acheuléen n.m.
achevé, e adj.
achèvement n.m.
achever v.t. (conj. **12**)
achigan n.m.
achillée [akile] n.f.
acholie [akɔli] n.f.
achondroplasie [-kɔ̃-] n.f.
achoppement n.m.
achopper v.i.
Achoura n.f.
achromat [-k-] n.m.
achromatique [-k-] adj.
achromatiser [-k-] v.t.
achromatisme [-k-] n.m.
achromatopsie [-k-] n.f.
achrome [-k-] adj.
achromie [-k-] n.f.
achylie n.f.
aciculaire adj.
acidalie n.f.
acide adj. *et* n.m.
acide-alcool n.m. (pl. acides-alcools)
acidifiable adj.
acidifiant, e adj.
acidifiant n.m.
acidification n.f.
acidifier v.t. (conj. **5**)
acidimètre n.m.
acidimétrie n.f.
acidiphile adj.
acidité n.f.
acid jazz n.m. inv.
acido-alcalimétrie n.f. (pl. acido-alcalimétries)
acido-basique adj. (pl. acido-basiques)
acidocétose n.f.
acidophile adj.
acidose n.f.
acidulé, e adj.
aciduler v.t.
acier n.m.
aciérage n.m.
aciéré, e adj.
aciérer v.t. (conj. **11**)
aciérie n.f.
aciériste n.
acinésie n.f.
acineuse adj.f.
acinus n.m. (pl. acini)
aclinique adj.
acmé n.m. *ou* f.
acméisme n.m.
acné n.f.
acnéique adj.
acœlomate n.m.
acolytat n.m.
acolyte n.m.
acompte n.m.
acon *ou* **accon** n.m.
aconage *ou* **acconage** n.m.
aconier *ou* **acconier** n.m.
aconit [-nit] n.m.
aconitine n.f.
a contrario loc. adv. *et* adj. inv.
acoquinement n.m.
acoquiner (s') v.pr.
acore n.m. (plante)
à-côté n.m. (pl. à-côtés)
acotylédone adj. *et* n.

acoumètre n.m.
acoumétrie n.f.
à-coup n.m. (pl. à-coups)
acouphène n.m.
acousticien, enne n.
acoustique adj. *et* n.f.
acqua-toffana n.f. inv.
acquéreur n.m.
acquérir v.t. (conj. **27**)
acquêt n.m.
acquiescement n.m.
acquiescer v.t.ind. *et* i. (conj. **14**)
acquis, e adj.
acquis n.m. (savoir)
acquisitif, ive adj.
acquisition n.f.
acquit n.m. (quittance)
acquit-à-caution n.m. (pl. acquits-à-caution)
acquittable adj.
acquitté, e n.
acquittement n.m.
acquitter v.t.
acra n.m.
acre n.f. (mesure)
âcre adj. (piquant)
âcreté n.f.
acrididé n.m.
acridien n.m.
acrimonie n.f.
acrimonieux, euse adj.
acrobate n.
acrobatie n.f.
acrobatique adj.
acrocéphale adj. *et* n.
acrocéphalie n.f.
acrocyanose n.f.
acrodynie n.f.
acroléine n.f.
acromégalie n.f.
acromion n.m.
acronyme n.m.
acropole n.f.
acrosport n.m.
acrostiche n.m.
acrotère n.m.
acrylique adj. *et* n.m.
acrylonitrile n.m.
actanciel, elle adj.
actant n.m.
acte n.m.
actée n.f.
acter v.t.
acteur, trice n.
actif, ive adj.
actif n.m.
acting-out n.m. inv.
actinide n.m.
actinidia n.m.
actinie n.f.
actinique adj.
actinisme n.m.
actinite n.f.
actinium n.m. (pl. actiniums)
actinologie n.f.
actinométrie n.f.
actinomycète n.m.
actinomycose n.f.
actinote n.f.
actinothérapie n.f.
action n.f.
actionnable adj.
actionnaire n.
actionnariat n.m.
actionner v.t.
actionneur n.m.
actionnisme n.m.
action research n.f. (pl. action researchs)
activateur, trice adj.
activateur n.m.
activation n.f.
active n.f.
activé, e adj.
activement adv.
activer v.t.
activeur n.m.
activisme n.m.
activiste adj. *et* n.
activité n.f.
actuaire n.
actualisation n.f.
actualiser v.t.
actualité n.f.
actuariat n.m.
actuariel, elle adj.
actuel, elle adj.
actuellement adv.
acuité n.f.
acul n.m. (lieu)
aculéate n.m.
acuminé, e adj.
acupuncteur, trice *ou*
acuponcteur, trice n.
acupuncture *ou*
acuponcture n.f.
acutangle adj.
acyclique adj.
acylation n.f.
acyle n.m.
ada n.m. inv.
adage n.m.
adagio adv. ; n.m. (pl. adagios)
adamantin, e adj.
adamien, enne n.
adamique adj.
adamisme n.m.
adamite n.
adaptabilité n.f.
adaptable adj.
adaptateur, trice n.
adaptateur n.m.
adaptatif, ive adj.
adaptation n.f.
adapter v.t.
addax n.m. inv.
addenda n.m. inv.
addictif, ive adj.
addiction n.f.
additif, ive adj.
additif n.m.
addition n.f.
additionnel, elle adj.
additionner v.t.
additionneur n.m.
additivé, e adj.
adducteur adj.m. *et* n.m.
adduction n.f.
adduit n.m.
adénine n.f.
adénite n.f.
adénocarcinome n.m.
adénogramme n.m.
adénoïde adj.
adénoïdectomie n.f.
adénome n.m.
adénopathie n.f.

adénosine n.f.
adénovirus n.m.
adent n.m.
adepte n.
adéquat, e adj.
adéquatement adv.
adéquation n.f.
adextré,e adj.
adhérence n.f.
adhérent, e adj. *et* n.
adhérer v.t. ind. (conj. **11**)
adhésif, ive adj.
adhésif n.m.
adhésion n.f.
adhésivité n.f.
ad hoc loc. adj. inv.
ad hominem loc. adj. inv.
adiabatique adj.
adiabatisme n.m.
adiantum *ou* **adiante** n.m.
adieu n.m. (pl. adieux) ; interj.
adipeux, euse adj.
adipique adj.
adipolyse n.f.
adipopexie n.f.
adipose n.f.
adiposité n.f.
adiposo-génital, e, aux adj.
adipsie n.f.
adiré,e adj.
adjacent, e adj.
adjectif n.m.
adjectif, ive adj.
adjectival, e, aux adj.
adjectivement adv.
adjectiver v.t.
adjectiviser v.t.
adjoindre v.t. (conj. **62**)
adjoint, e adj. *et* n.
adjonction n.f.
adjudant n.m.
adjudant-chef n.m. (pl. adjudants-chefs)
adjudicataire n.
adjudicateur, trice n.
adjudicatif, ive adj.
adjudication n.f.
adjuger v.t. (conj. **10**)
adjuration n.f.
adjurer v.t.
adjuvant, e adj.
adjuvant n.m.
adjuvat n.m.
ad libitum loc. adv.
ad litem loc. adj. inv.
admettre v.t. (conj. **64**)
adminicule n.m.
administrateur, trice n.
administratif, ive adj.
administration n.f.
administrativement adv.
administré, e n.
administrer v.t.
admirable adj.
admirablement adv.
admirateur, trice adj. *et* n.
admiratif, ive adj.
admiration n.f.
admirativement adv.
admirer v.t.
admis, e adj. *et* n.
admissibilité n.f.
admissible adj.
admission n.f.
admittance n.f.
admixtion n.f.
admonestation n.f.
admonester v.t.
admonition n.f.
adné,e adj.
ad nutum loc. adv.
ado n. (adolescent)
adobe n.m.
adolescence n.f.
adolescent, e n.
adonis [-nis] n.m.
adonner (s') v.pr.
adoptable adj.
adoptant, e adj. *et* n.
adopté, e adj. *et* n.
adopter v.t.
adoptianisme n.m.
adoptif, ive adj.
adoption n.f.
adorable adj.
adorablement adv.
adorateur, trice n.
adoration n.f.
adorer v.t.
ados n.m. (talus)
adossé, e adj.
adossement n.m.
adosser v.t.
adoubement n.m.
adouber v.t.
adoucir v.t.
adoucissant, e adj.
adoucissant n.m.
adoucissement n.m.
adoucisseur n.m.
ad patres loc. adv.
adragante adj.f.
adrar n.m.
adrénaline n.f.
adrénergique adj.
adrénolytique adj. *et* n.m.
adressage n.m.
adresse n.f.
adresser v.t.
adret n.m.
adroit, e adj.
adroitement adv.
adsorbant, e adj.
adsorbant n.m.
adsorber v.t.
adsorption n.f.
adstrat n.m.
adulaire n.f.
adulateur, trice n.
adulation n.f.
aduler v.t.
adulte adj. *et* n.
adultération n.f.
adultère adj. *et* n. ; n.m.
adultérer v.t. (conj. **11**)
adultérin, e adj. *et* n.
adultisme n.m.
ad valorem loc. adj. inv.
advection n.f.
advenir v.i. (conj. **28** ; auxil. *être* ; seulem. 3es pers., p. passé *et* inf.)
adventice adj.
adventif, ive adj.

adventiste n. *et* adj.
adverbe n.m.
adverbial, e, aux adj.
adverbialement adv.
adversaire n.
adversatif, ive adj.
adverse adj.
adversité n.f.
adynamie n.f.
aède n.m.
ægagropile *ou* **égagropile** n.m.
ægosome n.m.
ægyrine n.f.
æpyornis *ou* **épyornis** n.m.
aérage n.m.
aérateur n.m.
aération n.f.
aéraulique n.f. *et* adj.
aéré, e adj.
aérer v.t. (conj. **11**)
aérien, enne adj.
aéricole adj.
aérifère adj.
aérobic n.m.
aérobie adj. *et* n.m.
aérobiologie n.f.
aérobiose n.f.
aérium n.m.
aéro-club n.m. (pl. aéro-clubs)
aérocolie n.f.
aérocondenseur n.m.
aérodrome n.m.
aérodynamique adj. *et* n.f.
aérodynamisme n.m.
aérodyne n.m.
aérofrein n.m.
aérogare n.f.
aérogastrie n.f.
aérogel n.m.
aérogénérateur n.m.
aéroglisseur n.m.
aérogramme n.m.
Aérographe n.m. (nom déposé)
aérolithe *ou* **aérolite** n.m.
aérologie n.f.
aérologique adj.
aéromobile adj.
aéromobilité n.f.
aéromodélisme n.m.
aéromoteur n.m.
aéronaute n.
aéronautique adj. *et* n.f.
aéronaval, e, als adj.
aéronavale n.f.
aéronef n.m.
aéronomie n.f.
aéropathie n.f.
aérophagie n.f.
aéroplane n.m.
aéroport n.m.
aéroporté, e adj.
aéroportuaire adj.
aéropostal, e, aux adj.
aéroscope n.m.
aérosol n.m.
aérosondage n.m.
aérospatial, e, aux adj.
aérospatiale n.f.
aérostat n.m.
aérostation n.f.
aérostatique n.f.
aérostier n.m.
aérotechnique n.f.
aéroterrestre adj.
aérothérapie n.f.
aérotherme n.m.
aérothermique adj.
aérothermodynamique n.f.
Aérotrain n.m. (nom déposé)
aérotransporté, e adj.
æschne n.f.
æthuse *ou* **éthuse** n.f.
aétite n.f.
affabilité n.f.
affable adj.
affablement adv.
affabulation n.f.
affabuler v.i.
affacturage n.m.
affadir v.t.
affadissant, e adj.
affadissement n.m.
affaibli, e adj.
affaiblir v.t.
affaiblissant, e adj.
affaiblissement n.m.
affaiblisseur n.m.
affaire n.f.
affairé, e adj.
affairement n.m.
affairer (s') v.pr.
affairisme n.m.
affairiste n.
affaissement n.m.
affaisser v.t.
affaitage n.m.
affaitement n.m.
affalement n.m.
affaler v.t.
affamé, e adj. *et* n.
affamer v.t.
affameur, euse n.
afféager v.t. (conj. **10**)
affect n.m.
affectation n.f.
affecté, e adj.
affecter v.t.
affectif, ive adj.
affection n.f.
affectionné, e adj.
affectionner v.t.
affectio societatis n. m. inv.
affectivité n.f.
affectueusement adv.
affectueux, euse adj.
affenage n.m.
afférent, e adj.
affermage n.m.
affermer v.t.
affermir v.t.
affermissement n.m.
affété, e adj.
afféterie *ou* **affèterie** (selon l'Académie) n.f.
affiant, e n.
affichage n.m.
affiche n.f.
afficher v.t.
affichette n.f.
afficheur, euse n.
afficheur n.m.
affichiste n.

affidavit [-vit] n.m. (pl. affidavits)
affidé, e adj. *et* n.
affilage n.m.
affilé, e adj.
affilée (d') loc. adv.
affiler v.t.
affiliation n.f.
affilié, e adj. *et* n.
affilier v.t. (conj. **5**)
affiloir n.m.
affinage n.m.
affine adj.
affinement n.m.
affiner v.t.
affinerie n.f.
affineur, euse n.
affinité n.f.
affins n.m. pl.
affiquet n.m.
affirmatif, ive adj.
affirmation n.f.
affirmative n.f.
affirmativement adv.
affirmer v.t.
affixal, e, aux adj.
affixe n.m. ; n.f.
affixé, e adj.
affleurage n.m.
affleurement n.m.
affleurer v.t.
afflictif, ive adj.
affliction n.f.
affligeant, e adj.
affliger v.t. (conj. **10**)
afflouer v.t.
affluence n.f.
affluent, e adj.
affluent n.m.
affluer v.i.
afflux n.m.
affolant, e adj.
affolé, e adj.
affolement n.m.
affoler v.t.
affouage n.m.
affouagé, e n.
affouager v.t. (conj. **10**)
affouagiste n.
affouillement n.m.
affouiller v.t.
affouragement n.m.
affourager v.t. (conj. **10**)
affourcher v.t.
affranchi, e adj. *et* n.
affranchir v.t.
affranchissable adj.
affranchissement n.m.
affres n.f. pl.
affrètement n.m.
affréter v.t. (conj. **11**)
affréteur n.m.
affreusement adv.
affreux, euse adj.
affriander v.t.
affriolant, e adj.
affrioler v.t.
affriquée adj.f. *et* n.f.
affront n.m.
affronté, e adj.
affrontement n.m.
affronter v.t.
affruiter v.i. *et* t.
affublement n.m.
affubler v.t.
affusion n.f.
affût n.m.
affûtage n.m.
affûter v.t.
affûteur n.m.
affûteuse n.f.
affûtiaux n.m. pl.
afghan, e adj. *et* n.
afghan n. m. sing.
afghani n.m.
afibrinogénémie n.f.
aficionado n.m. (pl. aficionados)
afin de loc. prép.
afin que loc. conj.
afocal, e, aux adj.
à-fonds n.m. pl.
a fortiori loc. adv.
africain, e adj. *et* n.
africanisation n.f.
africaniser v.t.
africanisme n.m.
africaniste n.
afrikaander adj. *et* n.
afrikaans n.m.
afrikaner adj. *et* n.
afro adj. inv.
afro-américain, e adj. *et* n. (pl. afro-américains, es)
afro-asiatique adj. (pl. afro-asiatiques)
afro-brésilien, enne adj. *et* n. (pl. afro-brésiliens, ennes)
afro-cubain, e adj. *et* n. (pl. afro-cubains, es)
afro-rock n.m. (pl. afro-rocks)
after-shave n.m. inv.
aga *ou* **agha** n.m.
agaçant, e adj.
agace *ou* **agasse** n.f.
agacement n.m.
agacer v.t. (conj. **9**)
agacerie n.f.
agalactie *ou* **agalaxie** n.f.
agame n.m.
agamète n.m.
agami n.m.
agamidé n.m.
agamie n.f.
agammaglobulinémie n.f.
agape n.f.
agar-agar n.m. (pl. agars-agars)
agaric n.m.
agaricale n.f.
agasse *ou* **agace** n.f.
agassin n.m.
agate n.f.
agatisé, e adj.
agavacée n.f.
agave *ou* **agavé** n.m.
age n.m. (pièce de charrue)
âge n.m. (années)
âgé, e adj.
agence n.f.
agencement n.m.
agencer v.t. (conj. **9**)
agenda n.m.
agender v.t.
agénésie n.f.

agenouillement n.m.
agenouiller (s') v.pr.
agenouilloir n.m.
agent n.m.
ageratum *ou* **agérate** n.m.
aggiornamento n.m. (pl. aggiornamentos)
agglo n.m. (pl. agglos)
agglomérant n.m.
agglomérat n.m.
agglomération n.f.
aggloméré n.m.
agglomérer v.t. (conj. **11**)
agglutinant, e adj.
agglutinant n.m.
agglutination n.f.
agglutiner v.t.
agglutinine n.f.
agglutinogène n.m.
aggravant, e adj.
aggravation n.f.
aggravée n.f.
aggraver v.t.
agha *ou* **aga** n.m.
agile adj.
agilement adv.
agilité n.f.
agio n.m. (pl. agios)
a giorno loc. adj. inv. *et* loc. adv.
agiotage n.m.
agioteur, euse n.
agir v.i.
âgisme n.m.
agissant, e adj.
agissement n.m.
agitateur, trice n.
agitateur n.m.
agitation n.f.
agitato adv.
agité, e adj. *et* n.
agiter v.t.
agit-prop n.f. inv.
aglossa n.m.
aglyphe adj.
agnat, e adj. *et* n.
agnathe n.m.
agnation n.f.
agnatique adj.
agneau n.m.
agnelage n.m.
agnelée n.f.
agneler v.i. (conj. **16**)
agnelet n.m.
agnelin n.m.
agneline n.f. *et* adj.f.
agnelle n.f.
agnosie [-gnɔ-] n.f.
agnosique [-gnɔ-] adj. *et* n.
agnosticisme [-gnɔ-] n.m.
agnostique [-gnɔ-] adj. *et* n.
agnus-castus [agnyskastys] n.m. inv.
agnus Dei [agnysdei] n.m. inv.
agonie n.f.
agonir v.t. (conj. **21**)
agonisant, e adj. *et* n.
agoniser v.i.
agoniste adj. *et* n.m.
agora n.f. (pl. agoras)
agoraphobie n.f.
agouti n.m.
agrafage n.m.
agrafe n.f.
agrafer v.t.
agrafeuse n.f.
agrainer v.t.
agraire adj.
agrammatical, e, aux adj.
agrammaticalité n.f.
agrammatisme n.m.
agrandir v.t.
agrandissement n.m.
agrandisseur n.m.
agranulocytose n.f.
agraphie n.f.
agrarien, enne adj. *et* n.
agréable adj.
agréablement adv.
agréage n.m.
agréation n.f.
agréé, e adj.
agréer v.t. *et* t. ind. (conj. **8**)
agrégat [-ga] n.m.
agrégatif, ive n.
agrégation n.f.
agrégé, e adj. *et* n.
agréger v.t. (conj. **15**)
agrément n.m.
agrémenter v.t.
agrès n.m.
agresser v.t.
agresseur adj.m. *et* n.m.
agressif, ive adj.
agression n.f.
agressivement adv.
agressivité n.f.
agreste adj.
agricole adj.
agriculteur, trice n.
agriculture n.f.
agriffer (s') v.pr.
agrile n.m.
agrion n.m.
agriote n.m.
agripaume n.f.
agrippement n.m.
agripper v.t.
agritourisme n.m.
agroalimentaire adj. *et* n.m.
agrochimie n.f.
agrochimique adj.
agro-industrie n.f. (pl. agro-industries)
agro-industriel, elle adj. (pl. agro-industriels, elles)
agrologie n.f.
agronome n.
agronomie n.f.
agronomique adj.
agropastoral, e, aux adj.
agrostis [-tis] *ou* **agrostide** n.f.
agrotis [-tis] n.m.
agrume n.m.
agrumiculture n.f.
aguardiente [agwardjɛnte] n.f.
aguerrir v.t.
aguets n.m. pl.
agueusie n.f.
agui n.m.
aguichant, e adj.
aguiche n.f.

aguicher v.t.
aguicheur, euse adj. *et* n.
ah ! interj.
ahan [aɑ̃] n.m.
ahaner [aane] v.i.
ahuri, e adj. *et* n.
ahurir v.t.
ahurissant, e adj.
ahurissement n.m.
aï [ai] n.m.
aiche *ou* **èche** n.f.
aicher *ou* **écher** v.t.
aide n. ; n.f.
aide-comptable n. (pl. aides-comptables)
Aïd-el-Fitr *ou* **Aïd-el-Séghir** n.f. inv.
Aïd-el-Kébir *ou* **Aïd-el-Adha** n.f. inv.
aide-mémoire n.m. inv.
aider v.t. *et* t. ind.
aide-soignant, e n. (pl. aides-soignants, es)
aïe ! [aj] interj.
aïeul, e [ajœl] n. (pl. aïeuls, aïeules) [grand-père, grand-mère]
aïeux [ajø] n.m. pl. (ancêtres)
aigle n.m. *ou* n.f.
aiglette n.f.
aiglefin *ou* **églefin** n.m.
aiglon, onne n.
aigre adj. *et* n.m.
aigre-doux, -douce adj. (pl. aigres-doux, -douces)
aigrefin n.m.
aigrelet, ette adj.
aigrement adv.
aigremoine n.f.
aigrette n.f.
aigretté, e adj.
aigreur n.f.
aigri, e adj. *et* n.
aigrin n.m.
aigrir v.t.
aigrissement n.m.
aigu, uë adj.
aigu n.m.
aiguade n.f.
aiguail n.m. (pl. aiguails)
aigue-marine n.f. (pl. aigues-marines)
aiguière n.f.
aiguillage n.m.
aiguillat n.m.
aiguille n.f.
aiguillée n.f.
aiguiller v.t.
aiguilletage n.m.
aiguilleté, e adj.
aiguilleter v.t. (conj. **16**)
aiguillette n.f.
aiguilleur n.m.
aiguillier n.m.
aiguillon n.m.
aiguillonner v.t.
aiguillot n.m.
aiguisage n.m.
aiguisement n.m.
aiguiser v.t.
aiguisoir n.m.
aïkido n.m.
ail n.m. (pl. ails *ou* aulx)
ailante n.m.
aile n.f.
ailé, e adj.
aileron n.m.
ailette n.f.
ailier n.m.
aillade n.f.
ailler v.t.
ailleurs adv.
ailloli *ou* **aïoli** n.m.
aimable adj.
aimablement adv.
aimant, e adj.
aimant n.m
aimantation n.f.
aimanter v.t.
aimer v.t.
aine n.f.
aîné, e n. *et* adj.
aînesse n.f.
aïnou n.m. sing.
ainsi adv.
aïoli *ou* **ailloli** n.m.
air n.m.
airain n.m.
Air Bag n.m. (nom déposé)
Airbus n.m. (nom déposé)
aire n.f.
airedale n.m.
airedale-terrier n.m. (pl. airedale-terriers)
airelle n.f.
airer v.i. (faire son nid)
ais [ɛ] n.m.
aisance n.f.
aise adj. *et* n.f.
aisé, e adj.
aisément adv.
aisseau n.m.
aisselle n.f.
aisy n.m. (pl. aisys)
aixois, e adj. *et* n.
ajaccien, enne adj. *et* n.
ajiste n. *et* adj.
ajointer v.t.
ajonc n.m.
ajour n.m.
ajouré, e adj.
ajourer v.t.
ajourné, e n. *et* adj.
ajournement n.m.
ajourner v.t.
ajout n.m.
ajoute n.f.
ajouter v.t.
ajuṣtage n.m.
ajusté, e adj.
ajustement n.m.
ajuster v.t.
ajusteur, euse n.
ajutage n.m.
akène *ou* **achaine** n.m.
akinésie *ou* **acinésie** n.f.
akkadien, enne adj. *et* n.
akvavit [akwavit] *ou* **aquavit** n.m.
alabandine n.f.
alabandite n.f.
alabastrite n.f.
alaire adj.
alaise *ou* **alèse** n.f.
alaisé, alésé *ou* **alézé, e** adj.
alambic n.m.
alambiqué, e adj.

alandier n.m.
alangui, e adj.
alanguir v.t.
alanguissement n.m.
alanine n.f.
alarmant, e adj.
alarme n.f.
alarmer v.t.
alarmisme n.m.
alarmiste adj. *et* n.
alastrim n.m.
a latere loc. adv. *et* adj. inv.
alaterne n.m.
albanais, e adj. *et* n.
albâtre n.m.
albatros n.m.
albédo n.m.
alberge n.f.
albergier n.m.
albigeois, e adj. *et* n.
albinisme n.m.
albinos adj. *et* n.
albite n.f.
albraque n.f.
albuginé, e adj.
albuginée n.f.
albugo n.m.
album [albɔm] n.m.
albumen n.m.
albumine n.f.
albuminé, e adj.
albumineux, euse adj.
albuminoïde adj. *et* n.m.
albumose n. f.
albuminurie n.f.
alcade n.m.
alcaïque adj.
alcalescence n.f.
alcalescent, e adj.
alcali n.m.
alcalifiant, e adj.
alcalimètre n.m.
alcalimétrie n.f.
alcalin, e adj.
alcaliniser v.t.
alcalinité n.f.
alcalino-terreux, euse adj. (pl. alcalino-terreux, euses)
alcaloïde n.m.
alcalose n.f.
alcane n.m.
alcarazas n.m.
alcazar n.m.
alcène n.m.
alchémille [alkemij] n.f.
alchimie n.f.
alchimique adj.
alchimiste n.m.
alcool n.m.
alcoolat n.m.
alcoolature n.f.
alcoolé n.m.
alcoolémie n.f.
alcoolier n.m.
alcoolification n.f.
alcoolique adj.
alcoolisable adj.
alcoolisation n.f.
alcoolisé, e adj.
alcooliser v.t.
alcoolisme n.m.
alcoologie n.f.
alcoologue n.
alcoolomanie *ou* **alcoomanie** n.f.
alcoomètre n.m.
alcoométrie n.f.
Alcootest *ou* **Alcotest** n.m. (nom déposé)
alcôve n.f.
alcoylation n.f.
alcoyle n.m.
alcyne n.m.
alcyon n.m.
alcyonaire n.m.
aldéhyde n.m.
aldéhydique adj.
al dente loc. adj. inv. *et* loc. adv.
alderman n.m. (pl. aldermans *ou* aldermen)
aldin, e adj.
aldol n.m.
aldose n.m.
aldostérone n.f.
ale [ɛl] n.f.
aléa n.m.
aléatoire adj.
aléatoirement adv.
alémanique adj. *et* n.
alêne n.f.
alénois adj.m.
alentour adv.
alentours n.m. pl.
aléoute adj. *et* n.m.
aleph n.m. inv.
alépine n.f.
alérion n.m.
alerte n.f. ; adj.
alertement adv.
alerter v.t.
alésage n.m.
alèse *ou* **alaise** n.f.
alésé, alézé *ou* **alaisé, e** adj.
aléser v.t. (conj. **11**)
aléseur, euse n.
aléseuse n.f.
alésoir n.m.
aléthique adj.
aleurite n.f.
aleurode n.m.
aleurone n.f.
alevin n.m.
alevinage n.m.
aleviner v.t.
alevinier n.m.
alevinière n.f.
alexandra n.m.
alexandrin, e adj. *et* n.
alexandrin n.m.
alexandrinisme n.m.
alexandrite n.f.
alexie n.f.
alexine n.f.
alexithymie n.f.
alezan, e adj.
alezan n.m.
alézé, alésé *ou* **alaisé, e** adj.
alfa n.m.
alfange n.f.
alfatier, ère adj.
alfénide n.m.
algarade n.f.
algazelle n.f.
algèbre n.f.
algébrique adj.
algébriquement adv.

algébriste n.
algérien, enne adj. *et* n.
algérois, e adj. *et* n.
algide adj.
algidité n.f.
algie n.f.
alginate n.m.
algine n.f.
alginique adj.
algique adj.
algoculture n.f.
algol n.m.
algolagnie n.f.
algonkien, enne *ou* **algonquien, enne** adj.
algonkin *ou* **algonquin** n.m.
algorithme n.m.
algorithmique adj.
alguazil n.m.
algue n.f.
alias adv.
alibi n.m.
aliboufier n.m.
alicante n.m.
alidade n.f.
aliénabilité n.f.
aliénable adj.
aliénant, e adj.
aliénataire n. *et* adj.
aliénateur, trice n.
aliénation n.f.
aliéné, e n.
aliéner v.t. (conj. **11**)
aliéniste adj. *et* n.
alifère adj.
aliforme adj.
aligné, e adj.
alignement n.m.
aligner v.t.
aligot n.m.
aligoté n.m. *et* adj.m.
aliment n.m.
alimentaire adj.
alimentation n.f.
alimenter v.t.
alinéa n.m.
alinéaire adj.
alios n.m.
aliphatique adj.
aliquante adj.
aliquote adj. *et* n.f.
alise *ou* **alize** n.f.
alisier *ou* **alizier** n.m.
alisma *ou* **alisme** n.m.
alismatacée n.f.
alitement n.m.
aliter v.t.
alizarine n.f.
alize *ou* **alise** n.f.
alizé adj.m. *et* n.m.
alizier *ou* **alisier** n.m.
alkékenge n.m.
alkermès n.m.
alkylation n.f.
alkyle n.m.
allache n.f.
allaitement n.m.
allaiter v.t.
allant, e adj.
allant n.m.
allantoïde n.f.
allantoïdien, enne adj.
allantoïne n.f.
alléchant, e adj.
allécher v.t. (conj. **11**)
allée n.f.
allégation n.f.
allège n.f.
allégé n.m.
allégeance n.f.
allégement *ou* **allègement** (selon l'Académie) n.m.
alléger v.t. (conj. **15**)
allégorie n.f.
allégorique adj.
allégoriquement adv.
allègre adj.
allègrement adv.
allégresse n.f.
allegretto adv.
allégretto n.m. (pl. allégrettos)
allegro adv.
allégro n.m. (pl. allégros)
alléguer v.t. (conj. **11**)
allèle adj. *et* n.m.
allélomorphe adj.
alléluia interj. *et* n.m. (pl. alléluias)
allemand, e adj. *et* n.
allemand n.m.
allemande n.f.
allène n.m.
aller v.i. (conj. **20** ; auxil. *être*)
aller n.m. (pl. allers)
allergène n.m.
allergide n.f.
allergie n.f.
allergique adj.
allergisant, e adj.
allergologie n.f.
allergologiste *ou* **allergologue** n.
alleu n.m. (pl. alleux)
alleutier n.m.
alliacé, e adj.
alliage n.m.
alliaire n.f.
alliance n.f.
allié, e adj. *et* n.
allier v.t. (conj. **5**)
alligator n.m.
allitération n.f.
allô interj.
allocataire n.
allocation n.f.
allocentrisme n.m.
allochtone adj. *et* n.m.
allocutaire n.
allocution n.f.
allodial, e, aux adj.
allogamie n.f.
allogène adj. *et* n.
allogreffe n.f.
allonge n.f.
allongé, e adj.
allongement n.m.
allonger v.t. (conj. **10**)
allopathe n. *et* adj.
allopathie n.f.
allopathique adj.
allophone adj. *et* n.
allopurinol n.m.
allosome n.m.
allostérie n.f.
allostérique adj.

allotir v.t.
allotropie n.f.
allotropique adj.
allouer v.t.
alluchon n.m.
allumage n.m.
allumé, e adj. *et* n.
allume-cigare *ou*
allume-cigares n.m. (pl. allume-cigares)
allume-feu n.m. (pl. allume-feux)
allume-gaz n.m. inv.
allumer v.t.
allumette n.f.
allumettier,ère n.
allumeur n.m.
allumeuse n.f.
allure n.f.
alluré, e adj.
allusif, ive adj.
allusion n.f.
allusivement adv.
alluvial, e, aux adj.
alluvion n.f.
alluvionnaire adj.
alluvionnement n.m.
alluvionner v.i.
allyle n.m.
allylique adj.
almanach [-na] n.m.
almandin n.m.
almée n.f.
almicantarat n.m.
aloès n.m.
alogique adj.
aloi n.m.
alopécie n.f.
alors adv.
alose n.f.
alouate n.m.
alouette n.f.
alourdir v.t.
alourdissement n.m.
aloyau n.m.
alpaga n.m. (pl. alpagas)
alpage n.m.
alpaguer v.t.
alpax n.m.
alpe n.f.
alpenstock n.m.
alpestre adj.
alpha n.m. inv.
alphabet n.m.
alphabète adj. *et* n.
alphabétique adj.
alphabétiquement adv.
alphabétisation n.f.
alphabétisé, e adj. *et* n.
alphabétiser v.t.
alphabétisme n.m.
alphanumérique adj.
alpin, e adj.
alpinisme n.m.
alpiniste n.
alpiste n.m.
alquifoux n.m.
alsace n.m.
alsacien, enne adj. *et* n.
altaïque adj.
altérabilité n.f.
altérable adj.
altéragène adj. *et* n.m.
altérant, e adj.
altération n.f.
altercation n.f.
alter ego n.m. inv.
altérer v.t. (conj. **11**)
altérite n.f.
altérité n.f.
alternance n.f.
alternant, e adj.
alternat n.m.
alternateur n.m.
alternatif, ive adj.
alternative n.f.
alternativement adv.
alterne adj.
alterné, e adj.
alterner v.i.
altesse n.f.
althæa n.m.
altier, ère adj.
altimètre n.m.
altimétrie n.f.
altiport n.m.
altise n.f.
altiste n.
altitude n.f.
alto n.m. (pl. altos)
altocumulus n.m. inv.
altostratus n.m. inv.
altruisme n.m.
altruiste adj. *et* n.
Altuglas n.m. (nom déposé)
alu n.m.
alucite n.f.
aluette n.f.
aluminage n.m.
aluminate n.m.
alumine n.f.
aluminer v.t.
aluminerie n.f.
alumineux, euse adj.
aluminiage n.m.
aluminisation n.f.
aluminium n.m.
aluminosilicate n.m.
aluminothermie n.f.
aluminure n.f.
alun [alœ̃] n.m.
alunage n.m.
aluner v.t.
alunifère adj.
alunir v.i.
alunissage n.m.
alunite n.f.
alvéolaire adj.
alvéole n.f. (n.m. selon l'Académie)
alvéolé, e adj.
alvéolite n.f.
alvin, e adj.
alysse n.f.
alysson n.m.
alyte n.m.
amabilité n.f.
amadou n.m. (pl. amadous)
amadouer v.t.
amadouvier n.m.
amaigri, e adj.
amaigrir v.t.
amaigrissant, e adj.
amaigrissement n.m.
amalgamation n.f.
amalgame n.m.
amalgamer v.t.
aman n.m.

amandaie n.f.
amande n.f. (fruit)
amandier n.m.
amandine n.f.
amanite n.f.
amant, e n.
amarantacée n.f.
amarante n.f. ; adj. inv.
amareyeur, euse n.
amaril, e adj.
amarinage n.m.
amariner v.t.
amarnien, enne adj.
amarrage n.m.
amarre n.f.
amarrer v.t.
amaryllidacée n.f.
amaryllis n.f.
amas n.m.
amasser v.t.
amateur adj. *et* n. inv. en genre
amateurisme n.m.
amatir v.t.
amaurose n.f.
amazone n.f.
amazonien, enne adj. *et* n.
amazonite n.f.
ambages n.f. pl.
ambassade n.f.
ambassadeur, drice n.
ambiance n.f.
ambiancer v.i. (conj. **9**)
ambiant, e adj.
ambidextre adj. *et* n.
ambigu, uë adj.
ambiguïté n.f.
ambigument adv.
ambiophonie n.f.
ambisexué, e adj.
ambitieusement adv.
ambitieux, euse adj. *et* n.
ambition n.f.
ambitionner v.t.
ambivalence n.f.
ambivalent, e adj.
amble n.m.
ambler v.i.
ambleur, euse adj.
amblyope adj. *et* n.
amblyopie n.f.
amblyoscope n.m.
amblystome n.m.
ambon n.m.
ambre n.m.
ambré, e adj.
ambréine n.f.
ambrer v.t.
ambrette n.f.
ambroisie n.f.
ambrosiaque adj.
ambrosien, enne adj.
ambulacraire adj.
ambulacre n.m.
ambulance n.f.
ambulancier, ère n.
ambulant, e adj.et n.
ambulatoire adj.
ambystome n.m.
âme n.f.
améliorable adj.
améliorant, e adj.
amélioration n.f.
améliorer v.t.
amen n.m. inv.
aménageable adj.
aménagement n.m.
aménager v.t. (conj. **10**)
aménageur, euse n.
aménagiste n.
amendable adj.
amende n.f. (peine)
amendement n.m.
amender v.t.
amène adj.
amenée n.f.
amener v.t. (conj. **12**)
aménité n.f.
aménorrhée n.f.
amensal, e, aux adj.
amensalisme n.m.
amentale n.f.
amentifère n.m.
amenuisement n.m.
amenuiser v.t.
amer, ère adj.
amer n.m.
amérasien, enne adj. *et* n.
amèrement adv.
américain, e adj. *et* n.
américain n.m. sing.
américaine n.f.
américanisation n.f.
américaniser v.t.
américanisme n.m.
américaniste n. *et* adj.
américium n.m.
amérindien, enne adj. *et* n.
amerlo, amerloque *ou* **amerlot** n.
amerrir v.i.
amerrissage n.m.
amertume n.f.
amétabole adj.
améthyste n.f.
amétrope adj. *et* n.
amétropie n.f.
ameublement n.m.
ameublir v.t.
ameublissement n.m.
ameuter v.t.
amharique n.m.
ami, e n.
amiable adj.
amiable (à l') loc. adv.
amiante n.m.
amiante-ciment n.m. (pl. amiantes-ciments)
amibe n.f.
amibiase n.f.
amibien, enne adj.
amibien n.m.
amiboïde adj.
amical, e, aux adj.
amicale n.f.
amicalement adv.
amict n.m.
amide n.m.
amidon n.m.
amidonnage n.m.
amidonner v.t.
amidonnerie n.f.
amidonnier, ère adj. *et* n.
amidopyrine n.f.
amiénois, e adj. *et* n.
amigne n.m.

amimie n.f.
amimique adj. *et* n.
amincir v.t.
amincissant, e adj.
amincissement n.m.
amine n.f.
aminé, e adj.
aminoacide n.m.
aminigène n.m.
aminophylline n.f.
aminoplaste n.m.
amiral, e, aux adj.
amiral n.m. (pl. amiraux)
amirale n.f.
amirauté n.f.
amish n. inv.
amitié n.f.
amitieux, euse adj.
amitose n.f.
ammocète n.f.
ammodyte n.f.
ammonal n.m. (pl. ammonaux)
ammoniac n.m.
ammoniacal, e, aux adj.
ammoniaque n.f.
ammonisation *ou*
ammonification n.f.
ammonite n.f.
ammonium n.m.
ammoniurie n.f.
ammophile n.f. ; n.m.
amnésie n.f.
amnésique adj. *et* n.
amniocentèse n.f.
amnios n.m.
amnioscopie n.f.
amniote n.m.
amniotique adj.
amnistiable adj.
amnistiant, e adj.
amnistie n.f.
amnistié, e adj. *et* n.
amnistier v.t. (conj. **5**)
amocher v.t.
amodiataire n.
amodiateur, trice n.
amodiation n.f.
amodier v.t. (conj. **5**)
amoindrir v.t.
amoindrissement n.m.
amok n.m.
amollir v.t.
amollissant, e adj.
amollissement n.m.
amome n.m.
amonceler v.t. (conj. **16**)
amoncellement n.m.
amont n.m. ; adj. inv.
amontillado n.m. (pl. amontillados)
amoral, e, aux adj.
amoralisme n.m.
amoralité n.f.
amorçage n.m.
amorce n.f.
amorcer v.t. (conj. **9**)
amorçoir n.m.
amoroso adv.
amorphe adj.
amorti n.m.
amortie n.f.
amortir v.t.
amortissable adj.
amortissement n.m.
amortisseur n.m.
amouillante n.f. *et* adj.f.
amour n.m. (au sing. ; fém. au pl.)
amouracher (s') v.pr.
amour-en-cage n.m. (pl. amours-en-cage)
amourette n.f.
amoureusement adv.
amoureux, euse adj. *et* n.
amour-propre n.m. (pl. amours-propres)
amovibilité n.f.
amovible adj.
ampélidacée n.f.
ampélographie n.f.
ampélopsis [-psis] n.m.
ampérage n.m.
ampère n.m.
ampère-heure n.m. (pl. ampères-heures)
ampèremètre n.m.
ampère-tour n.m. (pl. ampères-tours)
amphétamine n.f.
amphétaminique adj. *et* n.m.
amphi n.m.
amphiarthrose n.f.
amphibie adj. *et* n.m.
amphibien n.m.
amphibiose n.f.
amphibole n.f.
amphibolite n.f.
amphibologie n.f.
amphibologique adj.
amphictyon n.m.
amphictyonie n.f.
amphictyonique adj.
amphigouri n.m.
amphigourique adj.
amphimixie n.f.
amphineure n.m.
amphioxus n.m.
amphiphile adj.
amphipode n.m.
amphisbène n.m.
amphithéâtre n.m.
amphitryon n.m.
ampholyte n.m.
amphore n.f.
amphotère adj.
ampicilline n.f.
ample adj.
amplectif, ive adj.
amplement adv.
ampleur n.f.
ampli n.m.
ampliateur, trice n.
ampliatif, ive adj.
ampliation n.f.
amplifiant, e adj.
amplificateur, trice adj.
amplification n.f.
amplifier v.t. (conj. **5**)
amplitude n.f.
ampli-tuner n.m. (pl. amplis-tuners)
ampoule n.f.
ampoulé, e adj.
amputation n.f.
amputé, e adj. *et* n.
amputer v.t.
amuïr (s') v.pr. (conj. **21**)
amuïssement n.m.

amulette n.f.
amure n.f.
amurer v.t.
amusant, e adj.
amuse-bouche n.m. (pl. inv. *ou* amuse-bouches)
amuse-gueule n.m. (pl. inv. *ou* amuse-gueules)
amusement n.m.
amuser v.t.
amusette n.f.
amuseur, euse n.
amusie n.f.
amygdale n.f.
amygdalectomie n.f.
amygdalite n.f.
amylacé, e adj.
amylase n.f.
amyle n.m.
amylène n.m.
amylique adj.
amylobacter n.m.
amyloïde adj.
amylose n.f.
amyotrophie n.f.
an n.m.
ana n.m. inv.
anabaptisme n.m.
anabaptiste adj. *et* n.
anabas n.m.
anableps n.m.
anabolisant, e adj.
anabolisant n.m.
anabolisme n.m.
anabolite n.m.
anacarde n.m.
anacardiacée n.f.
anacardier n.m.
anachorète [-k-] n.m.
anachorétique [-k-] adj.
anachorétisme [-k-] n.m.
anachronique [-kr-] adj.
anachronisme [-kr-] n.m.
anaclinal, e, aux adj.
anaclitique adj.
anacoluthe n.f.
anaconda n.m.
anacréontique adj.
Anacroisés n.m. pl. (nom déposé)
anacrouse n.f.
anacyclique adj. *et* n.m.
anaérobie adj. *et* n.m.
anaérobiose n.f.
anaglyphe n.m.
anaglyptique adj. *et* n.f.
anagnoste n.m.
anagogie n.f.
anagogique adj.
anagrammatique adj.
anagrammatisme n.m.
anagramme n.f.
anal, e, aux adj.
analecta *ou* **analectes** n. m. pl.
analeptique adj. *et* n.m.
analgésie n.f.
analgésique adj. *et* n.m.
analité n.f.
anallergique adj.
analogie n.f.
analogique adj.
analogiquement adv.
analogon n.m.
analogue adj.
analphabète adj. *et* n.
analphabétisme n.m.
analycité n.f.
analysable adj.
analysant, e n.
analyse n.f.
analysé, e n.
analyser v.t.
analyseur, euse n.
analyseur n.m.
analyste n.
analyste-programmeur, euse n. (pl. analystes-programmeurs, euses)
analyticité n.f.
analytique adj. *et* n.f.
analytiquement adv.
anamnèse n.f.
anamorphose n.f.
ananas n.m.
anapeste n.m.
anaphase n.f.
anaphore n.f.
anaphorèse n.f.
anaphorique adj. *et* n.m.
anaphrodisiaque adj. *et* n.m.
anaphrodisie n.f.
anaphylactique adj.
anaphylaxie n.f.
anaplasie n.f.
anaplastie n.f.
anar adj. *et* n.
anarchie n.f.
anarchique adj.
anarchiquement adv.
anarchisant, e adj. *et* n.
anarchisme n.m.
anarchiste adj. *et* n.
anarcho-syndicalisme [anarko-] n.m. (pl. anarcho-syndicalismes)
anarcho-syndicaliste [anarko-] n. *et* adj. (pl. anarcho-syndicalistes)
anarthrie n.f.
anasarque n.f.
anastigmat, anastigmate *ou* **anastigmatique** adj.
anastomose n.f.
anastomoser v.t.
anastrophe n.f.
anastylose n.f.
anatexie n.f.
anathématisation n.f.
anathématiser v.t.
anathème n.m.
anatidé n.m.
anatife n.m.
anatocisme n.m.
anatomie n.f.
anatomique adj.
anatomiquement adv.
anatomiser v.t.
anatomopathologie n.f.
anatomiste n.
anatoxine n.f.
anavenin n.m.
ancestral, e, aux adj.
ancêtre n.
anche n.f. (languette)
anchoïade *ou* **anchoyade** n.f.
anchois n.m.

ancien, enne adj. *et* n.
ancien n.m.
anciennement adv.
ancienneté n.f.
ancillaire adj.
ancolie n.f.
ancrage n.m.
ancre n.f.(de bateau)
ancrer v.t.
andain n.m.
andalou, se adj. *et* n.
andante adv. ; n.m. (pl. andantes)
andantino adv. ; n.m. (pl. andantinos)
andésite n.f.
andin, e adj. *et* n.
andorran, e adj. *et* n.
andouille n.f.
andouiller n.m.
andouillette n.f.
andrène n.m.
andrinople n.f.
androcée n.m.
androcéphale adj.
androgène adj. *et* n.m.
androgenèse *ou* **androgénie** n.f.
androgyne adj. *et* n.m.
androgynie n.f.
androïde n.m.
andrologie n.f.
andrologue n.
andropause n.f.
androstérone n.f.
âne n.m.
anéantir v.t.
anéantissement n.m.
anecdote n.f.
anecdotier, ère n.
anecdotique adj.
anélasticité n.f.
anélastique adj.
anémiant, e adj.
anémie n.f.
anémié, e adj.
anémier v.t. (conj. **5**)
anémique adj.
anémographe n.m.
anémomètre n.m.
anémone n.f.
anémophile adj.
anémophilie n.f.
anencéphale adj. *et* n.
anencéphalie n.f.
anépigraphe adj.
anérection n.f.
anergie n.f.
ânerie n.f.
anéroïde adj.
ânesse n.f.
anesthésiant, e adj.
anesthésiant n.m.
anesthésie n.f.
anesthésier v.t. (conj. **5**)
anesthésiologie n.f.
anesthésique adj. *et* n.m.
anesthésiste n.
anesthésiste-réanimateur, trice n. (pl. anesthésistes-réanimateurs, trices)
aneth n.m.
aneurine n.f.
anévrysmal *ou* **anévrismal, e, aux** adj.
anévrysme *ou* **anévrisme** n.m.
anfractuosité n.f.
angarie n.f.
ange n.m.
angéiologie *ou* **angiologie** n.f.
angéite *ou* **angiite** n.f.
angélique adj. ; n.f.
angéliquement adv.
angélisme n.m.
angelot n.m.
angélus n.m.
angevin, e adj. *et* n.
angiectasie n.f.
angiite *ou* **angéite** n.f.
angine n.f.
angineux, euse adj.
angiocardiographie n.f.
angiocholite n.f.
angiographie n.f.
angiologie *ou* **angéiologie** n.f.
angiologue n.
angiomatose n.f.
angiome n.m.
angioplastie n.f.
angiosperme n.f.
angiotensine n.f.
angkorien, enne adj.
anglais, e adj. *et* n.
anglais n.m.
anglaise n.f.
anglaiser v.t.
angle n.m.
angledozer n.m.
anglet n.m.
anglican, e adj. *et* n.
anglicanisme n.m.
anglicisation n.f.
angliciser v.t.
anglicisme n.m.
angliciste n.
anglo-américain, e adj. *et* n. (pl. anglo-américains, es)
anglo-américain n.m. sing.
anglo-arabe adj. *et* n.m. (pl. anglo-arabes)
anglomane adj. *et* n.
anglomanie n.f.
anglo-normand, e adj. *et* n. (pl. anglo-normands, es)
anglo-normand n.m. sing.
anglophile adj. *et* n.
anglophilie n.f.
anglophobe adj. *et* n.
anglophobie n.f.
anglophone adj. *et* n.
anglo-saxon, onne adj. *et* n. (pl. anglo-saxons, onnes)
angoissant, e adj.
angoisse n.f.
angoissé, e adj. *et* n.
angoisser v.t.
angolais, e adj. *et* n.
angon n.m.
angor n.m.
angora adj. *et* n. ; n.m.
angrois *ou* **engrois** n.m.
angström n.m.
anguiforme adj.

anguille n.f.
anguillidé n.m.
anguillère n.f.
anguillule n.f.
anguillulose n.f.
angulaire adj.
anguleux, euse adj.
angusticlave n.m.
angustifolié, e adj.
angustura *ou* **angusture** n.f.
anharmonique adj.
anhélation n.f.
anhéler v.i. (conj. **11**)
anhidrose *ou* **anidrose** n.f.
anhydre adj.
anhydride n.m.
anhydrite n.f.
anhydrobiose n.f.
anhypothétique adj.
anicroche n.f.
anidrose *ou* **anhidrose** n.f.
ânier, ère n.
aniline n.f.
anilisme n.m.
animadversion n.f.
animal, e, aux adj.
animal n.m. (pl. animaux)
animalcule n.m.
animalerie n.f.
animalier, ère adj. *et* n.
animaliser v.t.
animalité n.f.
animateur, trice n.
animation n.f.
animato adv.
animé, e adj.
animelles n.f. pl.
animer v.t.
animisme n.m.
animiste adj. *et* n.
animosité n.f.
anion n.m.
anionique adj.
anis n.m.
anisé n.m.
aniser v.t.
anisette n.f.
anisogamie n.f.
anisole n.m.
anisotrope adj.
anisotropie n.f.
ankylosaure n.m.
ankylose n.f.
ankylosé, e adj.
ankyloser v.t.
ankylostome n.m.
ankylostomiase n.f.
annal, e, aux adj.
annales n.f. pl.
annaliste n.
annalité n.f.
annamite adj. *et* n.
annate n.f.
anneau n.m.
année n.f.
année-lumière n.f. (pl. années-lumière)
annelé, e adj.
anneler v.t. (conj. **16**)
annelet n.m.
annélide n.f.
annexe adj. *et* n.f.
annexer v.t.
annexion n.f.
annexionnisme n.m.
annexionniste adj. *et* n.
annexite n.f.
annihilation n.f.
annihiler v.t.
anniversaire adj. *et* n.m.
annonacée *ou* **anonacée** n.f.
annonce n.f.
annoncer v.t. (conj. **9**)
annonceur, euse n.
annonciateur, trice adj.
Annonciation n.f.
annoncier, ère n.
annone *ou* **anone** n.f.
annotateur, trice n.
annotation n.f.
annoter v.t.
annuaire n.m.
annualisation n.f.
annualiser v.t.
annualité n.f.
annuel, elle adj.
annuellement adv.
annuité n.f.
annulabilité n.f.
annulable adj.
annulaire adj. ; n.m.
annulatif, ive adj.
annulation n.f.
annuler v.t.
anobie n.f.
anobli, e adj. *et* n.
anoblir v.t.
anoblissement n.m.
anode n.f.
anodin, e adj.
anodique adj.
anodisation n.f.
anodiser v.t.
anodonte n.m.
anodontie [-si] n.f.
anomal, e, aux adj.
anomala n.m.
anomalie n.f.
anomalure n.m.
anomie n.f.
anomique adj.
anomoure n.m.
ânon n.m.
anonacée *ou* **annonacée** n.f.
anone *ou* **annone** n.f.
ânonnement n.m.
ânonner v.i. *et* t.
anonymat n.m.
anonyme adj. *et* n.
anonymement adv.
anophèle n.m.
anorak n.m.
anordir v.i.
anorexie n.f.
anorexigène adj. *et* n.m.
anorexique adj. *et* n.
anorganique adj.
anorgasmie n.f.
anormal, e, aux adj.
anormalement adv.
anormalité n.f.
anosmie n.f.
anoure n.m.
anovulation n.f.
anovulatoire adj.

anoxémie n.f.
anoxie n.f.
anse n.f.
ansé, e adj.
ansériforme n.m.
ansérine n.f.
antabuse adj.
antagonique adj.
antagonisme n.m.
antagoniste adj. *et* n.
antalgie n.f.
antalgique adj. *et* n.m.
antamanide n.m.
antan (d') loc. adj.
antarctique adj.
ante n.f.
antebois *ou* **antibois** n.m.
antécambrien, enne adj.
antécédence n.f.
antécédent, e adj.
antécédent n.m.
Antéchrist n.m.
antédiluvien, enne adj.
antéfixe n.f.
antéhypophyse n.f.
antéislamique adj.
antenais, e adj.
anténatal, e, als adj.
antennate n.m.
antenne n.f.
antenniste n.
antépénultième adj. *et* n.f.
antéposer v.t.
antéposition n.f.
antéprédicatif, ive adj.
antérieur, e adj.
antérieurement adv.
antériorité n.f.
antérograde adj.
antéversion n.f.
anthémis n.f.
anthère n.f.
anthéridie n.f.
anthérozoïde n.m.
anthèse n.f.
anthocéros n.m.
anthologie n.f.
anthonome n.m.
anthozoaire n.m.
anthracène n.m.
anthracite n.m. ; adj. inv.
anthraciteux, euse adj.
anthracnose n.f.
anthracose n.f.
anthraquinone n.f.
anthrax n.m.
anthrène n.m.
anthropien, enne adj. *et* n.
anthropique adj.
anthropobiologie n.f.
anthropocentrique adj.
anthropocentrisme n.m.
anthropogenèse *ou* **anthropogénie** n.f.
anthropoïde adj. *et* n.
anthropologie n.f.
anthropologique adj.
anthropologue n.
anthropométrie n.f.
anthropométrique adj.
anthropomorphe adj.
anthropomorphique adj.
anthropomorphisme n.m.
anthroponyme n.m.
anthroponymie n.f.
anthropophage adj. *et* n.
anthropophagie n.f.
anthropophile adj.
anthropopithèque n.m.
anthroposophie n.f.
anthropotechnique n.f.
anthropozoïque adj.
anthurium n.m.
anthyllis *ou* **anthyllide** n.f.
antiacide adj.
antiacridien, enne adj.
antiadhésif, ive adj.
antiaérien, enne adj.
antiagrégant n.m.
antialcoolique adj.
antialcoolisme n.m.
antiallergique adj.
antiamaril, e adj.
antiaméricanisme n.m.
antiangineux *ou* **antiangoreux** n.m.
antiasthmatique adj. *et* n.m.
antiatome n.m.
antiatomique adj.
antiautoritaire adj.
antibélier n.m.
antibiogramme n.m.
antibiothérapie n.f.
antibiotique adj. *et* n.m.
antiblocage adj.
antibois *ou* **antebois** n.m.
antibrouillage n.m.
antibrouillard n.m. ; adj. inv.
antibruit adj. inv.
anticabreur adj.m.
anticalcaire adj. *et* n.m.
anticancéreux, euse adj.
anticapitaliste adj.
anticasseurs adj. inv.
anticathode n.f.
antichambre n.f.
antichar adj.
antichoc adj.
anticholinergique adj. *et* n.m.
antichômage adj. inv.
antichrèse n.f.
anticipation n.f.
anticipatoire adj.
anticipé, e adj.
anticiper v.t., v.t. ind. *et* i.
anticlérical, e, aux adj. *et* n.
anticléricalisme n.m.
anticlinal, e, aux adj.
anticlinal n.m. (pl. anticlinaux)
anticoagulant, e adj.
anticoagulant n.m.
anticolonialisme n.m.
anticolonialiste adj. *et* n.
anticommunisme n.m.
anticommuniste adj. *et* n.
anticonceptionnel, elle adj.
anticoncurrentiel, elle adj.

anticonformisme n.m.
anticonformiste adj. *et* n.
anticonjoncturel, elle adj.
anticonstitutionnel, elle adj.
anticonstitutionnellement adv.
anticorps n.m.
anticorrosion adj. inv.
anticryptogamique adj. *et* n.m.
anticyclique adj.
anticyclonal, e, aux *ou* **anticyclonique** adj.
anticyclone n.m.
antidate n.f.
antidater v.t.
antidéflagrant, e adj.
antidémocratique adj.
antidéplacement n.m.
antidépresseur adj.m. *et* n.m.
antidérapant, e adj.
antidérapant n.m.
antidétonant, e adj.
antidiphtérique adj.
antidiurétique adj. *et* n.m.
antidopage *ou* **antidoping** adj. inv.
antidote n.m.
antidouleur adj. inv.
antiéconomique adj.
antieffraction adj. inv.
antiémétique adj. *et* n.m.
antiémétisant, e adj.
antiémétisant n.m.
antienne n.f.
antiesclavagiste adj. *et* n.
antiétatique adj.
antifading n.m.
antifasciste adj. *et* n.
antiferromagnétisme n.m.
antifongique adj. *et* n.m.
antifriction adj. inv.
antifumée n.m. ; adj. inv.
anti-g adj. inv.
antigang adj. inv.
antigel n.m. ; adj. inv.
antigélif n.m.
antigène n.m.
antigénique adj.
antigivrant, e adj.
antigivrant n.m.
antiglisse adj. inv.
antigouvernemental, e, aux adj.
antigravitation n.f.
antigravitationnel, elle adj.
antigrève adj. inv.
antihalo n.m. ; adj. inv.
antihausse adj. inv.
antihéros n.m.
antihistaminique adj. *et* n.m.
antihygiénique adj.
anti-impérialisme n.m. (pl. anti-impérialismes)
anti-impérialiste adj. *et* n. (pl. anti-impérialistes)
anti-infectieux, euse adj. (pl. anti-infectieux, euses)
anti-infectieux n.m. (pl. anti-infectieux)
anti-inflammatoire adj. *et* n.m. (pl. anti-inflammatoires)
anti-inflationniste adj. (pl. anti-inflationnistes)
antijeu n.m. (pl. antijeux)
antilithique adj.
antillais, e adj. *et* n.
antilogarithme n.m.
antilope n.f.
antimaçonnique adj.
antimatière n.f.
antiméridien n.m.
antimigraineux, euse adj.
antimilitarisme n.m.
antimilitariste adj. *et* n.
antimissile adj. inv.
antimite n.m. ; adj. inv.
antimitotique adj. *et* n.m.
antimoine n.m.
antimonarchique adj.
antimonarchiste adj. *et* n.
antimoniate n.m.
antimonié, e adj.
antimoniure n.m.
antimycosique adj. *et* n.m.
antinataliste adj.
antinational, e, aux adj.
antinazi, e n. *et* adj.
antineutrino n.m.
antineutron n.m.
antinévralgique adj.
antinomie n.f.
antinomique adj.
antinucléaire adj. *et* n.
antioncogène n.m.
antiope n.m.
antioxydant n.m.
antipaludéen, enne adj.
antipaludéen n.m.
antipaludique adj. *et* n.m.
antipape n.m.
antiparallèle adj.
antiparasite n.m. ; adj. inv.
antiparasiter v.t.
antiparlementaire adj. *et* n.
antiparlementarisme n.m.
antiparticule n.f.
antipathie n.f.
antipathique adj.
antipatriotique adj.
antipatriotisme n.m.
antipelliculaire adj.
antipéristaltique adj.
antipersonnel adj. inv.
antiperspirant, e adj.
antiphlogistique adj.
antiphonaire n.m.
antiphrase n.f.
antipode n.m.
antipodisme n.m.
antipodiste n.
antipoétique adj.
antipoison adj. inv.
antipollution adj. inv.

antipoliomyélitique adj.
antiprotectionniste adj. *et* n.
antiproton n.m.
antiprurigineux, euse adj. *et* n.m.
antipsychiatrie n.f.
antipsychotique adj. *et* n.m.
antiputride adj.
antipyrétique adj. *et* n.m.
antipyrine n.f.
antiquaille n.f.
antiquaire n.
antiquark n.m.
antique adj. ; n.m. ; n.f.
antiquisant, e adj.
antiquité n.f.
antirabique adj.
antirachitique adj.
antiracisme n.m.
antiraciste adj. *et* n.
antiradar adj. inv.
antiradiation adj. inv.
antirationnel, elle adj.
antireflet adj. inv.
antiréglementaire adj.
antirejet adj. inv.
antireligieux, euse adj.
antirépublicain, e adj. *et* n.
antirides adj. *et* n.m.
antiroi n.m.
antiroman n.m.
antirouille n.m. ; adj. inv.
antiroulis adj.
antisalissure adj. inv.
antisatellite adj. inv.
antiscientifique adj.
antisèche n.f.
antiségrégationniste adj. *et* n.
antisémite adj. *et* n.
antisémitisme n.m.
antisepsie n.f.
antiseptique adj. *et* n.m.
antisérotoninergique adj.
antisismique adj.
antisocial, e, aux adj.
anti-sous-marin, e adj. (pl. anti-sous-marins, es)
antisoviétique adj.
antispasmodique adj. *et* n.m.
antisportif, ive adj.
antistatique adj. *et* n.m.
antistreptolysine n.f.
antistress adj. inv.
antistrophe n.f.
antisudoral, e, aux adj.
antisymétrique adj.
antisyndical, e, aux adj.
antisyphilitique adj.
antitabac adj. inv.
antiterroriste adj.
antitétanique adj.
antithèse n.f.
antithétique adj.
antithyroïdien, enne adj.
antitout adj. inv.
antitoxine n.f.
antitoxique adj.
antitrust adj. inv.
antituberculeux, euse adj.
antitussif, ive adj.
antitussif n.m.
antiulcéreux, euse adj.
antiunitaire adj.
antivariolique adj.
antivénéneux, euse adj.
antivénérien, enne adj.
antivenimeux, euse adj.
antiviral, e, aux adj. *et* n.m.
antiviral n.m. (pl. antiviraux)
antivol n.m. ; adj. inv.
antoinisme n.m.
antonomase n.f.
antonyme n.m.
antonymie n.f.
antre n.m.
antrustion n.m.
anurie n.f.
anus n.m.
anuscopie n.f.
anversois, e adj. *et* n.
anxiété n.f.
anxieusement adv.
anxieux, euse adj. *et* n.
anxiogène adj.
anxiolytique adj. *et* n.m.
aoriste n.m.
aorte n.f.
aortique adj.
aortite n.f.
août n.m.
aoûtat n.m.
aoûté, e adj.
aoûtement n.m.
aoûtien, enne n.
apache adj. ; n.m.
apadana n.f.
apagogie n.f.
apagogique adj.
apaisant, e adj.
apaisement n.m.
apaiser v.t.
apanage n.m.
aparté n.m.
apartheid n.m.
apathie n.f.
apathique adj.
apathiquement adv.
apatite n.f.
apatosaure n.m.
apatride adj. *et* n.
apax *ou* **hapax** n.m. inv.
apepsie n.f.
aperception n.f.
apercevoir v.t. (conj. **39**)
aperçu n.m.
apériodique adj.
apériteur, trice adj.
apériteur n.m.
apéritif, ive adj.
apéritif n.m.
apéro n.m.
aperture n.f.
apesanteur n.f.
apétale adj.
à-peu-près n.m. inv.
apeurer v.t.
apex n.m. inv.
aphasie n.f.
aphasique adj. *et* n.
aphélandra n.m.
aphélie n.m.

aphérèse n.f.
aphidien n.m.
aphidé n.m.
aphone adj.
aphonie n.f.
aphorisme n.m.
aphrodisiaque adj. *et* n.m.
aphrodite n.f.
aphte n.m.
aphteux, euse adj.
aphylle adj.
api n.m.
à-pic n.m. inv.
apical, e, aux adj.
apicale n.f.
apicole adj.
apiculteur, trice n.
apiculture n.f.
apidé n.m.
apiéceur, euse n.
apifuge adj.
apigeonner v.t.
apiol n.m.
apion n.m.
apiquage n.m.
apiquer v.t.
apitoiement n.m.
apitoyer v.t. (conj. **7**)
apivore adj. *et* n.
aplacentaire adj. *et* n.m.
aplanat adj. *et* n.m.
aplanétique adj.
aplanétisme n.m.
aplanir v.t.
aplanissement n.m.
aplasie n.f.
aplasique adj.
à-plat *ou* **aplat** n.m. (pl. à-plats, aplats)
aplati, e adj.
aplatir v.t.
aplatissage n.m.
aplatissement n.m.
aplatisseur n.m.
aplatissoir n.m.
aplatissoire n.f.
aplite n.f.
aplomb n.m.
aplomber v.t.
apnée n.f.
apoastre n.m.
apocalypse n.f.
apocalyptique adj.
apocope n.f.
apocopé, e adj.
apocryphe adj. ; n.m.
apocynacée n.f.
apode adj. ; n.m.
apodictique adj.
apodose n.f.
apoenzyme n.f. *ou* n.m.
apogamie n.f.
apogée n.m.
apolipoprotéine n.f.
apolitique adj. *et* n.
apolitisme n.m.
apollinien, enne adj.
apollon n.m.
apologétique adj. ; n.f.
apologie n.f.
apologiste n.
apologue n.m.
apomixie n.f.
apomorphe adj.
apomorphie n.f.
apomorphine n.f.
aponévrose n.f.
aponévrotique adj.
apophantique adj.
apophonie n.f.
apophtegme n.m.
apophysaire adj.
apophyse n.f.
apoplectique adj.
apoplexie n.f.
apoptose n.f.
aporétique adj.
aporie n.f.
aposélène n.m.
aposiopèse n.f.
apostasie n.f.
apostasier v.t. *et* i. (conj. **5**)
apostat, e adj. *et* n.
aposter v.t.
a posteriori loc. adv. *et* adj. inv.
apostériorité n.f.
apostille n.f.
apostiller v.t.
apostolat n.m.
apostolicité n.f.
apostolique adj.
apostrophe n.f.
apostropher v.t.
apothécie n.f.
apothème n.m.
apothéose n.f.
apothicaire n.m.
apôtre n.m.
appairage n.m.
appairer v.t.
appalachien, enne adj.
apparaître v.i. (conj. **71** ; auxil. *être*)
apparat n.m.
apparatchik n.m.
apparaux n.m. pl.
appareil n.m.
appareillade n.f.
appareillage n.m.
appareillement n.m.
appareiller v.t. *et* i.
appareilleur n.m.
apparemment adv.
apparence n.f.
apparent, e adj.
apparenté, e adj.
apparentement n.m.
apparenter (s') v.pr.
appariement n.m.
apparier v.t. (conj. **5**)
appariteur n.m.
apparition n.f.
apparoir v.i. (seulem. inf. et 3e pers. ind. prés.)
appartement n.m.
appartenance n.f.
appartenir v.t. ind. (conj. **28**)
appas n.m. pl. (charmes)
appassionato adv.
appât n.m. (pâture)
appâter v.t.
appauvrir v.t.
appauvrissement n.m.
appeau n.m.
appel n.m.
appelant, e adj. *et* n.

appelé n.m.
appeler v.t. (conj. **16**)
appellatif, ive adj.
appellatif n.m.
appellation n.f.
appendice n.m.
appendicectomie n.f.
appendicite n.f.
appendiculaire adj. ; n.m.
appendre v.t. (conj. **59**)
appentis n.m.
appenzell n.m.
appert (il) v. impers.
appertisation n.f.
appesantir v.t.
appesantissement n.m.
appétence n.f.
appétissant, e adj.
appétit n.m.
applaudimètre n.m.
applaudir v.t. *et* t. ind.
applaudissement n.m.
applaudisseur, euse n.
applicabilité n.f.
applicable adj.
applicage n.m.
applicateur adj.m. *et* n.m.
application n.f.
applique n.f.
appliqué, e adj.
appliquer v.t.
appoggiature n.f.
appoint n.m.
appointage n.m.
appointements n.m. pl.
appointer v.t.
appondre v.t. (conj. **59**)
apponse n.f.
appontage n.m.
appontement n.m.
apponter v.i.
apponteur n.m.
apport n.m.
apporter v.t.
apporteur n.m.
apposer v.t.
apposition n.f.
appréciabilité n.f.
appréciable adj.
appréciateur, trice n.
appréciatif, ive adj.
appréciation n.f.
apprécier v.t. (conj. **5**)
appréhender v.t.
appréhensif, ive adj.
appréhension n.f.
apprenant,e n.
apprendre v.t. (conj. **61**)
apprenti, e n.
apprentissage n.m.
apprêt n.m.
apprêtage n.m.
apprêté, e adj.
apprêter v.t.
apprêteur, euse n.
apprivoisable adj.
apprivoisement n.m.
apprivoiser v.t.
apprivoiseur, euse adj. *et* n.
approbateur, trice adj. *et* n.
approbatif, ive adj.
approbation n.f.
approbativement adv.
approchable adj.
approchant, e adj.
approche n.f.
approché, e adj.
approcher v.t., t.ind. *et* i.
approfondir v.t.
approfondissement n.m.
appropriation n.f.
approprié, e adj.
approprier v.t. (conj. **5**)
approuvable adj.
approuver v.t.
approvisionnement n.m.
approvisionner v.t.
approvisionneur, euse n.
approximatif, ive adj.
approximation n.f.
approximativement adv.
appui n.m.
appui-bras *ou* **appuie-bras** n.m. (pl. appuis-bras, appuie-bras)
appui-tête *ou* **appuie-tête** n.m. (pl. appuis-tête, appuie-tête)
appuyé, e adj.
appuyer v.t. *et* i. (conj. **7**)
apragmatique adj. *et* n.
apragmatisme n.m.
apraxie n.f.
apraxique adj. *et* n.
âpre adj.
âprement adv.
après prép. *et* adv.
après-coup n.m. (pl. après-coups)
après-demain adv.
après-dîner n.m. (pl. après-dîners)
après-guerre n.m. *ou* f. (pl. après-guerres)
après-midi n.m. *ou* f. inv.
après-rasage adj. inv. ; n.m. (pl. après-rasages)
après-ski n.m. (pl. après-skis)
après-soleil adj. inv. ; n.m. (pl. après-soleils)
après-vente adj. inv.
âpreté n.f.
a priori loc. adv. *et* adj. inv. ; n.m. inv.
apriorique adj.
apriorisme n.m.
aprioritique adj.
à-propos n.m. inv.
apsara *ou* **apsaras** n.f.
apside n.f.
apte adj.
aptère adj.
aptérygote n.m.
aptéryx n.m. inv.
aptitude n.f.
apurement n.m.
apurer v.t.
apyre adj.
apyrétique adj.
apyrexie n.f.
apyrogène adj.
aquacole *ou* **aquicole** adj.
aquaculteur, trice *ou* **aquiculteur, trice** n.

aquaculture *ou*
aquiculture n.f.
aquafortiste n.
Aquagym n.f. (nom déposé)
aquamanile n.m.
aquanaute n.
aquaplanage n.m.
aquaplane n.m.
aquaplaning n.m.
aquarelle n.f.
aquarellé, e adj.
aquarelliste n.
aquariophile n.
aquariophilie n.f.
aquarium n.m. (pl. aquariums)
aquatinte n.f.
aquatintiste n.
aquatique adj.
aquatubulaire adj.
aquavit [akwavit] *ou*
akvavit n.m.
aqueduc n.m.
aqueux, euse adj.
à quia loc. adv.
aquicole *ou* **aquacole** adj.
aquiculteur, trice *ou*
aquaculteur, trice n.
aquiculture *ou*
aquaculture n.f.
aquifère n.m. *et* adj.
aquilin adj.m.
aquilon n.m.
aquitain, e adj. *et* n.
aquosité n.f.
ara n.m.
arabe adj. *et* n. ; n.m.
arabesque n.f.
arabica n.m.
arabique adj.
arabisant, e adj. *et* n.
arabisation n.f.
arabiser v.t.
arabisme n.m.
arable adj.
arabo-islamique adj. (pl. arabo-islamiques)
arabophone adj. *et* n.
arac, arack *ou* **arak** n.m.
aracée n.f.
arachide n.f.
arachnéen, enne adj.
arachnide n.m.
arachnoïde n.f.
arachnoïdien, enne adj.
arack, arak *ou* **arac** n.m.
aragonais, e adj. *et* n.
aragonite n.f.
araignée n.f.
araire n.m.
arak, arac *ou* **arack** n.m.
Araldite n.f. (nom déposé)
aralia n.m.
araliacée n.f.
araméen, enne adj.
araméen n.m.
aramide adj.
aramon n.m.
aranéide n.m.
arasement n.m.
araser v.t.
aratoire adj.
araucaria n.m.
arawak n.m.
arbalète n.f.
arbalétrier n.m.
arbalétrière n.f.
arbitrable adj.
arbitrage n.m.
arbitragiste n.
arbitraire adj. *et* n.m.
arbitrairement adv.
arbitral, e, aux adj.
arbitralement adv.
arbitre n.m.
arbitrer v.t.
arboré, e adj.
arborer v.t.
arborescence n.f.
arborescent, e adj.
arboretum n.m. (pl. arboretums)
arboricole adj.
arboriculteur, trice n.
arboriculture n.f.
arborisation n.f.
arborisé, e adj.
arbouse n.f.
arbousier n.m.
arbovirose n.f.
arbovirus n.m. inv.
arbre n.m.
arbre-de-Noël n.m. (pl. arbres-de-Noël)
arbrisseau n.m.
arbuste n.m.
arbustif, ive adj.
arc n.m.
arcade n.f.
arcadien, enne adj. *et* n.
arcane n.m. (mystère)
arcanne n.f. (craie)
arcature n.f.
arcanson n.m.
arc-boutant n.m. (pl. arcs-boutants)
arc-boutement n.m. (pl. arcs-boutements)
arc-bouter v.t.
arc-doubleau n.m. (pl. arcs-doubleaux)
arceau n.m.
arc-en-ciel n.m. (pl. arcs-en-ciel)
archaïque [-ka-] adj.
archaïsant, e [-ka-] adj. *et* n.
archaïsme [-ka-] n.m.
archal n.m. sing.
archange [-k-] n.m.
archangélique [-k-] adj.
archanthropien, enne [-k-] adj.
archanthropien [-k-] n.m.
arche n.f.
archée n.f.
archéen, enne [-k-] adj.
archéen [-k-] n.m.
archégone [-k-] n.m.
archelle n.f.
archéobactérie [-k-] n.f.
archéologie [-k-] n.f.
archéologique [-k-] adj.
archéologue [-k-] n.
archéomagnétisme [-k-] n.m.
archéoptéryx [-k-] n.m.
archer n.m. (tireur à l'arc)
archère n.f.

archerie n.f.
archet n.m. (baguette)
archèterie n.f.
archetier, ère n.
archétypal, e, aux *ou*
archétypique [-k-] adj.
archétype [-k-] n.m.
archevêché n.m.
archevêque n.m.
archiatre [-k-] n.m.
archichancelier n.m.
archichlamydée n.f.
archiconfrérie n.f.
archicube n.m.
archidiacre n.m.
archidiocésain, e adj.
archidiocèse n.m.
archiduc n.m.
archiduchesse n.f.
archiépiscopal, e, aux adj.
archiépiscopat n.m.
archimandrite n.m.
archimédien, enne adj.
archine n.f.
archipel n.m.
archiphonème n.m.
archipresbytéral, e, aux adj.
archiprêtre n.m.
archiptère n.m.
architecte n.
architectonique n.f.
architectural, e, aux adj.
architecture n.f.
architecturer v.t.
architrave n.f.
architravée adj. f. *et* n.f.
archivage n.m.
archiver v.t.
archives n.f. pl.
archiviste n.
archiviste-paléographe n. (pl. archivistes-paléographes)
archivistique n.f.
archivolte n.f.
archontat [-k-] n.m.
archonte [-k-] n.m.
arçon n.m.
arçonner v.t.
arctique adj.
arcure [-k-] n.f.
ardéchois, e adj. *et* n.
ardéiforme n.m.
ardemment adv.
ardennais, e adj. *et* n.
ardent, e adj.
ardent n.m.
ardeur n.f.
ardillon n.m.
arditi n.m. pl.
ardoise n.f.
ardoisé, e adj.
ardoisier, ère adj.
ardoisier n.m.
ardoisière n.f.
ardu, e adj.
are n.m.
aréage n.m.
arec n.m.
arécacée n.f.
aréflexie n.f.
aréique adj.
aréisme n.m.
areligieux, euse adj.
aréna n.m. *ou* n.f.
arénacé, e adj.
arène n.f.
arénicole adj. ; n.f.
arénisation n.f.
arénite n.f.
arénophile adj.
aréographie n.f.
aréolaire adj.
aréole n.f.
aréomètre n.m.
aréométrie n.f.
aréopage n.m.
aréostyle n.m.
aréquier n.m.
arête n.f.
arêtier n.m.
arêtière n.f. *et* adj.f.
areu ! interj.
arganier n.m.
argas n.m.
argent n.m.
argentage n.m.
argentan n.m.
argenté, e adj.
argenter v.t.
argenterie n.f.
argenteur, euse n.
argentier n.m.
argentifère adj.
argentin, e adj. ; adj. *et* n.
argentique adj.
argentite n.f.
argenton n.m.
argenture n.f.
argien, enne adj. *et* n.
argilacé, e adj.
argile n.f.
argileux, euse adj.
arginine n.f.
argiope n.f.
argon n.m.
argonaute n.m.
argot n.m.
argotier n.m.
argotique adj.
argotisme n.m.
argotiste n.
argousier n.m.
argousin n.m.
arguer v.t. *et* t. ind. (conj. **4**)
argument n.m.
argumentaire n.m.
argumentateur, trice n.
argumentatif, ive adj.
argumentation n.f.
argumenter v.i.
argus n.m. inv.
argutie [-si] n.f.
argyraspide n.m.
argyrisme n.m.
argyronète n.f.
argyrose n.f.
aria n.m. ; n.f.
arianisme n.m.
aride adj.
aridité n.f.
ariégeois, e adj. *et* n.
arien, enne adj. *et* n.
ariette n.f.
arille n.m.
arillé, e adj.
arioso n.m. (pl. ariosos)

ariser *ou* **arriser** v.t.
aristocrate n. *et* adj.
aristocratie n.f.
aristocratique adj.
aristocratiquement adv.
aristocratisme n.m.
aristoloche n.f.
aristotélicien, enne adj. *et* n.
aristotélique adj.
aristotélisme n.m.
arithméticien, enne n.
arithmétique adj. *et* n.f.
arithmétiquement adv.
arithmomancie n.f.
arithmomanie n.f.
arkose n.f.
arlequin n.m.
arlequinade n.f.
arlésien, enne adj. *et* n.
armada n.f.
armagnac n.m.
armailli n.m.
armateur n.m.
armature n.f.
arme n.f.
armé, e adj.
armé n.m.
armée n.f.
armeline n.f.
armement n.m.
arménien, enne adj. *et* n.
armer v.t.
armet n.m.
armeuse n.f.
armillaire adj. ; n.m.
armille n.f.
arminianisme n.m.
arminien, enne adj. *et* n.
armistice n.m.
armoire n.f.
armoiries n.f. pl.
armoise n.f.
armon n.m.
armorial, e, aux adj.
armorial n.m. (pl. armoriaux)
armoricain, e adj. *et* n.
armorier v.t. (conj. **5**)
armure n.f.
armurerie n.f.
armurier n.m.
arnaque n.f.
arnaquer v.t.
arnaqueur, euse n.
arnica n.m. *ou* n.f.
arobas *ou* **arrobas** n.f.
aroïdée *ou* **aroïdacée** n.f.
arol, arole *ou* **arolle** n.m.
aromate n.m.
aromathérapie n.f.
aromatique adj. ; n.m.
aromatisant, e adj.
aromatisant n.m.
aromatisation n.f.
aromatiser v.t.
arôme n.m.
aronde n.f.
arpège n.m.
arpéger v.t. (conj. **15**)
arpent n.m.
arpentage n.m.
arpenter v.t.
arpenteur n.m.
arpenteuse n.f. *et* adj.f.
arpète *ou* **arpette** n.
arpion n.m.
arqué, e adj.
arquebusade n.f.
arquebuse n.f.
arquebusier n.m.
arquer v.t.
arrachage n.m.
arraché n.m.
arrache-clou n.m. (pl. arrache-clous)
arrachement n.m.
arrache-pied (d') loc. adv.
arracher v.t.
arracheur, euse n.
arracheuse n.f.
arrachis n.m.
arrachoir n.m.
arraisonnement n.m.
arraisonner v.t.
arrangeable adj.
arrangeant, e adj.
arrangement n.m.
arranger v.t. (conj. **10**)
arrangeur, euse n.
arrenter v.t.
arrérager v.i. (conj. **10**)
arrérages n.m. pl.
arrestation n.f.
arrêt n.m.
arrêté, e adj.
arrêté n.m.
arrête-bœuf n.m. inv.
arrêter v.t. *et* i.
arrêtiste n.m.
arrêtoir n.m.
arrhes n.f. pl.
arriération n.f.
arrière adv. *et* adj. inv. ; n.m. ; n.
arriéré, e adj.
arriéré n.m.
arrière-ban n.m. (pl. arrière-bans)
arrière-bec n.m. (pl. arrière-becs)
arrière-boutique n.f. (pl. arrière-boutiques)
arrière-chœur n.m. (pl. arrière-chœurs)
arrière-corps n.m. inv.
arrière-cour n.f. (pl. arrière-cours)
arrière-cousin, e n. (pl. arrière-cousins, es)
arrière-cuisine n.f. (pl. arrière-cuisines)
arrière-fond n.m. (pl. arrière-fonds)
arrière-garde n.f. (pl. arrière-gardes)
arrière-gorge n.f. (pl. arrière-gorges)
arrière-goût n.m. (pl. arrière-goûts)
arrière-grand-mère n.f. (pl. arrière-grands-mères)
arrière-grand-oncle n.m. (pl. arrière-grands-oncles)
arrière-grand-père n.m. (pl. arrière-grands-pères)
arrière-grands-parents n.m. pl.
arrière-grand-tante n.f. (pl. arrière-grands-tantes)

arrière-main n.f. (pl. arrière-mains)
arrière-neveu, arrière-nièce n. (pl. arrière-neveux, arrière-nièces)
arrière-pays n.m. inv.
arrière-pensée n.f. (pl. arrière-pensées)
arrière-petit-fils, arrière-petite-fille n. (pl. arrière-petits-fils, arrière-petites-filles).
arrière-petit-neveu, arrière-petite-nièce n. (pl. arrière-petits-neveux, arrière-petites-nièces).
arrière-petits-enfants n.m. pl.
arrière-plan n.m. (pl. arrière-plans)
arrière-port n.m. (pl. arrière-ports)
arrière-saison n.f. (pl. arrière-saisons)
arrière-salle n.f. (pl. arrière-salles)
arrière-train n.m. (pl. arrière-trains)
arrière-vassal n.m. (pl. arrière-vassaux)
arrimage n.m.
arrimer v.t.
arrimeur n.m.
arriser *ou* **ariser** v.t.
arrivage n.m.
arrivant, e n.
arrivé, e adj. *et* n.
arrivée n.f.
arriver v.i. *et* impers. [auxil. *être*]
arrivisme n.m.
arriviste adj. *et* n.
arrobas *ou* **arobas** n.f.
arroche n.f.
arrogamment adv.
arrogance n.f.
arrogant, e adj. *et* n.
arroger (s') v.pr. (conj. **10**)
arroi n.m.
arrondi, e adj. *et* n.f. ; n.m.
arrondir v.t.
arrondissage n.m.
arrondissement n.m.
arrondissure n.f.
arrosable adj.
arrosage n.m.
arrosé, e adj.
arrosement n.m.
arroser v.t.
arroseur n.m.
arroseuse n.f.
arrosoir n.m.
arrow-root n.m. (pl. arrow-roots)
arroyo n.m. (pl. arroyos)
ars n.m. (ossature)
arsenal n.m. (pl. arsenaux)
arséniate n.m.
arsenic n.m.
arsenical, e, aux *ou* **arsénié, e** adj.
arsénieux adj.m.
arsénique adj.m.
arsénite n.m.
arséniure n.m.
arsin adj. m.
arsine n.f.
arsouille n.m. *ou* n.f.
art n.m. (style)
artefact *ou* **artéfact** n.m.
artel n.m.
artère n.f.
artériectomie n.f.
artériel, elle adj.
artériographie n.f.
artériole n.f.
artériopathie n.f.
artérioscléreux, euse adj. *et* n.
artériosclérose n.f.
artériotomie n.f.
artérite n.f.
artéritique adj.
artésien, enne adj. *et* n.
arthralgie n.f.
arthrite n.f.
arthritique adj.
arthritisme n.m.
arthrodèse n.f.
arthrodie n.f.
arthrographie n.f.
arthrogrypose n.f.
arthropathie n.f.
arthroplastie n.f.
arthropode n.m.
arthroscopie n.f.
arthrose n.f.
artichaut n.m.
artichautière n.f.
article n.m.
articulaire adj.
articulateur n.m.
articulation n.f.
articulatoire adj.
articulé, e adj.
articulé n.m.
articulet n.m.
articuler v.t.
artifice n.m.
artificiel, elle adj.
artificiellement adv.
artificier n.m.
artificieusement adv.
artificieux, euse adj.
artillerie n.f.
artilleur n.m.
artimon n.m.
artiodactyle n.m.
artisan, e n.
artisanal, e, aux adj.
artisanalement adv.
artisanat n.m.
artiste n. ; adj.
artistement adv.
artistique adj.
artistiquement adv.
artocarpus *ou* **artocarpe** n.m.
artothèque n.f.
arum n.m. (pl. arums)
aruspice *ou* **haruspice** n.m.
arvale n.m. *et* adj.
arvine n.f.
aryen, enne adj. *et* n.
arylamine n.f.
aryle n.m.

aryténoïde adj.
arythmie n.f.
arythmique adj.
as n.m.
asa fœtida n.f. inv.
asana n.f.
asbeste n.f.
asbestose n.f.
ascaride n.m.
ascaridiase n.f.
ascaridiose n.f.
ascaris n.m.
ascendance n.f.
ascendant, e adj.
ascendant n.m.
ascenseur n.m.
ascension n.f.
ascensionnel, elle adj.
ascensionner v.i.
ascensionniste n.
ascèse n.f.
ascète n.
ascétique adj.
ascétisme n.m.
ascidie n.f.
ascite n.f.
ascitique adj.
asclépiadacée n.f.
asclépiade n.f.
asclépias n.m.
ascomycète n.m.
ascorbique adj.
ascospore n.f.
asdic n.m.
ase n.f.
aséismique adj.
aselle n.m.
asémantique adj.
asepsie n.f.
aseptique adj.
aseptisation n.f.
aseptisé, e adj.
aseptiser v.t.
asexué, e adj.
ashkénaze adj. *et* n.
ashram n.m.
asiago n.m.
asialie n.f.
asiate n. *et* adj.
asiatique adj. *et* n.
asiento n.m. (pl. asientos)
asilaire adj.
asile n.m.
asinien, enne adj.
asismique adj.
asocial, e, aux adj. *et* n.
asocialité n.f.
asomatognosie n.f.
asparagine n.f.
asparagus n.m. inv.
aspartame *ou* **aspartam** n.m.
aspartique adj.
aspe *ou* **asple** n.m.
aspect n.m.
asperge n.f.
asperger v.t. (conj. **10**)
aspergès n.m.
aspergille n.f.
aspergillose n.f.
aspergillus n.m. inv.
aspérité n.f.
asperme adj.
aspermie n.f.
asperseur n.m.
aspersion n.f.
aspersoir n.m.
asphaltage n.m.
asphalte n.m.
asphalter v.t.
asphaltier n.m.
asphodèle n.m.
asphyxiant, e adj.
asphyxie n.f.
asphyxié, e adj. *et* n.
asphyxier v.t. (conj. **5**)
aspic n.m. (gelée)
aspic *ou* **spic** n.m. (lavande)
aspidistra n.m.
aspirant, e adj. ; n.m.
aspirateur n.m.
aspiration n.f.
aspiratoire adj.
aspiré, e adj.
aspirer v.t.
aspirine n.f.
aspiro-batteur n.m. (pl. aspiro-batteurs)
asple *ou* **aspe** n.m.
asplénium n.m. (pl. aspléniums)
aspre n.f.
asque n.m.
assagir v.t.
assagissement n.m.
assai [-aj] adv.
assaillant, e adj. *et* n.
assaillir v.t. (conj. **35**)
assainir v.t.
assainissement n.m.
assainisseur n.m.
assaisonnement n.m.
assaisonner v.t.
assamais n.m.
assassin, e adj.
assassin n.m.
assassinat n.m.
assassiner v.t.
assaut n.m.
asseau n.m.
assèchement n.m.
assécher v.t. (conj. **11**)
assemblage n.m.
assemblé n.m.
assemblée n.f.
assembler v.t.
assembleur n.m.
assembleuse n.f.
asséner (conj. **11**) *ou* **assener** v.t. (conj. **12**)
assentiment n.m.
asseoir v.t. (conj. **51**)
assermentation n.f.
assermenté, e adj. *et* n.
assermenter v.t.
assertion n.f.
assertorique adj.
asservir v.t.
asservissant, e adj.
asservissement n.m.
asservisseur n.m.
assesseur n.m.
assette n.f.
assez adv.
assibilation n.f.
assidu, e adj.
assiduité n.f.
assidûment adv.

assiégé, e adj.
assiégeant, e adj. *et* n.
assiéger v.t. (conj. **15**)
assiette n.f.
assiettée n.f.
assignable adj.
assignat n.m.
assignation n.f.
assigner v.t.
assimilable adj.
assimilateur, trice adj.
assimilation n.f.
assimilé, e n.
assimiler v.t.
assis, e adj.
assise n.f.
assises n.f. pl.
assistanat n.m.
assistance n.f.
assistant, e n.
assisté, e n. *et* adj.
assister v.t. *et* t. ind.
associatif, ive adj.
association n.f.
associationnisme n.m.
associativité n.f.
associé, e adj. *et* n.
associer v.t. (conj. **5**)
assoiffé, e adj. *et* n.
assoiffer v.t.
assolement n.m.
assoler v.t.
assombrir v.t.
assombrissement n.m.
assommant, e adj.
assommer v.t.
assommeur, euse n.
assommoir n.m.
Assomption n.f.
assomptionniste n.m.
assonance n.f.
assonancé, e adj.
assonant, e adj.
assorti, e adj.
assortiment n.m.
assortir v.t.
assoupi, e adj.
assoupir v.t.
assoupissant, e adj.
assoupissement n.m.
assouplir v.t.
assouplissant n.m.
assouplissement n.m.
assouplisseur n.m.
assourdir v.t.
assourdissant, e adj.
assourdissement n.m.
assouvir v.t.
assouvissement n.m.
assuétude n.f.
assujetti, e n. *et* adj.
assujettir v.t.
assujettissant, e adj.
assujettissement n.m.
assumer v.t.
assurable adj.
assurage n.m.
assurance n.f.
assurance-crédit n.f. (pl. assurances-crédits)
assuré, e adj. *et* n.
assurément adv.
assurer v.t.
assureur n.m.
assyrien, enne adj. *et* n.
assyriologie n.f.
assyriologue n.
astaciculture n.f.
astasie n.f.
astate n.m.
astatique adj.
aster n.m.
astéracée n.f.
astéréognosie n.f.
astéride n.m.
astérie n.f.
astérisque n.m.
astéroïde n.m.
asthénie n.f.
asthénique adj.
asthénosphère n.f.
asthmatique adj. *et* n.
asthme n.m.
asti n.m.
asticot n.m.
asticoter v.t.
astigmate adj. *et* n.
astigmatique adj.
astigmatisme n.m.
astiquage n.m.
astiquer v.t.
astragale n.m.
astrakan n.m.
astral, e, aux adj.
astre n.m.
astreignant, e adj.
astreindre v.t. (conj. **62**)
astreinte n.f.
astringence n.f.
astringent, e adj.
astringent n.m.
astroblème n.m.
astrolabe n.m.
astrologie n.f.
astrologique adj.
astrologue n.
astrométrie n.f.
astrométrique adj.
astrométriste n.
astronaute n.
astronautique n.f.
astronef n.m.
astronome n.
astronomie n.f.
astronomique adj.
astronomiquement adv.
astrophotographie n.f.
astrophysicien, enne n.
astrophysique n.f.
astuce n.f.
astucieusement adv.
astucieux, euse adj.
asymétrie n.f.
asymétrique adj.
asymbolie n.f.
asymptomatique adj.
asymptote adj. *et* n.f.
asymptotique adj.
asynchrone adj.
asynchronisme n.m.
asyndète n.f.
asynergie n.f.
asystole n.f.
ataca n.m.
ataraxie n.f.
ataraxique adj.
atavique adj.
atavisme n.m.
ataxie n.f.
ataxique adj.

atèle n.m.
atélectasie n.f.
atelier n.m.
atellanes n.f. pl.
atémi n.m.
a tempo loc. adv.
atemporel, elle adj.
ater n.
atérien, enne adj.
atérien n.m.
atermoiement n.m.
atermoyer v.i. (conj. **7**)
athanée n.m.
athanor n.m.
athée adj. *et* n.
athéisme n.m.
athématique adj.
athénée n.m.
athénien, enne adj. *et* n.
athermane adj.
athermique adj.
athérome n.m.
athérosclérose n.f.
athétose n.f.
athétosique adj. *et* n.
athlète n.
athlétique adj.
athlétisme n.m.
athrepsie n.f.
athymhormie n.f.
athymie n.f.
atlante n.m.
atlanthrope n.m.
atlantique adj.
atlantisme n.m.
atlantosaure n.m.
atlas n.m.
atman n.m.
atmosphère n.f.
atmosphérique adj.
atoca n.m.
atocatière n.f.
atoll n.m.
atome n.m.
atome-gramme n.m. (pl. atomes-grammes)
atomicité n.f.
atomique adj.
atomisation n.f.
atomisé, e adj. *et* n.
atomiser v.t.
atomiseur n.m.
atomisme n.m.
atomiste n. *et* adj.
atomistique adj.
atonal, e, als *ou* **aux** adj.
atonalité n.f.
atone adj.
atonie n.f.
atonique adj.
atours n.m. pl.
atout n.m.
atoxique adj.
atrabilaire adj. *et* n.
atrabile n.f.
atractyligénine n.f.
âtre n.m.
atrésie n.f.
atriau n.m. (pl. atriaux)
atrium n.m. (pl. atriums)
atroce adj.
atrocement adv.
atrocité n.f.
atrophie n.f.
atrophié, e adj.
atrophier (s') v.pr. (conj. **5**)
atropine n.f.
attabler (s') v.pr.
attachant, e adj.
attache n.f.
attaché, e n.
attaché-case [-kez] n.m. (pl. attachés-cases)
attachement n.m.
attacher v.t. *et* i.
attagène n.m.
attaquable adj.
attaquant, e adj. *et* n.
attaque n.f.
attaquer v.t.
attardé, e adj. *et* n.
attarder (s') v.pr.
atteindre v.t. (conj. **62**)
atteinte n.f.
attelage n.m.
atteler v.t. (conj. **16**)
attelle n.f.
attenant, e adj.
attendre v.t., t. ind. *et* i. (conj. **59**)
attendrir v.t.
attendrissant, e adj.
attendrissement n.m.
attendrisseur n.m.
attendu prép.
attendu n.m. (pl. attendus)
attentat n.m.
attentatoire adj.
attente n.f.
attenter v.t. ind.
attentif, ive adj.
attention n.f.
attentionné, e adj.
attentisme n.m.
attentiste adj. *et* n.
attentivement adv.
atténuant, e adj.
atténuateur n.m.
atténuation n.f.
atténuer v.t.
atterrage n.m.
atterrant, e adj.
atterrer v.t.
atterrir v.i.
atterrissage n.m.
atterrissement n.m.
attestation n.f.
attesté, e adj.
attester v.t.
atticisme n.m.
attiédir v.t.
attiédissement n.m.
attifement n.m.
attifer v.t.
attiger v.i. (conj. **10**)
attique adj. ; n.m.
attirable adj.
attirail n.m.
attirance n.f.
attirant, e adj.
attirer v.t.
attisement n.m.
attiser v.t.
attitré, e adj.
attitude n.f.
attitudinal, e, aux adj.

attorney n.m.
(pl. attorneys)
attouchement n.m.
attractif, ive adj.
attraction n.f.
attractivité n.f.
attraire v.t. (conj. **92**)
attrait n.m.
attrapade n.f.
attrape n.f.
attrape-mouche n.m. (pl. attrape-mouches)
attrape-nigaud n.m. (pl. attrape-nigauds)
attraper v.t.
attrape-tout adj. inv.
attrayant, e adj.
attrempage n.m.
attremper v.t.
attribuable adj.
attribuer v.t.
attribut n.m.
attributaire n.
attributif, ive adj.
attribution n.f.
attristant, e adj.
attrister v.t.
attrition n.f.
attroupement n.m.
attrouper v.t.
atypie n.f.
atypique adj.
atypisme n.m.
au art. masc. (pl. **aux**)
aubade n.f.
aubain n.m. (étranger)
aubaine n.f.
aube n.f.
aubépine n.f.
aubère adj. *et* n.m.
auberge n.f.
aubergine n.f.
aubergiste n.
aubette n.f.
aubier n.m.
aubin n.m. (allure du cheval)
aubois, e adj. *et* n.
auburn adj. inv.
aucuba n.m.
aucun, e adj. indéf. *et* pron. indéf.
aucunement adv.
audace n.f.
audacieusement adv.
audacieux, euse adj. *et* n.
au-dedans loc. adv.
au-dedans de loc. prép.
au-dehors loc. adv.
au-dehors de loc. prép.
au-delà loc. adv.
au-delà de loc. prép.
au-dessous loc. adv.
au-dessous de loc. prép.
au-dessus loc. adv.
au-dessus de loc. prép.
au-devant loc. adv.
au-devant de loc. prép.
audibilité n.f.
audible adj.
audience n.f.
audiencia n.f.
audiencier adj.m.
Audimat [-mat] n.m. (nom déposé)
audimètre n.m.
audimétrie n.f.
audimutité n.f.
audio adj. inv.
audioconférence n.f.
audiodisque n.m.
audiofréquence n.f.
audiogramme n.m.
audiologie n.f.
audiomètre n.m.
audiométrie n.f.
audionumérique adj.
audio-oral, e, aux adj.
audiophone n.m.
audioprothésiste n.
audiotex n.m.
audiovisuel, elle adj.
audiovisuel n.m.
audit [odit] n.m.
auditer v.t.
auditeur, trice n.
auditif, ive adj.
audition n.f.
auditionner v.t.
auditoire n.m.
auditorat n.m.
auditorium n.m.
(pl. auditoriums)
audois, e adj. *et* n.
audomarois, e adj. *et* n.
audonien, enne adj. *et* n.
auge n.f.
augée n.f.
augeron, onne adj. *et* n.
auget n.m.
augette n.f.
augment n.m.
augmentable adj.
augmentatif, ive adj.
augmentatif n.m.
augmentation n.f.
augmenter v.t. *et* i.
augural, e , aux adj.
augure n.m.
augurer v.t.
auguste adj. ; n.m.
augustin, e n.
augustinien, enne adj.
augustinisme n.m.
aujourd'hui adv.
aula n.f.
aulique adj.
aulnaie [onɛ] *ou* **aunaie** n.f.
aulne [on] *ou* **aune** n.m. (arbre)
auloffée *ou* **aulofée** n.f.
aulx [o] n.m. pl.
aumône n.f.
aumônerie n.f.
aumônier n.m.
aumônière n.f.
aunaie *ou* **aulnaie** n.f.
aune n.f. (mesure)
aune *ou* **aulne** n.m. (arbre)
aunée n.f.
auparavant adv.
auprès loc. adv.
auprès de loc. prép.
auquel pron. relat. *et* pron. interr. (pl. auxquels)
aura n.f.
aurélie n.f.

auréole n.f.
auréoler v.t.
aureus n.m. inv.
auriculaire adj. ; n.m.
auricule n.f.
auriculé, e adj.
auriculothérapie n.f.
aurifère adj.
aurification n.f.
aurifier v.t. (mettre de l'or)
aurige n.m.
aurignacien, enne adj.
aurignacien n.m.
aurique adj.
aurochs [orɔk] n.m.
auroral, e, aux adj.
aurore n.f. ; adj. inv.
auscitain, e adj. *et* n.
auscultation n.f.
auscultatoire adj.
ausculter v.t.
auspice n.m. pl.
aussi adv.
aussière *ou* **haussière** n.f.
aussitôt adv.
austénite n.f.
austénitique adj.
austère adj.
austèrement adv.
austérité n.f.
austral, e, als *ou* **aux** adj.
australanthropien n.m.
australien, enne adj. *et* n.
australopithèque n.m.
austro-hongrois, e adj. *et* n. (pl. austro-hongrois, es)
austronésien, enne adj.
austronésien n.m.
autan n.m.
autant adv.
autarcie n.f.
autarcique adj.
autel n.m.
auteur n.m.
authenticité n.f.
authentification n.f.
authentifier v.t. (conj. **5**)
authentique adj.
authentiquement adv.
autisme n.m.
autiste adj. *et* n.
autistique adj.
auto n.f. ; n.m.
autoaccusateur, trice adj.
autoaccusation n.f.
autoadhésif, ive adj.
autoalarme n.m.
autoallumage n.m.
autoamorçage n.m.
autoanalyse n.f.
auto-anticorps n.m. inv.
autoberge n.f.
autobiographie n.f.
autobiographique adj.
autobloqueur n.m.
autobronzant, e adj.
autobronzant n.m.
autobus n.m.
autocar n.m.
autocaravane n.f.
autocariste n.
autocassable adj.
autocélébration n.f.
autocensure n.f.
autocensurer (s') v.pr.
autocentré, e adj.
autocéphale adj.
autochenille n.f.
autochrome adj.
autochtone adj. *et* n.
autocinétique adj.
autocinétisme n.m.
autoclave n.m.
autocoat n.m.
autocollant, e adj.
autocollant n.m.
autocommutateur n.m.
autoconcurrence n.f.
autoconduction n.f.
autoconsommation n.f.
autocopiant, e adj.
autocopie n.f.
autocorrectif, ive adj.
autocorrection n.f.
autocrate n.m.
autocratie n.f.
autocratique adj.
autocritique n.f.
autocuiseur n.m.
autodafé n.m.
autodéfense n.f.
autodérision n.f.
autodestructeur, trice adj.
autodestruction n.f.
autodétermination n.f.
autodictée n.f.
autodidacte adj. *et* n.
autodirecteur, trice adj.
autodiscipline n.f.
autodrome n.m.
auto-école n.f. (pl. auto-écoles)
autoédition n.f.
autoélévateur, trice adj.
autoérotique adj.
autoérotisme n.m.
autoexcitateur, trice adj.
autofécondation n.f.
autofinancement n.m.
autofinancer (s') v.pr. (conj. **9**)
autofocus adj. *et* n.m. inv.
autogame adj.
autogamie n.f.
autogène adj.
autogéré, e adj.
autogestion n.f.
autogestionnaire adj. *et* n.
autogire n.m.
autographe adj. ; n.m.
autographie n.f.
autographique adj.
autogreffe n.f.
autoguidage n.m.
autoguidé, e adj.
auto-immun, e adj. (pl. auto-immuns, es)
auto-immunisation n.f. (pl. auto-immunisations)

auto-immunitaire adj. (pl. auto-immunitaires)
auto-immunité (pl. auto-immunités)
auto-inductance n.f. (pl. auto-inductances)
auto-induction n.f. (pl. auto-inductions)
auto-infection n.f. (pl. auto-infections)
auto-intoxication n.f. (pl. auto-intoxications)
autolimitation n.f.
autolubrifiant, e adj.
autolysat n.m.
autolyse n.f.
automate n.m.
automaticien, enne n.
automaticité n.f.
automation n.f.
automatique adj. ; n.m. ; n.f.
automatiquement adv.
automatisation n.f.
automatiser v.t.
automatisme n.m.
automédication n.f.
automédon n.m.
automitrailleuse n.f.
automnal, e, aux adj.
automne n.m.
automobile adj. ; n.f.
automobiliste n.
automorphisme n.m.
automoteur, trice adj. ; n.m.
automotrice n.f.
automutilation n.f.
autoneige n.f.
autonettoyant, e adj.
autonome adj. *et* n.
autonomie n.f.
autonomisation n.f.
autonomiste adj. *et* n.
autonyme n.m. *et* adj.
autonymie n.f.
autopalpation n.f.
autoplastie n.f.
autopompe n.f.
autoportant, e adj.
autoporteur, euse adj.
autoportrait n.m.
autoproclamer (s') v.pr.
autopropulsé, e adj.
autopropulseur n.m. *et* adj.m.
autopropulsion n.f.
autopsie n.f.
autopsier v.t. (conj. **5**)
autopunitif, ive adj.
autopunition n.f.
autoradio n.m.
autoradiographie n.f.
autorail n.m.
autoréférence n.f.
autoréglage n.m.
autorégulateur, trice adj.
autorégulation n.f.
autoréparable adj.
autoreverse adj. *et* n.m.
autorisation n.f.
autorisé, e adj.
autoriser v.t.
autoritaire adj. *et* n.
autoritairement adv.
autoritarisme n.m.
autorité n.f.
autoroute n.f.
autoroutier, ère adj.
auto sacramental n.m. (pl. autos sacramentales)
autosatisfaction n.f.
autoscopie n.f.
autos-couchettes adj. inv. *et* n.m.
autosexable adj.
autosome n.m.
autosomique adj.
auto-stop n.m. sing.
auto-stoppeur, euse n. (pl. auto-stoppeurs, euses)
autostrade n.f.
autosubsistance n.f.
autosuffisance n.f.
autosuffisant, e adj.
autosuggestion n.f.
autosurveillance n.f.
autotomie n.f.
autotour n.m.
autotracté, e adj.
autotransfusion n.f.
autotrempant, e adj.
autotrophe adj.
autotrophie n.f.
autour n.m. ; adv.
autour de loc. prép.
autovaccin n.m.
autre adj. *et* pron. indéf. ; n.m.
autrefois adv.
autrement adv.
autrichien, enne adj. *et* n.
autruche n.f.
autruchon n.m.
autrui pron. indéf.
autunite n.f.
auvent n.m.
auvergnat, e adj. *et* n.
auxiliaire adj. *et* n.
auxiliariat n.m.
auxine n.f.
auxquels, auxquelles pron. relat. *et* pron. interr. pl.
avachi, e adj.
avachir (s') v.pr.
avachissement n.m.
aval n.m. (pl. avals); adj. inv.
avalanche n.f.
avalancheux, euse adj.
avalant, e adj.
avaler v.t.
avaleur, euse n.
avaliser v.t.
à-valoir n.m. inv.
avaloir n.m.
avaloire n.f.
avance n.f.
avancé, e adj.
avancée n.f.
avancement n.m.
avancer v.t. *et* i. (conj. **9**)
avanie n.f.
avant prép. *et* adv. ; n.m. ; adj. inv.
avantage n.m.
avantager v.t. (conj. **10**)
avantageusement adv.
avantageux, euse adj.

avant-bassin n.m. (pl. avant-bassins)
avant-bec n.m. (pl. avant-becs)
avant-bras n.m. inv.
avant-cale n.f. (pl. avant-cales)
avant-centre n. (pl. avants-centres)
avant-clou n.m. (pl. avant-clous)
avant-contrat n.m. (pl. avant-contrats)
avant-corps n.m. inv.
avant-cour n.f. (pl. avant-cours)
avant-coureur adj.m. (pl. avant-coureurs)
avant-creuset n.m. (pl. avant-creusets)
avant-dernier, ère adj. *et* n. (pl. avant-derniers, ères)
avant-garde n.f. (pl. avant-gardes)
avant-gardisme n.m. (pl. avant-gardismes)
avant-gardiste adj. *et* n. (pl. avant-gardistes)
avant-goût n.m. (pl. avant-goûts)
avant-guerre n.m. *ou* n.f. (pl. avant-guerres)
avant-hier adv.
avant-main n.m. (pl. avant-mains)
avant-midi n.m. *ou* n.f. inv.
avant-mont n.m. (pl. avant-monts)
avant-pays n.m. inv.
avant-plan n.m. (pl. avant-plans)
avant-port n.m. (pl. avant-ports)
avant-poste n.m. (pl. avant-postes)
avant-première n.f. (pl. avant-premières)
avant-projet n.m. (pl. avant-projets)
avant-propos n.m. inv.
avant-scène n.f. (pl. avant-scènes)
avant-soirée n.f. (pl. avant-soirées)
avant-texte n.m. (pl. avant-textes)
avant-toit n.m. (pl. avant-toits)
avant-train n.m. (pl. avant-trains)
avant-trou n.m. (pl. avant-trous)
avant-veille n.f. (pl. avant-veilles)
avare adj. *et* n.
avarice n.f.
avaricieux, euse adj. *et* n.
avarie n.f.
avarié, e adj.
avarier v.t. (conj. **5**)
avatar n.m.
Ave *ou* **Ave Maria** n.m. inv.
avec prép.
aveline n.f.
avelinier n.m.
aven [avɛn] n.m.
avenant n.m.
avenant (à l') loc. adv.
avenant, e adj.
avènement n.m.
avenir n.m.
Avent n.m.
aventure n.f.
aventuré, e adj.
aventurer v.t.
aventureusement adv.
aventureux, euse adj.
aventurier, ère n.
aventurine n.f.
aventurisme n.m.
aventuriste adj. *et* n.
avenu, e adj.
avenue n.f.
avéré, e adj.
avérer (s') v.pr. (conj. **11**)
averroïsme n.m.
avers n.m.
averse n.f.
aversion n.f.
averti, e adj.
avertir v.t.
avertissement n.m.
avertisseur, euse adj.
avertisseur n.m.
avestique n.m.
aveu n.m. (pl. aveux)
aveuglant, e adj.
aveugle adj. *et* n.
aveuglement n.m.
aveuglément adv.
aveugle-né, e adj. *et* n. (pl. aveugles-nés, -nées)
aveugler v.t.
aveuglette (à l') loc. adv.
aveulir v.t.
aveulissement n.m.
aveyronnais, e adj. *et* n.
aviaire adj.
aviateur, trice n.
aviation n.f.
avicole adj.
aviculteur, trice n.
aviculture n.f.
avide adj.
avidement adv.
avidité n.f.
avifaune n.f.
avilir v.t.
avilissant, e adj.
avilissement n.m.
aviné, e adj.
aviner v.t.
avion n.m.
avion-cargo n.m. (pl. avions-cargos)
avion-citerne n.m. (pl. avions-citernes)
avion-école n.m. (pl. avions-écoles)
avionique n.f.
avionnerie n.f.
avionneur n.m.
aviron n.m.
avis n.m.
avisé, e adj.
aviser v.t.
aviso n.m. (pl. avisos)
avitaillement n.m.
avitailler v.t.

avitailleur n.m.
avitaminose n.f.
avivage n.m.
avivé n.m.
avivement n.m.
aviver v.t.
avocaillon n.m.
avocasserie n.f.
avocassier, ère adj.
avocat, e n.
avocat n.m.
avocatier n.m.
avocette n.f.
avodiré n.m.
avoine n.f.
avoir v.t.; n.m. (pl. avoirs)
avoirdupois *ou*
avoirdupoids n.m.
avoisinant, e adj.
avoisiner v.t.
avorté, e adj.
avortement n.m.
avorter v.i.
avorteur, euse n.
avorton n.m.
avouable adj.
avoué n.m.
avouer v.t.
avril n.m.
avulsion n.f.
avunculaire adj.
avunculat n.m.
awacs n.m.
awalé n.m.
axe n.m.
axel n.m.
axène adj.
axénique adj.
axer v.t.
axérophtol n.m.
axial, e, aux adj.
axile adj.
axillaire adj.
axiologie n.f.
axiologique adj.
axiomatique adj.
axiomatisation n.f.
axiomatiser v.t.
axiome n.m.
axis [aksis] n.m.
axisymétrique adj.
axolotl n.m.
axone n.m.
axonge n.f.
axonométrie n.f.
axonométrique adj.
ayant cause n.m. (pl. ayants cause)
ayant droit n.m. (pl. ayants droit)
ayatollah n.m.
aye-aye [ajaj] n.m. (pl. ayes-ayes)
aymara n.m.
ayuntamiento n.m. (pl. ayuntamientos)
azalée n.f.
azéotrope n.m. *et* adj.
azerbaïdjanais, e adj. *et* n.
azéri, e adj. *et* n.
azerole n.f.
azerolier n.m.
azidothymidine n.f.
azilien, enne adj.
azilien n.m.
azimut n.m.
azimutal, e, aux adj.
azimuté, e adj.
azoïque adj. *et* n.m.
azolla n.f.
azonal, e, aux adj.
azoospermie n.f.
azorer v.t.
azote n.m.
azoté, e adj.
azotémie n.f.
azotémique adj.
azoteux adj. m.
azothydrique adj.
azotique adj.
azotite n.m.
azotobacter n.m.
azoture n.m.
azoturie n.f.
azotyle n.m.
aztèque adj. *et* n.
azulejo n.m. (pl. azulejos)
azulène n.m.
azur n.m.
azurage n.m.
azurant n.m.
azuré, e adj.
azuréen, enne adj. *et* n.
azurer v.t.
azurite n.f.
azygos adj. *et* n.f.
azyme adj. *et* n.m.

b

b n.m. inv.
b.a. n.f. inv.
b.a.-ba n.m. inv.
baba adj. inv. en genre (pl. inv. *ou* babas) ; n.m. ; n.
baba cool n. (pl. babas cool)
babélisme n.m.
babeurre n.m.
babil n.m.
babillage n.m.
babillard, e adj. *et* n.
babillard n.m.
babillarde n.f.
babiller v.i.
babine n.f.
babiole n.f.
babiroussa n.m.
babisme n.m.
baboler v.i.
bâbord n.m.
bâbordais n.m.
babouche n.f.
babouchka n.f.
babouin n.m.
babouvisme n.m.
baby adj. inv.
baby-beef n.m. inv.
baby-boom n.m. (pl. baby-booms)
baby-foot n.m. inv.
babylonien, enne adj. *et* n.
baby-sitter n. (pl. baby-sitters)
baby-sitting n.m. (pl. baby-sittings)
baby-test n.m. (pl. baby-tests)
bac n.m.
bacante *ou* **bacchante** n.f.
baccalauréat n.m.
baccara n.m. (jeu)
baccarat n.m. (cristal)
bacchanale n.f.
bacchante n.f. (prêtresse)
bacchante *ou* **bacante** n.f. (moustache)
bâchage n.m.
bâche n.f.
bâchée n.f.
bachelier n.m.
bachelier, ère n.
bâcher v.t.
bachi-bouzouk n.m. (pl. bachi-bouzouks)
bachique adj.
bachot n.m.
bachotage n.m.
bachoter v.i.
bachotte n.f.
bacillaire adj.
bacillariophycée n.f.
bacille n.m.
bacilliforme adj.
bacillose n.f.
bacillurie n.f.
backgammon [bakgamɔn] n.m.
background [bakgrawnd] n.m.
back-office [bakɔfis] n.m. (pl. back-offices)
bâclage n.m.
bâcle n.f.
bâcler v.t.
bacon n.m.
bactéricide adj. *et* n.m.
bactérie n.f.
bactériémie n.f.
bactérien, enne adj.
bactériologie n.f.
bactériologique adj.
bactériologiste n.
bactériophage adj. *et* n.m.
bactériostatique adj. *et* n.m.
bacul [baky] n.m.
badaboum ! interj.
badamier n.m.
badaud, e n. *et* adj.
badauderie n.f.
badegoulien, enne adj.
badegoulien n.m.
baderne n.f.
badge n.m.
badger v.i.
badiane n.f.
badigeon n.m.
badigeonnage n.m.
badigeonner v.t.
badigeonneur, euse n.
badigoinces n.f. pl.
badin, e adj.
badin n.m.
badinage n.m.
badine n.f.
badiner v.i.
badinerie n.f.
bad-lands n.f. pl.
badminton n.m.
badois, e adj. *et* n.
baes, baesine n.
baffe n.f.
baffle n.m.
bafouer v.t.
bafouillage n.m.
bafouille n.f.
bafouiller v.t. *et* i.
bafouilleur, euse n. *et* adj.
bâfrer v.t.
bâfreur, euse n.
bagad n.m.
bagage n.m.

bagagiste n.m.
bagarre n.f.
bagarrer v.i.
bagarreur, euse adj. *et* n.
bagasse n.f.
bagatelle n.f.
bagnard n.m.
bagne n.m.
bagnole n.f.
bagou *ou* **bagout** n.m.
baguage n.m.
bague n.f.
bagué, e adj.
baguenaude n.f.
baguenauder v.i.
baguenaudier n.m.
baguer v.t.
baguette n.f.
baguettisant n.m.
baguier n.m.
baguio n.m. (pl. baguios)
bah ! interj.
bahaï adj. *et* n.
bahaïsme n.m.
bahreïni, e adj. *et* n.
baht n.m.
bahut n.m.
bai, e adj. *et* n.m.
baie n.f.
baignade n.f.
baigner v.t. *et* i.
baigneur, euse n.
baignoire n.f.
bail n.m. (pl. baux)
baille n.f.
bâillement n.m.
bailler v.t. (donner)
bâiller v.i. (ouvrir la bouche)
bailleur, eresse n. (qui donne à bail)
bâilleur, euse n. (qui bâille)
bailli n.m.
bailliage n.m.
bâillon n.m.
bâillonnement n.m.
bâillonner v.t.
bain n.m.
bain-marie n.m. (pl. bains-marie)
baïonnette n.f.
baïram *ou* **bayram** n.m.
baise n.f.
baise-en-ville n.m. inv.
baisemain n.m.
baisement n.m.
baiser v.t. ; n.m.
baisoter v.t.
baisse n.f.
baisser v.t.
baissier, ère n.
bajoue n.f.
bajoyer n.m.
bakchich n.m. (pl. bakchichs)
Bakélite n.f. (nom déposé)
baklava n.m.
bakufu n.m.
bal n.m. (pl. bals)
balade n.f. (promenade)
balader v.t. *et* i.
baladeur, euse adj.
baladeur n.m.
baladeuse n.f.
baladin n.m.
balafon n.m.
balafre n.f.
balafré, e adj. *et* n.
balafrer v.t.
balai n.m.
balai-brosse n.m. (pl. balais-brosses)
balais adj.m. (rubis)
balaise *ou* **balèze** adj. *et* n.
balalaïka n.f.
balance n.f.
balancé, e adj.
balancelle n.f.
balancement n.m.
balancer v.t. *et* i. (conj. 9)
balancier n.m.
balancine n.f.
balançoire n.f.
balane n.f.
balanite n.f.
balanoglosse n.m.
balant *ou* **ballant** n.m.
balata n.f.
balayage n.m.
balayer v.t. (conj. 6)
balayette n.f.
balayeur, euse n.
balayeuse n.f.
balayures n.f. pl.
balboa n.m.
balbutiant, e adj.
balbutiement n.m.
balbutier v.i. *et* t. (conj. 5)
balbuzard n.m.
balcon n.m.
Balconnet n.m. (nom déposé)
baldaquin n.m.
bale n.f. (céréale)
baleine n.f.
baleiné, e adj.
baleineau n.m.
baleinier, ère adj.
baleinier n.m.
baleinière n.f.
balénoptère n.m.
balestron n.m.
balèvre n.f.
balèze *ou* **balaise** adj. *et* n.
balisage n.m.
balise n.f.
baliser v.t.
baliseur n.m.
balisier n.m.
baliste n.f. ; n.m.
balisticien, enne n.
balistique adj. *et* n.f.
balistite n.f.
balivage n.m.
baliveau n.m.
baliverne n.f.
balkanique adj.
balkanisation n.f.
balkaniser v.t.
ballade n.f. (poème)
ballant, e adj.
ballant *ou* **balant** n.m.
ballast n.m.
ballastage n.m.

ballaster v.t.
ballastière n.f.
balle n.f. (ballon)
balle *ou* **bale** n.f. (céréale)
baller v.i.
ballerine n.f.
ballet n.m.
balletomane *ou* **ballettomane** n.
ballet-pantomime n.m. (pl. ballets-pantomimes)
ballon n.m.
ballonné, e adj.
ballonnement n.m.
ballonner v.t.
ballonnet n.m.
ballon-sonde n.m. (pl. ballons-sondes)
ballot n.m.
ballote n.f.
ballotin n.m.
ballottage n.m.
ballottement n.m.
ballotter v.t.
ballottine n.f.
ball-trap n.m. (pl. ball-traps)
balluchon *ou* **baluchon** n.m.
balnéaire adj.
balnéation n.f.
balnéothérapie n.f.
bâlois, e adj. *et* n.
balourd, e adj. *et* n.
balourd n.m.
balourdise n.f.
baloutchi n.m.
balsa n.m.
balsamier n.m.
balsamine n.f.
balsamique adj.
balte adj. *et* n. ; n.m.
balthazar *ou* **balthasar** n.m.
baltique n.m.
baluchon n.m.
balustrade n.f.
balustre n.m.
balzacien, enne adj.
balzan, e adj.
balzane n.f.
bambara adj. inv. en genre ; n.m.
bambin n.m.
bambochade n.f.
bambochard, e adj. *et* n.
bamboche n.f.
bambocher v.i.
bambocheur, euse adj. *et* n.
bambou n.m.
bamboula n.f.
ban n.m.
banal, e, aux adj. féodalité)
banal, e, als adj. (ordinaire)
banalement adv.
banalisation n.f.
banaliser v.t.
banalité n.f.
banana split n.m. inv.
banane n.f.
bananeraie n.f.
bananier, ère adj.
bananier n.m.
banat n.m.
banc n.m.
bancable *ou* **banquable** adj.
bancaire adj.
bancal, e, als adj.
bancal n.m. (pl. bancals)
bancarisation n.f.
banchage n.m.
banche n.f.
bancher v.t.
banco n.m. (pl. bancos)
bancoulier n.m.
bancroche adj.
banc-titre n.m. (pl. bancs-titres)
bandage n.m.
bandagiste n.
bandana n.m.
bande n.f.
bandé, e adj.
bande-annonce n.f. (pl. bandes-annonces)
bandeau n.m.
bandelette n.f.
bander v.t.
bandera n.f.
banderille n.f.
banderillero n.m. (pl. banderilleros)
banderole n.f.
bande-son n.f. (pl. bandes-son)
bande-vidéo n.f. (pl. bandes-vidéo)
bandit n.m.
banditisme n.m.
bandonéon n.m.
bandothèque n.f.
bandoulière n.f.
bang n.m.
bangiée n.f.
bangiophycée n.f.
bangladais, e adj. *et* n.
banian n.m.
banjo n.m.
banjoïste n.
banlieue n.f.
banlieusard, e n.
banlon n.m.
banne n.f.
banneret n.m.
banneton n.m.
bannette n.f.
banni, e adj. *et* n.
bannière n.f.
bannir v.t.
bannissement n.m.
banquable *ou* **bancable** adj.
banque n.f.
banquer v.i.
banqueroute n.f.
banqueroutier, ère n.
banquet n.m.
banqueter v.i. (conj. **16**)
banqueteur n.m.
banquette n.f.
banquier, ère n.
banquise n.f.
banquiste n.
bantou, e adj.
bantou n.m. sing.
bantoustan n.m.
banyuls n.m.

baobab n.m.
baptême n.m.
baptisé, e n.
baptiser v.t.
baptismal, e, aux adj.
baptisme n.m.
baptiste adj. *et* n.
baptistère n.m.
baquet n.m.
baquetures n.f. pl.
bar n.m.
baragouin n.m.
baragouinage n.m.
baragouiner v.t. *et* i.
baragouineur, euse n.
baraka n.f.
baraque n.f.
baraqué, e adj.
baraquement n.m.
baraquer v.i.
baraterie n.f.
baratin n.m.
baratiner v.i. *et* t.
baratineur, euse adj. *et* n.
barattage n.m.
baratte n.f.
baratter v.t.
barbacane n.f.
barbant, e adj.
barbaque n.f.
barbare adj. *et* n.
barbaresque adj. *et* n.
barbarie n.f.
barbarisme n.m.
barbe n.f. ; adj. *et* n.m.
barbeau n.m.
barbecue n.m.
barbe-de-capucin n.f. (pl. barbes-de-capucin)
barbelé, e adj.
barbelure n.f.
barber v.t.
barbet, ette n. *et* adj.
barbiche n.f.
barbichette n.f.
barbichu, e adj. *et* n.
barbier n.m.
barbifier v.t. (conj. **5**)
barbille n.f.
barbillon n.m.
barbiturique n.m.
barbon n.m.
barbotage n.m.
barbote *ou* **barbotte** n.f.
barboter v.i. *et* t.
barboteur, euse n.
barboteuse n.f.
barbotière n.f.
barbotin n.m.
barbotine n.f.
barbotte *ou* **barbote** n.f.
barbouillage n.m.
barbouille n.f.
barbouiller v.t.
barbouilleur, euse n.
barbouillis n.m.
barbouze n.m. *ou* f.
barbu, e adj. *et* n.
barbue n.f.
barbule n.f.
barcarolle n.f.
barcasse n.f.
barcelonais, e adj. *et* n.
bard n.m.
barda n.m.
bardage n.m.
bardane n.f.
barde n.m. ; n.f.
bardeau n.m. (planchette)
barder v.t. *et* i.
bardis n.m.
bardolino n.m.
bardot *ou* **bardeau** n.m. (animal)
bare-foot n.m. inv.
barème n.m.
barémique adj.
baresthésie n.f.
baréter v.i. (conj. **11**)
barge n.f.
barguigner v.i.
barigoule n.f.
baril n.m.
barillet n.m.
bariolage n.m.
bariolé, e adj.
barioler v.t.
bariolure n.f.
barjaquer v.i.
barjo *ou* **barjot** adj. *et* n. inv. en genre
barkhane n.f.
barlong, ongue adj.
barlotière n.f.
barmaid n.f. (pl. barmaids)
barman n.m. (pl. barmen *ou* barmans)
bar-mitsva n.f. inv.
barnabite n.m.
barnache n.f.
barographe n.m.
barolo n.m. (pl. barolos)
baromètre n.m.
barométrie n.f.
barométrique adj.
baron, onne n.
baron n.m.
baronet *ou* **baronnet** n.m.
baronnage n.m.
baronnie n.f.
baroque adj. *et* n.m.
baroqueux, euse n.
baroquisant, e adj.
baroquisme n.m.
baroscope n.m.
barotraumatisme n.m.
baroud n.m.
baroudeur, euse n.
barouf *ou* **baroufe** n.m.
barque n.f.
barquette n.f.
barracuda n.m.
barrage n.m.
barrage-poids n.m. (pl. barrages-poids)
barrage-voûte n.m. (pl. barrages-voûtes)
barragiste n.
barranco n.m. (pl. barrancos)
barre n.f.
barré, e adj.
barré n.m.
barreau n.m.
barrement n.m.
barren n.m. pl.
barrer v.t.

barrette n.f.
barreur, euse n.
barricade n.f.
barricader v.t.
barrière n.f.
barrique n.f.
barrir v.i.
barrissement n.m.
barrot n.m.
bartavelle n.f.
bartholinite n.f.
barycentre n.m.
barye n.f.
baryon n.m.
baryonique adj.
baryte n.f.
barytine n.f.
barytite n.f.
baryton n.m.
baryum n.m. (pl. baryums)
barzoï n.m.
bas, basse adj.
bas n.m. ; adv.
basal, e, aux adj.
basalte n.m.
basaltique adj.
basane n.f.
basané, e adj.
basaner v.t.
bas-bleu n.m. (pl. bas-bleus)
bas-côté n.m. (pl. bas-côtés)
basculant, e adj.
bascule n.f.
basculement n.m.
basculer v.i. *et* t.
basculeur n.m.
bas-de-casse n.m. inv.
bas-de-chausses n.m. inv.
base n.f.
base-ball n.m. (pl. base-balls)
baselle n.f.
baser v.t.
bas-fond n.m. (pl. bas-fonds)
basic n.m.
basicité n.f.
baside n.f.
basidiomycète n.m.
basidiospore n.f.
basilaire adj.
basileus n.m.
basilic n.m.
basilical, e, aux adj.
basilique n.f.
basin n.m.
basiphile adj.
basique adj.
bas-jointé, e adj. (pl. bas-jointés, es)
basket n.f.
basket-ball *ou* **basket** n.m. (pl. basket-balls, baskets)
basketteur, euse n.
bas-mât n.m. (pl. bas-mâts)
basmati n.m.
basoche n.f.
basochien, enne adj. *et* n.
basophile adj.
basquaise adj.f. *et* n.f.
basque adj. *et* n. ; n.m. ; n.f.
basquine n.f.
bas-relief n.m. (pl. bas-reliefs)
bas-rouge n.m. (pl. bas-rouges)
basse n.f.
basse-cour n.f. (pl. basses-cours)
basse-fosse n.f. (pl. basses-fosses)
bassement adv.
bassesse n.f.
basset n.m.
basse-taille n.f. (pl. basses-tailles)
bassin n.m.
bassinant, e adj.
bassine n.f.
bassiner v.t.
bassinet n.m.
bassinoire n.f.
bassin-versant n.m. (pl. bassins-versants)
bassiste n.
basson n.m.
bassoniste n.
basta ! interj.
bastaing n.m.
bastaque n.f.
baste ! interj.
baster v.i.
bastiais, e adj. *et* n.
bastide n.f.
bastidon n.m.
bastille n.f.
bastillé, e adj.
bastingage n.m.
bastion n.m.
bastionné, e adj.
baston n.m. *ou* n.f.
bastonnade n.f.
bastonner (se) v.pr.
bastos n.f.
bastringue n.m.
bas-ventre n.m. (pl. bas-ventres)
bât n.m.
bataclan n.m.
bataille n.f.
batailler v.i.
batailleur, euse adj. *et* n.
bataillon n.m.
bâtard, e adj. *et* n.
bâtard n.m.
bâtarde n.f.
batardeau n.m.
bâtardise n.f.
batave adj. *et* n.
batavia n.f.
batavique adj.
batayole n.f.
bâté, e adj.
bateau n.m.
bateau-citerne n.m. (pl. bateaux-citernes)
bateau-feu n.m. (pl. bateaux-feux)
bateau-lavoir n.m. (pl. bateaux-lavoirs)
bateau-mouche n.m. (pl. bateaux-mouches)
bateau-phare n.m. (pl. bateaux-phares)

bateau-pilote n.m. (pl. bateaux-pilotes)
bateau-pompe n.m. (pl. bateaux-pompes)
bateau-porte n.m. (pl. bateaux-portes)
batée n.f.
batelage n.m.
batelet n.m.
bateleur, euse n.
batelier, ère n.
batellerie n.f.
bâter v.t.
bat-flanc n.m. inv.
bath adj. inv.
batholite n.m.
bathyal, e, aux adj.
bathymètre n.m.
bathymétrie n.f.
bathymétrique adj.
bathypélagique adj.
bathyscaphe n.m.
bathysphère n.f.
bâti, e adj.
bâti n.m.
batifolage n.m.
batifoler v.i.
batifoleur, euse n.
batik n.m.
batillage n.m.
bâtiment n.m.
bâtir v.t.
bâtisse n.f.
bâtisseur, euse n.
batiste n.f.
bâton n.m.
bâtonnat n.m.
bâtonner v.t.
bâtonnet n.m.
bâtonnier n.m.
batoude n.f.
batracien n.m.
battage n.m.
battant, e adj. ; n. ; n.m.
batte n.f.
battellement n.m.
battement n.m.
batterie n.f.
batteur, euse n.
batteur n.m.
batteuse n.f.
battitures n.f. pl.
battle-dress [batəldrɛs] n.m. inv.
battoir n.m.
battre v.t. *et* i. (conj. **63**)
battu, e adj.
battue n.f.
batture n.f.
bau n.m. (poutre) (pl. baux)
baud n.m. (unité de vitesse)
baudelairien, enne adj.
baudet n.m.
baudrier n.m.
baudroie n.f.
baudruche n.f.
bauge n.f.
bauhinia n.f.
baume n.m.
baumé n.m.
baumier n.m.
bauquière n.f.
baux n.m. pl.
bauxite n.f.
bavard, e adj. *et* n.
bavardage n.m.
bavarder v.i.
bavarois, e adj. *et* n.
bavarois n.m.
bavaroise n.f.
bavasser v.i.
bave n.f.
baver v.i.
bavette n.f.
baveux, euse adj.
bavoir n.m.
bavolet n.m.
bavure n.f.
bayadère n.f. ; adj.
bayer v.i. (aux corneilles)
bayou n.m. (pl. bayous)
bayram *ou* **baïram** n.m.
bazar n.m.
bazarder v.t.
bazooka n.m.
beach-volley [bitʃvɔlɛ] n.m.
beagle [bigl] n.m.
béance n.f.
béant, e adj.
béarnais, e adj. *et* n.
béarnaise n.f.
beat [bit] n.m. ; adj. inv.
béat, e adj.
béatement adv.
béatification n.f.
béatifier v.t. (conj. **5**)
béatifique adj.
béatitude n.f.
beatnik n.
beau *ou* **bel, belle** adj.
beau n.m. ; adv.
beauceron, onne adj. *et* n.
beauceron n.m.
beaucoup adv.
beauf n.m.
beau-fils n.m. (pl. beaux-fils)
beaufort n.m.
beau-frère n.m. (pl. beaux-frères)
beaujolais n.m.
beau-père n.m. (pl. beaux-pères)
beaupré n.m.
beauté n.f.
beaux-arts n.m. pl.
beaux-parents n.m. pl.
bébé n.m.
bébé-éprouvette n.m. (pl. bébés-éprouvette)
bébête adj.
be-bop [bibɔp] n.m. inv.
bec n.m.
bécane n.f.
bécard n.m. (poisson)
bécarre n.m. (musique)
bécasse n.f.
bécasseau n.m.
bécassine n.f.
bec-croisé n.m. (pl. becs-croisés)
bec-de-cane n.m. (pl. becs-de-cane)
bec-de-corbeau n.m. (pl. becs-de-corbeau)
bec-de-corbin n.m. (pl. becs-de-corbin)

bec-de-lièvre n.m. (pl. becs-de-lièvre)
bec-de-perroquet n.m. (pl. becs-de-perroquet)
becfigue n.m.
bec-fin n.m. (pl. becs-fins)
bêchage n.m.
béchamel n.f.
bêche n.f.
bêche-de-mer n.f. (pl. bêches-de-mer)
bêcher v.t. *et* i.
bêcheur, euse n. *et* adj.
bêcheveter v.t. (conj. **16**)
bécot n.m.
bécoter v.t.
becquée *ou* **béquée** n.f.
becquerel n.m.
becquet *ou* **béquet** n.m.
becqueter (conj. **16**) *ou* **béqueter** v.t. (conj. **12**)
bectance n.f.
becter v.t. *et* i.
bedaine n.f.
bédane n.m.
bedeau n.m.
bédégar n.m.
bédéphile n. *et* adj.
bedon n.m.
bedonnant, e adj.
bedonner v.i.
bédouin, e adj. *et* n.
bée adj.f.
béer v.i. (conj. **8**)
beffroi n.m.
bégaiement n.m.
bégard n.m.
bégayant, e adj.
bégayer v.i. *et* t. (conj. **6**)
bégayeur, euse adj. *et* n.
bégonia n.m.
bégu, uë adj.
bègue adj. *et* n.
bégueule adj. *et* n.
béguin n.m.
béguinage n.m.
béguine n.f.
bégum n.f.
béhaï adj. *et* n.
béhaïsme n.m.
béhaviorisme *ou* **behaviorisme** n.m.
béhavioriste *ou* **behavioriste** adj. *et* n.
beige n.m. *et* adj.
beigeasse *ou* **beigeâtre** adj.
beigne n.f. ; n.m.
beignet n.m.
beïram n.m.
béjaune n.m.
béké n.
bel adj.m. *et* n.m.
bêlant, e adj.
bel canto n.m. inv.
bêlement n.m.
bélemnite n.f.
bêler v.i.
belette n.f.
belge adj. *et* n.
belgicisme n.m.
bélier n.m.
bélière n.f.
bélinogramme n.m.
bélinographe n.m.
bélître n.m.
belladone n.f.
bellâtre n.m.
belle adj.f. ; n.f.
belle-dame n.f. (pl. belles-dames)
belle-de-jour n.f. (pl. belles-de-jour)
belle-de-nuit n.f. (pl. belles-de-nuit)
belle-doche n.f. (pl. belles-doches)
belle-famille n.f. (pl. belles-familles)
belle-fille n.f. (pl. belles-filles)
bellement adv.
belle-mère n.f. (pl. belles-mères)
belles-lettres n.f. pl.
belle-sœur n.f. (pl. belles-sœurs)
bellétrien, enne n.
bellicisme n.m.
belliciste adj. *et* n.
bellifontain, e adj. *et* n.
belligérance n.f.
belligérant, e adj. *et* n.
belliqueux, euse adj.
bellot, otte adj. *et* n.
belluaire n.m.
belon n.f.
belote n.f.
béluga *ou* **bélouga** n.m.
belvédère n.m.
bémol n.m. *et* adj.
bémoliser v.t.
ben adv.
bénard, e adj.
bénarde n.f.
bendir n.m.
bénédicité n.m.
bénédictin, e n. *et* adj.
Bénédictine n.f. (nom déposé)
bénédiction n.f.
bénef n.m.
bénéfice n.m.
bénéficiaire adj. *et* n.
bénéficier n.m.
bénéficier v.t. ind. (conj. **5**)
bénéfique adj.
benêt adj.m. *et* n.m.
bénévolat n.m.
bénévole adj. *et* n.
bénévolement adv.
bengali, e adj. *et* n.
bengali n.m.
bénichon n.f.
bénignité n.f.
bénin, igne adj.
béninois, e adj. *et* n.
béni-oui-oui n.m. inv.
bénir v.t. (part. passé *béni, e*)
bénisseur, euse adj. *et* n.
bénit, e adj.
bénitier n.m.
benjamin, e n.
benjoin n.m.
benne n.f.
benoît, e adj.
benoîte n.f.
benoîtement adv.
benthique adj.

benthos n.m.
bentonite n.f.
benzène n.m.
benzénique adj. *et* n.m.
benzidine n.f.
benzine n.f.
benzoate n.m.
benzodiazépine n.f.
benzoïque adj.m.
benzol n.m.
benzolisme n.m.
benzonaphtol n.m.
benzopyrène n.m.
benzoyle n.m.
benzyle n.m.
benzylique adj.
béotien, enne adj. *et* n.
béotisme n.m.
béquée *ou* **becquée** n.f.
béquet *ou* **becquet** n.m.
béqueter *ou* **becqueter** v.t.
béquillard, e adj. *et* n.
béquille n.f.
béquiller v.t.
ber n.m.
berbère adj. *et* n. ; n.m.
berbéridacée n.f.
berbérophone adj. *et* n.
bercail n.m. sing.
berçante n.f.
berce n.f.
berceau n.m.
bercelonnette n.f.
bercement n.m.
bercer v.t. (conj. **9**)
berceur, euse adj.
berceuse n.f.
béret n.m.
bergamasque n.f.
bergamote n.f.
bergamotier n.m.
berge n.f.
berger, ère n.
berger n.m.
bergère n.f.
bergerie n.f.
bergeronnette n.f.
béribéri n.m.
bérimbau n.m. (pl. bérimbaus)
berk ! interj.
berkélium n.m. (pl. berkéliums)
berline n.f.
berlingot n.m.
berlinois, e adj. *et* n.
berlue n.f.
berme n.f.
bermuda n.m.
bermudien, enne adj.
bernache n.f.
bernacle n.f.
bernardin, e n.
bernard-l'ermite *ou* **bernard-l'hermite** n.m. inv.
berne n.f.
berner v.t.
bernique *ou* **bernicle** n.f.
bernique ! interj.
bernois, e adj. *et* n.
berrichon, onne adj. *et* n.
berruyer, ère adj. *et* n.
bersaglier n.m. (pl. bersagliers *ou* bersaglieri)
berthe n.f.
berthon n.m.
bertillonnage n.m.
béryl n.m.
béryllium n.m.
berzingue (à tout *ou* **à toute)** loc. adv.
besace n.f.
besaiguë n.f.
besant n.m.
bésef *ou* **bézef** adv.
bésicles *ou* **besicles** n.f. pl.
bésigue n.m.
besogne n.f.
besogner v.i.
besogneux, euse adj. *et* n.
besoin n.m.
bessemer n.m.
besson, onne n.
bessonnière n.f.
bestiaire n.m.
bestial, e, aux adj.
bestialement adv.
bestialité n.f.
bestiau n.m. (pl. bestiaux)
bestiole n.f.
best-seller n.m. (pl. best-sellers)
bêta n.m. inv.
bêta, asse adj. *et* n.
bêtabloquant, e adj.
bêtabloquant n.m.
bétail n.m. sing.
bétaillère n.f.
bêtastimulant, e adj.
bêtastimulant n.m.
bêtathérapie n.f.
bêtatron n.m.
bête n.f. (animal) ; adj.
bétel n.m.
bêtement adv.
bêtifiant, e adj.
bêtifier v.i. (conj. **5**)
bêtise n.f.
bêtisier n.m.
bétoine n.f.
bétoire n.f.
béton n.m.
bétonnage n.m.
bétonné, e adj.
bétonner v.t. *et* i.
bétonneuse n.f.
bétonnière n.f.
bette n.f. (légume)
betterave n.f.
betteravier, ère adj.
betteravier n.m.
bétulacée n.f.
bétulinée n.f.
bétyle n.m.
beuglant n.m.
beuglante n.f.
beuglement n.m.
beugler v.i. *et* t.
beur n.
beurk ! interj.
beurre n.m.
beurré, e adj.
beurré n.m.
beurrée n.f.
beurrer v.t.

beurrerie n.f.
beurrier n.m.
beuverie n.f.
bévatron n.m.
bévue n.f.
bey n.m.
beylical, e, aux adj.
beylicat n.m.
beylisme n.m.
bézef *ou* **bésef** adv.
bézoard n.m.
bhoutanais, e adj. *et* n.
biacide n.m.
biacuminé, e adj.
biais, e adj.
biais n.m.
biaisé, e adj.
biaiser v.i. *et* t.
biarrot, ote adj. *et* n.
biathlète n.
biathlon n.m.
biaxe adj.
bibasique adj.
bibelot n.m.
biberon n.m.
biberonner v.i. *et* t.
bibi n.m. ; pron. inv.
bibine n.f.
bible n.f.
bibliobus n.m.
bibliographe n.
bibliographie n.f.
bibliographique adj.
bibliologie n.f.
bibliophile n.
bibliophilie n.f.
bibliothécaire n.
bibliothèque n.f.
biblique adj.
bibliste n.
Bic n.m. (nom déposé)
bicaméral, e, aux adj.
bicamérisme *ou*
bicaméralisme n.m.
bicarbonate n.m.
bicarbonaté, e adj.
bicarburation n.f.
bicarré, e adj.
bicaténaire adj.
bicentenaire adj. ; n.m.
bicéphale adj.
biceps n.m.
biche n. f.
bichlamar n. m.
bicher v.i.
bichette n.f.
bichlamar n.m.
bichlorure n.m.
bichof *ou* **bischof** n.m.
bichon, onne n.
bichonnage n.m.
bichonner v.t.
bichromate n.m.
bichromie n.f.
bicipital, e, aux adj.
bickford n.m.
bicolore adj.
biconcave adj.
biconvexe adj.
bicoque n.f.
bicorne n.m.
bicot n.m.
bicourant adj. inv.
bicross n.m. inv.
biculturalisme n.m.
biculturel, elle adj.
bicuspide adj.
bicycle n.m.
bicyclette n.f.
bidasse n.m.
bide n.m.
bidet n.m.
bidimensionnel, elle adj.
bidoche n.f.
bidon n.m. ; adj. inv.
bidonnage n.m.
bidonnant, e adj.
bidonner v.t. ; v. pr.
bidonville n.m.
bidouillage n.m.
bidouiller v.t.
bidouilleur, euse n.
bidule n.m.
bief n.m.
bielle n.f.
biellette n.f.
biélorusse adj. *et* n. ; n.m. sing.
bien adv. ; adj. inv. ; n.m.
bien-aimé, e adj. (pl. bien-aimés, es)
bien-dire n.m. inv.
biénergie n.f.
bien-être n.m. inv.
bienfacture n.f.
bienfaisance n.f.
bienfaisant, e adj.
bienfait n.m.
bienfaiteur, trice n.
bien-fondé n.m. (pl. bien-fondés)
bien-fonds n.m. (pl. biens-fonds)
bienheureux, euse adj. *et* n.
bien-jugé n.m. (pl. bien-jugés)
biennal, e, aux adj.
biennale n.f.
bien-pensant, e adj. *et* n. (pl. bien-pensants, es)
bien que loc. conj.
bienséance n.f.
bienséant, e adj.
bientôt adv.
bienveillamment adv.
bienveillance n.f.
bienveillant, e adj.
bienvenir v.i.
bienvenu, e adj. *et* n.
bienvenue n.f.
bière n.f.
biergol n.m.
bièvre n.m.
biface n.m.
biffage n.m.
biffe n.f.
biffement n.m.
biffer v.t.
biffin n.m.
biffure n.f.
bifide adj.
bifidus n.m. inv.
bifilaire adj.
biflèche adj.
bifocal, e, aux adj.
bifteck n.m.
bifurcation n.f.
bifurquer v.i. *et* t. ind.
bigame adj. *et* n.

bigamie n.f.
bigarade n.f.
bigaradier n.m.
bigarré, e adj.
bigarreau n.m.
bigarrer v.t.
bigarrure n.f.
big band n.m. (pl. big bands)
big bang *ou* **big-bang** n.m. sing.
bigle adj. *et* n.
bigler v.i. *et* t.
bigleux, euse adj. *et* n.
bignone [-ɲɔ] n.f.
bignonia [-ɲɔ] n.m.
bignoniacée [-ɲɔ] n.f.
bigophone n.m.
bigophoner v.i.
bigorne n.f.
bigorneau n.m.
bigorner v.t.
bigot, ote adj. *et* n.
bigoterie n.f.
bigotisme n.m.
bigouden [-dɛ̃, au masc., -dɛn au fém.] adj. *et* n.
bigoudi n.m.
bigourdan, e adj. *et* n.
bigre! interj.
bigrement adv.
bigrille n.f.
biguanide [-gwa-] n.m.
bigue n.f.
biguine n.f.
bihebdomadaire adj.
bihoreau n.m.
bijectif, ive adj.
bijection n.f.
bijou n.m. (pl. bijoux)
bijouterie n.f.
bijoutier, ère n.
Bikini n.m. (nom déposé)
bilabial, e, aux adj.
bilabiale n.f.
bilabié, e adj.
bilame n.m.
bilan n.m.
bilatéral, e, aux adj.
bilatéralement adv.
bilatéralité n.f.
bilboquet n.m.
bile n.f.
biler (se) v.pr.
bileux, euse adj.
bilharzia *ou* **bilharzie** n.f.
bilharziose n.f.
biliaire adj.
bilié, e adj.
bilieux, euse adj. *et* n.
biligenèse n.f.
bilinéaire adj.
bilingue adj. *et* n.
bilinguisme n.m.
bilirubine n.f.
biliverdine n.f.
bill n.m.
billage n.m.
billard n.m.
billbergia n.m.
bille n.f.
biller v.t.
billet n.m.
billeté, e adj.
billette n.f.
billetterie n.f.
billettiste n.
billevesée [bilvəze] n.f.
billion [biljɔ̃]n.m.
billon [bijɔ̃] n.m.
billonnage n.m.
billot n.m.
bilobé, e adj.
biloculaire adj.
biloquer v.t.
bimane adj. *et* n.
bimbeloterie n.f.
bimbelotier, ère n.
bimensuel, elle adj.
bimestre n.m.
bimestriel, elle adj.
bimestriel n.m.
Bimétal n.m. (nom déposé)
bimétallique adj.
bimétallisme n.m.
bimétalliste adj. *et* n.
bimillénaire adj. *et* n.m.
bimoteur adj.m. *et* n.m.
binage n.m.
binaire adj. ; n.f.
binard *ou* **binart** n.m.
binational, e, aux adj. *et* n.
biner v.t. ; v.i.
binette n.f.
bineur n.m.
bineuse n.f.
bingo n.m. (pl. bingos)
biniou n.m. (pl. binious)
binoclard, e adj. *et* n.
binocle n.m.
binoculaire adj.
binôme n.m.
binomial, e, aux adj.
binominal, e, aux adj.
bin's n.m. inv.
bintje n.f.
binz n.m. inv.
bio adj. inv.
bioacoustique n.f.
biobibliographie n.f.
biocarburant n.m.
biocénose n.f.
biochimie n.f.
biochimique adj.
biochimiste n.
biocide adj. *et* n.m.
bioclimat n.m.
bioclimatique adj.
bioclimatologie n.f.
biocœnose n.f.
biocompatible adj.
bioconversion n.f.
biodégradabilité n.f.
biodégradable adj.
biodégradation n.f.
biodiversité n.f.
bioélectricité n.f.
bioélectrique adj.
bioélément n.m.
bioénergétique adj.
bioénergie n.f.
bioéthique n.f.
biofeedback [-fidbak] n.m.
biogenèse n.f.
biogénie n.f.
biogéographie n.f.

biographe n.
biographie n.f.
biographique adj.
bio-industrie n.f. (pl. bio-industries)
biologie n.f.
biologique adj.
biologisant, e adj.
biologiste n.
bioluminescence n.f.
bioluminescent, e adj.
biomagnétisme n.m.
biomasse n.f.
biomatériau n.m. (pl. biomatériaux)
biome n.m.
biomécanique n.f.
biomédical, e, aux adj.
biométrie n.f.
biomorphique adj.
biomorphisme n.m.
bionique n.f.
biophysique n.f.
biopsie n.f.
biorythme n.m.
biosciences n.f. pl.
biospéléologie n.f.
biosphère n.f.
biostasie n.f.
biosynthèse n.f.
biotechnique n.f.
biotechnologie n.f.
biothérapie n.f.
biotine n.f.
biotique adj.
biotite n.f.
biotope n.m.
biotype n.m.
biotypologie n.f.
bioxyde n.m.
bip n.m.
bipale adj.
biparti, e adj.
bipartisme n.m.
bipartite adj.
bipartition n.f.
bipasse n.m.
bip-bip n.m. (pl. bips-bips)
bipède adj. *et* n.
bipédie n.f.
bipenne adj. ; n.f.
bipenné, e adj.
biper v.t.
biphasé, e adj.
biphényle n.m.
bipied n.m.
biplace adj. *et* n.m.
biplan n.m.
bipoint n.m.
bipolaire adj.
bipolarisation n.f.
bipolarisé, e adj.
bipolarité n.f.
bipoutre adj.
biquadratique [-kwa-] adj.
bique n.f.
biquet, ette adj. *et* n.
biquotidien, enne adj.
birapport n.m.
birbe n.m.
biréacteur n.m.
biréfringence n.f.
biréfringent, e adj.
birème n.f.
birman, e adj. *et* n.
birman n.m. sing.
birotor adj.et n.m.
biroute n.f.
birr n.m.
bis, e [bi, biz] adj.
bis [bis] adv. *et* interj.
bisaïeul, e n. (pl. bisaïeuls, bisaïeules)
bisaiguë n.f.
bisannuel, elle adj.
bisbille n.f.
bisbrouille n.f.
biscaïen, enne *ou* **biscayen, enne** adj. *et* n.
biscaïen *ou* **biscayen** n.m. sing.
bischof *ou* **bichof** n.m.
biscôme n.m.
biscornu, e adj.
biscoteau *ou* **biscoto** n.m.
biscotin n.m.
biscotte n.f.
biscotterie n.f.
biscuit n.m.
biscuiter v.t.
biscuiterie n.f.
biscuitier n.m.
bise n.f.
biseau n.m.
biseautage n.m.
biseauter v.t.
biser v.t. ; v.i.
biset n.m.
bisexualité n.f.
bisexué, e adj.
bisexuel, elle adj. *et* n.
bishop n.m.
bismuth n.m.
bismuthine n.f.
bison n.m.
bisontin, e adj. *et* n.
bisou *ou* **bizou** n.m. (pl. bisous, bizous)
bisque n.f.
bisquer v.i.
bisse n.m. ; n.f.
bissecteur adj.m.
bissection n.f.
bissectrice n.f.
bissel n.m.
bisser v.t.
bissexte n.m.
bissextile adj.f.
bistorte n.f.
bistouille n.f.
bistouri n.m.
bistournage n.m.
bistourner v.t.
bistre n.m. ; adj. inv.
bistré, e adj.
bistrer v.t.
bistrot *ou* **bistro** n.m.
bistrotier, ère n.
bisulfate n.m.
bisulfite n.m.
bisulfure n.m.
bit [bit] n.m.
bite *ou* **bitte** n.f. (pénis)
bitension n.f.
biterrois, e adj. *et* n.
bitonal, e, als *ou* **aux** adj.

bitoniau n.m. (pl. bitoniaux)
bitord n.m.
bitos [-tos] n.m. inv.
bitte n.f. (pour l'amarrage)
bitte *ou* **bite** n.f. (pénis)
bitter [-tɛr] n.m.
bitture *ou* **biture** n.f.
bitturer (se) *ou* **biturer (se)** v.pr.
bitumage n.m.
bitume n.m.
bitumer v.t.
bitumeux, euse adj.
bitumineux, euse adj.
biturbine adj.
biture *ou* **bitture** n.f.
biturer (se) *ou* **bitturer (se)** v.pr.
biunivoque adj.
bivalence n.f.
bivalent, e adj.
bivalve adj. *et* n.m.
biveau n.m.
bivitellin, e adj.
bivouac n.m.
bivouaquer v.i.
biwa [-wa] n.m. (pl. biwas)
bizarre adj.
bizarrement adv.
bizarrerie n.f.
bizarroïde adj.
bizet n.m.
bizou *ou* **bisou** n.m. (pl. bizous, bisous)
bizut *ou* **bizuth** [-zy] n.m.
bizutage n.m.
bizuter v.t.
bla-bla *ou* **bla-bla-bla** n.m. inv.
black adj. *et* n.
black-bass n.m. inv.
blackboulage n.m.
blackbouler v.t.
black jack [blakʒak] n.m. inv.
black-out [-kawt] n.m. inv.
black-rot [-rɔt] n.m. (pl. black-rots)
blafard, e adj.
blaff n.m.
blague n.f.
blaguer v.i. *et* t.
blagueur, euse adj. *et* n.
blair n.m.
blaireau n.m.
blairer v.t.
blâmable adj.
blâme n.m.
blâmer v.t.
blanc, blanche adj. ; n.
blanc n.m.
blanc-bec n.m. (pl. blancs-becs)
blanc-étoc [-ke-] *ou* **blanc-estoc** [-kɛs-] n.m. (pl. blancs-étocs, blancs-estocs)
blanchaille n.f.
blanchâtre adj.
blanche n.f.
blanchet n.m.
blancheur n.f.
blanchiment n.m.
blanchir v.t. *et* i.
blanchissage n.m.
blanchissant, e adj.
blanchissement n.m.
blanchisserie n.f.
blanchisseur, euse n.
blanchon n.m.
blanc-manger n.m. (pl. blancs-mangers)
blanc-seing [blɑ̃sɛ̃] n.m. (pl. blancs-seings)
blandice n.f.
blanquette n.f.
blanquisme n.m.
blaps [blaps] n.m. inv.
blase *ou* **blaze** n.m.
blasé, e adj. *et* n.
blasement n.m.
blaser v.t.
blason n.m.
blasonner v.t.
blasphémateur, trice adj. *et* n.
blasphématoire adj.
blasphème n.m.
blasphémer v.t. *et* i. (conj. **11**)
blastoderme n.m.
blastogenèse n.f.
blastomère n.m.
blastomycète n.m.
blastomycose n.f.
blastopore n.m.
blastula n.f. (pl. blastulas)
blatérer v.i. (conj. **11**)
blatte n.f.
blaze *ou* **blase** n.m.
blazer [-zœr *ou* -zɛr] n.m.
blé n.m.
blèche adj.
bled [blɛd] n.m.
blême adj.
blêmir v.i.
blêmissement n.m.
blende [blɛ̃d] n.f.
blennie n.f.
blennorragie n.f.
blennorragique adj.
blépharite n.f.
blèsement n.m.
bléser v.i. (conj. **11**)
blésité n.f.
blésois, e adj. *et* n.
blessant, e adj.
blessé, e adj. *et* n.
blesser v.t.
blessure n.f.
blet, ette adj.
bletse *ou* **bletz** n.m.
blette n.f.
blettir v.i.
blettissement n.m.
blettissure n.f.
bletz *ou* **bletse** n.m.
bleu, e adj. (pl. bleus, es)
bleu n.m. (pl. bleus)
bleuâtre adj.
bleuet n.m.
bleueterie n.f.
bleuetière n.f.
bleuir v.t. *et* i.
bleuissement n.m.
bleusaille n.f.
bleuté, e adj.
bleuter v.t.
bliaud *ou* **bliaut** n.m.

blindage n.m.
blinde n.f.
blindé, e adj.
blindé n.m.
blinder v.t.
blini n.m. (pl. **blinis**)
blinquer v.i.
blister [-tɛr] n.m.
blizzard n.m.
bloc n.m. (masse)
blocage n.m.
blocaille n.f.
bloc-cuisine n.m. (pl. blocs-cuisines)
bloc-cylindres n.m. (pl. blocs-cylindres)
bloc-diagramme n.m. (pl. blocs-diagrammes)
bloc-eau n.m. (pl. blocs-eau)
bloc-évier n.m. (pl. blocs-éviers)
block n.m. (signalisation)
blockhaus n.m. inv.
bloc-moteur n.m. (pl. blocs-moteurs)
bloc-notes n.m. (pl. blocs-notes)
bloc-sièges n.m. inv.
blocus n.m. inv.
blond, e adj. *et* n.
blond n.m.
blondasse adj.
blonde n.f.
blondeur n.f.
blondin, e adj. *et* n.
blondin n.m.
blondinet, ette adj. *et* n.
blondir v.i. *et* t.
bloody mary [blœdimeri] n.m. inv.
bloom [blum] n.m.
bloomer [blumœr] n.m.
bloquer v.t.
blottir (se) v.pr.
blousant, e adj.
blouse n.f.
blouser v.t. ; v.i.
blouson n.m.
blousse n.f.
blue-jeans [-dʒins] n.m. inv. *ou* **blue-jean** [bludʒin] n.m. (pl. blue-jeans)
blues [bluz] n.m. inv.
bluet n.m.
bluette n.f.
bluff [blœf] n.m.
bluffer [blœfe] v.t. *et* i.
bluffeur, euse adj. *et* n.
blush [blœʃ] n.m. (pl. blushs *ou* blushes)
blutage n.m.
bluter v.t.
bluterie n.f.
blutoir n.m.
boa n.m.
boat people [botpipœl] n. inv.
bob n.m.
bobard n.m.
bobèche n.f.
bobet, ette adj. *et* n.
bobinage n.m.
bobine n.f.
bobineau *ou* **bobinot** n.m.
bobiner v.t.
bobinette n.f.
bobineur, euse n.
bobinier, ère n.
bobinoir n.m.
bobinot *ou* **bobineau** n.m.
bobo n.m.
bobonne n.f.
bobsleigh [-lɛg] n.m.
bobtail [-tɛl] n.m. (pl. bobtails)
bocage n.m.
bocager, ère adj.
bocal n.m. (pl. bocaux)
bocard n.m.
bocardage n.m.
bocarder v.t.
boche adj. *et* n.
bock n.m.
bodhi n.f.
bodhisattva n.m. (pl. bodhisattvas)
body n.m.
bodyboard n.m.
body-building [-bildiŋ *ou* -byldiŋ] n.m. (pl. body-buildings)
boësse n.f.
boette *ou* **boëte** n.f.
bœuf [bœf] adj. inv. ; ([bø] au pl.) n.m.
bof ! interj.
boggie [-gi] *ou* **bogie** [-ʒi] n.m.
boghead [-gɛd] n.m.
boghei *ou* **boguet** n.m.
bogie [-ʒi] *ou* **boggie** [-gi] n.m.
bogomile n.
bogue n.f. ; n.m.
boguet *ou* **boghei** n.m.
bohème adj. *et* n. (marginal) ; n.f.
bohême adj. (relig.)
bohémien, enne adj. *et* n.
boille n.f.
boire v.t. (conj. **88**) ; n.m.
bois n.m. inv.
boisage n.m.
boisé, e adj.
boisement n.m.
boiser v.t.
boiserie n.f.
boiseur n.m.
boisseau n.m. (pl. boisseaux)
boisselier n.m.
boissellerie n.f.
boisson n.f.
boîte n.f. (objet)
boîte-boisson n.f. (pl. boîtes-boissons)
boitement n.m.
boiter v.i.
boiterie n.f.
boiteux, euse adj. *et* n.
boîtier n.m.
boitillement n.m.
boitiller v.i.
boiton n.m.
boit-sans-soif n. inv.
boitte n.f. (appât pour la pêche)

bol n.m.
bolchevique *ou*
bolchevik adj. *et* n.
bolchevisme n.m.
bolcheviste adj. *et* n.
boldo n.m. (pl. boldos)
bolduc n.m.
bolée n.f.
boléro n.m. (pl. boléros)
bolet n.m.
boletale n.f.
bolide n.m.
bolier n.m.
bolivar n.m. (pl. bolivares)
boliviano n.m. (pl. bolivianos)
bolivien, enne adj. *et* n.
bollandiste n.m.
bollard n.m.
bolognais, e adj.
bolomètre n.m.
bolonais, e adj. *et* n.
bombage n.m.
bombagiste n.m.
bombance n.f.
bombarde n.f.
bombardement n.m.
bombarder v.t.
bombardier n.m.
bombardon n.m.
bombe n.f.
bombé, e adj.
bombement n.m.
bomber v.t. *et* i.
bombonne *ou*
bonbonne n.f.
bombyx n.m. inv.
bôme n.f.
bômé, e adj.
bon, bonne adj.
bon n.m. (document) ; adv. ; interj.
bonasse n.f.
bonamia n.f. (pl. bonamias)
bonapartisme n.m.
bonapartiste adj. *et* n.
bonasse adj.
bonasserie n.f.
bonbon n.m.
bonbonne *ou*
bombonne n.f.
bonbonnière n.f.
bon-chrétien n.m. (pl. bons-chrétiens)
bond n.m. (saut)
bonde n.f.
bondé, e adj.
bondelle n.f.
bondérisation n.f.
bondérisé, e adj.
bondériser v.t.
bondieuserie n.f.
bondir v.i.
bondissement n.m.
bondon n.m.
bondrée n.f.
bon enfant adj. inv.
bongo n.m. (pl. bongos)
bonheur n.m.
bonheur-du-jour n.m. (pl. bonheurs-du-jour)
bonhomie n.f.
bonhomme adj. m. (pl. bonhommes) ; n.m. (pl. bonshommes)
boni n.m. (pl. bonis)
boniche *ou* **bonniche** n.f.
bonichon n.m.
bonification n.f.
bonifié, e adj.
bonifier v.t. (conj. **5**)
boniment n.m.
bonimenter v.i.
bonimenteur, euse n.
bonite n.f.
bonjour n.m. (pl. bonjours) ; interj.
bon marché adj. inv.
bonne n.f.
bonne femme n.f. (pl. bonnes femmes)
bonne-maman n.f. (pl. bonnes-mamans)
bonnement adv.
bonnet n.m.
bonnet-de-prêtre n.m. (pl. bonnets-de-prêtre)
bonneteau n.m.
bonneterie n.f.
bonneteur n.m.
bonnetier, ère n.
bonnette n.f.
bonniche *ou* **boniche** n.f.
bon-papa n.m. (pl. bons-papas)
bonsaï [-zaj] n.m.
bonsoir n.m. (pl. bonsoirs) ; interj.
bonté n.f.
bonus n.m. inv.
bonze n.m.
bonzerie n.f.
bonzesse n.f.
boogie-woogie [bugiwugi] n.m. (pl. boogie-woogies)
book [buk] n.m.
bookmaker [bukmɛkœr] n.m.
booléen, enne [bu-] adj.
boolien, enne [bu-] adj.
boom [bum] n.m. (hausse)
boomer [bumœr] n.m.
boomerang [bumrɑ̃g] n.m.
booster [bustœr] n.m.
bootlegger [butlegœr] n.m.
boots [buts] n.m. pl.
bop n.m.
boqueteau n.m.
bora n.f.
boraginacée *ou*
borraginacée n.f.
borain, e *ou* **borin, e** adj. *et* n.
borane n.m.
borasse n.m.
borassus n.m. inv.
borate n.m.
boraté, e adj.
borax n.m. inv.
borborygme n.m.
borchtch *ou* **bortsch** n.m.
bord n.m. (côté)
bordage n.m.
borde n.f.
bordé n.m.
bordeaux n.m. inv. ; adj. inv.

bordée n.f.
bordel n.m. ; interj.
bordelais, e adj. *et* n.
bordelaise n.f.
bordélique adj.
border v.t.
bordereau n.m.
borderie n.f.
borderline [-dœrlajn] adj. *et* n.
bordier, ère adj. *et* n.
bordigue n.f.
bordure n.f.
bore n.m. (en chimie)
boréal, e, als *ou* **aux** adj.
borée n.m.
borgne adj. *et* n.
borie n.f.
borin, e *ou* **borain, e** adj. *et* n.
borique adj.
boriqué, e adj.
bornage n.m.
borne n.f.
borné, e adj.
borne-fontaine n.f. (pl. bornes-fontaines)
borner v.t.
bornoyer v.i. *et* t. (conj. **7**)
borosilicate n.m.
borosilicaté, e adj.
borough [-ro] n.m.
borraginacée *ou* **boraginacée** n.f.
borréliose n.f.
bort n.m. (diamant)
bortsch *ou* **borchtch** n.m.
boruration n.f.
borure n.m.
bosco n.m. (pl. boscos)
boscot, otte adj. *et* n.
boscoyo n.m. (pl. boscoyos)
boskoop [-kɔp] n.f.
bosniaque adj. *et* n.
boson n.m.
bosquet n.m.
boss n.m. inv.
bossage n.m.
bossa-nova n.f. (pl. bossas-novas)
bosse n.f.
bosselage n.m.
bosseler v.t. (conj. **16**)
bossellement n.m.
bosselure n.f.
bosser v.i. *et* t.
bossette n.f.
bosseur, euse adj. *et* n.
bossoir n.m.
bossu, e adj. *et* n.
bossuer v.t.
boston n.m.
bostonner v.i.
bostryche n.m.
bot, bote adj. (déformé)
botanique adj. *et* n.f.
botaniste n.
bothriocéphale n.m.
botrytis [-tis] n.m. inv.
botswanais, e adj. *et* n.
botte n.f.
bottelage n.m.
botteler v.t. (conj. **16**)
botteleur, euse adj. *et* n.
botteleuse n.f.
botter v.t.
botteur n.m.
bottier n.m.
bottillon n.m.
Bottin n.m. (nom déposé)
bottine n.f.
botulinique adj.
botulique adj.
botulisme n.m.
boubou n.m. (pl. boubous)
boubouler v.i.
bouc n.m.
boucan n.m.
boucanage n.m.
boucaner v.t.
boucanier n.m.
boucau n.m. (pl. boucaux) [entrée d'un port]
boucaud *ou* **boucot** n.m. (crevette)
bouchage n.m.
bouchain n.m.
boucharde n.f.
boucharder v.t.
bouche n.f.
bouché, e adj.
bouche-à-bouche n.m. inv.
bouche-à-oreille n.m. inv.
bouchée n.f.
bouche-pores n.m. inv.
boucher v.t.
boucher, ère n.
boucherie n.f.
bouche-trou n.m. (pl. bouche-trous)
boucholeur n.m.
bouchon n.m.
bouchonnage n.m.
bouchonné, e adj.
bouchonnement n.m.
bouchonner v.t. ; v.i.
bouchonnier, ère n.
bouchot n.m.
bouchoteur n.m.
bouclage n.m.
boucle n.f.
bouclé, e adj.
bouclement n.m.
boucler v.t. *et* i.
bouclette n.f.
bouclier n.m.
boucot *ou* **boucaud** n.m. (crevette)
bouddha n.m. (pl. bouddhas)
bouddhique adj.
bouddhisme n.m.
bouddhiste adj. *et* n.
bouder v.i. *et* t.
bouderie n.f.
boudeur, euse adj. *et* n.
boudin n.m.
boudinage n.m.
boudiné, e adj.
boudiner v.t.
boudineuse n.f.
boudoir n.m.
boue n.f.
bouée n.f.
bouéler v.i. (conj. **11**)

bouette n.f.
boueur n.m.
boueux, euse adj.
boueux n.m. inv.
bouffant, e adj.
bouffarde n.f.
bouffe adj. ; n.f.
bouffée n.f.
bouffer v.i. ; v.t.
bouffetance n.f.
bouffette n.f.
bouffeur, euse adj. *et* n.
bouffi, e adj.
bouffi n.m.
bouffir v.t. *et* i.
bouffissage n.m.
bouffissure n.f.
bouffon, onne adj.
bouffon n.m.
bouffonnement adv.
bouffonner v.i.
bouffonnerie n.f.
bougainvillée n.f.
bougainvillier n.m.
bouge n.m.
bougé n.m.
bougeoir n.m.
bougeotte n.f.
bouger v.i. *et* t. (conj. **10**)
bougie n.f.
bougillon, onne adj. *et* n.
bougnat n.m.
bougon, onne adj. *et* n.
bougonnement n.m.
bougonner v.t. *et* i.
bougonneur, euse adj. *et* n.
bougran n.m.
bougre ! interj.
bougre, esse n.
bougrement adv.
boui-boui n.m. (pl. bouis-bouis)
bouif n.m.
bouillabaisse n.f.
bouillant, e adj.
bouillasse n.f.
bouille n.f.
bouilleur n.m.
bouilli, e adj.
bouilli n.m.
bouillie n.f.
bouillir v.i. *et* t. (conj. **36**)
bouillissage n.m.
bouilloire n.f.
bouillon n.m.
bouillon-blanc n.m. (pl. bouillons-blancs)
bouillonnant, e adj.
bouillonné n.m.
bouillonnement n.m.
bouillonner v.i. ; v.t.
bouillotte n.f.
bouillotter v.i.
boukha n.f. (pl. boukhas)
boulaie n.f.
boulange n.f.
boulanger v.i. *et* t. (conj. **10**)
boulanger, ère adj. *et* n.
boulangerie n.f.
boulangisme n.m.
boulangiste adj. *et* n.
boulbène n.f.
boulder [-dɛr] n.m.
boule n.f. (sphère)
boule *ou* **boulle** n.m. inv. (meuble)
boulé n.m.
boulê n.f. sing.
bouleau n.m. (pl. bouleaux) [arbre]
boule-de-neige n.f. (pl. boules-de-neige)
bouledogue n.m.
bouler v.i.
boulet n.m.
bouletage n.m.
bouleté, e adj.
boulette n.f.
boulevard n.m.
boulevardier, ère adj.
bouleversant, e adj.
bouleversement n.m.
bouleverser v.t.
boulier n.m.
boulimie n.f.
boulimique adj. *et* n.
boulin n.m.
bouline n.f.
boulingrin n.m.
boulinier n.m.
boulisme n.m.
bouliste n.
boulle *ou* **boule** n.m. inv. (meuble)
boulochage n.m.
boulocher v.i.
boulodrome n.m.
bouloir n.m.
boulomane n.
boulon n.m.
boulonnage n.m.
boulonnais, e adj. *et* n.
boulonner v.t. ; v.i.
boulonnerie n.f.
boulot, otte adj. *et* n. (rondelet)
boulot n.m. (travail)
boulotter v.t.
boum [bum] n.m. (bruit); n.f. ; interj.
boumer v.i.
bouquet n.m.
bouqueté, e adj.
bouquetière n.f.
bouquetin n.m.
bouquin n.m.
bouquiner v.i. *et* t.
bouquinerie n.f.
bouquineur, euse n.
bouquiniste n.
bour *ou* **boure** n.m. (valet)
bourbe n.f.
bourbeux, euse adj.
bourbier n.m.
bourbillon n.m.
bourbon n.m.
bourbonien, enne adj.
bourbonnais, e adj. *et* n.
bourbouille n.f.
bourdaine n.f.
bourde n.f.
bourdigue n.f.
bourdon n.m.
bourdonnant, e adj.
bourdonnement n.m.
bourdonner v.i.

boure *ou* **bour** n.m. (valet)
bourg n.m. (village)
bourgade n.f.
bourgeois, e adj. *et* n.
bourgeoise n.f.
bourgeoisement adv.
bourgeoisial, e, aux adj.
bourgeoisie n.f.
bourgeon n.m.
bourgeonnement n.m.
bourgeonner v.i.
bourgeron n.m.
bourgmestre [burgmɛstr] n.
bourgogne n.m.
bourgueil n.m.
bourguignon adj.m. *et* n.m.
bourguignon, onne adj. *et* n.
bourguignonne n.f.
bourlinguer v.i.
bourlingueur, euse n.
bouronner v.i.
bourrache n.f.
bourrade n.f.
bourrage n.m.
bourrasque n.f.
bourratif, ive adj.
bourre n.f. ; n.m. (policier)
bourré, e adj.
bourreau n.m.
bourrée n.f.
bourrelé, e adj.
bourrèlement n.m.
bourrelet n.m.
bourrelier, ère n.
bourrellerie n.f.
bourrer v.t. *et* i.
bourrette n.f.
bourriche n.f.
bourrichon n.m.
bourricot n.m.
bourride n.f.
bourrin n.m.
bourrique n.f.
bourriquet n.m.
bourroir n.m.
bourru, e adj.
bourse n.f. (petit sac)
Bourse n.f. (édifice)
bourse-à-pasteur n.f. (pl. bourses-à-pasteur)
boursicotage n.m.
boursicoter v.i.
boursicoteur, euse n.
boursier, ère adj. *et* n.
boursouflage n.m.
boursouflé, e adj.
boursouflement n.m.
boursoufler v.t.
boursouflure n.f.
bouscueil n.m.
bousculade n.f.
bousculer v.t.
bouse n.f.
bouseux n.m.
bousier n.m.
bousillage n.m.
bousiller v.t.
bousilleur, euse n.
bousin n.m.
boussole n.f.
boustifaille n.f.
boustrophédon n.m.
bout n.m.
boutade n.f.
boutargue n.f.
bout-dehors n.m. (pl. bouts-dehors)
boute-en-train n.m. inv.
boutefas n.m. inv.
boutefeu n.m. (pl. boutefeux)
boute-hors n.m. inv.
bouteille n.f.
bouteiller n.m.
bouteillerie n.f.
bouteillon n.m.
bouter v.t.
bouterolle n.f.
bouteroue n.f.
boute-selle n.m. (pl. boute-selles *ou* inv.)
bouteur n.m.
boutillier n.m.
boutique n.f.
boutiquier, ère adj. ; n.
boutisse n.f.
boutoir n.m.
bouton n.m.
bouton-d'argent n.m. (pl. boutons-d'argent)
bouton-d'or n.m. (pl. boutons-d'or)
boutonnage n.m.
boutonner v.t. ; v.i.
boutonneux, euse adj.
boutonnier, ère n.
boutonnière n.f.
bouton-pression n.m. (pl. boutons-pression)
boutre n.m.
bout-rimé n.m. (pl. bouts-rimés)
bouturage n.m.
bouture n.f.
bouturer v.t. *et* i.
bouverie n.f.
bouvet n.m.
bouveteuse n.f.
bouvier, ère n.
bouvière n.f.
bouvillon n.m.
bouvreuil n.m.
bouvril n.m.
bouzouki *ou* **buzuki** [buzu-] n.m. (pl. bouzoukis, buzukis)
bovarysme n.m.
bovidé n.m.
bovin, e adj.
bovin n.m.
boviné n.m.
bowette [-vɛt] n.f.
bowling [buliŋ *ou* boliŋ] n.m.
bow-string [bostriŋ] n.m. (pl. bow-strings)
bow-window [bowindo] n.m. (pl. bow-windows)
box n.m. (pl. boxes *ou* inv.)
box-calf n.m. (pl. box-calfs)
boxe n.f.
boxer v.i. *et* t.
boxer [bɔksœr] n.m. (pl. boxers)

boxer-short [bɔksœrʃɔrt] n.m. (pl. boxer-shorts)
boxeur, euse n.
box-office n.m. (pl. box-offices)
boy [bɔj] n.m. (pl. boys)
boyard [bɔjar] n.m.
boyau [bwajo] n.m. (pl. boyaux)
boyauderie n.f.
boyaudier, ère adj. *et* n.
boyauter (se) v.pr.
boycott [bɔjkɔt] n.m.
boycottage [bɔj-] n.m.
boycotter [bɔj-] v.t.
boycotteur, euse [bɔj-] adj. *et* n.
boy-scout [bɔjskut] n.m. (pl. boy-scouts)
brabançon, onne adj. *et* n.
brabant n.m.
bracelet n.m.
bracelet-montre n.m. (pl. bracelets-montres)
brachial, e, aux [-kjal, -o] adj.
brachiation [-kja-] n.f.
brachiocéphalique [-kjɔ-] adj.
brachiopode [-kjɔ-] n.m.
brachycéphale [-ki-] adj. *et* n.
brachycère [-ki-] n.m.
brachyoure [-kjur] n.m.
braconnage n.m.
braconner v.i.
braconnier, ère n.
bractéal, e, aux adj.
bractée n.f.
bradage n.m.
brader v.t.
braderie n.f.
bradeur, euse n.
bradycardie n.f.
bradykinésie n.f.
bradype n.m.
bradypsychie n.f.
braguette n.f.
brahmane n.m.
brahmanique adj.
brahmanisme n.m.
brahmi n.f.
brahmine n.f.
brai n.m. (résidu)
braies n.f. pl. (pantalon)
braillard, e adj. *et* n.
braille n.m.
braillement n.m.
brailler v.t. *et* i.
brailleur, euse adj. *et* n.
braiment n.m.
brainstorming [brɛnstɔrmiŋ] n.m.
brain-trust [brɛntrœst] n.m. (pl. brain-trusts)
braire v.i. (conj. **92**)
braisage n.m.
braise n.f.
braiser v.t.
braisette n.f.
braisière n.f.
brame n.f. ; n.m.
bramement n.m.
bramer v.i.
bran n.m.
brancard n.m.
brancardage n.m.
brancarder v.t.
brancardier, ère n.
branchage n.m.
branche n.f.
branché, e adj. *et* n.
branchement n.m.
branche-mère n.f. (pl. branches-mères)
brancher v.t.
branchette n.f.
branchial, e, aux adj.
branchie n.f.
branchiopode [-kjɔ-] n.m.
branchu, e adj.
brandade n.f.
brande n.f.
brandebourg n.m.
brandebourgeois, e adj. *et* n.
brandir v.t.
brandon n.m.
brandy n.m.
branlant, e adj.
branle n.m.
branle-bas n.m. inv.
branlement n.m.
branler v.i. *et* t.
branleur, euse n.
brante n.f.
braquage n.m.
braque adj. *et* n. ; n.m.
braquemart n.m.
braquement n.m.
braquer v.t. *et* i.
braquet n.m.
braqueur, euse n.
bras n.m.
brasage n.m.
braser v.t.
brasero [-ze-] n.m. (pl. braseros)
brasier n.m.
brasiller v.i.
bras-le-corps (à) loc. adv.
brasque n.f.
brassage n.m.
brassard n.m.
brasse n.f.
brassée n.f.
brasser v.t.
brasserie n.f.
brasseur, euse n.
brassicole adj.
brassière n.f.
brassin n.m.
brasure n.f.
bravache adj. *et* n.m.
bravade n.f.
brave adj. *et* n.
bravement adv.
braver v.t.
bravissimo ! interj.
bravo n.m. (pl. bravos) *et* interj.
bravoure n.f.
break [brɛk] n.m.
breakdance [brɛkdɛns] n.f.
break-down [brɛkdawn] n.m. inv.
breakfast [brɛkfəst] n.m.
brebis n.f.

brèche n.f.
bréchet n.m.
bredouillage n.m.
bredouille adj.
bredouillement n.m.
bredouiller v.i. *et* t.
bredouilleur, euse adj. *et* n.
bredouillis n.m. inv.
bref, brève adj.
bref n.m. ; adv.
bregma n.m. (pl. bregmas)
bregmatique adj.
bréhaigne adj.
breitschwanz [brɛtʃvɑ̃ts] n.m. inv.
brelan n.m.
brêler v.t.
breloque n.f.
brème n.f.
bren [brɛ̃] n.m. (excrément)
brésil n.m.
brésilien, enne adj. *et* n.
brésilien n.m. sing.
brésiller v.t. *et* i.
brésillet n.m.
bressan, e adj. *et* n.
brestois, e adj. *et* n.
bretèche n.f.
bretelle n.f.
bretesse n.f.
bretessé, e adj.
breton, onne adj. *et* n.
breton n.m. sing.
bretonnant, e adj. *et* n.
brette n.f.
bretteler v.t. (conj. **16**)
bretter v.t.
bretteur n.m.
bretzel n.m. *ou* f.
breuvage n.m.
brève n.f.
brevet n.m.
brevetable adj.
breveté, e adj.
breveter v.t. (conj. **16**)
brévétoxine n.f.
bréviaire n.m.
bréviligne adj. *et* n.
brévité n.f.
briard, e adj. *et* n.
briard n.m.
bribe n.f.
bric-à-brac n.m. inv.
bricelet n.m.
bric et de broc (de) loc. adv.
brick n.m.
brick-goélette n.m. (pl. bricks-goélettes)
bricolage n.m.
bricole n.f.
bricoler v.i. *et* t.
bricoleur, euse adj. *et* n.
bride n.f.
bridé, e adj.
brider v.t.
bridge n.m.
bridger v.i. (conj. **10**)
bridgeur, euse n.
bridon n.m.
brie n.m.
briefer [brife] v.t. (informer)
briefing [brifiŋ] n.m.
brièvement adv.
brièveté n.f.
briffer v.i. *et* t. (manger)
brigade n.f.
brigadier n.m.
brigadier-chef n.m. (pl. brigadiers-chefs)
brigand n.m.
brigandage n.m.
brigander v.t.
brigandine n.f.
brigantin n.m.
brigantine n.f.
brigue n.f.
briguer v.t.
brillamment adv.
brillance n.f.
brillant, e adj.
brillant n.m.
brillantage n.m.
brillanté n.m.
brillanter v.t.
brillanteur n.m.
brillantine n.f.
brillantiner v.t.
briller v.i.
brimade n.f.
brimbaler v.t. *et* i.
brimborion n.m.
brimer v.t.
brin n.m. (morceau)
brindezingue adj. *et* n.
brindille n.f.
brinell n.m.
bringé, e adj.
bringeure [-ʒyr] n.f.
bringue n.f.
bringuebaler v.t. *et* i.
bringuer v.i. ; v.t.
brinquebaler v.t. *et* i.
brio n.m. (pl. brios)
brioche n.f.
brioché, e adj.
briochin, e adj. *et* n.
brion n.m.
brique n.f. ; adj. inv.
briquer v.t.
briquet n.m.
briquetage n.m.
briqueter v.t. (conj. **16**)
briqueterie n.f.
briqueteur n.m.
briquetier n.m.
briquette n.f.
bris n.m. inv.
brisance n.f.
brisant, e adj.
brisant n.m.
briscard *ou* **brisquard** n.m.
brise n.f. (vent)
brisé, e adj.
brisé n.m.
brise-béton n.m. inv.
brise-bise n.m. inv.
brise-copeaux n.m. inv.
brisées n.f. pl.
brise-fer n. inv.
brise-glace *ou* **brise-glaces** n.m. inv.
brise-jet n.m. (pl. inv. *ou* brise-jets)
brise-lames n.m. inv.

brisement n.m.
brise-mottes n.m. inv.
briser v.t. *et* t.ind.
brise-soleil n.m. inv.
brise-tout n. inv.
briseur, euse n.
brise-vent n.m. inv.
brise-vue n.m. (pl. brise-vues)
brisis n.m. inv.
briska n.m. (pl. briskas)
brisolée n.f.
brisquard *ou* **briscard** n.m.
brisque n.f.
bristol n.m.
brisure n.f.
britannique adj. *et* n.
brittonique adj. *et* n.m.
brize n.f. (herbe)
broc [bro] n.m.
brocante n.f.
brocanter v.i.
brocanteur, euse n.
brocard n.m. (moquerie)
brocarder v.t.
brocart n.m. (étoffe)
brocatelle n.f.
broccio [brɔtʃjo] n.m. (pl. broccios)
brochage n.m.
brochant, e adj.
broche n.f.
broché n.m.
brocher v.t.
brochet n.m.
brocheton n.m.
brochette n.f.
brocheur, euse n.
brocheuse n.f.
brochure n.f.
brocoli n.m. (pl. brocolis)
brodequin n.m.
broder v.t.
broderie n.f.
brodeur, euse n.
broie n.f.
broiement n.m.
broker [-kœr] n.m.
bromate n.m.
brome n.m.
bromé, e adj.
broméliacée n.f.
bromhydrique adj.
bromique adj.
bromisme n.m.
bromure n.m.
bronca n.f. (pl. broncas)
bronche n.f.
bronchectasie n.f.
broncher v.i.
bronchiectasie [brɔ̃ʃjɛktazi] n.f.
bronchiole n.f.
bronchiolite n.f.
bronchique adj.
bronchite n.f.
bronchiteux, euse adj. *et* n.
bronchitique adj. *et* n.
broncho-pneumonie [-ko-] n.f. (pl. broncho-pneumonies)
broncho-pneumopathie [-ko-] n.f. (pl. broncho-pneumopathies)
bronchorrhée [-ko-] n.f.
bronchoscope [-ko-] n.m.
bronchoscopie [-ko-] n.f.
brontosaure n.m.
bronzage n.m.
bronzant, e adj.
bronze n.m.
bronzé, e adj. *et* n.
bronzer v.t. *et* i.
bronzette n.f.
bronzeur, euse n.
bronzier, ère n.
brook [bruk] n.m.
broquelin n.m.
broquette n.f.
brossage n.m.
brosse n.f.
brosser v.t.
brosserie n.f.
brossier, ère n.
brou n.m. (pl. brous) [enveloppe]
brouet n.m.
brouettage n.m.
brouette n.f.
brouettée n.f.
brouetter v.t.
brouhaha n.m.
brouillage n.m.
brouillamini n.m.
brouillard n.m.
brouillasse n.f.
brouillasser v.impers.
brouille n.f.
brouillé, e adj.
brouiller v.t.
brouillerie n.f.
brouilleur n.m.
brouillon, onne adj. *et* n.
brouillon n.m.
brouillonner v.t.
brouilly n.m. inv.
broum ! interj.
broussaille n.f.
broussailleux, euse adj.
broussard, e n.
brousse n.f.
broussin n.m.
brout n.m. (pousse)
broutage n.m.
broutard n.m.
broutement n.m.
brouter v.t. ; v.i.
broutille n.f.
brownie [broni *ou* brawni] n.m.
brownien [-o- *ou* -aw-] adj.m.
browning [broniŋ *ou* brawniŋ] n.m.
broyage n.m.
broyat n.m.
broyer v.t. (conj. **7**)
broyeur, euse adj. *et* n.
broyeur n.m.
brrr ! interj.
bru n.f.
bruant n.m.
brucella n.f. (pl. brucellas)
brucelles n.f. pl.
brucellose n.f.
bruche n.f.
brucine n.f.
brugnon n.m.
brugnonier n.m.

bruine n.f.
bruiner v. impers.
bruineux, euse adj.
bruire v.i. (conj. **85**)
bruissement n.m.
bruisser v.i.
bruit n.m.
bruitage n.m.
bruiter v.t.
bruiteur, euse n.
brûlage n.m.
brûlant, e adj.
brûlé, e adj.
brûlé n.m.
brûle-gueule n.m. inv.
brûle-parfum *ou* **brûle-parfums** n.m. (pl. brûle-parfums)
brûle-pourpoint (à) loc. adv.
brûler v.t. *et* i.
brûlerie n.f.
brûleur n.m.
brûlis n.m. inv.
brûloir n.m.
brûlon n.m.
brûlot n.m.
brûlure n.f.
brumaire n.m.
brumasse n.f.
brumasser v. impers.
brume n.f.
brumer v. impers.
brumeux, euse adj.
Brumisateur n.m. (nom déposé)
brun, e adj. *et* n.
brun n.m.
brunante n.f.
brunâtre adj.
brunch [brœnʃ] n.m. (pl. brunchs *ou* brunches)
brune n.f.
brunet, ette n.
bruni n.m.
brunir v.t. *et* i.
brunissage n.m.
brunissement n.m.
brunisseur, euse n.
brunissoir n.m.
brunissure n.f.
Brushing [brœʃiŋ] n.m. (nom déposé)
brusque adj.
brusquement adv.
brusquer v.t.
brusquerie n.f.
brut, e [bryt] adj.
brut [bryt] n.m. ; adv.
brutal, e, aux adj. *et* n.
brutalement adv.
brutaliser v.t.
brutalisme n.m.
brutalité n.f.
brute n.f.
brution n.m.
bruxellois, e [-sɛl-] adj. *et* n.
bruxisme n.m.
bruxomanie n.f.
bruyamment adv.
bruyant, e adj.
bruyère n.f.
bryologie n.f.
bryone n.f.
bryophyte n.f.
bryozoaire n.m.
buanderie n.f.
buandier, ère n.
bubale n.m.
bubon n.m.
bubonique adj.
buccal, e, aux adj.
buccin [-ksɛ̃] n.m.
buccinateur [-ksi-] adj.
bucco-dentaire adj. (pl. bucco-dentaires)
bucco-génital, e, aux adj.
bûche n.f.
bûcher v.t. *et* i.
bûcher n.m. (pl. bûchers)
bûcheron, onne n.
bûchette n.f.
bûcheur, euse n.
bucolique adj. *et* n.f.
bucrane n.m.
buddleia n.m. (pl. buddleias)
budget n.m.
budgétaire adj.
budgéter v.t. (conj. **11**)
budgétisation n.f.
budgétiser v.t. (conj. **3**)
budgétivore adj. *et* n.
buée n.f.
buffet n.m.
buffetier, ère n.
bufflage n.m.
buffle n.m.
buffler v.t.
bufflesse n.f.
buffleterie n.f.
buffletin n.m.
bufflon n.m.
bufflonne n.f.
bug [bœg] n.m.
buggy [bœgi] n.m. (pl. buggys)
bugle n.m. ; n.f.
buglosse n.f.
bugne n.f.
bugrane n.f.
building [bildiŋ *ou* byldiŋ] n.m.
buire n.f.
buis n.m. inv.
buisson n.m.
buisson-ardent n.m. (pl. buissons-ardents)
buissonneux, euse adj.
buissonnier, ère adj.
bulbaire adj.
bulbe n.m.
bulbeux, euse adj.
bulbiculture n.f.
bulbille n.f.
bulgare adj. *et* n. ; n.m. sing.
bulge [bœldʒ] n.m.
bull n.m.
bullaire n.m.
bulldog [bul-] n.m.
bulldozer [byldɔzɛr *ou* buldɔzœr] n.m.
bulle n.f. ; adj. inv. *et* n.m.
bullé, e adj.
buller v.i.
bulletin n.m.

bulletin-réponse n.m. (pl. bulletins-réponse)
bulleux, euse adj.
bull-finch [bulfinʃ] n.m. (pl. bull-finchs *ou* bull-finches)
bullionisme n.m.
bull-terrier n.m. (pl. bull-terriers)
bulot n.m.
bun [bœn] n.m.
Buna n.m. (nom déposé)
bungalow [bɔ̃galo] n.m.
bunker [bunkœr] n.m.
bunraku [bunraku] n.m.
bupreste n.m.
buraliste n.
bure n.f. ; n.m.
bureau n.m.
bureaucrate n.
bureaucratie n.f.
bureaucratique adj.
bureaucratisation n.f.
bureaucratiser v.t.
bureauticien, enne n.
bureautique n.f.
burelé, e adj.
burelle *ou* **burèle** n.f.
burette n.f.
burgau n.m. (pl. burgaux)
burgaudine n.f.
burger [bœrgœr] n.m.
burgrave n.m.
burin n.m.
burinage n.m.
buriné, e adj.
buriner v.t.
burineur n.m.
buriniste n.m.
burkinabé adj. *et* n. inv. en genre
burkinais, e adj. *et* n.
burlat n.f.
burle n.f.
burlesque adj. *et* n.m.
burlesquement adv.
burlingue n.m.
burnous n.m. inv.
buron n.m.
burséracée n.f.
burundais, e [burun-] adj. *et* n.
bus [bys] n.m. inv.
busard n.m.
busc [bysk] n.m.
buse n.f.
buser v.t.
bush [buʃ] n.m. (pl. bushes)
bushido [buʃido] n.m.
business [biznɛs] n.m. inv.
businessman [biznɛsman] n.m. (pl. businessmans *ou* businessmen)
businesswoman [biznɛswuman] n.m. (pl. businesswomans *ou* businesswomen)
busqué, e adj.
busquer v.t.
busserole n.f.
buste n.m.
bustier, ère n.
bustier n.m.
but [by *ou* byt] n.m.
butadiène n.m.
butane n.m.
butanier n.m.
buté, e adj.
butée n.f.
butène n.m.
buter v.t. ind. ; v.t. (heurter)
buter *ou* **butter** v.t. (tuer)
buteur, euse n.
butin n.m.
butiner v.i. *et* t.
butineur, euse adj.
butineuse n.f.
butoir n.m.
butome n.m.
butor n.m.
buttage n.m.
butte n.f.
butter v.t. (mettre de la terre)
butter *ou* **buter** v.t. (tuer)
butteur n.m.
buttoir n..m.
butyle n.m.
butylène n.m.
butylique adj.
butyrate n.m.
butyreux, euse adj.
butyrine n.f.
butyrique adj.
butyromètre n.m.
butyrophénone n.f.
buvable adj.
buvant n.m.
buvard n.m.
buvée n.f.
buvetier, ère n.
buvette n.f.
buveur, euse n.
buxacée n.f.
buzuki [buzu-] *ou* **bouzouki** n.m. (pl. buzukis, bouzoukis)
bye ! [baj] interj.
bye-bye ! [bajbaj] interj.
byline [bajlajn] n.f.
by-pass [bajpas] n.m. inv.
byssinose n.f.
byssus [bisys] n.m. inv.
byzantin, e adj. *et* n.
byzantinisme n.m.
byzantiniste n.
byzantinologie n.f.
byzantinologue n.

C

c n.m. inv.
ça pron. dém.; n.m. inv.
çà adv. ; interj.
caatinga [kaatinga] n.f. (pl. caatingas)
cab [kab] n.m.
cabale n.f.
cabaler v.i.
cabaliste *ou* **kabbaliste** n.
cabalistique adj.
caban n.m.
cabane n.f.
cabanement n.m.
cabaner v.t. ; v.i.
cabanon n.m.
cabaret n.m.
cabaretier, ère n.
cabas n.m. inv.
cabasset n.m.
cabèche n.f.
cabernet n.m.
cabestan n.m.
cabiai n.m.
cabillaud n.m. (poisson)
cabillot n.m. (cheville)
cabin-cruiser [kabinkrɥizœr] n.m. (pl. cabin-cruisers)
cabine n.f.
cabinet n.m.
câblage n.m.
câble n.m.
câblé, e adj.
câbleau *ou* **câblot** n.m.
câbler v.t.
câblerie n.f.
câbleur, euse n.
câblier n.m.
câbliste n.
câblodistributeur n.m.
câblodistribution n.f.
câblogramme n.m.
câblo-opérateur n.m. (pl. câblo-opérateurs)
câblot *ou* **câbleau** n.m.
cabochard, e adj. *et* n.
caboche n.f.
cabochon n.m.
cabosse n.f.
cabosser v.t.
cabot n.m.
cabotage n.m.
caboter v.i.
caboteur n.m.
cabotin, e adj. *et* n.
cabotinage n.m.
cabotiner v.i.
caboulot n.m.
cabrage n.m.
cabrer v.t.
cabri n.m. (pl. cabris)
cabriole n.f.
cabrioler v.i.
cabriolet n.m.
cab-signal n.m. (pl. cab-signaux)
cabus adj.m. inv. *et* n.m. inv.
caca n.m. (pl. cacas) ; adj. inv. *et* n.m. inv. (*caca d'oie*)
cacaber v.i.
cacahouète *ou* **cacahuète** n.f.
cacaille n.f.
cacao n.m. (pl. cacaos)
cacaoté, e adj.
cacaoui n.m. (pl. cacaouis)
cacaotier n.m.
cacaotière n.f.
cacaoyer n.m.
cacaoyère n.f.
cacarder v.i.
cacatoès *ou* **kakatoès** n.m. inv.
cacatois n.m. inv.
cachalot n.m.
cache n.f. ; n.m.
cache-brassière n.m. (pl. inv. *ou* cache-brassières)
cache-cache n.m. inv.
cache-cœur n.m. (pl. inv. *ou* cache-cœurs)
cache-col n.m. (pl. inv. *ou* cache-cols)
cache-corset n.m. (pl. inv. *ou* cache-corsets)
cachectique adj. *et* n.
cache-entrée n.m. (pl. inv. *ou* cache-entrées)
cache-flamme n.m. (pl. inv. *ou* cache-flammes)
cachemire *ou* **cashmere** [-mir] n.m.
cache-misère n.m. inv.
cache-nez n.m. inv.
cache-pot n.m. (pl. inv. *ou* cache-pots)
cache-poussière n.m. inv.
cache-prise n.m. (pl. inv. *ou* cache-prises)
cacher v.t.
cache-radiateur n.m. (pl. inv. *ou* cache-radiateurs)
cachère, casher *ou* **kasher** adj. inv.
cache-sexe n.m. (pl. inv. *ou* cache-sexes)
cachet n.m.
cachetage n.m.
cache-tampon n.m. (pl. inv. *ou* cache-tampons)
cacheté, e adj.
cacheter v.t. (conj. **16**)

cachetier n.m.
cachette n.f.
cachexie n.f.
cachot n.m.
cachotterie n.f.
cachottier, ère adj. *et* n.
cachou n.m. (pl. cachous)
cachucha [-tʃutʃa] n.f. (pl. cachuchas)
cacique n.m.
cacochyme [kakɔʃim] adj. *et* n.
cacodylate n.m.
cacographe n.
cacographie n.f.
cacolet n.m.
cacologie n.f.
cacophonie n.f.
cacophonique adj.
cacosmie n.f.
cactacée n.f.
cactée n.f.
cactus n.m. inv.
cadastral, e, aux adj.
cadastre n.m.
cadastrer v.t.
cadavéreux, euse adj.
cadavérique adj.
cadavre n.m.
caddie *ou* **caddy** n.m. (pl. caddies, caddys) [golf]
Caddie n.m. (nom déposé) [chariot]
caddy *ou* **caddie** n.m. (pl. caddys, caddies) [golf]
cade n.m.
cadeau n.m.
cadenas n.m. inv.
cadenasser v.t.
cadence n.f.
cadencé, e adj.
cadencer v.t. (conj. **9**)
cadène n.f.
cadenette n.f.
cadet, ette adj. *et* n.
cadet n.m.
cadi n.m. (pl. cadis) [juge]
cadmiage n.m.
cadmie n.f.
cadmier v.t. (conj. **5**)
cadmium [-mjɔm] n.m. (pl. cadmiums)
cadogan n.m.
cadrage n.m.
cadran n.m.
cadrat n.m.
cadratin n.m.
cadre n.m.
cadrer v.i. ; v.t.
cadreur, euse n.
caduc, caduque adj.
caducée n.m.
caducifolié, e adj.
caducité n.f.
caduque n.f.
cadurcien, enne adj. *et* n.
cæcal, e, aux [sekal, o] adj.
cæcum [sekɔm] n.m. (pl. cæcums)
caennais, e [ka-] adj. *et* n.
cæsium *ou* **césium** [sezjɔm] n.m. (pl. cæsiums, césiums)
cafard, e n.
cafard n.m.
cafardage n.m.
cafarder v.i. *et* t.
cafardeur, euse adj. *et* n.
cafardeux, euse adj.
café n.m. ; adj. inv.
café-concert n.m. (pl. cafés-concerts)
caféier n.m.
caféière n.f.
caféine n.f.
caféisme n.m.
cafetan *ou* **caftan** n.m.
cafétéria n.f. (pl. cafétérias)
café-théâtre n.m. (pl. cafés-théâtres)
cafetier n.m.
cafetière n.f.
cafouillage n.m.
cafouiller v.i.
cafouilleur, euse n.
cafouilleux, euse adj. *et* n.
cafouillis n.m. inv.
cafre adj. *et* n.
caftan *ou* **cafetan** n.m.
cafter v.i. *et* t.
cafteur, euse n.
cage n.f.
cageot n.m.
cagerotte n.f.
caget n.m.
cagette n.f.
cagibi n.m.
cagna n.f. (pl. cagnas)
cagnard n.m.
cagne *ou* **khâgne** n.f.
cagneux, euse adj. *et* n. (qui a les jambes déformées)
cagneux, euse *ou* **khâgneux, euse** n. (de la classe de khâgne)
cagnotte n.f.
cagot, e adj. *et* n.
cagoterie n.f.
cagou n.m. (pl. cagous)
cagoulard n.m.
cagoule n.f.
cahier n.m.
cahin-caha adv.
cahors n.m. inv.
cahot n.m.
cahotant, e adj.
cahotement n.m.
cahoter v.t. *et* i.
cahoteux, euse adj.
cahute n.f.
caïd n.m.
caïeu *ou* **cayeu** n.m. (pl. caïeux, cayeux)
caillage n.m.
caillasse n.f.
caille n.f.
caillé n.m.
caillebotis n.m. inv.
caillebotte n.f.
caille-lait n.m. inv.
caillement n.m.
cailler v.t. ; v.i.
cailleteau n.m.
caillette n.f.
caillot n.m.
caillou n.m. (pl. cailloux)
cailloutage n.m.

caillouter v.t.
caillouteux, euse adj.
cailloutis n.m. inv.
caïman n.m.
caïque n.m.
cairn [kɛrn] n.m.
cairote adj. *et* n.
caisse n.f.
caisserie n.f.
caissette n.f.
caissier, ère n.
caisson n.m.
caitya [ʃaitja] n.m. (pl. caityas)
cajeput [kaʒpyt] n.m.
cajeputier n.m.
cajoler v.t. ; v.i.
cajolerie n.f.
cajoleur, euse adj. *et* n.
cajou n.m. (pl. cajous)
cajun [kaʒœ̃] adj. *et* n. inv. en genre
cake [kɛk] n.m.
cake-walk [kɛkwɔk] n.m.
cal n.m. (pl. cals)
calabrais, e adj. *et* n.
caladion n.m.
caladium n.m. (pl. caladiums)
calage n.m.
calaisien, enne adj. *et* n.
calaison n.f.
calamar n.m.
calambac n.m.
calambour n.m.
calame n.m.
calaminage n.m.
calamine n.f.
calaminer (se) v.pr.
calamistré, e adj.
calamite n.f.
calamité n.f.
calamiteux, euse adj.
calamus n.m. inv.
calancher v.i.
calandrage n.m.
calandre n.f.
calandrer v.t.
calandreur, euse n.
calanque n.f.
calao n.m. (pl. calaos)
calathéa n.m. (pl. calathéas)
calcaire adj. *et* n.m.
calcanéum n.m. (pl. calcanéums)
calcarone [-rɔne] n.m.
calcédoine n.f.
calcémie n.f.
calcéolaire n.f.
calcicole adj.
calcif *ou* **calecif** n.m.
calciférol n.m.
calcification n.f.
calcifié, e adj.
calcifuge adj.
calcin n.m.
calcination n.f.
calciner v.t.
calciothermie n.f.
calciphobe adj.
calcique adj.
calcite n.f.
calcitonine n.f.
calcium n.m. (pl. calciums)
calciurie n.f.
calcschiste [-kʃist] n.m.
calcul n.m.
calculabilité n.f.
calculable adj.
calculateur, trice adj. *et* n.
calculateur n.m.
calculatrice n.f.
calculer v.t. *et* i.
calculette n.f.
calculeux, euse adj.
caldarium n.m. (pl. caldariums)
caldeira [-dɛra] n.f. (pl. caldeiras)
caldoche adj. *et* n.
cale n.f.
calé, e adj.
calebasse n.f.
calebassier n.m.
calèche n.f.
calecif *ou* **calcif** n.m.
caleçon n.m.
caleçonnade n.f.
calédonien, enne adj. *et* n.
cale-étalon n.f. (pl. cales-étalons)
caléfaction n.f.
calembour n.m.
calembredaine n.f.
calendaire adj.
calendes n.f. pl.
calendos [-dos] n.m. inv.
calendrier n.m.
calendula n.m. (pl. calendulas)
cale-pied n.m. (pl. cale-pieds)
calepin n.m.
caler v.t. ; v.i.
caleter *ou* **calter** v.i.
calfat n.m.
calfatage n.m.
calfater v.t.
calfeutrage n.m.
calfeutrement n.m.
calfeutrer v.t.
calibrage n.m.
calibration n.f.
calibre n.m.
calibrer v.t.
calibreur n.m.
calibreuse n.f.
calice n.m.
caliche n.m.
calicot n.m.
calicule n.m.
calier n.m.
califat *ou* **khalifat** n.m.
calife *ou* **khalife** n.m.
californien, enne adj. *et* n.
californium n.m. (pl. californiums)
califourchon (à) loc. adv.
câlin, e adj. *et* n.
câlin n.m.
câliner v.t.
câlinerie n.f.
caliorne n.f.
calisson n.m.
calla n.f. (pl. callas)
calleux, euse adj.

call-girl [kolgœrl] n.f. (pl. call-girls)
calligramme n.m.
calligraphe n.
calligraphie n.f.
calligraphier v.t. *et* i.
calligraphique adj.
callipyge adj.
callosité n.f.
calmage n.m.
calmant, e adj.
calmant n.m.
calmar n.m.
calme adj. *et* n.m.
calmement adv.
calmer v.t.
calmir v.i.
calo n.m. sing. (langue)
calomel n.m.
calomniateur, trice n.
calomnie n.f.
calomnier v.t. (conj. **5**)
calomnieusement adv.
calomnieux, euse adj.
caloporteur adj.m. *et* n.m.
calorie n.f.
calorifère n.m.
calorifique adj.
calorifuge adj. *et* n.m.
calorifugeage n.m.
calorifuger v.t. (conj. **10**)
calorimètre n.m.
calorimétrie n.f.
calorimétrique adj.
caloriporteur adj.m.
calorique adj.
calorisation n.f.
calot n.m. (bille)
calotin n.m.
calotte n.f.
calotter v.t.
caloyer, ère n.
calquage n.m.
calque n.m.
calquer v.t.
calter, caleter v.i. *ou* **se caleter** v.pr.
caluger v.i. (conj. **10**)
calumet n.m.
calva n.m.
calvados [-os] n.m. inv.
calvadosien, enne adj. *et* n.
calvaire n.m.
calvairienne n.f.
calville n.f.
calvinisme n.m.
calviniste adj. *et* n.
calvitie [-si] n.f.
calypso n.m. (pl. calypsos)
camaïeu n.m. (pl. camaïeux)
camail n.m. (pl. camails)
camaldule n.
camarade n.
camaraderie n.f.
camard, e adj. *et* n.
camarguais, e adj. *et* n.
camarilla n.f. (pl. camarillas)
camber v.t.
cambiaire adj.
cambial, e, aux adj.
cambiste n.
cambium n.m. (pl. cambiums)
cambodgien, enne adj. *et* n.
cambodgien n.m. sing.
cambouis n.m. inv.
cambrage n.m.
cambré, e adj.
cambrement n.m.
cambrer v.t.
cambreur n.m.
cambrésien, enne adj. *et* n.
cambrien, enne adj.
cambrien n.m.
cambriolage n.m.
cambrioler v.t.
cambrioleur, euse n.
cambrousard n.m.
cambrouse n.f.
cambroussard n.m.
cambrousse n.f.
cambrure n.f.
cambuse n.f.
cambusier n.m.
came n.f.
camé, e adj. *et* n.
camée n.m.
caméléon n.m.
caméléonesque adj.
camélia *ou* **camellia** n.m.
camélidé n.m.
cameline *ou* **caméline** n.f.
camelle n.f.
camellia *ou* **camélia** n.m.
camelot n.m.
camelote n.f.
camembert n.m.
camer (se) v.pr.
caméra n.f.
cameraman [-man] n.m. (pl. cameramans *ou* cameramen)
camérier n.m.
召camériste n.f.
camerlingue n.m.
camerounais, e adj. *et* n.
Caméscope n.m. (nom déposé)
camion n.m.
camion-citerne n.m. (pl. camions-citernes)
camionnage n.m.
camionner v.t.
camionnette n.f.
camionneur n.m.
camisard n.m.
camisole n.f.
camomille n.f.
Camorra n.f. sing.
camouflage n.m.
camoufler v.t.
camouflet n.m.
camp n.m.
campagnard, e adj. *et* n.
campagne n.f.
campagnol n.m.
campane n.f.
campanien, enne adj. *et* n.
campaniforme adj.
campanile n.m.
campanulacée n.f.
campanule n.f.
campé, e adj.
campêche n.m.

campement n.m.
camper v.i. ; v.t.
campeur, euse n.
camphre n.m.
camphré, e adj.
camphrier n.m.
campignien, enne adj.
campignien n.m.
camping [-iŋ] n.m.
camping-car [-iŋ-] n.m. (pl. camping-cars)
Camping-Gaz [-iŋgaz] n.m. inv. (nom déposé)
campo *ou* **campos** [-po] n.m.
campus [-ys] n.m. inv.
camus, e [kamy, yz] adj.
canada n.f.
Canadair n.m. (nom déposé)
canadianisme n.m.
canadien, enne adj. *et* n.
canadienne n.f.
canaille adj. *et* n.f.
canaillerie n.f.
canal n.m. (pl. canaux)
canalicule n.m.
canalisable adj.
canalisation n.f.
canaliser v.t.
cananéen, enne adj. *et* n.
cananéen n.m. sing.
canapé n.m.
canapé-lit n.m. (pl. canapés-lits)
canaque *ou* **kanak, e** adj. *et* n.
canar n.m. (tube d'aérage)
canard n.m. (oiseau)
canardeau n.m.
canarder v.t.
canardière n.f.
canari n.m.
canasson n.m.
canasta n.f.
cancale n.f.
cancan n.m.
cancaner v.i.
cancanier, ère adj. *et* n.
cancel n.m.
cancer n.m.
cancéreux, euse adj. *et* n.
cancérigène adj. *et* n.m.
cancérisation n.f.
cancériser (se) v.pr.
cancérogène adj. *et* n.m.
cancérogenèse n.f.
cancérologie n.f.
cancérologique adj.
cancérologue n.
cancérophobie n.f.
canche n.f.
cancoillotte [-kɔjɔt *ou* -kwajɔt] n.f.
cancre n.m.
cancrelat n.m.
cancroïde n.m.
candace n.f.
candela n.f.
candélabre n.m.
candeur n.f.
candi adj.m. (pl. candis)
candida n.m. (pl. candidas) [champignon]
candidat, e n. [personne]
candidature n.f.
candide adj.
candidement adv.
candidose n.f.
candir v.t.
candisation n.f.
candomblé n.m.
cane n.f. (canard)
canéficier n.m.
canepetière n.f.
canéphore n.f.
caner v.i. (reculer)
caner *ou* **canner** v.i. (partir)
canetage *ou* **cannetage** n.m.
canetière *ou* **cannetière** n.f.
caneton n.m.
canette n.f. (petite cane)
canette *ou* **cannette** n.f. (bouteille)
canevas n.m. inv.
canezou n.m. (pl. canezous)
cange n.f.
cangue n.f.
caniche n.m.
caniculaire adj.
canicule n.f.
canidé n.m.
canier n.m.
canif n.m.
canin, e adj.
canine n.f.
canisse *ou* **cannisse** n.f.
canitie n.f.
caniveau n.m.
canna n.m. (pl. cannas)
cannabacée n.f.
cannabique adj.
cannabis n.m. inv.
cannabisme n.m.
cannage n.m.
cannaie n.f.
canne n.f. (roseau)
canné, e adj.
canne-béquille n.f. (pl. cannes-béquilles)
canneberge n.f.
canne-épée n.f. (pl. cannes-épées)
cannelé, e adj.
cannelier n.m.
cannelle n.f. ; adj. inv.
cannelloni n.m. (pl. inv. *ou* cannellonis)
cannelure n.f.
canner v.t. (tresser)
canner *ou* **caner** v.i. (partir)
cannetage *ou* **canetage** n.m.
cannetière *ou* **canetière** n.f.
cannetille n.f.
cannette *ou* **canette** n.f. (bouteille)
canneur, euse n.
cannibale adj. *et* n.
cannibalesque adj.
cannibalique adj.
cannibalisation n.f.
cannibaliser v.t.
cannibalisme n.m.
cannier, ère n.
cannisse *ou* **canisse** n.f.

canoë n.m.
canoéisme n.m.
canoéiste n.
canon n.m.; adj. m.; adj. inv.
cañon *ou* **canyon** [-njɔn *ou* -njɔ̃] n.m.
canonial, e, aux adj.
canonicat n.m.
canonicité n.f.
canonique adj. ; n.f.
canoniquement adv.
canonisable adj.
canonisation n.f.
canoniser v.t.
canoniste n.m.
canonnade n.f.
canonnage n.m.
canonner v.t.
canonnier n.m.
canonnière n.f.
canope n.m.
canopée n.f.
canot n.m.
canotage n.m.
canoter v.i.
canoteur, euse n.
canotier n.m.
cantabile [-le] n.m.
cantal n.m. (pl. cantals)
cantalien, enne adj. *et* n.
cantalou, e adj. *et* n. (du Cantal)
cantaloup n.m. (melon)
cantate n.f.
cantatille n.f.
cantatrice n.f.
canter [-tɛr] n.m.
cantharellale n.f.
cantharide n.f.
cantharidine n.f.
cantilène n.f.
cantilever [-ləvər] adj.m. *et* n.m.
cantine n.f.
cantiner v.i.
cantinier, ère n.
cantinière n.f.
cantique n.m.
canton n.m.
cantonade n.f.
cantonais, e adj. *et* n.
cantonais n.m. sing.
cantonal, e, aux adj.
cantonales n.f. pl.
cantonnement n.m.
cantonner v.t. *et* i.
cantonnier n.m.
cantonnière n.f.
cantre n.m.
canulant, e adj.
canular n.m.
canularesque adj.
canule n.f.
canuler v.t.
canut, use n.
canyon *ou* **cañon** [-njɔn *ou* -njɔ̃] n.m.
canyoning [-niŋ] n.m.
canzone [kɑ̃tsɔne] n.f. (pl. canzones *ou* canzoni)
caodaïsme n.m.
caoua n.m. (pl. caouas)
caouanne n.f.
caoutchouc n.m.
caoutchoutage n.m.
caoutchouter v.t.
caoutchouteux, euse adj.
cap n.m.
capable adj.
capacimètre n.m.
capacitaire adj. ; n.
capacitance n.f.
capacité n.f.
capacitif, ive adj.
caparaçon n.m.
caparaçonner v.t.
cape n.f.
capéer v.i. (conj. **8**)
capelage n.m.
capelan n.m.
capeler v.t. (conj. **16**)
capelet n.m.
capeline n.f.
caper v.t.
capésien, enne n. (titulaire du C.A.P.E.S.)
capet n.m.
capétien, enne [-sjɛ̃, ɛn] adj. *et* n. (dynastie); [-tjɛ̃, ɛn] n. (titulaire du C.A.P.E.T.)
capeyer v.i. (conj. **7**)
capharnaüm [-naɔm] n.m. (pl. capharnaüms)
cap-hornier n.m. (pl. cap-horniers)
capillaire [-lɛr] adj. ; n.m.
capillarite n.f.
capillarité n.f.
capilliculteur, trice n.
capilliculture n.f.
capilotade n.f.
capitaine n.m.
capitainerie n.f.
capital, e, aux adj.
capital n.m. (pl. capitaux)
capitale n.f.
capitalisable adj.
capitalisation n.f.
capitaliser v.t. *et* i.
capitalisme n.m.
capitaliste adj. *et* n.
capital-risque n.m. sing.
capitan n.m.
capitation n.f.
capite n.f.
capité, e adj.
capiteux, euse adj.
capitole n.m.
capitolin, e adj.
capiton n.m.
capitonnage n.m.
capitonner v.t.
capitoul n.m.
capitulaire adj. ; n.m.
capitulard, e adj. *et* n.
capitulation n.f.
capitule n.m.
capituler v.i.
capon, onne adj. *et* n.
caponnière n.f.
caporal n.m. (pl. caporaux)
caporal-chef n.m. (pl. caporaux-chefs)
caporaliser v.t.
caporalisme n.m.
capot n.m. ; adj. inv.

capotage n.m.
capote n.f.
capoter v.t. ; v.i.
cappa *ou* **cappa magna** [-gna] n.f.
cappadocien, enne adj. *et* n.
cappella (a) loc. adv.
cappuccino [kaputʃino] n.m. (pl. cappuccinos)
câpre n.f.
capricant, e adj.
capriccio [kapritʃjo] n.m. (pl. capriccios)
caprice n.m.
capricieusement adv.
capricieux, euse adj. *et* n.
capricorne n.m.
câprier n.m.
caprification n.f.
caprifoliacée n.f.
caprin, e adj.
caprin n.m.
capriné n.m.
caprique adj.
caprolactame n.m.
caprylique adj.
capsage n.m.
capselle n.f.
capside n.f.
capsien, enne adj.
capsien n.m.
capsulage n.m.
capsulaire adj.
capsule n.f.
capsule-congé n.f. (pl. capsules-congés)
capsuler v.t.
captage n.m.
captal n.m. (pl. captals)
captateur, trice n.
captatif, ive adj.
captation n.f.
captativité n.f.
captatoire adj.
capter v.t.
capte-suies n.m. inv.
capteur n.m.
captieux, euse [-sjø, øz] adj.
captif, ive n. *et* adj.
captivant, e adj.
captiver v.t.
captivité n.f.
capture n.f.
capturer v.t.
capuce n.m.
capuche n.f.
capuchon n.m.
capuchonné, e adj.
capucin, e n.
capucin n.m.
capucinade n.f.
capucine n.f.
capulet n.m.
capverdien, enne adj. *et* n.
capybara n.m.
caque n.f.
caquelon n.m.
caquer v.t.
caquet n.m.
caquetage n.m.
caquetant, e adj.
caquètement n.m.
caqueter v.i. (conj. **16**)
car conj. ; n.m.
carabe n.m.
carabidé n.m.
carabin n.m.
carabine n.f.
carabiné, e adj.
carabinier n.m.
carabistouilles n.f. pl.
caracal n.m. (pl. caracals)
caraco n.m. (pl. caracos)
caracole n.f.
caracoler v.i.
caractère n.m.
caractériel, elle n. *et* adj.
caractérisation n.f.
caractérisé, e adj.
caractériser v.t.
caractéristique adj. ; n.f.
caractérologie n.f.
caractérologique adj.
caracul *ou* **karakul** [-kyl] n.m.
carafe n.f.
carafon n.m.
caraïbe adj. *et* n.
caraïte, karaïte ou **qaraïte** adj. *et* n.
carambolage n.m.
carambole n.f.
caramboler v.i.
carambolier n.m.
carambouillage n.m.
carambouille n.f.
carambouilleur, euse n.
caramel n.m.
caramélé, e adj.
caramélisation n.f.
caramélisé, e adj.
caraméliser v.i. *et* t.
carapace n.f.
carapater (se) v.pr.
caraque n.f.
carasse n.f.
carassin n.m.
carat n.m.
carate n.m.
caravagesque adj. *et* n.
caravagisme n.m.
caravagiste adj. *et* n.
caravanage n.m.
caravane n.f.
caravanier, ère n.
caravaning [-niŋ] n.m.
caravansérail n.m. (pl. caravansérails)
caravelle n.f.
carbamate n.m.
carbamique adj.
carbet n.m.
carbocation n.m.
carbochimie n.f.
carbogène n.m.
carbohémoglobine n.f.
carbonades *ou* **carbonnades** n.f. pl.
carbonado n.m. (pl. carbonados)
carbonarisme n.m.
carbonaro n.m. (pl. carbonari)
carbonatation n.f.
carbonate n.m.
carbonaté, e adj.
carbonater v.t.

carbone n.m.
carboné, e adj.
carbonifère adj. *et* n.m.
carbonique adj.
carbonisage n.m.
carbonisation n.f.
carboniser v.t.
carbonitruration n.f.
carbonitrurer v.t.
carbonnades *ou* **carbonades** n.f. pl.
carbonyle n.m.
carbonylé, e adj.
carborane n.m.
Carborundum [-rɔ̃dɔm] n.m. (nom déposé)
carboxyhémoglobine n.f.
carboxylase n.f.
carboxyle n.m.
carboxylique adj.
carburant adj.m. ; n.m.
carburateur n.m.
carburation n.f.
carbure n.m.
carburé, e adj.
carburéacteur n.m.
carburer v.t. ; v.i.
carburol n.m.
carcailler v.i.
carcajou n.m. (pl. carcajous)
carcan n.m.
carcasse n.f.
carcel n.m.
carcéral, e, aux adj.
carcinogène adj. *et* n.m.
carcinogenèse n.f.
carcinoïde adj. *et* n.m.
carcinologie n.f.
carcinomateux, euse adj.
carcinome n.m.
cardage n.m.
cardamine n.f.
cardamome n.f.
cardan n.m.
carde n.f.
cardé n.m.
carder v.t.
cardère n.f.
cardeur, euse n.
cardeuse n.f.
cardia n.m. (pl. cardias)
cardial, e, aux adj.
cardial n.m.
cardialgie n.f.
cardiaque adj. *et* n. ; n.f.
cardigan n.m.
cardinal n.m. (pl. cardinaux)
cardinal, e, aux adj.
cardinalat n.m.
cardinalice adj.
cardiogramme n.m.
cardiographe n.m.
cardiographie n.f.
cardioïde n.f.
cardiologie n.f.
cardiologue n.
cardiomégalie n.f.
cardiomyopathie n.f.
cardiopathie n.f.
cardio-pulmonaire adj. (pl. cardio-pulmonaires)
cardio-rénal, e, aux adj.
cardio-respiratoire adj. (pl. cardio-respiratoires)
cardiotomie n.f.
cardiotonique adj. *et* n.m.
cardio-training [-niŋ] n.m. (pl. cardio-trainings)
cardio-vasculaire adj. (pl. cardio-vasculaires)
cardite n.f.
cardon n.m.
carême n.m.
carême-prenant n.m. (pl. carêmes-prenants)
carénage n.m.
carence n.f.
carencé, e adj.
carencer v.t.
carène n.f.
caréner v.t. (conj. **11**)
carentiel, elle [-sjɛl] adj.
caressant, e adj.
caresse n.f.
caresser v.t.
caret n.m.
carex n.m. inv.
car-ferry n.m. (pl. car-ferrys *ou* car-ferries)
cargaison n.f.
cargneule n.f.
cargo n.m. (pl. cargos)
cargue n.f.
carguer v.t.
cari, cary *ou* **carry** n.m. (pl. caris, carys, carrys)
cariacou n.m. (pl. cariacous)
cariant, e adj.
cariatide *ou* **caryatide** n.f.
caribe adj. *et* n.m.
caribéen, enne adj. *et* n.
caribou n.m. (pl. caribous)
caricatural, e, aux adj.
caricature n.f.
caricaturer v.t.
caricaturiste n.
carie n.f.
carié, e adj.
carier v.t. (conj. **5**)
carieux, euse adj.
carillon n.m.
carillonné, e adj.
carillonnement n.m.
carillonner v.i. *et* t.
carillonneur, euse n.
carinate n.m.
carioca adj. *et* n. (pl. cariocas)
cariogène adj.
cariste n.
caritatif, ive adj.
carlin n.m.
carline n.f.
carlingue n.f.
carlinguier n.m.
carlisme n.m.
carliste adj. *et* n.
carmagnole n.f.
carme n.m.
carmeline adj.f. *et* n.f.
carmélite n.f.
carmin n.m. ; adj. inv.
carminatif, ive adj.
carminé, e adj.

carnage n.m.
carnassier, ère adj.
carnassière n.f.
carnation n.f.
carnau *ou* **carneau** n.m. (pl. carnaux, carneaux)
carnaval n.m. (pl. carnavals)
carnavalesque adj.
carne n.f.
carné, e adj.
carneau *ou* **carnau** n.m. (pl. carneaux, carnaux)
carnèle n.f.
carnet n.m.
carnier n.m.
carnification n.f.
carnisation n.f.
carnivore adj. *et* n. ; n.m.
carnotset *ou* **carnotzet** n.m.
carolingien, enne adj.
carolus n.m. inv.
caroms n.m. inv.
caronade n.f.
caroncule n.f.
carotène n.m.
caroténoïde adj. *et* n.m.
carotide adj. *et* n.f.
carotidien, enne adj.
carottage n.m.
carotte n.f. ; adj. inv.
carotter v.t.
carotteur, euse adj. *et* n.
carottier, ère adj. *et* n.
carottier n.m.
caroube n.f.
caroubier n.m.
carouge n.f.
carpaccio [karpatʃjo] n.m. (pl. carpaccios)
carpatique adj.
carpe n.f. ; n.m.
carpé adj.m.
carpeau n.m.
carpelle n.m.
carpetbagger [karpɛtbagœr] n.m.
carpette n.f.
carpettier n.m.
carpiculture n.f.
carpien, enne adj.
carpillon n.m.
carpocapse n.f.
carpophore n.m.
carquois n.m. inv.
carrare n.m.
carre n.f.
carré, e adj.
carré n.m.
carreau n.m.
carrée n.f.
carrefour n.m.
carrelage n.m.
carreler v.t. (conj. **16**)
carrelet n.m.
carreleur n.m.
carrément adv.
carrer (se) v.pr.
carrick n.m.
carrier n.m. (ouvrier)
carrière n.f.
carriérisme n.m.
carriériste n.
carriole n.f.
carron n.m.
carrossable adj.
carrossage n.m.
carrosse n.m.
carrosser v.t.
carrosserie n.f.
carrossier n.m.
carrousel n.m.
carroyage n.m.
carroyer v.t. (conj. **7**)
carrure n.f.
carry, cary *ou* **cari** n.m. (pl. carrys, carys, caris)
cartable n.m.
carte n.f.
cartel n.m.
carte-lettre n.f. (pl. cartes-lettres)
cartellisation n.f.
cartelliser v.t.
carter v.t.
carter [-tɛr] n.m. (pl. carters)
carte-réponse n.f. (pl. inv. *ou* cartes-réponses)
Carterie n.f. (nom déposé)
cartésianisme n.m.
cartésien, enne adj. *et* n.
carthaginois, e adj. *et* n.
cartier n.m.
cartilage n.m.
cartilagineux, euse adj.
cartisane n.f.
cartogramme n.m.
cartographe n.
cartographie n.f.
cartographier v.t. (conj. **5**)
cartographique adj.
cartomancie n.f.
cartomancien, enne n.
carton n.m.
carton-feutre n.m. (pl. cartons-feutres)
cartonnage n.m.
cartonner v.t. ; v.i.
cartonnerie n.f.
cartonneux, euse adj.
cartonnier, ère adj. ; n.
cartonnier n.m.
carton-paille n.m. (pl. cartons-pailles)
carton-pâte n.m. (pl. cartons-pâtes)
carton-pierre n.m. (pl. cartons-pierres)
cartoon [kartun] n.m.
cartooniste [kartunist] n.
cartophile n.
cartophilie n.f.
cartophiliste n.
cartothèque n.f.
cartouche n.f. ; n.m.
cartoucherie n.f.
cartouchière n.f.
cartulaire n.m.
carvi n.m. (pl. carvis)
cary, carry *ou* **cari** n.m. (pl. carys, carrys, caris)
caryatide *ou* **cariatide** n.f.
caryer n.m. (en botanique)
caryocinèse n.f.
caryogamie n.f.

caryolytique adj. *et* n.m.
caryophyllacée n.f.
caryophyllée n.f.
caryopse n.m.
caryotype n.m.
cas n.m.
casanier, ère adj. *et* n.
casaque n.f.
casaquin n.m.
casbah n.f.
cascabelle n.f.
cascade n.f.
cascadeur, euse n.
cascara n.f. (pl. cascaras)
cascatelle n.f.
casco n.f. (pl. cascos)
case n.f.
caséation n.f.
caséeux, euse adj.
caséification n.f.
caséine n.f.
casemate n.f.
caser v.t.
caseret n.m.
caserette n.f.
caserne n.f.
casernement n.m.
caserner v.t.
casernier n.m.
casette *ou* **cazette** n.f.
cash [kaʃ]adv. ; n.m. inv.
cash and carry [kaʃɛndkari] n.m. inv.
casher, cachère *ou* **kasher** [kaʃɛr] adj. inv.
cash-flow [kaʃflo] n.m. (pl. cash-flows)
cashmere *ou* **cachemire** [kaʃmir] n.m.
casier n.m.
casimir n.m.
casing [keziŋ] n.m.
casino n.m. (pl. casinos)
casoar n.m.
casque n.m.
casqué, e adj.
casquer v.t. *et* i.
casquette n.f.
cassable adj.
cassage n.m.
cassandre n.f.
cassant, e adj.
cassate n.f.
cassation n.f.
cassave n.f.
casse n.f. ; n.m.
cassé, e adj.
casseau n.m.
casse-cou adj. inv. *et* n. inv.
casse-croûte n.m. inv.
casse-cul adj. inv.
casse-graine n.m. inv.
casse-gueule adj. inv.
cassement n.m.
casse-noisettes n.m. inv.
casse-noix n.m. inv.
casse-pattes n.m. inv.
casse-pieds n. inv. *et* adj. inv.
casse-pierres n.m. inv. *ou* **casse-pierre** n.m. (pl. casse-pierres)
casse-pipes n.m. inv. *ou* **casse-pipe** n.m. (pl. casse-pipes)
casser v.t. *et* i.
casserole n.f.
casse-tête n.m. inv.
cassetin n.m.
cassette n.f.
cassettothèque n.f.
casseur, euse n.
cassie n.f.
cassier n.m.
cassine n.f.
cassis [-sis] n.m. inv. (fruit) ; [-si] n.m. inv. (dénivellation)
cassissier n.m.
cassitérite n.f.
cassolette n.f.
casson n.m.
cassonade n.f.
cassoulet n.m.
cassure n.f.
castagne n.f.
castagnettes n.f. pl.
castard adj. m. *et* n.m.
caste n.f.
castel n.m.
castelperronien n.m.
castillan, e adj. *et* n.
castillan n.m. sing.
castine n.f.
casting [-tiŋ] n.m.
castor n.m.
castorette n.f.
castoréum n.m. (pl. castoréums)
castramétation n.f.
castrat n.m.
castrateur, trice adj.
castration n.f.
castrer v.t.
castrisme n.m.
castriste adj. *et* n.
castrum n.m. (pl. castrums *ou* castra)
casuarina n.m. (pl. casuarinas)
casuel, elle adj.
casuel n.m.
casuiste n.m.
casuistique n.f.
casus belli [kazysbɛli] n.m. inv.
catabatique adj.
catabolique adj.
catabolisme n.m.
catabolite n.m.
catachrèse [katakrɛz] n.f.
cataclysmal, e, aux adj.
cataclysme n.m.
cataclysmique adj.
catacombe n.f.
catadioptre n.m.
catadioptrique adj.
catafalque n.m.
cataire n.f.
catalan, e adj. *et* n.
catalan n.m. sing.
catalectique adj.
catalepsie n.f.
cataleptique adj. *et* n.
catalogage n.m.
catalogne n.f.
catalogue n.m.
cataloguer v.t.
catalpa n.m. (pl. catalpas)
catalyse n.f.

catalyser v.t.
catalyseur n.m.
catalytique adj.
catamaran n.m.
Cataphote n.m. (nom déposé)
cataplasme n.m.
cataplectique adj.
cataplexie n.f.
catapultage n.m.
catapulte n.f.
catapulter v.t.
cataracte n.f.
catarhinien n.m.
catarrhal, e, aux adj.
catarrhe n.m.
catarrheux, euse adj.
catastrophe n.f.
catastropher v.t.
catastrophique adj.
catastrophisme n.m.
catastrophiste adj.
catatonie n.f.
catatonique adj. *et* n.
cat-boat [katbot] n.m. (pl. cat-boats)
catch n.m. (pl. catchs *ou* catches)
catcher v.i.
catcheur, euse n.
catéchèse n.f.
catéchisation n.f.
catéchiser v.t.
catéchisme n.m.
catéchiste n.
catéchistique adj.
catécholamine [-kɔ-] n.f.
catéchuménat [-ky-] n.m.
catéchumène [-ky-] n.
catégorème n.m.
catégoricité n.f.
catégorie n.f.
catégoriel, elle adj.
catégorique adj.
catégoriquement adv.
catégorisation n.f.
catégoriser v.t.
catelle n.f.
caténaire adj. *et* n.f.
catergol n.m.
catgut [katgyt] n.m.
cathare adj. *et* n.
catharisme n.m.
catharsis [katarsis] n.f. inv.
cathartique adj.
cathédral, e, aux adj.
cathédrale n.f. ; adj. inv.
cathèdre n.f.
catherinette n.f.
cathéter [katetɛr] n.m.
cathétérisme n.m.
cathétomètre n.m.
cathode n.f.
cathodique adj.
cathodoluminescence n.f.
catholicisme n.m.
catholicité n.f.
catholicos [-kɔs] n.m. inv.
catholique adj. *et* n.
catholiquement adv.
cati n.m.
catimini (en) loc. adv.
catin n.f.
cation [katjɔ̃] n.m.
cationique adj.
catir v.t.
catissage n.m.
catoblépas [katɔblepas] n.m. inv.
catogan n.m.
catoptrique adj. *et* n.f.
cattleya n.m. (pl. cattleyas)
caucasien, enne adj. *et* n.
caucasique adj.
cauchemar n.m.
cauchemarder v.i.
cauchemardesque adj.
cauchemardeux, euse adj.
cauchois, e adj. *et* n.
caucus [kokys] n.m. inv.
caudal, e, aux adj.
caudale n.f.
caudataire n.m.
caudé, e adj.
caudillo [ko- *ou* kaudiljo] n.m.
caudrette n.f.
caulerpe n.f.
caulescent, e adj.
caulinaire adj.
cauri n.m. (pl. cauris)
cauris [koris] n.m. inv.
causal, e, als *ou* **aux** adj.
causale n.f.
causalgie n.f.
causalisme n.m.
causalité n.f.
causant, e adj.
causatif, ive adj.
causatif n.m.
cause n.f.
causer v.t. ; v.i. *et* t. ind.
causerie n.f.
causette n.f.
causeur, euse adj. *et* n.
causeuse n.f.
causse n.m.
caussenard, e adj. *et* n.
causticité n.f.
caustique adj. *et* n.m. ; n.f.
cautèle n.f.
cauteleux, euse adj.
cautère n.m.
cautérisation n.f.
cautériser v.t.
caution n.f.
cautionnement n.m.
cautionner v.t.
cavage n.m.
cavaillon n.m.
cavalcade n.f.
cavalcader v.i.
cavalcadour adj.m.
cavale n.f.
cavaler v.i. ; v.t.
cavalerie n.f.
cavaleur, euse adj. *et* n.
cavalier, ère adj. ; n.
cavalier n.m.
cavalièrement adv.
cavatine n.f.
cave n.f. ; adj. ; n.m.
caveau n.m.
caveçon n.m.
cavée n.f.
caver v.t.

caverne n.f.
caverneux, euse adj.
cavernicole adj. *et* n.m.
cavet n.m.
caviar n.m.
caviardage n.m.
caviarder v.t.
cavicorne n.m.
caviste n.
cavitaire adj.
cavitation n.f.
cavité n.f.
cayeu *ou* **caïeu** n.m. (pl. cayeux, caïeux)
cazette *ou* **casette** n.f.
ce pron. dém. neutre sing.
ce, cet adj. dém. m. sing. (pl. ces)
céans adv.
cébidé n.m.
cébiste n.
ceci pron. dém. inv.
cécidie n.f.
cécilie n.f.
cécité n.f.
cédant, e adj. *et* n.
céder v.t., v.t. ind. *et* i. (conj. **11**)
cédérom n.m. (pl. cédéroms)
cédétiste adj. *et* n.
Cedex n.m. inv.
cédi n.m. (pl. cédis)
cédille n.f.
cédraie n.f.
cédrat n.m.
cédratier n.m.
cèdre n.m.
cédrière n.f.
cédule n.f.
cégépien, enne n.
cégésimal, e, aux adj.
cégétiste adj. *et* n.
ceindre v.t. (conj. **62**)
ceinturage n.m.
ceinture n.f.
ceinturer v.t.
ceinturon n.m.
cela pron. dém. inv.
céladon n.m. ; adj. inv.
célastracée n.f.
célébrant n.m.
célébration n.f.
célèbre adj.
célébrer v.t. (conj. **11**)
celebret [selebrɛt] n.m. inv.
célébrité n.f.
celer v.t. (conj. **12**)
céleri *ou* **cèleri** n.m.
célérifère n.m.
célérité n.f.
célesta n.m. (pl. célestas)
céleste adj.
célestin n.m.
célibat n.m.
célibataire adj. *et* n.
cella [sɛlla] n.f. (pl. cellas ou cellae)
celle pron. dém. fém. sing.
cellérier, ère adj. *et* n.
cellier n.m.
Cellophane n.f. (nom déposé)
cellulaire adj.
cellular n.m.
cellulase n.f.
cellule n.f.
cellulite n.f.
cellulitique adj.
Celluloïd n.m. (nom déposé)
cellulose n.f.
cellulosique adj.
celte adj. *et* n.
celtique adj. *et* n. ; n.m. sing.
celui, celle pron. dém. (pl. ceux, celles)
celui-ci, celle-ci pron. dém. (pl. ceux-ci, celles-ci)
celui-là, celle-là pron. dém. (pl. ceux-là, celles-là)
cément n.m.
cémentation n.f.
cémenter v.t.
cémentite n.f.
cénacle n.m.
cendre n.f.
cendré, e adj.
cendré n.m.
cendrée n.f.
cendrer v.t.
cendreux, euse adj.
cendrier n.m.
cendrillon n.f.
cène n.f.
cenelle n.f.
cenellier *ou* **senellier** n.m.
cénesthésie *ou* **cœnesthésie** [se-] n.f.
cénesthésique adj.
cénesthopathie n.f.
cénobite n.m.
cénobitique adj.
cénobitisme n.m.
cénotaphe n.m.
cénozoïque adj. *et* n.m.
cens [sɑ̃s] n.m.
censé, e adj. (supposé)
censément adv.
censeur n.m.
censier, ère adj. *et* n.
censier n.m.
censitaire adj. *et* n.m.
censive n.f.
censorat n.m.
censorial, e, aux adj.
censuel, elle adj. (du cens)
censurable adj.
censure n.f.
censurer v.t.
cent [sɑ̃] adj. num. *et* n.m. (100) ; [sɛnt] n.m. (monnaie)
centaine n.f.
centaure n.m.
centaurée n.f.
centavo [sɛntavo] n.m. (pl. centavos)
centenaire adj. *et* n. ; n.m.
centenier n.m.
centennal, e, aux adj.
centésimal, e, aux adj.
cent-garde n.m. (pl. cent-gardes)
centiare n.m.
centième adj. num. ord. *et* n. ; adj. *et* n.m.

centigrade n.m.
centigramme n.m.
centilage n.m.
centile n.m.
centilitre n.m.
centime n.m.
centimètre n.m.
centimétrique adj.
centon n.m. (pièce de vers ou de prose)
centrafricain, e adj. *et* n.
centrage n.m.
central, e, aux adj.
central n.m. (pl. centraux)
centrale n.f.
centralien, enne n.
centralisateur, trice adj.
centralisation n.f.
centraliser v.t.
centralisme n.m.
centraliste n.
centraméricain, e adj. *et* n.
centration n.f.
centre n.m.
centré, e adj.
centre-avant n. (pl. centres-avants)
centrer v.t.
centreur n.m.
centre-ville n.m. (pl. centres-villes)
centrifugation n.f.
centrifuge adj.
centrifuger v.t. (conj. **10**)
centrifugeur n.m.
centrifugeuse n.f.
centriole n.m.
centripète adj.
centrisme n.m.
centriste adj. *et* n.
centromère n.m.
centrosome n.m.
cent-suisse n.m. (pl. cent-suisses)
centuple adj. *et* n.m.
centupler v.t. *et* i.
centurie n.f.
centurion n.m.
cénure *ou* **cœnure** [senyr] n.m.
cep n.m. (de vigne)
cépage n.m.
cèpe n.m. (champignon)
cépée n.f.
cependant conj. ; adv.
céphalalgie n.f.
céphalée n.f.
céphalique adj.
céphalopode n.m.
céphalo-rachidien, enne adj. (pl. céphalo-rachidiens, ennes)
céphalosporine n.f.
céphalothorax n.m. inv.
céphéide n.f.
cérambycidé n.m.
cérambyx n.m. inv.
cérame adj.
céramide n.m.
céramique adj. *et* n.f.
céramiste n.
céramographie n.f.
céramologue n.
céraste n.m.
cérat n.m.
céraunie n.f.
cerbère n.m.
cercaire n.f.
cerce n.f.
cerceau n.m.
cerclage n.m.
cercle n.m.
cercler v.t.
cercopithèque n.m.
cercueil n.m.
cerdagnol, e adj. *et* n.
cerdan, e adj. *et* n.
céréale n.f.
céréaliculture n.f.
céréalier, ère adj.
céréalier n.m.
cérébelleux, euse adj.
cérébral, e, aux adj. *et* n.
cérébralité n.f.
cérébro-spinal, e, aux adj.
cérémonial n.m. (pl. cérémonials)
cérémonie n.f.
cérémoniel, elle adj.
cérémonieusement adv.
cérémonieux, euse adj.
cerf n.m. (ruminant)
cerfeuil n.m.
cerf-volant n.m. (pl. cerfs-volants)
cerf-voliste n. (pl. cerfs-volistes)
cérifère adj.
cerisaie n.f.
cerise n.f. ; adj. inv.
cerisette n.f.
cerisier n.m.
cérite n.f.
cérithe n.m.
cérium n.m. (pl. cériums)
cermet n.m.
cerne n.m.
cerné, e adj.
cerneau n.m.
cerner v.t.
cerque n.m.
cers [sɛrs] n.m. inv.
certain, e adj. ; adj. indéf.
certainement adv.
certains, aines pron. indéf. pl.
certes adv.
certificat n.m.
certificateur adj.m. *et* n.m.
certification n.f.
certifié, e adj. *et* n.
certifier v.t. (conj. **5**)
certitude n.f.
céruléen, enne adj.
cérumen [serymɛn] n.m.
cérumineux, euse adj.
céruse n.f.
cérusé, e adj.
cervaison n.f.
cerveau n.m.
cervelas n.m. inv.
cervelet n.m.
cervelle n.f.
cervical, e, aux adj.
cervicalgie n.f.
cervicite n.f.

cervidé n.m.
cervoise n.f.
ces adj. dém. pl.
césalpiniacée n.f.
césar n.m.
césarien, enne adj.
césarienne n.f.
césariser v.t.
césarisme n.m.
césium *ou* **cæsium** [sezjɔm] n.m. (pl. césiums, cæsiums)
cessant, e adj.
cessation n.f.
cesse n.f.
cesser v.t. *et* i.
cessez-le-feu n.m. inv.
cessibilité n.f.
cessible adj.
cession n.f.
cessionnaire n.
c'est-à-dire adv.
ceste n.m.
cestode n.m.
césure n.f.
cet adj. dém. m. sing. (pl. ces)
cétacé n.m.
cétane n.m.
céteau n.m.
cétène n.m.
cétérac *ou* **cétérach** n.m.
cétogène adj.
cétoine n.f.
cétone n.f.
cétonémie n.f.
cétonique adj.
cétonurie n.f.
cétose n.m. ; n.f.
cette adj. dém. f. sing.
ceux, celles pron. dém. pl.
cévenol, e adj. *et* n.
ceylanais, e [sɛ-] adj. *et* n.
cézannien, enne adj.
chabichou n.m. (pl. chabichous)
châble n.m.
chabler v.t.
chablis n.m.
chablon n.m.
chabot n.m.
chabraque *ou* **schabraque** n.f.
chabrol *ou* **chabrot** n.m.
chacal n.m. (pl. chacals)
cha-cha-cha [tʃatʃatʃa] n.m. inv.
chachlik n.m.
chaconne *ou* **chacone** n.f.
chacun, e pron. indéf.
chadburn [tʃadbœrn] n.m.
chadouf n.m.
chænichtys [keniktis] n.m. inv.
chafiisme n.m.
chafouin, e adj.
chagrin, e adj.
chagrin n.m.
chagrinant, e adj.
chagriner v.t.
chah *ou* **shah** n.m.
chahut n.m.
chahuter v.t. *et* i.
chahuteur, euse adj. *et* n.
chai n.m.
chaînage n.m.
chaîne n.f.
chaîner v.t.
chaînetier, ère n.
chaînette n.f.
chaîneur, euse n.
chaînier n.m.
chaîniste n.
chaînon n.m.
chaintre n.f. *ou* m.
chaïote *ou* **chayote** n.f.
chair n.f. (peau)
chaire n.f. (tribune)
chaise n.f.
chaisier, ère n.
chaland, e n.
chaland n.m.
chaland-citerne n.m. (pl. chalands-citernes)
chalandise n.f.
chalaze n.f.
chalazion n.m.
chalcographie [kal-] n.f.
chalcolithique [kal-] adj. *et* n.m.
chalcopyrite [kal-] n.f.
chalcosine [kal-] n.f.
chalcosite [kal-] n.f.
chaldéen, enne [kal-] adj. *et* n.
châle n.m.
chalet n.m.
chaleur n.f.
chaleureusement adv.
chaleureux, euse adj.
châlit n.m.
challenge [tʃalɛndʒ *ou* ʃalɑ̃ʒ] n.m.
challenger [tʃalɛndʒœr *ou* ʃalɑ̃ʒœr] *ou* **challengeur** n.m.
chaloir v. impers.
chaloupe n.f.
chaloupé, e adj.
chalouper v.i.
chalumeau n.m.
chalut n.m.
chalutage n.m.
chalutier n.m.
chamade n.f.
chamærops *ou* **chamérops** [kamerɔps] n.m. inv.
chamaille n.f.
chamailler (se) v.pr.
chamaillerie n.f.
chamailleur, euse adj.
chaman [ʃaman] n.m.
chamanisme n.m.
chamarrer v.t.
chamarrure n.f.
chambard n.m.
chambardement n.m.
chambarder v.t.
chambellan n.m.
chambertin n.m.
chamboulement n.m.
chambouler v.t.
chambranle n.m.
chambray n.m.
chambre n.f.
chambrée n.f.
chambrer v.t.

chambrette n.f.
chambrier n.m.
chambrière n.f.
chameau n.m.
chamelier n.m.
chamelle n.f.
chamelon n.m.
chamérops *ou* **chamærops** [kamerɔps] n.m. inv.
chamito-sémitique [ka-] adj. *et* n.m. (pl. chamito-sémitiques)
chamois n.m. ; adj. inv.
chamoisage n.m.
chamoiser v.t.
chamoiserie n.f.
chamoiseur, euse n.
chamoisine n.f.
chamoniard, e adj. *et* n.
chamotte n.f.
champ n.m. (terrain)
champagne n.m. ; n.f. ; adj. inv.
champagnisation n.f.
champagniser v.t.
champart n.m.
champenois, e adj. *et* n.
champenoise n.f.
champêtre adj.
champi *ou* **champis, isse** adj. *et* n.
champignon n.m.
champignonnière n.f.
champignonniste n.
champion, onne adj. *et* n.
champion n.m.
championnat n.m.
champis *ou* **champi, isse** adj. *et* n.
champlever [ʃɑ̃lve] v.t. (conj. **12**)
chamsin *ou* **khamsin** [xamsin *ou* kamsin] n.m.
chançard, e adj. *et* n.
chance n.f.
chancel n.m.
chancelant, e adj.
chanceler v.i. (conj. **16**)
chancelier n.m.
chancelière n.f.
chancellerie n.f.
chanceux, euse adj. *et* n.
chanci n.m.
chancir v.i.
chancissure n.f.
chancre n.m.
chancrelle n.f.
chandail n.m. (pl. chandails)
Chandeleur n.f.
chandelier n.m.
chandelle n.f.
chanfrein n.m.
chanfreiner v.t.
change n.m.
changeable adj.
changeant, e adj.
changement n.m.
changer v.t., t. ind. *et* i. (conj. **10**)
changeur n.m.
chanlate *ou* **chanlatte** n.f.
channe n.f.
chanoine n.m.
chanoinesse n.f.
chanson n.f.
chansonnette n.f.
chansonnier, ère n.
chansonnier n.m.
chant n.m. (de *chanter*)
chantage n.m.
chantant, e adj.
chanté, e adj.
chanteau n.m.
chantefable n.f.
chantepleure n.f.
chanter v.t., t. ind. *et* i.
chanterelle n.f.
chanteur, euse n.
chantier n.m.
chantignole *ou* **chantignolle** n.f.
chantilly n.f. inv.
chantoir n.m.
chantonnement n.m.
chantonner v.t. *et* i.
chantoung, shantoung *ou* **shantung** [ʃɑ̃tuŋ] n.m.
chantournement n.m.
chantourner v.t.
chantre n.m.
chanvre n.m.
chanvrier, ère adj.
chaos [kao] n.m. inv.
chaotique [ka-] adj.
chaouch n.m.
chaource n.m.
chapardage n.m.
chaparder v.t.
chapardeur, euse adj. *et* n.
chape n.f.
chapé, e adj.
chapé n.m.
chapeau n.m. ; interj.
chapeauté, e adj.
chapeauter v.t.
chapelain n.m.
chapelet n.m.
chapelier, ère n.
chapelle n.f.
chapellenie n.f.
chapellerie n.f.
chapelure n.f.
chaperon n.m.
chaperonner v.t.
chapiteau n.m.
chapitral, e, aux adj.
chapitre n.m.
chapitrer v.t.
chapka n.f. (pl. chapkas)
chaplinesque adj.
chapon n.m.
chaponnage n.m.
chaponner v.t.
chapska *ou* **schapska** n.m. (pl. chapskas, schapskas)
chaptalisation n.f.
chaptaliser v.t.
chaque adj. indéf.
char n.m. (véhicule)
char *ou* **charre** n.m. (bluff)
charabia n.m. (pl. charabias)

charade n.f.
charadriidé [ka-] n.m.
charadriiforme [ka-] n.m.
charançon n.m.
charançonné, e adj.
charango [tʃa-] n.m.
charbon n.m.
charbonnage n.m.
charbonner v.t. *et* i.
charbonnerie n.f.
charbonneux, euse adj.
charbonnier, ère adj. *et* n.
charbonnier n.m.
charbonnière n.f.
charcutage n.m.
charcuter v.t.
charcuterie n.f.
charcutier, ère adj. *et* n.
chardon n.m.
chardonay *ou* **chardonnay** n.m.
chardonneret n.m.
charentais, e adj. *et* n.
charentaise n.f.
charge n.f.
chargé, e adj. ; n.
chargement n.m.
charger v.t. (conj. **10**)
chargeur n.m.
chargeuse n.f.
charia n.f. (pl. charias)
chariot n.m.
chariotage n.m.
charioter v.i.
charismatique [ka-] adj.
charisme [ka-] n.m.
charitable adj.
charitablement adv.
charité n.f.
charivari n.m.
charlatan n.m.
charlatanerie n.f.
charlatanesque adj.
charlatanisme n.m.
charlemagne n.m.
charleston [ʃarlɛstɔn] n.m.
charlot n.m.
charlotte n.f.
charmant, e adj.
charme n.m.
charmer v.t.
charmeur, euse adj. *et* n.
charmille n.f.
charnel, elle adj.
charnellement adv.
charnier n.m.
charnière n.f.
charnu, e adj.
charognard n.m.
charogne n.f.
charolais, e adj. *et* n.
charolais n.m.
charophyte [ka-] n.m.
charpentage n.m.
charpente n.f.
charpenté, e adj.
charpenter v.t.
charpenterie n.f.
charpentier n.m.
charpentière adj.f.
charpie n.f.
charre *ou* **char** n.m. (bluff)
charret n.m.
charretée n.f.
charretier, ère n.
charretin n.m.
charreton n.m.
charrette n.f. ; interj.
charriable adj.
charriage n.m.
charrié, e adj.
charrier v.t. ; v.i. (conj. **5**)
charroi n.m.
charron n.m.
charronnage n.m.
charroyer v.t. (conj. **7**)
charruage n.m.
charrue n.f.
charte n.f.
charte-partie n.f. (pl. chartes-parties)
charter [-tɛr] n.m.
chartisme n.m.
chartiste adj. ; n.
chartrain, e adj. *et* n.
chartre n.f.
chartreuse n.f.
chartreux, euse n.
chartreux n.m. inv.
chartrier n.m.
chas n.m. inv. (trou)
chasement n.m.
chassage n.m.
chassant, e adj.
chasse n.f. (poursuite)
châsse n.f. (reliquaire)
chassé n.m.
chasse-clou n.m. (pl. chasse-clous)
chassé-croisé n.m. (pl. chassés-croisés)
chasséen, enne adj.
chasséen n.m.
chasse-goupille n.m. (pl. chasse-goupilles)
chasselas n.m. inv.
chasse-marée n.m. inv.
chasse-mouches n.m. inv.
chasse-neige n.m. inv.
chasse-pierres n.m. inv.
chassepot n.m.
chasser v.t. ; v.i.
chasseresse adj.f. *et* n.f.
chasse-roue n.m. (pl. chasse-roues)
châsses n.m. pl. (yeux)
chasseur, euse n.
chasseur n.m.
chasseur-cueilleur n.m. (pl. chasseurs-cueilleurs)
chassie n.f. (substance)
chassieux, euse adj.
châssis n.m. inv. (cadre)
châssis-presse n.m. (pl. châssis-presses)
chassoir n.m.
chaste adj.
chastement adv.
chasteté n.f.
chasuble n.f.
chat, chatte n. (animal)
châtaigne n.f.
châtaigneraie n.f.
châtaignier n.m.
châtain adj. inv. en genre *et* n.m.
chataire n.f.

château n.m. (pl. châteaux)
chateaubriand *ou* **châteaubriant** n.m.
châtelain, e n.
châtelaine n.f.
châtelet n.m.
châtellenie n.f.
châtelperronien, enne adj.
châtelperronien n.m.
chat-huant n.m. (pl. chats-huants)
châtier v.t. (conj. **5**)
chatière n.f.
châtiment n.m.
chatoiement n.m.
chaton n.m.
chatouille n.f.
chatouillement n.m.
chatouiller v.t.
chatouilleux, euse adj.
chatouillis n.m. inv.
chatoyant, e adj.
chatoyer v.i. (conj. **7**)
châtrer v.t.
chatte n.f.
chattemite n.f.
chatterie n.f.
chatterton [ʃatɛrtɔn] n.m.
chat-tigre n.m. (pl. chats-tigres)
chaud, e adj.
chaud n.m. ; adv.
chaude n.f.
chaudeau n.m. (pl. chaudeaux)
chaudement adv.
chaude-pisse n.f. (pl. chaudes-pisses)
chaud-froid n.m. (pl. chauds-froids)
chaudière n.f.
chaudron n.m.
chaudronnerie n.f.
chaudronnier, ère n.
chauffage n.m.
chauffagiste n.m.
chauffant, e adj.
chauffard n.m.
chauffe n.f.
chauffe-assiettes n.m. inv. *ou* **chauffe-assiette** n.m. (pl. chauffe-assiettes)
chauffe-bain n.m. (pl. chauffe-bains)
chauffe-biberon n.m. (pl. chauffe-biberons)
chauffe-eau n.m. inv.
chauffe-pieds n.m. inv.
chauffe-plat n.m. (pl. chauffe-plats)
chauffer v.t. *et* i.
chaufferette n.f.
chaufferie n.f.
chauffeur n.m.
chauffeuse n.f.
chaufour n.m.
chaufournier n.m.
chaulage n.m.
chauler v.t.
chauleuse n.f.
chaumage n.m. (pièce de navire)
chaumard n.m.
chaume n.m.
chaumer v.t. *et* i. (récolter)
chaumière n.f.
chaumine n.f.
chaussant, e adj.
chausse n.f. (poche)
chaussé n.m.
chaussée n.f.
chausse-pied n.m. (pl. chausse-pieds)
chausser v.t. ; v.i.
chausses n.f. pl. (vêtement)
chausse-trape *ou* **chausse-trappe** n.f. (pl. chausse-trap[p]es)
chaussette n.f.
chausseur n.m.
chausson n.m.
chaussure n.f.
chaut 3ᵉ pers. du sing. de *chaloir*
chauve adj. *et* n.
chauve-souris n.f. (pl. chauves-souris)
chauvin, e adj. *et* n.
chauvinisme n.m.
chauvir v.i.
chaux n.f. inv.
chavirement n.m.
chavirer v.i. *et* t.
chayote *ou* **chaïote** n.f.
chebec *ou* **chebek** n.m.
chèche n.m.
chéchia n.f. (pl. chéchias)
check-list [ʃɛklist *ou* tʃɛklist] n.f. (pl. check-lists)
check-up [ʃɛkœp *ou* tʃɛkœp] n.m. inv.
cheddar n.m.
cheddite n.f.
cheeseburger [tʃizbœrgœr] n.m.
chef n.m.
chef-d'œuvre [ʃɛdœvr] n.m. (pl. chefs-d'œuvre)
chefferie n.f.
chef-lieu n.m. (pl. chefs-lieux)
cheftaine n.f.
cheikh, cheik *ou* **scheik** n.m. (chef)
chéilite [kei-] n.f.
cheire n.f. (coulée)
chéiroptère [kei-] n.m.
chélate [ke-] n.m.
chélateur [ke-] n.m.
chelem *ou* **schelem** n.m.
chéleutoptère [ke-] n.m.
chélicérate [ke-] n.m.
chélicère [ke-] n.m.
chélidoine [ke-] n.f.
chelléen, enne adj.
chelléen n.m.
chéloïde [ke-] adj. *et* n.f.
chélonien [ke-] n.m.
chemin n.m.
chemin de fer n.m. (pl. chemins de fer)
chemineau n.m. (pl. chemineaux) [vagabond]
cheminée n.f.
cheminement n.m.
cheminer v.i.

cheminot n.m. (employé des chemins de fer)
chemisage n.m.
chemise n.f.
chemiser v.t.
chemiserie n.f.
chemisette n.f.
chemisier, ère n.
chemisier n.m.
chémocepteur, trice [ke-] adj.
chémocepteur [ke-] n.m.
chémorécepteur, trice [ke-] adj.
chémorécepteur [ke-] n.m.
chênaie n.f.
chenal n.m. (pl. chenaux)
chenapan n.m.
chêne n.m.
cheneau n.f.
chéneau n.m. (rigole)
chêneau n.m. (jeune chêne)
chêne-liège n.m. (pl. chênes-lièges)
chenet n.m.
chènevière n.f.
chènevis n.m. inv.
cheni *ou* **chenit** n.m. (désordre)
chenil [-nil *ou* -ni] n.m. (local)
chenille n.f.
chenillé, e adj.
chenillette n.f.
chenit *ou* **cheni** n.m. (désordre)
chénopode [ke-] n.m.
chénopodiacée [ke-] n.f.
chenu, e adj.
cheptel n.m.
chéquable adj.
chèque n.m. (paiement)
chèque emploi-service n.m. (pl. chèques emploi-service)
chèque-service n.m. (pl. chèques-service)
chéquier n.m.
cher, chère adj.
cher adv.
cherche-midi n.m. inv.
chercher v.t. *et* t. ind.
chercheur, euse adj. *et* n.
chercheur n.m.
chère n.f. (nourriture)
chèrement adv.
chergui n.m. (pl. cherguis)
chéri, e adj. *et* n. (aimé)
chérif n.m. (prince)
chérifien, enne adj.
chérir v.t.
chermès [kɛrmɛs] n.m. inv. (puceron)
chérot adj. inv.
cherry n.m. (pl. cherrys *ou* cherries) (liqueur)
cherté n.f.
chérubin n.m.
chervis n.m. inv.
chester [ʃɛstɛr] n.m.
chétif, ive adj.
chétiveté n.f.
chétivité n.f.
chétognathe [ketɔgnat] n.m.
chevaine, chevesne *ou* **chevenne** n.m.
cheval n.m. (pl. chevaux)
cheval-d'arçons n.m. (pl. chevaux-d'arçons *ou* inv.) *ou* **cheval-arçons** n.m. inv.
chevalement n.m.
chevaler v.t.
chevaleresque adj.
chevalerie n.f.
chevalet n.m.
chevalier n.m.
chevalière n.f.
chevalin, e adj.
cheval-vapeur n.m. (pl. chevaux-vapeur)
chevauchant, e adj.
chevauchée n.f.
chevauchement n.m.
chevaucher v.t. ; v.i.
chevau-léger n.m. (pl. chevau-légers)
chevêche n.f.
chevelu, e adj.
chevelure n.f.
chevenne, chevesne *ou* **chevaine** n.m.
chevet n.m.
chevêtre n.m.
cheveu n.m. (pl. cheveux)
cheveu-de-Vénus n.m. (pl. cheveux-de-Vénus)
chevillard n.m.
cheville n.f.
cheviller v.t.
chevillette n.f.
chevillier n.m.
cheviotte n.f.
chèvre n.f. ; n.m.
chevreau n.m.
chèvrefeuille n.m.
chevrer v.i. (conj. **12**)
chevreter (conj. **16**) *ou* **chevretter** v.i.
chevrette n.f.
chevreuil n.m.
chevrier, ère n.
chevrier n.m.
chevrillard n.m.
chevron n.m.
chevronné, e adj.
chevrotage n.m.
chevrotain n.m. (ruminant)
chevrotant, e adj.
chevrotement n.m.
chevroter v.i.
chevrotin n.m. (petit du chevreuil)
chevrotine n.f.
chewing-gum [ʃwiŋgɔm] n.m. (pl. chewing-gums)
chez prép.
chez-moi n.m. inv.
chez-soi n.m. inv.
chez-toi n.m. inv.
chiader v.i. *et* t.
chiadeur, euse adj. *et* n.
chialer v.i.
chialeur, euse adj. *et* n.
chiant, e adj.
chianti [kjɑ̃ti] n.m. (pl. chiantis)
chiard n.m.

chiasma [kjasma] n.m. (pl. chiasmas)
chiasmatique [kja-] adj.
chiasme [kjasm] n.m.
chiasse n.f.
chibouque n.f. *ou* **chibouk** n.m.
chic adj. inv. en genre *et* n.m.; interj.
chicane n.f.
chicaner v.i. *et* t.
chicanerie n.f.
chicaneur, euse adj. *et* n.
chicanier, ère adj. *et* n.
chicano [tʃikano] adj. *et* n. (pl. chicanos)
chiche adj. ; adj.m. ; interj.
chiche-kebab n.m. (pl. chiches-kebabs)
chichement adv.
chichi n.m.
chichiteux, euse adj. *et* n.
chicle [tʃikle *ou* ʃikle] *ou* **chiclé** n.m.
chicon n.m.
chicorée n.f.
chicot n.m.
chicote *ou* **chicotte** n.f.
chicoter v.i.
chicotin n.m.
chicotte *ou* **chicote** n.f.
chiée n.f.
chien n.m. ; adj. inv. en genre
chien-assis n.m. (pl. chiens-assis)
chiendent n.m.
chienlit n.m. *ou* n.f.
chien-loup n.m. (pl. chiens-loups)
chienne n.f.
chiennerie n.f.
chier v.i. *et* t. (conj. **5**)
chiffe n.f.
chiffon n.m.
chiffonnade n.f.
chiffonnage n.m.
chiffonne n.f.
chiffonné, e adj.
chiffonnement n.m.
chiffonner v.t.
chiffonnier, ère n.
chiffonnier n.m.
chiffrable adj.
chiffrage n.m.
chiffre n.m.
chiffré, e adj.
chiffrement n.m.
chiffrer v.t. *et* i.
chiffreur, euse n.
chiffrier n.m.
chignole n.f.
chignon n.m.
chihuahua [ʃiwawa] n.m. (pl. chihuahuas)
chiisme n.m.
chiite adj. *et* n.
chili [ʃi- *ou* tʃili] n.m. (pl. chilos)
chilien, enne adj. *et* n.
chilom *ou* **shilom** [ʃilɔm] n.m.
chimère n.f.
chimérique adj.
chimie n.f.
chimiluminescence n.f.
chimiorésistance n.f.
chimiosynthèse n.f.
chimiotactisme n.m.
chimiothèque n.f.
chimiothérapie n.f.
chimiothérapique adj.
chimique adj.
chimiquement adv.
chimisme n.m.
chimiste n.
chimiurgie n.f.
chimpanzé n.m.
chinage n.m.
chinchard n.m.
chinchilla n.m. (pl. chinchillas)
chinder *ou* **schinder** v.i.
chine n.m. ; n.f.
chiné, e adj.
chiner v.t. ; v.i.
chinetoque n.
chineur, euse n.
chinois, e adj. *et* n.
chinois n.m.
chinoiser v.i.
chinoiserie n.f.
chinook [ʃinuk] n.m.
chintz [ʃints] n.m. inv.
chinure n.f.
chionis [kjɔnis] n.m. inv.
chiot n.m.
chiotte n.f.
chiourme n.f.
chiper v.t.
chipeur, euse adj. *et* n.
chipie n.f.
chipolata n.f. (pl. chipolatas)
chipotage n.m.
chipoter v.i.; v.t.
chipoteur, euse adj. *et* n.
chippendale [ʃipɛndal] adj. inv.
chips [ʃips] n.f. inv.
chique n.f.
chiqué n.m.
chiquement adv.
chiquenaude n.f.
chiquer v.t. ; v.i.
chiqueur, euse n.
chiral, e, aux [ki-] adj.
chiralité [ki-] n.f.
chirographaire [ki-] adj. *et* n.
chiromancie [ki-] n.f.
chiromancien, enne [ki-] n.
chironome [ki-] n.m.
chiropracteur [ki-] n.m.
chiropractie [kiroprakti] *ou* **chiropraxie** n.f.
chiropraticien, enne [ki-] n.
chiropratique [ki-] n.f.
chiropraxie [kiropraksi] *ou* **chiropractie** n.f.
chiroptère [ki-] n.m.
chiroubles n.m. inv.
chirurgical, e, aux adj.
chirurgie n.f.
chirurgien, enne n.
chirurgien-dentiste n.m. (pl. chirurgiens-dentistes)

chistera [ʃistera] n.m. (pl. chisteras)
chitine [ki-] n.f.
chitineux, euse [ki-] adj.
chiton [ki-] n.m.
chiure n.f.
chlamyde [kla-] n.f.
chlamydia [kla-] n.f. (pl. chlamydiae *ou* chlamydias)
chlamydomonas [klamidɔmɔnas] n.f. inv.
chleuh, e *ou* **schleu, e** adj. *et* n. (pl. chleuhs, es, schleus, es)
chlinguer *ou* **schlinguer** v.i.
chloasma [klɔ-] n.m. (pl. chloasmas)
chlorage [klɔ-] n.m.
chloral [klɔ-] n.m. (pl. chlorals)
chloramphénicol [klɔ-] n.m.
chlorate [klɔ-] n.m.
chloration [klɔ-] n.f.
chlore [klɔ-] n.m.
chloré, e [klɔ-] adj.
chlorelle [klɔ-] n.f.
chloreux [klɔ-] adj.m. inv.
chlorhydrate [klɔ-] n.m.
chlorhydrique [klɔ-] adj.
chlorique [klɔ-] adj.
chlorite [klɔ-] n.m. ; n.f.
chlorofibre [klɔ-] n.f.
chlorofluorocarbure [klɔ-] n.m.
chloroforme [klɔ-] n.m.
chloroformer [klɔ-] v.t.
chlorométrie [klɔ-] n.f.
chloro-organique [klɔ-] adj. (pl. chloro-organiques)
chlorophène [klɔ-] n.m.
chlorophycée [klɔ-] n.f.
chlorophylle [klɔ-] n.f.
chlorophyllien, enne [klɔ-] adj.
chlorophytum [klɔrɔfitɔm] n.m.
chloropicrine [klɔ-] n.f.
chloroplaste [klɔ-] n.m.
chloroquine [klɔ-] n.f.
chlorose [klɔ-] n.f.
chlorotique [klɔ-] adj.
chlorpromazine [klɔ-] n.f.
chlorure [klɔ-] n.m.
chloruré, e [klɔ-] adj.
chlorurer [klɔ-] v.t.
chnoque, schnoque *ou* **schnock** adj. *et* n.
chnouf, schnouff *ou* **schnouf** n.f.
choane [kɔ-] n.f.
choc n.m.
chocard *ou* **choquard** n.m.
chochotte n.f.
chocolat n.m. ; adj. inv.
chocolaté, e adj.
chocolaterie n.f.
chocolatier, ère n.
chocolatière n.f.
chocottes n.f. pl.
choéphore [kɔ-] n.f.
chœur [kœr] n.m. (chanteurs ; partie d'église)
choir v.i. (conj. **58**)
choisi, e adj.
choisir v.t.
choix n.m.
choke [tʃɔk] n.m.
choke-bore [tʃɔk-] n.m. (pl. choke-bores)
cholagogue [kɔ-] adj. *et* n.m.
cholécalciférol [kɔ-] n.m.
cholécystectomie [kɔ-] n.f.
cholécystite [kɔ-] n.f.
cholécystographie [kɔ-] n.f.
cholécystostomie [kɔ-] n.f.
cholédoque [kɔ-] adj.m. *et* n.m.
cholémie [kɔ-] n.f.
choléra [kɔ-] n.m. (pl. choléras)
cholérétique [kɔ-] adj. *et* n.m.
cholériforme [kɔ-] adj.
cholérine [kɔ-] n.f.
cholérique [kɔ-] adj. *et* n. (atteint du choléra)
cholestérol [kɔ-] n.m.
cholestérolémie [kɔ-] n.f.
choliambe [kɔ-] n.m.
choline [kɔ-] n.f.
cholinergique [kɔ-] adj. *et* n.m.
cholinestérase [kɔ-] n.f.
cholurie [kɔ-] n.f.
chômable adj.
chômage n.m. (inemploi)
chômé, e adj.
chômer v.i. ; v.t. (ne pas travailler)
chômeur, euse n.
chondre [kɔ̃dr] n.m.
chondrichtyen [kɔ̃driktjɛ̃] n.m.
chondriome [kɔ̃-] n.m.
chondriosome [kɔ̃-] n.m.
chondrite [kɔ̃-] n.f.
chondroblaste [kɔ̃-] n.m.
chondrocalcinose [kɔ̃-] n.f.
chondrodystrophie [kɔ̃-] n.f.
chondromatose [kɔ̃-] n.f.
chondrome [kɔ̃-] n.m.
chondrosarcome [kɔ̃-] n.m.
chondrostéen [kɔ̃-] n.m.
chope n.f.
choper v.t.
chopine n.f.
chopper [ʃɔpœr] n.m.
chopping-tool [tʃɔpiŋtul] n.m. (pl. chopping-tools)
chop suey [ʃɔpsju *ou* -sɥɛ] n.m. (pl. chop sueys)
choquant, e adj.
choquard *ou* **chocard** n.m.
choquer v.t.
choral [kɔ-] n.m. (pl. chorals)
choral, e, aux *ou* **als** [kɔ-] adj.
chorale [kɔ-] n.f.
chorde *ou* **corde** [kɔ-] n.f.

chordé *ou* **cordé** [kɔ-] n.m.
chorée [kɔ-] n.f.
chorège [kɔ-] n.m.
chorégie [kɔ-] n.f.
chorégraphe [kɔ-] n.
chorégraphie [kɔ-] n.f.
chorégraphier [kɔ-] v.t. (conj. **5**)
chorégraphique [kɔ-] adj.
choréique [kɔ-] adj. *et* n.
choreute [kɔ-] n.m.
choriambe [kɔ-] n.m.
chorio-épithéliome [kɔ-] n.m. (pl. chorio-épithéliomes)
chorion [kɔ-] n.m.
choriste [kɔ-] n.
chorizo [tʃɔriso *ou* ʃɔrizo] n.m. (pl. chorizos)
choroïde [kɔ-] n.f.
choroïdien, enne [kɔ-] adj.
chorologie [kɔ-] n.f.
chorus [kɔrys] n.m. inv.
chose n.f. ; adj.
chosification n.f.
chosifier v.t. (conj. **5**)
chott [ʃɔt] n.m.
chotte n.f.
chou n.m. (pl. choux) ; adj. inv.
chou, choute n.
chouan n.m.
chouannerie n.f.
choucas n.m. inv.
chouchen [ʃuʃɛn] n.m.
chouchou n.m. (pl. chouchous)
chouchou, oute n. (pl. chouchous, outes)
chouchoutage n.m.
chouchouter v.t.
choucroute n.f.
chouette n.f. ; adj. ; interj.
chouettement adv.
chou-fleur n.m. (pl. choux-fleurs)
chouia n.m. (pl. chouias)
chouleur n.m.
chou-navet n.m. (pl. choux-navets)
chouquette n.f.
chou-rave n.m. (pl. choux-raves)
chouraver v.t.
chouriner v.t.
chow-chow n.m. (pl. chows-chows)
choyer v.t. (conj. **7**)
chrématistique [kre-] n.f.
chrême [krɛm-] n.m.
chrémeau [kre-] n.m. (pl. chrémeaux)
chrestomathie [krɛstomasi] n.f.
chrétien, enne [kre-] adj. *et* n.
chrétien-démocrate, chrétienne-démocrate [kre-] adj. *et* n. (pl. chrétiens-démocrates, chrétiennes-démocrates)
chrétiennement [kre-] adv.
chrétienté [kre-] n.f.
Chris-Craft [kriskraft] n.m. inv. (nom déposé)
chrisme [k-] n.m.
christ [k-] n.m.
christiania [k-] n.m. (pl. christianias)
christianisation [k-] n.f.
christianiser [k-] v.t.
christianisme [k-] n.m.
christique [k-] adj.
christologie [k-] n.f.
chromage [k-] n.m.
chromate [k-] n.m.
chromatide [k-] n.f.
chromatine [k-] n.f.
chromatique [k-] adj.
chromatisme [k-] n.m.
chromatogramme [k-] n.m.
chromatographie [k-] n.f.
chromatophore [k-] n.m.
chromatopsie [k-] n.f.
chrome [krom] n.m.
chromer [k-] v.t.
chromeur [k-] n.m.
chromeux, euse [k-] adj.
chrominance [k-] n.f.
chromique [k-] adj.
chromisation [k-] n.f.
chromiser [k-] v.t.
chromiste [k-] n.
chromite [k-] n.f.
chromo [k-] n.f. ; n.m. (pl. chromos)
chromodynamique [k-] n.f.
chromogène [k-] adj.
chromolithographie [k-] n.f.
chromosome [k-] n.m.
chromosomique [k-] adj.
chromosphère [k-] n.f.
chronaxie [k-] n.f.
chroniciser (se) [k-] v.pr.
chronicité [k-] n.f.
chronique [k-] adj. ; n.f.
chroniquement adv.
chroniqueur, euse [k-] n.
chrono [k-] n.m. (pl. chronos)
chronobiologie [k-] n.f.
chronogramme [k-] n.m.
chronographe [k-] n.m.
chronologie [k-] n.f.
chronologique [k-] adj.
chronologiquement [k-] adv.
chronométrage [k-] n.m.
chronomètre [k-] n.m.
chronométrer [k-] v.t. (conj. **11**)
chronométreur, euse [k-] n.
chronométrie [k-] n.f.
chronométrique [k-] adj.
chronophotographie [k-] n.f.
chronostratigraphie [k-] n.f.
chronotachygraphe [krɔnotakigraf] n.m.
chrysalide [kri-] n.f.
chrysanthème [kri-] n.m.
chrysanthémique [kri-] adj.

chryséléphantin, e [kri-] adj.
chrysobéryl [kri-] n.m.
chrysocale [kri-] n.m.
chrysocolle [kri-] n.f.
chrysolite [kri-] n.f.
chrysomèle [kri-] n.f.
chrysomélidé [kri-] n.m.
chrysophycée [kri-] n.f.
chrysoprase [kri-] n.m.
chthonien, enne *ou* **chtonien, enne** [kt-] adj.
ch'timi adj. *et* n. (pl. ch'timis)
chtonien, enne *ou* **chthonien, enne** [kt-] adj.
chuchotement n.m.
chuchoter v.t. *et* i.
chuchoterie n.f.
chuchoteur, euse n.
chuchotis n.m.
chuintant, e adj.
chuintante n.f.
chuintement n.m.
chuinter v.i.
churinga n.m. (pl. churingas)
churrigueresque adj.
chut ! [ʃyt] interj.
chute n.f.
chuter v.i.
chuteur n.m.
chutney [ʃœtnɛ] n.m.
chyle n.m.
chylifère adj.
chyme n.m.
chypriote adj. *et* n.
ci adv. ; pron. dém.
ciao ! *ou* **tchao !** [tʃao] interj.
ci-après adv.
cibiche n.f.
cibiste n.
cible n.f.
ciblé, e adj.
cibler v.t.
ciboire n.m.
ciborium n.m. (pl. ciboriums)
ciboule n.f.
ciboulette n.f.
ciboulot n.m.
cicatrice n.f.
cicatriciel, elle adj.
cicatricule n.f.
cicatrisable adj.
cicatrisant, e adj.
cicatrisant n.m.
cicatrisation n.f.
cicatriser v.t. *et* i.
cicéro n.m. (pl. cicéros)
cicérone [siserɔn] n.m. (pl. cicérones)
cicindèle [sisɛ̃dɛl] n.f.
ciclée *ou* **siclée** n.f.
cicler *ou* **sicler** v.i.
ciclosporine *ou* **cyclosporine** n.f.
ciconiidé n.m.
ciconiiforme n.m.
ci-contre adv.
cicutine n.f.
ci-dessous adv.
ci-dessus adv.
ci-devant n. inv. ; adv.
cidre n.m.
cidrerie n.f.
ciel n.m. (pl. cieux, au sens religieux et littéraire); ciels, au sens technique); interj.
cierge n.m.
cigale n.f.
cigare n.m.
cigarette n.f.
cigarier, ère n.
cigarillo n.m. (pl. cigarillos)
ci-gît adv.
cigogne n.f.
cigogneau n.m.
ciguë [sigy] n.f.
ci-inclus, e adj. (*ci-inclus* inv. avant le n.)
ci-joint, e adj. (*ci-joint* inv. avant le n.)
cil n.m.
ciliaire adj.
ciliature n.f.
cilice n.m.
cilié, e adj.
cilié n.m.
cillement n.m.
ciller v.i.
cimaise *ou* **cymaise** n.f.
cime n.f.
ciment n.m.
cimentation n.f.
cimenter v.t.
cimenterie n.f.
cimentier n.m.
cimeterre n.m.
cimetière n.m.
cimicaire n.f.
cimier n.m.
cinabre n.m.
cinchonine [sɛ̃kɔnin] n.f.
cincle n.m.
cindynique n.f.
ciné n.m.
cinéaste n.
ciné-club n.m. (pl. ciné-clubs)
cinéma n.m.
CinémaScope n.m. (nom déposé)
cinémathèque n.f.
cinématique adj. *et* n.f.
cinématographe n.m.
cinématographie n.f.
cinématographique adj.
cinématographiquement adv.
cinémographe n.m.
cinémomètre n.m.
ciné-parc n.m. (pl. ciné-parcs)
cinéphile n.
cinéphilie n.f.
cinéraire adj. ; n.f.
cinérite n.f.
cinèse n.f.
cinesthésie n.f.
cinesthésique adj.
cinéthéodolite n.m.
cinétique adj. ; n.f.
cinétir n.m.
cinétisme n.m.
cinghalais, e adj. *et* n.
cinghalais n.m. sing.
cinglant, e adj.
cinglé, e adj. *et* n.
cingler v.i. ; v.t.

cinnamique adj.
cinnamome n.m.
cinoche n.m.
cinoque, sinoque *ou* **sinoc** adj. *et* n.
cinq [sɛ̃k] ([sɛ̃] devant une consonne) adj. num. inv. *et* n.m. inv.
cinquantaine n.f.
cinquante adj. num. inv. *et* n.m. inv.
cinquantenaire adj. *et* n.m.
cinquantième adj. num. ord. *et* n. ; adj. *et* n.m.
cinquième adj. num. ord. *et* n. ; adj. *et* n.m. ; n.f.
cinquièmement adv.
cintrage n.m.
cintre n.m.
cintré, e adj.
cintrer v.t.
cintreuse n.f.
cipaye [sipaj] n.m.
cipolin n.m.
cippe n.m.
cipre n.m.
ciprière n.f.
cirage n.m.
circadien, enne adj.
circaète n.m.
circassien, enne adj. *et* n.
circoncire v.t. (conj. **81**)
circoncis, e adj.
circoncis n.m.
circoncision n.f.
circonférence n.f.
circonflexe adj.
circonlocution n.f.
circonscriptible adj.
circonscription n.f.
circonscrire v.t. (conj. **79**)
circonspect, e [-pɛ, ɛkt *ou* -pɛkt] adj.
circonspection n.f.
circonstance n.f.
circonstancié, e adj.
circonstanciel, elle adj.
circonvallation n.f.
circonvenir v.t. (conj. **28**)
circonvoisin, e adj.
circonvolution n.f.
circuit n.m.
circulaire adj. ; n.f.
circulairement adv.
circulant, e adj.
circulariser v.t.
circularité n.f.
circulation n.f.
circulatoire adj.
circuler v.i.
circumambulation [-kɔm-] n.f.
circumduction [-kɔm-] n.f.
circumlunaire [-kɔm-] adj.
circumnavigation [-kɔm-] n.f.
circumpolaire [-kɔm-] adj.
circumstellaire [-kɔm-] adj.
circumterrestre [-kɔm-] adj.
cire n.f.
ciré, e adj.
ciré n.m.
cirer v.t.
cireur, euse n.
cireuse n.f.
cireux, euse adj.
cirier, ère adj.
cirier n.m.
cirière n.f.
ciron n.m.
cirque n.m.
cirre *ou* **cirrhe** n.m.
cirrhose n.f.
cirrhotique adj. *et* n.
cirripède n.m.
cirrocumulus n.m. inv.
cirrostratus n.m. inv.
cirrus n.m. inv.
cirse n.m.
cisaille n.f.
cisaillement n.m.
cisailler v.t.
cisalpin, e adj.
ciseau n.m.
ciselage n.m.
cisèlement n.m.
ciseler v.t. (conj. **12**)
ciselet n.m.
ciseleur, euse n.
ciselure n.f.
cisjuran, e adj.
cisoires n.f. pl.
ciste n.m. ; n.f.
cistercien, enne adj. *et* n.
cistre n.m.
cistron n.m.
cistude n.f.
citadelle n.f.
citadin, e adj. *et* n.
citadine n.f.
citateur, trice n.
citation n.f.
cité n.f.
cité-dortoir n.f. (pl. cités-dortoirs)
cité-jardin n.f. (pl. cités-jardins)
citer v.t.
citérieur, e adj.
citerne n.f.
cithare n.f.
citharède n.
cithariste n.
citizen band [sitizənbɑ̃d] n.f. (pl. citizen bands)
citoyen, enne n. *et* adj.
citoyenneté n.f.
citrate n.m.
citrin, e adj.
citrine n.f.
citrique adj.
citron n.m. ; adj. inv.
citronnade n.f.
citronné, e adj.
citronnelle n.f.
citronnier n.m.
citrouille n.f.
citrus n.m. inv.
çivaïsme, shivaïsme *ou* **sivaïsme** [ʃi-] n.m.
çivaïte, shivaïte *ou* **sivaïte** [ʃi-] adj. *et* n.
cive n.f.
civelle n.f.
civet n.m.
civette n.f.
civière n.f.

civil, e adj.
civil n.m.
civilement adv.
civilisable adj.
civilisateur, trice adj.
civilisation n.f.
civilisé, e adj. *et* n.
civiliser v.t.
civiliste n.
civilité n.f.
civique adj.
civisme n.m.
clabaud n.m. (chien)
clabaudage n.m.
clabauder v.i.
clabauderie n.f.
clabot n.m. (dispositif)
clabotage n.m.
claboter v.i. ; v.t.
clac ! [klak] interj.
clactonien, enne adj.
clactonien n.m.
clade n.m.
cladisme n.m.
cladistique adj. *et* n.f.
cladocère n.m.
cladogramme n.m.
cladonie n.f.
clafoutis n.m. inv.
claie n.f.
claim [klɛm] n.m.
clair, e adj.
clair n.m. (clarté) ; adv.
clairance n.f.
claire n.f. (huître)
clairement adv.
clairet, ette adj.
clairet n.m.
clairette n.f.
claire-voie n.f. (pl. claires-voies)
clairière n.f.
clair-obscur n.m. (pl. clairs-obscurs)
clairon n.m.
claironnant, e adj.
claironner v.i. *et* t.
clairsemé, e adj.
clairvoyance n.f.
clairvoyant, e adj.
clam [klam] n.m.
clamecer (conj. **9**) *ou* **clamser** [klamse] v.i. (conj. **3**)
clamer v.t.
clameur n.f.
clamp [klɑ̃p] n.m.
clamser (conj. **3**) *ou* **clamecer** [klamse] v.i. (conj. **9**)
clan n.m.
clandé n.m.
clandestin, e adj. *et* n.
clandestinement adv.
clandestinité n.f.
clanique adj.
clanisme n.m.
clap n.m.
clapet n.m.
clapier n.m.
clapir v.i.
clapotage n.m.
clapotant, e adj.
clapotement n.m.
clapoter v.i.
clapoteux, euse adj.
clapotis n.m. inv.
clappement n.m.
clapper v.i.
claquage n.m.
claquant, e adj.
claque n.f. ; n.m.
claquement n.m.
claquemurer v.t.
claquer v.i. *et* t.
claquet n.m.
claqueter v.i. (conj. **6**)
claquette n.f.
claquoir n.m.
clarain n.m.
clarias [-rjas] n.m. inv.
clarification n.f.
clarifier v.t. (conj. **5**)
clarine n.f.
clarinette n.f.
clarinettiste n.
clarisse n.f.
clarté n.f.
clash n.m. (pl. clashs *ou* clashes)
classable adj.
classe adj. inv. ; n.f.
classement n.m.
classer v.t.
classeur n.m.
classicisme n.m.
classificateur, trice adj. *et* n.
classification n.f.
classificatoire adj.
classifier v.t. (conj. **5**)
classique adj., n.; n.m.; n.f.
classiquement adv.
clastique adj.
claudicant, e adj.
claudication n.f.
claudiquer v.i.
clause n.f.
claustra n.m. (pl. claustras)
claustral, e, aux adj.
claustration n.f.
claustrer v.t.
claustromanie n.f.
claustrophobe adj. *et* n.
claustrophobie n.f.
clausule n.f.
clavaire n.f.
claveau n.m.
clavecin n.m.
claveciniste n.
clavelé, e adj.
clavelée n.f.
claveleux, euse adj.
claver v.t.
clavetage n.m.
claveter v.t. (conj. **16**)
clavette n.f.
clavicorde n.m.
clavicule n.f.
clavier n.m.
claviériste n.
claviste n.
clayère n.f.
clayette n.f.
claymore n.f.
clayon n.m.
clayonnage n.m.
clayonner v.t.

clé *ou* **clef** [kle] n.f.
clean [klin] adj. inv.
clearance [klirɑ̃s] n.f.
clearing [kliriŋ] n.m.
clébard n.m.
clebs [klɛbs] n.m.
clédar n.m.
clef *ou* **clé** [kle] n.f.
clématite n.f.
clémence n.f.
clément, e adj.
clémentine n.f.
clémentinier n.m.
clenche [klɛ̃ʃ *ou* klɑ̃ʃ] n.f.
clephte *ou* **klephte** n.m.
clepsydre n.f.
cleptomane *ou* **kleptomane** adj. *et* n.
cleptomanie *ou* **kleptomanie** n.f.
clerc n.m.
clergé n.m.
clergie n.f.
clergyman [klɛrdʒiman] n.m. (pl. clergymans *ou* clergymen)
clérical, e, aux adj. *et* n.
cléricalisme n.m.
cléricature n.f.
clermontois, e adj. *et* n.
clérouque n.m.
clérouquie n.f.
clic interj. ; n.m. (informatique)
clic *ou* **click** n.m. (consonne)
Clic-Clac n.m. inv. (nom déposé)
clichage n.m.
cliché n.m.
clicher v.t.
clicherie n.f.
clicheur, euse n.
click *ou* **clic** n.m. (consonne)
client, e n.
clientèle n.f.
clientélisme n.m.
client-serveur n.m. inv.
clignement n.m.
cligner v.t. *et* i.
clignotant, e adj.
clignotant n.m.
clignotement n.m.
clignoter v.i.
clignoteur n.m.
climat n.m.
climatérique adj. *et* n.f.
climatique adj.
climatisation n.f.
climatiser v.t.
climatiseur n.m.
climatisme n.m.
climatologie n.f.
climatologique adj.
climatologue n.
climatopathologie n.f.
climatothérapie n.f.
climax n.m. inv.
clin n.m.
clinamen [-mɛn] n.m.
clindamycine n.f.
clin d'œil n.m. (pl. clins d'œil)
clinfoc n.m.
clinicat n.m.
clinicien, enne n.
clinique adj. ; n.f.
cliniquement adv.
clinker [klinkœr] n.m.
clinomètre n.m.
clinorhombique adj.
clinquant, e adj.
clinquant n.m.
clip n.m.
clipper [klipœr] n.m.
clique n.f.
cliquer v.i.
cliques n.f. pl.
cliquet n.m.
cliquetant, e adj.
cliquètement *ou* **cliquettement** n.m.
cliqueter v.i. (conj. **16**)
cliquetis n.m. inv.
cliquette n.f.
cliquettement *ou* **cliquètement** n.m.
clisse n.f.
clisser v.t.
clitocybe n.m.
clitoridectomie n.f.
clitoridien, enne adj.
clitoris [-ris] n.m.
clivable adj.
clivage n.m.
cliver v.t.
cloacal, e, aux adj.
cloaque n.m.
clochard, e n.
clochard n.f.
clochardisation n.f.
clochardiser v.t.
cloche adj. ; n.f.
cloche-pied (à) loc. adv.
clocher n.m.
clocher v.i.
clocheton n.m.
clochette n.f.
clodo n. (pl. clodos)
clofibrate n.m.
cloison n.f.
cloisonnage n.m.
cloisonné, e adj.
cloisonné n.m.
cloisonnement n.m.
cloisonner v.t.
cloisonnisme n.m.
cloître n.m.
cloîtré, e adj.
cloîtrer v.t.
clomifène n.m.
clonage n.m.
clone n.m.
cloner v.t.
clonie n.f.
clonique adj.
clonus n.m. inv.
clope n.m. *ou* f.
clopet n.m.
clopin-clopant adv.
clopiner v.i.
clopinettes n.f. pl.
cloporte n.m.
cloque n.f.
cloqué, e adj.
cloquer v.i.
clore v.t. (conj. **93**)
clos, e adj.
clos n.m.

closeau n.m.
close-combat n.m. (pl. close-combats)
closerie n.f.
clostridium n.m. (pl. clostridiums)
clôture n.f.
clôturer v.t. *et* i.
clou n.m. (pl. clous)
clouage n.m.
clouer v.t.
cloutage n.m.
clouté, e adj.
clouter v.t.
clouterie n.f.
cloutier, ère n.
clovisse n.f.
clown [klun] n.m.
clownerie [klu-] n.f.
clownesque [klu-] adj.
clownesse [klu-] n.f.
cloyère [klwaj-] n.f.
club [klœb] n.m.
clubiste [klœb-] n.
clunisien, enne adj. *et* n.
clupéidé n.m.
cluse n.f.
clusiacée n.f.
cluster [klystɛr *ou* klœstœr] n.m.
clystère n.m.
cnémide n.f.
cnidaire n.m.
cnidoblaste n.m.
cnidocyste n.m.
coaccusé, e n.
coacervat n.m.
coach [kotʃ] n.m. (pl. coachs *ou* coaches)
coacquéreur n.m.
coadjuteur n.m.
coadministrateur, trice n.
coagulabilité n.f.
coagulable adj.
coagulant, e adj.
coagulant n.m.
coagulateur, trice adj.
coagulation n.f.
coaguler v.t.
coagulum n.m. (pl. coagulums)
coalescence n.f.
coalescent, e adj.
coalescer v.t. (conj. **9**)
coalisé, e adj. *et* n.
coaliser v.t.
coalition n.f.
coaltar [kɔltar] n.m.
coaptation n.f.
coapteur n.m.
coarctation n.f.
coarticulation n.f.
coassement n.m.
coasser v.i.
coassocié, e n.
coassurance n.f.
coati n.m. (pl. coatis)
coauteur n.m.
coaxial, e, aux adj.
coaxial n.m.
cob n.m. (cheval)
cob *ou* **kob** n.m. (antilope)
cobæa *ou* **cobéa** n.m. (pl. cobæas, cobéas)
cobalamine n.f.
cobalt n.m.
cobalthérapie n.f.
cobaltine n.f.
cobaltite n.f.
cobaltothérapie n.f.
cobaye n.m.
cobéa *ou* **cobæa** n.m. (pl. cobéas, cobæas)
cobée n.m.
cobelligérant, e adj. *et* n.
cobol n.m.
cobra n.m. (pl. cobras)
coca n.m. ; n.f.
Coca n.m. inv. (nom déposé)
Coca-Cola n.m. inv.
cocagne n.f.
cocaïer n.m.
cocaïne n.f.
cocaïnisation n.f.
cocaïnisme n.m.
cocaïnomane n.
cocaïnomanie n.f.
cocarcinogène adj. *et* n.m.
cocarde n.f.
cocardier, ère adj. *et* n.
cocasse adj.
cocasserie n.f.
cocci [-ksi] n.m. pl.
coccidie [-ksi-] n.f.
coccidiose [-ksi-] n.f.
coccinelle [-ksi-] n.f.
coccolite n.f.
coccolithophore n.m.
coccygien, enne [kɔksiʒjɛ̃,ɛn] adj.
coccyx [kɔksis] n.m. inv.
coche n.m. ; n.f.
cochenille n.f.
cocher v.t. (marquer d'un trait)
cocher n.m.
côcher v.t. (couvrir la femelle)
cochère adj.f.
cochet n.m.
cochette n.f.
cochevis n.m.
cochléaire [-kle-] adj. ; n.m.
cochlée [kɔkle] n.f.
cochon, onne adj. *et* n.
cochon n.m.
cochonceté n.f.
cochonnaille n.f.
cochonner v.i. *et* t.
cochonnerie n.f.
cochonnet n.m.
cochylis [-kilis] n.m. inv.
cocker [kɔkɛr] n.m.
cockney adj. *et* n. (pl. cockneys)
cockney n.m. sing.
cockpit [kɔkpit] n.m.
cocktail [kɔktɛl] n.m. (pl. cocktails)
coco n.m. ; n. ; n.f. (pl. cocos)
cocoler v.t.
cocon n.m.
coconisation n.f.
cocontractant, e n.
cocooning [kokuniŋ] n.m.

cocorico n.m.
cocoter *ou* **cocotter** v.i.
cocoteraie n.f.
cocotier n.m.
cocotte n.f.
Cocotte-Minute n.f. (nom déposé)
cocotter *ou* **cocoter** v.i.
cocréancier, ère n.
coction n.f.
cocu, e adj. *et* n.
cocuage n.m.
cocufier v.t. (conj. **5**)
cocyclique adj.
coda n.f. (pl. codas)
codage n.m.
code n.m.
codé, e adj.
code-barres n.m. (pl. codes-barres)
codébiteur, trice n.
codécision n.f.
codéine n.f.
codemandeur, eresse adj. *et* n.
coder v.t.
codétenteur, trice n.
codétenu, e n.
codeur, euse n.
codeur n.m.
codex n.m. inv.
codicillaire adj.
codicille [kɔdisil] n.m.
codificateur, trice adj. *et* n.
codification n.f.
codifier v.t. (conj. **5**)
codirecteur, trice adj. *et* n.
codirection n.f.
codominance n.f.
codominant, e adj.
codon n.m.
codonataire adj. *et* n.
codonateur, trice adj. *et* n.
coéchangiste adj. *et* n.
coéditer v.t.
coéditeur, trice adj. *et* n.
coédition n.f.
coefficient n.m.
cœlacanthe [se-] n.m.
cœlentéré [se-] n.m.
cœliaque [se-] adj.
coéligible adj.
cœlioscopie [se-] n.f.
cœlomate [se-] n.m.
cœlome [se-] n.m.
cœlomique [se-] adj.
cœnesthésie [se-] *ou* **cénesthésie** n.f.
cœnure [se-] *ou* **cénure** n.m.
coenzyme n.f. *ou* n.m.
coépouse n.f.
coéquipier, ère n.
coercible adj.
coercitif, ive adj.
coercition n.f.
coéternel, elle adj.
cœur n.m. (organe)
cœur-de-pigeon n.m. (pl. cœurs-de-pigeon)
coévolution n.f.
coexistence n.f.
coexister v.i.
coextensif, ive adj.
cofacteur n.m.
coffin n.m.
coffrage n.m.
coffre n.m.
coffre-fort n.m. (pl. coffres-forts)
coffrer v.t.
coffret n.m.
coffreur n.m.
cofinancement n.m.
cofinancer v.t. (conj. **9**)
cofondateur, trice n.
cogérance n.f.
cogérant, e n.
cogérer v.t. (conj. **11**)
cogestion n.f.
cogitation n.f.
cogiter v.i. *et* t.
cogito n.m. inv.
cognac n.m.
cognassier n.m.
cognat [-gna] n.m.
cognation [-gna-] n.f.
cognatique [-gna-] adj.
cogne n.m.
cognée n.f.
cognement n.m.
cogner v.i. *et* t.
cogniticien, enne [-gni-] n.
cognitif, ive [-gni-] adj.
cognition [-gni-] n.f.
cognitivisme [-gni-] n.m.
cohabitation n.f.
cohabiter v.i.
cohérence n.f.
cohérent, e adj.
cohéreur n.m.
cohériter v.i.
cohéritier, ère n.
cohésif, ive adj.
cohésion n.f.
cohorte n.f.
cohue n.f.
coi, coite adj. (muet)
coiffage n.m.
coiffant, e adj.
coiffe n.f.
coiffé, e adj.
coiffer v.t.
coiffeur, euse n.
coiffeuse n.f.
coiffure n.f.
coin n.m. (angle)
coinçage n.m.
coincé, e adj.
coincement n.m.
coincer v.t. (conj. **9**)
coïncidence n.f.
coïncident, e adj.
coïncider v.i.
coin-coin interj. *et* n.m. inv.
coïnculpé, e n.
coing n.m. (fruit)
coir n.m.
coït [kɔit] n.m.
coite adj.f.
coïter v.i.
coitron n.m.
coke n.m.; n.f.
cokéfaction n.f.
cokéfiable adj.
cokéfiant, e adj.

cokéfier v.t. (conj. **5**)
cokerie n.f.
coking [kokiŋ] n.m.
col n.m.
cola *ou* **kola** n.m. (pl. colas, kolas)
colature n.f.
colback n.m.
colbertisme n.m.
col-bleu n.m. (pl. cols-bleus)
colchicine n.f.
colchique n.m.
colcotar n.m.
colcrete [kɔlkrɛt] adj.m. *et* n.m.
cold-cream [koldkrim] n.m. (pl. cold-creams)
col-de-cygne n.m. (pl. cols-de-cygne)
colée n.f.
colégataire n.
coléoptère n.m.
coléoptile n.m.
colère n.f.
coléreux, euse adj. *et* n.
colérique adj. *et* n.
coléus n.m. inv.
colibacille n.m.
colibacillose n.f.
colibri n.m.
colicitant, e adj. *et* n.
colifichet n.m.
coliforme n.m.
colimaçon n.m.
colin n.m.
colinéaire adj.
colinéarité n.f.
colineau *ou* **colinot** n.m.
colin-maillard n.m. (pl. colin-maillards)
colinot *ou* **colineau** n.m.
colin-tampon n.m. sing.
colique adj. ; n.f.
colis n.m. inv.
colistier, ère n.
colistine n.f.
colite n.f.
colitigant, e adj.
collabo n. (pl. collabos)
collaborateur, trice n.
collaboration n.f.
collaborationniste adj. *et* n.
collaborer v.t. ind. *et* i.
collage n.m.
collagène n.m.
collagénose n.f.
collant, e adj.
collant n.m.
collante n.f.
collapsus n.m. inv.
collatéral, e, aux adj.
collatéral n.m.
collateur n.m.
collation n.f.
collationnement n.m.
collationner v.t.
collationnure n.f.
colle n.f.
collectage n.m.
collecte n.f.
collecter v.t.
collecteur, trice adj. *et* n.
collecteur n.m.
collectif, ive adj.
collectif n.m.
collection n.f.
collectionner v.t.
collectionneur, euse n.
collectionnisme n.m.
collectionnite n.f.
collectivement adv.
collectivisation n.f.
collectiviser v.t.
collectivisme n.m.
collectiviste adj. *et* n.
collectivité n.f.
collège n.m.
collégial, e, aux adj.
collégiale n.f.
collégialement adv.
collégialité n.f.
collégien, enne n.
collègue n.
collembole n.m.
collenchyme n.m.
coller v.t., i. *et* t. ind.
collerette n.f.
collet n.m. (piège)
colleter (se) v.pr. (conj. **16**)
colleteur n.m.
colleur, euse n.
colleuse n.f.
colley n.m. (chien)
collier n.m.
colliger v.t. (conj. **10**)
collimateur n.m.
collimation n.f.
colline n.f.
collision n.f.
collisionneur n.m.
collocation n.f.
collodion n.m.
colloïdal, e, aux adj.
colloïde n.m.
colloque n.m.
colloquer v.t.
collure n.f.
collusion n.f.
collusoire adj.
collutoire n.m.
colluvion n.f.
collybie n.f.
collyre n.m.
colmatage n.m.
colmater v.t.
colo n.f.
colobe n.m.
colocalisation n.f.
colocase n.f.
colocataire n.
colocation n.f.
cologarithme n.m.
colombage n.m.
colombe n.f.
colombien, enne adj. *et* n.
colombier n.m.
colombin, e adj.
colombin n.m.
colombine n.f.
colombo n.m. (pl. colombos)
colombophile adj. *et* n.
colombophilie n.f.
colon n.m. (habitant d'une colonie)

colon *ou* **colón** [kolɔn] n.m. (pl. colones) [monnaie]
côlon n.m. (intestin)
colonage n.m.
colonat n.m.
colonel n.m.
colonelle n.f.
colonial, e, aux adj. *et* n.
colonialisme n.m.
colonialiste adj. *et* n.
colonie n.f.
colonisable adj.
colonisateur, trice adj. *et* n.
colonisation n.f.
colonisé, e adj. *et* n.
coloniser v.t.
colonnade n.f.
colonne n.f.
colonnette n.f.
colonoscopie n.f.
colopathie n.f.
colophane n.f.
coloquinte n.f.
colorant, e adj.
colorant n.m.
coloration n.f.
colorature n.f.
coloré, e adj.
colorer v.t.
coloriage n.m.
colorier v.t. (conj. **5**)
colorimètre n.m.
colorimétrie n.f.
coloris n.m.
colorisation n.f.
coloriser v.t.
coloriste n.
coloscopie n.f.
colossal, e, aux adj.
colossalement adv.
colosse n.m.
colostomie n.f.
colostrum n.m. (pl. colostrums)
coloured [kɔlɔrd] n.
colpocèle n.f.
colportage n.m.
colporter v.t.
colporteur, euse n.
colposcopie n.f.
colt n.m.
coltinage n.m.
coltiner v.t.
colubridé n.m.
columbarium [kɔlɔ̃barjɔm] n.m. (pl. columbariums)
columbidé [kɔlɔ̃bide] n.m.
columbiforme [-lɔ̃-] n.m.
columelle n.f.
colvert n.m.
colymbiforme n.m.
colza n.m. (pl. colzas)
colzatier n.m.
coma n.m. (pl. comas) [sommeil profond]
comandant n.m. (donneur de mandat)
comandataire n. (mandataire)
comateux, euse adj. *et* n.
combat n.m.
combatif, ive adj.
combativité n.f.
combattant, e adj. *et* n.
combattant n.m.
combattre v.t. *et* i. (conj. **63**)
combe n.f.
combien adv. interr. *et* exclam. ; n.m. inv.
combientième adj. *et* n.
combinable adj.
combinaison n.f.
combinard, e adj. *et* n.
combinat n.m.
combinateur n.m.
combinatoire adj. ; n.f.
combine n.f.
combiné, e adj.
combiné n.m.
combiner v.t.
combi-short n.m. (pl. combi-shorts)
comblanchien n.m.
comble adj. ; n.m.
comblement n.m.
combler v.t.
combo n.m. (pl. combos)
comburant, e adj.
comburant n.m.
combustibilité n.f.
combustible adj. *et* n.m.
combustion n.f.
come-back [kɔmbak] n.m. inv.
comédie n.f.
comédien, enne adj. *et* n.
comédon n.m.
comestibilité n.f.
comestible adj.
comestibles n.m. pl.
cométaire adj.
comète n.f.
cométique n.m.
comice n.m. ; n.f.
comics [kɔmiks] n.m. pl.
comique adj. *et* n. ; n.m.
comiquement adv.
comité n.m.
comitial, e, aux [-sjal, o] adj.
comitialité [-sja-] n.f.
comma n.m. (pl. commas) [partie d'un ton]
command [kɔmɑ̃] n.m.
commandant n.m. (officier)
commande n.f. (ordre de faire)
commandement n.m.
commander v.t., i. *et* t. ind.
commanderie n.f.
commandeur n.m.
commanditaire adj. *et* n.
commandite n.f.
commandité, e n.
commanditer v.t.
commando n.m. (pl. commandos)
comme conj. ; adv. exclam.
commedia dell'arte [-te] n.f. sing.
commémoraison n.f.
commémoratif, ive adj.
commémoration n.f.

commémorer v.t.
commençant, e n.
commencement n.m.
commencer v.t. *et* i. (conj. **9**)
commendataire adj. *et* n. (pourvu d'une commende)
commende n.f. (collation)
commensal, e, aux adj. *et* n.
commensalisme n.m.
commensurable adj.
comment adv. interr.
commentaire n.m.
commentateur, trice n.
commenter v.t.
commérage n.m.
commerçant, e adj. ; n.
commerce n.m.
commercer v.t. ind. (conj. **9**)
commercial, e, aux adj. ; n.
commercial n.m.
commerciale n.f.
commercialement adv.
commercialisable adj.
commercialisation n.f.
commercialiser v.t.
commère n.f.
commérer v.i. (conj. **11**)
commettage n.m.
commettant n.m.
commettre v.t. (conj. **64**)
comminatoire adj.
comminutif, ive adj.
commis n.m.
commisération n.f.
commissaire n.m.
commissaire-priseur n.m. (pl. commissaires-priseurs)
commissariat n.m.
commission n.f.
commissionnaire n.
commissionnement n.m.
commissionner v.t.
commissoire adj.
commissural, e, aux adj.
commissure n.f.
commissurotomie n.f.
commodat n.m.
commode adj. ; n.f.
commodément adv.
commodité n.f.
commodore n.m.
commotion n.f.
commotionner v.t.
commuable adj.
commuer v.t.
commun, e adj.
commun n.m.
communal, e, aux adj.
communale n.f.
communaliser v.t.
communard, e adj. *et* n.
communautaire adj. ; n.
communautarisation n.f.
communautarisme n.m.
communauté n.f.
communaux n.m. pl.
commune n.f.
communément adv.
communiant, e n.
communicable adj.
communicant, e adj. ; n.
communicateur, trice n.
communicatif, ive adj.
communication n.f.
communicationnel, elle adj.
communier v.i. (conj. **5**)
communion n.f.
communiqué n.m.
communiquer v.t. *et* i.
communisant, e adj. *et* n.
communisme n.m.
communiste adj. *et* n.
commutable adj.
commutateur n.m.
commutatif, ive adj.
commutation n.f.
commutativité n.f.
commutatrice n.f.
commuter v.i. *et* t.
comorien, enne adj. *et* n.
comourants n.m. pl.
compacité n.f.
compact, e adj.
compact n.m.
compactage n.m.
Compact Disc n.m. (nom déposé)
compacter v.t.
compacteur n.m.
compagne n.f.
compagnie n.f.
compagnon n.m.
compagnon, compagne n.
compagnonnage n.m.
compagnonnique adj.
comparabilité n.f.
comparable adj.
comparaison n.f.
comparaître v.i. (conj. **71**)
comparant, e adj. *et* n.
comparateur n.m.
comparatif, ive adj.
comparatif n.m.
comparatisme n.m.
comparatiste adj. *et* n.
comparativement adv.
comparé, e adj.
comparer v.t.
comparoir v.i.
comparse n.
compartiment n.m.
compartimentage n.m.
compartimentation n.f.
compartimenter v.t.
comparution n.f.
compas n.m.
compassé, e adj.
compasser v.t.
compassion n.f.
compassionnel, elle adj.
compatibilité n.f.
compatible adj. *et* n.m.
compatir v.t. ind.
compatissant, e adj.
compatriote n.
compendieusement adv.
compendieux, euse adj.
compendium [kɔ̃pɑ̃djɔm] n.m. (pl. compendiums)
compensable adj.
compensateur, trice adj.
compensation n.f.

compensatoire adj.
compensé, e adj.
compenser v.t.
compérage n.m.
compère n.m.
compère-loriot n.m. (pl. compères-loriots)
compétence n.f.
compétent, e adj.
compétiteur, trice n.
compétitif, ive adj.
compétition n.f.
compétitivité n.f.
compil n.f.
compilateur, trice n.
compilateur n.m.
compilation n.f.
compiler v.t.
compisser v.t.
complainte n.f.
complaire v.t. ind. (conj. **90**)
complaisamment adv.
complaisance n.f.
complaisant, e adj.
complant n.m.
complanter v.t.
complément n.m.
complémentaire adj. ; n.m.
complémentarité n.f.
complémentation n.f.
complet, ète adj.
complet n.m.
complètement adv. ; n.m.
compléter v.t. (conj. **11**)
complétif, ive adj.
complétion n.f.
complétive n.f.
complétude n.f.
complexe adj. ; n.m.
complexé, e adj. *et* n.
complexer v.t.
complexification n.f.
complexifier v.t. (conj. **5**)
complexion n.f.
complexité n.f.
complication n.f.
complice adj. *et* n.
complicité n.f.
complies n.f. pl.
compliment n.m.
complimenter v.t.
complimenteur, euse adj. *et* n.
compliqué, e adj. *et* n.
compliquer v.t.
complot n.m.
comploter v.t. *et* i.
comploteur, euse n.
compluvium n.m. (pl. compluviums)
compograveur n.m.
compogravure n.f.
componction n.f.
componé, e adj.
comporte n.f.
comportement n.m.
comportemental, e, aux adj.
comportementalisme n.m.
comporter v.t.
composant, e adj.
composant n.m.
composante n.f.
composé, e adj.
composé n.m.
composée n.f.
composer v.t. ; v.i.
composeur n.m.
composeuse n.f.
composite adj. *et* n.m.
compositeur, trice n.
composition n.f.
compost [kɔ̃pɔst] n.m.
compostage n.m.
composter v.t.
composteur n.m.
compote n.f.
compotier n.m.
compound [kɔ̃pund] adj. inv.
comprador, e adj.
comprador n.m. (pl. compradors *ou* compradores)
compréhensibilité n.f.
compréhensible adj.
compréhensif, ive adj.
compréhension n.f.
comprendre v.t.(conj. **61**)
comprenette n.f.
compresse n.f.
compresser v.t.
compresseur adj.m. ; n.m.
compressibilité n.f.
compressible adj.
compressif, ive adj.
compression n.f.
comprimable adj.
comprimé, e adj.
comprimé n.m.
comprimer v.t.
compris, e adj.
compromettant, e adj.
compromettre v.t. (conj. **64**)
compromis n.m.
compromission n.f.
compromissoire adj.
comptabilisation n.f.
comptabiliser v.t.
comptabilité n.f.
comptable adj. ; n.
comptage n.m. (action de compter)
comptant adj.m. *et* adv. (cash); n.m.
compte n.m. (calcul)
compte chèques *ou* **compte-chèques** n.m. (pl. comptes[-]chèques)
compte-fils n.m. inv.
compte-gouttes n.m. inv.
compter v.t. ; v.i. (calculer)
compte rendu *ou* **compte-rendu** n.m. (pl. comptes[-]rendus)
compte-tours n.m. inv.
compteur n.m. (appareil)
comptine n.f.
comptoir n.m.
compulser v.t.
compulsif, ive adj.
compulsion n.f.
compulsionnel, elle adj.
comput [kɔ̃pyt] n.m.

comtadin, e adj. *et* n.
comtal, e, aux adj.
comtat n.m.
comte n.m. (noble)
comté n.m.
comtesse n.f.
comtois, e adj. *et* n.
comtoise n.f.
con n.m.
con, conne adj. *et* n.
conard, e *ou* **connard, e** adj. *et* n.
conasse *ou* **connasse** n.f.
conatif, ive adj.
conation n.f.
conatus n.m. inv.
concassage n.m.
concasser v.t.
concasseur adj.m. *et* n.m.
concaténation n.f.
concave adj.
concavité n.f.
concéder v.t. (conj. **11**)
concélébration n.f.
concélébrer v.t. (conj. **11**)
concentrateur n.m.
concentration n.f.
concentrationnaire adj.
concentré, e adj.
concentré n.m.
concentrer v.t.
concentrique adj.
concept [-sept] n.m.
conceptacle n.m.
concepteur, trice n.
conception n.f.
conceptisme n.m.
conceptualisation n.f.
conceptualiser v.t.
conceptualisme n.m.
conceptuel, elle adj.
concernant prép.

concerner v.t.
concert n.m.
concertant, e adj.
concertation n.f.
concerté, e adj.
concerter v.t.
concertina n.m. (pl. concertinas)
concertino n.m. (pl. concertinos)
concertiste n.
concerto n.m. (pl. concertos)
concessif, ive adj.
concession n.f.
concessionnaire adj. *et* n.
concessive n.f.
concetti [kɔntʃeti] n.m. pl.
concevable adj.
concevoir v.t. (conj. **39**)
conchoïdal, e, aux [-kɔi-] adj.
conchoïde [-kɔi-] n.f.
conchyliculteur, trice [-ki-] n.
conchyliculture [-ki-] n.f.
conchyliologie [-ki-] n.f.
conchylis [-kilis] n.m.
concierge n.
conciergerie n.f.
concile n.m.
conciliable adj.
conciliabule n.m.
conciliaire adj.
conciliant, e adj.
conciliateur, trice adj. *et* n.
conciliation n.f.
conciliatoire adj.
concilier v.t. (conj. **5**)
concis, e adj.
concision n.f.
concitoyen, enne n.
conclave n.m.
conclaviste n.m.
concluant, e adj.
conclure v.t. ; v.t. ind. *et* i. (conj. **76**)
conclusif, ive adj.
conclusion n.f.
concocter v.t.
concombre n.m.
concomitance n.f.
concomitant, e adj.
concordance n.f.
concordant, e adj.
concordat n.m.
concordataire adj.
concorde n.f.
concorder v.i.
concourant, e adj.
concourir v.t. ind. *et* i. (conj. **33**)
concouriste n.
concours n.m.
concret, ète adj.
concret n.m.
concrètement adv.
concrétion n.f.
concrétisation n.f.
concrétiser v.t.
concubin, e n.
concubinage n.m.
concupiscence n.f.
concupiscent, e adj.
concurremment adv.
concurrence n.f.
concurrencer v.t. (conj. **9**)
concurrent, e adj. *et* n.
concurrentiel, elle adj.
concussion n.f.
concussionnaire adj. *et* n.
condamnable [-dana-] adj.
condamnation [-dana-] n.f.
condamnatoire [-dana-] adj.
condamné, e [-dane] adj. *et* n.
condamner [-dane] v.t.
condé n.m.
condensable adj.
condensateur n.m.
condensation n.f.
condensé, e adj.
condensé n.m.
condenser v.t.
condenseur n.m.
condescendance n.f.
condescendant, e adj.
condescendre v.t. ind. (conj. **59**)
condiment n.m.

condisciple n.
condition n.f.
conditionné, e adj.
conditionnel, elle adj.
conditionnel n.m.
conditionnelle n.f.
conditionnellement adv.
conditionnement n.m.
conditionner v.t.
conditionneur, euse n.
conditionneur n.m.
condoléances n.f. pl.
condom [kɔ̃dɔ̃] n.m.
condominium [kɔ̃dɔminjɔm] n.m. (pl. condominiums)
condor n.m.
condottiere [kɔ̃dɔtjɛr] n.m. (pl. condottieres *ou* condottieri)
conductance n.f.
conducteur n.m.
conducteur, trice adj. *et* n.
conductibilité n.f.
conductible adj.
conduction n.f.
conductivité n.f.
conduire v.t. (conj. **78**)
conduit n.m.
conduite n.f.
condyle n.m.
condylien, enne adj.
condylome n.m.
cône n.m.
confabulation n.f.
confection n.f.
confectionner v.t.
confectionneur, euse n.
confédéral, e, aux adj.
confédération n.f.
confédéré, e adj. *et* n.
confédérer v.t. (conj. **11**)
confédérés n.m. pl.
confer [-fɛr] adv.
conférence n.f.
conférencier, ère n.
conférencier n.m.
conférer v.i. ; v.t. (conj. **11**)
conferve n.f.
confesse n.f.
confesser v.t.
confesseur n.m.
confession n.f.
confessionnal n.m. (pl. confessionnaux)
confessionnalisme n.m.
confessionnel, elle adj.
confetti n.m. (pl. confettis)
confiance n.f.
confiant, e adj.
confidence n.f.
confident, e n.
confident n.m.
confidentialité n.f.
confidentiel, elle adj.
confidentiellement adv.
confier v.t. (conj. **5**)
configuration n.f.
confiné, e adj.
confinement n.m.
confiner v.t. ind. ; v.t.
confins n.m. pl.
confire v.t. (conj. **1**)
confirmand, e n.
confirmatif, ive adj.
confirmation n.f.
confirmer v.t.
confiscable adj.
confiscation n.f.
confiscatoire adj.
confiserie n.f.
confiseur, euse n.
confisquer v.t.
confit, e adj.
confiteor [-teɔr] n.m. inv.
confiture n.f.
confiturerie n.f.
confiturier, ère n.
confiturier n.m.
conflagration n.f.
conflictuel, elle adj.
conflit n.m.
confluence n.f.
confluent n.m.
confluer v.i.
confondant, e adj.
confondre v.t. (conj. **59**)
conformateur n.m.
conformation n.f.
conformationnel, elle adj.
conforme adj.
conformé, e adj.
conformément à loc. prép.
conformer v.t.
conformisme n.m.
conformiste adj. *et* n.
conformité n.f.
confort n.m.
confortable adj.
confortablement adv.
conforter v.t.
confraternel, elle adj.
confraternité n.f.
confrère n.m.
confrérie n.f.
confrérique adj.
confrontation n.f.
confronter v.t.
confucéen, enne adj. *et* n.
confucianisme n.m.
confucianiste adj. *et* n.
confus, e adj.
confusément adv.
confusion n.f.
confusionnel, elle adj.
confusionnisme n.m.
conga n.f. (pl. congas)
congaï *ou* **congaye** [kɔ̃gaj] n.f.
conge n.m.
congé n.m.
congéable adj.
congédiable adj.
congédiement n.m.
congédier v.t. (conj. **5**)
congelable adj.
congélateur n.m.
congélation n.f.
congeler v.t. (conj. **12**)
congénère n.
congénital, e, aux adj.
congénitalement adv.
congère n.f.
congestif, ive adj.
congestion n.f.

congestionner v.t.
congiaire n.m.
conglomérat n.m.
conglomération n.f.
conglomérer v.t. (conj. **11**)
conglutinant, e adj.
conglutinatif, ive adj.
conglutination n.f.
conglutiner v.t.
congolais, e adj. *et* n.
congolais n.m.
congratulations n.f. pl.
congratuler v.t.
congre n.m.
congréer v.t.
congréganiste adj. *et* n.
congrégation n.f.
congrégationalisme n.m.
congrégationaliste adj. *et* n.
congrès n.m.
congressiste n.
congru, e adj.
congruence n.f.
congruent, e adj.
congrûment adv.
conicine n.f.
conicité n.f.
conidie n.f.
conifère n.m.
conique adj. ; n.f.
conirostre adj.
conjectural, e, aux adj.
conjecturalement adv.
conjecture n.f.
conjecturer v.t.
conjoint, e adj. ; n.
conjointement adv.
conjoncteur n.m.
conjoncteur-disjoncteur n.m. (pl. conjoncteurs-disjoncteurs)
conjonctif, ive adj.
conjonction n.f.
conjonctival, e, aux adj.
conjonctive n.f.
conjonctivite n.f.
conjoncture n.f.
conjoncturel, elle adj.
conjoncturiste n.
conjugable adj.
conjugaison n.f.
conjugal, e, aux adj.
conjugalement adv.
conjugateur n.m.
conjugué, e adj.
conjuguée n.f.
conjuguer v.t.
conjungo [kɔ̃ʒɔ̃go] n.m.
conjurateur, trice n.
conjuration n.f.
conjuratoire adj.
conjuré, e n.
conjurer v.t.
connaissable adj.
connaissance n.f.
connaissement n.m.
connaisseur, euse adj. *et* n.
connaître v.t. ; v.t. ind. (conj. **71**)
connard, e *ou* **conard, e** adj. *et* n.
connasse *ou* **conasse** n.f.
conneau n.m.
connectable adj.
connecter v.t.
connecteur n.m.
connectif n.m.
connectique n.f.
connectivite n.f.
connerie n.f.
connétable n.m.
connétablie n.f.
connexe adj.
connexion n.f.
connexité n.f.
connivence n.f.
connivent, e adj.
connotation n.f.
connoter v.t.
connu, e adj.
connu n.m.
conoïde adj. *et* n.m.
conopée n.m.
conque n.f.
conquérant, e adj. *et* n.
conquérir v.t. (conj. **27**)
conquête n.f.
conquis, e adj.
conquistador n.m. (pl. conquistadors *ou* conquistadores)
consacrant adj. m. *et* n.m.
consacré, e adj.
consacrer v.t.
consanguin, e adj. *et* n.
consanguinité n.f.
consciemment adv.
conscience n.f.
consciencieusement adv.
consciencieux, euse adj.
conscient, e adj.
conscient n.m.
conscientisation n.f.
conscientiser v.t.
conscription n.f.
conscrit adj.m. ; n.m.
consécrateur adj.m. *et* n.m.
consécration n.f.
consécutif, ive adj.
consécutive n.f.
consécutivement adv.
consécution n.f.
conseil n.m.
conseiller v.t.
conseiller, ère n.
conseilleur, euse n.
consensuel, elle adj.
consensus [kɔ̃sɛ̃sys] n.m.
consentant, e adj.
consentement n.m.
consentir v.t. ind. *et* t. (conj. **26**)
conséquemment adv.
conséquence n.f.
conséquent, e adj.
conséquent n.m.
conservateur, trice adj. *et* n.
conservateur n.m.
conservation n.f.
conservatisme n.m.
conservatoire adj. ; n.m.
conserve n.f.
conserve (de) loc. adv.

conservé, e adj.
conserver v.t.
conserverie n.f.
conserveur n.m.
considérable adj.
considérablement adv.
considérant n.m.
considération n.f.
considérer v.t. (conj. **11**)
consignataire n.
consignation n.f.
consigne n.f.
consigner v.t.
consistance n.f.
consistant, e adj.
consister v.t. ind.
consistoire n.m.
consistorial, e, aux adj.
consœur n.f.
consol n.m.
consolable adj.
consolant, e adj.
consolateur, trice adj. *et* n.
consolation n.f.
console n.f.
consoler v.t.
consolidation n.f.
consolidé, e adj.
consolider v.t.
consommable adj. ; n.m.
consommateur, trice adj. *et* n.
consommation n.f.
consommé, e adj.
consommé n.m.
consommer v.t. *et* i.
consomptible adj.
consomptif, ive adj.
consomption n.f.
consonance n.f.
consonant, e adj.
consonantique adj.
consonantisme n.m.
consonne n.f.
consort adj.m.
consortage n.m.
consortial, e, aux adj.
consortium n.m. (pl. consortiums)
consorts n.m. pl.
consoude n.f.
conspirateur, trice n.
conspiration n.f.
conspirer v.i. *et* t.
conspuer v.t.
constable n.m.
constamment adv.
constance n.f.
constant, e adj.
Constantan n.m. (nom déposé)
constante n.f.
constantinien, enne adj.
constat n.m.
constatable adj.
constatation n.f.
constater v.t.
constellation n.f.
consteller v.t.
consternant, e adj.
consternation n.f.
consterner v.t.
constipant, e adj.
constipation n.f.
constipé, e adj. *et* n.
constiper v.t.
constituant, e adj.
constituant n.m.
constitué, e adj.
constituer v.t.
constitutif, ive adj.
constitution n.f.
constitutionnaliser v.t.
constitutionnalité n.f.
constitutionnel, elle adj. *et* n.
constitutionnellement adv.
constricteur adj.m. *et* n.m.
constrictif, ive adj.
constriction n.f.
constrictive n.f.
constrictor adj.m.
constringent, e adj.
constructeur, trice adj. *et* n.
constructible adj.
constructif, ive adj.
construction n.f.
constructivisme n.m.
constructiviste adj. *et* n.
construire v.t. (conj. **78**)
consubstantialité n.f.
consubstantiation n.f.
consubstantiel, elle adj.
consul n.m.
consulaire adj.
consulat n.m.
consultable adj.
consultant, e adj. *et* n.
consultatif, ive adj.
consultation n.f.
consulte n.f.
consulter v.t. *et* i.
consulteur n.m.
consumable adj.
consumer v.t.
consumérisme n.m.
consumériste adj. *et* n.
contact n.m.
contacter v.t.
contacteur n.m.
contactologie n.f.
contactologiste n.
contactologue n.
contage n.m. (contamination)
contagieux, euse adj.
contagion n.f.
contagiosité n.f.
container n.m.
containérisation n.f.
containériser v.t.
contaminateur, trice adj. *et* n.
contamination n.f.
contaminer v.t.
conte n.m. (récit)
contemplateur, trice n.
contemplatif, ive adj. *et* n.
contemplation n.f.
contempler v.t.
contemporain, e adj. *et* n.
contemporanéité n.f.
contempteur, trice n.
contenance n.f.

contenant n.m.
conteneur n.m.
conteneurisation n.f.
conteneuriser v.t.
contenir v.t. (conj. **28**)
content, e adj.
content n.m.
contentement n.m.
contenter v.t.
contentieux, euse adj.
contentieux n.m.
contentif, ive adj.
contention n.f.
contenu, e adj.
contenu n.m.
conter v.t. (relater)
contestable adj.
contestataire adj. *et* n.
contestateur, trice adj.
contestation n.f.
conteste (sans) loc. adv.
contester v.t.
conteur, euse n. (narrateur)
contexte n.m.
contextuel, elle adj.
contexture n.f.
contigu, uë adj.
contiguïté n.f.
continence n.f.
continent, e adj.
continent n.m.
continental, e, aux adj. ; n.
continentalité n.f.
contingence n.f.
contingent, e adj.
contingent n.m.
contingentement n.m.
contingenter v.t.
continu, e adj.
continu n.m.
continuateur, trice n.
continuation n.f.
continuel, elle adj.
continuellement adv.
continuer v.t. *et* i.
continuité n.f.
continûment adv.
continuo n.m. (pl. continuos)
continuum [-nɥɔm] n.m. (pl. continuums)
contondant, e adj.
contorsion n.f.
contorsionner (se) v.pr.
contorsionniste n.
contour n.m.
contourné, e adj.
contournement n.m.
contourner v.t.
contra n.m. (pl. contras) [guérillero]
contraceptif, ive adj.
contraceptif n.m.
contraception n.f.
contractant, e adj. *et* n.
contracte adj.
contracté, e adj.
contracter v.t.
contractile adj.
contractilité n.f.
contraction n.f.
contractualisation n.f.
contractualiser v.t.
contractuel, elle adj. *et* n.
contractuellement adv.
contracture n.f.
contracturer v.t.
contradicteur n.m.
contradiction n.f.
contradictoire adj.
contradictoirement adv.
contragestif, ive adj.
contragestif n.m.
contraignable adj.
contraignant, e adj.
contraindre v.t. (conj. **62**)
contraint, e adj.
contrainte n.f.
contraire adj. *et* n.m.
contrairement à loc. prép.
contralto n.m. *ou* n.f. (pl. contraltos)
contrapontiste *ou* **contrapuntiste** [-pɔ̃-] n.
contrapuntique [-pɔ̃-] adj.
contrapuntiste [-pɔ̃-] *ou* **contrapontiste** n.
contrariant, e adj.
contrarié, e adj.
contrarier v.t. (conj. **5**)
contrariété n.f.
contrario (a) loc. adv.
contrarotatif, ive adj.
contrastant, e adj.
contraste n.m.
contrasté, e adj.
contraster v.i., t. ind. *et* t.
contrat n.m. (convention)
contravention n.f.
contravis n.m.
contre prép. *et* adv. ; n.m. (pl. contres)
contre-acculturation n.f. (pl. contre-acculturations)
contre-alizé n.m. (pl. contre-alizés)
contre-allée n.f. (pl. contre-allées)
contre-amiral n.m. (pl. contre-amiraux)
contre-appel n.m. (pl. contre-appels)
contre-arc n.m. (pl. contre-arcs)
contre-assurance n.f. (pl. contre-assurances)
contre-attaque n.f. (pl. contre-attaques)
contre-attaquer v.t. *et* i.
contrebalancer v.t. (conj. **9**)
contrebande n.f.
contrebandier, ère n.
contrebas (en) loc. adv. *et* loc. prép.
contrebasse n.f. *et* adj. ; n.
contrebassiste n.
contrebasson n.m.
contrebatterie n.f.
contre-braquer v.t. *et* i.
contrebutement n.m.
contrebuter v.t.
contrecarrer v.t.
contrechamp n.m.
contre-chant n.m. (pl. contre-chants)
contre-châssis n.m. inv.

contre-choc n.m. (pl. contre-chocs)
contreclef n.f.
contrecœur n.m.
contrecœur (à) loc. adv.
contrecollé, e adj.
contrecoup n.m.
contre-courant n.m. (pl. contre-courants)
contre-courbe n.f. (pl. contre-courbes)
contre-culture n.f. (pl. contre-cultures)
contredanse n.f.
contre-dénonciation n.f. (pl. contre-dénonciations)
contre-digue n.f. (pl. contre-digues)
contredire v.t. (conj. **83**)
contredit (sans) loc. adv.
contrée n.f.
contre-écrou n.m. (pl. contre-écrous)
contre-électromotrice adj.f. (pl. contre-électromotrices)
contre-emploi n.m. (pl. contre-emplois)
contre-empreinte n.f. (pl. contre-empreintes)
contre-enquête n.f. (pl. contre-enquêtes)
contre-épaulette n.f. (pl. contre-épaulettes)
contre-épreuve n.f. (pl. contre-épreuves)
contre-espalier n.m. (pl. contre-espaliers)
contre-espionnage n.m. (pl. contre-espionnages)
contre-essai n.m. (pl. contre-essais)
contre-exemple n.m. (pl. contre-exemples)
contre-expertise n.f. (pl. contre-expertises)
contre-extension n.f. (pl. contre-extensions)
contrefaçon n.f.
contrefacteur, trice n.
contrefaire v.t. (conj. **89**)
contrefait, e adj.
contre-fenêtre n.f. (pl. contre-fenêtres)
contre-fer n.m. (pl. contre-fers)
contre-feu n.m. (pl. contre-feux)
contrefiche n.f.
contreficher (se) v.pr.
contre-fil n.m. (pl. contre-fils)
contre-filet n.m. (pl. contre-filets)
contrefort n.m.
contrefoutre (se) v.pr.
contre-fugue n.f. (pl. contre-fugues)
contre-haut (en) loc. adv. *et* loc. prép.
contre-hermine n.f. (pl. contre-hermines)
contre-indication n.f. (pl. contre-indications)
contre-indiqué, e adj. (pl. contre-indiqués, es)
contre-indiquer v.t.
contre-interrogatoire n.m. (pl. contre-interrogatoires)
contre-investissement n.m. (pl. contre-investissements)
contre-jour n.m. (pl. contre-jours)
contre-la-montre n.m. inv.
contre-lettre n.f. (pl. contre-lettres)
contremaître, esse n.
contre-manifestant, e n. (pl. contre-manifestants, es)
contre-manifestation n.f. (pl. contre-manifestations)
contre-manifester v.i.
contremarche n.f.
contremarque n.f.
contremarquer v.t.
contre-mesure n.f. (pl. contre-mesures)
contre-mine n.f. (pl. contre-mines)
contre-miner v.t.
contre-offensive n.f. (pl. contre-offensives)
contrepartie n.f.
contrepartiste n.
contre-pas n.m. inv.
contre-passation n.f. (pl. contre-passations)
contre-passer v.t.
contre-pente n.f. (pl. contre-pentes)
contre-performance n.f. (pl. contre-performances)
contrepet n.m.
contrepèterie n.f.
contre-pied n.m. (pl. contre-pieds)
contreplacage n.m.
contreplaqué n.m.
contreplaquer v.t.
contre-plongée n.f. (pl. contre-plongées)
contrepoids n.m. inv.
contre-poil (à) loc. adv.
contrepoint n.m.
contre-pointe n.f. (pl. contre-pointes)
contrepointiste n.
contrepoison n.m.
contre-porte n.f. (pl. contre-portes)
contre-pouvoir n.m. (pl. contre-pouvoirs)
contre-préparation n.f. (pl. contre-préparations)
contre-prestation n.f. (pl. contre-prestations)
contre-productif, ive adj. (pl. contre-productifs, ives)
contre-projet n.m. (pl. contre-projets)
contre-propagande n.f. (pl. contre-propagandes)
contre-proposition n.f. (pl. contre-propositions)
contre-publicité n.f. (pl. contre-publicités)
contrer v.t.
contre-rail n.m. (pl. contre-rails)
contre-révolution n.f. (pl. contre-révolutions)

contre-révolutionnaire adj. *et* n. (pl. contre-révolutionnaires)
contrescarpe n.f.
contreseing n.m.
contresens n.m. inv.
contresignataire adj. *et* n.
contresigner v.t.
contre-société n.f. (pl. contre-sociétés)
contre-sujet n.m. (pl. contre-sujets)
contre-taille n.f. (pl. contre-tailles)
contretemps n.m. inv.
contre-terrorisme n.m. (pl. contre-terrorismes)
contre-terroriste adj. *et* n. (pl. contre-terroristes)
contre-timbre n.m. (pl. contre-timbres)
contre-tirer v.t.
contre-torpilleur n.m. (pl. contre-torpilleurs)
contre-transfert n.m. (pl. contre-transferts)
contretype n.m.
contretyper v.t.
contre-ut [kɔ̃tryt] n.m. inv.
contre-vair n.m. (pl. contre-vairs)
contre-valeur n.f. (pl. contre-valeurs)
contrevallation n.f.
contrevenant, e n.
contrevenir v.t. ind. (conj. **28** ; auxil. *avoir*)
contrevent n.m.
contreventement n.m.
contreventer v.t.
contrevérité n.f.
contre-visite n.f. (pl. contre-visites)
contre-voie n.f. (pl. contre-voies)
contribuable n.
contribuer v.t. ind.
contributeur, trice n.
contributif, ive adj.
contribution n.f.
contrister v.t.
contrit, e adj.
contrition n.f.
contrôlabilité n.f.
contrôlable adj.
controlatéral, e, aux adj.
contrôle n.m.
contrôler v.t.
contrôleur, euse n.
contrôleur n.m.
contrordre n.m.
controuvé, e adj.
controversable adj.
controverse n.f.
controversé, e adj.
controverser v.t.
controversiste n.
contumace n.f.
contumax adj. inv. *et* n. inv.
contus, e adj.
contusion n.f.
contusionner v.t.
conurbation n.f.
convaincant, e adj.
convaincre v.t. (conj. **94**)
convaincu, e adj. ; n.
convalescence n.f.
convalescent, e adj. *et* n.
convecteur n.m.
convection *ou* **convexion** n.f.
convenable adj.
convenablement adv.
convenance n.f.
convenant n.m.
convenir v.t. ind. (conj. **28**)
convent n.m.
convention n.f.
conventionnalisme n.m.
conventionné, e adj.
conventionnel, elle adj.
conventionnel n.m.
conventionnellement adv.
conventionnement n.m.
conventionner v.t.
conventuel, elle adj.
conventuels n.m. pl.
conventum n.m. (pl. conventums)
convenu, e adj.
convergence n.f.
convergent, e adj.
converger v.i. (conj. **10**)
convers, e adj.
conversation n.f.
conversationnel, elle adj.
converser v.i.
conversion n.f.
converti, e adj. *et* n.
convertibilité n.f.
convertible adj. ; n.m.
convertir v.t.
convertissage n.m.
convertisseur n.m.
convexe adj.
convexion *ou* **convection** n.f.
convexité n.f.
conviction n.f.
convier v.t. (conj. **5**)
convive n.
convivial, e, aux adj.
convivialité n.f.
convocable adj.
convocation n.f.
convoi n.m.
convoiement n.m.
convoiter v.t.
convoitise n.f.
convoler v.i.
convoluté, e adj.
convolvulacée n.f.
convoquer v.t.
convoyage n.m.
convoyer v.t. (conj. **7**)
convoyeur, euse adj. *et* n.
convoyeur n.m.
convulser v.t. *et* i.
convulsif, ive adj.
convulsion n.f.
convulsionnaire n.
convulsionner v.t.
consulsivant, e adj.
convulsivement adv.
convulsivothérapie n.f.

cooblige, e adj. *et* n.
cooccupant, e n.
cooccurrence n.f.
cookie [kuki] n.m.
cool [kul] adj. inv. ; n.m. inv.
coolie [kuli] n.m.
coopérant n.m.
coopérateur, trice n.
coopératif, ive adj.
coopération n.f.
coopératisme n.m.
coopérative n.f.
coopérer v.t. ind. (conj. **11**)
cooptation n.f.
coopter v.t.
coordinateur, trice adj. *et* n.
coordination n.f.
coordinence n.f.
coordonnant n.m.
coordonnateur, trice adj. *et* n.
coordonné, e adj.
coordonnée n.f.
coordonner v.t.
coordonnés n.m. pl.
copahu n.m. (pl. copahus)
copaïer *ou* **copayer** n.m.
copain, copine n.
copal n.m. (pl. copals)
copartage n.m.
copartageant, e adj. *et* n.
copartager v.t. (conj. **10**)
coparticipant, e adj. *et* n.
coparticipation n.f.
copaternité n.f.
copayer *ou* **copaïer** n.m.
copeau n.m.
copépode n.m.
copermuter v.t.
copernicien, enne adj.
copiage n.m.
copie n.f.
copier v.t. *et* t. ind. (conj. **5**)
copieur, euse n.
copieur n.m.
copieusement adv.
copieux, euse adj.
copilote n.
copinage n.m.
copine n.f.
copiner v.i.
copinerie n.f.
coping [-piŋ] n.m.
copion n.m.
copiste n.
copla n.f. (pl. coplas)
coplanaire adj.
copolymère n.m.
copolymérisation n.f.
coposséder v.t. (conj. **11**)
copossession n.f.
coppa n.f. (pl. coppas)
coprah *ou* **copra** n.m.
coprésidence n.f.
coprésident, e n.
coprin n.m.
coproculture n.f.
coproduction n.f.
coproduire v.t. (conj. **78**)
coprolalie n.f.
coprolithe n.m.
coprologie n.f.
coprologique adj.
coprophage adj. *et* n.
coprophagie n.f.
coprophile adj. *et* n.
coprophilie n.f.
copropriétaire n.
copropriété n.f.
cops n.m. inv.
copsage n.m.
copte adj. *et* n. ; n.m. sing.
copulateur adj.m.
copulatif, ive adj.
copulation n.f.
copule n.f.
copuler v.i.
copyright [kɔpirajt] n.m.
coq n.m. (volaille)
coq-à-l'âne n.m. inv.
coquart *ou* **coquard** n.m.
coque n.f. (coquille)
coquecigrue n.f.
coquelet n.m.
coqueleux, euse n.
coquelicot n.m.
coqueluche n.f.
coquelucheux, euse adj. *et* n.
coquemar n.m.
coquerelle n.f.
coqueret n.m.
coquerico n.m. (pl. coquericos)
coquerie n.f.
coqueron n.m.
coquet, ette adj. *et* n.
coquetel n.m.
coqueter v.i. (conj. **16**)
coquetier, ère n.
coquetier n.m.
coquetière n.f.
coquette n.f.
coquettement adv.
coquetterie n.f.
coquillage n.m.
coquillard n.m. (œil)
coquillart n.m. (pierre)
coquille n.f.
coquiller v.i.
coquillette n.f.
coquillier, ère adj.
coquin, e adj. *et* n.
coquinerie n.f.
cor n.m. (instrument)
coraciiforme n.m.
coracoïde adj. ; n.m. ; n.f.
corail n.m. (pl. coraux) ; adj. inv. *et* n.m. inv. (couleur)
corailleur, euse n.
coralliaire n.m.
corallien, enne adj.
corallifère adj.
corallin, e adj.
coralline n.f.
coran n.m.
coranique adj.
corbeau n.m.
corbeille n.f.
corbeille-d'argent n.f. (pl. corbeilles-d'argent)
corbières n.m. inv.
corbillard n.m.
corbillat n.m.

corbillon n.m.
corbin n.m.
corbleu ! interj.
cordage n.m.
corde n.f. (lien)
corde *ou* **chorde** [kɔrd] n.f. (axe)
cordé, e adj. (en forme de cœur)
cordé *ou* **chordé** [kɔrde] n.m. (animal)
cordeau n.m.
cordée n.f. (alpinistes)
cordeler v.t. (conj. **16**)
cordelette n.f.
cordelier n.m.
cordelière n.f.
corder v.t.
corderie n.f.
cordial, e, aux adj.
cordial n.m. (pl. cordiaux)
cordialement adv.
cordialité n.f.
cordier, ère n.
cordier n.m.
cordiérite n.f.
cordiforme adj.
cordillère n.f.
cordite n.f.
cordoba n.m. (pl. cordobas)
cordon n.m.
cordon-bleu n.m. (pl. cordons-bleus)
cordonner v.t.
cordonnerie n.f.
cordonnet n.m.
cordonnier, ère n.
cordouan, e adj. *et* n.
cordouan n.m.
coré *ou* **korê** n.f. (pl. corés, korês *ou* korai)
coréen, enne adj. *et* n.
coréen n.m. sing.
corégone n.m.
coreligionnaire n.
coréopsis n.m.
coresponsable adj. *et* n.
coriace adj.
coriandre n.f.
coricide n.m.
corindon n.m.
corinthien, enne adj. *et* n.
corinthien n.m.
corme n.f.
cormier n.m.
cormophyte n.m.
cormoran n.m.
cornac n.m.
cornacée n.f.
cornage n.m.
cornaline n.f.
cornaquer v.t.
cornard n.m.
corne n.f.
corné, e adj.
corned-beef [kɔrnbif] n.m. inv.
cornée n.f.
cornéen, enne adj.
cornéenne n.f.
corneille n.f.
cornélien, enne adj.
cornement n.m.
cornemuse n.f.
cornemuseur n.m.
cornemuseux n.m. inv.
corner [kɔrnɛr] n.m.
corner v.i. ; v.t.
cornet n.m.
cornette n.f. ; n.m.
cornettiste n.
corn flakes [kɔrnfleks] n.m. pl.
corniaud *ou* **corniot** n.m.
corniche n.f.
cornichon n.m.
cornier adj.m. *et* n.m.
cornier, ère adj.
cornière n.f.
cornillon n.m.
corniot *ou* **corniaud** n.m.
cornique adj. ; n.m. sing.
corniste n.
cornouille n.f.
cornouiller n.m.
corn-picker [kɔrnpikœr] n.m. (pl. corn-pickers)
corn-sheller [kɔrnʃɛlœr] n.m. (pl. corn-shellers)
cornu, e adj.
cornue n.f.
corollaire n.m.
corolle n.f.
coron n.m.
coronaire adj. *et* n.f.
coronal, e, aux adj.
coronarien, enne adj.
coronarite n.f.
coronarographie n.f.
coronaropathie n.f.
coronelle n.f.
coroner [-nœr] n.m.
coronille n.f.
coronographe n.m.
coronographie n.f.
corossol n.m.
corossolier n.m.
corozo n.m. (pl. corozos)
corporal n.m. (pl. corporaux)
corporatif, ive adj.
corporation n.f.
corporatisme n.m.
corporatiste adj. *et* n.
corporel, elle adj.
corporellement adv.
corps n.m. inv. (organisme)
corps-mort n.m. (pl. corps-morts)
corpulence n.f.
corpulent, e adj.
corpus n.m. inv.
corpusculaire adj.
corpuscule n.m.
corral n.m. (pl. corrals)
corrasion n.f.
correct, e adj.
correctement adv.
correcteur, trice adj. ; n.
correcteur n.m.
correctif, ive adj.
correctif n.m.
correction n.f.
correctionnalisation n.f.
correctionnaliser v.t.
correctionnel, elle adj.
correctionnelle n.f.

corregidor [kɔreʒidɔr] n.m.
corrélat n.m.
corrélateur n.m.
corrélatif, ive adj.
corrélatif n.m.
corrélation n.f.
corrélationnel, elle adj.
corrélativement adv.
corrélé, e adj.
corréler v.t. (conj. **11**)
correspondance n.f.
correspondancier, ère n.
correspondant, e adj. ; n.
correspondre v.i. *et* t. ind. (conj. **59**)
corrézien, enne adj. *et* n.
corrida n.f. (pl. corridas)
corridor n.m.
corrigé n.m.
corriger v.t. (conj. **10**)
corrigeur, euse n.
corrigible adj.
corroboration n.f.
corroborer v.t.
corrodant, e adj.
corrodant n.m.
corroder v.t.
corroi n.m.
corroierie n.f.
corrompre v.t. (conj. **60**)
corrompu, e adj. *et* n.
corrosif, ive adj.
corrosion n.f.
corroyage n.m.
corroyer v.t. (conj. **7**)
corroyeur, euse n.
corrupteur, trice adj. *et* n.
corruptible adj.
corruption n.f.
corsage n.m.
corsaire n.m.
corse adj. *et* n. ; n.m. sing.
corsé, e adj.
corselet n.m.
corser v.t.
corset n.m.
corseter v.t. (conj. **12**)
corsetier, ère adj. *et* n.
corso n.m. (pl. corsos)
cortège n.m.
Cortes [-tɛs] n.f. pl.
cortex n.m. inv.
cortical, e, aux adj.
corticale n.f.
corticoïde adj. *et* n.m.
corticostéroïde adj. *et* n.m.
corticostimuline n.f.
corticosurrénal, e, aux adj.
corticosurrénale n.f.
corticothérapie n.f.
cortinaire n.m.
cortine n.f.
cortisol n.m.
cortisone n.f.
cortisonique adj. ; n.m.
corton n.m.
coruscant, e adj.
corvéable adj. *et* n.
corvée n.f.
corvette n.f.
corvidé n.m.
corybante n.m.
corymbe n.m.
coryphée n.m.
coryza n.m. (pl. coryzas)
cosaque adj. *et* n.
cosécante n.f.
cosignataire adj. *et* n.
cosigner v.t.
cosinus [kosinys] n.m. inv.
cosmétique adj. *et* n.m.
cosmétologie n.f.
cosmétologue n.
cosmique adj.
cosmodrome n.m.
cosmogonie n.f.
cosmogonique adj.
cosmographe n.
cosmographie n.f.
cosmographique adj.
cosmologie n.f.
cosmologique adj.
cosmologiste n.
cosmologue n.
cosmonaute n.
cosmopolite adj.
cosmopolitisme n.m.
cosmos [kɔsmos] n.m. inv.
cossard, e adj. *et* n.
cosse n.f.
cosser v.i.
cossette n.f.
cossu, e adj.
cossus [kɔsys] n.m. inv.
costal, e, aux adj.
costard *ou* **costar** n.m.
costaricain, e adj. *et* n.
costaricien, enne adj. *et* n.
costaud, e adj. *et* n.
costière n.f.
costume n.m.
costumé, e adj.
costumer v.t.
costumier, ère n.
cosy [kɔzi] n.m. (pl. cosys *ou* cosies)
cosy-corner [kozikɔrnœr] n.m. (pl. cosy-corners)
cotable adj.
cotangente n.f.
cotation n.f.
cote n.f.
côte n.f.
coté, e adj.
côté n.m.
coteau n.m.
côtelé, e adj.
côtelette n.f.
coter v.t. *et* i.
coterie n.f.
côtes-du-rhône n.m. inv.
coteur n.m.
cothurne n.m.
cotice n.f.
cotidal, e, aux adj.
côtier, ère adj.
cotignac n.m.
cotillon n.m.
cotinga n.m. (pl. cotingas)
cotir v.t.
cotisant, e adj. *et* n.
cotisation n.f.
cotiser v.i.

côtoiement n.m.
coton n.m. ; adj.
cotonéaster [-tɛr] n.m.
cotonnade n.f.
cotonner (se) v.pr.
cotonnerie n.f.
cotonneux, euse adj.
cotonnier, ère adj.
cotonnier n.m.
coton-poudre n.m. (pl. cotons-poudres)
Coton-Tige n.m. (nom déposé)
côtoyer v.t. (conj. **7**)
cotre n.m.
cotriade n.f.
cottage [-tɛdʒ *ou* -taʒ] n.m.
cotte n.m. ; n.f.
cotutelle n.f.
cotuteur, trice n.
cotyle n.m.
cotylédon n.m.
cotyloïde adj.
cou n.m. (partie du corps)
couac n.m.
couard, e adj. *et* n.
couardise n.f.
couchage n.m.
couchailler v.i.
couchant, e adj.
couchant n.m.
couche n.f.
couché, e adj.
couche-culotte n.f. (pl. couches-culottes)
coucher v.t. *et* i. ; n.m. (pl. couchers)
coucherie n.f.
couche-tard n. inv.
couche-tôt n. inv.
couchette n.f.
coucheur, euse n.
coucheuse n.f.
couchis n.m. inv.
couchitique adj. *et* n.m.
couchoir n.m.
couci-couça adv.
coucou n.m. (pl. coucous) ; interj.
coucoumelle n.f.
coude n.m.
coudé, e adj.
coudée n.f.
cou-de-pied n.m. (pl. cous-de-pied)
couder v.t.
coudière n.f.
coudoiement n.m.
coudoyer v.t. (conj. **7**)
coudraie n.f.
coudre v.t. (conj. **66**)
coudrier n.m.
couenne [kwan] n.f.
couenneux, euse [kwa-] adj.
couette n.f.
couffin n.m.
coufique *ou* **kufique** [kufik] adj. *et* n.m.
cougouar [-gwar] *ou* **couguar** [-gar] n.m.
couic ! interj.
couille n.f.
couillon adj.m. *et* n.m.
couillonnade n.f.
couillonner v.t.
couinement n.m.
couiner v.i.
coulabilité n.f.
coulage n.m.
coulant, e adj.
coulant n.m.
coule n.f.
coule (à la) loc. adv.
coulé, e adj.
coulé n.m.
coulée n.f.
coulemelle n.f.
couler v.i. *et* t.
couleur n.f.
couleuvre n.f.
couleuvreau n.m. (pl. couleuvreaux)
couleuvrine n.f.
coulis adj.m. ; n.m.
coulissant, e adj.
coulisse n.f.
coulisseau n.m. (pl. coulisseaux)
coulissement n.m.
coulisser v.t. *et* i.
couloir n.m.
coulomb n.m.
coulommiers n.m. inv.
coulpe n.f.
coulure n.f.
coumarine n.f.
country [kɔntri] adj. inv. ; n.m. *ou* n.f. inv.
coup n.m. (choc)
coupable adj. *et* n.
coupage n.m.
coupailler v.t.
coupant, e adj.
coupant n.m.
coup-de-poing n.m. (pl. coups-de-poing)
coupe n.f.
coupé, e adj.
coupé n.m.
coupe-choux n.m. inv. *ou* **coupe-chou** n.m. (pl. coupe-choux)
coupe-cigares n.m. inv. *ou* **coupe-cigare** n.m. (pl. coupe-cigares)
coupe-circuit n.m. (pl. inv. *ou* coupe-circuits)
coupe-coupe n.m. inv.
coupée n.f.
coupe-faim n.m. inv.
coupe-feu adj. inv. *et* n.m. inv.
coupe-file n.m. (pl. coupe-files)
coupe-gorge n.m. inv.
coupe-jambon n.m. inv.
coupe-jarret n.m. (pl. coupe-jarrets)
coupe-légumes n.m. inv.
coupellation n.f.
coupelle n.f.
coupe-ongles n.m. inv.
coupe-papier n.m. (pl. inv. *ou* coupe-papiers)
coupe-pâte n.m. inv.
couper v.t., i. *et* t. ind.
coupe-racines n.m. inv. *ou* **coupe-racine** n.m. (pl. coupe-racines)
couperet n.m.

couperose n.f.
couperosé, e adj.
coupeur, euse n.
coupe-vent n.m. inv.
couplage n.m.
couple n.f. ; n.m.
couplé n.m.
coupler v.t.
couplet n.m.
coupleur n.m.
coupoir n.m.
coupole n.f.
coupon n.m.
couponnage n.m.
coupon-réponse n.m. (pl. coupons-réponse)
coupure n.f.
couque n.f.
cour n.f.
courage n.m.
courageusement adv.
courageux, euse adj. *et* n.
courailler v.i.
couramment adv.
courant, e adj.
courant n.m. ; prép.
courante n.f.
courant-jet [-dʒɛt] n.m. (pl. courants-jets)
courbaril n.m.
courbatu, e adj.
courbature n.f.
courbaturé, e adj.
courbaturer v.t.
courbe adj. ; n.f.
courbement n.m.
courber v.t. *et* i.
courbette n.f.
courbure n.f.
courcailler v.i.
courcaillet n.m.
courçon *ou* **courson** n.m.
courée n.f.
courette n.f.
coureur, euse n.
coureur n.m.
courge n.f.
courgette n.f.
courir v.i. *et* t. (conj. **33**)
courlieu n.m. (pl. courlieux)
courlis n.m.
couronne n.f. ; adj.
couronné, e adj.
couronnement n.m.
couronner v.t.
couros *ou* **kouros** [-rɔs] n.m. (pl. couros, kouros *ou* kouroi)
courre v.t. *et* i.
courreries n.f. pl.
courrier n.m.
courriériste n.
courroie n.f.
courroucer v.t. (conj. **9**)
courroux n.m. inv.
cours n.m. (leçon)
course n.f.
course-croisière n.f. (pl. courses-croisières)
course-poursuite n.f. (pl. courses-poursuites)
courser v.t.
coursier, ère n.
coursier n.m.
coursive n.f.
courson *ou* **courçon** n.m.
coursonne n.f.
court, e adj.
court adv. ; n.m. (tennis)
courtage n.m.
courtaud, e adj. *et* n.
courtauder v.t.
court-bouillon n.m. (pl. courts-bouillons)
court-circuit n.m. (pl. courts-circuits)
court-circuiter v.t.
court-courrier n.m. (pl. court-courriers)
courtepointe n.f.
courtier, ère n.
courtilière n.f.
courtine n.f.
courtisan n.m.
courtisane n.f.
courtisanerie n.f.
courtiser v.t. ; v.t. ind.
court-jointé, e adj. (pl. court-jointés, es)
court-jus n.m. (pl. courts-jus)
court-métrage *ou* **court métrage** n.m. (pl. courts[-]métrages)
courtois, e adj.
courtoisement adv.
courtoisie n.f.
court-vêtu, e adj. (pl. court-vêtus, es)
couru, e adj.
couscous n.m. inv.
couscoussier n.m.
cousette n.f.
couseur, euse n.
couseuse n.f.
cousin, e n.
cousin n.m.
cousinage n.m.
cousiner v.i.
coussin n.m.
coussinet n.m.
cousu, e adj.
coût n.m. (somme)
coûtant adj.m.
couteau n.m.
couteau-scie n.m. (pl. couteaux-scies)
coutelas n.m. inv.
coutelier, ère n.
coutellerie n.f.
coûter v.i. ; v.t.
coûteusement adv.
coûteux, euse adj.
coutil [kuti] n.m.
coutre n.m.
coutume n.f.
coutumier, ère adj.
coutumier n.m.
couture n.f.
couturé, e adj.
couturier adj.m. *et* n.m.
couturier, ère n.
couturière n.f.
couvade n.f.
couvain n.m.
couvaison n.f.
couvée n.f.
couvent n.m.
couventine n.f.

couver v.t. *et* i.
couvercle n.m.
couvert, e adj.
couvert n.m.
couverte n.f.
couverture n.f.
couveuse n.f.
couvi adj.m.
couvoir n.m.
couvrant, e adj.
couvre-chef n.m. (pl. couvre-chefs)
couvre-feu n.m. (pl. couvre-feux)
couvre-joint n.m. (pl. couvre-joints)
couvre-lit n.m. (pl. couvre-lits)
couvre-livre n.m. (pl. couvre-livres)
couvrement n.m.
couvre-nuque n.m. (pl. couvre-nuques)
couvre-objet n.m. (pl. couvre-objets)
couvre-pieds n.m. inv. *ou* **couvre-pied** n.m. (pl. couvre-pieds)
couvre-plat n.m. (pl. couvre-plats)
couvreur n.m.
couvrir v.t. (conj. **23**)
couvrure n.f.
covalence n.f.
covalent, e adj.
covariance n.f.
covenant n.m.
covendeur, euse n.
cover-girl [kɔvœrgœrl] n.f. (pl. cover-girls)
covoiturage n.m.
cow-boy [kawbɔj *ou* kobɔj] n.m. (pl. cow-boys)
cowper [kopœr] n.m.
cow-pox [kopɔks] n.m. inv.
coxal, e, aux adj.
coxalgie n.f.
coxalgique adj. *et* n.
coxarthrose n.f.
coxo-fémoral, e, aux adj.
coxo-fémorale n.f.
coyote n.m.
crabe n.m.
crabier n.m.
crabot n.m.
crabotage n.m.
craboter v.t.
crac ! interj.
crachat n.m.
craché, e adj.
crachement n.m.
cracher v.i. *et* t.
cracheur, euse adj. ; n.
crachin n.m.
crachiner v. impers.
crachoir n.m.
crachotant, e adj.
crachotement n.m.
crachoter v.i.
crachouiller v.i.
crack n.m. (as)
cracker n.m. (biscuit)
cracking n.m.
cracovienne n.f.
cracra *ou* **cra-cra** adj. inv.
crade adj.
cradingue adj.
crado *ou* **cradot** adj.
craie n.f.
craignos [krɛɲos] adj. inv.
crailler v.i.
craindre v.t. ; v.i. (conj. **62**)
crainte n.f.
craintif, ive adj. *et* n.
craintivement adv.
crambe n.m.
cramcram [kramkram] n.m.
cramer v.i. *et* t.
cramine n.f.
cramique n.m.
cramoisi, e adj.
crampe n.f.
crampillon n.m.
crampon n.m. ; adj. *et* n.
cramponnement n.m.
cramponner v.t.
cran n.m.
crâne adj. ; n.m.
crânement adv.
crâner v.i.
crânerie n.f.
crâneur, euse adj. *et* n.
crânien, enne adj.
craniopharyngiome n.m.
craniosténose n.f.
cranson n.m.
cranter v.t.
crapahuter *ou* **crapaüter** v.i.
crapaud n.m.
crapaud-buffle n.m. (pl. crapauds-buffles)
crapaudine n.f.
crapette n.f.
crapoteux, euse adj.
crapouillot n.m.
crapule n.f.
crapulerie n.f.
crapuleusement adv.
crapuleux, euse adj.
craquage n.m.
craquant, e adj.
craque n.f. (mensonge)
craquée n.f.
craquelage n.m.
craquelé, e adj.
craquèlement n.m.
craqueler (se) v.pr. (conj. **16**)
craquelin n.m.
craquelure n.f.
craquement n.m.
craquer v.i. *et* t.
craquètement *ou* **craquettement** n.m.
craqueter v.i. (conj. **16**)
craquettement *ou* **craquètement** n.m.
craqueur n.m. (raffinage)
crase n.f.
crash n.m. (pl. crashs *ou* crashes)
crasher (se) v.pr.
crassane n.f.
crasse adj. ; n.f.
crasseux, euse adj.
crassier n.m.

crassulacée n.f.
cratère n.m.
craterelle n.f.
cratériforme adj.
cratérisé, e adj.
craton n.m.
cravache n.f.
cravacher v.t. *et* i.
cravate n.f.
cravater v.t.
crave n.m.
craw-craw *ou* **crow-crow** [krokro] n.m. inv.
crawl [krol] n.m.
crawlé, e [krole] adj.
crawler [krole] v.i.
crawleur, euse [kro-] n.
crayeux, euse adj.
crayon n.m.
crayon-feutre n.m. (pl. crayons-feutres)
crayonnage n.m.
crayonné n.m.
crayonner v.t.
crayonneur, euse n.
créance n.f.
créancier, ère adj. *et* n.
créateur, trice adj. *et* n.
créatif, ive adj. *et* n.
créatine n.f.
créatinine n.f.
création n.f.
créationnisme n.m.
créationniste adj. *et* n.
créatique n.f.
créativité n.f.
créature n.f.
crécelle n.f.
crécerelle n.f.
crèche n.f.
crécher v.i. (conj. **11**)
crédence n.f.
crédibiliser v.t.
crédibilité n.f.
crédible adj.
crédirentier, ère adj. *et* n.
crédit n.m.
crédit-bail n.m. (pl. crédits-bails)
créditer v.t.
créditeur, trice adj. *et* n.
credo n.m. inv.
crédule adj.
crédulité n.f.
créer v.t. (conj. **8**)
crémage n.m.
crémaillère n.f.
crémant n.m.
crémation n.f.
crématiste adj. *et* n.
crématoire adj. *et* n.m.
crématorium n.m. (pl. crématoriums)
crème n.f. ; adj. inv. *et* n.m.
crémer v.t. ; v.i. (conj. **11**)
crémerie *ou* **crèmerie** n.f.
crémeux, euse adj.
crémier, ère n.
crémone n.f.
créneau n.m.
crénelage n.m.
crénelé, e *ou* **crènelé, e** adj.
créneler *ou* **crèneler** v.t. (conj. **16**)
crénelure *ou* **crènelure** n.f.
crénom ! interj.
crénothérapie n.f.
créodonte n.m.
créole adj. *et* n. ; n.m. sing. ; n.f.
créolisation n.f.
créoliser (se) v.pr.
créolisme n.m.
créolophone adj. *et* n.
créosotage n.m.
créosote n.f.
créosoter v.t.
crêpage n.m.
crêpe n.m. ; n.f.
crêpelé, e adj.
crêpelure n.f.
crêper v.t.
crêperie n.f.
crépi n.m. (pl. crépis)
crêpier, ère n.
crêpière n.f.
crépine n.f.
crépinette n.f.
crépir v.t.
crépissage n.m.
crépitation n.f.
crépitement n.m.
crépiter v.i.
crépon n.m.
crépu, e adj.
crêpure n.f.
crépusculaire adj.
crépuscule n.m.
crescendo [kreʃɛndo] adv. ; n.m. (pl. crescendos)
crésol n.m.
cresson [kre- *ou* krə-] n.m.
cressonnette n.f.
cressonnière n.f.
crésus [-zys] n.m.
Crésyl n.m. (nom déposé)
crêt n.m.
crétacé, e adj.
crétacé n.m.
crête n.f.
crêté, e adj.
crête-de-coq n.f. (pl. crêtes-de-coq)
crételle n.f.
crétin, e adj. *et* n.
crétinerie n.f.
crétinisant, e adj.
crétinisation n.f.
crétiniser v.t.
crétinisme n.m.
crétois, e adj. *et* n.
cretonne n.f.
creusage n.m.
creuse n.f.
creusé, e adj.
creusement n.m.
creuser v.t.
creuset n.m.
creusois, e adj. *et* n.
creusure n.f.
creux, euse adj.
creux n.m. inv.
crevaison n.f.

crevant, e adj.
crevard, e adj. *et* n.
crevasse n.f.
crevasser v.t.
crevé n.m.
crève n.f.
crève-cœur n.m. inv.
crève-la-faim n.m. inv.
crever v.i. *et* t. (conj. **12**)
crevette n.f.
crevettier n.m.
crevoter v.i.
cri n.m.
criaillement n.m.
criailler v.i.
criaillerie n.f.
criailleur, euse adj. *et* n.
criant, e adj.
criard, e adj.
crib n.m.
criblage n.m.
crible n.m.
cribler v.t.
cribleur n.m.
cric n.m. (pl. crics) ; interj.
cricket [-kɛt] n.m. (jeu)
cricoïde adj. *et* n.m.
cricri n.m.
criée n.f.
crier v.i. *et* t. (conj. **5**)
crieur, euse n.
crime n.m.
criminaliser v.t.
criminaliste n.
criminalistique n.f.
criminalité n.f.
criminel, elle adj. *et* n.
criminel n.m.
criminellement adv.
criminogène adj.
criminologie n.f.
criminologiste n.m.
criminologue n.
crin n.m.
crincrin n.m.
crinière n.f.
crinoïde n.m.
crinoline n.f.
criocère n.m.
crique n.f.
criquet n.m. (insecte)
crise n.f.
crispant, e adj.
crispation n.f.
crisper v.t.
crispin n.m.
criss *ou* **kriss** n.m. inv.
crissement n.m.
crisser v.i.
cristal n.m. (pl. cristaux)
cristallerie n.f.
cristallin, e adj.
cristallin n.m.
cristallinien, enne adj.
cristallisable adj.
cristallisant, e adj.
cristallisation n.f.
cristallisé, e adj.
cristalliser v.t. *et* i.
cristallisoir n.m.
cristallite n.f.
cristallochimie n.f.
cristallogenèse n.f.
cristallographe n.
cristallographie n.f.
cristallographique adj.
cristallomancie n.f.
cristallophyllien, enne adj.
criste-marine n.f. (pl. cristes-marines)
cristophine n.f.
critère n.m.
critérium n.m. (pl. critériums)
criticailler v.t.
criticisme n.m.
critiquable adj.
critique adj. *et* n.; n.f.
critiquer v.t.
critiqueur, euse n.
croassement n.m.
croasser v.i.
croate adj. *et* n. ; n.m. sing.
crobard *ou* **crobar** n.m.
croc [kro] n.m.
croc-en-jambe n.m. (pl. crocs-en-jambe)
croche adj. ; n.f.
croche-patte n.m. (pl. croche-pattes)
croche-pied n.m. (pl. croche-pieds)
crocher v.t. ; v.i.
crochet n.m.
crochetable adj.
crochetage n.m.
crocheter v.t. (conj. **12**)
crocheteur n.m.
crochu, e adj.
croco n.m. (pl. crocos)
crocodile n.m.
crocodilien n.m.
crocus n.m. inv.
croire v.t. *et* t. ind. (conj. **87**)
croisade n.f.
croisé, e adj.
croisé n.m.
croisée n.f.
croisement n.m.
croiser v.t. *et* i.
croisette n.f.
croiseur n.m.
croisière n.f.
croisiériste n.
croisillon n.m.
croissance n.f.
croissant, e adj.
croissant n.m.
croît n.m.
croître v.i. (conj. **73**)
croix n.f.
crolle n.f.
crollé, e adj.
Cromalin n.m. (nom déposé)
cromlech [-lɛk] n.m.
crooner [krunœr] n.m.
croquant, e adj. ; n.
croquant n.m.
croque-au-sel (à la) loc. adv.
croque-madame n.m. inv.
croquembouche n.m.
croquemitaine *ou* **croque-mitaine** n.m. (pl. croquemitaines, croque-mitaines)

croque-monsieur n.m. inv.
croque-mort n.m. (pl. croque-morts)
croquenot n.m.
croquer v.i. *et* t.
croquet n.m.
croquette n.f.
croqueur, euse adj. *et* n.
croquignole n.f.
croquignolet, ette adj.
croquis n.m.
croskill [krɔskil] n.m.
crosne [kron] n.m.
cross n.m. inv.
cross-country [krɔskuntri] n.m. (pl. cross-countrys *ou* cross-countries)
crosse n.f.
crossé adj.m.
crossing-over [-siŋɔvœr] n.m. inv.
crossman [krɔsman] n.m. (pl. crossmans *ou* crossmen)
crossoptérygien n.m.
crosswoman [krɔswuman] n.f. (pl. crosswomans *ou* crosswomen)
crotale n.m.
croton n.m.
crotte n.f.
crotté, e adj.
crotter v.i.
crottin n.m.
croulant, e adj. *et* n.
croulants n.m. pl.
croule n.f.
crouler v.i.
croup n.m.
croupade n.f.
croupe n.f.
croupetons (à) loc. adv.
croupi, e adj.
croupier n.m.
croupière n.f.
croupion n.m.
croupir v.i.
croupissant, e adj.
croupissement n.m.
croupon n.m.
crousille n.f.
croustade n.f.
croustillant, e adj.
croustiller v.i.
croûte n.f.
croûter v.i.
croûteux, euse adj.
croûton n.m.
crow-crow *ou* **craw-craw** n.m. inv.
crown n.m.
croyable adj.
croyance n.f.
croyant, e adj. *et* n.
cru, e adj.
cru n.m. ; adv.
cruauté n.f.
cruche n.f.
cruchon n.m.
crucial, e, aux adj.
crucifère adj. ; n.f.
crucifié, e adj. *et* n.
crucifiement n.m.
crucifier v.t. (conj. **5**)
crucifix [-fi] n.m. inv.
crucifixion n.f.
cruciforme adj.
cruciverbiste n.
crudité n.f.
crue n.f.
cruel, elle adj.
cruellement adv.
cruenté, e adj.
cruiser [kruzœr] n.m.
crûment adv.
crural, e, aux adj.
crustacé, e adj.
crustacé n.m.
cryochimie n.f.
cryochirurgie n.f.
cryoclastie n.f.
cryoconducteur, trice adj.
cryoconducteur n.m.
cryoconservation n.f.
cryodessiccation n.f.
cryofracture n.f.
cryogène adj.
cryogénie n.f.
cryogénique adj.
cryolite *ou* **cryolithe** n.f.
cryologie n.f.
cryoluminescence n.f.
cryométrie n.f.
cryophysique n.f.
cryoscopie n.f.
cryostat n.m.
cryotechnique n.f.
cryotempérature n.f.
cryothérapie n.f.
cryoturbation n.f.
cryptage n.m.
crypte n.f.
crypter v.t.
cryptique adj.
cryptocommuniste adj. *et* n.
cryptogame adj. *et* n.m. *ou* f.
cryptogamie n.f.
cryptogamique adj.
cryptogénétique adj.
cryptogramme n.m.
cryptographe n.
cryptographie n.f.
cryptographique adj.
cryptomeria n.m.
cryptophyte adj. *et* n.f.
cryptorchidie [-ki-] n.f.
csardas *ou* **czardas** [kzardas *ou* tsardaʃ] n.f.
cténaire n.m.
cuadro [kwa-] n.m. (pl. cuadros)
cubage n.m.
cubain, e adj. *et* n.
cubature n.f.
cube adj. ; n.m.
cubèbe n.m.
cuber v.t. ; v.i.
cubilot n.m.
cubique adj. ; n.f.
cubisme n.m.
cubiste adj. *et* n.
Cubitainer n.m. (nom déposé)
cubital, e, aux adj.
cubitière n.f.
cubitus n.m. inv.

cuboïde adj. *et* n.m.
cuboméduse n.f.
cuchaule n.f.
cucul adj. inv.
cucurbitacée n.f.
cucurbitain *ou* **cucurbitin** n.m.
cucurbite n.f.
cucurbitin *ou* **cucurbitain** n.m.
cueillage n.m.
cueillaison n.f.
cueillette n.f.
cueilleur adj.m.
cueilleur, euse n.
cueillir v.t. (conj. **29**)
cueilloir n.m.
cuesta [kwɛs-] n.f. (pl. cuestas)
cueva [kwe-] n.f. (pl. cuevas)
cui-cui n.m. inv.
cuillère *ou* **cuiller** n.f.
cuillerée n.f.
cuilleron n.m.
cuir n.m.
cuirasse n.f.
cuirassé, e adj.
cuirassé n.m.
cuirassement n.m.
cuirasser v.t.
cuirassier n.m.
cuire v.t. *et* i. (conj. **78**)
cuisant, e adj.
cuiseur n.m.
cuisine n.f.
cuisiné, e adj.
cuisiner v.i. *et* t.
cuisinette n.f.
cuisinier, ère n.
cuisinière n.f.
cuisiniste n.m.
cuissage n.m.
cuissard n.m.
cuissarde n.f.
cuisse n.f.
cuisseau n.m. (pl. cuisseaux) [veau]
cuissettes n.f. pl.
cuisson n.f.
cuisson-extrusion n.f. (pl. cuissons-extrusions)
cuissot n.m. (gibier)
cuistance n.f.
cuistax n.m. inv.
cuistot n.m.
cuistre n.m.
cuistrerie n.f.
cuit, e adj.
cuite n.f.
cuiter (se) v.pr.
cuivrage n.m.
cuivre n.m.
cuivré, e adj.
cuivrer v.t.
cuivreux, euse adj.
cuivrique adj.
cul [ky] n.m.
culard n.m.
culasse n.f.
cul-blanc n.m. (pl. culs-blancs)
culbutage n.m.
culbute n.f.
culbutement n.m.
culbuter v.t. *et* i.
culbuteur n.m.
cul-de-basse-fosse n.m. (pl. culs-de-basse-fosse)
cul-de-four n.m. (pl. culs-de-four)
cul-de-jatte n. (pl. culs-de-jatte)
cul-de-lampe n.m. (pl. culs-de-lampe)
cul-de-porc n.m. (pl. culs-de-porc)
cul-de-poule (en) loc. adj.
cul-de-sac n.m. (pl. culs-de-sac)
culée n.f.
culer v.i.
culeron n.m.
culinaire adj.
culminant, e adj.
culmination n.f.
culminer v.i.
culot n.m.
culottage n.m.
culotte n.f.
culotté, e adj.
culotter v.t.
culottier, ère n.
culpabilisant, e adj.
culpabilisation n.f.
culpabiliser v.t. *et* i.
culpabilité n.f.
culte n.m.
cultéranisme n.m.
cul-terreux n.m. (pl. culs-terreux)
cultipacker n.m.
cultisme n.m.
cultivable adj.
cultivar n.m.
cultivateur, trice n.
cultivateur n.m.
cultivé, e adj.
cultiver v.t.
cultuel, elle adj.
cultural, e, aux adj.
culturalisme n.m.
culturaliste adj. *et* n.
culture n.f.
culturel, elle adj.
culturellement adv.
culturisme n.m.
culturiste adj. *et* n.
cumin n.m.
cumul n.m.
cumulable adj.
cumulard, e n.
cumulatif, ive adj.
cumulativement adv.
cumuler v.t. *et* i.
cumulet n.m.
cumulo-dôme n.m. (pl. cumulo-dômes)
cumulo-nimbus n.m. inv.
cumulus n.m. inv.
cunéiforme adj. *et* n.m.
cuniculiculture n.f.
cuniculture n.f.
cunnilinctus n.m. inv.
cunnilingus n.m. inv.
cupesse n.f.
cupide adj.
cupidement adv.
cupidité n.f.
cupressacée n.f.

cuprifère adj.
cuprique adj.
cuprite n.f.
cuproalliage n.m.
cuproaluminium n.m. (pl. cuproaluminiums)
cuproammoniaque n.f.
cupronickel n.m.
cuproplomb n.m.
cupule n.f.
cupulifère n.f.
curabilité n.f.
curable adj.
curaçao [-so] n.m. (pl. curaçaos)
curage n.m.
curaillon n.m.
curare n.m.
curarisant, e adj.
curarisant n.m.
curarisation n.f.
curatelle n.f.
curateur, trice n.
curatif, ive adj.
curculionidé n.m.
curcuma n.m.
cure n.f.
curé n.m.
cure-dents n.m. inv. *ou*
cure-dent n.m. (pl. cure-dents)
curée n.f.
cure-ongles n.m. inv. *ou*
cure-ongle n.m. (pl. cure-ongles)
cure-oreille n.m. (pl. cure-oreilles)
cure-pipes n.m. inv. *ou*
cure-pipe n.m. (pl. cure-pipes)
curer v.t.
curetage n.m.
cureter v.t. (conj. **16**)
cureton n.m.
curettage n.m.
curette n.f.
curial, e, aux adj.
curie n.f. ; n.m.
curiethérapie n.f.
curieusement adv.
curieux, euse adj. *et* n.
curiosité n.f.
curiste n.
curium n.m. (pl. curiums)
curling [kœrliŋ] n.m.
curriculum n.m. (pl. curriculums)
curriculum vitae [-lɔmvite] n.m. inv.
curry n.m.
curseur n.m.
cursif, ive adj.
cursive n.f.
cursus n.m. inv.
curule adj.
curviligne adj.
curvimètre n.m.
cuscute n.f.
custode n.f.
custom [kœstɔm] n.m.
cut [kœt] n.m.
cutané, e adj.
cuti n.f.
cuticule n.f.
cutine n.f.
cuti-réaction n.f. (pl. cuti-réactions)
cutter [kœtœr *ou* kytɛr] n.m.
cuvage n.m.
cuvaison n.f.
cuve n.f.
cuvée n.f.
cuvelage n.m.
cuveler v.t. (conj. **16**)
cuver v.i. ; v.t.
cuvette n.f.
cuvier n.m.
cyan adj. inv. *et* n.m. (pl. cyans)
cyanamide n.m.
cyanea n.f.
cyanée n.f.
cyanelle n.f.
cyanhydrique adj.
cyanoacrylate n.m.
cyanobactérie n.f.
cyanocobalamine n.f.
cyanogène n.m.
cyanophycée n.f.
cyanophyte n.f.
cyanose n.f.
cyanosé, e adj.
cyanoser v.t.
cyanuration n.f.
cyanure n.m.
cyanurer v.t.
cybercafé n.m.
cyberespace n.m.
cybernaute n.m.
cybernéticien, enne adj. *et* n.
cybernétique adj. *et* n.f.
cycadale n.f.
cycas n.m.
cyclable adj.
cycladique adj.
cyclamen n.m.
cycle n.m.
cyclique adj.
cycliquement adv.
cyclisation n.f.
cycliser v.t.
cyclisme n.m.
cycliste adj. *et* n. ; n.m.
cycloalcane n.m.
cycloalcène n.m.
cyclo-cross n.m. inv.
cyclohexane n.m.
cycloïdal, e, aux adj.
cycloïde n.f.
cyclomoteur n.m.
cyclomotoriste n.
cyclonal, e, aux adj.
cyclone n.m.
cyclonique adj.
cyclope n.m.
cyclopéen, enne adj.
cyclopentane [-pɛ̃-] n.m.
cyclo-pousse n.m. inv.
cyclorama n.m.
cyclorameur n.m.
cyclosporine *ou* **ciclosporine** n.f.
cyclostome n.m.
cyclothymie n.f.
cyclothymique adj. *et* n.
cyclotourisme n.m.
cyclotron n.m.
cygne n.m. (oiseau)
cylindrage n.m.

cylindre n.m.
cylindrée n.f.
cylindrer v.t.
cylindre-sceau n.m. (pl. cylindres-sceaux)
cylindreur, euse n.
cylindrique adj.
cylindroïde adj.
cymaise *ou* **cimaise** n.f.
cymbalaire n.f.
cymbale n.f.
cymbalier, ère n.
cymbaliste n.
cymbalum n.m. (pl. cymbalums)
cyme n.f. (inflorescence)
cynégétique adj. *et* n.f.
cynipidé n.m.
cynips n.m.
cynique adj. *et* n.
cyniquement adv.
cynisme n.m.
cynocéphale n.m.
cynodrome n.m.
cynoglosse n.f.
cynophile adj.
cynorhodon n.m.
cypéracée n.f.
cyphoscoliose n.f.
cyphose n.f.
cyphotique adj. *et* n.
cyprès n.m.
cyprière n.f.
cyprin n.m.
cyprinidé n.m.
cypriote adj. *et* n.
cypris n.m.
cyrénaïque adj. *et* n.
cyrillique adj. *et* n.m.
cystectomie n.f.
cystéine n.f.
cysticerque n.m.
cystique adj.
cystite n.f.
cystoscopie n.f.
cystostomie n.f.
cytaphérèse n.f.
cytise n.m.
cytochrome n.m.
cytodiagnostic n.m.
cytogénétique n.f.
cytokine n.f.
cytologie n.f.
cytologique adj.
cytologiste n.
cytolyse n.f.
cytolytique adj. *et* n.m.
cytomégalovirus n.m. inv.
cytoplasme n.m.
cytoplasmique adj.
cytosine n.f.
cytosquelette n.m.
cytotoxique adj.
czar, tsar *ou* **tzar** n.m.
czardas *ou* **csardas** [ksardas *ou* tsardaʃ] n.f.
czimbalum n.m. (pl. czimbalums)

d

d n.m. inv.
da ! interj.
dab *ou* **dabe** n.m.
daba n.f.
d'abord loc. adv.
da capo loc. adv.
d'accord loc. adv.
dace adj. *et* n.
dacquois, e adj. *et* n.
Dacron n.m. (nom déposé)
dacryocystite n.f.
dactyle n.m.
dactylo n. (pl. dactylos)
dactylogramme n.m.
dactylographe n.
dactylographie n.f.
dactylographier v.t. (conj. **5**)
dactylographique adj.
dactylologie n.f.
dactyloscopie n.f.
dada n.m. (pl. dadas) ; adj. inv.
dadais n.m.
dadaïsme n.m.
dadaïste adj. *et* n.
dague n.f.
daguerréotype n.m.
daguerréotypie n.f.
daguet n.m.
dahlia n.m. (pl. dahlias)
dahoméen, enne adj. *et* n.
dahu n.m.
daigner v.t. (accepter)
d'ailleurs loc. adv.
daim n.m.
daïmio *ou* **daimyo** n.m. inv.
daine n.f.
daiquiri [daj-] n.m.
dais n.m. (baldaquin)
dal (que) *ou* **dalle (que)** loc. adv.
dalaï-lama n.m. (pl. dalaï-lamas)
daleau *ou* **dalot** n.m.
dallage n.m.
dalle n.f.
dalle (que) *ou* **dal (que)** loc. adv.
daller v.t.
dalleur n.m.
dalmate adj. *et* n.
dalmatien, enne [-sjɛ̃, ɛn] n.
dalmatique n.f.
dalot *ou* **daleau** n.m.
daltonien, enne adj. *et* n.
daltonisme n.m.
dam [dam *ou* dɑ̃] n.m. sing.
damage n.m.
damalisque n.m.
daman n.m.
damas [damas] n.m.
damasquinage n.m.
damasquiner v.t.
damassé, e adj.
damassé n.m.
damasser v.t.
damassine n.f.
dame n.f.; interj.
dame-d'onze-heures n.f. (pl. dames-d'onze-heures)
dame-jeanne n.f. (pl. dames-jeannes)
damer v.t.
dameuse n.f.
damier n.m.
damnable [danabl] adj.
damnation [dana-] n.f.
damné, e [dane] adj. *et* n.
damner [dane] v.t.
damoiseau n.m. (pl. damoiseaux)
damoiselle n.f.
damper [dampœr] n.m.
dan [dan] n.m.
danaïde n.f.
dancing n.m.
dandin n.m.
dandinement n.m.
dandiner (se) v.pr.
dandinette n.f.
dandy n.m. (pl. dandys)
dandysme n.m.
danger n.m.
dangereusement adv.
dangereux, euse adj.
dangerosité n.f.
danois, e adj. *et* n.
danois n.m. (chien) ; n.m. sing. (langue)
dans prép.
dansant, e adj.
danse n.f.
danser v.i. *et* t.
danseur, euse n.
danseuse n.f.
dansoter *ou* **dansotter** v.i.
dantesque adj.
danubien, enne adj.
danubien n.m.
dao n.m. sing.
daphné n.m.
daphnie n.f.
daraise n.f.
darbouka n.f.
darbysme n.m.
darbyste adj. *et* n.
darce *ou* **darse** n.f.
dard n.m.
darder v.t.
dare-dare adv.

dari n.m. sing.
dariole n.f.
darique n.f.
darne n.f.
darsana *ou* **darshana** [darʃa-] n.m.
darse *ou* **darce** n.f.
darshana *ou* **darsana** [darʃa-] n.m.
dartois n.m. inv.
dartre n.f.
dartrose n.f.
darwinien, enne [-wi-] adj.
darwinisme [-wi-] n.m.
darwiniste [-wi-] adj. *et* n.
dasein [dazajn] n.m.
dasyure n.m.
datable adj.
datage n.m.
datation n.f.
datcha n.f.
date n.f. (jour)
dater v.t. *et* t. ind. ; v.i.
dateur, euse adj.
dateur n.m.
datif, ive adj.
datif n.m.
dation n.f.
datte n.f. (fruit)
dattier n.m.
datura n.m.
daube n.f.
dauber v.t. *et* i.
daubeur, euse adj. *et* n.
daubeur n.m.
daubière n.f.
dauphin n.m.
dauphine n.f.
dauphinelle n.f.
dauphinois, e adj. *et* n.
daurade *ou* **dorade** n.f.
davantage adv.
davidien, enne adj. *et* n.
davier n.m.
dazibao n.m. (pl. dazibaos)
de prép.
de *ou* **du, de la** art. partitifs (pl. des)
dé n.m.
dead-heat [dɛdit] n.m. (pl. dead-heats)
dealer [dilœr] n.m.
dealer [dile] v.t. *et* i.
déambulation n.f.
déambulatoire n.m.
déambuler v.i.
deb n.f.
débâcher v.t.
débâcle n.f.
débâcler v.t.
débagouler v.i. ; v.t.
débâillonner v.t.
déballage n.m.
déballastage n.m.
déballer v.t.
déballonner (se) v.pr.
débandade n.f.
débander v.t.
débaptiser v.t.
débarbouillage n.m.
débarbouiller v.t.
débarbouillette n.f.
débarcadère n.m.
débardage n.m.
débarder v.t.
débardeur n.m.
débarqué, e adj. *et* n.
débarquement n.m.
débarquer v.t. *et* i.
débarras n.m. inv.
débarrasser v.t.
débarrer v.t.
débat n.m.
debater *ou* **débatteur** n.m.
débâter v.t.
débâtir v.t.
débattement n.m.
débatteur *ou* **debater** n.m.
débattre v.t. *et* t. ind. (conj. **63**)
débattue n.f.
débauchage n.m.
débauche n.f.
débauché, e adj. *et* n.
débaucher v.t.
débecter (conj. **3**) *ou* **débecqueter** v.t. (conj. **16**)
débet n.m.
débile adj. *et* n.
débilement adv.
débilitant, e adj.
débilité n.f.
débiliter v.t.
débillarder v.t.
débine n.f.
débiner v.t.
débiner (se) v.pr.
débineur, euse n.
débirentier, ère n.
débit n.m.
débitable adj.
débitage n.m.
débitant, e n.
débiter v.t.
débiteur, trice adj. *et* n.
débitmètre n.m.
déblai n.m.
déblaiement n.m.
déblatérer v.i. (conj. **11**)
déblayage n.m.
déblayer v.t. (conj. **6**)
déblocage n.m.
débloquer v.t. *et* i.
débobiner v.t.
déboguer v.t.
déboires n.m. pl.
déboisement n.m.
déboiser v.t.
déboîtement n.m.
déboîter v.t. *et* i.
débonder v.t.
débonnaire adj.
débonnairement adv.
débonnaireté n.f.
débord n.m.
débordant, e adj.
débordé, e adj.
débordement n.m.
déborder v.i. *et* t. ; v.t. ind.
débosseler v.t. (conj. **16**)
débotté *ou* **débotter** n.m.
débotter v.t.
débouchage n.m.

débouché n.m.
déboucher v.t. *et* i.
déboucheur n.m.
déboucler v.t.
déboulé n.m.
débouler v.i. *et* t.
déboulonnage n.m.
déboulonnement n.m.
déboulonner v.t.
débouquement n.m.
débouquer v.i.
débourbage n.m.
débourber v.t.
débourbeur n.m.
débourrage n.m.
débourrement n.m.
débourrer v.t. *et* i.
débours n.m. inv.
déboursement n.m.
débourser v.t.
déboussoler v.t.
debout adv. ; interj.
débouté, e n.
débouté n.m.
débouter v.t.
déboutonnage n.m.
déboutonner v.t.
débraillé, e adj.
débraillé n.m.
débrailler (se) v.pr.
débranchement n.m.
débrancher v.t.
débrasage n.m.
débraser v.t.
débrayage n.m.
débrayer v.t. *et* i. (conj. **6**)
débridé, e adj.
débridement n.m.
débrider v.t.
débris n.m.
débrochage n.m.
débrocher v.t.
débrouillage n.m.
débrouillard, e adj. *et* n.
débrouillardise n.f.
débrouille n.f.
débrouillement n.m.
débrouiller v.t.
débroussaillage n.m.
débroussaillant, e adj.
débroussaillant n.m.
débroussaillement n.m.
débroussailler v.t.
débroussailleuse n.f.
débrousser v.t.
débuché *ou* **débucher** n.m.
débucher v.i. *et* t.
débudgétisation n.f.
débudgétiser v.t.
débureaucratiser v.t.
débusquement n.m.
débusquer v.t.
début n.m.
débutant, e adj. *et* n.
débutante n.f.
débuter v.i. *et* t.
debye [-baj] n.m. (pl. debyes)
déca n.m. (décaféiné)
deçà adv.
décabriste n.m.
décachetage n.m.
décacheter v.t. (conj. **16**)
décadaire adj.
décade n.f.
décadenasser v.t.
décadence n.f.
décadent, e adj. *et* n.
décadrage n.m.
décaèdre n.m.
décaféiné, e adj.
décaféiné n.m.
décagonal, e, aux adj.
décagone n.m.
décaissement n.m.
décaisser v.t.
décalage n.m.
décalaminage n.m.
décalaminer v.t.
décalcification n.f.
décalcifier v.t. (conj. **5**)
décalcomanie n.f.
décalé, e adj.
décaler v.t.
décalitre n.m.
Décalogue n.m.
décalotter v.t.
décalquage n.m.
décalque n.m.
décalquer v.t.
décalvant, e adj.
décamètre n.m.
décamétrique adj.
décamper v.i.
décan n.m.
décanat n.m.
décaniller v.i.
décantage n.m.
décantation n.f.
décanter v.t.
décanteur n.m.
décapage n.m.
décapant, e adj.
décapant n.m.
décapeler v.t. (conj. **16**)
décaper v.t.
décapeuse n.f.
décapitaliser v.i.
décapitation n.f.
décapiter v.t.
décapode n.m.
décapotable adj. *et* n.f.
décapoter v.t.
décapsulage n.m.
décapsuler v.t.
décapsuleur n.m.
décapuchonner v.t.
décarboxylation n.f.
décarburation n.f.
décarburer v.t.
décarcasser (se) v.pr.
décartellisation n.f.
décasyllabe adj. *et* n.m.
décasyllabique adj.
décathlon n.m.
décathlonien n.m.
décati, e adj.
décatir v.t.
décatissage n.m.
decauville n.m.
décavaillonner v.t.
décavaillonneuse n.f.
décaver v.t.
decca n.m. (pl. deccas) [radionavigation]
décéder v.i. (conj. **11** ; auxil. *être*)
décelable adj.

déceler v.t. (conj. **12**)
décélération n.f.
décélérer v.i. (conj. **11**)
décembre n.m.
décembriste n.m.
décemment adv.
décemvir [-sɛmvir] n.m.
décemvirat [-sɛm-] n.m.
décence n.f.
décennal, e, aux adj.
décennie n.f.
décent, e adj.
décentrage n.m.
décentralisateur, trice adj. *et* n.
décentralisation n.f.
décentraliser v.t.
décentrement n.m.
décentrer v.t.
déception n.f.
décercler v.t.
décérébration n.f.
décérébré, e adj. *et* n.
décérébrer v.t. (conj. **11**)
décerner v.t.
décervelage n.m.
décerveler v.t. (conj. **16**)
décès n.m.
décevant, e adj.
décevoir v.t. (conj. **39**)
déchaîné, e adj.
déchaînement n.m.
déchaîner v.t.
déchant n.m.
déchanter v.i.
déchaperonner v.t.
décharge n.f.
déchargement n.m.
décharger v.t. *et* i. (conj. **10**)
décharné, e adj.
décharner v.t.
déchaumage n.m.
déchaumer v.t.
déchaumeuse n.f.
déchaussage n.m.
déchaussé adj.m.
déchaussement n.m.
déchausser v.t.
déchausseuse n.f.
déchaux adj.m. inv.
dèche n.f.
déchéance n.f.
déchet n.m.
déchèterie ou Déchetterie n.f. (nom déposé)
déchiffonner v.t.
déchiffrable adj.
déchiffrage n.m.
déchiffrement n.m.
déchiffrer v.t.
déchiffreur, euse n.
déchiquetage n.m.
déchiqueté, e adj.
déchiqueter v.t. (conj. **16**)
déchiqueteur n.m.
déchiqueture n.f.
déchirant, e adj.
déchirement n.m.
déchirer v.t.
déchirure n.f.
déchlorurer v.t.
déchoir v.i. ; v.t. (conj. **57**)
déchristianisation [-kris-] n.f.
déchristianiser [-kris-] v.t.
déchu, e adj.
déci n.m.
décibel n.m.
décidabilité n.f.
décidable adj.
décidé, e adj.
décidément adv.
décider v.t., t. ind. *et* i.
décideur, euse n.
décidu, e adj.
déciduale adj.f.
décigrade n.m.
décigramme n.m.
décilage n.m.
décile n.m.
décilitre n.m.
décimal, e, aux adj.
décimale n.f.
décimalisation n.f.
décimaliser v.t.
décimateur n.m.
décimation n.f.
décime n.m.
décimer v.t.
décimètre n.m.
décimétrique adj.
décintrage n.m.
décintrement n.m.
décintrer v.t.
décisif, ive adj.
décision n.f.
décisionnaire adj.
décisionnel, elle adj.
décisoire adj.
décitex n.m. inv.
déclamateur, trice n.
déclamation n.f.
déclamatoire adj.
déclamer v.t. *et* i.
déclarant, e adj. *et* n.
déclaratif, ive adj.
déclaration n.f.
déclaratoire adj.
déclarer v.t.
déclassé, e adj. *et* n.
déclassement n.m.
déclasser v.t.
déclaveter v.t. (conj. **16**)
déclenchement n.m.
déclencher v.t.
déclencheur adj.m. *et* n.m.
déclic n.m.
déclin n.m.
déclinable adj.
déclinaison n.f.
déclinant, e adj.
déclinatoire n.m.
décliner v.i. *et* t.
décliquetage n.m.
décliqueter v.t. (conj. **16**)
déclive adj.
déclivité n.f.
décloisonnement n.m.
décloisonner v.t.
déclore v.t. (conj. **93**)
déclouer v.t.
déco adj. inv.
décochage n.m.
décocher v.t.

décoction n.f.
décodage n.m.
décoder v.t.
décodeur, euse n.
décodeur n.m.
décoffrage n.m.
décoffrer v.t.
décoiffer v.t. *et* i.
décoinçage n.m.
décoincement n.m.
décoincer v.t. (conj. **9**)
décolérer v.i. (conj. **11**)
décollage n.m.
décollation n.f.
décollectiviser v.t.
décollement n.m.
décoller v.t. *et* i.
décolletage n.m.
décolleté, e adj.
décolleté n.m.
décolleter v.t. (conj. **16**)
décolleteuse n.f.
décolleuse n.f.
décolonisation n.f.
décoloniser v.t.
décolorant, e adj.
décolorant n.m.
décoloration n.f.
décolorer v.t.
décombres n.m. pl.
décommander v.t.
décompensation n.f.
décompensé, e adj.
décomplexer v.t.
décomposable adj.
décomposer v.t.
décomposeur n.m.
décomposition n.f.
décompresser v.i.
décompresseur n.m.
décompression n.f.
décomprimer v.t.
décompte [-kɔ̃t] n.m.
décompter [-kɔ̃te] v.t. *et* i.
déconcentration n.f.
déconcentrer v.t.
déconcertant, e adj.
déconcerter v.t.
déconditionnement n.m.
déconditionner v.t.
déconfit, e adj.
déconfiture n.f.
décongélation n.f.
décongeler v.t. (conj. **12**)
décongestion n.f.
décongestionnement n.m.
décongestionner v.t.
déconnecter v.t. *et* i.
déconner v.i.
déconnexion n.f.
déconseiller v.t.
déconsidération n.f.
déconsidérer v.t. (conj. **11**)
déconsigner v.t.
déconstruction n.f.
déconstruire v.t. (conj. **78**)
décontamination n.f.
décontaminer v.t.
décontenancer v.t. (conj. **9**)
décontracté, e adj.
décontracter v.t.
décontraction n.f.
déconventionner v.t.
déconvenue n.f.
décor n.m.
décorateur, trice n.
décoratif, ive adj.
décoration n.f.
décorder (se) v.pr.
décoré, e adj. *et* n.
décorer v.t.
décorner v.t.
décorticage n.m.
décortication n.f.
décortiqué, e adj.
décortiquer v.t.
décorum n.m. (pl. décorums)
décote n.f.
découcher v.i.
découdre v.t. *et* i. (conj. **66**)
découler v.t. ind.
découpage n.m.
découpe n.f.
découpé, e adj.
découper v.t.
découpeur, euse n.
découplage n.m.
découplé, e adj.
découpler v.t.
découpoir n.m.
découpure n.f.
décourageant, e adj.
découragement n.m.
décourager v.t. (conj. **10**)
découronner v.t.
découvrs n.m.
décousu, e adj.
décousure n.f.
découvert, e adj.
découvert n.m.
découverte n.f.
découverture n.f.
découvreur, euse n.
découvrir v.t. *et* i. (conj. **23**)
décrassage n.m.
décrassement n.m.
décrasser v.t.
décrédibiliser v.t.
décrément n.m.
décrêpage n.m.
décrêper v.t.
décrépir v.t.
décrépissage n.m.
décrépit, e adj.
décrépiter v.t.
décrépitude n.f.
decrescendo [dekreʃɛndo] adv. ; n.m. (pl. decrescendos)
décret n.m.
décrétale n.f.
décréter v.t. (conj. **11**)
décret-loi n.m. (pl. décrets-lois)
décreusage n.m.
décreuser v.t.
décri n.m.
décrier v.t. (conj. **5**)
décriminaliser v.t.
décrire v.t. (conj. **79**)
décrispation n.f.

décrisper v.t.
décrochage n.m.
décrochement n.m.
décrocher v.t. *et* i.
décrocheur, euse n.
décrochez-moi-ça n.m. inv.
décroisement n.m.
décroiser v.t.
décroissance n.f.
décroissant, e adj.
décroissement n.m.
décroître v.i. (conj. **74**)
décrottage n.m.
décrotter v.t.
décrotteur n.m.
décrottoir n.m.
décrue n.f.
décryptage n.m.
décryptement n.m.
décrypter v.t.
déçu, e adj. *et* n.
décubitus n.m. inv.
décuivrer v.t.
de cujus [dekyʒys *ou* dekujus] n.m. inv.
déculottée n.f.
déculotter v.t.
déculpabilisation n.f.
déculpabiliser v.t.
déculturation n.f.
décuple adj. *et* n.m.
décuplement n.m.
décupler v.t. *et* i.
décurie n.f.
décurion n.m.
décussé, e adj.
décuvage n.m.
décuvaison n.f.
décuver v.t.
dédaignable adj.
dédaigner v.t. *et* t. ind.
dédaigneusement adv.
dédaigneux, euse adj.
dédain n.m.
dédale n.m.
dédaléen, enne adj.
dedans adv. ; n.m.
dédicace n.f.
dédicacer v.t. (conj. **9**)
dédicataire n.
dédié, e adj.
dédier v.t. (conj. **5**)
dédifférenciation n.f.
dédifférencier (se) v.pr. (conj. **5**)
dédire (se) v.pr. (conj. **83**)
dédit n.m.
dédite n.f.
dédommagement n.m.
dédommager v.t. (conj. **10**)
dédorer v.t.
dédouanage n.m.
dédouanement n.m.
dédouaner v.t.
dédoublage n.m.
dédoublement n.m.
dédoubler v.t.
dédramatiser v.t.
déductibilité n.f.
déductible adj.
déductif, ive adj.
déduction n.f.
déduire v.t. (conj. **78**)
déduit n.m.
déesse n.f.
de facto loc. adv.
défaillance n.f.
défaillant, e adj.
défaillir v.i. (conj. **35**)
défaire v.t. (conj. **89**)
défait, e adj.
défaite n.f.
défaitisme n.m.
défaitiste adj. *et* n.
défalcation n.f.
défalquer v.t.
défanant n.m.
défatigant, e adj.
défatiguer v.t.
défaufiler v.t.
défausse n.f.
défausser v.t.
défaut n.m.
défaveur n.f.
défavorable adj.
défavorablement adv.
défavorisé, e adj. *et* n.
défavoriser v.t.
défécation n.f.
défectif, ive adj.
défectif n.m.
défection n.f.
défectueusement adv.
défectueux, euse adj.
défectuosité n.f.
défendable adj.
défendeur, eresse n.
défendre v.t. (conj. **59**)
défends *ou* **défens** n.m.
défenestration n.f.
défenestrer v.t.
défens *ou* **défends** n.m.
défense n.f.
défenseur n.m.
défensif, ive adj.
défensive n.f.
défensivement adv.
déféquer v.i.
déférence n.f.
déférent, e adj.
déférer v.t. (conj. **11**) [en justice]
déferlage n.m.
déferlant, e adj.
déferlante n.f.
déferlement n.m.
déferler v.t. *et* i.
déferrage n.m.
déferrement n.m.
déferrer v.t. (ôter le fer)
déferrure n.f.
défervescence n.f.
défet n.m.
défeuillaison n.f.
défeutrer v.t.
défi n.m.
défiance n.f.
défiant, e adj.
défibrage n.m.
défibrer v.t.
défibreur n.m.
défibrillateur n.m.
défibrillation n.f.
déficeler v.t. (conj. **16**)
déficience n.f.
déficient, e adj. *et* n.
déficit n.m.

déficitaire adj.
défier v.t. (conj. **5**)
défier (se) v.pr. (conj. **5**)
défigurer v.t.
défilé n.m.
défilement n.m.
défiler v.i. *et* t.
défini, e adj.
définir v.t.
définissable adj.
définiteur n.m.
définitif, ive adj.
définition n.f.
définitionnel, elle adj.
définitivement adv.
définitoire adj.
défiscaliser v.t.
déflagrant, e adj.
déflagration n.f.
déflagrer v.i.
déflation n.f.
déflationniste adj.
déflecteur n.m.
défleurir v.t. *et* i.
déflexion n.f.
déflocage n.m.
défloquer v.t.
défloraison n.f.
défloration n.f.
déflorer v.t.
défluent n.m.
défluviation n.f.
défoliant, e adj.
défoliant n.m.
défoliation n.f.
défolier v.t. (conj. **5**)
défonçage n.m.
défonce n.f.
défoncé n.m.
défoncement n.m.
défoncer v.t. (conj. **9**)
défonceuse n.f.
déforcer v.t. (conj. **9**)
déforestation n.f.
déformable adj.
déformant, e adj.
déformation n.f.
déformer v.t.
défoulement n.m.
défouler v.t.
défouloir n.m.
défournage n.m.
défournement n.m.
défourner v.t.
défraîchir v.t.
défrayer v.t. (conj. **6**)
défrichage n.m.
défriche n.f.
défrichement n.m.
défricher v.t.
défricheur, euse n.
défriper v.t.
défriser v.t.
défroisser v.t.
défroncer v.t. (conj. **9**)
défroque n.f.
défroqué, e adj.
défroqué n.m.
défroquer v.i.
défruiter v.t.
défunt, e adj. *et* n.
défunter v.i.
dégagé, e adj.
dégagement n.m.
dégager v.t. (conj. **10**)
dégaine n.f.
dégainer v.t.
déganter (se) v.pr.
dégarnir v.t.
dégarnissage n.m.
dégasolinage *ou*
dégazolinage n.m.
dégasoliner *ou*
dégazoliner v.t.
dégât n.m.
dégauchir v.t.
dégauchissage n.m.
dégauchissement n.m.
dégauchisseuse n.f.
dégazage n.m.
dégazer v.t. *et* i.
dégazolinage *ou*
dégasolinage n.m.
dégazoliner *ou*
dégasoliner v.t.
dégazonnage n.m.
dégazonnement n.m.
dégazonner v.t.
dégel n.m.
dégelée n.f.
dégeler v.t. *et* i. (conj. **12**)
dégénératif, ive adj.
dégénéré, e adj. *et* n.
dégénérer v.i. (conj. **11**)
dégénérescence n.f.
dégermer v.t.
dégingandé, e adj.
dégivrage n.m.
dégivrer v.t.
dégivreur n.m.
déglaçage n.m.
déglacement n.m.
déglacer v.t. (conj. **9**)
déglaciation n.f.
déglingue n.f.
déglinguer v.t.
dégluer v.t.
déglutination n.f.
déglutir v.t. *et* i.
déglutition n.f.
dégobiller v.t. *et* i.
dégoiser v.t. *et* i.
dégommage n.m.
dégommer v.t.
dégonflage n.m.
dégonflé, e adj. *et* n.
dégonflement n.m.
dégonfler v.t. *et* i.
dégorgement n.m.
dégorgeoir n.m.
dégorger v.t. *et* i. (conj. **10**)
dégoter *ou* **dégotter** v.t.
dégoulinade n.f.
dégoulinement n.m.
dégouliner v.i.
dégoupiller v.t.
dégourdi, e adj. *et* n.
dégourdi n.m.
dégourdir v.t.
dégourdissement n.m.
dégoût n.m.
dégoûtamment adv.
dégoûtant, e adj.
dégoûtation n.f.
dégoûté, e n.
dégoûter v.t. (répugner)
dégoutter v.i. (tomber goutte à goutte)
dégradant, e adj.

dégradation n.f.
dégradé n.m.
dégrader v.t.
dégrafer v.t.
dégraissage n.m.
dégraissant, e adj.
dégraissant n.m.
dégraisser v.t. *et* i.
dégraisseur, euse n.
dégras n.m.
dégravoiement n.m.
dégravoyer v.t. (conj. **7**)
degré n.m.
dégréer v.t. (conj. **8**)
dégressif, ive adj.
dégressivité n.f.
dégrèvement n.m.
dégrever v.t. (conj. **12**)
dégriffé, e adj.
dégriffé n.m.
dégrillage n.m.
dégringolade n.f.
dégringoler v.i. *et* t.
dégrippant n.m.
dégripper v.t.
dégrisement n.m.
dégriser v.t.
dégrossir v.t.
dégrossissage n.m.
dégrossissement n.m.
dégrouiller (se) v.pr.
dégroupement n.m.
dégrouper v.t.
déguenillé, e adj.
déguerpir v.i.
dégueulasse adj.
dégueuler v.t. *et* i.
déguiller v.t. ; v.i.
déguisé, e adj.
déguisement n.m.
déguiser v.t.
dégurgiter v.t.
dégustateur, trice n.
dégustation n.f.
déguster v.t.
déhaler v.t.
déhanché, e adj.
déhanchement n.m.
déhancher (se) v.pr.
déharnacher v.t.
déhiscence n.f.
déhiscent, e adj.
dehors adv. ; n.m.
déhoussable adj. *et* n.m.
déicide adj. *et* n. ; n.m.
déictique adj. *et* n.m.
déification n.f.
déifier v.t. (conj. **5**)
déisme n.m.
déiste adj. *et* n.
déité n.f.
déjà adv.
déjanter v.t. ; v.i.
déjauger v.i. (conj. **10**)
déjà-vu n.m. inv.
déjection n.f.
déjeté, e adj.
déjeter v.t. (conj. **16**)
déjeuner v.i. ; n.m. (pl. déjeuners)
déjouer v.t.
déjucher v.i. *et* t.
déjuger (se) v.pr. (conj. **10**)
de jure loc. adv.
delà adv.
délabré, e adj.
délabrement n.m.
délabrer v.t.
délacer v.t. (conj. **9**)
délai n.m.
délai-congé n.m. (pl. délais-congés)
délainage n.m.
délainer v.t.
délaissé, e adj.
délaissement n.m.
délaisser v.t.
délaitage n.m.
délaitement n.m.
délaiter v.t.
délaminage n.m.
délassant, e adj.
délassement n.m.
délasser v.t.
délateur, trice n.
délation n.f.
délavage n.m.
délavé, e adj.
délaver v.t.
délayage n.m.
délayer v.t. (conj. **6**)
Delco n.m. (nom déposé)
deleatur n.m. inv.
délébile adj.
délectable adj.
délectation n.f.
délecter (se) v.pr.
délégant, e n.
délégataire n.
délégateur, trice n.
délégation n.f.
délégitimer v.t.
délégué, e adj. *et* n.
déléguer v.t. (conj. **11**)
délestage n.m.
délester v.t.
délétère adj.
délétion n.f.
délibérant, e adj.
délibératif, ive adj.
délibération n.f.
délibéré, e adj.
délibéré n.m.
délibérément adv.
délibérer v.i. (conj. **11**)
délicat, e adj. *et* n.
délicatement adv.
délicatesse n.f.
délice n.m.
délicieusement adv.
délicieux, euse adj.
délictuel, elle adj.
délictueux, euse adj.
délié, e adj.
délié n.m.
déliement n.m.
délier v.t. (conj. **5**)
délignage n.m.
déligneuse n.f.
délimitation n.f.
délimiter v.t.
délimiteur n.m.
délinéament n.m.
délinéateur n.m.
délinéer v.t. (conj. **8**)
délinquance n.f.
délinquant, e adj. *et* n.
déliquescence n.f.
déliquescent, e adj.

délirant, e adj. *et* n.
délire n.m.
délirer v.i.
delirium tremens n.m. inv.
délit n.m.
délitage n.m.
délitement n.m.
déliter v.t.
délitescence n.f.
délitescent, e adj.
délivrance n.f.
délivre n.m. *ou* f.
délivrer v.t.
délocalisation n.f.
délocaliser v.t.
déloger v.i. *et* t. (conj. **10**)
délot n.m.
déloyal, e, aux adj.
déloyalement adv.
déloyauté n.f.
delphinarium n.m. (pl. delphinariums)
delphinidé n.m.
delphinium n.m. (pl. delphiniums)
delphinologie n.f.
delta n.m. inv. (lettre) ; n.m. (pl. deltas) [embouchure]
deltaïque adj.
deltaplane *ou*
delta-plane n.m.
deltoïde adj. *et* n.m.
deltoïdien, enne adj.
déluge n.m.
déluré, e adj. *et* n.
délurer v.t.
délustrage n.m.
délustrer v.t.
démagnétisation n.f.
démagnétiser v.t.
démagogie n.f.
démagogique adj.
démagogue adj. *et* n.
démaigrir v.t.
démaigrissement n.m.
démaillage n.m.
démailler v.t.
démailloter v.t.
demain adv.
démanché n.m.
démanchement n.m.
démancher v.t. *et* i.
demande n.f.
demander v.t. *et* t. ind.
demandeur, euse adj. *et* n.
demandeur, eresse n.
démangeaison n.f.
démanger v.t. (conj. **10**)
démantèlement n.m.
démanteler v.t. (conj. **12**)
démantibuler v.t.
démaquillage n.m.
démaquillant, e adj.
démaquillant n.m.
démaquiller v.t.
démarcage *ou*
démarquage n.m.
démarcatif, ive adj.
démarcation n.f.
démarchage n.m.
démarche n.f.
démarcher v.t.
démarcheur, euse n.
démariage n.m.
démarier v.t. (conj. **5**)
démarquage *ou*
démarcage n.m.
démarque n.f.
démarquer v.t.
démarqueur, euse n.
démarrage n.m.
démarrer v.t. *et* i.
démarreur n.m.
démasclage n.m.
démascler v.t.
démasquer v.t.
démastiquer v.t.
démâtage n.m.
démâter v.t. *et* i.
dématérialisation n.f.
dématérialiser v.t.
dématiner (se) v.pr.
démazouter v.t.
dème n.m.
démédicalisation n.f.
démédicaliser v.t.
démêlage n.m.
démêlant, e adj.
démêlant n.m.
démêlé n.m.
démêlement n.m.
démêler v.t.
démêloir n.m.
démêlure n.f.
démembrement n.m.
démembrer v.t.
déménagement n.m.
déménager v.t. ; v.i. (conj. **10**)
déménageur n.m.
déménageuse n.f.
démence n.f.
démener (se) v.pr. (conj. **12**)
dément, e adj. *et* n.
démenti n.m.
démentiel, elle adj.
démentir v.t. (conj. **26**)
démerder (se) v.pr.
démérite n.m.
démériter v.i.
démesure n.f.
démesuré, e adj.
démesurément adv.
démettre v.t. (conj. **64**)
démeubler v.t.
demeurant (au) loc. adv.
demeure n.f.
demeuré, e adj. *et* n.
demeurer v.i. (auxil. *avoir* ou *être*)
demi, e adj. (sing. après le n.)
demi n.m. (pl. demis) ; adj. inv. (avant le n. avec trait d'union)
demiard n.m.
demi-bas n.m. inv.
demi-bouteille n.f. (pl. demi-bouteilles)
demi-brigade n.f. (pl. demi-brigades)
demi-canton n.m. (pl. demi-cantons)
demi-cercle n.m. (pl. demi-cercles)
demi-clef n.f. (pl. demi-clefs)

demi-colonne n.f. (pl. demi-colonnes)
demi-deuil n.m. (pl. demi-deuils)
demi-dieu n.m. (pl. demi-dieux)
demi-douzaine n.f. (pl. demi-douzaines)
demi-droite n.f. (pl. demi-droites)
demie n.f.
démieller v.t.
demi-figure n.f. (pl. demi-figures)
demi-finale n.f. (pl. demi-finales)
demi-finaliste n. (pl. demi-finalistes)
demi-fond n.m. inv.
demi-frère n.m. (pl. demi-frères)
demi-gros n.m. inv.
demi-heure n.f. (pl. demi-heures)
demi-jour n.m. (pl. demi-jours)
demi-journée n.f. (pl. demi-journées)
démilitarisation n.f.
démilitariser v.t.
demi-litre n.m. (pl. demi-litres)
demi-longueur n.f. (pl. demi-longueurs)
demi-lune n.f. (pl. demi-lunes)
demi-mal n.m. (pl. demi-maux)
demi-mesure n.f. (pl. demi-mesures)
demi-mondaine n.f. (pl. demi-mondaines)
demi-mot (à) loc. adv.
déminage n.m.
déminer v.t.
déminéralisation n.f.
déminéraliser v.t.
démineur n.m.
demi-pause n.f. (pl. demi-pauses)
demi-pension n.f. (pl. demi-pensions)
demi-pensionnaire n. (pl. demi-pensionnaires)
demi-pièce n.f. (pl. demi-pièces)
demi-place n.f. (pl. demi-places)
demi-plan n.m. (pl. demi-plans)
demi-pointe n.f. (pl. demi-pointes)
demi-portion n.f. (pl. demi-portions)
demi-produit n.m. (pl. demi-produits)
demi-queue adj. *et* n.m. (pl. demi-queues)
demi-relief n.m. (pl. demi-reliefs)
demi-ronde n.f. (pl. demi-rondes)
demi-saison n.f. (pl. demi-saisons)
demi-sang n.m. inv.
demi-sel n.m. inv.
demi-sœur n.f. (pl. demi-sœurs)
demi-solde n.f. (pl. demi-soldes) ; n.m. inv.
demi-sommeil n.m. (pl. demi-sommeils)
demi-soupir n.m. (pl. demi-soupirs)
démission n.f.
démissionnaire adj. *et* n.
démissionner v.i. ; v.t.
demi-tarif n.m. (pl. demi-tarifs)
demi-teinte n.f. (pl. demi-teintes)
demi-tendineux adj. inv. *et* n.m. inv.
demi-ton n.m. (pl. demi-tons)
demi-tour n.m. (pl. demi-tours)
démiurge n.m.
demi-vie n.f. (pl. demi-vies)
demi-vierge n.f. (pl. demi-vierges)
demi-volée n.f. (pl. demi-volées)
démixtion n.f.
démo n.f. (pl. démos)
démobilisable adj.
démobilisateur, trice adj.
démobilisation n.f.
démobiliser v.t.
démocrate adj. *et* n.
démocrate-chrétien, enne adj. *et* n. (pl. démocrates-chrétiens, ennes)
démocratie n.f.
démocratique adj.
démocratiquement adv.
démocratisation n.f.
démocratiser v.t.
démodé, e adj.
démoder (se) v.pr.
demodex n.m. inv.
démodulateur n.m.
démodulation n.f.
démoduler v.t.
démographe n.
démographie n.f.
démographique adj.
demoiselle n.f.
démolir v.t.
démolissage n.m.
démolisseur, euse n.
démolition n.f.
démon n.m.
démone n.f.
démonétiser v.t.
démoniaque adj. *et* n.
démonologie n.f.
démonstrateur, trice n.
démonstratif, ive adj.
démonstratif adj.m. *et* n.m.
démonstration n.f.
démonstrativement adv.
démontable adj.
démontage n.m.
démonté, e adj.
démonte-pneu n.m. (pl. démonte-pneus)
démonter v.t.
démontrabilité n.f.
démontrable adj.

démontrer v.t.
démoralisant, e adj.
démoralisateur, trice adj.
démoralisation n.f.
démoraliser v.t.
démordre v.t. ind. (conj. **59**)
démotique adj. *et* n.m.
démotivant, e adj.
démotivation n.f.
démotivé, e adj.
démotiver v.t.
démoucheter v.t. (conj. **16**)
démoulage n.m.
démouler v.t.
démouleur n.m.
démoustication n.f.
démoustiquer v.t.
démultiplexage n.m.
démultiplexer v.t.
démultiplicateur n.m.
démultiplication n.f.
démultiplier v.t. *et* i. (conj. **5**)
démuni, e adj. *et* n.
démunir v.t.
démuseler v.t. (conj. **16**)
démutisation n.f.
démystifiant, e adj.
démystificateur, trice adj. *et* n.
démystification n.f.
démystifier v.t. (conj. **5**)
démythification n.f.
démythifier v.t. (conj. **5**)
dénantir v.t.
dénasalisation n.f.
dénasaliser v.t.
dénatalité n.f.
dénationalisation n.f.
dénationaliser v.t.
dénatter v.t.
dénaturalisation n.f.
dénaturaliser v.t.
dénaturant, e adj.
dénaturant n.m.
dénaturation n.f.
dénaturé, e adj.
dénaturer v.t.
dénazification n.f.
dénazifier v.t. (conj. **5**)
dendrite [dɛ̃- *ou* dɑ̃-] n.f. *ou* m.
dendritique [dɛ̃- *ou* dɑ̃-] adj.
dendrochronologie [dɛ̃- *ou* dɑ̃-] n.f.
dénébulation n.f.
dénébuler v.t.
dénébulisation n.f.
dénébuliser v.t.
dénégation n.f.
déneigement n.m.
déneiger v.t. (conj. **10**)
dénervation n.f.
dengue [dɛ̃g] n.f.
déni n.m.
déniaiser v.t.
dénicher v.t. *et* i.
dénicheur, euse n.
dénicotinisation n.f.
dénicotiniser v.t.
dénicotiniseur n.m.
denier n.m.
dénier v.t. (conj. **5**)
dénigrement n.m.
dénigrer v.t.
dénigreur, euse n.
denim n.m.
dénitratation n.f.
dénitrer v.t.
dénitrification n.f.
dénitrifier v.t. (conj. **5**)
dénivelé n.m.
dénivelée n.f.
déniveler v.t. (conj. **16**)
dénivellation n.f.
dénivellement n.m.
dénombrable adj.
dénombrement n.m.
dénombrer v.t.
dénominateur n.m.
dénominatif, ive adj.
dénominatif n.m.
dénomination n.f.
dénommé, e adj. *et* n.
dénommer v.t.
dénoncer v.t. (conj. **9**)
dénonciateur, trice adj. *et* n.
dénonciation n.f.
dénotation n.f.
dénoter v.t.
dénouement n.m.
dénouer v.t.
dénoyage n.m.
dénoyautage n.m.
dénoyauter v.t.
dénoyauteur n.m.
dénoyer v.t. (conj. **7**)
denrée n.f.
dense adj.
densément adv.
densification n.f.
densifier v.t. (conj. **5**)
densimètre n.m.
densimétrie n.f.
densimétrique adj.
densité n.f.
dent n.f.
dentaire adj. ; n.f. ; n.m.
dental, e, aux adj.
dentale n.f. ; n.m.
dent-de-lion n.f. (pl. dents-de-lion)
denté, e adj.
dentelaire n.f.
dentelé, e adj.
dentelé n.m.
denteler v.t. (conj. **16**)
dentelle n.f.
dentellier, ère adj.
dentellière n.f.
dentelure n.f.
denticule n.m.
denticulé, e adj.
dentier n.m.
dentifrice adj. *et* n.m.
dentine n.f.
dentiste n.
dentisterie n.f.
dentition n.f.
denture n.f.
dénucléarisation n.f.
dénucléariser v.t.
dénudation n.f.
dénuder v.t.
dénué, e adj.

dénuement n.m.
dénuer (se) v.pr.
dénutri, e adj. *et* n.
dénutrition n.f.
déodorant adj.m. *et* n.m.
déontique adj.
déontologie n.f.
déontologique adj.
dépaillage n.m.
dépailler v.t.
dépalisser v.t.
dépannage n.m.
dépanner v.t.
dépanneur, euse n.
dépanneur n.m.
dépanneuse n.f.
dépaquetage n.m.
dépaqueter v.t. (conj. **16**)
déparasiter v.t.
dépareillé, e adj.
dépareiller v.t.
déparer v.t.
déparier v.t. (conj. **5**)
déparler v.i.
départ n.m.
départager v.t. (conj. **10**)
département n.m.
départemental, e, aux adj.
départementale n.f.
départementalisation n.f.
départementaliser v.t.
départir v.t. (conj. **31** selon l'Académie, **21** selon l'usage)
départiteur adj.m. *et* n.m.
dépassant n.m.
dépassé, e adj.
dépassement n.m.
dépasser v.t. *et* i.
dépassionner v.t.
dépatouiller (se) v.pr.
dépatrier v.t. (conj. **5**)
dépavage n.m.
dépaver v.t.
dépaysant, e adj.
dépaysement n.m.
dépayser v.t.
dépeçage n.m.
dépècement n.m.
dépecer v.t. (conj. **18**)
dépeceur, euse n.
dépêche n.f.
dépêcher v.t.
dépeigner v.t.
dépeindre v.t. (conj. **62**)
dépenaillé, e adj.
dépénalisation n.f.
dépénaliser v.t.
dépendance n.f.
dépendant, e adj.
dépendeur n.m.
dépendre v.t. ind. (conj. **59**)
dépens n.m. pl.
dépense n.f.
dépenser v.t.
dépensier, ère adj. *et* n.
déperdition n.f.
dépérir v.i.
dépérissement n.m.
dépersonnalisation n.f.
dépersonnaliser v.t.
dépêtrer v.t.
dépeuplement n.m.
dépeupler v.t.
déphasage n.m.
déphasé, e adj.
déphaser v.t.
déphaseur n.m.
déphosphatation n.f.
déphosphater v.t.
déphosphoration n.f.
déphosphorer v.t.
dépiauter v.t.
dépicage *ou* **dépiquage** n.m.
dépigeonnage n.m.
dépigeonnisation n.f.
dépigmentation n.f.
dépilage n.m.
dépilation n.f.
dépilatoire adj. *et* n.m.
dépiler v.t.
dépiquage *ou* **dépicage** n.m.
dépiquer v.t.
dépistage n.m.
dépister v.t.
dépit n.m.
dépiter v.t.
déplacé, e adj.
déplacement n.m.
déplacer v.t. (conj. **9**)
déplafonnement n.m.
déplafonner v.t.
déplaire v.t. ind. (conj. **90**)
déplaisant, e adj.
déplaisir n.m.
déplantage n.m.
déplantation n.f.
déplanter v.t.
déplantoir n.m.
déplâtrage n.m.
déplâtrer v.t.
déplétion n.f.
dépliage n.m.
dépliant, e adj.
dépliant n.m.
dépliement n.m.
déplier v.t. (conj. **5**)
déplissage n.m.
déplisser v.t.
déploiement n.m.
déplombage n.m.
déplomber v.t.
déplorable adj.
déplorablement adv.
déploration n.f.
déplorer v.t.
déployer v.t. (conj. **7**)
déplumer v.t.
dépoétiser v.t.
dépoitraillé, e adj.
dépolarisant, e adj.
dépolarisant n.m.
dépolarisation n.f.
dépolariser v.t.
dépoli, e adj.
dépolir v.t.
dépolissage n.m.
dépolissement n.m.
dépolitisation n.f.
dépolitiser v.t.
dépolluant, e adj.
dépolluant n.m.
dépolluer v.t.

dépollution n.f.
dépolymérisation n.f.
déponent, e adj.
déponent n.m.
dépopulation n.f.
déport n.m.
déportation n.f.
déporté, e n.
déportement n.m.
déporter v.t.
déposant, e n.
dépose n.f.
déposer v.t. *et* i.
dépositaire n.
déposition n.f.
déposséder v.t. (conj. **11**)
dépossession n.f.
dépôt n.m.
dépotage n.m.
dépotement n.m.
dépoter v.t. *et* i.
dépotoir n.m.
dépôt-vente n.m. (pl. dépôts-ventes)
dépouillage n.m.
dépouille n.f.
dépouillement n.m.
dépouiller v.t.
dépourvu, e adj.
dépourvu n.m.
dépoussiérage n.m.
dépoussiérant n.m.
dépoussiérer v.t. (conj. **11**)
dépoussiéreur n.m.
dépravant, e adj.
dépravation n.f.
dépravé, e adj. *et* n.
dépraver v.t.
déprécation n.f.
dépréciateur, trice adj. *et* n.
dépréciatif, ive adj.
dépréciation n.f.
déprécier v.t. (conj. **5**)
déprédateur, trice adj. *et* n.
déprédation n.f.
déprendre (se) v.pr. (conj. **61**)
dépressif, ive adj. *et* n.
dépression n.f.
dépressionnaire adj.
dépressurisation n.f.
dépressuriser v.t.
déprimant, e adj.
déprime n.f.
déprimé, e adj. *et* n.
déprimer v.t. ; v.i.
déprise n.f.
dépriser v.t.
de profundis n.m. inv.
déprogrammation n.f.
déprogrammer v.t.
dépucelage n.m.
dépuceler v.t. (conj. **16**)
depuis prép. *et* adv.
dépulper v.t.
dépuratif, ive adj.
dépuratif n.m.
dépurer v.t.
députation n.f.
député n.m.
députée n.f.
députer v.t.
déqualification n.f.
déqualifier v.t. (conj. **5**)
der n.f. inv. ; n.m. inv.
déracinable adj.
déraciné, e n.
déracinement n.m.
déraciner v.t.
dérager v.i. (conj. **10**)
déraidir v.t.
déraillement n.m.
dérailler v.i.
dérailleur n.m.
déraison n.f.
déraisonnable adj.
déraisonnablement adv.
déraisonner v.i.
déramer v.t.
dérangé, e adj.
dérangeant, e adj.
dérangement n.m.
déranger v.t. (conj. **10**)
dérapage n.m.
déraper v.i.
dératé, e n.
dératisation n.f.
dératiser v.t.
dérayage n.m.
dérayer v.t. (conj. **6**)
dérayeuse n.f.
dérayure n.f.
derbouka n.f.
derby n.m. (pl. derbys *ou* derbies)
déréalisation n.f.
derechef adv.
déréel, elle adj.
dérèglement n.m.
déréglementation *ou*
dérèglementation n.f.
déréglementer *ou*
dérèglementer v.t.
dérégler v.t. (conj. **11**)
dérégulation n.f.
déréguler v.t.
déréliction n.f.
déresponsabiliser v.t.
dérider v.t.
dérision n.f.
dérisoire adj.
dérisoirement adv.
dérivable adj.
dérivatif, ive adj.
dérivatif n.m.
dérivation n.f.
dérive n.f.
dérivé, e adj.
dérivé n.m.
dérivée n.f.
dériver v.t., t. ind. *et* i.
dériveter v.t. (conj. **16**)
dériveur n.m.
dermatite n.f.
dermatoglyphe n.m.
dermatologie n.f.
dermatologique adj.
dermatologue n.
dermatomyosite n.f.
dermatose n.f.
derme n.m.
dermeste n.m.
dermique adj.
dermite n.f.
dermographie n.f.
dermographisme n.m.
dernier, ère adj. *et* n.

dernièrement adv.
dernier-né, dernière-née n. (pl. derniers-nés, dernières-nées)
derny n.m. (pl. dernys)
dérobade n.f.
dérobé, e adj.
dérobée (à la) loc. adv.
dérober v.t.
dérochage n.m.
dérochement n.m.
dérocher v.t. *et* i.
déroctage n.m.
dérogation n.f.
dérogatoire adj.
dérogeance n.f.
déroger v.t. ind. (conj. **10**)
dérougir v.i.
dérouillée n.f.
dérouiller v.t. ; v.i.
déroulage n.m.
déroulement n.m.
dérouler v.t.
dérouleur n.m.
dérouleuse n.f.
déroutage n.m.
déroutant, e adj.
déroute n.f.
déroutement n.m.
dérouter v.t.
derrick n.m.
derrière prép. *et* adv. ; n.m. (pl. derrières)
dérupiter v.i.
derviche n.m.
des art.
dès prép.
désabonner v.t.
désabusé, e adj. *et* n.
désabuser v.t.
désaccord n.m.
désaccorder v.t.
désaccoupler v.t.
désaccoutumance n.f.
désaccoutumer v.t.
désacralisation n.f.
désacraliser v.t.
désactivation n.f.
désactiver v.t.
désadaptation n.f.
désadapté, e adj. *et* n.
désadapter v.t.
désaffectation n.f.
désaffecté, e adj.
désaffecter v.t.
désaffection n.f.
désafférentation n.f.
désaffilier v.t. (conj. **5**)
désagréable adj.
désagréablement adv.
désagrégation n.f.
désagréger v.t. (conj. **15**)
désagrément n.m.
désaimantation n.f.
désaimanter v.t.
désaisonnaliser v.t.
désajuster v.t.
désaliéner v.t. (conj. **11**)
désalignement n.m.
désaligner v.t.
désalpe n.f.
désaltérant, e adj.
désaltérer v.t. (conj. **11**)
désambiguïsation n.f.
désambiguïser v.t.
désamidonner v.t.
désamorçage n.m.
désamorcer v.t. (conj. **9**)
désamour n.m.
désapparier v.t. (conj. **5**)
désappointé, e adj.
désappointement n.m.
désappointer v.t.
désapprendre v.t. (conj. **61**)
désapprobateur, trice adj.
désapprobation n.f.
désapprouver v.t.
désapprovisionnement n.m.
désapprovisionner v.t.
désarçonner v.t.
désarêter v.t.
désargenté, e adj.
désargenter v.t.
désarmant, e adj.
désarmement n.m.
désarmer v.t. *et* i.
désarrimage n.m.
désarrimer v.t.
désarroi n.m.
désarticulation n.f.
désarticuler v.t.
désassembler v.t.
désassorti, e adj.
désassortiment n.m.
désassortir v.t.
désastre n.m.
désastreusement adv.
désastreux, euse adj.
désatellisation n.f.
désatelliser v.t.
désavantage n.m.
désavantager v.t. (conj. **10**)
désavantageusement adv.
désavantageux, euse adj.
désaveu n.m. (pl. désaveux)
désavouer v.t.
désaxé, e adj. *et* n.
désaxer v.t.
descellement n.m.
desceller v.t. (enlever le sceau)
descendance n.f.
descendant, e adj. ; n.
descenderie n.f.
descendeur, euse n.
descendeur n.m.
descendre v.i. (conj. **59** ; auxil. *être*) ; v.t. (auxil. *avoir*)
descente n.f.
déscolarisation n.f.
déscolarisé, e adj.
déscolariser v.t.
descripteur, trice n.
descripteur n.m.
descriptible adj.
descriptif, ive adj.
descriptif n.m.
description n.f.
déséchouer v.t.
désectorisation n.f.
désectoriser v.t.

déségrégation n.f.
désembourber v.t.
désembourgeoiser v.t.
désembouteiller v.t.
désembuage n.m.
désembuer v.t.
désemparé, e adj.
désemparer v.i.
désemplir v.i.
désencadrement n.m.
désencadrer v.t.
désenchaîner v.t.
désenchanté, e adj.
désenchantement n.m.
désenchanter v.t.
désenclavement n.m.
désenclaver v.t.
désencombrement n.m.
désencombrer v.t.
désencrage n.m.
désencrasser v.t.
désencrer v.t.
désendettement n.m.
désendetter (se) v.pr.
désenfler v.t. *et* i.
désenfumage n.m.
désenfumer v.t.
désengagement n.m.
désengager v.t. (conj. **10**)
désengorger v.t. (conj. **10**)
désengrener v.t. (conj. **12**)
désenivrer v.t. *et* i.
désennuyer v.t. (conj. **7**)
désenrayer v.t. (conj. **6**)
désensablement n.m.
désensabler v.t.
désensibilisation n.f.
désensibiliser v.t.
désensorceler v.t. (conj. **16**)
désentoiler v.t.
désentortiller v.t.
désentraver v.t.
désenvaser v.t.
désenvelopper v.t.
désenvenimer v.t.
désenverguer v.t.
désépaissir v.t.
déséquilibre n.m.
déséquilibré, e adj. *et* n.
déséquilibrer v.t.
déséquiper v.t.
désert, e adj.
désert n.m.
déserter v.t. *et* i.
déserteur n.m.
désertification n.f.
désertifier (se) v.pr. (conj. **5**)
désertion n.f.
désertique adj.
désertisation n.f.
désescalade n.f.
désespérance n.f.
désespérant, e adj.
désespéré, e adj. *et* n.
désespérément adv.
désespérer v.t., i. *et* t. ind. (conj. **11**)
désespoir n.m.
désétatiser v.t.
désexcitation n.f.
désexciter v.t.
désexualiser v.t.
déshabillage n.m.
déshabillé n.m.
déshabiller v.t.
déshabituer v.t.
désherbage n.m.
désherbant, e adj.
désherbant n.m.
désherber v.t.
déshérence n.f.
déshérité, e adj. *et* n.
déshéritement n.m.
déshériter v.t.
déshonnête adj.
déshonneur n.m.
déshonorant, e adj.
déshonorer v.t.
déshuilage n.m.
déshuiler v.t.
déshuileur n.m.
déshumanisant, e adj.
déshumanisation n.f.
déshumanisé, e adj.
déshumaniser v.t.
déshumidificateur n.m.
déshumidification n.f.
déshumidifier v.t. (conj. **5**)
déshydratant, e adj.
déshydratation n.f.
déshydrater v.t.
déshydrogénation n.f.
déshydrogéner v.t. (conj. **11**)
désidérabilité n.f.
desiderata [dezide-] n.m. pl.
design [dizajn] adj. inv. ; n.m. sing.
désignation n.f.
designer [dizajnœr] n.m.
désigner v.t.
désiler v.t.
désillusion n.f.
désillusionnement n.m.
désillusionner v.t.
désincarcération n.f.
désincarcérer v.t. (conj. **11**)
désincarnation n.f.
désincarné, e adj.
désincarner (se) v.pr.
désincrustant, e adj.
désincrustant n.m.
désincrustation n.f.
désincruster v.t.
désindexer v.t.
désindustrialiser v.t.
désinence n.f.
désinentiel, elle adj.
désinfectant, e adj.
désinfectant n.m.
désinfecter v.t.
désinfection n.f.
désinflation n.f.
désinformateur, trice adj. *et* n.
désinformation n.f.
désinformer v.t.
désinhiber v.t.
désinsectisation n.f.
désinsectiser v.t.
désinsertion n.f.
désintégration n.f.
désintégrer v.t. (conj. **11**)

désintéressé, e adj.
désintéressement n.m.
désintéresser v.t.
désintérêt n.m.
désintermédiation n.f.
désintoxication n.f.
désintoxiquer v.t.
désinvestir v.t. *et* i.
désinvestissement n.m.
désinvolte adj.
désinvolture n.f.
désir n.m.
désirable adj.
désirer v.t.
désireux, euse adj.
désistement n.m.
désister (se) v.pr.
desman [dɛsmɑ̃] n.m.
desmodromique adj.
desmosome n.m.
désobéir v.t. ind.
désobéissance n.f.
désobéissant, e adj.
désobligeamment adv.
désobligeant, e adj.
désobliger v.t. (conj. **10**)
désobstruction n.f.
désobstruer v.t.
désocialisation n.f.
désocialisé, e adj. *et* n.
désodé, e adj.
désodorisant, e adj.
désodorisant n.m.
désodoriser v.t.
désœuvré, e adj. *et* n.
désœuvrement n.m.
désolant, e adj.
désolation n.f.
désolé, e adj.
désoler v.t.
désolidariser v.t.
désoperculer v.t.
désopilant, e adj.
désopiler v.t.
désorbitation n.f.
désordonné, e adj.
désordre n.m.
désorganisateur, trice adj. *et* n.
désorganisation n.f.
désorganiser v.t.
désorientation n.f.
désorienté, e adj.
désorienter v.t.
désormais adv.
désorption n.f.
désossement n.m.
désosser v.t.
désoxydant, e adj.
désoxydant n.m.
désoxydation n.f.
désoxygénation n.f.
désoxygéner v.t. (conj. **11**)
désoxyribonucléique adj.
désoxyribose n.m.
déspécialisation n.f.
desperado n.m. (pl. desperados)
despotat n.m.
despote n.m. ; n.
despotique adj.
despotiquement adv.
despotisme n.m.
desquamation n.f.
desquamer v.i. *ou*
se desquamer v.pr.
desquels, desquelles pron. relat. *et* pron. interr. pl.
dessablage n.m.
dessablement n.m.
dessabler v.t.
dessaisir v.t.
dessaisissement n.m.
dessalage n.m.
dessalaison n.f.
dessalement n.m.
dessaler v.t. ; v.i.
dessaleur n.m.
dessangler v.t.
dessaouler [desule] *ou*
dessoûler v.t. *et* i.
desséchant, e adj.
dessèchement n.m.
dessécher v.t. (conj. **11**)
dessein n.m. (intention)
desseller v.t. (ôter la selle)
desserrage n.m.
desserrement n.m.
desserrer v.t.
dessert n.m.
desserte n.f.
dessertir v.t.
dessertissage n.m.
desservant n.m.
desservir v.t. (conj. **31**)
dessévage n.m.
dessiccateur n.m.
dessiccation n.f.
dessiller v.t.
dessin n.m. (représentation)
dessinateur, trice n.
dessinateur-cartographe, dessinatrice-cartographe n. (pl. dessinateurs-cartographes, dessinatrices-cartographes)
dessiné, e adj.
dessiner v.t. *et* i.
dessoler v.t.
dessouchage n.m.
dessoucher v.t.
dessouder v.t.
dessoûler *ou* **dessaouler** [desule] v.t. *et* i.
dessous adv. ; n.m.
dessous-de-bouteille n.m. inv.
dessous-de-bras n.m. inv.
dessous-de-plat n.m. inv.
dessous-de-table n.m. inv.
dessuintage n.m.
dessuinter v.t.
dessus adv. ; n.m. inv.
dessus-de-lit n.m. inv.
dessus-de-porte n.m. inv.
déstabilisant, e adj.
déstabilisateur, trice adj.
déstabilisation n.f.
déstabiliser v.t.
déstalinisation n.f.
déstaliniser v.t.
destin n.m.

destinataire n.
destinateur n.m.
destination n.f.
destinée n.f.
destiner v.t.
destituable adj.
destituer v.t.
destitution n.f.
déstockage n.m.
déstocker v.t.
destrier n.m.
destroyer [dɛstrwaje *ou* dɛstrɔjœr] n.m.
destructeur, trice adj. *et* n.
destructible adj.
destructif, ive adj.
destruction n.f.
déstructuration n.f.
déstructurer v.t.
désuet, ète adj.
désuétude n.f.
désulfiter v.t.
désulfuration n.f.
désulfurer v.t.
désuni, e adj.
désunion n.f.
désunir v.t.
désynchronisation n.f.
désynchroniser v.t.
désyndicalisation n.f.
détachable adj.
détachage n.m.
détachant, e adj.
détachant n.m.
détaché, e adj.
détachement n.m.
détacher v.t.
détacheur n.m.
détail n.m.
détaillant, e n.
détaillé, e adj.
détailler v.t.
détaler v.i.
détartrage n.m.
détartrant, e adj.
détartrant n.m.
détartrer v.t.
détartreur n.m.
détaxation n.f.
détaxe n.f.
détaxer v.t.
détectable adj.
détecter v.t.
détecteur, trice adj.
détecteur n.m.
détection n.f.
détective n.
déteindre v.t. *et* i. (conj. **62**)
dételage n.m.
dételer v.t. *et* i. (conj. **16**)
détendeur n.m.
détendre v.t. (conj. **59**)
détendu, e adj.
détenir v.t. (conj. **28**)
détente n.f.
détenteur, trice n.
détention n.f.
détenu, e adj. *et* n.
détergence n.f.
détergent, e adj.
détergent n.m.
déterger v.t. (conj. **10**)
détérioration n.f.
détériorer v.t.
déterminable adj.
déterminant, e adj.
déterminant n.m.
déterminatif, ive adj.
déterminatif n.m.
détermination n.f.
déterminé, e adj.
déterminé n.m.
déterminer v.t.
déterminisme n.m.
déterministe adj. *et* n.
déterrage n.m.
déterré, e n.
déterrement n.m.
déterrer v.t.
déterreur, euse n.
détersif, ive adj.
détersif n.m.
détersion n.f.
détestable adj.
détestablement adv.
détestation n.f.
détester v.t.
déthéiné, e adj.
déthéiné n.m.
détonant, e adj.
détonateur n.m.
détonation n.f.
détoner v.i. (exploser)
détonner v.i. (contraster)
détordre v.t. (conj. **59**)
détors, e adj.
détorsion n.f.
détortiller v.t.
détour n.m.
détourage n.m.
détouré n.m.
détourer v.t.
détourné, e adj.
détournement n.m.
détourner v.t.
détoxication n.f.
détracter v.t.
détracteur, trice n.
détraction n.f.
détraque n.f.
détraqué, e adj. *et* n.
détraquement n.m.
détraquer v.t.
détrempe n.f.
détremper v.t.
détresse n.f.
détriment n.m.
détritique adj.
détritivore adj. *et* n.m.
détritus [-ty *ou* -tys] n.m. inv.
détroit n.m.
détromper v.t.
détrôner v.t.
détroquage n.m.
détroquer v.t.
détrousser v.t.
détrousseur n.m.
détruire v.t. (conj. **78**)
dette n.f.
détumescence n.f.
deuil n.m.
deus ex machina [deysɛksmakina] n.m. inv.
deusio *ou* **deuzio** adv.
deutérium n.m. (pl. deutériums)
deutérocanonique adj.

deutéron n.m.
deutérostomien n.m.
deuton n.m.
deutsche Mark [dɔjtʃmark *ou* døtʃmark] n.m. inv.
deux adj. num. inv. *et* n.m. inv.
deuxième adj. num. ord. *et* n.
deuxièmement adv.
deux-mâts n.m. inv.
deux-pièces n.m. inv.
deux-points n.m. inv.
deux-ponts n.m. inv.
deux-quatre n.m. inv.
deux-roues n.m. inv.
deux-temps n.m. inv.
deuzio *ou* **deusio** adv.
dévaler v.t. *et* i.
dévaliser v.t.
dévaloir n.m.
dévalorisant, e adj.
dévalorisation n.f.
dévaloriser v.t.
dévaluation n.f.
dévaluer v.t.
devanagari n.f. sing.
devancement n.m.
devancer v.t. (conj. **9**)
devancier, ère n.
devant prép. *et* adv. ; n.m. (pl. devants)
devanture n.f.
dévastateur, trice adj.
dévastation n.f.
dévaster v.t.
déveine n.f.
développable adj.
développante n.f.
développé n.m.
développée n.f.
développement n.m.
développer v.t.
développeur n.m.
devenir v.i. (conj. **28**; auxil. *être*) ; n.m. (pl. devenirs)
déverbal n.m. (pl. déverbaux)
dévergondage n.m.
dévergondé, e adj. *et* n.
dévergonder (se) v.pr.
déverguer v.t.
dévernir v.t.
déverrouillage n.m.
déverrouiller v.t.
devers (par-) prép.
dévers n.m.
déversement n.m.
déverser v.t.
déversoir n.m.
dévestiture n.f.
dévêtir v.t. (conj. **32**)
déviance n.f.
déviant, e adj. *et* n.
déviateur, trice adj.
déviateur n.m.
déviation n.f.
déviationnisme n.m.
déviationniste adj. *et* n.
dévidage n.m.
dévider v.t.
dévideur, euse n.
dévidoir n.m.
dévier v.i. *et* t. (conj. **5**)
devin, devineresse n.
devinable adj.
deviner v.t.
devinette n.f.
dévirer v.t.
dévirginiser v.t.
dévirilisation n.f.
déviriliser v.t.
devis n.m.
dévisager v.t. (conj. **10**)
devise n.f.
deviser v.i. ; v.t.
devise-titre n.f. (pl. devises-titres)
dévissage n.m.
dévissé n.m.
dévisser v.t. ; v.i.
de visu [devizy] loc. adv.
dévitalisation n.f.
dévitaliser v.t.
dévitaminé, e adj.
dévitrification n.f.
dévitrifier v.t. (conj. **5**)
dévoiement n.m.
dévoilement n.m.
dévoiler v.t.
devoir v.t. (conj. **40**) ; n.m. (pl. devoirs)
dévoisé, e adj.
dévoltage n.m.
dévolter v.t.
dévolteur n.m.
dévolu, e adj.
dévolu n.m.
dévolutif, ive adj.
dévolution n.f.
devon n.m.
dévonien, enne adj.
dévonien n.m.
dévorant, e adj.
dévorateur, trice adj.
dévorer v.t.
dévoreur, euse n.
dévot, e adj. *et* n.
dévotement adv.
dévotion n.f.
dévotionnel, elle adj.
dévoué, e adj.
dévouement n.m.
dévouer (se) v.pr.
dévoyé, e adj. *et* n.
dévoyer v.t. (conj. **7**)
dewar [diwar] n.m.
dextérité n.f.
dextralité n.f.
dextre adj. *et* n.f.
dextrine n.f.
dextrocardie n.f.
dextrogyre adj.
dextrorsum adj. inv. *et* adv.
dextrose n.m.
dey n.m. (pl. deys) [titre]
dharma n.m.
dhole n.m.
dia ! interj.
diabète n.m.
diabétique adj. *et* n.
diabétologie n.f.
diabétologue n.
diable n.m. ; interj.
diablement adv.
diablerie n.f.
diablesse n.f.
diablotin n.m.

diabolique adj.
diaboliquement adv.
diaboliser v.t.
diabolo n.m. (pl. diabolos)
diacétylmorphine n.f.
diachromie [-kr-] n.f.
diachronie [-kr-] n.f.
diachronique adj.
diacide n.m.
diaclase n.f.
diaconal, e, aux adj.
diaconat n.m.
diaconesse n.f.
diacoustique n.f.
diacre n.m.
diacritique adj. *et* n.m.
diadème n.m.
diadoque n.m.
diagenèse n.f.
diagnose [djagnoz] n.f.
diagnostic [djagn-] n.m.
diagnostique [djagn-] adj.
diagnostiquer [djagn-] v.t.
diagonal, e, aux adj.
diagonale n.f.
diagonalement adv.
diagramme n.m.
diagraphe n.m.
diagraphie n.f.
dialcool [dialkɔl] n.m.
dialectal, e, aux adj.
dialectisant, e adj. *et* n.
dialectalisme n.m.
dialecte n.m.
dialecticien, enne n.
dialectique adj. *et* n.f.
dialectiquement adv.
dialectiser v.t.
dialectologie n.f.
dialectologue n.
dialectophone adj. *et* n.
dialogique adj.
dialogue n.m.
dialoguer v.i.
dialoguiste n.
dialypétale adj.
dialyse n.f.
dialysé, e adj. *et* n.
dialysépale adj.
dialyser v.t.
dialyseur n.m.
diamagnétique adj.
diamagnétisme n.m.
diamant n.m.
diamantaire n.
diamanté, e adj.
diamanter v.t.
diamantifère adj.
diamantin, e adj.
diamétral, e, aux adj.
diamétralement adv.
diamètre n.m.
diamide n.m.
diamine n.f.
diamorphine n.f.
diane n.f.
diantre ! interj.
diapason n.m.
diapause n.f.
diapédèse n.f.
diaphane adj.
diaphanoscopie n.f.
diaphonie n.f.
diaphorèse n.f.
diaphragmatique adj.
diaphragme n.m.
diaphragmer v.t. *et* i.
diaphyse n.f.
diapir n.m.
diapo n.f.
diaporama n.m.
diapositive n.f.
diapré, e adj.
diaprer v.t.
diaprure n.f.
diariste n.
diarrhée n.f.
diarrhéique adj. *et* n.
diarthrose n.f.
diascope n.m.
diascopie n.f.
diaspora n.f.
diastase n.f.
diastole n.f.
diastolique adj.
diathèque n.f.
diathermane adj.
diatherme adj.
diathermie n.f.
diathermique adj.
diathèse n.f.
diatomée n.f.
diatomique adj.
diatomite n.f.
diatonique adj.
diatoniquement adv.
diatonisme n.m.
diatribe n.f.
diaule n.f.
diazo n.f.
diazocopie n.f.
diazoïque adj. *et* n.m.
dibasique adj.
dicarbonylé, e adj.
dicarbonylé n.m.
dicaryon n.m.
dicaryotique adj.
dicastère n.m.
dicentra [disɛ̃tra] n.f.
dicétone n.f.
dichlorure [dikl-] n.m.
dichotome [dik-] adj.
dichotomie [dik-] n.f.
dichotomique [dik-] adj.
dichroïque [dik-] adj.
dichroïsme [dik-] n.m.
dichromie [dik-] n.f.
dicline adj.
dico n.m. (pl. dicos)
dicotylédone adj. *et* n.f.
dicrote adj.
dictame n.m.
Dictaphone n.m. (nom déposé)
dictateur n.m.
dictatorial, e, aux adj.
dictatorialement adv.
dictature n.f.
dictée n.f.
dicter v.t.
diction n.f.
dictionnaire n.m.
dictionnairique adj.
dicton n.m.
dictyoptère n.m.
didacthèque n.f.
didacticiel n.m.
didactique adj. ; n.f.
didactiquement adv.

didactisme n.m.
didactyle adj.
didascalie n.f.
diduction n.f.
didyme n.m.
dièdre adj. *et* n.m.
dieffenbachia [difɛnbakja] n.m.
diélectrique adj. *et* n.m.
diencéphale n.m.
diencéphalique adj.
diène n.m.
diérèse n.f.
diergol n.m.
dies academicus [diɛsakademikys] n.m. inv.
dièse adj. *et* n.m.
diesel n.m.
diesel-électrique adj. *et* n.m. (pl. diesels-électriques)
diésélisation n.f.
diéséliser v.t.
diéséliste n.m.
dies irae [djesire] n.m. inv.
Diester [diestɛr] n.m. (nom déposé)
diète n.f.
diététicien, enne n.
diététique adj. *et* n.f.
diéthylénique [die-] adj.
dieu n.m. (pl. dieux)
diffa n.f. (pl. diffas)
diffamant, e adj.
diffamateur, trice adj. *et* n.
diffamation n.f.
diffamatoire adj.
diffamer v.t.
différé, e adj.
différé n.m.
différemment adv.
différence n.f.
différenciateur, trice adj.
différenciation n.f.
différencié, e adj.
différencier v.t. (conj. **5**)
différend n.m. (désaccord)
différent, e adj. (dissemblable)
différentiable adj.
différentiateur n.m.
différentiation n.f.
différentiel, elle adj.
différentiel n.m.
différentielle n.f.
différentier v.t. (conj. **5**)
différer v.t. *et* i. (conj. **11**)
difficile adj. *et* n.
difficilement adv.
difficulté n.f.
difficultueux, euse adj.
diffluence n.f.
diffluent, e adj.
difforme adj.
difformité n.f.
diffracter v.t.
diffraction n.f.
diffus, e adj.
diffusable adj.
diffusant, e adj.
diffusément adv.
diffuser v.t. *et* i.
diffuseur n.m.
diffusible adj.
diffusion n.f.
diffusionnisme n.m.
diffusionniste adj. *et* n.
digamma n.m. inv.
digastrique adj.
digérer v.t. (conj. **11**)
digest [dajdʒɛst *ou* diʒɛst] n.m. (résumé)
digeste n.m. (recueil de droit)
digeste adj.
digesteur n.m.
digestibilité n.f.
digestible adj.
digestif, ive adj.
digestif n.m.
digestion n.f.
digit [-ʒit] n.m.
digital, e, aux adj.
digitale n.f.
digitaline n.f.
digitalique adj. *et* n.m.
digitaliser v.t.
digité, e adj.
digitiforme adj.
digitigrade adj. *et* n.m.
digitoplastie n.f.
digitopuncture [-pɔ̃k-] n.f.
digitoxine n.f.
diglossie n.f.
digne adj.
dignement adv.
dignitaire n.m.
dignité n.f.
digon n.m.
digramme n.m.
digraphie n.f.
digression n.f.
digue n.f.
diholoside n.m.
dijonnais, e adj. *et* n.
diktat [diktat] n.m.
dilacération n.f.
dilacérer v.t. (conj. **11**)
dilapidateur, trice adj. *et* n.
dilapidation n.f.
dilapider v.t.
dilatabilité n.f.
dilatable adj.
dilatant, e adj.
dilatateur, trice adj.
dilatateur n.m.
dilatation n.f.
dilater v.t.
dilatoire adj.
dilatomètre n.m.
dilection n.f.
dilemme n.m.
dilettante n.
dilettantisme n.m.
diligemment adv.
diligence n.f.
diligent, e adj.
diligenter v.t.
diluant n.m.
diluer v.t.
dilution n.f.
diluvien, enne adj.
dimanche n.m.
dîme n.f.
dimension n.f.

dimensionnel, elle adj.
dimensionner v.t.
dimère adj. *et* n.m.
diminué, e adj.
diminuendo adv. ; n.m. (pl. diminuendos)
diminuer v.t. *et* i.
diminutif, ive adj.
diminutif n.m.
diminution n.f.
dimorphe adj.
dimorphisme n.m.
dinanderie n.f.
dinandier, ère n.
dinar n.m.
dînatoire adj.
dinde n.f.
dindon n.m.
dindonneau n.m.
dindonner v.t.
dîner v.i. ; n.m. (pl. dîners)
dînette n.f.
dîneur, euse n.
ding ! [ding] interj.
dinghy [dingi] n.m. (pl. dinghys *ou* dinghies)
dingo adj. *et* n. ; n.m.
dingue adj. *et* n. (fou)
dinguer v.i.
dinguerie n.f.
dinitrotoluène n.m.
dinoflagellé n.m.
dinornis n.m.
dinosaure n.m.
dinosaurien n.m.
dinothérium n.m. (pl. dinothériums)
diocésain, e adj. *et* n.
diocèse n.m.
diode n.f.
diodon n.m.
dioïque adj.
dioléfine n.f.
dionée n.f.
dionysiaque adj.
dionysien, enne adj. *et* n.
dionysies n.f. pl.
dioptre n.m.
dioptrie n.f.
dioptrique n.f.
diorama n.m.
diorite n.f.
dioscoréacée n.f.
dioula n.m.
dioxine n.f.
dioxyde n.m.
diphasé, e adj.
diphénol n.m.
diphényle n.m.
diphtérie n.f.
diphtérique adj. *et* n.
diphtongaison n.f.
diphtongue n.f.
diphtonguer v.t.
diploblastique adj.
diplocoque n.m.
diplodocus n.m. inv.
diploïde adj.
diplomate adj. *et* n. ; n.m.
diplomatie n.f.
diplomatique adj. ; n.f.
diplomatiquement adv.
diplôme n.m.
diplômé, e adj. *et* n.
diplômer v.t.
diplopie n.f.
dipneuste n.m.
dipolaire adj.
dipôle n.m.
dipsacacée n.f.
dipsacée n.f.
dipsomane adj. *et* n.
dipsomanie n.f.
diptère adj. ; n.m.
diptyque n.m.
dircom [-kɔm] n.f.
dire v.t. (conj. **82**) ; n.m. (pl. dires)
direct, e adj.
direct n.m.
directement adv.
directeur, trice adj. *et* n.
directif, ive adj.
direction n.f.
directionnel, elle adj.
directive n.f.
directivisme n.m.
directivité n.f.
directoire n.m.
directorat n.m.
directorial, e, aux adj.
directrice n.f.
dirham n.m.
dirigeable adj. *et* n.m.
dirigeant, e adj. *et* n.
diriger v.t. (conj. **10**)
dirigisme n.m.
dirigiste adj. *et* n.
dirimant, e adj.
disaccharide n.m.
disamare n.f.
discal, e, aux adj.
discale n.f.
discarthrose n.f.
discernable adj.
discernement n.m.
discerner v.t.
disciple n.
disciplinable adj.
disciplinaire adj. ; n.m.
disciplinairement adv.
discipline n.f.
discipliné, e adj.
discipliner v.t.
disc-jockey n. (pl. disc-jockeys)
disco n.m. *ou* f.
discobole n.m.
discographie n.f.
discographique adj.
discoïdal, e, aux adj.
discoïde adj.
discompte n.m.
discompter v.t. *et* i.
discompteur n.m.
discomycète n.m.
discontinu, e adj.
discontinuer v.i.
discontinuité n.f.
disconvenance n.f.
disconvenir v.t. ind. (conj. **28**)
discopathie n.f.
discophile n.
discophilie n.f.
discordance n.f.
discordant, e adj.
discorde n.f.
discorder v.i.

discothécaire n.
discothèque n.f.
discount [diskawnt *ou* diskunt] n.m.
discounter [diskawntœr *ou* diskuntœr] n.m.
discounter [diskawnte *ou* diskunte] v.t. *et* i.
discoureur, euse n.
discourir v.i. (conj. **33**)
discours n.m.
discourtois, e adj.
discourtoisement adv.
discourtoisie n.f.
discrédit n.m.
discréditer v.t.
discret, ète adj.
discrètement adv.
discrétion n.f.
discrétionnaire adj.
discriminant, e adj.
discriminant n.m.
discrimination n.f.
discriminatoire adj.
discriminer v.t.
disculpation n.f.
disculper v.t.
discursif, ive adj.
discussion n.f.
discutable adj.
discutailler v.i.
discutailleur, euse adj. *et* n.
discuté, e adj.
discuter v.t. *et* t. ind.
discuteur, euse adj. *et* n.
disert, e adj.
disertement adv.
disette n.f.
disetteux, euse adj. *et* n.
diseur, euse n.
disgrâce n.f.
disgracié, e adj. *et* n.
disgracier v.t. (conj. **5**)
disgracieux, euse adj.
disharmonie n.f.
disjoindre v.t. (conj. **62**)
disjoint, e adj.
disjoncter v.i.
disjoncteur n.m.
disjonctif, ive adj.
disjonctif n.m.
disjonction n.f.
dislocation n.f.
disloquer v.t.
disparaître v.i. (conj. **71**; auxil. *avoir* ou *être*)
disparate adj. *et* n.m. *ou* f.
disparation n.f.
disparité n.f.
disparition n.f.
disparu, e adj. *et* n.
dispatcher [-patʃe] v.t.
dispatching [-patʃiŋ] n.m.
dispendieusement adv.
dispendieux, euse adj.
dispensable adj.
dispensaire n.m.
dispensateur, trice n.
dispense n.f.
dispenser v.t.
dispersant, e adj.
dispersant n.m.
dispersé, e adj.
dispersement n.m.
disperser v.t.
dispersif, ive adj.
dispersion n.f.
disponibilité n.f.
disponible adj. *et* n.
dispos, e adj.
disposant, e n.
disposé, e adj.
disposer v.t., t. ind. *et* i.
dispositif n.m.
disposition n.f.
disproportion n.f.
disproportionné, e adj.
dispute n.f.
disputer v.t.
disquaire n.
disqualification n.f.
disqualifier v.t. (conj. **5**)
disque n.m.
disquette n.f.
disruptif, ive adj.
disruption n.f.
dissection n.f.
dissemblable adj.
dissemblance n.f.
dissémination n.f.
disséminer v.t.
dissension n.f.
dissentiment n.m.
disséquer v.t. (conj. **11**)
dissertation n.f.
disserter v.i.
dissidence n.f.
dissident, e adj. *et* n.
dissimilation n.f.
dissimilitude n.f.
dissimulateur, trice adj. *et* n.
dissimulation n.f.
dissimulé, e adj.
dissimuler v.t.
dissipateur, trice n.
dissipatif, ive adj.
dissipation n.f.
dissipé, e adj.
dissiper v.t.
dissociabilité n.f.
dissociable adj.
dissociation n.f.
dissocier v.t. (conj. **5**)
dissolu, e adj.
dissolution n.f.
dissolvant, e adj.
dissolvant n.m.
dissonance n.f.
dissonant, e adj.
dissoner v.i.
dissoudre v.t. (conj. **67**)
dissuader v.t.
dissuasif, ive adj.
dissuasion n.f.
dissyllabe adj. *et* n.m.
dissyllabique adj.
dissymétrie n.f.
dissymétrique adj.
distal, e, aux adj.
distance n.f.
distancement n.m.
distancer v.t. (conj. **9**)
distanciation n.f.
distancier v.t. (conj. **5**)
distant, e adj.
distendre v.t. (conj. **59**)

distension n.f.
disthène n.m.
distillat [-tila] n.m.
distillateur [-tila-] n.m.
distillation [-tila-] n.f.
distiller [-tile] v.t. ; v.i.
distillerie [-til-] n.f.
distinct, e [-tɛ̃ *ou* -tɛ̃kt, ɛ̃kt] adj.
distinctement adv.
distinctif, ive adj.
distinction n.f.
distinguable adj.
distingué, e adj.
distinguer v.t.
distinguo n.m. (pl. distinguos)
distique n.m.
distomatose n.f.
distome n.m.
distordre v.t. (conj. **59**)
distorsion n.f.
distractif, ive adj.
distraction n.f.
distraire v.t. (conj. **92**)
distrait, e adj. *et* n.
distraitement adv.
distrayant, e adj.
distribuable adj.
distribué, e adj.
distribuer v.t.
distributaire adj. *et* n.
distributeur, trice n.
distributeur n.m.
distributif, ive adj.
distributif n.m.
distribution n.f.
distributionnalisme n.m.
distributionnel, elle adj.
distributivité n.f.
district [distrikt] n.m.
disulfirame n.m.
disulfure n.m.
dit, e adj.
dit n.m.
dithyrambe n.m.
dithyrambique adj.
dito adv.
diurèse n.f.
diurétique adj. *et* n.m.
diurnal n.m. (pl. diurnaux)
diurne adj.
diva n.f.
divagation n.f.
divaguer v.i.
divalent, e adj.
divan n.m.
dive adj.f.
divergence n.f.
divergent, e adj.
diverger v.i. (conj. **10**)
divers, e adj. ; adj. indéf. pl.
diversement adv.
diversification n.f.
diversifier v.t. (conj. **5**)
diversion n.f.
diversité n.f.
diverticule n.m.
diverticulose n.f.
divertimento n.m. (pl. divertimentos)
divertir v.t.
divertissant, e adj.
divertissement n.m.
divette n.f.
dividende n.m.
divin, e adj.
divinateur, trice adj.
divination n.f.
divinatoire adj.
divinement adv.
divinisation n.f.
diviniser v.t.
divinité n.f.
divis, e adj.
diviser v.t.
diviseur, euse n.
diviseur n.m.
divisibilité n.f.
divisible adj.
division n.f.
divisionnaire adj. ; n.m.
divisionnisme n.m.
divisionniste adj. *et* n.
divorce n.m.
divorcé, e adj. *et* n.
divorcer v.i. (conj. **9**)
divortialité n.f.
divulgateur, trice adj. *et* n.
divulgation n.f.
divulguer v.t.
divulsion n.f.
dix [dis ; diz *devant une voyelle ou un « h » muet* ; di *devant une consonne ou un « h » aspiré*] adj. num. inv. *et* n.m. inv.
dix-cors n.m. inv.
dix-huit [diz-] adj. num. inv. *et* n.m. inv.
dix-huitième [diz-] adj. num. ord. *et* n.
dixie n.m.
dixieland [diksilɑ̃d] n.m.
dixième [diz-] adj. num. ord. *et* n.
dixièmement [diz-] adv.
dix-neuf [diz-] adj. num. inv. *et* n.m. inv.
dix-neuvième [diz-] adj. num. ord. *et* n.
dix-sept [dissɛt] adj. num. inv. *et* n.m. inv.
dix-septième [dissɛt-] adj. num. ord. *et* n.
dizain n.m.
dizaine n.f.
dizygote adj. *et* n.
djaïn, e adj. *et* n.
djaïnisme n.m.
djamaa n.f. inv.
djebel n.m.
djellaba n.f.
djemaa n.f. inv.
djiboutien, enne adj. *et* n.
djihad n.m.
djinn n.m.
do n.m. inv.
doberman [-man] n.m.
doc n.f.
docétisme n.m.
docile adj.
docilement adv.
docilité n.f.
docimasie n.f.
docimologie n.f.
dock n.m.

docker n.m.
docte adj.
doctement adv.
docteur n.m.
doctoral, e, aux adj.
doctoralement adv.
doctorant, e n.
doctorat n.m.
doctoresse n.f.
doctrinaire adj. *et* n.
doctrinal, e, aux adj.
doctrine n.f.
docudrame n.m.
document n.m.
documentaire adj. *et* n.m.
documentaliste n.
documentariste n.
documentation n.f.
documenté, e adj.
documenter v.t.
dodécaèdre n.m.
dodécagonal, e, aux adj.
dodécagone n.m.
dodécaphonique adj.
dodécaphonisme n.m.
dodécaphoniste n.
dodécastyle adj.
dodécasyllabe adj. *et* n.m.
dodelinement n.m.
dodeliner v.t. ind.
dodine n.f.
dodiner v.t. ind.
dodo n.m. (pl. dodos)
dodu, e adj.
dogaresse n.f.
dog-cart [dɔgkart] n.m. (pl. dog-carts)
doge n.m.
dogger [-gœr] n.m.
dogmatique adj. *et* n. ; n.f.
dogmatiquement adv.
dogmatiser v.i.
dogmatisme n.m.
dogmatiste adj. *et* n.
dogme n.m.
dogue n.m.
doigt n.m. (de la main)
doigté n.m.
doigter v.t.
doigtier n.m.
doit n.m. (argent dû)
dojo n.m. (pl. dojos)
dol n.m.
Dolby n.m. (nom déposé)
dolce [-ltʃe] adv.
dolce vita [-ltʃe-] n.f. inv.
dolcissimo [-ltʃi-] adv.
doldrums [-drœms] n.m. pl.
dôle n.f.
doléance n.f.
dolent, e adj.
dolic *ou* **dolique** n.m.
dolichocéphale [-ko-] adj. *et* n.
dolichocôlon [-ko-] n.m.
doline n.f.
dolique *ou* **dolic** n.m.
dollar n.m.
dollarisation n.f.
dolman n.m.
dolmen [-mɛn] n.m.
doloire n.f.
dolomie n.f.
dolomite n.f.
dolomitique adj.
dolorisme n.m.
doloriste adj. *et* n.
dolosif, ive adj.
dom [dɔ̃] n.m. (titre, au Portugal)
domaine n.m.
domanial, e, aux adj.
domanialité n.f.
dôme n.m.
domesticable adj.
domestication n.f.
domesticité n.f.
domestique adj. ; n.
domestiquer v.t.
domicile n.m.
domiciliaire adj.
domiciliataire n.
domiciliation n.f.
domicilier v.t. (conj. **5**)
dominance n.f.
dominant, e adj.
dominante n.f.
dominateur, trice adj. *et* n.
domination n.f.
dominer v.i. *et* t.
dominicain, e adj. *et* n.
dominical, e, aux adj.
dominion [-njɔ̃ *ou* -njɔn] n.m.
domino n.m. (pl. dominos)
dominoterie n.f.
dommage n.m.
dommageable adj.
domotique n.f.
domptable [dɔ̃ta-] adj.
domptage [dɔ̃ta-] n.m.
dompter [dɔ̃te] v.t.
dompteur, euse [dɔ̃tœr, øz] n.
dompte-venin [dɔ̃t-] n.m. inv.
don n.m. (cadeau)
don [dɔ̃] n.m., **doña** [dɔɲa] n.f. (titre, en Espagne)
donacie n.f.
donataire n.
donateur, trice n.
donation n.f.
donation-partage n.f. (pl. donations-partages)
donatisme n.m.
donatiste adj. *et* n.
donax n.m. inv.
donc conj.
dondon n.f.
dông n.m.
donjon n.m.
don Juan n.m. (pl. dons Juans)
donjuanesque adj.
donjuanisme n.m.
donne n.f.
donné, e adj.
donné n.m.
donnée n.f.
donner v.t. *et* i.
donneur, euse n.
donneur n.m.
don Quichotte n.m. (pl. dons Quichottes)

donquichottisme n.m.
dont pron. relat.
donzelle n.f.
dopage n.m.
dopamine n.f.
dopaminergique adj.
dopant, e adj.
dopant n.m.
dope n.m. ; n.f.
doper v.t.
dorade *ou* **daurade** n.f.
dorage n.m.
doré, e adj.
doré n.m.
dorée n.f.
dorénavant adv.
dorer v.t. *et* i.
doreur, euse n.
dorien, enne adj.
dorien n.m.
dorin n.m.
dorique adj. *et* n.m.
doris [-ris] n.m. ; n.f.
dorlotement n.m.
dorloter v.t.
dormance n.f.
dormant, e adj.
dormant n.m.
dormeur, euse adj. *et* n.
dormeur adj.m. *et* n.m.
dormir v.i. (conj. **25**)
dormitif, ive adj.
dormition n.f.
dorsal, e, aux adj.
dorsale n.f.
dorsalgie n.f.
dortoir n.m.
dorure n.f.
doryphore n.m.
dos n.m.
dosable adj.
dosage n.m.
dos-d'âne n.m. inv.
dose n.f.
doser v.t.
doseur n.m.
dosimètre n.m.
dosimétrie n.f.
dossard n.m.
dosse n.f.
dosseret n.m.
dossier n.m.
dossière n.f.
dossiste n.
dot [dɔt] n.f.
dotal, e, aux adj.
dotalité n.f.
dotation n.f.
doter v.t.
douaire n.m.
douairière n.f.
douane n.f.
douanier, ère adj. *et* n.
douar n.m.
doublage n.m.
doublant, e n.
double adj. *et* n.m.; adv.
doublé, e adj.
doublé n.m. (deux fois)
doublé *ou* **doubler** n.m. (en équitation)
doubleau n.m.
double-crème adj. *et* n.m. (pl. doubles-crèmes)
double-croche n.f. (pl. doubles-croches)
double-fenêtre n.f. (pl. doubles-fenêtres)
doublement adv. ; n.m. (pl. doublements)
doubler v.t. *et* i.
doubler *ou* **doublé** n.m. (en équitation)
double-scull n.m. (pl. doubles-sculls)
doublet n.m.
doubleur, euse n.
doublier n.m.
doublon n.m.
doublonner v.i.
doublure n.f.
douçain *ou* **doucin** n.m.
douce adj.f.
douce-amère adj.f. ; n.f. (pl. douces-amères)
douceâtre adj.
doucement adv. *et* interj.
doucereusement adv.
doucereux, euse adj.
doucet, ette adj.
doucette n.f.
doucettement adv.
douceur n.f.
douche n.f.
doucher v.t.
douchette n.f.
doucheur, euse n.
douchière n.f.
douci, e adj.
doucin *ou* **douçain** n.m.
doucine n.f.
doucir v.t.
doucissage n.m.
doudou n.f. (pl. doudous)
doudoune n.f.
doué, e adj.
douelle n.f.
douer v.t.
douille n.f.
douiller v.t. ; v.i.
douillet, ette adj.
douillette n.f.
douillettement adv.
douleur n.f.
douloureuse n.f.
douloureusement adv.
douloureux, euse adj.
doum n.m.
douma n.f.
dourine n.f.
douro n.m. (pl. douros)
doute n.m.
douter v.t. ind.
douteur, euse adj. *et* n.
douteusement adv.
douteux, euse adj.
douvain n.m.
douve n.f.
douvelle n.f.
doux, douce adj. *et* n.
doux adv. ; n.m. inv.
doux-amer, douce-amère adj. (pl. doux-amers, douces-amères)
douzain n.m.
douzaine n.f.
douze adj. num. inv. *et* n.m. inv.
douze-huit n.m. inv.

douzième adj. num. ord. *et* n.
douzièmement adv.
doxologie n.f.
doyen, enne n.
doyenné n.m. ; n.f.
doyenneté n.f.
dracena *ou* **dracæna** n.m.
drache n.f.
dracher v. impers.
drachme [drakm] n.f.
draconien, enne adj.
drag [drag] n.m.
dragage n.m.
dragée n.f.
dragéifier v.t. (conj. 5)
drageoir n.m.
drageon n.m.
drageonnement n.m.
drageonner v.i.
dragline [-glajn] n.f.
dragon n.m.
dragonnade n.f.
dragonne n.f.
dragonnier n.m.
dragster [-gstɛr] n.m.
drague n.f.
draguer v.t.
dragueur, euse n.
dragueur n.m.
draille n.f.
drain n.m.
drainage n.m.
draine *ou* **drenne** n.f.
drainer v.t.
draineur, euse adj.
draisienne n.f.
draisine n.f.
drakkar n.m.
Dralon n.m. (nom déposé)
dramatique adj. *et* n.f.
dramatiquement adv.
dramatisant, e adj.
dramatisation n.f.
dramatiser v.t.
dramaturge n.
dramaturgie n.f.
drame n.m.
drap n.m.
drapé n.m.
drapeau n.m.
drapement n.m.
draper v.t.
draperie n.f.
drap-housse n.m. (pl. draps-housses)
drapier, ère adj. *et* n.
drastique adj. *et* n.m.
drave n.f.
draver v.t.
draveur, euse n.
dravidien, enne adj.
dravidien n.m.
drawback [drobak] n.m.
drayage n.m.
drayer v.t.
drayoire n.f. *ou* **drayoir** n.m.
dreadlocks [drɛdlɔks] n.f. pl.
dreadnought [drɛdnɔt] n.m.
drêche n.f.
drège *ou* **dreige** n.f.
drelin ! interj.
drenne *ou* **draine** n.f.
drépanocytose n.f.
drépanornis n.m.
dressage n.m.
dressant n.m.
dresser v.t.
dresseur, euse n.
dressing [drɛsiŋ] n.m.
dressing-room [drɛsiŋrum] n.m. (pl. dressing-rooms)
dressoir n.m.
drève n.f.
dreyfusard, e adj. *et* n.
dribble n.m.
dribbler v.i. *et* t.
dribbleur, euse n.
drift n.m.
drifter [driftœr] n.m.
drill [drij] n.m. (singe)
drille [drij] n.m. (personne); n.f. (outil)
dring ! [driŋ] interj.
dringuelle n.f.
drink [drink] n.m.
drisse n.f.
drive [drajv] n.m.
drive-in [drajvin] n.m. inv.
driver *ou* **driveur** [drajvœr] n.m. (club de golf) ; [drivœr] n.m. (jockey)
driver [drajvœr] n.m. (logiciel)
driver [drajve] v.i. (faire un drive) ; [drive] v.t. (conduire un sulky)
drogman [drɔgmɑ̃] n.m. (pl. drogmans)
drogue n.f.
drogué, e adj. *et* n.
droguer v.t. *et* i.
droguerie n.f.
droguet n.m.
droguiste n.
droit, e adj.
droit adv. ; n.m.
droite n.f.
droitement adv.
droit-fil n.m. (pl. droits-fils)
droitier, ère adj. *et* n.
droitisme n.m.
droitiste adj. *et* n.
droiture n.f.
drolatique adj.
drôle adj. ; adv. ; n.m.
drôlement adv.
drôlerie n.f.
drôlesse n.f.
drôlet, ette adj.
dromadaire n.m.
drome n.f.
drômois, e adj. *et* n.
dromon n.m.
drone n.m.
dronte n.m.
drop n.m. (pl. drops)
droper *ou* **dropper** v.i. ; v.t.
drop-goal [drɔpgol] n.m. (pl. drop-goals)
droppage n.m.
dropper *ou* **droper** v.i. ; v.t.
drosera [drozera] n.m.

drosophile n.f.
drosse n.f.
drosser v.t.
dru, e adj.
dru adv.
drugstore [drœg-] n.m.
druide n.m.
druidique adj.
druidisme n.m.
drumlin [drœmlin] n.m.
drummer [drœmœr] n.m.
drums [drœms] n.m. pl.
drupacé, e adj.
drupe n.f.
druze adj. et n.
dry [draj] adj. inv.
dryade n.f.
dry-farming [drajfarmiŋ] n.m. (pl. dry-farmings)
dryopithèque n.m.
du art. masc. sing. *et* art. partitif
dû, due adj. (pl. dus, dues)
dû n.m. sing.
dual, e, aux adj.
dual n.m. (pl. duaux)
dualiser (se) v.pr.
dualisme n.m.
dualiste adj. *et* n.
dualité n.f.
dubitatif, ive adj.
dubitativement adv.
duc n.m.
ducal, e, aux adj.
ducasse n.f.
ducat n.m.
duc-d'Albe n.m. (pl. ducs-d'Albe)
duce [dutʃe] n.m.
duché n.m.
duché-pairie n.m. (pl. duchés-pairies)
duchesse n.f.
ducroire n.m.
ductile adj.
ductilité n.f.
dudgeon n.m.
dudgeonner v.t.
dudit adj. (pl. desdits)
duègne n.f.
duel, elle adj.
duel n.m.
duelliste n.
duettiste n.
duetto n.m. (pl. duettos)
duffel-coat *ou* **duffle-coat** [dœfəlkot] n.m. (pl. duffel-coats, duffle-coats)
dugong [dygɔ̃g *ou* dygɔ̃] n.m.
duite n.f.
dulçaquicole adj.
dulcicole adj.
dulcification n.f.
dulcifier v.t. (conj. **5**)
dulcinée n.f.
dulcite n.f.
dulie n.f.
dum-dum [dumdum] adj. inv.
dûment adv.
dumper [dœmpœr] n.m.
dumping [dœmpiŋ] n.m.
dune n.f.
dunette n.f.
duo n.m.(pl. duos)
duodécimain, e adj.
duodécimal, e, aux adj.
duodénal, e, aux adj.
duodénite n.f.
duodénum n.m. (pl. duodénums)
duopole n.m.
dupe adj. *et* n.f.
duper v.t.
duperie n.f.
dupeur, euse n.
duplex n.m. inv.
duplexage n.m.
duplexer v.t.
duplicata n.m. (pl. inv. *ou* duplicatas)
duplicate [-kɛt] n.m.
duplicateur n.m.
duplication n.f.
duplicité n.f.
dupliquer v.t.
duquel pron. relat. *et* pron. interr. m. sing. (pl. desquels)
dur, e adj. ; n.
dur adv. ; n.m.
durabilité n.f.
durable adj.
durablement adv.
durain n.m.
dural, e, aux adj.
Duralumin n.m. (nom déposé)
duramen [-mɛn] n.m.
durant prép.
duratif, ive adj.
duratif n.m.
durcir v.t. *et* i.
durcissement n.m.
durcisseur n.m.
dure n.f.
durée n.f.
durement adv.
dure-mère n.f. (pl. dures-mères)
durer v.i.
dureté n.f.
durham [-ram] adj. *et* n.
durillon n.m.
Durit n.f. (nom déposé)
duumvir [dyɔmvir] n.m. (pl. duumvirs)
duumvirat [dyɔm-] n.m.
duvet n.m.
duveter (se) v.pr. (conj. **16**)
duveteux, euse adj.
duxelles n.f.
dyade n.f.
dyadique adj.
dyarchie n.f.
dyke [dik *ou* dajk] n.m.
dynamique adj. ; n.f.
dynamiquement adv.
dynamisant, e adj.
dynamisation n.f.
dynamiser v.t.
dynamisme n.m.
dynamiste adj. *et* n.
dynamitage n.m.
dynamite n.f.
dynamiter v.t.
dynamiteur, euse n.
dynamo n.f. (pl. dynamos)

dynamoélectrique adj.
dynamogène adj.
dynamogénique adj.
dynamomètre n.m.
dynamométrique adj.
dynaste n.m.
dynastie n.f.
dynastique adj.
dyne n.f.
dysarthrie n.f.
dyscalculie n.f.
dyschondroplasie [-kɔ̃-] n.f.
dyschromatopsie [-krɔ-] n.f.
dyschromie [-krɔ-] n.f.
dyscinésie n.f.
dysembryome n.m.
dysembryoplasie n.f.
dysenterie [disɑ̃-] n.f.
dysentérique [disɑ̃-] adj. *et* n.
dysfonctionnement n.m.
dysgénésie n.f.
dysgénésique adj.
dysgénique adj.
dysgraphie n.f.
dysharmonie *ou* **disharmonie** n.f.
dysidrose *ou* **dyshidrose** n.f.
dyskératose n.f.
dyskinésie n.f.
dyslalie n.f.
dyslexie n.f.
dyslexique adj. *et* n.
dysmature adj.
dysménorrhée n.f.
dysmorphie n.f.
dysmorphose n.f.
dysorthographie n.f.
dyspareunie n.f.
dyspepsie n.f.
dyspepsique adj. *et* n.
dyspeptique adj. *et* n.
dysphagie n.f.
dysphasie n.f.
dysphonie n.f.
dysphorie n.f.
dysplasie n.f.
dyspnée n.f.
dyspnéique adj. *et* n.
dyspraxie n.f.
dysprosium n.m. (pl. dysprosiums)
dyssocial, e, aux adj.
dystasie n.f.
dysthymie n.f.
dystocie n.f.
dystocique adj.
dystomie n.f.
dystonie n.f.
dystrophie n.f.
dystrophine n.f.
dystrophique adj. *et* n.
dystrophisation n.f.
dysurie n.f.
dysurique adj. *et* n.
dytique n.m.
dzêta *ou* **zêta** [dzeta] n.m. inv.

e

e n.m. inv.
eau n.f. (pl. eaux)
eau-de-vie n.f. (pl. eaux-de-vie)
eau-forte n.f. (pl. eaux-fortes)
eaux-vannes n.f. pl.
ébahi, e adj.
ébahir v.t.
ébahissement n.m.
ébarbage n.m.
ébarber v.t.
ébarbeur n.m.
ébarbeuse n.f.
ébarboir n.m.
ébarbure n.f.
ébats n.m. pl.
ébattre (s') v.pr. (conj. **63**)
ébaubi, e adj.
ébauchage n.m.
ébauche n.f.
ébaucher v.t.
ébaucheur n.m.
ébauchoir n.m.
ébaudir (s') v.pr.
ébavurage n.m.
ébavurer v.t.
ébénacée n.f.
ébène n.f. ; adj. inv.
ébénier n.m.
ébéniste n.
ébénisterie n.f.
éberlué, e adj.
éberluer v.t.
ébionite n.m.
ébiseler v.t. (conj. **16**)
éblouir v.t.
éblouissant, e adj.
éblouissement n.m.
ébonite n.f.
éborgnage n.m.
éborgnement n.m.
éborgner v.t.
éboueur n.m.
ébouillantage n.m.
ébouillanter v.t.
éboulement n.m.
ébouler v.t.
éboulis n.m.
ébourgeonnage n.m.
ébourgeonnement n.m.
ébourgeonner v.t.
ébouriffage n.m.
ébouriffant, e adj.
ébouriffé, e adj.
ébouriffer v.t.
ébourrer v.t.
ébouter v.t.
ébranchage n.m.
ébranchement n.m.
ébrancher v.t.
ébranchoir n.m.
ébranlement n.m.
ébranler v.t.
ébrasement n.m.
ébraser v.t.
ébrasure n.f.
ébrèchement n.m.
ébrécher v.t. (conj. **11**)
ébréchure n.f.
ébriété n.f.
ébroïcien, enne adj. *et* n.
ébrouement n.m.
ébrouer (s') v.pr.
ébruitement n.m.
ébruiter v.t.
ébulliomètre n.m.
ébulliométrie n.f.
ébullioscope n.m.
ébullioscopie n.f.
ébullition n.f.
éburné, e adj.
éburnéen, enne adj.
écacher v.t.
écaillage n.m.
écaille n.f.
écaillé, e adj.
écailler, ère n.
écailler v.t.
écailleur n.m.
écailleux, euse adj.
écaillure n.f.
écale n.f.
écaler v.t.
écalure n.f.
écang n.m.
écangue n.f.
écanguer v.t.
écarlate adj. *et* n.f.
écarquiller v.t.
écart n.m.
écarté, e adj.
écarté n.m.
écartelé adj.m. *et* n.m.
écartèlement n.m.
écarteler v.t. (conj. **12**)
écartement n.m.
écarter v.t.
écarteur n.m.
écart-type n.m. (pl. écarts-types)
ecballium [ɛkbaljɔm] n.m. (pl. ecballiums)
ecce homo [ɛkseɔmo] n.m. inv.
eccéité [ɛkseite] n.f.
ecchymose [ekimoz] n.f.
ecclésia n.f.
ecclésial, e, aux adj.
ecclésiastique adj. *et* n.m.
ecclésiologie n.f.
ecdysone n.f.
écervelé, e adj. *et* n.
échafaud n.m.

échafaudage n.m.
échafauder v.t. *et* i.
échalas n.m.
échalasser v.t.
échalier n.m.
échalote n.f.
échancré, e adj.
échancrer v.t.
échancrure n.f.
échange n.m.
échangeable adj.
échanger v.t. (conj. **10**)
échangeur n.m.
échangisme n.m.
échangiste n.
échanson n.m.
échantillon n.m.
échantillonnage n.m.
échantillonner v.t.
échantillonneur, euse n.
échantillonneur n.m.
échappatoire n.f.
échappé, e n.
échappé n.m.
échappée n.f.
échappement n.m.
échapper v.i. *et* t. ind. ; v.t.
écharde n.f.
échardonner v.t.
écharnage n.m.
écharner v.t.
écharneuse n.f.
écharnoir n.m.
écharpe n.f.
écharper v.t.
échasse n.f.
échassier n.m.
échauboulure n.f.
échaudage n.m.
échaudé, e adj.
échaudé n.m.
échaudement n.m.
échauder v.t.
échaudoir n.m.
échauffant, e adj.
échauffement n.m.
échauffer v.t.
échauffourée n.f.
échauguette n.f.
èche *ou* **aiche** n.f.
échéance n.f.
échéancier n.m.
échéant, e adj.
échec n.m.
échecs n.m. pl.
échelette n.f.
échelier n.m.
échelle n.f.
échelon n.m.
échelonnement n.m.
échelonner v.t.
échenillage n.m.
écheniller v.t.
échenilloir n.m.
écher *ou* **aicher** (conj. **11**) v.t.
écheveau n.m.
échevelé, e adj.
écheveler v.t. (conj. **16**)
échevette n.f.
échevin, e n.
échevin n.m.
échevinage n.m.
échevinal, e, aux adj.
échevinat n.m.
échidné [ekidne] n.m.
échiffre n.m.
échine n.f.
échiner (s') v.pr.
échinocactus [ekinokaktys] n.m. inv.
échinococcose [ekinokɔkoz] n.f.
échinocoque [eki-] n.m.
échinoderme [eki-] n.m.
échiquéen, enne adj.
échiqueté, e adj.
échiquier n.m.
échiurien n.m.
écho [eko] n.m. (bruit)
échocardiographie [eko-] n.f.
échoencéphalogramme [eko-] n.m.
échographie [eko-] n.f.
échographier [eko-] v.t. (conj. **5**)
échoir v.t. ind. (conj. **56**, auxil. *être* ou *avoir*)
écholalie [eko-] n.f.
écholocalisation [eko-] n.f.
écholocation [eko-] n.f.
échoppe n.f.
échopper v.t.
échosondage [eko-] n.m.
échotier, ère [ekɔ-] n.
échotomographie [eko-] n.f.
échouage n.m.
échouement n.m.
échouer v.t. ; v.i.
écidie n.f.
écimage n.m.
écimer v.t.
éclaboussement n.m.
éclabousser v.t.
éclaboussure n.f.
éclair n.m.; adj. inv.
éclairage n.m.
éclairagisme n.m.
éclairagiste n.
éclairant, e adj.
éclaircie n.f.
éclaircir v.t.
éclaircissage n.m.
éclaircissement n.m.
éclaire n.f.
éclairé, e adj.
éclairement n.m.
éclairer v.t.
éclaireur, euse n.
éclaireur n.m.
éclampsie n.f.
éclamptique adj.
éclat n.m.
éclatant, e adj.
éclaté, e adj.
éclaté n.m.
éclatement n.m.
éclater v.i.
éclateur n.m.
éclectique adj. *et* n.
éclectisme n.m.
éclimètre n.m.
éclipse n.f.
éclipser v.t.
écliptique n.m.
éclisse n.f.
éclisser v.t.

éclogite n.f.
éclopé, e adj. *et* n.
éclore v.i. (conj. **93** ; auxil. *être* ou *avoir*)
écloserie n.f.
éclosion n.f.
éclusage n.m.
écluse n.f.
éclusée n.f.
écluser v.t.
éclusier, ère adj. *et* n.
ecmnésie n.f.
écobilan n.m.
écobuage n.m.
écobuer v.t.
écœurant, e adj.
écœurement n.m.
écœurer v.t.
écoinçon n.m.
écolabel n.m.
écolage n.m.
écolâtre n.m.
école n.f.
écolier, ère n.
écolo adj. *et* n. (pl. écolos)
écologie n.f.
écologique adj.
écologiquement adv.
écologisme n.m.
écologiste adj. *et* n.
écologue n.
écomusée n.m.
éconduire v.t. (conj. **78**)
économat n.m.
économe adj. *et* n.; n.m.
économètre n.
économétricien, enne n.
économétrie n.f.
économétrique adj.
économie n.f.
économique adj. *et* n.m.
économiquement adv.
économiser v.t.
économiseur n.m.
économisme n.m.
économiste n.
écope n.f.
écoper v.t., i. *et* t. ind.
écoperche n.f.
écophase n.f.
écoproduit n.m.
écorçage n.m.
écorce n.f.
écorcer v.t. (conj. **9**)
écorceur, euse n.
écorchage n.m.
écorché, e adj. *et* n.
écorché n.m.
écorchement n.m.
écorcher v.t.
écorcheur n.m.
écorchure n.f.
écorecharge n.f.
écorner v.t.
écornifleur, euse n.
écornure n.f.
écossais, e adj. *et* n.
écossais n.m.
écosser v.t.
écosystème n.m.
écot n.m. (contribution)
écotone n.m.
écotoxicologie n.f.
écotype n.m.
écoulement n.m.
écouler v.t.
écoumène *ou* **œkoumène** n.m.
écourgeon n.m.
écourter v.t.
écoutant, e n.
écoute n.f.
écouter v.t.
écouteur n.m.
écoutille n.f.
écouvillon n.m.
écouvillonner v.t.
écrabouillage n.m.
écrabouillement n.m.
écrabouiller v.t.
écran n.m.
écrasant, e adj.
écrasé, e adj.
écrasement n.m.
écraser v.t. *et* i.
écraseur, euse n.
écrémage n.m.
écrémer v.t. (conj. **11**)
écrémeuse n.f.
écrêtement n.m.
écrêter v.t.
écrevisse n.f.
écrier (s') v.pr. (conj. **5**)
écrin n.m.
écrire v.t. *et* i. (conj. **79**)
écrit, e adj.
écrit n.m.
écriteau n.m.
écritoire n.f.
écriture n.f.
écrivailler v.i.
écrivailleur, euse n.
écrivaillon n.m.
écrivain n.m.
écrivasser v.i.
écrivassier, ère n.
écrou n.m. (pl. écrous)
écrouelles n.f. pl.
écrouer v.t.
écrouir v.t.
écrouissage n.m.
écroulement n.m.
écrouler (s') v.pr.
écroûter v.t.
écru, e adj.
écru n.m.
ecstasy n.m. *ou* f.
ecthyma n.m.
ectoblaste n.m.
ectoblastique adj.
ectoderme n.m.
ectodermique adj.
ectoparasite n.m.
ectopie n.f.
ectoplasme n.m.
ectoprocte n.m.
ectotherme adj.
ectropion n.m.
écu n.m.
écubier n.m.
écueil n.m.
écuelle n.f.
écuisser v.t.
éculé, e adj.
écumage n.m.
écumant, e adj.
écume n.f.
écumer v.t. *et* i.
écumeur n.m.
écumeux, euse adj.

écumoire n.f.
écurer v.t.
écureuil n.m.
écurie n.f.
écusson n.m.
écussonnage n.m.
écussonner v.t.
écussonnoir n.m.
écuyer, ère n.
écuyer n.m.
eczéma [ɛgzema] n.m.
eczémateux, euse [ɛgze-] adj. *et* n.
édam [edam] n.m.
édaphique adj.
edelweiss [edɛlves *ou* edɛlvajs] n.m.
éden [edɛn] n.m.
édénique adj.
édenté, e adj. *et* n.
édenté n.m.
édenter v.t.
édicter v.t.
édicule n.m.
édifiant, e adj.
édification n.f.
édifice n.m.
édifier v.t. (conj. **5**)
édile n.m.
édilitaire adj.
édilité n.f.
édit n.m.
éditer v.t.
éditeur, trice n.
éditeur n.m.
édition n.f.
édito n.m. (pl. éditos)
éditorial, e, aux adj.
éditorial n.m. (pl. éditoriaux)
éditorialiste n.
édredon n.m.
éducable adj.
éducateur, trice adj. ; n.
éducatif, ive adj.
éducation n.f.
éducationnel, elle adj.
édulcorant, e adj.
édulcorant n.m.
édulcoration n.f.
édulcorer v.t.
éduquer v.t.
éfaufiler v.t.
éfendi *ou* **effendi** [efɛndi] n.m.
effaçable adj.
effacé, e adj.
effacement n.m.
effacer v.t. (conj. **9**)
effaceur n.m.
effaner v.t.
effaneuse n.f.
effanure n.f.
effarant, e adj.
effaré, e adj.
effarement n.m.
effarer v.t.
effarouchement n.m.
effaroucher v.t.
effarvatte n.f.
effecteur, trice adj.
effecteur n.m.
effectif, ive adj.
effectif n.m.
effectivement adv.
effectivité n.f.
effectuer v.t.
efféminé, e adj.
efféminé n.m.
efféminer v.t.
effendi *ou* **éfendi** [efɛndi] n.m.
efférent, e adj.
effervescence n.f.
effervescent, e adj.
effet n.m.
effeuillage n.m.
effeuillaison n.f.
effeuillement n.m.
effeuiller v.t.
effeuilles n.f. pl.
effeuilleuse n.f.
efficace adj. ; n.f.
efficacement adv.
efficacité n.f.
efficience n.f.
efficient, e adj.
effigie n.f.
effilage n.m.
effilé, e adj.
effilé n.m.
effilement n.m.
effiler v.t.
effileur, euse n.
effilochage n.m.
effiloche n.f.
effilocher v.t.
effilocheur, euse n.
effilocheuse n.f.
effilochure n.f.
effilure n.f.
efflanqué, e adj.
effleurage n.m.
effleurement n.m.
effleurer v.t.
effloraison n.f.
efflorescence n.f.
efflorescent, e adj.
effluent, e adj.
effluent n.m.
effluve n.m.
effondrement n.m.
effondrer v.t.
efforcer (s') v.pr. (conj. **9**)
effort n.m.
effraction n.f.
effraie n.f.
effranger v.t. (conj. **10**)
effrayant, e adj.
effrayer v.t. (conj. **6**)
effréné, e adj.
effritement n.m.
effriter v.t.
effroi n.m.
effronté, e adj. *et* n.
effrontément adv.
effronterie n.f.
effroyable adj.
effroyablement adv.
effusif, ive adj.
effusion n.f.
éfourceau n.m.
éfrit [efrit] n.m.
égagropile *ou* **ægagropile** [ega-] n.m.
égaiement n.m.
égailler (s') [segaje] v.pr.
égal, e, aux adj. *et* n.
égalable adj.
également adv.

égaler v.t.
égalisateur, trice adj.
égalisation n.f.
égaliser v.t. *et* i.
égaliseur n.m.
égalitaire adj. *et* n.
égalitarisme n.m.
égalité n.f.
égard n.m.
égaré, e adj.
égarement n.m.
égarer v.t.
égayant, e adj.
égayement n.m.
égayer [egeje] v.t. (conj. **6**)
égéen, enne adj.
égérie n.f.
égermer v.t.
égide n.f.
églantier n.m.
églantine n.f.
églefin n.m.
église n.f.
église-halle n.f. (pl. églises-halles)
églogue n.f.
ego n.m. inv.
égocentrique adj. *et* n.
égocentrisme n.m.
égoïne n.f.
égoïsme n.m.
égoïste adj. *et* n.
égoïstement adv.
égorgement n.m.
égorger v.t. (conj. **10**)
égorgeur, euse n.
égosiller (s') v.pr.
égotisme n.m.
égotiste adj. *et* n.
égout n.m.
égoutier n.m.
égouttage n.m.
égouttement n.m.
égoutter v.t.
égouttoir n.m.
égoutture n.f.
égrainage n.m.
égrainer v.t.
égrappage n.m.
égrapper v.t.
égrappoir n.m.
égratigner v.t.
égratignure n.f.
égrenage n.m.
égrener v.t. (conj. **12**)
égreneuse n.f.
égression n.f.
égrillard, e adj.
égrisage n.m.
égrisée n.f. *ou* **égrisé** n.m.
égriser v.t.
égrotant, e adj.
égrugeage n.m.
égrugeoir n.m.
égruger v.t. (conj. **10**)
égueulé, e adj.
égueuler v.t.
égyptien, enne adj. *et* n.
égyptien n.m. sing.
égyptienne n.f.
égyptologie n.f.
égyptologue n.
eh ! interj.
éhonté, e adj.
eider [edɛr] n.m.
eidétique [ɛjde-] adj.
eidétisme [ɛjde-] n.m.
einsteinium [ajnʃtɛnjɔm] n.m. (pl. einsteiniums)
éjaculation n.f.
éjaculatoire adj.
éjaculer v.t. *et* i.
éjectable adj.
éjecter v.t.
éjecteur n.m.
éjection n.f.
éjointer v.t.
Ekta n.m.
Ektachrome n.m. (nom déposé)
élaboration n.f.
élaboré, e adj.
élaborer v.t.
elæis *ou* **éléis** [eleis] n.m.
élagage n.m.
élaguer v.t.
élagueur n.m.
élan n.m. (cerf)
élancé, e adj.
élancement n.m.
élancer v.i. *et* t. (conj. **9**)
éland n.m. (antilope)
élapidé n.m.
élargir v.t.
élargissement n.m.
élasthanne n.m.
élasticimétrie n.f.
élasticité n.f.
élastique adj. ; n.m.
élastomère n.m.
élatéridé n.m.
élavé, e adj.
elbeuf n.m.
elbot n.m.
eldorado n.m. (pl. eldorados)
éléate adj. *et* n.
éléatique adj.
électeur, trice n.
électif, ive adj.
élection n.f.
électivité n.f.
électoral, e, aux adj.
électoralisme n.m.
électoraliste adj.
électorat n.m.
électret n.m.
électricien, enne n.
électricité n.f.
électrification n.f.
électrifier v.t. (conj. **5**)
électrique adj.
électriquement adv.
électrisable adj.
électrisant, e adj.
électrisation n.f.
électriser v.t.
électroacoustique adj. *et* n.f.
électroaffinité n.f.
électroaimant n.m.
électrobiogenèse n.f.
électrobiologie n.f.
électrocapillarité n.f.
électrocardiogramme n.m.
électrocardiographe n.m.

électrocardiographie n.f.
électrocautère n.m.
électrochimie n.f.
électrochimique adj.
électrochoc n.m.
électrocinèse n.f.
électrocinétique n.f.
électrocoagulation n.f.
électrocopie n.f.
électrocuter v.t.
électrocution n.f.
électrode n.f.
électrodéposition n.f.
électrodermal, e, aux adj.
électrodiagnostic n.m.
électrodialyse n.f.
électrodomestique adj. *et* n.m.
électrodynamique adj. *et* n.f.
électrodynamomètre n.m.
électroencéphalogramme n.m.
électroencéphalographie n.f.
électroérosion n.f.
électrofaible adj.
électroformage n.m.
électrogène adj.
électrolocalisation n.f.
électrolocation n.f.
électrologie n.f.
électroluminescence n.f.
électroluminescent, e adj.
électrolysable adj.
électrolyse n.f.
électrolyser v.t.
électrolyseur n.m.
électrolyte n.m.
électrolytique adj.
électromagnétique adj.
électromagnétisme n.m.
électromécanicien, enne n.
électromécanique adj. *et* n.f.
électroménager, ère adj.
électroménager n.m.
électroménagiste n.
électrométallurgie n.f.
électromètre n.m.
électrométrie n.f.
électromoteur, trice adj.
électromyogramme n.m.
électromyographie n.f.
électron n.m.
électronégatif, ive adj.
électronicien, enne n.
électronique adj. ; n.f.
électroniquement adv.
électronogramme n.m.
électronographie n.f.
électronucléaire adj. *et* n.m.
électronvolt n.m.
électro-osmose n.f. (pl. électro-osmoses)
électrophile adj.
électrophone n.m.
électrophorèse n.f.
électrophysiologie n.f.
électroponcture *ou* **électropuncture** [-pɔ̃k-] n.f.
électroportatif, ive adj.
électropositif, ive adj.
électropuncture *ou* **électroponcture** [-pɔ̃k-] n.f.
électroradiologie n.f.
électroradiologiste n.
électrorétinogramme n.m.
électroscope n.m.
électrostatique adj. *et* n.f.
électrostriction n.f.
électrotechnicien, enne n.
électrotechnique adj. *et* n.f.
électrothérapie n.f.
électrothermie n.f.
électrotropisme n.m.
électrovalence n.f.
électrovalve n.f.
électrovanne n.f.
électrum n.m. (pl. électrums)
électuaire n.m.
élégamment adv.
élégance n.f.
élégant, e adj. *et* n.
élégiaque adj. *et* n.
élégie n.f.
élégir v.t.
éléis *ou* **elæis** [eleis] n.m.
élément n.m.
élémentaire adj.
éléphant n.m.
éléphantesque adj.
éléphantiasique adj. *et* n.
éléphantiasis [-tjazis] n.m.
éléphantin, e adj.
élevage n.m.
élévateur, trice adj.
élévateur n.m.
élévation n.f.
élévatoire adj.
élève n.
élevé, e adj.
élever v.t. (conj. **12**)
éleveur, euse n.
élevon n.m.
elfe n.m.
élider v.t.
éligibilité n.f.
éligible adj.
élimé, e adj.
éliminateur, trice adj.
élimination n.f.
éliminatoire adj. *et* n.f.
éliminer v.t.
élinde n.f.
élingue n.f.
élinguer v.t.
élire v.t. (conj. **86**)
élisabéthain, e adj.
élision n.f.
élitaire adj.
élite n.f.
élitisme n.m.
élitiste adj. *et* n.
élixir n.m.

elle pron. pers. f. sing. (pl. elles)
ellébore *ou* **hellébore** n.m.
ellipse n.f.
ellipsoïdal, e, aux adj.
ellipsoïde n.m.
elliptique adj.
elliptiquement adv.
élocution n.f.
élodée *ou* **hélodée** n.f.
éloge n.m.
élogieusement adv.
élogieux, euse adj.
éloigné, e adj.
éloignement n.m.
éloigner v.t.
élongation n.f.
élonger v.t. (conj. **10**)
éloquemment adv.
éloquence n.f.
éloquent, e adj.
élu, e n.
éluant n.m.
élucidation n.f.
élucider v.t.
élucubration n.f.
élucubrer v.t.
éluder v.t.
éluer v.t.
élusif, ive adj.
élution n.f.
éluvial, e, aux adj.
éluvion n.f.
élyséen, enne adj.
élytre n.m.
elzévir n.m.
elzévirien, enne adj.
émaciation n.f.
émacié, e adj.
émaciement n.m.
émacier v.t. (conj. **5**)
émail n.m. (pl. émaux [objet d'art] *ou* émails [des dents])
e-mail [imɛl] n.m. (pl. e-mails)
émaillage n.m.
émailler v.t.
émaillerie n.f.
émailleur, euse n.
émaillure n.f.
émanation n.f.
émancipateur, trice adj.
émancipation n.f.
émancipé, e adj. *et* n.
émanciper v.t.
émaner v.t. ind.
émargement n.m.
émarger v.t. *et* t. ind. (conj. **10**)
émasculation n.f.
émasculer v.t.
émaux n.m. pl.
embâcle n.m.
emballage n.m.
emballement n.m.
emballer v.t.
emballeur, euse n.
embarbouiller v.t.
embarcadère n.m.
embarcation n.f.
embardée n.f.
embardoufler v.t.
embargo n.m. (pl. embargos)
embarquement n.m.
embarquer v.t. *et* i.
embarras n.m.
embarrassant, e adj.
embarrassé, e adj.
embarrasser v.t.
embarrer (s') v.pr.
embarrure n.f.
embase n.f.
embastiller v.t.
embattage n.m.
embattre v.t.
embauchage n.m.
embauche n.f.
embaucher v.t.
embauchoir n.m.
embaumement n.m.
embaumer v.t. ; v.i.
embaumeur n.m.
embéguiner v.t.
embellie n.f.
embellir v.t. *et* i.
embellissement n.m.
emberlificoter v.t.
emberlificoteur, euse n.
embêtant, e adj.
embêtement n.m.
embêter v.t.
embiellage n.m.
emblavage n.m.
emblave n.f.
emblavement n.m.
emblaver v.t.
emblavure n.f.
emblée (d') loc. adv.
emblématique adj.
emblème n.m.
embobeliner v.t.
embobiner v.t.
emboîtable adj.
emboîtage n.m.
emboîtement n.m.
emboîter v.t.
emboîture n.f.
embole n.m.
embolie n.f.
embolisation n.f.
embolus n.m. inv.
embonpoint n.m.
embossage n.m.
embosser v.t.
embossure n.f.
embouage n.m.
embouche n.f.
embouché, e adj.
emboucher v.t.
embouchoir n.m.
embouchure n.f.
embouer v.i.
embouquement n.m.
embouquer v.i. *et* t.
embourber v.t.
embourgeoisement n.m.
embourgeoiser v.t.
embourrer v.t.
embourrure n.f.
embout n.m.
embouteillage n.m.
embouteiller v.t.
emboutir v.t.
emboutissage n.m.
emboutisseur, euse n.
emboutisseuse n.f.
embranchement n.m.

embrancher v.t.
embraquer v.t.
embrasement n.m.
embraser v.t.
embrassade n.f.
embrasse n.f.
embrassé, e adj.
embrassé n.m.
embrassement n.m.
embrasser v.t.
embrasseur, euse n.
embrasure n.f.
embrayage n.m.
embrayer v.t. ; v.t. ind. (conj. **6**)
embrayeur n.m.
embrèvement n.m.
embrever v.t. (conj. **12**)
embrigadement n.m.
embrigader v.t.
embringuer v.t.
embrocation n.f.
embrochement n.m.
embrocher v.t.
embrouillage n.m.
embrouillamini n.m.
embrouille n.f.
embrouillement n.m.
embrouiller v.t.
embroussailler v.t.
embruiné, e adj.
embrumer v.t.
embrun n.m.
embryocardie n.f.
embryogenèse n.f.
embryogénie n.f.
embryogénique adj.
embryologie n.f.
embryologique adj.
embryologiste n.
embryon n.m.
embryonnaire adj.
embryopathie n.f.
embryoscopie n.f.
embu, e adj.
embu n.m.
embûche n.f.
embuer v.t.
embuscade n.f.
embusqué n.m.
embusquer v.t.
embuvage n.m.
éméché, e adj.
émécher v.t. (conj. **11**)
émeraude n.f.; adj. inv. *et* n.m.
émergé, e adj.
émergement n.m.
émergence n.f.
émergent, e adj.
émerger v.i. (conj. **10**)
émeri n.m.
émerillon n.m.
émerillonné, e adj.
émeriser v.t.
éméritat n.m.
émérite adj.
émersion n.f.
émerveillement n.m.
émerveiller v.t.
émétine n.f.
émétique adj. *et* n.m.
émétisant, e adj.
émetteur, trice adj. *et* n.
émetteur n.m.
émetteur-récepteur n.m. (pl. émetteurs-récepteurs)
émettre v.t. (conj. **64**)
émeu n.m. (pl. émeus)
émeute n.f.
émeutier, ère n.
émiettement n.m.
émietter v.t.
émigrant, e adj. *et* n.
émigration n.f.
émigré, e adj. *et* n.
émigrer v.i.
émilien, enne adj. *et* n.
émincé n.m.
émincer v.t. (conj. **9**)
éminemment adv.
éminence n.f.
éminent, e adj.
émir n.m.
émirat n.m.
émissaire adj.m. ; n.m.
émissif, ive adj.
émission n.f.
émissole n.f.
emmagasinage n.m.
emmagasinement n.m.
emmagasiner v.t.
emmaillotement n.m.
emmailloter v.t.
emmanchement n.m.
emmancher v.t.
emmanchure n.f.
emmarchement n.m.
emmêlement n.m.
emmêler v.t.
emménagement n.m.
emménager v.i. (conj. **10**)
emménagogue [eme-] adj. *et* n.m.
emmener v.t. (conj. **12**)
emmenthal *ou* **emmental** [emɛ̃- *ou* emɑ̃-]n.m. (pl. emmentals, emmenthals)
emmerdant, e adj.
emmerde n.m. *ou* f.
emmerdement n.m.
emmerder v.t.
emmerdeur, euse n.
emmétrope [eme-] adj. *et* n.
emmétropie [eme-] n.f.
emmieller v.t.
emmitoufler v.t.
emmotté, e adj.
emmouscailler v.t.
emmurer v.t.
émoi n.m.
émollient, e adj.
émollient n.m.
émolument n.m.
émonctoire n.m.
émondage n.m.
émonder v.t.
émondes n.f. pl.
émondeur, euse n.
émondoir n.m.
émorfilage n.m.
émorfiler v.t.
émotif, ive adj. *et* n.
émotion n.f.
émotionnable adj.
émotionnant, e adj.
émotionnel, elle adj.

émotionner v.t.
émotivité n.f.
émottage n..m.
émottement n.m.
émotter v.t.
émotteur n.m.
émotteuse n.f.
émou n.m. (pl. émous)
émouchet n.m.
émouchette n.f.
émouchoir n.m.
émoulu, e adj.
émousser v.t.
émoustillant, e adj.
émoustiller v.t.
émouvant, e adj.
émouvoir v.t. (conj. **42**)
empaillage n.m.
empaillé, e adj. *et* n.
empaillement n.m.
empailler v.t.
empailleur, euse n.
empalement n.m.
empaler v.t.
empalmer v.t.
empan n.m.
empanacher v.t.
empannage n.m.
empanner v.i.
empaquetage n.m.
empaqueter v.t. (conj. **16**)
emparer (s') v.pr.
empâté, e adj.
empâtement n.m.
empâter v.t. (mettre de la pâte)
empathie n.f.
empathique adj.
empattement n.m.
empatter v.t. (en menuiserie)
empaumer v.t.
empaumure n.f.
empêché, e adj.
empêchement n.m.
empêcher v.t.
empêcheur, euse n.
empeigne n.f.
empennage n.m.
empenne n.f.
empenner v.t.
empereur n.m.
emperler v.t.
empesage n.m.
empesé, e adj.
empeser v.t.
empester v.t. *et* i.
empêtré, e adj.
empêtrer v.t.
emphase n.f.
emphatique adj.
emphatiquement adv.
emphysémateux, euse adj. *et* n.
emphysème n.m.
emphytéose n.f.
emphytéote n.
emphytéotique adj.
empiècement n.m.
empierrement n.m.
empierrer v.t.
empiétement *ou* **empiètement** n.m.
empiéter v.i. (conj. **11**)
empiffrer (s') v.pr.
empilable adj.
empilage n.m.
empile n.f.
empilement n.m.
empiler v.t.
empileur, euse n.
empire n.m.
empirer v.i.
empiriocriticisme n.m.
empirique adj.
empiriquement adv.
empirisme n.m.
empiriste adj. *et* n.
emplacement n.m.
emplafonner v.t.
emplanture n.f.
emplâtre n.m.
emplette n.f.
emplir v.t.
emplissage n.m.
emploi n.m.
employable adj.
employé, e n.
employer v.t. (conj. **7**)
employeur, euse n.
emplumer v.t.
empocher v.t.
empoignade n.f.
empoigne n.f.
empoigner v.t.
empointure n.f.
empois n.m.
empoise n.f.
empoisonnant, e adj.
empoisonnement n.m.
empoisonner v.t.
empoisonneur, euse n.
empoissonnement n.m.
empoissonner v.t.
emporium n.m. (pl. emporiums *ou* emporia)
emport n.m.
emporté, e adj. *et* n.
emportement n.m.
emporte-pièce n.m. (pl. inv. *ou* emporte-pièces)
emporter v.t.
emposieu n.m. (pl. emposieus)
empotage n.m.
empoté, e adj. *et* n.
empoter v.t.
empourprer v.t.
empoussiérer v.t. (conj. **11**)
empreindre v.t. (conj. **62**)
empreinte n.f.
empressé, e adj.
empressement n.m.
empresser (s') v.pr.
emprésurer v.t.
emprise n.f.
emprisonnement n.m.
emprisonner v.t.
emprunt n.m.
emprunté, e adj.
emprunter v.t.
emprunteur, euse n.
empuantir v.t.
empuantissement n.m.
empuse n.f.
empyème n.m.
empyrée n.m.
empyreumatique adj.

empyreume n.m.
ému, e adj.
émulateur n.m.
émulation n.f.
émule n.
émuler v.t.
émulseur n.m.
émulsif, ive adj.
émulsif n.m.
émulsifiable adj.
émulsifiant, e adj.
émulsifiant n.m.
émulsifier v.t. (conj. **5**)
émulsine n.f.
émulsion n.f.
émulsionnable adj.
émulsionnant, e adj.
émulsionnant n.m.
émulsionner v.t. (conj. **3**)
en prép. ; adv. ; pron. pers. inv.
enamourer (s') [sɑ̃na-] *ou* **énamourer (s')** v.pr.
énanthème n.m.
énantiomère n.m.
énantiomorphe adj.
énantiotrope adj.
énarchie n.f.
énarque n.
énarthrose n.f.
en-avant n.m. inv.
en-but [ɑ̃by *ou* ɑ̃byt] n.m. inv.
encabanage n.m.
encabaner v.t.
encablure n.f.
encadré n.m.
encadrement n.m.
encadrer v.t.
encadreur, euse n.
encagement n.m.
encager v.t. (conj. **10**)
encagoulé, e adj. *et* n.
encaissable adj.
encaissage n.m.
encaissant, e adj.
encaissant n.m.
encaisse n.f.
encaissé, e adj.
encaissement n.m.
encaisser v.t.
encaisseur n.m.
encalminé, e adj.
encan n.m.
encanaillement n.m.
encanailler (s') v.pr.
encapuchonner v.t.
encaquement n.m.
encaquer v.t.
encart n.m.
encartage n.m.
encarter v.t.
encarteuse n.f.
encartouché, e adj.
en-cas *ou* **encas** n.m. inv.
encaserner v.t.
encasteler (s') v.pr. (conj. **12**)
encastelure n.f.
encastrable adj.
encastrement n.m.
encastrer v.t.
encaustiquage n.m.
encaustique n.f.
encaustiquer v.t.
encavage n.m.
encavement n.m.
encaver v.t.
encaveur, euse n.
enceindre v.t. (conj. **62**)
enceinte adj.f. ; n.f.
enceinter v.t.
encens n.m.
encensement n.m.
encenser v.t. *et* i.
encenseur, euse n.
encensoir n.m.
encépagement n.m.
encéphale n.m.
encéphaline n.f.
encéphalique adj.
encéphalite n.f.
encéphalogramme n.m.
encéphalographie n.f.
encéphalomyélite n.f.
encéphalopathie n.f.
encerclement n.m.
encercler v.t.
enchaîné n.m.
enchaînement n.m.
enchaîner v.t. *et* i.
enchanté, e adj.
enchantement n.m.
enchanter v.t.
enchanteur, eresse adj. ; n.
enchâssement n.m.
enchâsser v.t.
enchâteler v.t. (conj. **12**)
enchausser v.t.
enchemiser v.t.
enchère n.f.
enchérir v.i.
enchérissement n.m.
enchérisseur, euse n.
enchevaucher v.t.
enchevauchure n.f.
enchevêtrement n.m.
enchevêtrer v.t.
enchevêtrure n.f.
enchifrené, e adj.
enclave n.f.
enclavement n.m.
enclaver v.t.
enclenche n.f.
enclenchement n.m.
enclencher v.t.
enclencheur n.m.
enclin, e adj.
encliquetage n.m.
encliqueter v.t. (conj. **16**)
enclise n.f.
enclitique adj. *et* n.m.
enclore v.t. (conj. **93**)
enclos n.m.
enclosure n.f.
enclouage n.m.
enclouer v.t.
enclouure n.f.
enclume n.f.
encochage n.m.
encoche n.f.
encochement n.m.
encocher v.t.
encodage n.m.
encoder v.t.
encodeur n.m.
encoignure [ɑ̃kɔɲyr *ou* ɑ̃kwaɲyr] n.f.

encollage n.m.
encoller v.t.
encolleur, euse n.
encolleuse n.f.
encolure n.f.
encombrant, e adj.
encombre n.m.
encombré, e adj.
encombrement n.m.
encombrer v.t.
encomienda [ɛnkɔmjɛnda] n.f.
encontre de (à l') loc. prép.
encoprésie n.f.
encoprétique adj. *et* n.
encorbellement n.m.
encorder (s') v.pr.
encore adv.
encorné, e adj.
encorner v.t.
encornet n.m.
encouble n.f.
encoubler (s') v.pr.
encourageant, e adj.
encouragement n.m.
encourager v.t. (conj. **10**)
encourir v.t. (conj. **33**)
en-cours *ou* **encours** n.m. inv.
encrage n.m.
encrassement n.m.
encrasser v.t.
encre n.f.
encrer v.t.
encreur adj.m.
encrier n.m.
encrine n.f.
encroué, e adj.
encroûté, e adj.
encroûtement n.m.
encroûter v.t.
encuvage n.m.
encuver v.t.
encyclique adj. *et* n.f.
encyclopédie n.f.
encyclopédique adj.
encyclopédisme n.m.
encyclopédiste n.
endéans prép.
en-dehors n.m. inv.
endémicité n.f.
endémie n.f.
endémique adj.
endémoépidémie n.f.
endentement n.m.
endenter v.t.
endettement n.m.
endetter v.t.
endeuiller v.t.
endêver v.i.
endiablé, e adj.
endiabler v.i.
endiguement n.m.
endiguer v.t.
endimancher (s') v.pr.
endive n.f.
endivisionner v.t.
endoblaste n.m.
endoblastique adj.
endocarde n.m.
endocardite n.f.
endocarpe n.m.
endocrine adj.
endocrinien, enne adj.
endocrinologie n.f.
endocrinologiste n.
endocrinologue n.
endoctrinement n.m.
endoctriner v.t.
endoderme n.m.
endodermique adj.
endodontie [-si] n.f.
endogame adj. *et* n.
endogamie n.f.
endogamique adj.
endogé, e adj.
endogène adj.
endolorir v.t.
endolorissement n.m.
endomètre n.m.
endométriome n.m.
endométriose n.f.
endométrite n.f.
endommagement n.m.
endommager v.t. (conj. **10**)
endomorphine n.f.
endomorphisme n.m.
endoparasite adj. *et* n.m.
endoplasme n.m.
endoplasmique adj.
endoréique adj.
endoréisme n.m.
endormant, e adj.
endormeur, euse n.
endormi, e adj.
endormir v.t. (conj. **25**)
endormissement n.m.
endorphine n.f.
endos [ɑ̃do] n.m.
endoscope n.m.
endoscopie n.f.
endoscopique adj.
endosmose n.f.
endosperme n.m.
endossable adj.
endossataire n.
endossement n.m.
endosser v.t.
endosseur n.m.
endothélial, e, aux adj.
endothélium n.m. (pl. endothéliums)
endotherme adj.
endothermique adj.
endotoxine n.f.
endroit n.m.
enduction n.f.
enduire v.t. (conj. **78**)
enduit n.m.
endurable adj.
endurance n.f.
endurant, e adj.
endurci, e adj.
endurcir v.t.
endurcissement n.m.
endurer v.t.
enduro n.m. ; n.f. (pl. enduros)
endymion n.m.
en effet loc. conj. ; loc. adv.
énéma n.m.
énéolithique adj. *et* n.m.
énergéticien, enne n.
énergétique adj. *et* n.f.
énergie n.f.
énergique adj.
énergiquement adv.

énergisant, e adj.
énergisant n.m.
énergivore adj.
énergumène n.
énervant, e adj.
énervation n.f.
énervé, e adj. *et* n.
énervement n.m.
énerver v.t.
enfaîteau n.m.
enfaîtement n.m.
enfaîter v.t.
enfance n.f.
enfant adj. *et* n.
enfantement n.m.
enfanter v.t.
enfantillage n.m.
enfantin, e adj.
enfariné, e adj.
enfariner v.t.
enfer n.m.
enfermement n.m.
enfermer v.t.
enferrer v.t.
enfeu n.m. (pl. enfeus)
enfichable adj.
enficher v.t.
enfieller v.t.
enfiévrer v.t. (conj. **11**)
enfilade n.f.
enfilage n.m.
enfiler v.t.
enfileur, euse n.
enfin adv.
enflammé, e adj.
enflammer v.t.
enflé, e n.
enfléchure n.f.
enfler v.t. *et* i.
enfleurage n.m.
enfleurer v.t.
enflure n.f.
enfoiré, e n.
enfoncé, e adj.
enfoncement n.m.
enfoncer v.t. *et* i. (conj. **9**)
enfonceur, euse n.
enfonçure n.f.
enfouir v.t.
enfouissement n.m.
enfouisseur n.m.
enfourchement n.m.
enfourcher v.t.
enfourchure n.f.
enfournage n.m.
enfournement n.m.
enfourner v.t.
enfreindre v.t. (conj. **62**)
enfuir (s') v.pr. (conj. **24**)
enfumage n.m.
enfumer v.t.
enfûtage n.m.
enfutailler v.t.
enfûter v.t.
engagé, e adj. ; n.
engageant, e adj.
engagement n.m.
engager v.t. (conj. **10**)
engainant, e adj.
engainer v.t.
engamer v.t.
engane n.f.
engazonnement n.m.
engazonner v.t.
engeance n.f.
engelure n.f.
engendrement n.m.
engendrer v.t.
engerbage n.m.
engerber v.t.
engin n.m.
engineering [ɛndʒiniriŋ *ou* ɛnʒiniriŋ] n.m.
englober v.t.
engloutir v.t.
engloutissement n.m.
engluage n.m.
engluement n.m.
engluer v.t.
engobage n.m.
engobe n.m.
engober v.t.
engommage n.m.
engommer v.t.
engoncer v.t. (conj. **9**)
engorgement n.m.
engorger v.t. (conj. **10**)
engouement n.m.
engouer (s') v.pr.
engouffrement n.m.
engouffrer v.t.
engoulevent n.m.
engourdir v.t.
engourdissement n.m.
engrais n.m.
engraissage n.m.
engraissement n.m.
engraisser v.t. *et* i.
engraisseur, euse n.
engramme n.m.
engrangement n.m.
engranger v.t. (conj. **10**)
engraver v.t.
engravure n.f.
engrêlé, e adj.
engrêlure n.f.
engrenage n.m.
engrènement n.m.
engrener v.t. ; v.i. (conj. **12**)
engreneur n.m.
engreneuse n.f.
engrenure n.f.
engrois *ou* **angrois** n.m.
engrosser v.t.
engueulade n.f.
engueuler v.t.
enguichure n.f.
enguirlander v.t.
enhardir v.t.
enharmonie n.f.
enharmonique adj.
enharnacher v.t.
enherber v.t.
énième adj. *et* n.
énigmatique adj.
énigmatiquement adv.
énigme n.f.
enivrant, e [ɑ̃ni-] adj.
enivrement [ɑ̃ni-] n.m.
enivrer [ɑ̃ni-] v.t.
enjambée n.f.
enjambement n.m.
enjamber v.t. *et* i.
enjaveler v.t. (conj. **16**)
enjeu n.m. (pl. enjeux)
enjoindre v.t. (conj. **62**)
enjôlement n.m.
enjôler v.t.
enjôleur, euse adj. *et* n.

enjolivement n.m.
enjoliver v.t.
enjoliveur, euse n.
enjoliveur n.m.
enjolivure n.f.
enjoué, e adj.
enjouement n.m.
enjuguer v.t.
enképhaline n.f.
enkysté, e adj.
enkystement n.m.
enkyster (s') v.pr.
enlacement n.m.
enlacer v.t. (conj. **9**)
enlaçure n.f.
enlaidir v.t. *et* i.
enlaidissement n.m.
enlevage n.m.
enlevé, e adj.
enlèvement n.m.
enlever v.t. (conj. **12**)
enliasser v.t.
enlier v.t. (conj. **5**)
enlisement n.m.
enliser v.t.
enluminer v.t.
enlumineur, euse n.
enluminure n.f.
ennéade [ɛnead] n.f.
ennéagonal, e, aux [ɛnea-] adj.
ennéagone [ɛnea-] adj. *et* n.m.
enneigé, e adj.
enneigement n.m.
enneiger v.t. (conj. **10**)
ennemi, e [ɛn-] adj. *et* n.
ennoblir v.t.
ennoblissement n.m.
ennoiement n.m.
ennoyage n.m.
ennoyer v.t. (conj. **7**)
ennuager v.t. (conj. **10**)
ennui n.m.
ennuyant, e adj.
ennuyer v.t. (conj. **7**)
ennuyeux, euse adj.
énol n.m.
énolate n.m.
énoncé n.m.
énoncer v.t. (conj. **9**)
énonciatif, ive adj.
énonciation n.f.
énophtalmie n.f.
enorgueillir [ɑ̃nɔrgœjir] v.t.
énorme adj.
énormément adv.
énormité n.f.
énouer v.t.
enquérir (s') v.pr. (conj. **27**)
enquerre (à) loc. adj.
enquête n.f.
enquêté, e n.
enquêter v.i.
enquêteur, euse *ou* **trice** n.
enquiquinant, e adj.
enquiquinement n.m.
enquiquiner v.t.
enquiquineur, euse n.
enracinement n.m.
enraciner v.t.
enragé, e adj. *et* n.
enrageant, e adj.
enrager v.i. (conj. **10**)
enragés n.m. pl.
enraiement n.m.
enrayage n.m.
enrayement n.m.
enrayer v.t. (conj. **6**)
enrayoir n.m.
enrayure n.f.
enrégimenter v.t.
enregistrable adj.
enregistrement n.m.
enregistrer v.t.
enregistreur, euse adj.
enregistreur n.m.
enrênement n.m.
enrêner v.t.
enrésinement n.m.
enrhumer v.t.
enrichi, e adj.
enrichir v.t.
enrichissant, e adj.
enrichissement n.m.
enrobage n.m.
enrobé, e adj.
enrobé n.m.
enrobement n.m.
enrober v.t.
enrobeuse n.f.
enrochement n.m.
enrocher v.t.
enrôlé n.m.
enrôlement n.m.
enrôler v.t.
enrôleur n.m.
enroué, e adj.
enrouement n.m.
enrouer v.t.
enroulable adj.
enroulement n.m.
enrouler v.t.
enrouleur, euse adj.
enrouleur n.m.
enrubannage n.m.
enrubanner v.t.
ensablement n.m.
ensabler v.t.
ensachage n.m.
ensacher v.t.
ensacheur, euse n.
ensacheuse n.f.
ensaisinement n.m.
ensaisiner v.t.
ensanglanter v.t.
enseignant, e adj. *et* n.
enseignant-chercheur n.m. (pl. enseignants-chercheurs)
enseigne n.f. ; n.m.
enseigné, e n.
enseignement n.m.
enseigner v.t.
ensellé, e adj.
ensellement n.m.
ensellure n.f.
ensemble n.m. ; adv.
ensemblier n.m.
ensembliste adj.
ensemencement n.m.
ensemencer v.t. (conj. **9**)
enserrer v.t.
ensevelir v.t.
ensevelissement n.m.
ensiforme adj.
ensilage n.m.

ensiler v.t.
ensileuse n.f.
ensimage n.m.
en-soi n.m. inv.
ensoleillé, e adj.
ensoleillement n.m.
ensoleiller v.t.
ensommeillé, e adj.
ensorcelant, e adj.
ensorceler v.t. (conj. **16**)
ensorceleur, euse adj. *et* n.
ensorcellement n.m.
ensoufrer v.t.
ensouple n.f.
ensuite adv.
ensuivre (s') v.pr. (conj. **69**)
ensuqué, e adj.
entablement n.m.
entabler v.t.
entablure n.f.
entaché, e adj.
entacher v.t.
entaillage n.m.
entaille n.f.
entailler v.t.
entame n.f.
entamer v.t.
entartrage n.m.
entartrer v.t.
entassement n.m.
entasser v.t.
ente n.f.
enté, e adj.
entéléchie n.f.
entelle n.m.
entendement n.m.
entendeur n.m.
entendre v.t. (conj. **59**)
entendu, e adj.
enténébrer v.t. (conj. **11**)
entente n.f.
enter v.t.
entéralgie n.f.
entérinement n.m.
entériner v.t.
entérique adj.
entérite n.f.
entérobactérie n.f.
entérocolite n.f.
entérocoque n.m.
entérokinase n.f.
entéropneuste n.m.
entéro-rénal, e, aux adj.
entérovaccin n.m.
entérovirus n.m. inv.
enterrement n.m.
enterrer v.t.
entêtant, e adj.
en-tête n.m. (pl. en-têtes)
entêté, e adj. *et* n.
entêtement n.m.
entêter v.t.
enthalpie n.f.
enthousiasmant, e adj.
enthousiasme n.m.
enthousiasmer v.t.
enthousiaste adj. *et* n.
enthymème n.m.
entichement n.m.
enticher (s') v.pr.
entier, ère adj.
entier n.m.
entièrement adv.
entièreté n.f.
entité n.f.
entoilage n.m.
entoiler v.t.
entoir n.m.
entôlage n.m.
entôler v.t.
entôleur, euse n.
entolome n.m.
entomologie n.f.
entomologique adj.
entomologiste n.
entomophage adj.
entomophile adj.
entomostracé n.m.
entonnage n.m.
entonnaison n.f.
entonnement n.m.
entonner v.t.
entonnoir n.m.
entorse n.f.
entortillage n.m.
entortillement n.m.
entortiller v.t.
entour n.m.
entourage n.m.
entourer v.t.
entourloupe n.f.
entourloupette n.f.
entournure n.f.
entracte n.m.
entraide n.f.
entraider (s') v.pr.
entrailles n.f.pl.
entr'aimer (s') v.pr.
entrain n.m.
entraînable adj.
entraînant, e adj.
entraînement n.m.
entraîner v.t.
entraîneur, euse n.
entraîneuse n.f.
entrait n.m.
entrant, e adj. *et* n.
entr'apercevoir *ou* **entrapercevoir** v.t. (conj. **39**)
entrave n.f.
entravé, e adj.
entraver v.t. *et* i.
entre prép.
entrebâillement n.m.
entrebâiller v.t.
entrebâilleur n.m.
entre-bande n.f. (pl. entre-bandes)
entrechat n.m.
entrechoquement n.m.
entrechoquer v.t.
entrecolonnement n.m.
entrecôte n.f.
entrecoupé, e adj.
entrecouper v.t.
entrecroisement n.m.
entrecroiser v.t.
entrecuisse n.m.
entre-déchirer (s') v.pr.
entre-deux n.m. inv.
entre-deux-guerres n.f. inv. *ou* m. inv.
entre-dévorer (s') v.pr.
entrée n.f.
entrée-sortie *ou* **entrée/sortie** n.f. (pl. entrées-sorties, entrées/sorties)

entrefaites n.f. pl.
entrefenêtre n.m.
entrefer [-fɛr] n.m.
entrefilet n.m.
entregent n.m.
entr'égorger (s') v.pr. (conj. **10**)
entre-haïr (s') v.pr. (conj. **22**)
entre-heurter (s') v.pr.
entrejambe n.m. *ou* **entrejambes** *ou* **entre-jambes** n.m. inv.
entrelacement n.m.
entrelacer v.t. (conj. **9**)
entrelacs n.m.
entrelardé, e adj.
entrelarder v.t.
entremêlement n.m.
entremêler v.t.
entremets n.m.
entremetteur, euse n.
entremettre (s') v.pr. (conj. **64**)
entremise n.f.
entre-nœud n.m. (pl. entre-nœuds)
entrepont n.m.
entreposage n.m.
entreposer v.t.
entreposeur n.m.
entrepositaire n.
entrepôt n.m.
entreprenant, e adj.
entreprendre v.t. (conj. **61**)
entrepreneur, euse n.
entrepreneurial, e, aux adj.
entreprise n.f.
entrer v.i. (auxil. *être*) *et* v.t. (auxil. *avoir*)
entre-rail n.m. (pl. entre-rails)
entresol] n.m.
entresolé, e adj.
entretailler (s') v.pr.
entre-temps adv.
entretenir v.t. (conj. **28**)
entretenu, e adj.
entretien n.m.
entre-tisser v.t.
entretoise n.f.
entretoisement n.m.
entretoiser v.t.
entre-tuer (s') v.pr.
entrevoie n.f.
entrevoir v.t. (conj. **48**)
entrevous n.m.
entrevue n.f.
entrisme n.m.
entriste adj. *et* n.
entropie n.f.
entropion n.m.
entroque n.m.
entrouvert, e adj.
entrouvrir v.t. (conj. **23**)
entuber v.t.
enturbanné, e adj.
enture n.f.
énucléation n.f.
énucléer v.t.
énumérable adj.
énumératif, ive adj.
énumération n.f.
énumérer v.t. (conj. **11**)
énuquer (s') v.pr.
énurésie n.f.
énurétique adj. *et* n.
envahir v.t.
envahissant, e adj.
envahissement n.m.
envahisseur n.m.
envasement n.m.
envaser v.t.
enveloppant, e adj.
enveloppe n.f.
enveloppé n.m.
enveloppée n.f.
enveloppement n.m.
envelopper v.t.
envenimation n.f.
envenimé, e adj.
envenimement n.m.
envenimer v.t.
envergeure *ou* **enverjure** [-ʒyr] n.f.
enverguer v.t.
envergure n.f.
enverjure *ou* **envergeure** [-ʒyr] n.f.
envers prép. ; n.m.
envi (à l') loc. adv.
enviable adj.
envie n.f.
envier v.t. (conj. **5**)
envieusement adv.
envieux, euse adj. *et* n.
enviné, e adj.
environ adv.
environnant, e adj.
environnement n.m.
environnemental, e, aux adj.
environnementaliste adj. *et* n.
environner v.t.
environs n.m. pl.
envisageable adj.
envisager v.t. (conj. **10**)
envoi n.m.
envol n.m.
envolée n.f.
envoler (s') v.pr.
envoûtant, e adj.
envoûtement n.m.
envoûter v.t.
envoûteur, euse n.
envoyé, e n.
envoyer v.t. (conj. **19**)
envoyeur, euse n.
enzootie n.f.
enzymatique adj.
enzyme n.f. *ou* m.
enzymologie n.f.
enzymopathie n.f.
éocène adj. *et* n.m.
éolien, enne adj. ; n.
éolienne n.f.
éolipile *ou* **éolipyle** n.m.
éolithe n.m.
éon n.m.
éonisme n.m.
éosine n.f.
éosinophile adj. *et* n.m.
éosinophilie n.f.
épacte n.f.
épagneul, e n.
épair n.m.
épais, aisse adj.
épais adv.

épaisseur n.f.
épaissir v.t. *et* i.
épaississant, e adj.
épaississant n.m.
épaississement n.m.
épaississeur n.m.
épamprage n.m.
épamprement n.m.
épamprer v.t.
épanchement n.m.
épancher v.t.
épandage n.m.
épandeur n.m.
épandeuse n.f.
épandre v.t. (conj. **59**)
épanneler v.t. (conj. **16**)
épanoui, e adj.
épanouir v.t.
épanouissant, e adj.
épanouissement n.m.
épar *ou* **épart** n.m.
éparchie n.f.
épargnant, e adj. *et* n.
épargne n.f.
épargner v.t.
éparpillement n.m.
éparpiller v.t.
éparque n.m.
épars, e adj.
épart *ou* **épar** n.m.
éparvin n.m.
épatamment adv.
épatant, e adj.
épate n.f.
épaté, e adj.
épatement n.m.
épater v.t.
épaufrer v.t.
épaufrure n.f.
épaulard n.m.
épaule n.f.
épaulé, e adj.
épaulé n.m.
épaulée n.f.
épaulé-jeté n.m. (pl. épaulés-jetés)
épaulement n.m.
épauler v.t. ; v.i.
épaulette n.f.
épaulière n.f.
épave n.f.
épaviste n.
épeautre n.m.
épée n.f.
épeiche n.f.
épeichette n.f.
épeire n.f.
épéisme n.m.
épéiste n.
épeler v.t. (conj. **16**)
épellation n.f.
épendyme n.m.
épenthèse [epɛ̃tɛz] n.f.
épenthétique [epɛ̃te-] adj.
épépiner v.t.
éperdu, e adj.
éperdument adv.
éperlan n.m.
éperon n.m.
éperonner v.t.
épervier n.m.
épervière n.f.
épervin n.m.
épeurer v.t.
éphèbe n.m.
éphébie n.f.
éphédra n.m.
éphédrine n.f.
éphélide n.f.
éphémère adj. ; n.m.
éphéméride n.f.
éphod [efɔd] n.m.
éphorat n.m.
éphore n.m. (magistrat)
épi n.m.
épiage n.m.
épiaire n.m.
épiaison n.f.
épicanthus n.m. inv.
épicarpe n.m.
épice n.f.
épicé, e adj.
épicéa n.m.
épicène adj.
épicentre n.m.
épicer v.t. (conj. **9**)
épicerie n.f.
épicier, ère n.
épiclèse n.f.
épicondyle n.m.
épicondylite n.f.
épicontinental, e, aux adj.
épicrânien, enne adj.
épicurien, enne adj. *et* n.
épicurisme n.m.
épicycle n.m.
épicycloïdal, e, aux adj.
épicycloïde n.f.
épidémicité n.f.
épidémie n.f.
épidémiologie n.f.
épidémiologique adj.
épidémiologiste n.
épidémique adj.
épiderme n.m.
épidermique adj.
épidermomycose n.f.
épidiascope n.m.
épididyme n.m.
épididymite n.f.
épidote n.f.
épidural, e, aux adj.
épier v.i. ; v.t. (conj. **5**)
épierrage n.m.
épierrement n.m.
épierrer v.t.
épierreur n.m.
épieu n.m. (pl. épieux)
épieur, euse n.
épigastre n.m.
épigastrique adj.
épigé, e adj.
épigenèse n.f.
épigénie n.f.
épiglotte n.f.
épigone n.m.
épigrammatique adj.
épigramme n.f. ; n.m.
épigraphe n.f.
épigraphie n.f.
épigraphique adj.
épigraphiste n.
épigyne adj. *et* n.f.
épilateur n.m.
épilation n.f.
épilatoire adj. *et* n.m.
épilepsie n.f.
épileptiforme adj.

épileptique adj. *et* n.
épileptoïde adj.
épiler v.t.
épileur, euse n.
épillet n.m.
épilobe n.m.
épilogue n.m.
épiloguer v.i.
épimaque n.m.
épinard n.m.
épincer v.t.
épinceter v.t. (conj. **16**)
épine n.f.
épinette n.f.
épineurien, enne adj.
épineurien n.m.
épineux, euse adj.
épineux n.m. inv.
épine-vinette n.f. (pl. épines-vinettes)
épinglage n.m.
épingle n.f.
épinglé, e adj.
épinglé n.m.
épingler v.t.
épinglette n.f.
épinglier, ère n.
épinier n.m.
épinière adj.f.
épinoche n.f.
épinochette n.f.
épipaléolithique adj. *et* n.m.
épipélagique adj.
épiphane adj.
Épiphanie n.f.
épiphénomène n.m.
épiphénoménisme n.m.
épiphénoméniste adj. *et* n.
épiphyse n.f.
épiphysite n.f.
épiphyte adj. *et* n.m.
épiphytie n.f.
épiploon n.m.
épique adj.
épirogenèse n.f.
épirogénique adj.
épirote adj. *et* n.
épisclérite n.f.
épiscopal, e, aux adj.
épiscopalien, enne adj. *et* n.
épiscopalisme n.m.
épiscopat n.m.
épiscope n.m.
épisiotomie n.f.
épisode n.m.
épisodique adj.
épisodiquement adv.
épispadias [-djas] n.m.
épisser v.t.
épissoir n.m. *ou*
épissoire n.f.
épissure n.f.
épistasie n.f.
épistate n.m.
épistaxis [-ksis] n.f.
épistémê n.f.
épistémologie n.f.
épistémologique adj.
épistémologiste n.
épistémologue n.
épistolaire adj.
épistolier, ère n.
épistyle n.m.
épitaphe n.f.
épitaxie n.f.
épithalame n.m.
épithélial, e, aux adj.
épithélialisation n.f.
épithélioma n.m.
épithélioneurien n.m.
épithélium n.m. (pl. épithéliums)
épithète n.f.
épitoge n.f.
épitomé n.m.
épître n.f.
épizootie n.f.
épizootique adj.
éploré, e adj.
éployer v.t. (conj. **7**)
épluchage n.m.
épluche-légumes n.m. inv.
éplucher v.t.
épluchette n.f.
éplucheur, euse n.
éplucheur n.m.
éplucheuse n.f.
épluchure n.f.
épode n.f.
épointage n.m.
épointement n.m.
épointer v.t.
époisses n.m.
éponge n.f.
épongeage n.m.
éponger v.t. (conj. **10**)
éponte n.f.
épontille n.f.
éponyme adj.
éponymie n.f.
épopée n.f.
époque n.f.
épouillage n.m.
épouiller v.t.
époumoner (s') v.pr.
épousailles n.f. pl.
épouse n.f.
épousée n.f.
épouser v.t.
épouseur n.m.
époussetage n.m.
épousseter v.t. (conj. **16**)
époustouflant, e adj.
époustoufler v.t.
épouvantable adj.
épouvantablement adv.
épouvantail n.m. (pl. épouvantails)
épouvante n.f.
épouvanter v.t.
époux, épouse n.
époux n.m. pl.
époxy adj. inv. *et* n.m. (pl. époxys)
époxyde n.m.
époxydique adj.
épreindre v.t. (conj. **62**)
épreintes n.f. pl.
éprendre (s') v.pr. (conj. **61**)
épreuve n.f.
épris, e adj.
éprouvant, e adj.
éprouvé, e adj.
éprouver v.t.
éprouvette n.f.

epsilon [ɛpsilɔn] n.m. inv.
epsomite n.f.
épucer v.t. (conj. **9**)
épuisable adj.
épuisant, e adj.
épuisé, e adj.
épuisement n.m.
épuiser v.t.
épuisette n.f.
épulide n.f.
épulie n.f.
épulis [epylis] n.m.
épulon n.m.
épulpeur n.m.
épurateur n.m.
épuratif, ive adj.
épuration n.f.
épuratoire adj.
épure n.f.
épurement n.m.
épurer v.t.
épurge n.f.
épyornis *ou* **æpyornis** [epjɔrnis] n.m.
équanimité [ekwa-] n.f.
équarrir v.t.
équarrissage n.m.
équarrissement n.m.
équarrisseur n.m.
équateur [ekwa-] n.m.
équation [ekwa-] n.f.
équatorial, e, aux adj.
équatorial n.m.
équatorien, enne adj. *et* n.
équerrage n.m.
équerre n.f.
équestre adj.
équeutage n.m.
équeuter v.t.
équiangle [ekɥi-] adj.
équidé [ekide *ou* ekɥide] n.m.
équidistance [ekɥi-] n.f.
équidistant, e [ekɥi-] adj.
équilatéral, e, aux [ekɥi-] adj.
équilatère [ekɥi-] adj.
équilibrage n.m.
équilibrant, e adj.
équilibration n.f.
équilibre n.m.
équilibré, e adj.
équilibrer v.t.
équilibreur n.m.
équilibriste n.
équille n.f.
équimolaire [ekɥi-] adj.
équimoléculaire [ekɥi-] adj.
équin, ine adj.
équinisme n.m.
équinoxe n.m.
équinoxial, e, aux adj.
équipage n.m.
équipartition [ekɥi-] n.f.
équipe n.f.
équipée n.f.
équipement n.m.
équipementier n.m.
équiper v.t.
équipier, ère n.
équipollé *ou* **équipolé** adj.m.
équipollence n.f.
équipollent, e adj.
équipotence [ekɥi-] n.f.
équipotent [ekɥi-] adj.m.
équipotentiel, elle [ekɥi-] adj.
équiprobable [ekɥi-] adj.
équisétale [ekɥi-] n.f.
équisétophyte [ekɥi-] n.m.
équitable adj.
équitablement adv.
équitant, e adj.
équitation n.f.
équité n.f.
équivalence n.f.
équivalent, e adj.
équivalent n.m.
équivaloir v.t. ind. (conj. **46**)
équivoque adj. ; n.f.
équivoquer v.i.
érable n.m.
érablière n.f.
éradication n.f.
éradiquer v.t.
éraflement n.m.
érafler v.t.
éraflure n.f.
éraillé, e adj.
éraillement n.m.
érailler v.t.
éraillure n.f.
érathème n.m.
erbium n.m. (pl. **erbiums**)
ère n.f.
érecteur, trice adj.
érectile adj.
érectilité n.f.
érection n.f.
éreintage n.m.
éreintant, e adj.
éreintement n.m.
éreinter v.t.
éreinteur, euse adj. *et* n.
érémiste n.
érémitique adj.
érémitisme n.m.
érepsine n.f.
érésipèle n.m.
éréthisme n.m.
éreutophobie n.f.
erg n.m.
ergastoplasme n.m.
ergastule n.m.
ergatif n.m.
ergocalciférol n.m.
ergographe n.m.
ergol n.m.
ergologie n.f.
ergomètre n.m.
ergométrie n.f.
ergonome n.
ergonomie n.f.
ergonomique adj.
ergonomiste n.
ergostérol n.m.
ergot n.m.
ergotage n.m.
ergotamine n.f.
ergoté, e adj.
ergoter v.i.
ergoterie n.f.
ergoteur, euse adj. *et* n.
ergothérapeute n.
ergothérapie n.f.

ergotine n.f.
ergotisme n.m.
éricacée n.f.
ériger v.t. (conj. **10**)
érigéron n.m.
érigne n.f.
érine n.f.
éristale n.m.
éristique adj. *et* n.f.
erlenmeyer [ɛrlɛnmɛjœr] n.m.
erminette *ou* **herminette** n.f.
ermitage n.m.
ermite n.m.
éroder v.t.
érogène adj.
éros [eros] n.m.
érosif, ive adj.
érosion n.f.
érotique adj.
érotiquement adv.
érotisant, e adj.
érotisation n.f.
érotiser v.t.
érotisme n.m.
érotogène adj.
érotologie n.f.
érotologique adj.
érotologue adj. *et* n.
érotomane n.
érotomaniaque adj.
érotomanie n.f.
erpétologie *ou* **herpétologie** n.f.
erpétologique *ou* **herpétologique** adj.
erpétologiste *ou* **herpétologiste** n.
errance n.f.
errant, e adj.
errata n.m. pl.
erratique adj.
erratum [-tɔm] n.m. (pl. errata)
erre n.f. (vitesse)
errements n.m. pl.
errer v.i.
erreur n.f.
erroné, e adj.
ers [ɛr] n.m.
ersatz [ɛrzats] n.m. inv.
erse adj. ; n.m. sing. ; n.f.
erseau n.m.
érubescent, e adj.
éruciforme adj.
érucique adj.
éructation n.f.
éructer v.i. *et* t.
érudit, e adj. *et* n.
érudition n.f.
érugineux, euse adj.
éruptif, ive adj.
éruption n.f.
érysipélateux, euse adj. *et* n.
érysipèle n.m.
érythémateux, euse adj.
érythème n.m.
érythrasma n.m.
érythréen, enne adj. *et* n.
érythrine n.f.
érythroblaste n.m.
érythroblastose n.f.
érythrocytaire adj.
érythrocyte n.m.
érythrodermie n.f.
érythromycine n.f.
érythrophobie n.f.
érythropoïèse n.f.
érythropoïétine n.f.
érythrose n.f.
érythrosine n.f.
ès prép.
esbigner (s') v.pr.
esbroufe n.f.
esbroufer v.t.
esbroufeur, euse n.
escabeau n.m.
escabèche n.f.
escabelle n.f.
escadre n.f.
escadrille n.f.
escadron n.m.
escalade n.f.
escalader v.t.
Escalator n.m. (nom déposé)
escale n.f.
escalier n.m.
escalope n.f.
escaloper v.t.
escamotable adj.
escamotage n.m.
escamoter v.t.
escamoteur, euse n.
escampette n.f.
escapade n.f.
escarbille n.f.
escarbot n.m.
escarboucle n.f.
escarcelle n.f.
escargot n.m.
escargotière n.f.
escarmouche n.f.
escarpe n.f. ; n.m.
escarpé, e adj.
escarpement n.m.
escarpin n.m.
escarpolette n.f.
escarre *ou* **esquarre** n.f. (pièce d'écu)
escarre *ou* **eschare** [ɛskar] n.f. (nécrose)
escarrification n.f.
escarrifier v.t.
eschare *ou* **escarre** [ɛskar] n.f. (nécrose)
eschatologie n.f.
eschatologique adj.
esche [ɛsk] n.f.
escher [ɛske] v.t.
escient n.m.
esclaffer (s') v.pr.
esclandre n.m.
esclavage n.m.
esclavagisme n.m.
esclavagiste adj. *et* n.
esclave adj. *et* n.
esclavon, onne adj. *et* n.
escobar n.m.
escogriffe n.m.
escomptable [-kɔ̃ta-] adj.
escompte [-kɔ̃t] n.m.
escompter [-kɔ̃te] v.t.
escompteur adj.m. *et* n.m.
escopette n.f.
escorte n.f.
escorter v.t.
escorteur n.m.

escot n.m.
escouade n.f.
escourgeon n.m.
escrime n.f.
escrimer (s') v.pr.
escrimeur, euse n.
escroc n.m.
escroquer v.t.
escroquerie n.f.
escudo [-ku-] n.m. (pl. escudos)
esculape n.m.
esculine n.f.
ésérine n.f.
esgourde n.f.
eskimo adj. inv. *ou* **esquimau, aude** adj. (pl. esquimaux, audes)
eskimo *ou* **esquimau** n.m. sing.
eskuara [eskwara] n.m. sing.
eskuarien, enne [eskwa-] adj. *et* n.
ésotérique adj.
ésotérisme n.m.
espace n.m. ; n.f.
espacement n.m.
espacer v.t. (conj. **9**)
espace-temps n.m. (pl. espaces-temps)
espadon n.m.
espadrille n.f.
espagnol, e adj. *et* n.
espagnol n.m. sing.
espagnolette n.f.
espalier n.m.
espar n.m.
esparcet n.m.
esparcette n.f.
espèce n.f.
espérance n.f.
espérantiste adj. *et* n.
espéranto n.m. sing.
espérer v.t. *et* t. ind. (conj. **11**)
esperluette n.f.
espiègle adj. *et* n.
espièglerie n.f.
espingole n.f.
espion, onne n.
espion n.m.
espionite *ou* **espionnite** n.f.
espionnage n.m.
espionner v.t.
espionnite *ou* **espionite** n.f.
esplanade n.f.
espoir n.m.
esponton n.m.
espressivo adv.
esprit n.m.
esquarre *ou* **escarre** n.f. (pièce d'écu)
esquicher v.t.
esquif n.m.
esquille n.f.
esquimau, aude adj. (pl. esquimaux, audes) *ou* **eskimo** adj. inv.
esquimau *ou* **eskimo** n.m. sing.
Esquimau n.m. (nom déposé)
esquimau-aléoute adj. (pl. esquimaux-aléoutes)
esquimautage n.m.
esquintant, e adj.
esquinter v.t.
esquire [ɛskwajr] n.m.
esquisse n.f.
esquisser v.t.
esquive n.f.
esquiver v.t.
essai n.m.
essaim n.m.
essaimage n.m.
essaimer v.i.
essartage n.m.
essartement n.m.
essarter v.t.
essarts n.m. pl.
essayage n.m.
essayer v.t. (conj. **6**)
essayeur, euse n.
essayiste n.
esse n.f.
essence n.f.
essencerie n.f.
essénien, enne adj. *et* n.
essentialisme n.m.
essentialiste adj. *et* n.
essentiel, elle adj.
essentiel n.m.
essentiellement adv.
esseulé, e adj.
essieu n.m. (pl. essieux)
essonnien, enne adj. *et* n.
essor n.m.
essorage n.m.
essorer v.t.
essoreuse n.f.
essoriller v.t.
essouchage n.m.
essouchement n.m.
essoucher v.t.
essoufflement n.m.
essouffler v.t.
essuie n.m.
essuie-glace n.m. (pl. essuie-glaces)
essuie-mains n.m. inv.
essuie-pieds n.m. inv.
essuie-tout n.m. inv.
essuie-verres n.m. inv. *ou* **essuie-verre** (pl. essuie-verres)
essuyage n.m.
essuyer v.t. (conj. **7**)
essuyeur, euse n.
est [ɛst] adj. inv. *et* n.m. inv. (orient)
establishment [ɛstabliʃmɛnt] n.m.
estacade n.f.
estafette n.f.
estafier n.m.
estafilade n.f.
estagnon n.m.
est-allemand, e [ɛsta-] adj. (pl. est-allemands, es)
estaminet n.m.
estampage n.m.
estampe n.f.
estamper v.t.
estampeur, euse n.
estampillage n.m.
estampille n.f.
estampiller v.t.
estancia n.f.
est-ce que adv. interr.

este n.m. sing. (estonien)
ester v.i. (seulem. inf.)
ester [ɛstɛr] n.m.
estérase n.f.
estérification n.f.
estérifier v.t. (conj. **5**)
esterlin n.m.
esthésie n.f.
esthète adj. *et* n.
esthéticien, enne n.
esthétique adj. *et* n.f.
esthétiquement adv.
esthétisant, e adj.
esthétiser v.i. ; v.t.
esthétisme n.m.
estimable adj.
estimateur n.m.
estimatif, ive adj.
estimation n.f.
estimatoire adj.
estime n.f.
estimer v.t.
estivage n.m.
estival, e, aux adj.
estivant, e n.
estivation n.f.
estive n.f.
estiver v.t. *et* i.
estoc [ɛstɔk] n.m.
estocade n.f.
estomac [-ma] n.m.
estomaquer v.t.
estompage n.m.
estompe n.f.
estompement n.m.
estomper v.t.
estonien, enne adj. *et* n.
estonien n.m. sing.
estoppel n.m.
estoquer v.t.
estouffade n.f.
estourbir v.t.
estrade n.f.
estradiot n.m.
estragon n.m.
estramaçon n.m.
estran n.m.
estrapade n.f.
estrapasser v.t.
estrogène *ou*
œstrogène [ɛs-] adj. *et* n.m.
estrope n.f.
estropié, e adj. *et* n.
estropier v.t. (conj. **5**)
estuaire n.m.
estuarien, enne adj.
estudiantin, e adj.
esturgeon n.m.
et conj.
êta n.m. inv. (lettre grecque)
établable n.f.
établer v.t.
établi, e adj.
établi n.m.
établir v.t.
établissement n.m.
étage n.m.
étagement n.m.
étager v.t. (conj. **10**)
étagère n.f.
étagiste n.m.
étai n.m.
étaiement *ou*
étayement n.m.
étain n.m.
étal n.m. (pl. étals *ou* étaux) [table]
étalage n.m.
étalager v.t. (conj. **10**)
étalagiste n.
étale adj. ; n.m. (stabilité de la mer)
étalement n.m.
étaler v.t.
étalier, ère adj. *et* n.
étalinguer v.t.
étalingure n.f.
étalon n.m.
étalonnage n.m.
étalonnement n.m.
étalonner v.t.
étamage n.m.
étambot n.m.
étambrai n.m.
étamer v.t.
étameur n.m.
étamine n.f.
étampage n.m.
étampe n.f.
étamper v.t.
étamperche *ou*
étemperche n.f.
étampeur n.m.
étampure n.f.
étamure n.f.
étanche adj.
étanchéité n.f.
étanchement n.m.
étancher v.t.
étançon n.m.
étançonnement n.m.
étançonner v.t.
étang n.m. (eau)
étant n.m. (être)
étant donné loc. prép.
étant donné que loc. conj.
étape n.f.
étarquer v.t.
état n.m.
étatique adj.
étatisation n.f.
étatiser v.t.
étatisme n.m.
étatiste adj. *et* n.
état-major n.m. (pl. états-majors)
états-unien, enne adj. *et* n. (pl. états-uniens, états-uniennes)
étau n.m. (pl. étaux)
étau-limeur n.m. (pl. étaux-limeurs)
étayage n.m.
étayement *ou*
étaiement n.m.
étayer v.t. (conj. **6**)
et cetera *ou* **et cætera** [ɛtsetera] loc. adv.
été n.m.
éteignoir n.m.
éteindre v.t. (conj. **62**)
éteint, e adj.
étemperche *ou*
étamperche n.f.
étendage n.m.
étendard n.m.
étenderie n.f.
étendoir n.m.
étendre v.t. (conj. **59**)

étendu, e adj.
étendue n.f.
éternel, elle adj.
Éternel n.m. sing.
éternellement adv.
éterniser v.t.
éternité n.f.
éternuement n.m.
éternuer v.i.
étésien adj.m.
étêtage n.m.
étêtement n.m.
étêter v.t.
éteuf n.m.
éteule n.f.
éthanal n.m. (pl. éthanals)
éthane n.m.
éthanoïque adj.
éthanol n.m.
éther n.m.
éthéré, e adj.
éthérification n.f.
éthérifier v.t. (conj. **5**)
éthériser v.t.
éthéromane adj. *et* n.
éthéromanie n.f.
éther-sel n.m. (pl. éthers-sels)
éthionamide n.m.
éthiopien, enne adj. *et* n.
éthiopien n.m. sing.
éthique adj. (moral) *et* n.f.
ethmoïdal, e, aux adj.
ethmoïde n.m.
ethnarchie n.f.
ethnarque n.m.
ethnie n.f.
ethnique adj.
ethnobiologie n.f.
ethnocentrique adj.
ethnocentrisme n.m.
ethnocide n.m.
ethnogenèse n.f.
ethnographe n.
ethnographie n.f.
ethnographique adj.
ethnolinguistique adj. *et* n.f.
ethnologie n.f.
ethnologique adj.
ethnologue n.
ethnométhodologie n.f.
ethnomusicologie n.f.
ethnonyme n.m.
ethnopsychiatrie n.f.
ethnopsychologie n.f.
éthogramme n.m.
éthologie n.f.
éthologique adj.
éthologue n.
ethos [etɔs] n.m.
éthuse *ou* **æthuse** [etyz] n.f.
éthylamine n.f.
éthyle n.m.
éthylène n.m.
éthylénique adj.
éthylique adj. *et* n.
éthylisme n.m.
éthylomètre n.m.
éthylotest [-tɛst] n.m.
étiage n.m.
étier n.m.
étincelage n.m.
étincelant, e adj.
étinceler v.i. (conj. **16**)
étincelle n.f.
étincellement n.m.
étiolement n.m.
étioler v.t.
étiologie n.f.
étiologique adj.
étiopathe n.
étiopathie n.f.
étique adj. (maigre)
étiquetage n.m.
étiqueter v.t. (conj. **16**)
étiqueteur, euse n.
étiqueteuse n.f.
étiquette n.f.
étirable adj.
étirage n.m.
étirement n.m.
étirer v.t.
étoc [etɔk] n.m.
étoffe n.f.
étoffé, e adj.
étoffer v.t.
étoile n.f.
étoilé, e adj.
étoile-d'argent n.f. (pl. étoiles-d'argent)
étoilement n.m.
étoiler v.t.
étole n.f.
étolien, enne adj. *et* n.
étonnamment adv.
étonnant, e adj.
étonnement n.m.
étonner v.t.
étouffade n.f.
étouffage n.m.
étouffant, e adj.
étouffé, e adj.
étouffe-chrétien n.m. inv.
étouffée n.f.
étouffement n.m.
étouffer v.t. *et* i.
étouffoir n.m.
étoupe n.f.
étouper v.t.
étoupille n.f.
étoupiller v.t.
étourderie n.f.
étourdi, e adj. *et* n.
étourdiment adv.
étourdir v.t.
étourdissant, e adj.
étourdissement n.m.
étourneau n.m.
étrange adj.
étrangement adv.
étranger, ère adj. *et* n.
étranger n.m.
étrangeté n.f.
étranglé, e adj.
étranglement n.m.
étrangler v.t.
étrangleur, euse adj. ; n.
étrangloir n.m.
étrave n.f.
être v.i. (auxil. *avoir*); n.m. (pl. êtres) [personne]
étrécir v.t.
étreindre v.t. (conj. **62**)
étreinte n.f.
être-là n.m. inv.
étrenne n.f.
étrenner v.t. *et* i.

êtres n.m. pl. (en construction)
étrésillon n.m.
étrésillonnement n.m.
étrésillonner v.t.
étrier n.m.
étrille n.f.
étriller v.t.
étripage n.m.
étriper v.t.
étriqué, e adj.
étriquer v.t.
étrive n.f.
étrivière n.f.
étroit, e adj.
étroitement adv.
étroitesse n.f.
étron n.m.
étrusque adj. *et* n.
étrusque n.m. sing.
étude n.f.
étudiant, e adj. *et* n.
étudié, e adj.
étudier v.t. (conj. **5**)
étui n.m.
étuvage n.m.
étuve n.f.
étuvée (à l') loc. adv. *et* loc. adj.
étuvement n.m.
étuver v.t.
étymologie n.f.
étymologique adj.
étymologiquement adv.
étymologiste n.
étymon n.m.
eubactérie n.f.
eucalyptol n.m.
eucalyptus n.m. inv.
eucaride n.m.
eucaryote adj. *et* n.m.
eucharistie [-ka-] n.f.
eucharistique [-ka-] adj.
euclidien, enne adj.
eucologe n.m.
eudémis [-mis] n.m.
eudémonisme n.m.
eudiomètre n.m.
eudiométrie n.f.
eudiométrique adj.
eudiste n.m.
eugénate n.m.
eugénique adj. *et* n.f.
eugénisme n.m.
eugéniste n.
eugénol n.m.
euglène n.f.
euh ! interj.
eumène n.m.
eumycète n.m.
eunecte n.m.
eunuque n.m.
eupatoire n.f.
eupatride n.
eupeptique adj. *et* n.m.
euphausiacé n.m.
euphémique adj.
euphémisme n.m.
euphonie n.f.
euphonique adj.
euphoniquement adv.
euphorbe n.f.
euphorbiacée n.f.
euphorie n.f.
euphorique adj.
euphorisant, e adj.
euphorisant n.m.
euphoriser v.t.
euphotique adj.
euphraise n.f.
euphuisme n.m.
euplectelle n.f.
eupraxique adj.
eurafricain, e adj.
eurasiatique adj.
eurasien, enne adj. *et* n.
eurêka ! interj.
euro n.m.
eurobanque n.f.
eurocentrisme n.m.
eurocity n.m.
eurocommunisme n.m.
eurocommuniste adj. *et* n.
eurocrate n.
eurodéputé n.m.
eurodevise n.f.
eurodollar n.m.
eurodroite n.f.
eurofranc n.m.
euromarché n.m.
euromissile n.m.
euromonnaie n.f.
euro-obligation n.f. (pl. euro-obligations)
européanisation n.f.
européaniser v.t.
européen, enne adj. *et* n.
européennes n.f. pl.
européocentrisme n.m.
europium n.m. (pl. europiums)
eurosceptique adj. *et* n.
eurostratégie n.f.
euryhalin, e adj.
euryhalinité n.f.
eurytherme adj.
eurythermie n.f.
eurythmie n.f.
eurythmique adj.
euscarien, enne *ou*
euskarien, enne adj. *et* n.
euskara n.m. sing.
euskarien, enne adj. *et* n.
euskera n.m. sing.
euskérien, enne adj. *et* n.
eustache n.m.
eustatique adj.
eustatisme n.m.
eusthenopteron n.f.
eutectique adj.
eutexie n.f.
euthanasie n.f.
euthanasier v.t. (conj. **5**)
euthanasique adj.
euthérien n.m.
eutocie n.f.
eutocique adj.
eutrophisation n.f.
eux pron. pers. masc. pl.
évacuateur, trice adj.
évacuateur n.m.
évacuation n.f.
évacué, e adj. *et* n.
évacuer v.t.
évadé, e adj. *et* n.
évader (s') v.pr.
évagination n.f.
évaluable adj.
évaluateur n.m.

évaluatif, ive adj.
évaluation n.f.
évaluer v.t.
évanescence n.f.
évanescent, e adj.
évangéliaire n.m.
évangélique adj.
évangéliquement adv.
évangélisateur, trice adj. *et* n.
évangélisation n.f.
évangéliser v.t.
évangélisme n.m.
évangéliste n.m.
évangile n.m.
évanouir (s') v.pr.
évanouissement n.m.
évaporable adj.
évaporateur n.m.
évaporation n.f.
évaporatoire adj.
évaporé, e adj. *et* n.
évaporer v.t.
évaporite n.f.
évapotranspiration n.f.
évasé, e adj.
évasement n.m.
évaser v.t.
évasif, ive adj.
évasion n.f.
évasivement adv.
évasure n.f.
évêché n.m.
évection n.f.
éveil n.m.
éveillé, e adj.
éveiller v.t.
éveilleur, euse n.
éveinage n.m.
événement *ou* **évènement** n.m.
événementiel, elle *ou* **évènementiel, elle** adj.
événementiel *ou* **évènementiel** n.m.
évent n.m.
éventail n.m. (pl. éventails)
éventaire n.m.
éventé, e adj.
éventer v.t.
éventration n.f.
éventrer v.t.
éventreur n.m.
éventualité n.f.
éventuel, elle adj.
éventuellement adv.
évêque n.m.
éversion n.f.
évertuer (s') v.pr.
évhémérisme n.m.
éviction n.f.
évidage n.m.
évidement n.m.
évidemment adv.
évidence n.f.
évident, e adj.
évider v.t.
évidure n.f.
évier n.m.
évincement n.m.
évincer v.t. (conj. **9**)
éviscération n.f.
éviscérer v.t. (conj. **11**)
évitable adj.
évitage n.m.
évitement n.m.
éviter v.t. *et* i.
évocable adj.
évocateur, trice adj.
évocateur n.m.
évocation n.f.
évocatoire adj.
évoé ! *ou* **évohé !** interj.
évolué, e adj. *et* n.
évoluer v.i.
évolutif, ive adj.
évolution n.f.
évolutionnisme n.m.
évolutionniste adj. *et* n.
évolutivité n.f.
évoquer v.t.
evzone n.m.
ex n. inv.
ex abrupto loc. adv.
exacerbation n.f.
exacerber v.t.
exact, e [ɛgzakt *ou* ɛgza, akt] adj.
exactement adv.
exacteur n.m.
exaction n.f.
exactitude n.f.
ex aequo [ɛgzeko] adj. inv. *et* loc. adv. ; n. inv.
exagération n.f.
exagéré, e adj.
exagérément adv.
exagérer v.t. *et* i. (conj. **11**)
exaltant, e adj.
exaltation n.f.
exalté, e adj. *et* n.
exalter v.t.
examen n.m.
examinateur, trice n.
examiner v.t.
ex ante [ɛksɑ̃te] loc. adj.
exanthématique adj.
exanthème n.m.
exarchat [-ka] n.m.
exarque n.m.
exaspérant, e adj.
exaspération n.f.
exaspérer v.t. (conj. **11**)
exaucement n.m.
exaucer v.t. (conj. **9**)
ex cathedra [ɛkskatedra] loc. adv.
excavateur n.m.
excavation n.f.
excavatrice n.f.
excaver v.t.
excédant, e adj.
excédent n.m.
excédentaire adj.
excéder v.t. (conj. **11**)
excellemment adv.
excellence n.f.
excellent, e adj.
exceller v.i.
excentration n.f.
excentré, e adj.
excentrer v.t.
excentricité n.f.
excentrique adj. *et* n. ; n.m.
excentriquement adv.
excepté, e adj.
excepté prép.

excepter v.t.
exception n.f.
exceptionnel, elle adj.
exceptionnellement adv.
excès n.m.
excessif, ive adj.
excessivement adv.
exciper v.t. ind.
excipient n.m.
excise n.f.
exciser v.t.
excision n.f.
excitabilité n.f.
excitable adj.
excitant, e adj.
excitant n.m.
excitateur, trice n.
excitation n.f.
excitatrice n.f.
excité, e adj. *et* n.
exciter v.t.
exclamatif, ive adj.
exclamatif n.m.
exclamation n.f.
exclamative n.f.
exclamer (s') v.pr.
exclu, e adj. *et* n.
exclure v.t. (conj. **76**)
exclusif, ive adj.
exclusion n.f.
exclusive n.f.
exclusivement adv.
exclusivisme n.m.
exclusivité n.f.
excommunication n.f.
excommunié, e adj. *et* n.
excommunier v.t. (conj. **5**)
excoriation n.f.
excorier v.t. (conj. **5**)
excrément n.m.
excrémentiel, elle adj.
excréter v.t. (conj. **11**)
excréteur, trice adj.
excrétion n.f.
excrétoire adj.
excroissance n.f.
excursion n.f.
excursionner v.i.
excursionniste n.
excusable adj.
excuse n.f.
excuser v.t.
exeat [ɛgzeat] n.m. inv.
exécrable adj.
exécrablement adv.
exécration [ɛgze- *ou* ɛkse-] n.f.
exécrer [ɛgze- *ou* ɛkse-] v.t. (conj. **11**)
exécutable adj.
exécutant, e n.
exécuter v.t.
exécuteur, trice n.
exécutif, ive adj.
exécutif n.m.
exécution n.f.
exécutoire adj. *et* n.m.
exécutoirement adv.
exèdre n.f.
exégèse n.f.
exégète n.
exégétique adj.
exemplaire adj. ; n.m.
exemplairement adv.
exemplarité n.f.
exemplatif, ive adj.
exemple n.m.
exemplification n.f.
exemplifier v.t. (conj. **5**)
exempt, e [ɛgzɑ̃, ɑ̃t] adj.
exempt [ɛgzɑ̃] n.m.
exempté, e [ɛgzɑ̃te] adj. *et* n.
exempter [ɛgzɑ̃te] v.t.
exemption [ɛgzɑ̃psjɔ̃] n.f.
exequatur [ɛgzekwatyr] n.m. inv.
exerçant, e adj.
exercé, e adj.
exercer v.t. (conj. **9**)
exercice n.m.
exerciseur n.m.
exérèse n.f.
exergue n.m.
exfiltration n.f.
exfiltrer v.t.
exfoliant, e adj.
exfoliation n.f.
exfolier v.t. (conj. **5**)
exhalaison n.f.
exhalation n.f.
exhaler v.t.
exhaure n.f.
exhaussement n.m.
exhausser v.t.
exhausteur n.m.
exhaustif, ive adj.
exhaustion n.f.
exhaustivement adv.
exhaustivité n.f.
exhérédation n.f.
exhéréder v.t. (conj. **11**)
exhiber v.t.
exhibition n.f.
exhibitionnisme n.m.
exhibitionniste n.
exhortation n.f.
exhorter v.t.
exhumation n.f.
exhumer v.t.
exigeant, e adj.
exigence n.f.
exiger v.t. (conj. **10**)
exigibilité n.f.
exigible adj.
exigu, uë adj.
exiguïté n.f.
exil n.m.
exilé, e n.
exiler v.t.
exinscrit, e adj.
existant, e adj.
existant n.m.
existence n.f.
existentialisme n.m.
existentialiste adj. *et* n.
existentiel, elle adj.
exister v.i. ; v. impers.
ex-libris [ɛkslibris] n.m.
ex nihilo loc. adv.
exobiologie n.f.
exocet [ɛgzɔsɛ] n.m.
exocrine adj.
exode n.m.
exogame adj. *et* n.
exogamie n.f.
exogamique adj.
exogène adj.

exonder (s') v.pr.
exonération n.f.
exonérer v.t. (conj. **11**)
exophtalmie n.f.
exophtalmique adj.
exorbitant, e adj.
exorbité, e adj.
exorcisation n.f.
exorciser v.t.
exorcisme n.m.
exorciste n. ; n.m.
exorde n.m.
exoréique adj.
exoréisme n.m.
exosmose n.f.
exosphère n.f.
exosquelette n.m.
exostose n.f.
exotérique adj.
exothermique adj.
exotique adj.
exotisme n.m.
exotoxine n.f.
expansé, e adj.
expansibilité n.f.
expansible adj.
expansif, ive adj.
expansion n.f.
expansionnisme n.m.
expansionniste adj. *et* n.
expansivité n.f.
expatriation n.f.
expatrié, e adj. *et* n.
expatrier v.t. (conj. **5**)
expectant, e adj.
expectative n.f.
expectorant, e adj.
expectorant n.m.
expectoration n.f.
expectorer v.t.
expédient, e adj.
expédient n.m.
expédier v.t. (conj. **5**)
expéditeur, trice adj. *et* n.
expéditif, ive adj.
expédition n.f.
expéditionnaire adj. ; n.
expéditivement adv.
expérience n.f.
expérimental, e, aux adj.
expérimentalement adv.
expérimentateur, trice adj. *et* n.
expérimentation n.f.
expérimenté, e adj.
expérimenter v.t.
expert, e adj.
expert n.m.
expert-comptable n.m. (pl. experts-comptables)
expertement adv.
expertise n.f.
expertiser v.t.
expiable adj.
expiateur, trice adj.
expiation n.f.
expiatoire adj.
expier v.t. (conj. **5**)
expirant, e adj.
expirateur adj.m.
expiration n.f.
expiratoire adj.
expirer v.t. *et* i.
explétif, ive adj.
explétif n.m.
explicable adj.
explicatif, ive adj.
explication n.f.
explicitation n.f.
explicite adj.
explicitement adv.
expliciter v.t.
expliquer v.t.
exploit n.m.
exploitabilité n.f.
exploitable adj.
exploitant, e n.
exploitation n.f.
exploité, e adj. *et* n.
exploiter v.t.
exploiteur, euse n.
explorateur, trice adj. ; n.
exploration n.f.
exploratoire adj.
explorer v.t.
exploser v.i.
exploseur n.m.
explosibilité n.f.
explosible adj.
explosif, ive adj.
explosif n.m.
explosimètre n.m.
explosion n.f.
expo n.f. (pl. expos)
exponentiel, elle adj.
exponentielle n.f.
exponentiellement adv.
exportable adj.
exportateur, trice adj. *et* n.
exportation n.f.
exporter v.t.
exposant, e n.
exposant n.m.
exposé, e adj.
exposé n.m.
exposer v.t.
exposition n.f.
ex post [ɛkspɔst] loc. adj.
exprès, esse [ɛksprɛs] adj. (formel)
exprès [ɛksprɛs] adj. inv. (sans délai) *et* n.m. inv. (lettre, paquet)
exprès [ɛksprɛ] adv. (à dessein)
express [ɛksprɛs] adj. inv. (rapide ; concentré) *et* n.m. inv. (train, café)
expressément adv.
expressif, ive adj.
expression n.f.
expressionnisme n.m.
expressionniste adj. *et* n.
expressivement adv.
expressivité n.f.
expresso n.m. (pl. expressos)
exprimable adj.
exprimage n.m.
exprimer v.t.
expromission n.f.
expropriant, e adj. *et* n.
expropriateur, trice adj. *et* n.
expropriation n.f.
exproprié, e adj. *et* n.
exproprier v.t. (conj. **5**)

expulsé, e adj. *et* n.
expulser v.t.
expulsif, ive adj.
expulsion n.f.
expurgation n.f.
expurger v.t. (conj. **10**)
exquis, e adj.
exquisité n.f.
exsangue [ɛksɑ̃g *ou* ɛgzɑ̃g] adj.
exsanguino-transfusion n.f. (pl. exsanguino-transfusions)
exstrophie n.f.
exsudat [ɛksyda] n.m.
exsudation n.f.
exsuder v.i.
extase n.f.
extasié, e adj.
extasier (s') v.pr. (conj. **5**)
extatique adj. ; n.
extemporané, e adj.
extemporanément adv.
extendeur n.m.
extenseur adj.m. *et* n.m.
extensibilité n.f.
extensible adj.
extensif, ive adj.
extension n.f.
extensionalité n.f.
extensionnel, elle adj.
extenso (in) [inɛkstɛ̃so] loc. adv.
extensomètre n.m.
exténuant, e adj.
exténuation n.f.
exténuer v.t.
extérieur, e adj.
extérieur n.m.
extérieurement adv.
extériorisation n.f.
extérioriser v.t.
extériorité n.f.
exterminateur, trice adj. *et* n.
extermination n.f.
exterminer v.t.
externaliser v.t.
externat n.m.
externe adj. ; n.
extérocepteur n.m.
extéroceptif, ive adj.
extéroceptivité n.f.
exterritorialité n.f.
extincteur, trice adj.
extincteur n.m.
extinctif, ive adj.
extinction n.f.
extirpable adj.
extirpateur n.m.
extirpation n.f.
extirper v.t.
extorquer v.t.
extorqueur, euse n.
extorsion n.f.
extra adj. inv. ; n.m. inv.
extrabudgétaire adj.
extraconjugal, e, aux adj.
extracorporel, elle adj.
extra-courant n.m. (pl. extra-courants)
extracteur, trice n.
extracteur n.m.
extractible adj.
extractif, ive adj.
extraction n.f.
extrader v.t.
extradition n.f.
extrados n.m.
extra-dry [ɛkstradraj] adj. inv. *et* n.m. inv.
extrafin, e adj.
extrafort, e adj.
extrafort n.m.
extragalactique adj.
extrahospitalier, ère adj.
extraire v.t. (conj. **92**)
extrait n.m.
extrajudiciaire adj.
extrajudiciairement adv.
extralégal, e, aux adj.
extralinguistique adj.
extralucide adj. *et* n.
extra-muros [ɛkstramyros] loc. adv. *et* loc. adj.
extranéité n.f.
extraordinaire adj.
extraordinairement adv.
extraparlementaire adj.
extrapatrimonial, e, aux adj.
extrapolation n.f.
extrapoler v.t. *et* i.
extrapyramidal, e, aux adj.
extrarénal, e, aux adj.
extrascolaire adj.
extrasensible adj.
extrasensoriel, elle adj.
extrasolaire adj.
extrastatutaire adj.
extrasystole n.f.
extraterrestre adj. *et* n.
extraterritorial, e, aux adj.
extra-utérin, e adj. (pl. extra-utérins, es)
extravagance n.f.
extravagant, e adj. *et* n.
extravaguer v.i.
extravaser (s') v.pr.
extravéhiculaire adj.
extraversion n.f.
extraverti, e adj. *et* n.
extrémal, e, aux adj.
extrême adj. *et* n.m.
extrêmement adv.
extrême-onction n.f. (pl. extrêmes-onctions)
extrême-oriental, e, aux adj.
extremis (in) [inɛkstremis] loc. adv.
extrémisme n.m.
extrémiste adj. *et* n.
extrémité n.f.
extremum [ɛkstrɛmɔm] n.m. (pl. extremums)
extrinsèque adj.
extrorse adj.
extruder v.t. *et* i.
extrudeuse n.f.
extrusif, ive adj.
extrusion n.f.
exubérance n.f.
exubérant, e adj.
exulcération n.f.
exultation n.f.
exulter v.i.

exutoire n.m.
exuvie n.f.
ex vivo loc. adv. *et* loc. adj.
ex-voto n.m. inv.
eye-liner [ajlajnœr] n.m. (pl. eye-liners)

f

f n.m. inv.
fa n.m. inv.
fabacée n.f.
fable n.f.
fabliau n.m. (pl. fabliaux)
fablier n.m.
fabricant, e n.
fabricateur, trice n.
fabrication n.f.
fabrique n.f.
fabriquer v.t.
fabulateur, trice n.
fabulation n.f.
fabuler v.i.
fabuleusement adv.
fabuleux, euse adj.
fabuliste n.
fac n.f.
façade n.f.
face n.f.
face-à-face n.m. inv.
face-à-main n.m. (pl. faces-à-main)
facétie [-si] n.f.
facétieusement adv.
facétieux, euse adj. *et* n.
facette n.f.
facetter v.t.
fâché, e adj.
fâcher v.t.
fâcherie n.f.
fâcheusement adv.
fâcheux, euse adj. ; n.
facho adj. *et* n. (pl. fachos)
facial, e, aux adj.
faciès [-sjɛs] n.m.
facile adj.
facilement adv.
facilitation n.f.
facilité n.f.
faciliter v.t.
façon n.f.
faconde n.f.
façonnage n.m.
façonné n.m.
façonnement n.m.
façonner v.t.
façonneur, euse n.
façonnier, ère n.
fac-similé n.m. (pl. fac-similés)
factage n.m.
facteur, trice n.
facteur n.m.
factice adj. ; n.m.
facticement adv.
facticité n.f.
factieux, euse adj. *et* n.
faction n.f.
factionnaire n. ; n.m.
factitif, ive adj.
factitif n.m.
factorerie n.f.
factoriel, elle adj.
factorielle n.f.
factoring n.m.
factorisation n.f.
factoriser v.t.
factotum n.m. (pl. factotums)
factuel, elle adj.
factum n.m. (pl. factums)
facturation n.f.
facture n.f.
facture-congé n.f. (pl. factures-congés)
facturer v.t.
facturette n.f.
facturier, ère adj. *et* n.
facule n.f.
facultatif, ive adj.
facultativement adv.
faculté n.f.
fada adj. *et* n.
fadaise n.f.
fadasse adj.
fade adj.
fadé, e adj.
fadement adv.
fadeur n.f.
fading [-diŋ] n.m.
fado n.m. (pl. fados)
faena [faena] n.f.
fafiot n.m.
fagale n.f.
fagnard, e adj. *et* n.
fagne n.f.
fagot n.m.
fagotage n.m.
fagoter v.t.
fagotier, ère n.
fagotin n.m.
faiblard, e adj.
faible adj. *et* n. ; n.m.
faiblement adv.
faiblesse n.f.
faiblir v.i.
faiblissant, e adj.
faïençage n.m.
faïence n.f.
faïencé, e adj.
faïencerie n.f.
faïencier, ère n.
faignant, e *ou* **feignant, e** adj. *et* n.
faille n.f.
faillé, e adj.
failler (se) v.pr.
failli, e adj. *et* n.
faillibilité n.f.
faillible adj.
faillir v.i. *et* t. ind. (conj. **34**)
faillite n.f.
faim n.f. (besoin de manger)

faîne n.f.
fainéant, e adj. *et* n.
fainéanter v.i.
fainéantise n.f.
faire v.t., i. *et* impers. (conj. **89**) ; n.m. sing.
faire-part n.m. inv.
faire-valoir n.m. inv.
fair-play [fɛrplɛ] adj. inv. *et* n.m. inv.
fairway [fɛrwɛ] n.m.
faisabilité [fə-] n.f.
faisable [fə-] adj.
faisan [fə-] n.m.
faisandage [fə-] n.m.
faisandeau [fə-] n.m.
faisander [fə-] v.t.
faisanderie [fə-] n.f.
faisane [fə-] adj.f. *et* n.f.
faisceau [fɛso] n.m.
faiseur, euse [fə-] n.
faisselle n.f.
fait, e adj.
fait n.m. (acte)
faîtage n.m.
fait divers *ou* **fait-divers** n.m. (pl. faits[-]divers)
fait-diversier n.m. (pl. faits-diversiers)
faîte n.m.
faîteau n.m.
faîtier, ère adj.
faîtière adj.f. *et* n.f.
fait-tout n.m. inv. *ou* **faitout** n.m.
faix n.m. inv. (charge)
fakir n.m.
fakirisme n.m.
falaise n.f.
falarique n.f.
falbala n.m.
falciforme adj.
falconidé n.m.
falerne n.m.
fallacieusement adv.
fallacieux, euse adj.
falloir v. impers. (conj. **55**)
falot, e adj.
falot n.m.
falourde n.f.
falsafa n.f.
falsifiabilité n.f.
falsifiable adj.
falsificateur, trice n.
falsification n.f.
falsifier v.t. (conj. **5**)
faluche n.f.
falun [falœ̃] n.m.
faluner v.t.
falunière n.f.
falzar n.m.
famas [famas] n.m. inv.
famé, e adj.
famélique adj.
fameusement adv.
fameux, euse adj.
familial, e, aux adj.
familiale n.f.
familialisme n.m.
familiarisation n.f.
familiariser v.t.
familiarité n.f.
familier, ère adj.
familier n.m.
familièrement adv.
familistère n.m.
famille n.f.
famine n.f.
fan [fan] n. (admirateur)
fana adj. *et* n.
fanage n.m.
fanaison n.f.
fanal n.m. (pl. fanaux)
fanatique adj. *et* n.
fanatiquement adv.
fanatisation n.f.
fanatiser v.t.
fanatisme n.m.
fanchon n.f.
fan-club [fanklœb] n.m. (pl. fans-clubs)
fancy-fair n.f. (pl. fancy-fairs)
fandango n.m. (pl. fandangos)
fane n.f. (tiges *et* feuilles)
faner v.t.
faneur, euse n.
faneuse n.f.
fanfare n.f.
fanfaron, onne adj. *et* n.
fanfaronnade n.f.
fanfaronner v.i.
fanfreluche n.f.
fange n.f.
fangeux, euse adj.
fangothérapie n.f.
fanion n.m.
fanny adj. inv.
fanon n.m.
fantaisie n.f.
fantaisiste adj. *et* n.
fantasia n.f.
fantasmagorie n.f.
fantasmagorique adj.
fantasmatique adj.
fantasme *ou* **phantasme** n.m.
fantasmer v.i.
fantasque adj.
fantassin n.m.
fantastique adj. *et* n.m.
fantastiquement adv.
fantoche n.m.
fantomatique adj.
fantôme n.m.
fanum n.m. (pl. fanums)
fanzine n.m.
faon [fɑ̃] n.m.
faquin n.m.
far n.m. (gâteau)
farad [-rad] n.m.
faraday n.m.
faradique adj.
faradisation n.f.
faramineux, euse adj.
farandole n.f.
faraud, e adj. *et* n. (fanfaron)
farce adj.; n.f.
farceur, euse n.
farci, e adj.
farcin n.m.
farcir v.t.
fard n.m. (maquillage)
fardage n.m.
farde n.f.
fardeau n.m.
farder v.t.
fardier n.m.

fardoches n.f. pl.
faré n.m.
farfadet n.m.
farfelu, e adj.
farfouiller v.i.
fargues n.f. pl.
faribole n.f.
farigoule n.f.
farinacé, e adj.
farinage n.m.
farine n.f.
fariner v.t.
farineux, euse adj.
farineux n.m. inv.
farlouche n.f.
farlouse n.f.
farniente n.m.
faro n.m. (pl. faros) [bière]
farouch [-ruʃ] n.m.
farouche adj.
farouchement adv.
farsi n.m. sing.
fart [fart] n.m. (graisse pour les skis)
fartage n.m.
farter v.t.
fasce [fas] n.f.
fascé, e [fase]adj.
fascia [fasja] n.m.
fasciation [-sja] n.f.
fascicule n.m.
fasciculé, e adj.
fascié, e [-sje] adj.
fascinage n.m.
fascinant, e adj.
fascinateur, trice adj.
fascination n.f.
fascine n.f.
fasciner v.t.
fascisant, e [faʃi-] adj.
fascisation [faʃi-] n.f.
fasciser [faʃi-] v.t.
fascisme [faʃi-] n.m.
fasciste [faʃi-] adj. *et* n.
faseyer v.i. (conj. **7**)
faste adj. ; n.m.
fast-food n.m. (pl. fast-foods)
fastidieusement adv.
fastidieux, euse adj.
fastigié, e adj.
fastueusement adv.
fastueux, euse adj.
fat [fat *ou* fa] n.m. *et* adj.m.
fatal, e, als adj.
fatalement adv.
fatalisme n.m.
fataliste adj. *et* n.
fatalité n.f.
fatidique adj.
fatigabilité n.f.
fatigable adj.
fatigant, e adj.
fatigue n.f.
fatigué, e adj.
fatiguer v.t. *et* i.
fatma n.f.
fatras n.m.
fatrasie n.f.
fatuité n.f.
fatum n.m. sing.
fatwa n.f.
faubert *ou* **fauber** n.m.
faubourg n.m.
faubourien, enne adj.
faucard n.m.
faucarder v.t.
fauchage n.m.
fauchaison n.f.
fauchard n.m.
fauche n.f.
fauché, e adj. *et* n.
faucher v.t.
fauchet n.m.
faucheur, euse n.
faucheur n.m.
faucheuse n.f.
faucheux n.m.
fauchon n.m.
faucille n.f.
faucillon n.m.
faucon n.m.
fauconneau n.m. (pl. fauconneaux)
fauconnerie n.f.
fauconnier n.m.
faufil n.m.
faufilage n.m.
faufiler v.t.
faufilure n.f.
faune n.m. ; n.f.
faunesque adj.
faunesse n.f.
faunique adj.
faussaire n.
faussement adv.
fausser v.t.
fausse-route n.f. (pl. fausses-routes)
fausset n.m.
fausseté n.f.
faute n.f.
fauter v.i.
fauteuil n.m.
fauteur, trice n.
fautif, ive adj. *et* n.
fautivement adv.
fauve adj. *et* n.m.
fauverie n.f.
fauvette n.f.
fauvisme n.m.
faux, fausse adj.
faux n.m. *et* adv. ; n.f.
faux-bord n.m. (pl. faux-bords)
faux-bourdon n.m. (pl. faux-bourdons)
faux-cul n.m. (pl. faux-culs)
faux-filet n.m. (pl. faux-filets)
faux-fuyant n.m. (pl. faux-fuyants)
faux-monnayeur n.m. (pl. faux-monnayeurs)
faux-semblant n.m. (pl. faux-semblants)
faux-sens n.m. inv.
favela n.f.
faverole n.f.
faveur n.f.
favorable adj.
favorablement adv.
favori, ite adj. *et* n.
favoris n.m. pl.
favorisant, e adj.
favoriser v.t.
favoritisme n.m.
favus n.m. inv.
fax n.m. inv.

faxer v.t.
fayard n.m.
fayot n.m.
fayoter v.i.
fazenda n.f. (pl. fazendas)
féal, e, aux adj.
fébricule n.f.
fébrifuge adj. *et* n.m.
fébrile adj.
fébrilement adv.
fébrilité n.f.
fécal, e, aux adj.
fécalome n.m.
fèces n.f. pl.
fécial *ou* **fétial** n.m. (pl. féciaux, fétiaux)
fécond, e adj.
fécondabilité n.f.
fécondable adj.
fécondant, e adj.
fécondateur, trice adj. *et* n.
fécondation n.f.
féconder v.t.
fécondité n.f.
fécule n.f.
féculence n.f.
féculent, e adj.
féculent n.m.
féculer v.t.
féculerie n.f.
féculier, ère adj.
fedayin n.m. (pl. inv. *ou* fedayins)
fédéral, e, aux adj. *et* n.
fédéraliser v.t.
fédéralisme n.m.
fédéraliste adj. *et* n.
fédérateur, trice adj. *et* n.
fédératif, ive adj.
fédération n.f.
fédéraux n.m. pl.
fédéré, e adj.
fédéré n.m.
fédérer v.t. (conj. **11**)
fée n.f.
feed-back [fidbak] n.m. inv.
feeder [fidœr] n.m.
feeling n.m.
féerie [feri *ou* feeri] n.f. (merveille)
féerique [ferik *ou* feerik] adj. (merveilleux)
feignant, e *ou* **faignant, e** adj. *et* n.
feindre v.t. (conj. **62**)
feinte n.f.
feinter v.t.
feinteur, euse n.
feintise n.f.
feld-maréchal n.m. (pl. feld-maréchaux)
feldspath n.m.
feldspathique adj.
feldspathoïde n.m.
feldwebel n.m.
fêlé, e adj.
fêler v.t.
félibre n.m.
félibrige n.m.
félicitations n.f. pl.
félicité n.f.
féliciter v.t.
félidé n.m.
félin, e adj.
félin n.m.
félinité n.f.
fellaga *ou* **fellagha** n.m.
fellah n.m. (pl. fellahs)
fellation n.f.
fellinien, enne adj.
félon, onne adj. *et* n.
félonie n.f.
felouque n.f.
fêlure n.f.
femelle n.f. *et* adj.
fémelot n.m.
féminin, e adj.
féminin n.m.
féminisant, e adj.
féminisation n.f.
féminiser v.t.
féminisme n.m.
féministe adj. *et* n.
féminité n.f.
femme n.f.
femmelette n.f.
fémoral, e, aux adj.
fémoro-cutané, e adj. (pl. fémoro-cutanés, es)
fémur n.m.
fenaison n.f.
fendage n.m.
fendant n.m.
fendant, e adj.
fendard *ou* **fendart** n.m.
fendeur n.m.
fendillé, e adj.
fendillement n.m.
fendiller v.t.
fendoir n.m.
fendre v.t. (conj. **59**)
fenestrage *ou* **fenêtrage** n.m.
fenestration n.f.
Fenestron n.m. (nom déposé)
fenêtre n.f.
fenêtrer v.t.
fenian, e adj. *et* n.
fenil n.m.
fennec n.m.
fenouil n.m.
fente n.f.
féodal, e, aux adj.
féodalement adv.
féodalisme n.m.
féodalité n.f.
fer n.m.
féra n.f.
fer-à-cheval n.m. (pl. fers-à-cheval)
féral, e, als *ou* **aux** adj.
féralies n.f. pl.
fer-blanc n.m. (pl. fers-blancs)
ferblanterie n.f.
ferblantier n.m.
feria n.f. (pl. ferias)
férial, e, aux adj.
férie n.f. (jour de fête)
férié, e adj.
féringien, enne adj. *et* n.
férir v.t. (inf. seulem.)
ferler v.t.
ferlouche n.f.
fermage n.m.
fermail n.m. (pl. fermaux)

ferme adj. ; adv. ; n.f.
fermé, e adj.
fermement adv.
ferment n.m.
fermentable adj.
fermentatif, ive adj.
fermentation n.f.
fermenté, e adj.
fermenter v.i.
fermentescible adj.
fermer v.t.
fermeté n.f.
fermette n.f.
fermeture n.f.
fermier, ère n.
fermi n.m.
fermion n.m.
fermium n.m. (pl. fermiums)
fermoir n.m.
féroce adj.
férocement adv.
férocité n.f.
féroïen, enne adj. *et* n.
ferrade n.f.
ferrage n.m.
ferraillage n.m.
ferraille n.f.
ferraillement n.m.
ferrailler v.i.
ferrailleur n.m.
ferrallitique adj.
ferrate n.m.
ferré, e adj.
ferrédoxine n.f.
ferrement n.m.
ferrer v.t.
ferret n.m.
ferreux, euse adj.
ferricyanure n.m.
ferrimagnétisme n.m.
ferrique adj. (en chimie)
ferrite n.m. ; n.f.
ferroalliage n.m.
ferrocérium n.m. (pl. ferrocériums)
ferrochrome n.m.
ferrocyanure n.m.
ferroélectricité n.f.
ferroélectrique adj.
ferromagnétique adj.
ferromagnétisme n.m.
ferromanganèse n.m.
ferromolybdène n.m.
ferronickel n.m.
ferronnerie n.f.
ferronnier, ère n.
ferronnière n.f.
ferrosilicium n.m. (pl. ferrosiliciums)
ferroutage n.m.
ferrouter v.t.
ferroviaire adj.
ferrugineux, euse adj.
ferrure n.f.
ferry n.m. (pl. ferrys *ou* ferries)
ferry-boat n.m. (pl. ferry-boats)
ferté n.f.
fertile adj.
fertilisable adj.
fertilisant, e adj.
fertilisation n.f.
fertiliser v.t.
fertilité n.f.
féru, e adj.
férule n.f.
fervent, e adj. *et* n.
ferveur n.f.
fesse n.f.
fessée n.f.
fesse-mathieu n.m. (pl. fesse-mathieux)
fesser v.t.
fessier, ère adj.
fessier n.m.
fessu, e adj.
festif, ive adj.
festin n.m.
festival n.m. (pl. festivals)
festivalier, ère adj. *et* n.
festivité n.f.
fest-noz n.m. (pl. inv. *ou* festoù-noz)
festoiement n.m.
feston n.m.
festonner v.t.
festoyer v.i. (conj. **7**)
feta n.f.
fêtard, e n.
fête n.f.
Fête-Dieu n.f. (pl. Fêtes-Dieu)
fêter v.t.
fétial *ou* **fécial** n.m. (pl. fétiaux, féciaux)
fétiche n.m.
féticheur n.m.
fétichisme n.m.
fétichiste adj.
fétide adj.
fétidité n.f.
fétu n.m.
fétuque n.f.
feu n.m. (pl. feux)
feu, e adj. (pl. feus, feues ; mais inv. avant le groupe du nom)
feudataire n.
feudiste n.
feuil n.m.
feuillage n.m.
feuillaison n.f.
feuillant, feuillantine n.
feuillantine n.f.
feuillard n.m.
feuille n.f.
feuillée n.f.
feuille-morte adj. inv.
feuiller v.i.
feuilleret n.m.
feuillet n.m.
feuilletage n.m.
feuilleté, e adj.
feuilleté n.m.
feuilleter v.t. (conj. **16**)
feuilletis n.m.
feuilleton n.m.
feuilletonesque adj.
feuilletoniste n.
feuillette n.f.
feuillu, e adj.
feuillu n.m.
feuillure n.f.
feulement n.m.
feuler v.i.
feutrage n.m.
feutre n.m.

feutré, e adj.
feutrer v.t.
feutrine n.f.
fève n.f.
féverole *ou* **fèverole** n.f.
févier n.m.
février n.m.
fez n.m. inv.
fi ! interj.
fiabiliser v.t.
fiabilité n.f.
fiable adj.
fiacre n.m.
fiançailles n.f. pl.
fiancé, e n.
fiancer v.t. (conj. **9**)
fiasco n.m.
fiasque n.f.
Fibranne n.f. (nom déposé)
fibre n.f.
fibreux, euse adj.
fibrillaire adj.
fibrillation n.f.
fibrille n.f.
fibrillé n.m.
fibrine n.f.
fibrineux, euse adj.
fibrinogène n.m.
fibrinolyse n.f.
fibrinolytique adj. *et* n.m.
fibroblaste n.m.
Fibrociment n.m. (nom déposé)
fibrocyte n.m.
fibroïne n.f.
fibromateux, euse adj.
fibromatose n.f.
fibrome n.m.
fibromyome n.m.
fibroscope n.m.
fibroscopie n.f.
fibrose n.f.
fibula n.f.
fibule n.f.
fic n.m.
ficaire n.f.
ficelage n.m.
ficelé, e adj.
ficeler v.t. (conj. **16**)
ficelle n.f.
ficellerie n.f.
fichage n.m.
fichant, e adj.
fiche n.f.
ficher v.t.
ficher *ou* **fiche** v.t. (part. pass. *fichu*)
fichet n.m.
fichier n.m.
fichiste n.
fichoir n.m.
fichtre ! interj.
fichtrement adv.
fichu, e adj.
fichu n.m.
fictif, ive adj.
fiction n.f.
fictionalisation n.f.
fictionnel, elle adj.
fictivement adv.
ficus n.m. inv.
fidéicommis n.m.
fidéisme n.m.
fidéiste adj. *et* n.
fidèle adj. *et* n.
fidèlement adv.
fidélisation n.f.
fidéliser v.t.
fidélité n.f.
fidjien, enne adj. *et* n.
fiduciaire adj.
fiduciairement adv.
fiducie n.f.
fief n.m.
fieffé, e adj.
fiel n.m.
fielleux, euse adj.
fiente n.f.
fienter v.i.
fier, fière adj.
fier (se) v.pr. (conj. **5**)
fier-à-bras n.m. (pl. inv. *ou* fiers-à-bras)
fièrement adv.
fiérot, e adj. *et* n.
fierté n.f.
fiesta n.f.
fièvre n.f.
fiévreusement adv.
fiévreux, euse adj.
fifille n.f.
fifre n.m.
fifrelin n.m.
fifty-fifty n.m. (pl. fifty-fifties) ; adv.
figaro n.m. (pl. figaros)
figé, e adj.
figement n.m.
figer v.t. (conj. **10**)
fignolage n.m.
fignoler v.t. *et* i.
fignoleur, euse adj. *et* n.
figue n.f.
figuier n.m.
figuline n.f.
figurant, e n.
figuratif, ive adj.
figuratif n.m.
figuration n.f.
figure n.f.
figuré, e adj.
figurément adv.
figurer v.t.
figurine n.f.
fil n.m.
filable adj.
fil-à-fil n.m. inv.
filage n.m.
filaire adj. ; n.f.
filament n.m.
filamenteux, euse adj.
filandière n.f.
filandre n.f.
filandreux, euse adj.
filant, e adj.
filanzane n.f.
filao n.m. (pl. filaos)
filariose n.f.
filasse n.f. ; adj. inv.
filateur n.m.
filature n.f.
fildefériste n.
file n.f.
filé n.m.
filer v.t. *et* i.
filet n.m.
filetage n.m.
fileté n.m.
fileter v.t. (conj. **12**)

fileur, euse n.
filial, e, aux adj.
filiale n.f.
filialement adv.
filialisation n.f.
filialiser v.t.
filiation n.f.
filicale n.f.
filicinée n.f.
filicophyte n.m.
filicopside n.f.
filière n.f.
filiforme adj.
filigrane n.m.
filigraner v.t.
filin n.m.
filipendule n.f.
fillasse n.f.
fille n.f.
fillette n.f.
filleul, e n.
film n.m.
filmage n.m.
filmer v.t.
filmique adj.
filmogène adj.
filmographie n.f.
filmologie n.f.
filmothèque n.f.
filocher v.i.
filoguidé, e adj.
filon n.m.
filonien, enne adj.
filoselle n.f.
filou n.m. (pl. filous)
filoutage n.m.
filouter v.t.
filouterie n.f.
fils n.m.
filtrable adj.
filtrage n.m.
filtrant, e adj.
filtrat n.m.
filtration n.f.
filtre n.m. (appareil)
filtre-presse n.m. (pl. filtres-presses)
filtrer v.t. *et* i.
fin, e adj.
fin n.f. ; n.m. ; adv.
finage n.m.
final, e, als *ou* **aux** adj.
final *ou* **finale** n.m. (pl. finals, finales)
finale n.f.
finalement adv.
finalisation n.f.
finaliser v.t.
finalisme n.m.
finaliste adj. *et* n.
finalité n.f.
finançable adj.
finance n.f.
financement n.m.
financer v.t. (conj. **9**)
financier, ère adj.
financier n.m.
financière adj.f. *et* n.f.
financièrement adv.
finasser v.i.
finasserie n.f.
finasseur, euse *ou* **finassier, ère** n.
finaud, e adj. *et* n.
finauderie n.f.
fine n.f.
finement adv.
fines n.f. pl.
finesse n.f.
finette n.f.
fini, e adj.
fini n.m.
finir v.t. *et* i.
finish n.m. inv.
finissage n.m.
finissant, e adj.
finisseur, euse n.
finisseur n.m.
finissure n.f.
finistérien, enne adj. *et* n.
finition n.f.
finitisme n.m.
finitude n.f.
finlandais, e adj. *et* n.
finlandisation n.f.
finnois, e adj. *et* n.
finnois n.m. sing.
finno-ougrien, enne adj. (pl. finno-ougriens, ennes)
finno-ougrien n.m. sing.
fiole n.f.
fion n.m.
fioriture n.f.
fioul n.m.
firmament n.m.
firman n.m.
firme n.f.
fisc n.m.
fiscal, e, aux adj.
fiscalement adv.
fiscalisation n.f.
fiscaliser v.t.
fiscaliste n.
fiscalité n.f.
fish-eye [fiʃaj] n.m. (pl. fish-eyes)
fissible adj.
fissile adj.
fission n.f.
fissionner v.t.
fissuration n.f.
fissure n.f.
fissurer v.t.
fiston n.m.
fistulaire adj.
fistule n.f.
fistuleux, euse adj.
fistuline n.f.
fitness n.m. inv.
fivete n.f.
fixage n.m.
fixateur, trice adj.
fixatif n.m.
fixation n.f.
fixe adj. *et* n.m. ; interj.
fixement adv.
fixer v.t.
fixette n.f.
fixing n.m.
fixisme n.m.
fixiste adj. *et* n.
fixité n.f.
fjeld [fjɛld] n.m.
fjord [fjɔrd] n.m.
fla n.m. inv.
flac ! interj.
flaccidité [flaksi-] n.f.
flache n.f.
flacherie n.f.

flacheux, euse adj.
flacon n.m.
flaconnage n.m.
flacon-pompe n.m. (pl. flacons-pompes)
fla-fla n.m. (pl. fla-flas)
flagada adj. inv.
flagellaire adj.
flagellant n.m.
flagellateur, trice n.
flagellation n.f.
flagelle n.m.
flagellé, e adj.
flagellé n.m.
flageller v.t.
flagellum n.m. (pl. flagellums)
flageolant, e adj.
flageoler v.i.
flageolet n.m.
flagorner v.t.
flagornerie n.f.
flagorneur, euse n. *et* adj.
flagrant, e adj.
flair n.m.
flairer v.t.
flaireur, euse adj. *et* n.
flamand, e adj. *et* n.
flamand n.m. sing. (langue)
flamant n.m. (oiseau)
flambage n.m.
flambant, e adj.
flambant n.m.
flambard *ou* **flambart** n.m.
flambe n.f.
flambeau n.m.
flambée n.f.
flambement n.m.
flamber v.i. *et* t.
flamberge n.f.
flambeur, euse n.
flamboiement n.m.
flamboyant, e adj.
flamboyant n.m.
flamboyer v.i. (conj. **7**)
flamenco, ca adj.
flamenco n.m. (pl. flamencos)
flamiche n.f.
flamine n.m.
flamingant, e n. *et* adj.
flamingantisme n.m.
flamme n.f.
flammé, e adj.
flammèche n.f.
flammerole n.f.
flan n.m. (gâteau)
flanc n.m. (côté)
flanc-garde n.f. (pl. flancs-gardes)
flancher v.i.
flanchet n.m.
flandricisme n.m.
flandrin n.m.
flâne n.f.
flanelle n.f.
flâner v.i.
flânerie n.f.
flâneur, euse n.
flanquement n.m.
flanquer v.t.
flapi, e adj.
flaque n.f.
flash n.m. (pl. flashs *ou* flashes)
flashage n.m.
flash-back n.m. inv.
flasher v.t. ind. ; v.t.
flasheuse n.f.
flasque adj. ; n.m. ; n.f.
flat adj.m. ; n.m.
flatter v.t.
flatterie n.f.
flatteur, euse adj. *et* n.
flatteusement adv.
flatulence n.f.
flatulent, e adj.
flatuosité n.f.
flavescent, e adj.
flaveur n.f.
flavine n.f.
fléau n.m. (pl. fléaux)
fléchage n.m.
flèche n.f. ; n.m.
fléché, e adj.
flécher v.t.
fléchette n.f.
fléchir v.t.
fléchissement n.m.
fléchisseur adj.m. *et* n.m.
flegmatique adj. *et* n.
flegmatiquement adv.
flegmatisant n.m.
flegme n.m.
flegmon *ou* **phlegmon** n.m.
flein n.m.
flemmard, e adj. *et* n.
flemmarder v.i.
flemmardise n.f.
flemme n.f.
fléole *ou* **phléole** n.f.
flet n.m.
flétan n.m.
flétri, e adj.
flétrir v.t.
flétrissure n.f.
fleur n.f.
fleurdelisé, e adj.
fleurdelisé n.m.
fleurer v.i.
fleuret n.m.
fleureter v.i. (conj. **16**) [conter fleurette]
fleurette n.f. ; adj.
fleurettiste n.
fleuri, e adj.
fleurir v.i. *et* t.
fleuriste n.
fleuron n.m.
fleuronné, e adj.
fleuve n.m.
flexibiliser v.t.
flexibilité n.f.
flexible adj. *et* n.m.
flexion n.f.
flexionnel, elle adj.
flexographie n.f.
flexueux, euse adj.
flexuosité n.f.
flexure n.f.
flibuste n.f.
flibustier n.m.
flic n.m.
flicage n.m.
flic flac ! interj.

flingue n.m.
flinguer v.t.
flint [flint] n.m.
flint-glass [flintglas] n.m. (pl. flint-glasses)
flipot n.m.
flipper [flipœr] n.m.
flipper v.i.
fliquer v.t.
flirt [flœrt] n.m.
flirter [flœrte] v.i. (avoir un flirt)
flirteur, euse [flœrt-] adj. *et* n.
floc ! interj.
flocage n.m.
floche adj. ; n.f.
flock-book [flɔkbuk] n.m. (pl. flock-books)
flocon n.m.
floconner v.i.
floconneux, euse adj.
floculant n.m.
floculation n.f.
floculer v.i.
floe [flo] n.m.
flonflon n.m.
flood [flud] adj. inv.
flop n.m.
flopée n.f.
flops n.m.
floquer v.t.
floraison n.f.
floral, e, aux adj.
floralies n.f. pl.
flore n.f.
floréal n.m. (pl. floréals)
florence n.f.
florentin, e adj. *et* n.
florès n.m.
floricole adj.
floriculture n.f.
floridée n.f.
florifère adj.
florilège n.m.
florin n.m.
florissant, e adj.
floristique adj.
flot n.m.
flottabilité n.f.
flottable adj.
flottage n.m.
flottaison n.f.
flottant, e adj.
flottant n.m.
flottard n.m.
flottation n.f.
flotte n.f.
flottement n.m.
flotter v.i. ; v.t.
flotteur n.m.
flottille n.f.
flou, e adj.
flou n.m.
flouer v.t.
flouse *ou* **flouze** n.m.
flouve n.f.
fluage n.m.
fluatation n.f.
fluctuant, e adj.
fluctuation n.f.
fluctuer v.i.
fluent, e adj.
fluer v.i.
fluet, ette adj.
fluide adj. *et* n.m.
fluidifiant, e adj.
fluidifiant n.m.
fluidification n.f.
fluidifier v.t. (conj. **5**)
fluidique adj. *et* n.f.
fluidisation n.f.
fluidiser v.t.
fluidité n.f.
fluo adj. inv.
fluor n.m.
fluoration n.f.
fluoré, e adj.
fluorescéine n.f.
fluorescence n.f.
fluorescent, e adj.
fluorhydrique adj.m.
fluorite *ou* **fluorine** n.f.
fluorure n.m.
fluotournage n.m.
flush [flœʃ *ou* flɔʃ] n.m. (pl. flushs *ou* flushes)
flûte n.f. ; interj.
flûté, e adj.
flûteau n.m. (pl. flûteaux)
flûtiau n.m. (pl. flûtiaux)
flûtiste n.
flutter [flœtœr] n.m.
fluvial, e, aux adj.
fluviatile adj.
fluvio-glaciaire adj. (pl. fluvio-glaciaires)
fluviographe *ou*
fluviomètre n.m.
fluviométrique adj.
flux [fly] n.m. inv.
fluxion n.f.
fluxmètre [flymɛtr] n.m.
flysch [fliʃ] n.m.
fob adj. inv. *et* adv.
foc n.m.
focal, e, aux adj.
focalisation n.f.
focaliser v.t.
focomètre n.m.
fœhn *ou* **föhn** [føn] n.m.
foène, foëne *ou* **fouëne** [fwɛn] n.f.
fœtal, e, aux [fe-] adj.
fœto-maternel, elle [fe-] adj. (pl. fœto-maternels, elles)
fœtopathie [fe-] n.f.
fœtoscopie [fe-] n.f.
fœtus [fetys] n.m. inv.
fofolle adj.f. *et* n.f.
foggara n.f.
föhn *ou* **fœhn** [føn] n.m.
foi n.f. (croyance)
foie n.m. (organe)
foie-de-bœuf n.m. (pl. foies-de-bœuf)
foil [fɔjl] n.m.
foin n.m. ; interj.
foirade n.f.
foirail *ou* **foiral** n.m. (pl. foirails, foirals)
foire n.f.
foirer v.i.
foireux, euse adj. *et* n.
fois n.f. (quantité)
foison n.f.
foisonnant, e adj.
foisonnement n.m.
foisonner v.i.
fol adj.m. sing.

folache n.f.
folasse adj. *et* n.f.
folâtre adj.
folâtrer v.i.
folâtrerie n.f.
foliacé, e adj.
foliaire adj.
foliation n.f.
folichon, onne adj.
folie n.f.
folié, e adj.
folio n.m. (feuillet)
foliole n.f.
foliot n.m. (balancier)
foliotage n.m.
folioter v.t.
folioteur n.m.
folique adj.
folk adj. *et* n.m.
folklo adj. inv.
folklore n.m.
folklorique adj.
folkloriste n.
folksong n.m.
folle adj.f. *et* n.f.
folle-blanche n.f. (pl. folles-blanches)
follement adv.
follet adj.m.
folliculaire adj.
follicule n.m.
folliculine n.f.
folliculite n.f.
fomentation n.f.
fomenter v.t.
fonçage n.m.
fonçaille n.f.
foncé, e adj.
foncer v.t. *et* i. (conj. **9**)
fonceur, euse adj. *et* n.
foncier, ère adj.
foncier n.m.
foncièrement adv.
fonction n.f.
fonctionnaire n.
fonctionnaliser v.t.
fonctionnalisme n.m.
fonctionnaliste adj. *et* n.
fonctionnalité n.f.
fonctionnariat n.m.
fonctionnarisation n.f.
fonctionnariser v.t.
fonctionnarisme n.m.
fonctionnel, elle adj.
fonctionnellement adv.
fonctionnement n.m.
fonctionner v.i.
fond n.m. (base)
fondamental, e, aux adj.
fondamentalement adv.
fondamentalisme n.m.
fondamentaliste adj. *et* n.
fondant, e adj.
fondant n.m.
fondateur, trice n.
fondation n.f.
fondé, e adj. ; n.
fondement n.m.
fonder v.t.
fonderie n.f.
fondeur, euse n.
fondeuse n.f.
fondis n.m.
fondoir n.m.
fondouk n.m.
fondre v.t. *et* i. (conj. **59**)
fondrière n.f.
fonds n.m. (capitaux)
fondu, e adj.
fondu n.m.
fondue n.f.
fongibilité n.f.
fongible adj.
fongicide adj. *et* n.m.
fongiforme adj.
fongique adj.
fongosité n.f.
fongueux, euse adj.
fonio n.m.
fontaine n.f.
fontainebleau n.m. (pl. fontainebleaux)
fontainier n.m.
fontanelle n.f.
fontange n.f.
fonte n.f.
fontine n.f.
fontis n.m.
fonts n.m. pl. (baptismaux)
foot n.m.
football n.m.
footballeur, euse n.
footing n.m.
for n.m. sing.
forage n.m.
forain, e adj.
forain n.m.
foraminé, e adj.
foraminifère n.m.
forban n.m.
forçage n.m.
forçat n.m.
force n.f.
forcé, e adj.
forcement n.m.
forcément adv.
forcené, e n. *et* adj.
forceps n.m.
forcer v.t. *et* i. (conj. **9**)
forcerie n.f.
forcing n.m.
forcipressure n.f.
forcir v.i.
forclore v.t. (seulem. à l'inf. et au part. pass. *forclos, e*)
forclos, e adj.
forclusion n.f.
fordisme n.m.
forer v.t.
forestage n.m.
foresterie n.f.
forestier, ère adj. *et* n.
foret n.m. (outil)
forêt n.f. (bois)
forêt-galerie n.f. (pl. forêts-galeries)
forêt-noire n.f. (pl. forêts-noires)
foreur n.m.
foreuse n.f.
forfaire v.t. ind. (conj. **89** ; seulem. inf. prés., sing. du prés. de l'ind. et temps composés)
forfait n.m.
forfaitaire adj.
forfaitairement adv.

forfaiture n.f.
forfanterie n.f.
forficule n.f.
forge n.f.
forgeable adj.
forgeage n.m.
forger v.t. (conj. **10**)
forgeron n.m.
forgeur, euse n.
forint n.m.
forjeter v.t. (conj. **16**)
forlancer v.t. (conj. **9**)
forlane n.f.
forligner v.i.
forlonger v.t. (conj. **10**)
formage n.m.
formaldéhyde n.m.
formalisation n.f.
formaliser v.t.
formalisme n.m.
formaliste adj. *et* n.
formalité n.f.
formant n.m.
formariage n.m.
format n.m.
formatage n.m.
formater v.t.
formateur, trice adj. ; n.
formatif, ive adj.
formation n.f.
forme n.f.
formé, e adj.
formel, elle adj.
formellement adv.
former v.t.
formeret n.m.
formiate n.m.
Formica n.m. (nom déposé)
formidable adj.
formidablement adv.
formique adj.
formol n.m.
formoler v.t.
formosan, e adj. *et* n.
formulable adj.
formulaire n.m.
formulation n.f.
formule n.f.
formuler v.t.
fornicateur, trice n.
fornication n.f.
forniquer v.i.
fors [fɔr] prép.
forsythia [fɔrsisja] n.m.
fort, e adj.
fort n.m. ; adv.
forte [fɔrte] adv. et n.m. inv.
fortement adv.
forteresse n.f.
fortiche adj.
fortifiant, e adj.
fortifiant n.m.
fortification n.f.
fortifier v.t. (conj. **5**)
fortifs n.f. pl.
fortin n.m.
fortiori (a) loc. adv.
fortissimo adv. ; n.m. inv.
fortran n.m.
fortuit, e adj.
fortuitement adv.
fortune n.f.
fortuné, e adj.
forum n.m. (pl. forums)
forure n.f.
fosbury flop n.m. (pl. fosbury flops)
fosse n.f.
fossé n.m.
fossette n.f.
fossile adj. *et* n.m.
fossilifère adj.
fossilisation n.f.
fossiliser v.t.
fossoyer v.t. (conj. **7**)
fossoyeur, euse n.
fou *ou* **fol, folle** adj.
fou, folle n.
fou n.m. (pl. fous)
fouace n.f.
fouacier n.m.
fouage n.m.
fouaille n.f.
fouailler v.t.
foucade n.f.
fouchtra ! interj.
foudre n.f. ; n.m.
foudroiement n.m.
foudroyage n.m.
foudroyant, e adj.
foudroyer v.t. (conj. **7**)
fouëne *ou* **foëne** n.f.
fouet n.m.
fouettard adj.m.
fouetté n.m.
fouettement n.m.
fouette-queue n.m. (pl. fouette-queues)
fouetter v.t. *et* i.
foufou, fofolle adj. *et* n.
foufou n.m. (pl. foufous)
fougasse n.f.
fougeraie n.f.
fougère n.f.
fougue n.f.
fougueusement adv.
fougueux, euse adj.
fouille n.f.
fouillé, e adj.
fouiller v.t. *et* i.
fouilleur, euse n.
fouillis n.m.
fouinard, e adj. *et* n.
fouine n.f.
fouiner v.i.
fouineur, euse adj. *et* n.
fouir v.t.
fouissage n.m.
fouisseur, euse adj.
fouisseur n.m.
foulage n.m.
foulant, e adj.
foulard n.m.
foule n.f.
foulée n.f.
fouler v.t.
fouloir n.m.
foulon n.m.
foulonner v.t.
foulque n.f.
foultitude n.f.
foulure n.f.
four n.m.
fourbe adj. *et* n.
fourberie n.f.
fourbi n.m.
fourbir v.t.
fourbissage n.m.

fourbu, e adj.
fourbure n.f.
fourche n.f.
fourchée n.f.
fourcher v.i.
fourchet n.m.
fourchette n.f.
fourchon n.m.
fourchu, e adj.
fourgon n.m.
fourgonner v.i.
fourgonnette n.f.
fourgon-pompe n.m. (pl. fourgons-pompes)
fourgue n.m.
fourguer v.t.
fouriérisme n.m.
fouriériste adj. *et* n.
fourme n.f.
fourmi n.f.
fourmilier n.m.
fourmilière n.f.
fourmilion *ou* **fourmi-lion** n.m. (pl. fourmis-lions)
fourmillement n.m.
fourmiller v.i.
fournaise n.f.
fourneau n.m.
fournée n.f.
fourni, e adj.
fournil n.m.
fourniment n.m.
fournir v.t. *et* t. ind.
fournisseur, euse n.
fourniture n.f.
fourrage n.m.
fourrager v.i. (conj. **10**)
fourrager, ère adj.
fourragère n.f.
fourrageur n.m.
fourre n.f.
fourré n.m.
fourré, e adj.
fourreau n.m.
fourrer v.t.
fourre-tout n.m. inv.
fourreur n.m.
fourrier n.m.
fourrière n.f.
fourrure n.f.
fourvoiement n.m.
fourvoyer v.t. (conj. **7**)
foutaise n.f.
foutoir n.m.
foutou n.m. (pl. foutous)
foutral, e, als adj.
foutre v.t. (je *fous*, il *fout*, nous *foutons* ; je *foutais* ; je *foutrai* ; je *foutrais* ; *fous* ; que je *foute* ; *foutant* ; *foutu* ; inusité au passé simple)
foutrement adv.
foutriquet n.m.
foutu, e adj.
fovéa n.f. (pl. fovéas)
fox n.m. inv.
foxé, e adj.
fox-hound n.m. (pl. fox-hounds)
fox-terrier n.m. (pl. fox-terriers)
fox-trot n.m. inv.
foyard n.m.
foyer n.m.
frac n.m.
fracas n.m.
fracassant, e adj.
fracassement n.m.
fracasser v.t.
fractal, e, als adj.
fraction n.f.
fractionnaire adj.
fractionné, e adj.
fractionnel, elle adj.
fractionnement n.m.
fractionner v.t.
fractionnisme n.m.
fractionniste adj. *et* n.
fracturation n.f.
fracture n.f.
fracturer v.t.
fragile adj.
fragilisation n.f.
fragiliser v.t.
fragilité n.f.
fragment n.m.
fragmentaire adj.
fragmentairement adv.
fragmentation n.f.
fragmenter v.t.
fragon n.m.
fragrance n.f.
fragrant, e adj.
frai n.m. (des poissons)
fraîche n.f.
fraîchement adv.
fraîcheur n.f.
fraîchin n.m.
fraîchir v.i.
frais, fraîche adj.
frais n.m. *et* adv. (froid)
frais n.m. pl. (dépenses)
fraisage n.m.
fraise n.f.
fraiser v.t.
fraiseraie n.f.
fraiseur n.m.
fraiseuse n.f.
fraisier n.m.
fraisière n.f.
fraisil n.m.
fraisure n.f.
framboise n.f.
framboiser v.t.
framboisier n.m.
framée n.f.
franc n.m.
franc, franche adj.
franc, franque adj.
français, e adj. *et* n.
français n.m.
franc-alleu n.m. (pl. francs-alleux)
franc-bord n.m. (pl. francs-bords)
franc-bourgeois n.m. (pl. francs-bourgeois)
franc-comtois, e adj. *et* n. (pl. francs-comtois, franc-comtoises)
franc-fief n.m. (pl. francs-fiefs)
franchement adv.
franchir v.t.
franchisage n.m.
franchise n.f.
franchisé n.m.
franchiser v.t.
franchiseur n.m.
franchising n.m.

franchissable adj.
franchissement n.m.
franchouillard, e adj. *et* n.
francien n.m. sing.
francilien, enne adj. *et* n.
francique n.m. *et* adj.
francisant, e n.
francisation n.f.
franciscain, e n.
franciser v.t.
francisque n.f.
franciste n.
francité n.f.
francium n.m. (pl. franciums)
franc-jeu n.m. (pl. francs-jeux)
franc-maçon, onne n. (pl. francs-maçons, franc-maçonnes)
franc-maçonnerie n.f. (pl. franc-maçonneries)
franc-maçonnique adj. (pl. franc-maçonniques)
franco adv.
franco-canadien, enne adj. (pl. franco-canadiens, ennes)
franco-canadien n.m.
franco-français, e adj. (pl. franco-français, es)
francolin n.m.
francophile adj. *et* n.
francophilie n.f.
francophobe adj. *et* n.
francophobie n.f.
francophone adj. *et* n.
francophonie n.f.
franco-provençal, e, aux adj.
franco-provençal n.m. sing.
franc-parler n.m. (pl. francs-parlers)
franc-quartier n.m. (pl. francs-quartiers)
franc-tireur n.m. (pl. francs-tireurs)
frange n.f.
franger v.t. (conj. **10**)
frangin, e n.
frangipane n.f.
frangipanier n.m.
franglais n.m.
franquette (à la bonne) loc. adv.
franquisme n.m.
franquiste adj. *et* n.
fransquillon n.m.
fransquillonner v.i.
frappant, e adj.
frappe n.f.
frappé, e adj.
frappement n.m.
frapper v.t. *et* i.
frappeur adj.m.
fraser v.t.
frasil n.m.
frasque n.f.
fraternel, elle adj.
fraternellement adv.
fraternisation n.f.
fraterniser v.i.
fraternité n.f.
fratricide adj. *et* n. ; n.m.
fratrie n.f.
fraude n.f.
frauder v.t. *et* i.
fraudeur, euse adj. *et* n.
frauduleusement adv.
frauduleux, euse adj.
fraxinelle n.f.
frayage n.m.
frayée n.f.
frayement n.m.
frayer v.t., t. ind. *et* i. (conj. **6**)
frayère n.f.
frayeur n.f.
fredaine n.f.
fredonnement n.m.
fredonner v.t. *et* i.
free-jazz n.m. inv.
free-lance adj. inv. *et* n. (pl. free-lances)
free-martin [frimartin] n.m. (pl. free-martins)
free-shop n.m. (pl. free-shops)
freesia [frezja] n.m. (pl. freezias)
freezer [frizœr] n.m.
frégatage n.m.
frégate n.f.
frégater v.t.
frein n.m.
freinage n.m.
freiner v.i. *et* t.
freinte n.f.
frelatage n.m.
frelaté, e adj.
frelater v.t.
frêle adj.
frelon n.m.
freluquet n.m.
frémir v.i.
frémissant, e adj.
frémissement n.m.
frênaie n.f.
frénateur, trice adj.
french cancan n.m. inv.
frêne n.m.
frénésie n.f.
frénétique adj.
frénétiquement adv.
Fréon n.m. (nom déposé)
fréquemment adv.
fréquence n.f.
fréquencemètre n.m.
fréquent, e adj.
fréquentable adj.
fréquentatif, ive adj.
fréquentatif n.m.
fréquentation n.f.
fréquenter v.t.
fréquentiel, elle adj.
frère n.m. *et* adj. m.
frérot n.m.
fresque n.f.
fresquiste n.
fressure n.f.
fret [frɛ *ou* frɛt] n.m. (transport de marchandises)
fréter v.t. (conj. **11**)
fréteur n.m.
frétillant, e adj.
frétillement n.m.
frétiller v.i.

fretin n.m.
frettage n.m.
frette n.f.
fretter v.t.
freudien, enne adj. *et* n.
freudisme n.m.
freudo-marxisme n.m. (pl. freudo-marxismes)
freux n.m.
friabilité n.f.
friable adj.
friand, e adj.
friand n.m.
friandise n.f.
fribourg n.m.
fric n.m.
fricadelle n.f.
fricandeau n.m.
fricasse n.f.
fricassée n.f.
fricasser v.t.
fricative n.f.
fric-frac n.m. inv.
friche n.f.
frichti n.m.
fricot n.m.
fricotage n.m.
fricoter v.t. *et* i.
fricoteur, euse n.
friction n.f.
frictionnel, elle adj.
frictionner v.t.
fridolin n.m.
Frigidaire n.m. (nom déposé)
frigidarium n.m. (pl. frigidariums)
frigide adj.
frigidité n.f.
frigo n.m.
frigorie n.f.
frigorifié, e adj.
frigorifier v.t. (conj. **5**)
frigorifique adj. *et* n.m.
frigorigène adj. *et* n.m.
frigoriste n.
frileusement adv.
frileux, euse adj. *et* n.
frilosité n.f.
frimaire n.m.
frimas n.m.
frime n.f.
frimer v.i.
frimeur, euse adj. *et* n.
frimousse n.f.
fringale n.f.
fringant, e adj.
fringillidé n.m.
fringue n.f.
fringuer v.t.
fripe n.f.
fripé, e adj.
friper v.t.
friperie n.f.
fripier, ère n.
fripon, onne adj. *et* n.
friponnerie n.f.
fripouille n.f.
fripouillerie n.f.
friqué, e adj.
friquet n.m.
frire v.t. *et* i. (conj. **95**)
frisage n.m.
frisant, e adj.
Frisbee n.m. (nom déposé)
frise n.f.
frisé, e adj. *et* n.
frisée n.f.
friselis n.m.
friser v.t. *et* i.
frisette n.f.
frisolée n.f.
frison, onne adj. *et* n.
frison n.m.
frisottant, e adj.
frisotter v.t. *et* i.
frisottis n.m.
frisquet, ette adj.
frisson n.m.
frissonnant, e adj.
frissonnement n.m.
frissonner v.i.
frisure n.f.
frite n.f. (pomme de terre)
friterie n.f.
friteuse n.f.
fritillaire n.f.
friton n.m.
frittage n.m.
fritte n.f. (mélange vitreux)
fritter v.t.
friture n.f.
fritz n.m. inv.
frivole adj.
frivolement adv.
frivolité n.f.
froc n.m.
frœbélien, enne adj. ; n.
froid, e adj.
froid n.m. *et* adv.
froidement adv.
froideur n.f.
froidure n.f.
froissable adj.
froissement n.m.
froisser v.t.
froissure n.f.
frôlement n.m.
frôler v.t.
frôleur, euse adj.
fromage n.m.
fromageon n.m.
fromager, ère adj. *et* n.
fromager n.m.
fromagerie n.f.
fromegi *ou* **fromgi** n.m.
froment n.m.
fromental n.m. (pl. fromentaux)
frometon *ou* **fromton** n.m.
fronce n.f.
froncement n.m.
froncer v.t. (conj. **9**)
froncis n.m.
frondaison n.f.
fronde n.f.
fronder v.t.
frondeur, euse adj. *et* n.
frondeur n.m.
front n.m.
frontal, e, aux adj.
frontal n.m. (pl. frontaux)
frontalier, ère adj. *et* n.
frontalité n.f.
fronteau n.m.
frontière n.f.
frontignan n.m.

frontispice n.m.
fronton n.m.
frottage n.m.
frottant, e adj.
frottée n.f.
frotte-manche n. (pl. frotte-manches)
frottement n.m.
frotter v.t. *et* i.
frotteur, euse n.
frotteur n.m.
frottis n.m.
frottoir n.m.
frouer v.i.
froufrou *ou* **frou-frou** n.m. (pl. froufrous, frous-frous)
froufroutant, e adj.
froufroutement n.m.
froufrouter v.i.
frouiller v.i.
froussard, e adj. *et* n.
frousse n.f.
fructidor n.m.
fructifère adj.
fructification n.f.
fructifier v.i. (conj. **5**)
fructose n.m.
fructueusement adv.
fructueux, euse adj.
fructus n.m. inv.
frugal, e, aux adj.
frugalement adv.
frugalité n.f.
frugivore adj. *et* n.
fruit n.m.
fruité, e adj.
fruiterie n.f.
fruitier, ère adj. *et* n.
fruitier n.m.
fruitière n.f.
frumentaire adj.
frusques n.f. pl.
fruste adj.
frustrant, e adj.
frustration n.f.
frustré, e adj. *et* n.
frustrer v.t.
frutescent, e adj.
fuchsia [fyʃja] n.m. ; adj. inv.
fuchsine [fyksin] n.f.
fucus n.m. inv.
fuégien, enne adj. *et* n.
fuel [fjul] *ou* **fuel-oil** [fjulɔjl] n.m. (pl. fuel-oils)
fuero n.m.
fugace adj.
fugacité n.f.
fugitif, ive adj. *et* n.
fugitivement adv.
fugue n.f.
fugué, e adj.
fuguer v.i.
fugueur, euse adj. *et* n.
führer n.m.
fuie n.f.
fuir v.i. *et* t. (conj. **24**)
fuite n.f.
fulgurance n.f.
fulgurant, e adj.
fulguration n.f.
fulgurer v.i.
fuligineux, euse adj.
fuligule n.m.
full [ful] n.m. (pl. fulls)
full-contact n.m. (pl. full-contacts)
fullerène n.m.
fulmicoton n.m.
fulminant, e adj.
fulminate n.m.
fulmination n.f.
fulminer v.i. *et* t.
fulminique adj.
fumable adj.
fumage n.m.
fumagine n.f.
fumaison n.f.
fumant, e adj.
fumariacée n.f.
fumé, e adj.
fumé n.m.
fume-cigare n.m. inv.
fume-cigarette n.m. inv.
fumée n.f.
fumer v.i. *et* t.
fumerie n.f.
fumerolle n.f.
fumerollien, enne adj.
fumeron n.m.
fumet n.m.
fumeterre n.f.
fumette n.f.
fumeur, euse n.
fumeur n.m.
fumeux, euse adj.
fumier n.m.
fumigateur n.m.
fumigation n.f.
fumigatoire adj. *et* n.m.
fumigène adj. *et* n.m.
fumiste adj. *et* n.
fumisterie n.f.
fumivore adj. *et* n.m.
fumoir n.m.
fumure n.f.
fun [fœn] n.m.
funambule n.
funambulesque adj.
funboard [fœnbɔrd] n.m.
fundus n.m. inv.
funèbre adj.
funérailles n.f. pl.
funéraire adj.
funérarium n.m. (pl. funérariums)
funeste adj.
funestement adv.
funiculaire n.m. ; adj.
funicule n.m.
funk adj. inv. *et* n.m. inv.
funky adj. inv. *et* n.m. inv.
furanne n.m.
furax adj. inv.
furcula n.f.
furet n.m.
furetage n.m.
fur et à mesure (au) loc. adv.
fureter v.i. (conj. **12**)
fureteur, euse adj. *et* n.
fureur n.f.
furfuracé, e adj.
furfural n.m. (pl. furfurals)
furia n.f.
furibard, e adj.
furibond, e adj.
furie n.f.

furieusement adv.
furieux, euse adj. *et* n.
furoncle n.m.
furonculeux, euse adj.
furonculose n.f.
furtif, ive adj.
furtivement adv.
furtivité n.f.
fusain n.m.
fusainiste n.
fusant, e adj.
fusant n.m.
fusariose n.f.
fuseau n.m.
fusée n.f.
fusée-sonde n.f. (pl. fusées-sondes)
fuselage n.m.
fuselé, e adj.
fuseler v.t. (conj. **16**)
fuséologie n.f.
fuser v.i.
fusette n.f.
fusibilité n.f.
fusible adj. *et* n.m.
fusiforme adj.
fusil n.m.
fusilier n.m.
fusillade n.f.
fusiller v.t.
fusilleur n.m.
fusil-mitrailleur n.m. (pl. fusils-mitrailleurs)
fusiniste n.
fusion n.f.
fusionnel, elle adj.
fusionnement n.m.
fusionner v.t. *et* i.
fustanelle n.f.
fustet n.m.
fustigation n.f.
fustiger v.t. (conj. **10**)
fût n.m.
futaie n.f. (forêt)
futaille n.f.
futal n.m. (pl. futals)
futé, e adj. *et* n.
futée n.f. (pâte à bois)
futile adj.
futilement adv.
futilité n.f.
futon n.m.
futur, e adj. *et* n.
futur n.m.
futurisme n.m.
futuriste adj. *et* n.
futurologie n.f.
futurologue n.
fuyant, e adj.
fuyant n.m.
fuyard, e adj. *et* n.

g

g n.m. inv.
gaba n.m.
gabardine n.f.
gabare *ou* **gabarre** n.f.
gabariage n.m.
gabarier *ou* **gabarrier** n.m.
gabarit n.m.
gabarre *ou* **gabare** n.f.
gabarrier *ou* **gabarier** n.m.
gabbro n.m.
gabegie n.f.
gabelle n.f.
gabelou n.m. (pl. gabelous)
gabier n.m.
gabion n.m.
gabionnage n.m.
gâble *ou* **gable** n.m.
gabonais, e adj. *et* n.
gâchage n.m.
gâche n.f.
gâcher v.t.
gâchette n.f.
gâcheur, euse adj. *et* n.
gâchis n.m.
gade n.m.
gadget [gadʒɛt] n.m.
gadgétiser v.t.
gadidé n.m.
gadin n.m.
gadjo [gadʒo] n. (pl. gadjé)
gadolinium n.m. (pl. gadoliniums)
gadoue n.f.
gadouille n.f.
gadrouille n.f.
gadrouiller v.i.
gaélique adj. *et* n.m.
gaffe n.f.
gaffer v.t. *et* i.
gaffeur, euse adj. *et* n.
gag n.m.
gaga adj. inv. en genre (pl. inv. *ou* gagas) *et* n. (pl. gagas)
gagaku [-ku] n.m. inv.
gage n.m.
gagé, e adj.
gager v.t. (conj. **10**)
gageur, euse n.
gageure [gaʒyr] n.f.
gagiste adj. *et* n.
gagman [gagman] n.m. (pl. gagmans *ou* gagmen)
gagnable adj.
gagnage n.m.
gagnant, e adj. *et* n.
gagne n.f.
gagne-pain n.m. inv.
gagne-petit n. inv.
gagner v.t. *et* i.
gagneur, euse n.
gaguesque adj.
gai, e adj. (joyeux)
gaïac n.m.
gaiement *ou*, vx, **gaîment** adv.
gaieté *ou*, vx, **gaîté** n.f.
gaillard, e adj.
gaillard n.m.
gaillarde n.f.
gaillardement adv.
gaillardie n.f.
gaillardise n.f.
gaillet n.m.
gaîment adv.
gain n.m.
gainage n.m.
gaine n.f.
gaine-culotte n.f. (pl. gaines-culottes)
gainer v.t.
gainerie n.f.
gainier, ère n.
gainier n.m.
gaîté n.f.
gaize n.f.
gal n.m. (pl. gals)
gala n.m.
galactique adj.
galactogène adj. *et* n.m.
galactophore adj.
galactose n.m.
galago n.m.
galamment adv.
galandage n.m.
galant, e adj.
galant n.m.
galanterie n.f.
galantin n.m.
galantine n.f.
galapiat n.m.
galate adj. *et* n.
galaxie n.f.
galbe n.m.
galbé, e adj.
galber v.t.
gale n.f. (maladie)
galéasse *ou* **galéace** n.f.
galéjade n.f.
galéjer v.i. (conj. **11**)
galène n.f.
galénique adj.
galénisme n.m.
galéopithèque n.m.
galère n.f.
galérer v.i. (conj. **11**)
galerie n.f.
galérien n.m.
galeriste n.
galerne n.f.
galéruque n.f.
galet n.m.
galetage n.m.

galetas n.m.
galeter v.t. (conj. **16**)
galette n.f.
galetteux, euse adj.
galeux, euse adj. *et* n. (qui a la gale)
galgal n.m. (pl. galgals)
galhauban n.m.
galicien, enne adj. *et* n.
galicien n.m. sing.
galiléen, enne adj. *et* n.
galimatias n.m.
galion n.m.
galiote n.f.
galipette n.f.
galipot n.m.
galipote n.f.
galipoter v.t.
galle n.f. (excroissance des végétaux)
gallérie n.f.
galleux, euse adj. (en chimie)
gallican, e adj. *et* n.
gallicanisme n.m.
gallicisme n.m.
gallicole adj.
gallinacé *ou* **galliforme** n.m.
gallinule n.f.
gallique adj.
gallium n.m. (pl. galliums)
gallo adj. *et* n. ; n.m. sing. (dialecte)
gallois, e adj. *et* n.
gallois n.m.
gallon n.m. (unité de capacité)
gallo-romain, e adj. *et* n. (pl. gallo-romains, es)
gallo-roman, e adj. *et* n.m. (pl. gallo-romans, es)
galoche n.f.
galon n.m. (ruban)
galonner v.t.
galop n.m. (allure)
galopade n.f.
galopant, e adj.
galoper v.i.
galopeur, euse adj. *et* n.
galopin n.m.
galoubet n.m.
galuchat n.m.
galurin *ou* **galure** n.m.
galvanique adj.
galvanisation n.f.
galvaniser v.t.
galvanisme n.m.
galvanomètre n.m.
galvanoplastie n.f.
galvanoplastique adj.
galvanotype n.m.
galvanotypie n.f.
galvaudage n.m.
galvauder v.t.
gamay n.m. inv.
gamba n.f. (pl. gambas)
gambade n.f.
gambader v.i.
gambe n.f.
gamberge n.f.
gamberger v.i. *et* t.
gambette n.m. ; n.f.
gambien, enne adj. *et* n.
gambiller v.i.
gambit n.m.
gambusie n.f.
gamelan n.m.
gamelle n.f.
gamète n.m.
gamétogenèse n.f.
gamétophyte n.m.
gamin, e n.
gaminer v.i.
gaminerie n.f.
gamma n.m. inv.
gammaglobuline n.f.
gammagraphie n.f.
gammare n.m.
gamme n.f.
gammée adj.f.
gamopétale adj. *et* n.f.
gamosépale adj.
gan [gan] n.m. sing.
ganache n.f.
ganaderia n.f. (pl. ganaderias)
gandin n.m.
gandoura n.f. (pl. gandouras)
gang n.m.
ganga n.m. (pl. gangas)
gangétique adj.
ganglion n.m.
ganglionnaire adj.
gangliopléglque adj.
gangrène n.f.
gangrener v.t. (conj. **12**)
gangreneux, euse adj.
gangster n.m.
gangstérisme n.m.
gangue n.f.
gangué, e adj.
ganse n.f.
ganser v.t.
gansette n.f.
gant n.m.
gantelet n.m.
ganter v.t. *et* i.
ganterie n.f.
gantier, ère n.
gantois, e adj. *et* n.
gap n.m.
gaperon n.m.
gâpette n.f.
garage n.m.
garagiste n.
garance n.f. ; adj. inv.
garant, e adj. *et* n.
garant n.m.
garanti n.m.
garantie n.f.
garantir v.t.
garbure n.f.
garce n.f.
garcette n.f.
garçon n.m.
garçonne n.f.
garçonnet n.m.
garçonnier, ère adj.
garçonnière n.f.
garde n.f. ; n.m.
gardé, e adj.
garde-à-vous n.m. inv.
garde-barrière n. (pl. gardes-barrière *ou* gardes-barrières)
garde-bœuf n.m. (pl. gardes-bœuf *ou* gardes-bœufs)
garde-boue n.m. inv.

garde-chasse n.m. (pl. gardes-chasse *ou* gardes-chasses)
garde-chiourme n.m. (pl. gardes-chiourme *ou* gardes-chiourmes)
garde-corps n.m. inv.
garde-côtes n.m. inv. *ou* **garde-côte** n.m. (pl. garde-côtes) [bateau]
garde-côte *ou* **garde-côtes** n.m. (pl. gardes-côtes) [personne]
garde-feu n.m. (pl. inv. *ou* garde-feux)
garde-fou n.m. (pl. garde-fous)
garde-française n.m. (pl. gardes-françaises)
garde-malade n. (pl. gardes-malade *ou* gardes-malades)
garde-manger n.m. inv.
garde-meubles n.m. inv. *ou* **garde-meuble** n.m. (pl. garde-meubles)
gardénia n.m.
garden-party n.f. (pl. garden-partys *ou* garden-parties)
garde-pêche n.m. (pl. gardes-pêche) [personne]
garde-pêche n.m. inv. (bateau)
garde-place n.m. (pl. inv. *ou* garde-places)
garde-port n.m. (pl. gardes-port *ou* gardes-ports)
garder v.t.
garderie n.f.
garde-rivière n.m. (pl. gardes-rivière *ou* gardes-rivières)
garde-robe n.f. (pl. garde-robes)
garde-temps n.m. inv.
gardeur, euse n.
garde-voie n.m. (pl. gardes-voie *ou* gardes-voies)
garde-vue n.m. inv.
gardian n.m.
gardien, enne n.
gardiennage n.m.
gardienne n.f.
gardois, e adj. *et* n.
gardon n.m.
gare n.f. ; interj.
garenne n.f.
garer v.t.
gargantua n.m. (pl. gargantuas)
gargantuesque adj.
gargariser (se) v.pr.
gargarisme n.m.
gargote n.f.
gargotier, ère n.
gargouille n.f.
gargouillement n.m.
gargouiller v.i.
gargouillis n.m.
gargoulette n.f.
gargousse n.f.
gari n.m.
garibaldien, enne adj. *et* n.
garnement n.m.
garni, e adj.
garni n.m.
garniérite n.f.
garnir v.t.
garnison n.f.
garnissage n.m.
garniture n.f.
garonnais, e adj.
garou n.m. (pl. garous)
garrigue n.f.
garrot n.m.
garrottage n.m.
garrotte n.f.
garrotter v.t.
gars [gɑ] n.m.
gascon, onne adj. *et* n.
gascon n.m. sing.
gasconnade n.f.
gas-oil *ou* **gasoil** [gazwal *ou* gazɔjl] n.m. (pl. gas-oils, gasoils)
gaspacho n.m. (pl. gaspachos)
gaspillage n.m.
gaspiller v.t.
gaspilleur, euse adj. *et* n.
gastérale n.f.
gastéromycète n.m.
gastéropode n.m.
gastralgie n.f.
gastrectomie n.f.
gastrique adj.
gastrite n.f.
gastro-entérite n.f. (pl. gastro-entérites)
gastro-entérologie n.f. (pl. gastro-entérologies)
gastro-entérologue n. (pl. gastro-entérologues)
gastro-intestinal, e, aux adj.
gastronome n.
gastronomie n.f.
gastronomique adj.
gastropode n.m.
gastrula n.f. (pl. gastrulas)
gastrulation n.f.
gâteau n.m.
gâte-bois n.m. inv.
gâter v.t. (altérer)
gâterie n.f.
gâte-sauce n.m. (pl. inv. *ou* gâte-sauces)
gâteux, euse adj. *et* n.
gâtifier v.i. (conj. **5**)
gâtine n.f.
gâtion, onne n.
gâtisme n.m.
gatter v.t. (faire l'école buissonnière)
gattilier n.m.
gauche adj. ; n.m. ; n.f.
gauchement adv.
gaucher, ère adj. *et* n.
gaucherie n.f.
gauchir v.i. *et* t.
gauchisant, e adj. *et* n.
gauchisme n.m.
gauchissement n.m.
gauchiste adj. *et* n.
gaucho n.m. (pl. gauchos)
gaude n.f.
gaudriole n.f.
gaufrage n.m.
gaufre n.f.
gaufrer v.t.

gaufrette n.f.
gaufreuse n.f.
gaufrier n.m.
gaufroir n.m.
gaufrure n.f.
gaulage n.m.
gaule n.f.
gauleiter [gawlajtœr] n.m. (pl. gauleiters)
gauler v.t.
gaulis n.m.
gaullien, enne adj.
gaullisme n.m.
gaulliste adj. *et* n.
gaulois, e adj. *et* n.
gaulois n.m.
gauloise n.f.
gauloisement adv.
gauloiserie n.f.
gaultheria *ou* **gaulthérie** n.f.
gaupe n.f.
gaur n.m.
gauss n.m. inv.
gausser (se) v.pr.
gavage n.m.
gave n.m.
gaver v.t.
gaveur, euse n.
gaveuse n.f.
gavial n.m. (pl. gavials)
gavotte n.f.
gavroche n.m.
gay adj. inv. en genre *et* n. (homosexuel)
gayal n.m. (pl. gayals)
gaz n.m. inv. (corps chimique)
gazage n.m.
gaze n.f. (tissu)
gazé, e adj. *et* n.
gazéification n.f.
gazéifier v.t. (conj. **5**)
gazelle n.f.
gazer v.t. *et* i.
gazetier n.m.
gazette n.f.
gazeux, euse adj.
gazier, ère adj.
gazier n.m.
gazinière n.f.
gazoduc n.m.
gazogène n.m.
gazole n.m.
gazoline n.f.
gazomètre n.m.
gazon n.m.
gazonnage n.m.
gazonnant, e adj.
gazonnement n.m.
gazonner v.t.
gazouillant, e adj.
gazouillement n.m.
gazouiller v.i.
gazouilleur, euse adj.
gazouillis n.m.
geai n.m.
géant, e adj. *et* n.
géaster [ʒeastɛr] n.m.
gecko n.m.
géhenne [ʒeɛn] n.f.
geignard, e adj. *et* n.
geignement n.m.
geindre v.i. (conj. **62**)
geindre *ou* **gindre** n.m.
geisha [geʃa] n.f. (pl. geishas)
gel n.m.
gélatine n.f.
gélatiné, e adj.
gélatineux, euse adj.
gélatiniforme adj.
gélatino-bromure n.m. (pl. gélatino-bromures)
gélatino-chlorure n.m. (pl. gélatino-chlorures)
gelée n.f.
geler v.t., i. *et* impers. (conj. **12**)
gélif, ive adj.
gélifiant n.m.
gélification n.f.
gélifier v.t. (conj. **5**)
gélifraction n.f.
gélinotte *ou* **gelinotte** n.f.
gélisol n.m.
géliturbation n.f.
gélivation n.f.
gélivité n.f.
gélivure n.f.
gélose n.f.
gélule n.f.
gelure n.f.
gémeau, elle adj. *et* n.
gémellaire adj.
gémellipare adj.
gémelliparité n.f.
gémellité n.f.
gémination n.f.
géminé, e adj.
géminée n.f.
géminer v.t.
gémir v.i.
gémissant, e adj.
gémissement n.m.
gemmage n.m.
gemmail n.m. (pl. gemmaux)
gemmation n.f.
gemme n.f. ; adj.
gemmé, e adj.
gemmer v.t.
gemmeur, euse n.
gemmifère adj.
gemmiparité n.f.
gemmologie n.f.
gemmologue *ou* **gemmologiste** n.
gemmothérapie n.f.
gemmule n.f.
gémonies n.f. pl.
gênant, e adj.
gencive n.f.
gendarme n.m.
gendarmer (se) v.pr.
gendarmerie n.f.
gendre n.m.
gène n.m. (biologie)
gêne n.f. (malaise)
gêné, e adj.
généalogie n.f.
généalogique adj.
généalogiste n.
génépi *ou* **genépi** n.m.
gêner v.t.
général, e, aux adj.
général n.m. (pl. généraux)
généralat n.m.

générale n.f.
généralement adv.
généralisable adj.
généralisant, e adj.
généralisateur, trice adj.
généralisation n.f.
généraliser v.t.
généralissime n.m.
généraliste adj. *et* n.
généralité n.f.
générateur, trice adj.
générateur n.m.
génératif, ive adj.
génération n.f.
générationnel, elle adj.
génératrice n.f.
générer v.t. (conj. **11**)
généreusement adv.
généreux, euse adj.
générique adj. ; n.m.
générosité n.f.
genèse n.f.
génésiaque adj.
génésique adj.
genet n.m. (cheval)
genêt n.m. (plante)
généthliaque adj.
généticien, enne n.
génétique n.f.
génétiquement adv.
génétisme n.m.
genette n.f.
gêneur, euse n.
genevois, e adj. *et* n.
genévrier n.m.
génial, e, aux adj.
génialement adv.
génialité n.f.
génie n.m.
genièvre n.m.
génique adj.
génisse n.f.
génital, e, aux adj.
géniteur, trice n.
génitif n.m.
génito-urinaire adj. (pl. génito-urinaires)
génocide n.m.
génois, e adj. *et* n.
génois n.m.
génoise n.f.
génome n.m.
génomique adj.
génothérapie n.f.
génotype n.m.
genou n.m. (pl. genoux)
genouillé, e adj.
genouillère n.f.
genre n.m.
génovéfain n.m.
gens [ʒɛ̃s] n.f. (pl. gentes [ʒɛ̃tɛs])
gens [ʒɑ̃] n.m. *ou* f. pl.
gent [ʒɑ̃] n.f. sing.
gentiane [-sjan] n.f.
gentil, ille adj.
gentil n.m.
gentilé n.m.
gentilhomme n.m. (pl. gentilshommes)
gentilhommière n.f.
gentilité n.f.
gentillesse n.f.
gentillet, ette adj.
gentiment adv.
gentleman n.m. (pl. gentlemans *ou* gentlemen)
gentleman-farmer n.m. (pl. gentlemans-farmers *ou* gentlemen-farmers)
gentleman-rider n.m. (pl. gentlemans-riders *ou* gentlemen-riders)
gentleman's agreement n.m. (pl. gentlemen's agreements)
gentry n.f. sing.
génuflexion n.f.
géocentrique adj.
géocentrisme n.m.
géochimie n.f.
géochimique adj.
géochimiste n.
géochronologie n.f.
géochronologique adj.
géode n.f.
géodésie n.f.
géodésien, enne n.
géodésique adj.
géodynamique n.f.
géoglyphe n.m.
géographe n.
géographie n.f.
géographique adj.
géographiquement adv.
géoïde n.m.
geôle n.f.
geôlier, ère n.
géologie n.f.
géologique adj.
géologiquement adv.
géologue n.
géomagnétique adj.
géomagnétisme n.m.
géomancie n.f.
géométral, e, aux adj.
géométral n.m. (pl. géométraux)
géomètre n.; n.m.
géométridé n.m.
géométrie n.f.
géométrique adj.
géométriquement adv.
géométrisation n.f.
géométriser v.t.
géomorphologie n.f.
géomorphologique adj.
géomorphologue n.
géophage adj. *et* n.
géophagie n.f.
géophile n.m.
géophone n.m.
géophysicien, enne n.
géophysique n.f. *et* adj.
géopolitique n.f. *et* adj.
géorgien, enne adj. *et* n.
géorgique adj.
géoscience n.f.
géosphère n.f.
géostationnaire adj.
géostatistique n.f.
géostratégie n.f.
géostratégique adj.
géostrophique adj.
géosynchrone adj.
géosynclinal n.m. (pl. géosynclinaux)
géotechnicien, enne n.
géotechnique n.f. *et* adj.
géotectonique n.f. *et* adj.

géotextile n.m.
géothermie n.f.
géothermique adj.
géothermomètre n.m.
géothermométrie n.f.
géotropisme n.m.
géotrupe n.m.
gérable adj.
gérance n.f.
géraniacée n.f.
géranium n.m.
(pl. géraniums)
gérant, e n.
gerbage n.m.
gerbe n.f.
gerber v.t. *et* i.
gerbera n.m.
gerbeur n.m.
gerbier n.m.
gerbière n.f.
gerbille n.f.
gerboise n.f.
gerce n.f.
gercement n.m.
gercer v.t. *et* i. (conj. **9**)
gerçure n.f.
géré n.m.
gérer v.t. (conj. **11**)
gerfaut n.m.
gériatre n.
gériatrie n.f.
gériatrique adj.
germain, e adj. *et* n.
germandrée n.f.
germanique adj. ; n.m.
germanisant, e n.
germanisation n.f.
germaniser v.t.
germanisme n.m.
germaniste n.
germanium n.m.
(pl. germaniums)
germanophile adj. *et* n.
germanophilie n.f.
germanophobe adj. *et* n.
germanophobie n.f.
germanophone adj. *et* n.
germe n.m.
germé, e adj.
germen n.m.
germer v.i.
germicide adj. *et* n.m.
germinal, e, aux adj.
germinal n.m.
(pl. germinals)
germinatif, ive adj.
germination n.f.
germoir n.m.
germon n.m.
géromé n.m.
gérondif n.m.
géronte n.m.
gérontisme n.m.
gérontocratie n.f.
gérontologie n.f.
gérontologue n.
gérontophile n.
gérontophilie n.f.
gerris n.m.
gerseau n.m.
gersois, e adj. *et* n.
gésier n.m.
gésine n.f.
gésir v.i. (je *gis*, il, elle *gît*, nous *gisons* ; il, elle *gisait* ; *gisant*)
gesse n.f.
gestaltisme [ges-] n.m.
gestaltiste [ges-] adj. *et* n.
gestalt-thérapie [ges-] n.f. inv.
gestation n.f.
geste n.m. ; n.f.
gesticulant, e adj.
gesticulation n.f.
gesticuler v.i.
gestion n.f.
gestionnaire adj. *et* n. ; n.m.
gestualité n.f.
gestuel, elle adj.
gestuelle n.f.
getter [getœr] n.m.
gewurztraminer [ge-] n.m.
geyser n.m.
ghanéen, enne adj. *et* n.
ghetto n.m.
ghettoïsation n.f.
ghilde, gilde *ou* **guilde** n.f.
giaour n.m.
gibbérelline n.f.
gibbérellique adj.
gibbeux, euse adj.
gibbon n.m.
gibbosité n.f.
gibbsite n.f.
gibecière n.f.
gibelet n.m.
gibelin, e n. *et* adj.
gibelotte n.f.
giberne n.f.
gibet n.m.
gibier n.m.
giboulée n.f.
giboyeux, euse adj.
gibus n.m. inv.
giclée n.f.
giclement n.m.
gicler v.i.
gicleur n.m.
gifle n.f.
gifler v.t.
gigantesque adj.
gigantisme n.m.
gigantomachie n.f.
gigantostracé n.m.
gigogne adj.
gigolo n.m.
gigot n.m.
gigoté, e adj.
gigotement n.m.
gigoter v.i.
gigue n.f.
gilde, ghilde *ou* **guilde** n.f.
gilet n.m.
giletier, ère n.
gille *ou* **gilles** n.m.
gimblette n.f.
gimmick [gimik] n.m.
gin [dʒin] n.m.
gin-fizz n.m. inv.
gingembre n.m.
gingival, e, aux adj.
gingivite n.f.
ginkgo n.m.

gin-rummy *ou* **gin-rami** n.m. (pl. gin-rummys, gin-ramis)
ginseng [ʒinsɑ̃g] n.m.
giobertite n.f.
giorno (a) loc. adj. inv.
giottesque adj. *et* n.
girafe n.f.
girafon *ou* **girafeau** n.m.
girandole n.f.
girasol n.m.
giration n.f.
giratoire adj.
giraumon *ou* **giraumont** n.m.
giraviation n.f.
giravion n.m.
girelle n.f.
girie n.f.
girl [gœrl] n.f. (pl. girls)
girodyne n.m.
girofle n.m.
giroflée n.f.
giroflier n.m.
girolle n.f.
giron n.m.
girond, e adj.
girondin, e adj. *et* n.
gironné, e adj.
gironné n.m.
girouette n.f.
gisant, e adj.
gisant n.m.
giselle n.f.
gisement n.m.
gitan, e adj. *et* n.
gitane n.f.
gîte n.m. ; n.f.
gîter v.i.
gîtologie n.f.
giton n.m.
givrage n.m.
givrant, e adj.
givre n.m.
givré, e adj.
givrer v.t.
givreux, euse adj.
givrure n.f.
glabelle n.f.
glabre adj.
glaçage n.m.
glaçant, e adj.
glace n.f.
glacé, e adj.
glacer v.t. (conj. **9**)
glacerie n.f.
glaceuse n.f.
glaciaire adj.
glacial, e, als *ou* **aux** adj.
glacialement adv.
glaciation n.f.
glaciel, elle adj.
glacier n.m.
glacière n.f.
glaciologie n.f.
glaciologique adj.
glaciologue n.
glacis n.m.
glaçon n.m.
glaçure n.f.
gladiateur n.m.
glagolitique adj.
glaïeul n.m.
glaire n.f.
glairer v.t.
glaireux, euse adj.
glaise n.f. *et* adj.
glaiseux, euse adj.
glaisière n.f.
glaive n.m.
glamour adj. inv. *et* n.m.
glanage n.m.
gland n.m.
glandage n.m.
glande n.f.
glandée n.f.
glander v.i.
glandeur, euse n.
glandouiller v.i.
glandulaire *ou* **glanduleux, euse** adj.
glane n.f.
glanement n.m.
glaner v.t.
glaneur, euse n.
glanure n.f.
glapir v.i.
glapissant, e adj.
glapissement n.m.
glaréole n.f.
glas n.m.
glasnost n.f.
glass n.m. (pl. inv. *ou* glasses)
glatir v.i.
glaucome n.m.
glauconite *ou* **glauconie** n.f.
glauque adj.
glaviot n.m.
glèbe n.f.
gléchome *ou* **glécome** n.m.
gleditschia n.m.
glène n.f.
glénoïde adj.
glial, e, aux adj.
glie n.f.
gliome n.m.
glischroïde adj. *et* n.
glischroïdie n.f.
glissade n.f.
glissage n.m.
glissance n.f.
glissando n.m. (pl. glissandos)
glissant, e adj.
glisse n.f.
glissement n.m.
glisser v.i. *et* t.
glisseur n.m.
glissière n.f.
glissoir n.m.
glissoire n.f.
global, e, aux adj.
globalement adv.
globalisant, e *ou* **globalisateur, trice** adj.
globalisation n.f.
globaliser v.t.
globalisme n.m.
globalité n.f.
globe n.m.
globe-trotter n. (pl. globe-trotters)
globicéphale n.m.
globigérine n.f.
globine n.f.
globique adj.
globulaire adj. ; n.f.
globule n.m.

globuleux, euse adj.
globuline n.f.
glockenspiel n.m.
gloire n.f.
glome n.m.
gloméris n.m.
glomérule n.m.
glomérulonéphrite n.f.
glomérulopathie n.f.
gloria n.m. inv.
gloriette n.f.
glorieusement adv.
glorieux, euse adj.
glorificateur, trice n. *et* adj.
glorification n.f.
glorifier v.t. (conj. **5**)
gloriole n.f.
glose n.f.
gloser v.t. *et* t. ind.
glossaire n.m.
glossateur n.m.
glossectomie n.f.
Glossette n.f. (nom déposé)
glossine n.f.
glossite n.f.
glossodynie n.f.
glossolalie n.f.
glosso-pharyngien, enne adj. (pl. glosso-pharyngiens, ennes)
glottal, e, aux adj.
glotte n.f.
glottique adj.
glouglou n.m. (pl. glouglous)
glouglouter v.i.
gloussant, e adj.
gloussement n.m.
glousser v.i.
glouton, onne adj. *et* n.
glouton n.m.
gloutonnement adv.
gloutonnerie n.f.
glu n.f.
gluant, e adj.
gluau n.m. (pl. gluaux)
glucagon n.m.
glucide n.m.
glucidique adj.
glucine n.f.
glucinium n.m. (pl. gluciniums)
glucocorticoïde adj. *et* n.m.
glucomètre n.m.
gluconique adj.
glucose n.m.
glucosé, e adj.
glucoserie n.f.
glucoside n.m.
glume n.f.
glumelle n.f.
gluon n.m.
glutamate n.m.
glutamique adj.
gluten n.m.
glutineux, euse adj.
glycémie n.f.
glycéride n.m.
glycérie n.f.
glycérine n.f.
glycériner v.t.
glycérique adj.
glycérol n.m.
glycérolé n.m.
glycérophtalique adj.
glycine n.f.
glycocolle n.m.
glycogène n.m.
glycogenèse n.f.
glycogénique adj.
glycol n.m.
glycolipide n.m.
glycolique adj.
glycolyse n.f.
glycoprotéine n.f.
glycorégulation n.f.
glycosurie n.f.
glycosurique adj. *et* n.
glyphe n.m.
glyptique n.f.
glyptodon *ou* **glyptodonte** n.m.
glyptothèque n.f.
gnangnan adj. inv.
gnaule, gnôle *ou* **gniole** n.f.
gneiss [gnɛs] n.m.
gneissique *ou* **gneisseux, euse** [gnɛ-] adj.
gnète [gnɛt] n.f.
gnétophyte [gne-] n.f.
gnetum [gnetɔm] n.m.
gniole, gnôle *ou* **gnaule** n.f.
gnocchi n.m. (pl. inv. *ou* gnocchis)
gnognote *ou* **gnognotte** n.f.
gnôle, gniole *ou* **gnaule** n.f.
gnome [gnom] n.m.
gnomique [gno-] adj.
gnomon [gnomɔ̃] n.m.
gnomonique [gno-] n.f.
gnon n.m.
gnose [gnoz] n.f.
gnoséologie [gno-] n.f.
gnosie [gnozi] n.f.
gnosticisme [gnɔ-] n.m.
gnostique [gnɔ-] adj. *et* n.
gnou [gnu] n.m. (pl. gnous)
go n.m. inv.
go (tout de) loc. adv.
goal [gol] n.m. (pl. goals)
goal-average n.m. (pl. goal-averages)
gobelet n.m.
gobeleterie n.f.
gobe-mouches n.m. inv.
gober v.t.
goberger (se) v.pr. (conj. **10**)
gobeur, euse n.
gobie n.m.
godage n.m.
godailler v.i.
godasse n.f.
godelureau n.m.
godendart n.m.
goder v.i.
godet n.m.
godiche adj. *et* n.
godille n.f.
godiller v.i.
godillot n.m.
godiveau n.m.

godron n.m.
goéland n.m.
goélette n.f.
goémon n.m.
goethite [gøtit] n.f.
goétie n.f.
goger v.i. *et* t. (conj. **10**)
goglu n.m. (pl. goglus)
gogo n.m.
gogo (à) loc. adv.
goguenard, e adj.
goguenardise n.f.
goguenots *ou* **gogues** n.m. pl.
goguette n.f.
goï *ou* **goy** n. *et* adj. (pl. goïs, goys *ou* goïm, goyim)
goinfre adj. *et* n.
goinfrer (se) v.pr.
goinfrerie n.f.
goitre n.m.
goitreux, euse adj. *et* n.
golden n.f.
golem n.m.
golf n.m. (sport)
golfe n.m. (baie)
golfeur, euse n.
golfique adj.
golmote *ou* **golmotte** n.f.
gomarisme n.m.
gomariste adj. *et* n.
gombo n.m.
Gomina n.f. (nom déposé)
gominer (se) v.pr.
gommage n.m.
gomme n.f.
gommé, e adj.
gomme-gutte n.f. (pl. gommes-guttes)
gomme-laque n.f. (pl. gommes-laques)
gommer v.t.
gomme-résine n.f. (pl. gommes-résines)
gommette n.f.
gommeux, euse adj.
gommeux n.m.
gommier n.m.
gommifère adj.
gommose n.f.
gonade n.f.
gonadique adj.
gonadostimuline n.f.
gonadotrope adj.
gonadotrophine n.f.
gonange n.m.
gond n.m.
gondolage n.m.
gondolant, e adj.
gondole n.f.
gondolement n.m
gondoler v.t. *et* i.
gondolier n.m.
gone n.m.
gonelle *ou* **gonnelle** n.f.
gonfalon *ou* **gonfanon** n.m.
gonfalonier *ou* **gonfanonier** n.m.
gonflable adj.
gonflage n.m.
gonflant, e adj.
gonfle n.f.
gonflement n.m.
gonfler v.t.
gonflette n.f.
gonfleur n.m.
gong n.m.
gongorisme n.m.
goniomètre n.m.
goniométrie n.f.
goniométrique adj.
gonnelle *ou* **gonelle** n.f.
gonochorique adj.
gonochorisme n.m.
gonococcie n.f.
gonocoque n.m.
gonocytaire adj.
gonocyte n.m.
gonophore n.m.
gonorrhée n.f.
gonosome n.m.
gonozoïde n.m.
gonze n.m.
gonzesse n.f.
gopak n.m.
gopura n.m. inv.
gord n.m.
gordien adj.m.
goret n.m.
gorfou n.m. (pl. gorfous)
gorge n.f.
gorge-de-pigeon adj. inv.
gorgée n.f.
gorger v.t. (conj. **10**)
gorgerin n.m.
gorget n.m.
gorgonaire n.m.
gorgone n.f.
gorgonzola n.m.
gorille n.m.
gosette n.f.
gosier n.m.
gospel n.m.
gosse n.
gotha n.m.
gothique adj. *et* n.m. (art) ; n.f. (écriture)
gotique n.m. sing. (langue)
goton n.f.
gouache n.f.
gouacher v.t.
gouaille n.f.
gouailler v.i.
gouaillerie n.f.
gouailleur, euse adj.
goualante n.f.
goualeuse n.f.
gouape n.f.
gouda n.m.
goudron n.m.
goudronnage n.m.
goudronner v.t.
goudronneur n.m.
goudronneuse n.f.
goudronneux, euse adj.
gouet n.m.
gouffre n.m.
gouge n.f.
gougère n.f.
gougnafier n.m.
gouille n.f.
gouine n.f.
goujat n.m.
goujaterie n.f.
goujon n.m.
goujonner v.t.

goujonnette n.f.
goujonnière adj.f.
goulache *ou* **goulasch** n.m.
goulafre adj. *et* n.
goulag n.m.
goulasch *ou* **goulache** n.m.
goule n.f.
goulée n.f.
goulet n.m.
goulette n.f.
gouleyant, e adj.
goulot n.m.
goulotte n.f.
goulu, e adj. *et* n.
goulûment adv.
goum n.m.
goumier n.m.
goupil n.m.
goupille n.f.
goupiller v.t.
goupillon n.m.
gour n.m.
goura n.m.
gourami n.m.
gourance *ou* **gourante** n.f.
gourbet n.m.
gourbi n.m.
gourd, e adj.
gourde n.f.
gourdin n.m.
gouren n.m.
gourer (se) v.pr.
gourgandine n.f.
gourmand, e adj. *et* n.
gourmand n.m.
gourmander v.t.
gourmandise n.f.
gourme n.f.
gourmé, e adj.
gourmet n.m.
gourmette n.f.
gournable n.f.
gourou *ou* **guru** n.m. (pl. gourous, gurus)
gousse n.f.
gousset n.m.
goût n.m.
goûter v.t., t. ind. *et* i. (savourer) ; n.m. (pl. goûters)
goûteur, euse n.
goûteux, euse adj. (qui a bon goût)
goutte n.f.
goutte-à-goutte n.m. inv.
gouttelette n.f.
goutter v.i. (tomber par gouttes)
gouttereau adj.m.
goutteur n.m.
goutteux, euse adj. *et* n. (atteint de goutte)
gouttière n.f.
gouvernable adj.
gouvernail n.m. (pl. gouvernails)
gouvernant, e adj. *et* n.
gouvernante n.f.
gouverne n.f.
gouvernement n.m.
gouvernemental, e, aux adj.
gouverner v.t. *et* i.
gouvernés n.m. pl.
gouverneur n.m.
goy *ou* **goï** n. *et* adj. (pl. goys, goïs *ou* goyim, goïm)
goyave n.f.
goyavier n.m.
grabat n.m.
grabataire adj. *et* n.
grabatisation n.f.
graben n.m.
grabuge n.m.
grâce n.f. ; interj.
graciable adj.
gracier v.t. (conj. **5**)
gracieusement adv.
gracieuseté n.f.
gracieux, euse adj.
gracile adj.
gracilité n.f.
gradation n.f.
grade n.m.
gradé, e adj.
gradient n.m.
gradin n.m.
gradine n.f.
gradualisme n.m.
graduat n.m.
graduation n.f.
gradué, e adj. *et* n.
graduel, elle adj.
graduel n.m.
graduellement adv.
graduer v.t.
graff n.m.
graffeur, euse n.
graffiteur, euse n.
graffiti n.m. (pl. inv. *ou* graffitis)
grafigner v.t.
graillement n.m.
grailler v.i. *et* t.
graillon n.m.
graillonner v.i.
grain n.m.
grainage *ou* **grenage** n.m.
graine n.f.
grainer *ou* **grener** v.i. (conj. **12**)
graineterie n.f.
grainetier, ère n.
grainier, ère adj.
graissage n.m.
graisse n.f.
graisser v.t. *et* i.
graisseur, euse adj.
graisseur n.m.
graisseux, euse adj.
graminée *ou* **graminacée** n.f.
grammage n.m.
grammaire n.f.
grammairien, enne n.
grammatical, e, aux adj.
grammaticalement adv.
grammaticalisation n.f.
grammaticaliser v.t.
grammaticalité n.f.
gramme n.m.
grana n.m.
grand, e adj. *et* n.
grand n.m. ; adv.

grand-angle *ou*
grand-angulaire n.m. (pl. grands-angles, grands-angulaires)
grand-chose pron. indéf. *et* adv.
grand-croix n.f. inv. (décoration)
grand-croix n.m. (pl. grands-croix) [personne]
grand-duc n.m. (pl. grands-ducs)
grand-ducal, e, aux adj.
grand-duché n.m. (pl. grands-duchés)
grande-duchesse n.f. (pl. grandes-duchesses)
grandelet, ette adj.
grandement adv.
grandet, ette adj.
grandeur n.f.
grand-guignolesque adj. (pl. grand-guignolesques)
grandiloquence n.f.
grandiloquent, e adj.
grandiose adj.
grandir v.i. *et* t.
grandissant, e adj.
grandissement n.m.
grandissime adj.
grand-livre n.m. (pl. grands-livres)
grand-maman n.f. (pl. grand-mamans *ou* grands-mamans)
grand-mère n.f. (pl. grand-mères *ou* grands-mères)
grand-messe n.f. (pl. grand-messes *ou* grands-messes)
grand-oncle n.m. (pl. grands-oncles)
grand-papa n.m. (pl. grands-papas)
grand-peine (à) loc. adv.
grand-père n.m. (pl. grands-pères)
grands-parents n.m. pl.
grand-tante n.f. (pl. grand-tantes *ou* grands-tantes)
grand-voile n.f. (pl. grand-voiles *ou* grands-voiles)
grange n.f.
grangée n.f.
granit *ou* **granite** n.m.
granité, e adj.
granité n.m.
graniteux, euse adj.
granitique adj.
granitoïde n.m.
granivore adj. *et* n.
granny-smith n.f. inv.
granoclassement n.m.
granulaire adj.
granulat n.m.
granulation n.f.
granule n.m. ; n.f.
granulé, e adj.
granulé n.m.
granuler v.t.
granuleux, euse adj.
granulie n.f.
granulite n.f.
granulocyte n.m.
granulome n.m.
granulométrie n.f.
grape-fruit [grepfrut] n.m. (pl. grape-fruits)
graphe n.m.
graphème n.m.
grapheur n.m.
graphie n.f.
graphiose n.f.
graphique adj. ; n.m. ; n.f.
graphiquement adv.
graphisme n.m.
graphiste n.
graphite n.m.
graphiter v.t.
graphiteux, euse *ou*
graphitique adj.
graphitisation n.f.
graphologie n.f.
graphologique adj.
graphologue n.
graphomètre n.m.
grappa n.f.
grappe n.f.
grappillage n.m.
grappiller v.t. *et* i.
grappilleur, euse n.
grappillon n.m.
grappin n.m.
graptolite n.m.
gras, grasse adj.
gras n.m. ; adv.
gras-double n.m. (pl. gras-doubles)
grasping-reflex n.m. inv.
grassement adv.
grasserie n.f.
grasset n.m.
grasseyant, e adj.
grasseyement n.m.
grasseyer v.i. *et* t. (conj. **7**)
grassouillet, ette adj.
grateron *ou* **gratteron** n.m.
gratifiant, e adj.
gratification n.f.
gratifier v.t. (conj. **5**)
gratin n.m.
gratiné, e adj.
gratinée n.f.
gratiner v.t.
gratiole n.f.
gratis adv.
gratitude n.f.
grattage n.m.
gratte n.f.
gratte-ciel n.m. inv.
gratte-cul n.m. inv.
gratte-dos n.m. inv.
grattement n.m.
gratte-papier n.m. inv.
gratte-pieds n.m. inv.
gratter v.t.
gratteron *ou* **grateron** n.m.
gratteur, euse n.
grattoir n.m.
grattons n.m. pl.
grattouiller v.t.
gratture n.f.
gratuit, e adj.
gratuité n.f.
gratuitement adv.

grau n.m. (pl. graus)
gravatier n.m.
gravats n.m. pl.
grave adj. *et* n.m. ; n.f.
graveleux, euse adj.
gravelle n.f.
gravelure n.f.
gravement adv.
graver v.t.
graves n.m. (vin blanc)
gravettien,enne adj.
gravettien n.m.
graveur, euse n.
graveur n.m.
gravide adj.
gravidique adj.
gravidité n.f.
gravier n.m.
gravière n.f.
gravifique adj.
gravillon n.m.
gravillonnage n.m.
gravillonner v.t.
gravimètre n.m.
gravimétrie n.f.
gravimétrique adj.
gravir v.t.
gravisphère n.f.
gravissime adj.
gravitation n.f.
gravitationnel, elle adj.
gravité n.f.
graviter v.i.
graviton n.m.
gravois n.m. pl.
gravure n.f.
gray n.m. (unité de mesure)
grazioso adv.
gré n.m. (convenance)
grèbe n.m.
grébiche *ou* **grébige** n.f.
grec, grecque adj. *et* n.
grec n.m. sing.
gréciser v.t.
grécité n.f.
gréco-bouddhique adj. (pl. gréco-bouddhiques)
gréco-latin, e adj. (pl. gréco-latins, es)
gréco-romain, e adj. (pl. gréco-romains, es)
grecque n.f.
grecquer v.t.
gredin, e n.
gredinerie n.f.
gréement n.m.
green n.m. (pl. greens)
gréer v.t. (conj. **8**)
gréeur n.m.
greffage n.m.
greffe n.m. ; n.f.
greffé, e n.
greffer v.t.
greffeur, euse n.
greffier, ère n.
greffoir n.m.
greffon n.m.
grégaire adj.
grégarine n.f.
grégarisme n.m.
grège adj.f. ; adj. *et* n.m.
grégeois adj.m.
grégorien, enne adj.
grègues n.f. pl.
grêle adj. ; n.f.
grêlé, e adj.
grêler v. impers.
grêleux, euse adj.
grelin n.m.
grêlon n.m.
grelot n.m.
grelottant, e adj.
grelottement n.m.
grelotter v.i.
greluche n.f.
greluchon n.m.
grémil n.m.
grémille n.f.
grenache n.m.
grenadage n.m.
grenade n.f.
grenader v.t.
grenadeur n.m.
grenadier n.m.
grenadière n.f.
grenadille n.f.
grenadin, e adj. *et* n.
grenadin n.m.
grenadine n.f.
grenage *ou* **grainage** n.m.
grenaillage n.m.
grenaille n.f.
grenailler v.t.
grenaison n.f.
grenat n.m. ; adj. inv.
grené, e adj.
greneler v.t. (conj. **16**)
grener (conj. **12**) *ou* **grainer** v.i.
grènetis n.m.
grenier n.m.
grenoblois, e adj. *et* n.
grenouillage n.m.
grenouille n.f.
grenouiller v.i.
grenouillère n.f.
grenouillette n.f.
grenu, e adj.
grenure n.f.
grès n.m. (céramique)
grésage n.m.
gréser v.t. (conj. **11**)
gréseux, euse adj.
grésil n.m.
grésillement n.m.
grésiller v.i. *et* impers.
gressin n.m.
greubons n.m. pl.
grève n.f.
grever v.t. (conj. **12**)
gréviste adj. *et* n.
gribiche n.f.
gribouillage *ou* **gribouillis** n.m.
gribouille n.m.
gribouiller v.i. *et* t.
gribouilleur, euse n.
gribouillis n.m.
grièche adj.
grief n.m.
grièvement adv.
griffade n.f.
griffe n.f.
griffer v.t.
griffeur, euse adj. *et* n.
griffon n.m.
griffonnage n.m.
griffonner v.t.

griffonneur, euse n.
griffton *ou* **grifton** n.m.
griffu, e adj.
griffure n.f.
grifton *ou* **griffton** n.m.
grignard, e adj.
grigne n.f.
grigner v.i.
grignon n.m.
grignotage n.m.
grignotement n.m.
grignoter v.t.
grignoteuse n.f.
grignotis n.m.
grigou n.m. (pl. grigous)
grigri *ou* **gri-gri** n.m. (pl. grigris, gris-gris)
gril n.m. (ustensile)
grill n.m. (restaurant)
grillade n.f.
grillage n.m.
grillager v.t. (conj. **10**)
grillardin n.m.
grille n.f.
grillé, e adj.
grille-écran n.f. (pl. grilles-écrans)
grille-pain n.m. inv.
griller v.t. *et* i.
grilloir n.m.
grillon n.m.
grill-room n.m. (pl. grill-rooms)
grimaçant, e adj.
grimace n.f.
grimacer v.i. (conj. **9**)
grimacier, ère adj. *et* n.
grimage n.m.
grimaud n.m.
grime n.m.
grimer v.t.
grimoire n.m.
grimpant, e adj.
grimpe n.f.
grimpée n.f.
grimper v.i. *et* t. ; n.m. (pl. grimpers)
grimpereau n.m.
grimpette n.f.
grimpeur, euse adj. *et* n.
grimpion n.m.
grinçant, e adj.
grincement n.m.
grincer v.i. (conj. **9**)
grinche *ou* **gringe** adj. *et* n.
grincheux, euse adj. *et* n.
gringalet n.m.
gringo [gringo] n.m.
gringue n.m.
griot, otte n.
griotte n.f.
griottier n.m.
grip n.m.
grippage n.m.
grippal, e, aux adj.
grippe n.f.
grippé, e adj. *et* n.
gripper v.i.
grippe-sou n.m. (pl. inv. *ou* grippe-sous)
gris, e adj.
gris n.m. ; adv.
grisaille n.f.
grisailler v.t. *et* i.
grisant, e adj.
grisard n.m.
grisâtre adj.
grisbi n.m.
grisé n.m.
griséofulvine n.f.
griser v.t.
griserie n.f.
griset n.m.
grisette n.f.
grisoller v.i.
grison, onne adj. *et* n.
grison n.m.
grisonnant, e adj.
grisonnement n.m.
grisonner v.i.
grisou n.m. (pl. grisous)
grisoumètre n.m.
grisouteux, euse adj.
grive n.f.
grivelé, e adj.
griveler v.t. *et* i.
grivèlerie n.f.
griveton n.m.
grivois, e adj.
grivoiserie n.f.
grizzli *ou* **grizzly** n.m.
grœnendael n.m.
groenlandais, e adj. *et* n.
grog n.m.
groggy adj. inv.
grognard n.m.
grognasse n.f.
grognasser v.i.
grogne n.f.
grognement n.m.
grogner v.i.
grognerie n.f.
grogneur, euse adj. *et* n.
grognon, onne adj. *et* n.
grognonner v.i.
groie n.f.
groin n.m.
groisil n.m.
grole *ou* **grolle** n.f.
grommeler v.t. *et* i. (conj. **16**)
grommellement n.m.
grondant, e adj.
grondement n.m.
gronder v.i. *et* t.
gronderie n.f.
grondeur, euse adj.
grondin n.m.
groom n.m.
gros, grosse adj.
gros n.m. ; adv.
gros-bec n.m. (pl. gros-becs)
groschen n.m. inv.
groseille n.f. ; adj. inv.
groseillier n.m.
gros-grain n.m. (pl. gros-grains)
gros-plant n.m. (pl. gros-plants)
gros-porteur n.m. (pl. gros-porteurs)
grosse n.f.
grosserie n.f.
grossesse n.f.
grosseur n.f.
grossier, ère adj.
grossièrement adv.
grossièreté n.f.

grossir v.t. *et* i.
grossissant, e adj.
grossissement n.m.
grossiste n.
grosso modo loc. adv.
grotesque adj. *et* n.m.
grotesques n.f. pl.
grotte n.f.
grouillant, e adj.
grouillement n.m.
grouiller v.i.
grouillot n.m.
groupage n.m.
groupal, e, aux adj.
groupe n.m.
groupement n.m.
grouper v.t. *et* i.
groupie n.
groupuscule n.m.
grouse n.f.
gruau n.m. (pl. gruaux)
grue n.f.
grugeoir n.m.
gruger v.t. (conj. **10**)
gruiforme n.m.
grulette n.f.
grume n.f.
grumeau n.m.
grumeler (se) v.pr. (conj. **16**)
grumeleux, euse adj.
grumelure n.f.
grumier n.m.
gruon n.m.
gruppetto n.m. (pl. gruppetti)
gruter v.t.
grutier, ère n.
gruyère n.m.
gryphée n.f.
guadeloupéen, enne adj. *et* n.
guai *ou* **guais** adj.m.
guanaco n.m.
guanine n.f.
guano n.m.
guarani adj. *et* n. inv. en genre ; n.m.
guatémaltèque adj. *et* n.
gué n.m. (d'une rivière) ; interj.
guéable adj.
guèbre adj. *et* n.
guède n.f.
guéguerre n.f.
guelfe n. *et* adj.
guelte n.f.
guenille n.f.
guenon n.f.
guépard n.m.
guêpe n.f.
guêpier n.m.
guêpière n.f.
guère adv.
guéret n.m.
guéridon n.m.
guérilla n.f.
guérillero n.m.
guérir v.t. *et* i.
guérison n.f.
guérissable adj.
guérisseur, euse n.
guérite n.f.
guerre n.f.
guerrier, ère adj.
guerrier n.m.
guerroyer v.i. (conj. **7**)
guet n.m. (surveillance)
guet-apens n.m. (pl. guets-apens)
guêtre n.f.
guêtrer v.t.
guêtron n.m.
guette *ou* **guète** n.f.
guetter v.t.
guetteur n.m.
gueulante n.f.
gueulard, e adj. *et* n.
gueulard n.m.
gueule n.f.
gueule-de-loup n.f. (pl. gueules-de-loup)
gueuler v.i. *et* t.
gueules n.m.
gueuleton n.m.
gueuletonner v.i.
gueuse n.f. (lingot)
gueuser v.i.
gueuserie n.f.
gueux, gueuse n.
gueuze *ou* **gueuse** n.f. (bière)
guèze n.m.
gugusse n.m.
gui n.m.
guibolle *ou* **guibole** n.f.
guibre n.f.
guiche n.f.
guichet n.m.
guichetier, ère n.
guidage n.m.
guidance n.f.
guide n. ; n.m. ; n.f.
guide-âne n.m. (pl. guide-ânes)
guideau n.m.
guide-fil n.m. (pl. inv. *ou* guide-fils)
guider v.t.
guiderope n.m.
guidon n.m.
guignard, e adj.
guigne n.f.
guigner v.t.
guignier n.m.
guignol n.m.
guignolet n.m.
guignon n.m.
guilde, gilde *ou* **ghilde** n.f.
guili-guili n.m. inv.
guillaume n.m.
guilledou n.m. sing.
guillemet n.m.
guillemeter v.t. (conj. **16**)
guillemot n.m.
guilleret, ette adj.
guillochage n.m.
guillocher v.t.
guillochis n.m.
guillochure n.f.
guillon n.m.
guillotine n.f.
guillotiné, e adj. *et* n.
guillotiner v.t.
guillotineur n.m.
guimauve n.f.
guimbarde n.f.
guimpe n.f.

guincher v.i.
guindaille n.f.
guindant n.m.
guindé, e adj.
guindeau n.m.
guinder v.t.
guinée n.f.
guinéen, enne adj. *et* n.
guingois (de) loc. adv.
guinguette n.f.
guipage n.m.
guiper v.t.
guipure n.f.
guirlande n.f.
guisarme n.f.
guise n.f.
guitare n.f.
guitariste n.
guitoune n.f.
guivre n.f.
gujarati n.m. sing.
gulden n.m.
gummifère adj.
gunitage n.m.
gunite n.f.
guniter v.t.
günz n.m. inv.
guppy n.m. (pl. guppys)
guru *ou* **gourou** n.m. (pl. gurus, gourous)
gus *ou* **gusse** n.m.
gustatif, ive adj.
gustation n.f.
gutta-percha n.f. (pl. guttas-perchas)
guttiféracée n.f.
guttural, e, aux adj.
gutturale n.f.
guyanais, e adj. *et* n.
guyot n.m. ; n.f.
guzla n.f.
gym n.f.
gymkhana n.m.
gymnase n.m.
gymnasial, e, aux adj.
gymnaste n.
gymnastique n.f.
gymnique adj.
gymnocarpe adj.
gymnosperme n.f.
gymnote n.m.
gynécée n.m.
gynécologie n.f.
gynécologique adj.
gynécologue n.
gynécomastie n.f.
gynérium n.m. (pl. gynériums)
gypaète n.m.
gypsage n.m.
gypse n.m.
gypserie n.f.
gypseux, euse adj.
gypsier n.m.
gypsophile n.f.
gyrin n.m.
gyrocompas n.m.
gyromagnétique adj.
gyromètre n.m.
gyromitre n.m.
gyrophare n.m.
gyropilote n.m.
gyroscope n.m.
gyroscopique adj.
gyrostat n.m.

h

h n.m. inv.
***ha !** interj.
***habanera** n.f.
habeas corpus n.m. inv.
habile adj.
habilement adv.
habileté n.f.
habilitation n.f.
habilité n.f.
habiliter v.t.
habillable adj.
habillage n.m.
habillé, e adj.
habillement n.m.
habiller v.t.
habilleur, euse n.
habit n.m.
habitabilité n.f.
habitable adj.
habitacle n.m.
habitant, e n.
habitat n.m.
habitation n.f.
habité, e adj.
habiter v.t. *et* i.
habituation n.f.
habitude n.f.
habitué, e n.
habituel, elle adj.
habituellement adv.
habituer v.t.
habitus n.m. inv.
***hâblerie** n.f.
***hâbleur, euse** adj. *et* n.
***hachage** n.m.
***hache** n.f. (instrument)
***haché, e** adj.
***haché** n.m.
***hache-légumes** n.m. inv.
***hachement** n.m.
***hache-paille** n.m. inv.
***hacher** v.t.
***hachette** n.f.
***hacheur** n.m.
***hache-viande** n.m. inv.
***hachis** n.m.
***hachisch, *haschisch** *ou* ***haschich** n.m.
***hachoir** n.m.
***hachure** n.f.
***hachurer** v.t.
hacienda n.f.
***hadal, e, aux** adj.
***haddock** n.m.
***hadith** n.m. pl.
***hadj** *ou* ***hadjdj** n.m. inv. (pèlerinage)
***hadj** *ou* ***hadji** n. inv. (titre)
hadron n.m.
***hafnium** n.m. (pl. hafniums)
***hagard, e** adj.
***haggis** n.m.
hagiographe n.
hagiographie n.f.
hagiographique adj.
***hahnium** n.m. (pl. hahniums)
***haïdouk** n.m.
***haie** n.f.
***haïk** n.m.
***haïkaï** n.m.
***haïku** n.m.
***haillon** n.m. (vêtement)
***haillonneux, euse** adj.
***haine** n.f.
***haineusement** adv.
***haineux, euse** adj.
***hainuyer, ère** *ou* ***hennuyer, ère** adj. *et* n.
***haïr** v.t. (conj. **22**)
***haire** n.f. (chemise)
***haïssable** adj.
haïtien, enne adj. *et* n.
***haka** n.m. (chant)
***hakka** n.m. sing. (dialecte)
***halage** n.m.
***halal** adj. inv.
***halbi** n.m.
***halbran** n.m.
***halbrené, e** adj.
***hâle** n.m.
***hâlé, e** adj.
haleine n.f.
***halener** v.t. (conj. **12**)
***haler** v.t. (tirer)
***hâler** v.t. (bronzer)
***haletant, e** adj.
***halètement** n.m.
***haleter** v.i. (conj. **12**)
***haleur, euse** n.
***half court** [alfkurt] n.m. (pl. half courts)
***half-track** n.m. (pl. half-tracks)
***halicte** n.m.
halieutique adj. *et* n.f.
haliotide n.f.
halite n.f.
***hall** [ol] n.m.
hallali n.m.
***halle** n.f.
***hallebarde** n.f.
***hallebardier** n.m.
***hallier** n.m.
***halloween** n.f.
***hallstattien, enne** adj.
***hallstattien** n.m.
hallucinant, e adj.
hallucination n.f.
hallucinatoire adj.
halluciné, e adj. *et* n.
halluciner v.t.

hallucinogène adj. *et* n.m.
hallucinose n.f.
***halo** n.m.
halogénation n.f.
halogène adj. *et* n.m.
halogéné, e adj.
halogénure n.m.
***hâloir** n.m.
halophyte *ou* **halophile** adj. *et* n.f.
halothane n.m.
***halte** n.f. ; interj.
***halte-garderie** n.f. (pl. haltes-garderies)
haltère n.m.
haltérophile n.
haltérophilie n.f.
***halva** n.m.
***hamac** n.m.
***hamada** n.f.
hamadryade n.f.
hamadryas n.m.
hamamélis n.m.
***hamburger** n.m.
***hameau** n.m.
hameçon n.m.
***hammam** n.m.
***hammerless** n.m. inv.
***hampe** n.f.
***hamster** n.m.
***han** adj. inv. ; interj.
***hanafisme** n.m.
***hanap** n.m.
***hanbalisme** n.m.
***hanche** n.f.
***hanchement** n.m.
***hancher** v.t.
***handball** n.m.
***handballeur, euse** n.
***handicap** n.m.
***handicapant, e** adj.
***handicapé, e** adj. *et* n.
***handicaper** v.t.
***handicapeur** n.m.
***handisport** adj. inv.
***hangar** n.m.
***hanneton** n.m.
***hannetonnage** n.m.
***hannetonner** v.t.
***Hanoukka** n.f.
***hanovrien, enne** adj. *et* n.
***hansart** n.m.
***hanse** n.f.
***hanséatique** adj.
***hantavirus** n.m.
***hanté, e** adj.
***hanter** v.t. (obséder)
***hantise** n.f.
***haoussa** n.m. inv.
hapax *ou* **apax** n.m. inv.
haploïde adj.
haplologie n.f.
***happe** n.f.
***happement** n.m.
***happening** n.m.
***happer** v.t.
***happy end** n.m. (pl. happy ends)
***happy few** n.m. pl.
haptène n.m.
haptique adj. *et* n.f.
haptonomie n.f.
***haquenée** n.f.
***hara-kiri** n.m. (pl. hara-kiris)
***harangue** n.f.
***haranguer** v.t.
***harangueur, euse** n.
***haras** n.m.
***harassant, e** adj.
***harasse** n.f.
***harassement** n.m.
***harasser** v.t.
***harcelant, e** adj.
***harcèlement** n.m.
***harceler** v.t. (conj. **12**)
***hard** adj. inv. ; n.m. inv.
***hard bop** n.m. inv.
***harde** n.f.
***hardi, e** adj.
***hardi !** interj.
***hardiesse** n.f.
***hardiment** adv.
***hard rock** n.m. inv.
***hard-top** n.m. (pl. hard-tops).
***hardware** [ardwɛr] n.m.
***harem** n.m.
***hareng** n.m.
***harengaison** n.f.
***harengère** [-ʒɛr] n.f.
***harenguet** n.m.
***harenguier** n.m.
***haret** adj.m.
***harfang** n.m.
***hargne** n.f.
***hargneusement** adv.
***hargneux, euse** adj.
***haricot** n.m.
***haridelle** n.f.
***harissa** n.f. *ou* m.
***harki, e** adj. *et* n.
***harki** n.m.
***harle** n.m.
harmattan n.m.
harmonica n.m.
harmoniciste n.
harmonie n.f.
harmonieusement adv.
harmonieux, euse adj.
harmonique adj. *et* n.m.
harmoniquement adv.
harmonisation n.f.
harmoniser v.t.
harmoniste n.
harmonium n.m. (pl. harmoniums)
***harnachement** n.m.
***harnacher** v.t.
***harnais** n.m.
***harnois** n.m.
***haro** n.m.
harpagon n.m.
***harpail** n.m. (pl. harpails)
***harpaille** n.f.
***harpe** n.f.
***harpie** n.f.
***harpiste** n.
***harpon** n.m.
***harponnage** *ou*
***harponnement** n.m.
***harponner** v.t.
***harponneur** n.m.
haruspice *ou* **aruspice** n.m.
***hasard** n.m.
***hasardé, e** adj.

***hasarder** v.t.
***hasardeux, euse** adj.
***has been** n. inv.
***hasch** n.m. inv.
***haschisch, *haschich** *ou* ***hachisch** n.m.
***hase** n.f.
***hassidim** n.m. pl.
***hassidique** adj.
***hassidisme** n.m.
***hassium** n.m.
hast n.m.
hastati n.m. pl.
***hasté, e** adj.
***hâte** n.f.
***hâter** v.t.
***hâtier** n.m.
***hâtif, ive** adj.
***hâtiveau** n.m.
***hâtivement** adv.
***hattéria** n.m.
***hauban** n.m.
***haubanage** n.m.
***haubaner** v.t.
***haubert** n.m.
***hausse** n.f.
***hausse-col** n.m. (pl. hausse-cols)
***haussement** n.m.
***hausser** v.t.
***haussier, ère** adj. ; n.
***haussière** *ou* **aussière** n.f.
***haut, e** adj.
***haut** n.m. ; adv.
***hautain, e** adj.
***hautain** *ou* ***hautin** n.m.
***hautbois** n.m.
***hautboïste** n.
***haut-commissaire** n.m. (pl. hauts-commissaires)
***haut-commissariat** n.m. (pl. hauts-commissariats)
***haut-de-chausses** n.m. (pl. hauts-de-chausses)
***haut-de-forme** n.m. (pl. hauts-de-forme)
***haute** n.f.
***haute-contre** n.f. ; n.m.(pl. hautes-contre)
***haute-fidélité** n.f. (pl. hautes-fidélités)
***hautement** adv.
***hauteur** n.f.
***haut-fond** n.m. (pl. hauts-fonds)
***haut-fourneau** n.m. (pl. hauts-fourneaux)
***hautin** *ou* ***hautain** n.m.
***haut-le-cœur** n.m. inv.
***haut-le-corps** n.m. inv.
***haut-parleur** n.m. (pl. haut-parleurs)
***haut-relief** n.m. (pl. hauts-reliefs)
***hauturier, ère** adj.
***haüyne** [oin] n.f.
***havage** n.m.
***havanais, e** adj. *et* n.
***havane** n.m. ; adj. inv.
***hâve** adj.
***haveneau** *ou* ***havenet** n.m.
***haver** v.t.
***haveur** n.m.
***haveuse** n.f.
***havrais, e** adj. *et* n.
***havre** n.m.
***havresac** n.m.
***havrit** n.m.
hawaiien, enne *ou* **hawaïen, enne** adj. *et* n.
***hayon** [ajɔ̃ *ou* ɛjɔ̃] n.m.
***hé !** interj.
***heaume** [om] n.m. (casque)
hebdo n.m.
hebdomadaire adj. ; n.m.
hebdomadairement adv.
heddomadier, ère n.
hébéphrène adj. *et* n.
hébéphrénie n.f.
hébéphrénique adj.
héberge n.f.
hébergement n.m.
héberger v.t. (conj. **10**)
hébertisme n.m.
hébertiste n. *et* adj.
hébété, e adj. *et* n.
hébétement *ou* **hébètement** n.m.
hébéter v.t. (conj. **11**)
hébétude n.f.
héboïdophrénie n.f.
hébraïque adj.
hébraïsant, e n. *et* adj.
hébraïser v.t.
hébraïsme n.m.
hébraïste n. *et* adj.
hébreu adj.m. (pl. hébreux) ; n.m. sing.
hécatombe n.f.
hectare n.m.
hectique adj.
hecto n.m.
hectogramme n.m.
hectolitre n.m.
hectomètre n.m.
hectométrique adj.
hectopascal n.m. (pl. hectopascals)
hectowatt n.m.
hédéracée n.f.
hédonisme n.m.
hédoniste adj. *et* n.
hédonistique adj.
hégélianisme n.m.
hégélien, enne adj. *et* n.
hégémonie n.f.
hégémonique adj.
hégémonisme n.m.
hégire n.f.
***heiduque** *ou* ***haïdouk** n.m.
***hein !** interj.
***hélas !** interj.
***héler** v.t. (conj. **11**)
hélianthe n.m.
hélianthème n.m.
hélianthine n.f.
héliaque adj.
héliaste n.m.
hélice n.f.
héliciculteur, trice n.
héliciculture n.f.
hélico n.m.
hélicoïdal, e, aux adj.
hélicoïde n.m.

hélicon n.m.
hélicoptère n.m.
héligare n.f.
hélio n.f.
héliocentrique adj.
héliocentrisme n.m.
héliodore n.m.
héliographe n.m.
héliographie n.f.
héliograveur, euse n.
héliogravure n.f.
héliomarin, e adj.
hélion n.m.
héliostat n.m.
héliosynchrone adj.
héliothérapie n.f.
héliotrope n.m.
héliotropine n.f.
héliport n.m.
héliportage n.m.
héliporté, e adj.
hélitransporté, e adj.
hélitreuillage n.m.
hélitreuillé, e adj.
hélium n.m. (pl. héliums)
hélix n.m. inv.
helladique adj.
hellébore *ou* **ellébore** n.m.
hellène adj. *et* n.
hellénique adj.
hellénisant, e adj.
hellénisation n.f.
helléniser v.t.
hellénisme n.m.
helléniste n.
hellénistique adj.
***hello !** interj.
helminthe n.m.
helminthiase n.f.
helminthique adj.
hélodée *ou* **élodée** n.f.
héloderme n.m.
helvelle n.f.
helvète adj.
helvétique adj.
helvétisme n.m.
***hem !** interj.
hémangiome n.m.
hémarthrose n.f.
hématémèse n.f.
hématie n.f.
hématique adj.
hématite n.f.
hématocrite n.m.
hématologie n.f.
hématologique adj.
hématologiste *ou*
hématologue n.
hématome n.m.
hématophage adj.
hématopoïèse n.f.
hématopoïétique adj.
hématose n.f.
hématozoaire n.m.
hématurie n.f.
héméralopie n.f.
hémérocalle n.f.
hémianopsie n.f.
hémicordé n.m.
hémicycle n.m.
hémièdre adj.
hémiédrie n.f.
hémiédrique adj.
hémione n.m.
hémioxyde n.m.
hémiplégie n.f.
hémiplégique adj. *et* n.
hémiptéroïde *ou*
hémiptère n.m.
hémisphère n.m.
hémisphérique adj.
hémistiche n.m.
hémitropie n.f.
hémochromatose n.f.
hémoculture n.f.
hémocyanine n.f.
hémodialyse n.f.
hémodynamique n.f.
hémoglobine n.f.
hémoglobinopathie n.f.
hémoglobinurie n.f.
hémogramme n.m.
hémolyse n.f.
hémolysine n.f.
hémolytique adj.
hémopathie n.f.
hémophile adj. *et* n.
hémophilie n.f.
hémoptysie n.f.
hémorragie n.f.
hémorragique adj.
hémorroïdaire *ou*
hémorroïdal, e, aux adj.
hémorroïde n.f.
hémostase n.f.
hémostatique adj. *et* n.m.
hémovigilance n.f.
hendécagone n.m. *et* adj.
hendécasyllabe adj. *et* n.m.
hendiadys, hendiadis *ou*
hendiadyin n.m.
***henné** n.m.
***hennin** n.m.
***hennir** v.i.
***hennissant, e** adj.
***hennissement** n.m.
***hennuyer, ère** *ou*
***hainuyer, ère** adj. *et* n.
***henry** n.m.
***hep !** interj.
héparine n.f.
hépatalgie n.f.
hépatique adj. *et* n. ; n.f.
hépatisation n.f.
hépatisme n.m.
hépatite n.f.
hépatocyte n.m.
hépatologie n.f.
hépatomégalie n.f.
hépatopancréas n.m.
heptaèdre n.m.
heptaédrique adj.
heptagonal, e, aux adj.
heptagone n.m.
heptane n.m.
heptasyllabe adj. *et* n.m.
heptathlon n.m.
héraldique n.f. *et* adj.
héraldiste n.
héraultais, e adj. *et* n.
***héraut** n.m. (officier public)
herbacé, e adj.
herbage n.m.
herbager, ère n.
herbager v.t. (conj. **10**)
herbe n.f.

herbe-aux-chats n.f. (pl. herbes-aux-chats
herbeux, euse adj.
herbicide adj. *et* n.m.
herbier n.m.
herbivore adj. *et* n.m.
herborisation n.f.
herboriser v.i.
herboriste n.
herboristerie n.f.
herbu, e adj.
herbue n.f.
***hercher** *ou* ***herscher** v.i.
***hercheur, euse** *ou* ***herscheur, euse** n.
hercule n.m.
herculéen, enne adj.
hercynien, enne adj.
***herd-book** n.m. (pl. herd-books)
***hère** n.m.
héréditaire adj.
héréditairement adv.
hérédité n.f.
***hereford** n.
hérésiarque n.
hérésie n.f.
hérétique adj. *et* n.
***hérissement** n.m.
***hérisser** v.t.
***hérisson** n.m.
***hérissonne** adj. f.
héritabilité n.f.
héritage n.m.
hériter v.i., t. *et* t. ind.
héritier, ère n.
hermandad n.f.
hermaphrodisme n.m.
hermaphrodite adj. *et* n.
herméneutique n.f. *et* adj.
hermès n.m.
herméticité n.f.
hermétique adj.
hermétiquement adv.
hermétisme n.m.
hermétiste n.
hermine n.f.
herminette *ou* **erminette** n.f.
***herniaire** adj.
***hernie** n.f.
***hernié, e** adj.
***hernieux, euse** adj.
héroïcité n.f.
héroï-comique adj. (pl. héroï-comiques)
héroïde n.f.
héroïne n.f.
héroïnomane n.
héroïnomanie n.f.
héroïque adj.
héroïquement adv.
héroïsme n.m.
***héron** n.m.
***héronneau** n.m.
***héronnière** n.f.
***héros** n.m. (personnage hors du commun)
herpès n.m.
herpétique adj.
herpétologie *ou* **erpétologie** n.f.
herpétologique *ou* **erpétologique** adj.
herpétologiste *ou* **erpétologiste** n.
***hersage** n.m.
***herscher** *ou* ***hercher** v.i.
***herscheur, euse** *ou* ***hercheur, euse** n.
***herse** n.f.
***herser** v.t.
***herseur, euse** adj.
***hertz** n.m. inv.
***hertzien, enne** adj.
hésitant, e adj. *et* n.
hésitation n.f.
hésiter v.i.
hessois, e adj. *et* n.
hésychasme n.m.
hétaïre n.f.
hétairie *ou* **hétérie** n.f.
hétéro adj. *et* n.
hétérocerque adj.
hétérochromosome n.m.
hétéroclite adj.
hétérocycle n.m.
hétérocyclique adj.
hétérodonte adj.
hétérodoxe adj. *et* n.
hétérodoxie n.f.
hétérodyne n.f.
hétérogamétique adj.
hétérogamie n.f.
hétérogène adj.
hétérogénéité n.f.
hétérogreffe n.f.
hétérométabole adj.
hétéromorphe adj.
hétéromorphie n.f.
hétéromorphisme n.m.
hétéronome adj.
hétéronomie n.f.
hétérophorie n.f.
hétéroprotéine n.f.
hétéroptère n.m.
hétérosexualité n.f.
hétérosexuel, elle adj. *et* n.
hétéroside n.m.
hétérosis n.f.
hétérosphère n.f.
hétérotherme adj. *et* n.
hétérotrophe adj.
hétérozygote adj. *et* n.
hetman [ɛtmɑ̃] n.m.
***hêtraie** n.f.
***hêtre** n.m.
***heu !** interj.
heur n.m. (chance)
heure n.f. (mesure de temps)
heureusement adv.
heureux, euse adj. *et* n.
heuristique adj. *et* n.f.
***heurt** n.m. (choc)
***heurté, e** adj.
***heurter** v.t. *et* i.
***heurtoir** n.m.
hévéa n.m.
hexachlorocyclohexane n.m.
hexachlorure n.m.
hexacoralliaire n.m.
hexacorde n.m.
hexadécane n.m.
hexadécimal, e, aux adj.
hexaèdre n.m.

hexaédrique adj.
hexafluorure n.m.
hexagonal, e, aux adj.
hexagone n.m.
hexamètre adj. *et* n.m.
hexamidine n.f.
hexane n.m.
hexapode adj. *et* n.m.
hexastyle adj.
hexogène n.m.
hexose n.m.
***hi !** interj.
hiatal, e, aux adj.
hiatus n.m. inv.
hibernal, e, aux adj.
hibernant, e adj.
hibernation n.f.
hiberner v.i.
hibiscus n.m. inv.
***hibou** n.m. (pl. hiboux)
***hic** n.m. inv.
***hic et nunc** loc. adv.
***hickory** n.m.
hidalgo n.m.
***hideur** n.f.
***hideusement** adv.
***hideux, euse** adj.
***hidjab** n.m.
***hie** n.f.
hièble *ou* **yèble** n.f.
hiémal, e, aux adj.
hier adv.
***hiérarchie** n.f.
***hiérarchique** adj.
***hiérarchiquement** adv.
***hiérarchisation** n.f.
***hiérarchiser** v.t.
***hiérarque** n.m.
hiératique adj.
hiératiquement adv.
hiératisme n.m.
hiérodule n.m.
hiérogamie n.f.
***hiéroglyphe** n.m.
***hiéroglyphique** adj.
hiéronymite n.m.
hiérophante n.m.
***hi-fi** n.f. inv.
***highlander** [ajlɑ̃dœr] n.m.
***high-tech** [ajtɛk] adj. inv. *et* n.m. inv.
higoumène n.m.
***hi-han !** interj.
***hilaire** adj.
hilarant, e adj.
hilare adj.
hilarité n.f.
***hile** n.m.
hiloire n.f.
hilote *ou* **ilote** n.m.
hilotisme *ou* **ilotisme** n.m.
himalayen, enne adj.
himation n.m.
hinayana adj.
***hindi** [indi] n.m. sing.
hindou, e adj. *et* n.
hindouisme n.m.
hindouiste adj.
hindoustani n.m. sing.
hinterland n.m. (pl. hinterlands)
***hip-hop** adj. inv. *et* n.m. inv.
hipparchie n.f.
hipparion n.m.
hipparque n.m.
hippiatre n.m.
hippiatrie n.f.
***hippie** *ou* ***hippy** n. *et* adj. (pl. hippies, hippys)
hippique adj.
hippisme n.m.
hippocampe n.m.
hippocratique adj.
hippocratisme n.m.
hippodrome n.m.
hippogriffe n.m.
hippologie n.f.
hippologique adj.
hippomobile adj.
hippophaé n.m.
hippophagie n.f.
hippophagique adj.
hippopotame n.m.
hippopotamesque adj.
hippotechnie n.f.
hippurique adj.
***hippy** *ou* ***hippie** n. *et* adj. (pl. hippys,hippies)
hiragana n.m.
hircin, e adj.
hirondeau n.m.
hirondelle n.f.
hirsute adj.
hirsutisme n.m.
hirudine n.f.
hirudinée n.f.
hispanique adj. *et* n.
hispanisant, e adj. *et* n.
hispanisme n.m.
hispaniste adj. *et* n.
hispano-américain, e adj. *et* n. (pl. hispano-américains, es)
hispano-arabe adj. (pl. hispano-arabes)
hispano-moresque *ou* **hispano-mauresque** adj. (pl. hispano-moresques, hispano-mauresques)
hispanophone adj. *et* n.
hispide adj.
***hisser** v.t.
histamine n.f.
histaminique adj.
histidine n.f.
histiocytaire adj.
histiocyte n.m.
histochimie n.f.
histocompatibilité n.f.
histogenèse n.f.
histogramme n.m.
histoire n.f.
histologie n.f.
histologique adj.
histolyse n.f.
histone n.f.
histoplasmose n.f.
historicisme n.m.
historiciste adj. *et* n.
historicité n.f.
historié, e adj.
historien, enne n.
historier v.t.
historiette n.f.
historiographe n.m.
historiographie n.f.
historique adj. *et* n.m.
historiquement adv.

historisme n.m.
histrion n.m.
histrionique adj.
histrionisme n.m.
hitlérien, enne adj. *et* n.
hitlérisme n.m.
***hit-parade** n.m. (pl. hit-parades)
***hittite** adj. *et* n. ; n.m. sing.
hiver n.m.
hivernage n.m.
hivernal, e, aux adj.
hivernale n.f.
hivernant, e adj. *et* n.
hiverner v.i.
***ho !** interj.
***hobby** n.m. (pl. hobbys *ou* hobbies)
***hobereau** n.m.
***hocco** n.m.
***hochement** n.m.
***hochepot** n.m.
***hochequeue** n.m.
***hocher** v.t.
***hochet** n.m.
***hockey** n.m.
***hockeyeur, euse** n.
hodjatoleslam n.m.
hodographe n.m.
***ho! hisse!** interj.
hoir n.m.
hoirie n.f. dr.
***holà !** interj. ; n.m. inv.
***holding** n.m. *ou* f.
***hold-up** n.m. inv.
holisme n.m.
holiste adj. *et* n.
holistique adj.
***hollandais, e** adj. *et* n.
***hollande** n.m.
***hollywoodien, enne** adj.
holmium n.m. (pl. holmiums)
holocauste n.m.
holocène n.m. *et* adj.
holocristallin, e adj.
hologramme n.m.
holographe adj.
holographie n.f.
holographique adj.
holométabole adj.
holophrastique adj.
holoprotéine n.f.
holoside n.m.
holostéen n.m.
holothurie n.f.
holotype n.m.
***holster** n.m.
***homard** n.m.
***homarderie** n.f.
***home** n.m. (maison)
***homeland** n.m.
homélie n.f.
homéomorphe adj.
homéomorphisme n.m.
homéopathe n. *et* adj.
homéopathie n.f.
homéopathique adj.
homéostasie n.f.
homéostat n.m.
homéostatique adj.
homéotherme adj. *et* n.m.
homéothermie n.f.
homéotique adj.
homérique adj.
***homespun** [omspœn] n.m.
***home-trainer** n.m. (pl. home-trainers)
homicide adj. *et* n. ; n.m.
hominidé n.m.
hominien n.m.
hominisation n.f.
hominisé, e adj.
hommage n.m.
hommasse adj.
homme n.m. (être humain)
homme-grenouille n.m. (pl. hommes-grenouilles)
homme-orchestre n.m. (pl. hommes-orchestres)
homme-sandwich n.m. (pl. hommes-sandwichs)
homo adj. *et* n.
homocentre n.m.
homocentrique adj.
homocerque adj.
homochromie n.f.
homocinétique adj.
homocyclique adj.
homodonte adj.
homofocal, e, aux adj.
homogamétique adj.
homogamie n.f.
homogène adj.
homogénéisateur, trice adj.
homogénéisateur n.m.
homogénéisation n.f.
homogénéisé, e adj.
homogénéiser v.t.
homogénéité n.f.
homographe adj. *et* n.m.
homographie n.f.
homographique adj.
homogreffe n.f.
homologation n.f.
homologie n.f.
homologue adj. *et* n.
homologuer v.t.
homomorphisme n.m.
homoncule *ou* **homuncule** n.m.
homonyme adj., n. *et* n.m.
homonymie n.f.
homonymique adj.
homophobe adj. *et* n.
homophobie n.f.
homophone adj. *et* n.m.
homophonie n.f.
homophonique adj.
homoptère n.m.
homosexualité n.f.
homosexuel, elle adj. *et* n.
homosphère n.f.
homothétie n.f.
homothétique adj.
homozygote adj. *et* n.
homuncule *ou* **homoncule** n.m.
***honchets** n.m. pl.
***hondurien, enne** adj. *et* n.
***hongkongais, e** adj. *et* n.

***hongre** adj.m. *et* n.m.
***hongrer** v.t.
***hongreur** n.m.
***hongroierie** n.f.
***hongrois, e** adj. *et* n.
***hongrois** n.m.
***hongroyage** n.m.
***hongroyer** v.t. (conj. **7**)
***hongroyeur** n.m.
***honing** n.m.
honnête adj.
honnêtement adv.
honnêteté n.f.
honneur n.m.
***honnir** v.t.
honorabilité n.f.
honorable adj.
honorablement adv.
honoraire adj.
honoraires n.m. pl.
honorariat n.m.
honorer v.t.
honorifique adj.
***honoris causa** loc. adj. inv.
***honte** n.f.
***honteusement** adv.
***honteux, euse** adj.
***hooligan** *ou* ***houligan** n.m.
***hooliganisme** *ou* ***houliganisme** n.m.
***hop !** interj.
***hopak** n.m.
hôpital n.m. (pl. hôpitaux)
hoplite n.m.
***hoquet** n.m.
***hoqueter** v.i. (conj. **16**)
horaire adj., n. ; n.m.
***horde** n.f.
***horion** n.m.
horizon n.m.
horizontal, e, aux adj.
horizontale n.f.
horizontalement adv.
horizontalité n.f.
horloge n.f.
horloger, ère n. *et* adj.
horlogerie n.f.
***hormis** prép.
hormonal, e, aux adj.
hormone n.f.
hormonothérapie n.f.
***hornblende** n.f.
horodaté, e adj.
horodateur, trice adj.
horodateur n.m.
horokilométrique adj.
horoscope n.m.
horreur n.f.
horrible adj.
horriblement adv.
horrifiant, e adj.
horrifier v.t. (conj. **5**)
horrifique adj.
horripilant, e adj.
horripilateur adj.m.
horripilation n.f.
horripiler v.t.
***hors** prép.
***horsain** *ou* ***horsin** n.m.
***hors-bord** adj. inv. *et* n.m. inv.
***hors-cote** adj. inv. *et* n.m. inv.
***hors-d'œuvre** n.m. inv.
***horse-ball** n.m. (pl. horse-balls)
***horse-guard** n.m. (pl. horse-guards)
***horsin** *ou* ***horsain** n.m.
***hors-jeu** n.m. inv.
***hors-la-loi** n.m. inv.
***hors-piste** *ou* ***hors-pistes** n.m. inv. *et* adj. inv.
***hors-place** adj. inv.
***hors-série** adj. inv. *et* n.m. (pl. hors-séries)
***hors-sol** adj. inv. *et* n.m. inv.
***hors statut** loc. adj. inv.
***horst** n.m.
***hors-texte** n.m. inv.
hortensia n.m.
horticole adj.
horticulteur, trice n.
horticulture n.f.
hortillonnage n.m.
hosanna n.m. (pl. hosannas)
hospice n.m.
hospitalier, ère adj. *et* n.
hospitalisation n.f.
hospitaliser v.t.
hospitalisme n.m.
hospitalité n.f.
hospitalo-universitaire adj. (pl. hospitalo-universitaires)
hospodar n.m.
host n.m.
hostellerie n.f.
hostie n.f.
hostile adj.
hostilement adv.
hostilité n.f.
hosto n.m.
***hot** adj. inv. *et* n.m. inv.
***hot dog** n.m. (pl. hot dogs)
hôte n.m.
hôtel n.m.
hôtel-Dieu n.m. (pl. hôtels-Dieu)
hôtelier, ère n. *et* adj.
hôtellerie n.f.
hôtesse n.f.
***hot-money** n.f. inv.
***hotte** n.f.
***hottée** n.f.
***hottentot, e** adj. *et* n.
***hotter** v.t.
***hotu** n.m. (pl. hotus)
***hou !** interj.
***houache** *ou* ***houaiche** n.f.
***houari** n.m.
***houblon** n.m.
***houblonnage** n.m.
***houblonner** v.t.
***houblonnier, ère** adj. *et* n.
***houblonnière** n.f.
***houdan** n.f.
***houe** n.f. (pioche)
***houer** v.t.
***houille** n.f.
***houiller, ère** adj.
***houillère** n.f.
***houka** n.m.
***houle** n.f.

***houlette** n.f.
***houleux, euse** adj.
***houligan** *ou* ***hooligan** n.m.
***houliganisme** *ou* **hooliganisme** n.m.
***houlque** *ou* ***houque** n.f.
***houppe** n.f.
***houppelande** n.f.
***houppette** n.f.
***houppier** n.m.
***houque** *ou* **houlque** n.f.
***hourd** n.m.
***hourdage** n.m.
***hourder** v.t.
***hourdis** n.m.
***houri** n.f. (pl. houris)
***hourra** *ou* ***hurrah** n.m. (pl. hourras, hurrahs) ; interj.
***hourvari** n.m. (pl. hourvaris)
***houseaux** n.m. pl.
***house-boat** [awzbot] n.m. (pl. house-boats)
***houspiller** v.t.
***houspilleur, euse** n.
***houssaie** n.f.
***housse** n.f.
***housser** v.t.
***houssine** n.f.
***houssiner** v.t.
***houssoir** n.m.
***houx** n.m. (arbuste)
hovercraft n.m.
hoverport n.m.
***hoyau** n.m. (pl. hoyaux)
***huard** *ou* ***huart** n.m.
***hublot** n.m.
***huche** n.f.
***hucher** v.t.
***hue !** interj.
***huée** n.f.
***huer** v.t.
***huerta** n.f.
***huguenot, e** n. *et* adj.
hui adv.
huilage n.m.
huile n.f.
huiler v.t.
huilerie n.f.
huileux, euse adj.
huilier n.m.
huis n.m.
***huis clos** n.m.
huisserie n.f.
huissier n.m.
***huit** adj. num. inv. *et* n.m. inv.
***huitain** n.m.
***huitaine** n.f.
***huitante** adj. num.
***huitième** adj. num. ord. *et* n.
***huitièmement** adv.
huître n.f.
***huit-reflets** n.m. inv.
huîtrier, ère adj.
huîtrier n.m.
huîtrière n.f.
***hulotte** n.f.
***hululement** *ou* **ululement** n.m.
***hululer** *ou* **ululer** v.i.
***hum !** interj.
***humage** n.m.
humagne n.m.
humain, e adj.
humain n.m.
humainement adv.
humanisation n.f.
humaniser v.t.
humanisme n.m.
humaniste adj. *et* n.
humanitaire adj. ; n.m.
humanitarisme n.m.
humanité n.f.
humanoïde n.
humble adj.
humblement adv.
humbles n.m. pl.
humectage n.m.
humecter v.t.
humecteur n.m.
***humer** v.t.
huméral, e, aux adj.
humérus n.m. inv.
humeur n.f.
humide adj.
humidificateur n.m.
humidification n.f.
humidifier v.t. (conj. **5**)
humidimètre n.m.
humidité n.f.
humification n.f.
humiliant, e adj.
humiliation n.f.
humilié, e adj. *et* n.
humilier v.t. (conj. **5**)
humilité n.f.
humique adj.
humoral, e, aux adj.
humoriste n. *et* adj.
humoristique adj.
humour n.m.
humus n.m. inv.
***hune** n.f.
***hunier** n.m.
***hunnique** adj. (des Huns)
***hunter** [œntər] n.m.
***huppe** n.f.
***huppé, e** adj.
***hurdler** [œrdlœr] n.m.
***hure** n.f.
***hurlant, e** adj.
***hurlement** n.m.
***hurler** v.i. *et* t.
***hurleur, euse** adj. *et* n.
***hurleur** adj.m. *et* n.m.
hurluberlu, e n.
***huron, onne** adj. *et* n.
***huronien, enne** adj.
***hurrah** *ou* ***hourra** n.m. (pl. hurrahs, hourras) ; interj.
***hurricane** n.m.
***husky** [œski] n.m. (pl. huskys *ou* huskies)
***hussard** n.m.
***hussarde** n.f.
***hussite** n.
***hutte** n.f.
hyacinthe n.f.
hyalin, e adj.
hyalite n.f.
hyaloclastite n.f.
hyaloïde adj.
hyaloplasme n.m.
hybridation n.f.

hybride adj. *et* n.m.
hybrider v.t.
hybridisme n.m.
hybridité n.f.
hybridome n.m.
hydarthrose n.f.
hydatide n.f.
hydatique adj.
hydne n.m.
hydracide n.m.
hydraire n.m.
hydramnios n.m.
hydrant n.m.
hydrante n.f. (borne d'incendie)
hydranthe n.m. (polype)
hydrargie n.f.
hydrargyre n.m.
hydrargyrisme n.m.
hydrastis n.m.
hydratable adj.
hydratant, e adj.
hydratation n.f.
hydrate n.m.
hydrater v.t.
hydraule n.f.
hydraulicien, enne n. *et* adj.
hydraulique adj. *et* n.f.
hydravion n.m.
hydrazine n.f.
hydre n.f.
hydrie n.f.
hydrique adj.
hydrobase n.f.
hydrocarbonate n.m.
hydrocarboné, e adj.
hydrocarbure n.m.
hydrocèle n.f.
hydrocéphale adj. *et* n.
hydrocéphalie n.f.
hydrocharitacée n.f.
hydroclasseur n.m.
hydrocoralliaire n.m.
hydrocortisone n.f.
hydrocotyle n.f.
hydrocraquage n.m.
hydrocution n.f.
hydrodésulfuration n.f.
hydrodynamique n.f. *et* adj.
hydroélectricité n.f.
hydroélectrique adj.
hydrofilicale n.f.
hydrofoil [-fɔjl] n.m.
hydrofugation n.f.
hydrofuge adj. *et* n.m.
hydrofuger v.t. (conj. **10**)
hydrogel n.m.
hydrogénation n.f.
hydrogène n.m.
hydrogéné, e adj.
hydrogéner v.t. (conj. **11**)
hydrogéologie n.f.
hydrogéologue n.
hydroglisseur n.m.
hydrographe n.
hydrographie n.f.
hydrographique adj.
hydrolase n.f.
hydrolat n.m.
hydrolithe n.f.
hydrologie n.f.
hydrologique adj.
hydrologue *ou*
hydrologiste n.
hydrolysable adj.
hydrolyse n.f.
hydrolyser v.t.
hydromécanique adj.
hydromel n.m.
hydrométallurgie n.f.
hydromètre n.f.
hydrométrie n.f.
hydrominéral, e, aux adj.
hydronéphrose n.f.
hydroperoxyde n.m.
hydrophile adj. ; n.m.
hydrophobe adj. *et* n.
hydrophone n.m.
hydropique adj. *et* n.
hydropisie n.f.
hydropneumatique adj.
hydroponique adj.
hydroptère n.m.
hydroquinone n.f.
hydrosilicate n.m.
hydrosol n.m.
hydrosoluble adj.
hydrosphère n.f.
hydrostatique adj. *et* n.f.
hydrothérapie n.f.
hydrothérapique adj.
hydrothermal, e, aux adj.
hydrotimétrie n.f.
hydrotraitement n.m.
hydroxyde n.m.
hydroxylamine n.f.
hydroxyle n.m.
hydrozoaire n.m.
hydrure n.m.
hyène n.f.
Hygiaphone n.m. (nom déposé)
hygiène n.f.
hygiénique adj.
hygiéniquement adv.
hygiéniste n.
hygroma n.m.
hygromètre n.m.
hygrométrie n.f.
hygrométrique adj.
hygrophile adj.
hygrophobe adj.
hygrophore n.m.
hygroscope n.m.
hygroscopie n.f.
hygroscopique adj.
hygrostat n.m.
hylozoïsme n.m.
hymen n.m.
hyménée n.m.
hyménium n.m. (pl. hyméniums)
hyménomycète n.m.
hyménoptère n.m. *et* adj.
hymne n.m. (national) ; n.f. (liturgique)
hyoïde adj.
hypallage n.f.
hyper n.m.
hyperacousie n.f.
hyperazotémie n.f.
hyperactif, ive adj. *et* n.
hyperactivité n.f.
hyperbare adj.
hyperbate n.f.

hyperbole n.f.
hyperbolique adj.
hyperboloïde n.m.
hyperboréen, enne adj.
hypercalcémie n.f.
hypercapnie n.f.
hyperchlorhydrie n.f.
hypercholestérolémie n.f.
hypercontinental, e, aux adj.
hypercorrection n.f.
hyperdulie n.f.
hyperémie *ou* **hyperhémie** n.f.
hyperémotivité n.f.
hyperéosinophilie n.f.
hyperesthésie n.f.
hyperfocal, e, aux adj.
hyperfonctionnement n.m.
hyperfréquence n.f.
hypergamie n.f.
hyperglycémiant, e adj.
hyperglycémie n.f.
hypergol n.m.
hypergolique adj.
hyperhémie *ou* **hyperémie** n.f.
hyperinflation n.f.
hyperkaliémie n.f.
hyperleucocytose n.f.
hyperlipidémie *ou* **hyperlipémie** n.f.
hypermarché n.m.
hypermédia n.m.
hypermétrope adj. *et* n.
hypermétropie n.f.
hypermnésie n.f.
hypernatrémie n.f.
hypernerveux, euse adj. *et* n.
hyperœstrogénie n.f.
hypéron n.m.
hyperonyme n.m.
hyperplan n.m.
hyperplaquettose n.f.
hyperplasie n.f.
hyperréalisme n.m.
hyperréaliste adj. *et* n.
hypersécrétion n.f.
hypersensibilité n.f.
hypersensible adj. *et* n.
hypersomniaque adj. *et* n.
hypersomnie n.f.
hypersonique adj.
hyperstatique adj.
hypersustentateur adj.m. *et* n.m.
hypersustentation n.f.
hypertélie n.f.
hypertendu, e adj. *et* n.
hypertenseur adj.m.
hypertensif, ive adj.
hypertension n.f.
hypertexte n.m.
hyperthermie n.f.
hyperthyroïdie n.f.
hypertonie n.f.
hypertonique adj. *et* n.
hypertrophie n.f.
hypertrophié, e adj.
hypertrophier v.t. (conj. **5**)
hypertrophique adj.
hyperventilation n.f.
hypervitaminose n.f.
hyphe n.f.
hypholome n.m.
hypnagogique adj.
hypne n.f.
hypnoïde adj.
hypnologie n.f.
hypnose n.f.
hypnotique adj. *et* n.m.
hypnotiser v.t.
hypnotiseur, euse n.
hypnotisme n.m.
hypoacousie n.f.
hypoallergénique adj. *et* n.m.
hypocalcémie n.f.
hypocalorique adj.
hypocapnie n.f.
hypocauste n.m.
hypocentre n.m.
hypochloreux adj.m.
hypochlorhydrie n.f.
hypochlorite n.m.
hypochrome adj.
hypocondre n.m.
hypocondriaque adj. *et* n.
hypocondrie n.f.
hypocoristique adj. *et* n.m.
hypocras n.m.
hypocrisie n.f.
hypocrite adj. *et* n.
hypocritement adv.
hypocycloïdal, e, aux adj.
hypocycloïde n.f.
hypoderme n.m.
hypodermique adj.
hypodermose n.f.
hypoesthésie n.f.
hypogastre n.m.
hypogastrique adj.
hypogé, e adj.
hypogée n.m.
hypoglosse adj.
hypoglycémiant, e adj.
hypoglycémiant n.m.
hypoglycémie n.f.
hypogyne adj.
hypoïde adj.
hypokaliémie n.f.
hypokhâgne n.f.
hypomanie n.f.
hyponatrémie n.f.
hyponeurien n.m.
hyponomeute n.m.
hyponyme n.m.
hypoœstrogénie n.f.
hypophosphite n.m.
hypophosphoreux adj.m.
hypophysaire adj.
hypophyse n.f.
hypoplasie n.f.
hyposécrétion n.f.
hyposodé, e adj.
hypospadias n.m.
hypostase n.f.
hypostasier v.t. (conj. **5**)
hypostatique adj.
hypostyle adj.
hyposulfite n.m.
hyposulfureux adj.m.
hypotaupe n.f.

hypotendu, e adj. *et* n.
hypotenseur adj.m. *et* n.m.
hypotensif, ive adj.
hypotension n.f.
hypoténuse n.f.
hypothalamique adj.
hypothalamus n.m.
hypothécable adj.
hypothécaire adj.
hypothécairement adv.
hypothénar adj. inv.
hypothèque n.f.
hypothéquer v.t. (conj. **11**)
hypothermie n.f.
hypothèse n.f.
hypothético-déductif, ive adj. (pl. hypothético-déductifs, ives)
hypothétique adj.
hypothétiquement adv.
hypothyroïdie n.f.
hypotonie n.f.
hypotonique adj. *et* n.
hypotrophie n.f.
hypoventilation n.f.
hypovitaminose n.f.
hypoxémie n.f.
hypoxie n.f.
hypsomètre n.m.
hypsométrie n.f.
hypsométrique adj.
hysope n.f.
hystérectomie n.f.
hystérésis n.f.
hystérie n.f.
hystériforme adj.
hystérique adj. *et* n.
hystérographie n.f.
hystérométrie n.f.
hystérosalpingographie n.f.
hystéroscopie n.f.

i

i n.m. inv.
iambe *ou* **ïambe** n.m.
iambique *ou* **ïambique** adj.
iatrogène adj.
ibère adj. *et* n.
ibéride n.f.
ibérique adj.
ibéris n.m.
ibidem adv.
ibis n.m.
icaque n.f.
icaquier n.m.
icarien, enne adj.
icaunais, e adj. *et* n.
iceberg [is- *ou* ajs-] n.m.
ice-cream n.m. (pl. ice-creams)
icefield n.m.
icelui, icelle pron. *et* adj. dém. (pl. iceux, icelles)
ice-shelf n.m. (pl. ice-shelfs)
ichneumon n.m.
ichnologie n.f.
ichthus n.m. inv.
ichtyocolle n.f.
ichtyol n.m.
ichtyologie n.f.
ichtyologique adj.
ichtyologiste n.
ichtyophage adj. *et* n.
ichtyornis n.m.
ichtyosaure n.m.
ichtyose n.f.
ichtyostéga n.m.
ici adv.
ici-bas adv.
icône n.f. ; n.m.
iconique adj.
iconoclasme n.m.
iconoclaste adj. *et* n.
iconographe n.
iconographie n.f.
iconographique adj.
iconologie n.f.
iconologique adj.
iconoscope n.m.
iconostase n.f.
icosaèdre n.m.
ictère n.m.
ictérique adj. *et* n.
ictus n.m. inv.
ide n.m.
idéal, e, als *ou* **aux** adj.
idéal n.m. (pl. idéals *ou* idéaux)
idéalement adv.
idéalisateur, trice adj. *et* n.
idéalisation n.f.
idéaliser v.t.
idéalisme n.m.
idéaliste adj. *et* n.
idéalité n.f.
idéation n.f.
idée n.f.
idée-force n.f. (pl. idées-forces)
idéel, elle adj.
idem [idɛm] adv.
idempotent, e [idɛm-] adj.
identifiable adj.
identificateur n.m.
identification n.f.
identificatoire adj.
identifier v.t. (conj. **5**)
identifieur n.m.
identique adj.
identiquement adv.
identitaire adj.
identité n.f.
idéogramme n.m.
idéographie n.f.
idéographique adj.
idéologie n.f.
idéologique adj.
idéologisation n.f.
idéologue n.
idéomoteur, trice adj.
ides n.f. pl.
id est loc. conj.
idiolecte n.m.
idiomatique adj.
idiome n.m.
idiopathie n.f.
idiopathique adj.
idiosyncrasie n.f.
idiot, e adj. *et* n.
idiotement adv.
idiotie n.f.
idiotisme n.m.
idoine adj.
idolâtre adj. *et* n.
idolâtrer v.t.
idolâtrie n.f.
idolâtrique adj.
idole n.f.
idylle n.f.
idyllique adj.
if n.m.
igloo n.m. (pl. igloos)
igname n.f.
ignare adj. *et* n.
igné, e adj.
ignifugation n.f.
ignifuge *ou* **ignifugeant, e** adj. *et* n.m.
ignifuger v.t. (conj. **10**)
ignimbrite n.f.
ignipuncture n.f.
ignition n.f.
ignitron n.m.
ignivome adj.
ignoble adj.

ignoblement adv.
ignominie n.f.
ignominieusement adv.
ignominieux, euse adj.
ignorance n.f.
ignorant, e adj. *et* n.
ignorantin n.m. *et* adj.m.
ignoré, e adj.
ignorer v.t.
iguane n.m.
iguanodon n.m.
igue n.f.
ikat n.m.
ikebana n.m.
il pron. pers. (pl. ils)
ilang-ilang *ou* **ylang-ylang** n.m. (pl. ilangs-ilangs, ylangs-ylangs)
île n.f.
iléal, e, aux adj.
iléite n.f.
iléo-cœcal, e, aux adj.
iléon n.m.
îlet n.m.
iléus n.m. inv.
iliaque adj.
îlien, enne adj. *et* n.
ilion n.m.
illégal, e, aux adj.
illégalement adv.
illégalité n.f.
illégitime adj.
illégitimement adv.
illégitimité n.f.
illettré, e adj. *et* n.
illettrisme n.m.
illicite adj.
illicitement adv.
illico adv.
illimité, e adj.
illisibilité n.f.
illisible adj.
illisiblement adv.
illite n.f.
illogique adj.
illogiquement adv.
illogisme n.m.
illumination n.f.
illuminé, e n. *et* adj.
illuminer v.t.
illuminisme n.m.
illusion n.f.
illusionner v.t.
illusionnisme n.m.
illusionniste n.
illusoire adj.
illusoirement adv.
illustrateur, trice n.
illustratif, ive adj.
illustration n.f.
illustre adj.
illustré, e adj.
illustré n.m.
illustrer v.t.
illustrissime adj.
illuvial, e, aux adj.
illuviation n.f.
illuvium n.m. (pl. illuviums)
illyrien, enne adj. *et* n.
ilménite n.f.
îlot n.m.
îlotage n.m.
ilote *ou* **hilote** n.m.
îlotier n.m.
ilotisme *ou* **hilotisme** n.m.
il y a loc. impers.
image n.f.
imagé, e adj.
imagerie n.f.
imageur, euse adj.
imageur n.m.
imagier, ère n.
Imagier n.m. (nom déposé)
imaginable adj.
imaginaire adj. *et* n.m.
imaginal, e, aux adj.
imaginatif, ive adj. *et* n.
imagination n.f.
imaginer v.t.
imago n.m. ; n.f.
imam n.m. (pl. imams)
imamat n.m.
imbattable adj.
imbécile adj. *et* n.
imbécilement adv.
imbécillité n.f.
imberbe adj.
imbiber v.t.
imbibition n.f.
imbrication n.f.
imbriqué, e adj.
imbriquer v.t.
imbroglio n.m. (pl. imbroglios)
imbrûlé, e adj.
imbrûlé n.m.
imbu, e adj.
imbuvable adj.
imide n.m.
imine n.f.
imipramine n.f.
imitable adj.
imitateur, trice adj. *et* n.
imitatif, ive adj.
imitation n.f.
imiter v.t.
immaculé, e adj.
immanence n.f.
immanent, e adj.
immanentisme n.m.
immangeable [ɛ̃mɑ̃-] adj.
immanquable [ɛ̃mɑ̃-] adj.
immanquablement adv.
immarcescible adj.
immatérialité n.f.
immatériel, elle adj.
immatriculation n.f.
immatriculer v.t.
immaturation n.f.
immature adj. *et* n.
immaturité n.f.
immédiat, e adj.
immédiat n.m.
immédiatement adv.
immédiateté n.f.
immelmann n.m.
immémorial, e, aux adj.
immense adj.
immensément adv.
immensité n.f.
immergé, e adj.
immerger v.t. (conj. **10**)
immérité, e adj.
immersif, ive adj.
immersion n.f.

immettable [ɛ̃me-] adj.
immeuble adj. ; n.m.
immigrant, e adj. *et* n.
immigration n.f.
immigré, e adj. *et* n.
immigrer v.i.
imminence n.f.
imminent, e adj.
immiscer (s') [-mise] v.pr. (conj. **9**)
immixtion n.f.
immobile adj.
immobilier, ère adj.
immobilier n.m.
immobilisation n.f.
immobiliser v.t.
immobilisme n.m.
immobiliste adj. *et* n.
immobilité n.f.
immodéré, e adj.
immodérément adv.
immodeste adj.
immodestie n.f.
immolateur n.m.
immolation n.f.
immoler v.t.
immonde adj.
immondice n.f.
immoral, e, aux adj.
immoralement adv.
immoralisme n.m.
immoraliste adj. *et* n.
immoralité n.f.
immortalisation n.f.
immortaliser v.t.
immortalité n.f.
immortel, elle adj.
immortelle n.f.
immotivé, e adj.
immuabilité n.f.
immuable adj.
immuablement adv.
immun, e adj.
immunisant, e adj.
immunisation n.f.
immuniser v.t.
immunitaire adj.
immunité n.f.
immunocompétent, e adj.
immunodéficience n.f.
immunodéficitaire adj.
immunodépresseur adj.m. *et* n.m.
immunodépression n.f.
immunodéprimé, e adj. *et* n.
immunofluorescence n.f.
immunogène adj.
immunoglobuline n.f.
immunologie n.f.
immunologique adj.
immunologiste n.
immunostimulant, e adj.
immunostimulant n.m.
immunosuppresseur adj.m. *et* n.m.
immunosuppression n.f.
immunotechnologie n.f.
immunothérapie n.f.
immunotolérant, e adj.
immutabilité n.f.
impact n.m.
impactite n.f.
impair, e adj.
impair n.m.
impala [im-] n.m.
impalpable adj.
impaludation n.f.
impaludé, e adj.
impanation n.f.
imparable adj.
impardonnable adj.
imparfait, e adj.
imparfait n.m.
imparfaitement adv.
imparidigité, e adj.
imparidigité n.m.
imparipenné, e adj.
imparisyllabique adj. *et* n.m.
imparité n.f.
impartageable adj.
impartial, e, aux adj.
impartialement adv.
impartialité n.f.
impartir v.t.
impartition n.f.
impasse n.f.
impassibilité n.f.
impassible adj.
impassiblement adv.
impatiemment adv.
impatience n.f.
impatient, e adj. *et* n.
impatiente *ou*
impatiens n.f.
impatienter v.t.
impatronisation n.f.
impatroniser (s') v.pr.
impavide adj.
impayable adj.
impayé, e adj.
impayé n.m.
impeachment [impitʃmɑ̃] n.m.
impeccable adj.
impeccablement adv.
impécunieux, euse adj.
impécuniosité n.f.
impédance n.f.
impedimenta n.m. pl.
impénétrabilité n.f.
impénétrable adj.
impénitence n.f.
impénitent, e adj.
impensable adj.
impenses n.f. pl.
imper n.m.
impératif, ive adj.
impératif n.m.
impérativement adv.
impératrice n.f.
imperceptibilité n.f.
imperceptible adj.
imperceptiblement adv.
imperdable adj.
imperfectible adj.
imperfectif, ive adj.
imperfectif n.m.
imperfection n.f.
imperforation n.f.
impérial, e, aux adj.
impériale n.f.
impérialement adv.
impérialisme n.m.
impérialiste adj. *et* n.
impériaux n.m. pl.
impérieusement adv.

impérieux, euse adj.
impérissable adj.
impéritie n.f.
imperium n.m. sing.
imperméabilisant, e adj.
imperméabilisant n.m.
imperméabilisation n.f.
imperméabiliser v.t.
imperméabilité n.f.
imperméable adj. ; n.m.
impersonnalité n.f.
impersonnel, elle adj.
impersonnellement adv.
impertinence n.f.
impertinent, e adj. *et* n.
imperturbabilité n.f.
imperturbable adj.
imperturbablement adv.
impesanteur n.f.
impétigineux, euse adj.
impétigo n.m.
impétrant, e n.
impétration n.f.
impétueusement adv.
impétueux, euse adj.
impétuosité n.f.
impie adj. *et* n.
impiété n.f.
impitoyable adj.
impitoyablement adv.
implacabilité n.f.
implacable adj.
implacablement adv.
implant n.m.
implantable adj.
implantation n.f.
implanter v.t.
implantologie n.f.
implexe adj.
implication n.f.
implicite adj.
implicitement adv.
impliquer v.t.
implorant, e adj.
imploration n.f.
implorer v.t.
imploser v.i.
implosif, ive adj.
implosion n.f.
impluvium n.m. (pl. impluviums)
impolarisable adj.
impoli, e adj. *et* n.
impoliment adv.
impolitesse n.f.
impolitique adj.
impondérabilité n.f.
impondérable adj. ; n.m.
impopulaire adj.
impopularité n.f.
importable adj.
importance n.f.
important, e adj.
importateur, trice adj. *et* n.
importation n.f.
importer v.t. ; v.i. *et* t. ind.
import-export n.m. (pl. imports-exports)
importun, e adj. *et* n.
importunément adv.
importuner v.t.
importunité n.f.
imposable adj.
imposant, e adj.
imposé, e adj. *et* n.
imposer v.t. *et* t. ind.
imposeur n.m.
imposition n.f.
impossibilité n.f.
impossible adj. *et* n.m.
imposte n.f.
imposteur n.m.
imposture n.f.
impôt n.m.
impotence n.f.
impotent, e adj. *et* n.
impraticabilité n.f.
impraticable adj.
imprécateur, trice n.
imprécation n.f.
imprécatoire adj.
imprécis, e adj.
imprécision n.f.
imprédictibilité n.f.
imprédictible adj.
imprégnation n.f.
imprégner v.t. (conj. **11**)
imprenable adj.
impréparation n.f.
imprésario *ou*
impresario n.m. (pl. imprésarios *ou* impresarii)
imprescriptibilité n.f.
imprescriptible adj.
impressif, ive adj.
impression n.f.
impressionnabilité n.f.
impressionnable adj.
impressionnant, e adj.
impressionner v.t.
impressionnisme n.m.
impressionniste adj. *et* n.
imprévisibilité n.f.
imprévisible adj.
imprévision n.f.
imprévoyance n.f.
imprévoyant, e adj. *et* n.
imprévu, e adj.
imprévu n.m.
imprimabilité n.f.
imprimable adj.
imprimant, e adj.
imprimante n.f.
imprimatur n.m. inv.
imprimé n.m.
imprimer v.t.
imprimerie n.f.
imprimeur n.m.
improbabilité n.f.
improbable adj.
improbateur, trice adj.
improbation n.f.
improbité n.f.
improductif, ive adj. *et* n.
improductivité n.f.
impromptu, e adj.
impromptu n.m. ; adv.
imprononçable adj.
impropre adj.
improprement adv.
impropriété n.f.
improuvable adj.
improvisateur, trice n.
improvisation n.f.
improviser v.t.

improviste (à l') loc. adv.
imprudemment adv.
imprudence n.f.
imprudent, e adj. *et* n.
impubère adj. *et* n.
impubliable adj.
impudemment adv.
impudence n.f.
impudent, e adj. *et* n.
impudeur n.f.
impudicité n.f.
impudique adj. *et* n.
impudiquement adv.
impuissance n.f.
impuissant, e adj. *et* n.
impulser v.t.
impulsif, ive adj. *et* n.
impulsion n.f.
impulsivement adv.
impulsivité n.f.
impunément adv.
impuni, e adj.
impunité n.f.
impur, e adj.
impurement adv.
impureté n.f.
imputabilité n.f.
imputable adj.
imputation n.f.
imputer v.t.
imputrescibilité n.f.
imputrescible adj.
in adj. inv.
inabordable adj.
inabouti, e adj.
inabrité, e adj.
inabrogeable adj.
inaccentué, e adj.
inacceptable adj.
inacceptation n.f.
inaccessibilité n.f.
inaccessible adj.
inaccompli, e adj.
inaccomplissement n.m.
inaccordable adj.
inaccoutumé, e adj.
inachevé, e adj.
inachèvement n.m.
inactif, ive adj. *et* n.
inactinique adj.
inaction n.f.
inactivation n.f.
inactiver v.t.
inactivité n.f.
inactualité n.f.
inactuel, elle adj.
inadaptable adj.
inadaptation n.f.
inadapté, e adj. *et* n.
inadéquat, e adj.
inadéquation n.f.
inadmissibilité n.f.
inadmissible adj.
inadvertance n.f.
inaffectivité n.f.
inaliénabilité n.f.
inaliénable adj.
inaliénation n.f.
inalpage n.m.
inalpe n.f.
inalper (s') v.pr.
inaltérabilité n.f.
inaltérable adj.
inaltéré, e adj.
inamical, e, aux adj.
inamissible adj.
inamovibilité n.f.
inamovible adj.
inanalysable adj.
inanimé, e adj.
inanité n.f.
inanition n.f.
inapaisable adj.
inapaisé, e adj.
inaperçu, e adj.
inapparent, e adj.
inappétence n.f.
inapplicable adj.
inapplication n.f.
inappliqué, e adj.
inappréciable adj.
inapprécié, e adj.
inapprivoisable adj.
inapprivoisé, e adj.
inapprochable adj.
inapproprié, e adj.
inapte adj. *et* n.
inaptitude n.f.
inarticulé, e adj.
inassimilable adj.
inassimilé, e adj.
inassouvi, e adj.
inassouvissement n.m.
inattaquable adj.
inattendu, e adj.
inattentif, ive adj.
inattention n.f.
inaudible adj.
inaugural, e, aux adj.
inauguration n.f.
inaugurer v.t.
inauthenticité n.f.
inauthentique adj.
inavouable adj.
inavoué, e adj.
in-bord adj. inv.
inca adj. *et* n. (pl. incas)
incalculable adj.
incandescence n.f.
incandescent, e adj.
incantation n.f.
incantatoire adj.
incapable adj. *et* n.
incapacitant, e adj.
incapacitant n.m.
incapacité n.f.
incarcération n.f.
incarcérer v.t. (conj. **11**)
incarnadin, e adj.
incarnat, e adj.
incarnat n.m.
incarnation n.f.
incarné, e adj.
incarner v.t.
incartade n.f.
incasique adj.
incassable adj.
incendiaire adj. *et* n.
incendie n.m.
incendié, e adj. *et* n.
incendier v.t. (conj. **5**)
incertain, e adj.
incertain n.m.
incertitude n.f.
incessamment adv.
incessant, e adj.
incessibilité n.f.
incessible adj.
inceste n.m.

incestueux, euse adj. *et* n.
inchangé, e adj.
inchauffable adj.
inchavirable adj.
inchiffrable adj.
inchoatif, ive [ɛ̃kɔ-] adj. *et* n.m.
inchoatif [ɛ̃kɔ-] n.m.
incidemment adv.
incidence n.f.
incident, e adj.
incident n.m.
incidente n.f.
incinérateur n.m.
incinération n.f.
incinérer v.t. (conj. **11**)
incipit [ɛ̃sipit] n.m. inv.
incise n.f.
inciser v.t.
incisif, ive adj.
incision n.f.
incisive n.f.
incisure n.f.
incitateur, trice adj. *et* n.
incitatif, ive adj.
incitation n.f.
inciter v.t.
incivil, e adj.
incivique adj. *et* n.
incivisme n.m.
inclassable adj.
inclémence n.f.
inclément, e adj.
inclinable adj.
inclinaison n.f.
inclination n.f.
incliner v.t. *et* i.
inclinomètre n.m.
inclure v.t. (conj. **76**)
inclus, e adj.
inclusif, ive adj.
inclusion n.f.
inclusivement adv.
incoagulable adj.
incoercibilité n.f.
incoercible adj.
incognito [-ɲito] adv.
incohérence n.f.
incohérent, e adj.
incollable adj.
incolore adj.
incomber v.t. ind.
incombustibilité n.f.
incombustible adj.
incommensurabilité n.f.
incommensurable adj.
incommensurablement adv.
incommodant, e adj.
incommode adj.
incommoder v.t.
incommodité n.f.
incommunicabilité n.f.
incommunicable adj.
incommutabilité n.f.
incommutable adj.
incomparable adj.
incomparablement adv.
incompatibilité n.f.
incompatible adj.
incompétence n.f.
incompétent, e adj.
incomplet, ète adj.
incomplètement adv.
incomplétude n.f.
incompréhensibilité n.f.
incompréhensible adj.
incompréhensif, ive adj.
incompréhension n.f.
incompressibilité n.f.
incompressible adj.
incompris, e adj. *et* n.
inconcevable adj.
inconcevablement adv.
inconciliable adj.
inconditionnalité n.f.
inconditionné, e adj.
inconditionnel, elle adj. *et* n.
inconditionnellement adv.
inconduite n.f.
Inconel n.m. (nom déposé)
inconfort n.m.
inconfortable adj.
inconfortablement adv.
incongelable adj.
incongru, e adj.
incongruité n.f.
incongrûment adv.
inconnaissable adj. *et* n.m.
inconnu, e adj. *et* n.
inconnu n.m.
inconnue n.f.
inconsciemment adv.
inconscience n.f.
inconscient, e adj.
inconscient n.m.
inconséquemment adv.
inconséquence n.f.
inconséquent, e adj.
inconsidéré, e adj.
inconsidérément adv.
inconsistance n.f.
inconsistant, e adj.
inconsolable adj.
inconsolé, e adj.
inconsommable adj.
inconstance n.f.
inconstant, e adj. *et* n.
inconstatable adj.
inconstitutionnalité n.f.
inconstitutionnel, elle adj.
inconstitutionnellement adv.
inconstructible adj.
incontestable adj.
incontestablement adv.
incontesté, e adj.
incontinence n.f.
incontinent, e adj.
incontinent adv.
incontournable adj.
incontrôlable adj.
incontrôlé, e adj.
inconvenance n.f.
inconvenant, e adj.
inconvénient n.m.
inconvertibilité n.f.
inconvertible adj.
incoordination n.f.
incorporable adj.
incorporation n.f.
incorporéité n.f.
incorporel, elle adj.
incorporer v.t.

incorrect, e adj.
incorrectement adv.
incorrection n.f.
incorrigible adj.
incorrigiblement adv.
incorruptibilité n.f.
incorruptible adj.
incrédibilité n.f.
incrédule adj. *et* n.
incrédulité n.f.
incréé, e adj.
incrément n.m.
incrémenter v.t.
incrémentiel, elle adj.
increvable adj.
incriminable adj.
incrimination n.f.
incriminer v.t.
incristallisable adj.
incrochetable adj.
incroyable adj. ; n.m.
incroyablement adv.
incroyance n.f.
incroyant, e adj. *et* n.
incrustant, e adj.
incrustation n.f.
incruster v.t.
incubateur, trice adj.
incubateur n.m.
incubation n.f.
incube n.m.
incuber v.t.
incuit n.m.
inculcation n.f.
inculpable adj.
inculpation n.f.
inculpé, e adj. *et* n.
inculper v.t.
inculquer v.t.
inculte adj.
incultivable adj.
incultivé, e adj.
inculture n.f.
incunable adj. *et* n.m.
incurabilité n.f.
incurable adj. *et* n.
incurablement adv.
incurie n.f.
incurieux, euse adj.
incuriosité n.f.
incursion n.f.
incurvation n.f.
incurver v.t.
incus, e adj.
indatable adj.
indéboulonnable adj.
indébrouillable adj.
indécemment adv.
indécence n.f.
indécent, e adj.
indéchiffrable adj.
indéchirable adj.
indécidable adj.
indécis, e adj. *et* n.
indécision n.f.
indéclinable adj.
indécodable adj.
indécollable adj.
indécomposable adj.
indécrottable adj.
indéfectibilité n.f.
indéfectible adj.
indéfectiblement adv.
indéfendable adj.
indéfini, e adj.
indéfiniment adv.
indéfinissable adj.
indéformabilité n.f.
indéformable adj.
indéfrichable adj.
indéfrisable n.f.
indéhiscence [-isɑ̃s] n.f.
indéhiscent, e [-isɑ̃] adj.
indélébile adj.
indélébilité n.f.
indélicat, e adj.
indélicatesse n.f.
indémaillable adj.
indemne [-mn] adj.
indemnisable adj.
indemnisation n.f.
indemniser v.t.
indemnitaire adj. *et* n.
indemnité n.f.
indémodable adj.
indémontable adj.
indémontrable adj.
indène n.m.
indéniable adj.
indéniablement adv.
indénombrable adj.
indénouable adj.
indentation n.f.
indépassable adj.
indépendamment (de) adv. *et* loc. prép.
indépendance n.f.
indépendant, e adj.
indépendantisme n.m.
indépendantiste adj. *et* n.
indéracinable adj.
indéréglable adj.
indescriptible adj.
indésirable adj. *et* n.
indestructibilité n.f.
indestructible adj.
indétectable adj.
indéterminable adj.
indétermination n.f.
indéterminé, e adj.
indéterminisme n.m.
index n.m. inv.
indexage n.m.
indexation n.f.
indexer v.t.
indexeur n.m.
indianisme n.m.
indianiste n.
indic n.m.
indican n.m.
indicateur, trice adj. *et* n.
indicateur n.m.
indicatif, ive adj.
indicatif n.m.
indication n.f.
indice n.m.
indiciaire adj.
indicible adj.
indiciblement adv.
indiciel, elle adj.
indiction n.f.
indien, enne adj. *et* n.
indienne n.f.
indifféremment adv.
indifférence n.f.
indifférenciation n.f.
indifférencié, e adj.
indifférent, e adj. *et* n.

indifférentisme n.m.
indifférer v.t. (conj. **11**)
indigénat n.m.
indigence n.f.
indigène adj. *et* n.
indigénisme n.m.
indigéniste adj. *et* n.
indigent, e adj. *et* n.
indigeste adj.
indigestion n.f.
indignation n.f.
indigne adj.
indigné, e adj.
indignement adv.
indigner v.t.
indignité n.f.
indigo n.m. ; adj. inv.
indigotier n.m.
indigotine n.f.
indiquer v.t.
indirect, e adj.
indirectement adv.
indiscernable adj.
indiscipline n.f.
indiscipliné, e adj.
indiscret, ète adj. *et* n.
indiscrètement adv.
indiscrétion n.f.
indiscutable adj.
indiscutablement adv.
indiscuté, e adj.
indispensable adj. *et* n.m.
indisponibilité n.f.
indisponible adj.
indisposé, e adj.
indisposer v.t.
indisposition n.f.
indissociable adj.
indissolubilité n.f.
indissoluble adj.
indissolublement adv.
indistinct, e adj.
indistinctement adv.
indium n.m. (pl. indiums)
individu n.m.
individualisation n.f.
individualisé, e adj.
individualiser v.t.
individualisme n.m.
individualiste adj. *et* n.
individualité n.f.
individuation n.f.
individuel, elle adj. *et* n.
individuellement adv.
indivis, e adj.
indivisaire n.
indivisément adv.
indivisibilité n.f.
indivisible adj.
indivision n.f.
in-dix-huit [in-] adj. inv. *et* n.m. inv.
indo-aryen, enne adj.
indo-aryen n.m. sing.
indochinois, e adj. *et* n.
indocile adj. *et* n.
indocilité n.f.
indo-européen, enne adj. *et* n.
indo-européen n.m. sing.
indole n.m.
indole-acétique adj. (pl. indole-acétiques)
indolemment adv.
indolence n.f.
indolent, e adj.
indolore adj.
indométacine n.f.
indomptable [ɛ̃dɔ̃tabl] adj.
indompté, e [ɛ̃dɔ̃te] adj.
indonésien, enne adj. *et* n.
indonésien n.m. sing.
indoor [indɔr] adj. inv.
indophénol n.m.
in-douze [in-] adj. inv. *et* n.m. inv.
indri n.m.
indu, e adj.
indu n.m.
indubitable adj.
indubitablement adv.
inductance n.f.
inducteur, trice adj.
inducteur n.m.
inductif, ive adj.
induction n.f.
induire v.t. (conj. **78**)
induit, e adj.
induit n.m.
indulgence n.f.
indulgencier v.t.(conj. **5**)
indulgent, e adj.
induline n.f.
indult n.m.
indûment adv.
induration n.f.
induré, e adj.
indurer v.t.
industrialisation n.f.
industrialisé, e adj.
industrialiser v.t.
industrialisme n.m.
industrie n.f.
industriel, elle adj.
industriel n.m.
industriellement adv.
industrieux, euse adj.
induvie n.f.
inébranlable adj.
inébranlablement adv.
inéchangeable adj.
inécouté, e adj.
inédit, e adj.
inédit n.m.
inéducable adj.
ineffable adj.
ineffablement adv.
ineffaçable adj.
inefficace adj.
inefficacement adv.
inefficacité n.f.
inégal, e, aux adj.
inégalable adj.
inégalé, e adj.
inégalement adv.
inégalitaire adj.
inégalité n.f.
inélastique adj.
inélégamment adv.
inélégance n.f.
inélégant, e adj.
inéligibilité n.f.
inéligible adj.
inéluctable adj.
inéluctablement adv.
inémotivité n.f.
inemploi n.m.
inemployable adj.

inemployé, e adj.
inénarrable adj.
inentamé, e adj.
inéprouvé, e adj.
inepte adj.
ineptie n.f.
inépuisable adj.
inépuisablement adv.
inépuisé, e adj.
inéquation n.f.
inéquitable adj.
inerme adj.
inertage n.m.
inerte adj.
inerter v.t.
inertie n.f.
inertiel, elle adj.
inescomptable adj.
inespéré, e adj.
inesthétique adj.
inestimable adj.
inétendu, e adj.
inévitable adj.
inévitablement adv.
inexact, e adj.
inexactement adv.
inexactitude n.f.
inexaucé, e adj.
inexcitabilité n.f.
inexcitable adj.
inexcusable adj.
inexécutable adj.
inexécuté, e adj.
inexécution n.f.
inexercé, e adj.
inexigibilité n.f.
inexigible adj.
inexistant, e adj.
inexistence n.f.
inexorabilité n.f.
inexorable adj.
inexorablement adv.
inexpérience n.f.
inexpérimenté, e adj.
inexpert, e adj.
inexpiable adj.
inexpié, e adj.
inexplicable adj. *et* n.m.
inexplicablement adv.
inexpliqué, e adj.
inexpliqué n.m.
inexploitable adj.
inexploité, e adj.
inexplorable adj.
inexploré, e adj.
inexplosible adj.
inexpressif, ive adj.
inexprimable adj. *et* n.m.
inexprimé, e adj.
inexpugnable [-ɲabl] adj.
inextensibilité n.f.
inextensible adj.
in extenso loc. adv.
inextinguible [-gibl] adj.
inextirpable adj.
in extremis loc. adv.
inextricable adj.
inextricablement adv.
infaillibiliste adj. *et* n.
infaillibilité n.f.
infaillible adj.
infailliblement adv.
infaisable [-fə-]adj.
infalsifiable adj.
infamant, e adj.
infâme adj.
infamie n.f.
infant, e n.
infanterie n.f.
infanticide adj., n. *et* n.m.
infantile adj.
infantilisant, e adj.
infantilisation n.f.
infantiliser v.t.
infantilisme n.m.
infarci, e adj.
infarctus n.m. inv.
infatigable adj.
infatigablement adv.
infatuation n.f.
infatué, e adj.
infatuer (s') v.pr.
infécond, e adj.
infécondité n.f.
infect, e adj.
infectant, e adj.
infecter v.t.
infectieux, euse adj.
infectiologie n.f.
infection n.f.
inféodation n.f.
inféodé, e adj.
inféoder v.t.
infère adj.
inférence n.f.
inférer v.t.(conj. **11**)
inférieur, e adj. *et* n.
inférieurement adv.
infériorisation n.f.
inférioriser v.t.
infériorité n.f.
infernal, e, aux adj.
inférovarié, e adj.
infertile adj.
infertilité n.f.
infestation n.f.
infester v.t.
infeutrable adj.
infibulation n.f.
infichu, e adj.
infidèle adj. *et* n.
infidèlement adv.
infidélité n.f.
infiltrat n.m.
infiltration n.f.
infiltrer v.t.
infime adj.
infini, e adj.
infini n.m.
infiniment adv.
infinité n.f.
infinitésimal, e, aux adj.
infinitif, ive adj.
infinitif n.m.
infinitive n.f.
infinitude n.f.
infirmatif, ive adj.
infirmation n.f.
infirme adj. *et* n.
infirmer v.t.
infirmerie n.f.
infirmier, ère n.
infirmité n.f.
infixe n.m.
inflammabilité n.f.
inflammable adj.
inflammation n.f.
inflammatoire adj.
inflation n.f.
inflationniste adj.

infléchi, e adj.
infléchir v.t.
infléchissement n.m.
inflexibilité n.f.
inflexible adj.
inflexiblement adv.
inflexion n.f.
infliger v.t. (conj. **10**)
inflorescence n.f.
influençable adj.
influence n.f.
influencer v.t. (conj. **9**])
influent, e adj.
influenza n.f.
influer v.t. ind.
influx n.m.
info n.f.
Infographie n.f. (nom déposé)
infographiste n.
in-folio adj. inv. *et* n.m. inv.
infondé, e adj.
informateur, trice n.
informaticien, enne n.
informatif, ive adj.
information n.f.
informationnel, elle adj.
informatique adj. *et* n.f.
informatiquement adv.
informatisable adj.
informatisation n.f.
informatiser v.t.
informe adj.
informé n.m.
informel, elle adj.
informel n.m.
informer v.t.
informulé, e adj.
infortune n.f.
infortuné, e adj. *et* n.
infoutu, e adj.
infra adv.
infraction n.f.
infraliminaire adj.
infranchissable adj.
infrangible adj.
infrarouge adj. *et* n.m.
infrason n.m.
infrasonore adj.
infrastructure n.f.
infréquentable adj.
infroissabilité n.f.
infroissable adj.
infructueusement adv.
infructueux, euse adj.
infule n.f.
infumable adj.
infundibuliforme adj.
infuse adj.f.
infuser v.t.
Infusette n.f. (nom déposé)
infusibilité n.f.
infusible adj.
infusion n.f.
infusoire n.m.
ingagnable adj.
ingambe [ɛ̃gɑ̃b] adj.
ingénier (s') v.pr. (conj. **5**)
ingénierie n.f.
ingénieriste n.
ingénieur n.m.
ingénieur-conseil n.m. (pl. ingénieurs-conseils)
ingénieusement adv.
ingénieux, euse adj.
ingéniosité n.f.
ingénu, e adj. *et* n.
ingénuité n.f.
ingénument adv.
ingérable adj.
ingérence n.f.
ingérer v.t. (conj. **11**)
ingestion n.f.
ingouvernable adj.
ingrat, e adj. *et* n.
ingratitude n.f.
ingrédient n.m.
ingresque adj.
ingrisme n.m.
inguérissable adj.
inguinal, e, aux [ɛ̃gɥi-] adj.
ingurgitation n.f.
ingurgiter v.t.
inhabile adj.
inhabileté n.f.
inhabilité n.f.
inhabitable adj.
inhabité, e adj.
inhabituel, elle adj.
inhalateur, trice adj.
inhalateur n.m.
inhalation n.f.
inhaler v.t.
inharmonieux, euse adj.
inhérence n.f.
inhérent, e adj.
inhibé, e adj. *et* n.
inhiber v.t.
inhibiteur, trice adj.
inhibiteur n.m.
inhibition n.f.
inhomogène adj.
inhospitalier, ère adj.
inhumain, e adj.
inhumainement adv.
inhumanité n.f.
inhumation n.f.
inhumer v.t.
inimaginable adj.
inimitable adj.
inimité, e adj.
inimitié n.f.
ininflammable adj.
inintelligemment adv.
inintelligence n.f.
inintelligent, e adj.
inintelligibilité n.f.
inintelligible adj.
inintelligiblement adv.
inintéressant, e adj.
inintérêt n.m.
ininterrompu, e adj.
inique adj.
iniquement adv.
iniquité n.f.
initial, e, aux adj.
initiale n.f.
initialement adv.
initialer v.t.
initialisation n.f.
initialiser v.t.
initiateur, trice adj. *et* n.
initiation n.f.
initiatique adj.
initiative n.f.
initié, e adj. *et* n.

initier v.t. (conj. **5**)
injectable adj.
injecté, e adj.
injecter v.t.
injecteur n.m.
injectif, ive adj.
injection n.f.
injoignable adj.
injonctif, ive adj.
injonctif n.m.
injonction n.f.
injouable adj.
injure n.f.
injurier v.t. (conj. **5**)
injurieusement adv.
injurieux, euse adj.
injuste adj.
injustement adv.
injustice n.f.
injustifiable adj.
injustifié, e adj.
inlandsis [inlɑ̃dsis] n.m.
inlassable adj.
inlassablement adv.
inlay [inlɛ] n.m.
inné, e adj.
innéisme n.m.
innéiste adj. *et* n.
innéité n.f.
innervation n.f.
innerver v.t.
innocemment adv.
innocence n.f.
innocent, e adj. *et* n.
innocenter v.t.
innocuité n.f.
innombrable adj.
innomé, e *ou* **innommé, e** adj.
innommable adj.
innovant, e adj.
innovateur, trice adj. *et* n.
innovation n.f.
innover v.i. *et* t.
inobservable adj.
inobservance n.f.
inobservation n.f.
inobservé, e adj.
inoccupation n.f.
inoccupé, e adj.
in-octavo adj. inv. *et* n.m. inv.
inoculable adj.
inoculation n.f.
inoculer v.t.
inocybe n.m.
inodore adj.
inoffensif, ive adj.
inondable adj.
inondation n.f.
inondé, e adj. *et* n.
inonder v.t.
inopérable adj.
inopérant, e adj.
inopiné, e adj.
inopinément adv.
inopportun, e adj.
inopportunément adv.
inopportunité n.f.
inopposabilité n.f.
inopposable adj.
inorganique adj.
inorganisable adj.
inorganisation n.f.
inorganisé, e adj.
inotrope adj.
inoubliable adj.
inouï, e adj.
Inox n.m. (nom déposé)
inoxydable adj.
in pace *ou* **in-pace** n.m. inv.
in partibus loc. adj.
in petto loc. adv.
in-plano adj. inv. *et* n.m. inv.
input [input] n.m.
inqualifiable adj.
in-quarto adj. inv. *et* n.m. inv.
inquiet, ète adj. *et* n.
inquiétant, e adj.
inquiéter v.t. (conj. **11**)
inquiétude n.f.
inquilin, e adj.
inquilin n.m.
inquilisme n.m.
inquisiteur, trice adj.
inquisiteur n.m.
inquisition n.f.
inquisitoire adj.
inquisitorial, e, aux adj.
inracontable adj.
inrayable adj.
insaisissabilité n.f.
insaisissable adj.
insalifiable adj.
insalissable adj.
insalivation n.f.
insalubre adj.
insalubrité n.f.
insane adj.
insanité n.f.
insatiabilité n.f.
insatiable adj.
insatiablement adv.
insatisfaction n.f.
insatisfaisant, e adj.
insatisfait, e adj. *et* n.
insaturé, e adj.
inscriptible adj.
inscription n.f.
inscrire v.t. (conj. **79**)
inscrit, e adj. *et* n.
inscrivant, e n.
insculper v.t.
insécabilité n.f.
insécable adj.
insectarium n.m. (pl. insectariums)
insecte n.m.
insecticide adj. *et* n.m.
insectivore adj. *et* n.m.
insécurité n.f.
in-seize adj. inv. *et* n.m. inv.
inselberg n.m.
inséminateur, trice adj. *et* n.
insémination n.f.
inséminer v.t.
insensé, e adj. *et* n.
insensibilisation n.f.
insensibiliser v.t.
insensibilité n.f.
insensible adj.
insensiblement adv.
inséparable adj.
inséparablement adv.

insérable adj.
insérer v.t. (conj. **11**)
insermenté adj.m. *et* n.m.
insert n.m.
insertion n.f.
insidieusement adv.
insidieux, euse adj.
insight [insajt] n.m.
insigne adj. ; n.m.
insignifiance n.f.
insignifiant, e adj.
insincère adj.
insincérité n.f.
insinuant, e adj.
insinuation n.f.
insinuer v.t.
insipide adj.
insipidité n.f.
insistance n.f.
insistant, e adj.
insister v.i.
in situ loc. adv.
insociable adj.
insolation n.f.
insolemment adv.
insolence n.f.
insolent, e adj. *et* n.
insoler v.t.
insolite adj. *et* n.m.
insolubiliser v.t.
insolubilité n.f.
insoluble adj.
insolvabilité n.f.
insolvable adj. *et* n.
insomniaque adj. *et* n.
insomnie n.f.
insomnieux, euse adj. *et* n.
insondable adj.
insonore adj.
insonorisation n.f.
insonoriser v.t.
insonorité n.f.
insouciance n.f.
insouciant, e adj. *et* n.
insoucieux, euse adj.
insoumis, e adj.
insoumis n.m.
insoumission n.f.
insoupçonnable adj.
insoupçonné, e adj.
insoutenable adj.
inspecter v.t.
inspecteur, trice n.
inspection n.f.
inspectorat n.m.
inspirant, e adj.
inspirateur, trice adj. *et* n.
inspiration n.f.
inspiratoire adj.
inspiré, e adj. *et* n.
inspirer v.t.
instabilité n.f.
instable adj. *et* n.
installateur, trice n.
installation n.f.
installer v.t.
instamment adv.
instance n.f.
instant, e adj.
instant n.m.
instantané, e adj.
instantanéité n.f.
instantanément adv.
instar de (à l') loc. prép.
instaurateur, trice n.
instauration n.f.
instaurer v.t.
insti *ou* **instit** n.
instigateur, trice n.
instigation n.f.
instiguer v.t.
instillation n.f.
instiller v.t.
instinct n.m.
instinctif, ive adj. *et* n.
instinctivement adv.
instinctuel, elle adj.
instit *ou* **insti** n.
instituer v.t.
institut n.m.
instituteur, trice n.
institution n.f.
institutionnalisation n.f.
institutionnaliser v.t.
institutionnalisme n.m.
institutionnel, elle adj.
instructeur n.m. *et* adj. m.
instructif, ive adj.
instruction n.f.
instruire v.t. (conj. **78**)
instruit, e adj.
instrument n.m.
instrumentaire adj.
instrumental, e, aux adj.
instrumental n.m. (pl. instrumentaux)
instrumentalisme n.m.
instrumentation n.f.
instrumenter v.t.
instrumentiste n.
insu de (à l') loc. prép.
insubmersibilité n.f.
insubmersible adj.
insubordination n.f.
insubordonné, e adj.
insuccès n.m.
insuffisamment adv.
insuffisance n.f.
insuffisant, e adj.
insufflateur n.m.
insufflation n.f.
insuffler v.t.
insula n.f. (pl. insulae *ou* insulas)
insulaire adj. *et* n.
insularité n.f.
insulinase n.f.
insuline n.f.
insulinique adj.
insulinodépendant, e adj.
insulinothérapie n.f.
insultant, e adj.
insulte n.f.
insulté, e adj. *et* n.
insulter v.t.
insulteur, euse n.
insupportable adj.
insupporter v.t.
insurgé, e adj. *et* n.
insurger (s') v.pr. (conj. **10**)
insurmontable adj.
insurpassable adj.
insurrection n.f.
insurrectionnel, elle adj.
intact, e adj.

intaille n.f.
intangibilité n.f.
intangible adj.
intarissable adj.
intarissablement adv.
intégrable adj.
intégral, e, aux adj.
intégrale n.f.
intégralement adv.
intégralité n.f.
intégrant, e adj.
intégrateur n.m.
intégratif, ive adj.
intégration n.f.
intègre adj.
intégré, e adj.
intègrement adv.
intégrer v.t. *et* i. (conj. **11**)
intégrisme n.m.
intégriste adj. *et* n.
intégrité n.f.
intellect n.m.
intellection n.f.
intellectualisation n.f.
intellectualiser v.t.
intellectualisme n.m.
intellectualiste adj. *et* n.
intellectualité n.f.
intellectuel, elle adj. *et* n.
intellectuellement adv.
intelligemment adv.
intelligence n.f.
intelligent, e adj.
intelligentsia n.f.
intelligibilité n.f.
intelligible adj.
intelligiblement adv.
intello n. *et* adj.
intempérance n.f.
intempérant, e adj.
intempérie n.f.
intempestif, ive adj.
intempestivement adv.
intemporalité n.f.
intemporel, elle adj.
intenable adj.
intendance n.f.
intendant, e n.
intense adj.
intensément adv.
intensif, ive adj.
intensification n.f.
intensifier v.t. (conj. **5**)
intensionnel, elle adj.
intensité n.f.
intensivement adv.
intenter v.t.
intention n.f.
intentionnalité n.f.
intentionné, e adj.
intentionnel, elle adj.
intentionnellement adv.
inter n.m.
interactif, ive adj.
interaction n.f.
interactionnel, elle adj.
interactionnisme n.m.
interactivité n.f.
interafricain, e adj.
interagir v.i.
interallemand, e adj.
interallié, e adj.
interaméricain, e adj.
interarabe adj.
interarmées adj.
interarmes adj.
interattraction n.f.
interbancaire adj.
intercalaire adj. *et* n.m.
intercalation n.f.
intercaler v.t.
intercéder v.i. (conj. **11**)
intercellulaire adj.
intercepter v.t.
intercepteur n.m.
interception n.f.
intercesseur n.m.
intercession n.f.
interchangeabilité n.f.
interchangeable adj.
intercirculation n.f.
interclasse n.m.
interclassement n.m.
interclasser v.t.
interclasseuse n.f.
interclubs adj. *et* n.m. pl.
intercommunal, e, aux adj.
intercommunautaire adj.
intercompréhension n.f.
interconnectable adj.
interconnecter v.t.
interconnexion n.f.
intercontinental, e, aux adj.
intercostal, e, aux adj.
intercotidal, e, aux adj.
intercours n.m.
interculturel, elle adj.
intercurrent, e adj.
interdépartemental, e, aux adj.
interdépendance n.f.
interdépendant, e adj.
interdiction n.f.
interdigital, e, aux adj.
interdire v.t. (conj. **83**)
interdisciplinaire adj.
interdisciplinarité n.f.
interdit, e adj. *et* n.
interdit n.m.
interentreprises adj.
intéressant, e adj.
intéressé, e adj. *et* n.
intéressement n.m.
intéresser v.t.
intérêt n.m.
interethnique adj.
interface n.f.
interfécond, e adj.
interférence n.f.
interférent, e adj.
interférentiel, elle adj.
interférer v.i. (conj. **11**)
interféromètre n.m.
interférométrie n.f.
interféron n.m.
interfluve n.m.
interfoliage n.m.
interfolier v.t.
interfrange n.m.
intergalactique adj.
interglaciaire adj.
intergouvernemental, e, aux adj.
intergroupe n.m.
interhumain, e adj.

intérieur, e adj.
intérieur n.m.
intérieurement adv.
intérim n.m.
intérimaire adj. *et* n.
interindividuel, elle adj.
interindustriel, elle adj.
intériorisation n.f.
intérioriser v.t.
intériorité n.f.
interjectif, ive adj.
interjection n.f.
interjeter v.t. (conj. **16**)
interleukine n.f.
interlignage n.m.
interligne n.m. ; n.f.
interligner v.t.
interlock n.m.
interlocuteur, trice n.
interlocutoire adj. *et* n.m.
interlope adj.
interloquer v.t.
interlude n.m.
intermède n.m.
intermédiaire adj. *et* n. ; n.m.
intermédiation n.f.
intermétallique adj.
intermezzo n.m. (pl. intermezzos)
interminable adj.
interminablement adv.
interministériel, elle adj.
intermission n.f.
intermittence n.f.
intermittent, e adj. ; n.
intermodal, e, aux adj.
intermoléculaire adj.
intermusculaire adj.
internalisation n.f.
internat n.m.
international, e, aux adj. *et* n.
international n.m. (pl. internationaux)
internationale n.f.
internationalement adv.
internationalisation n.f.
internationaliser v.t.
internationalisme n.m.
internationaliste adj. *et* n.
internationalité n.f.
internaute n.
interne adj. ; n.
interné, e adj. *et* n.
internégatif n.m.
internement n.m.
interner v.t.
internonce n.m.
interocéanique adj.
intéroceptif, ive adj.
intéroceptivité n.f.
interosseux, euse adj.
interpellateur, trice n.
interpellation n.f.
interpeller v.t. (conj. **17**)
interpénétration n.f.
interpénétrer (s') v.pr. (conj. **11**)
interpersonnel, elle adj.
interphase n.f.
Interphone n.m. (nom déposé)
interplanétaire adj.
interpolation n.f.
interpoler v.t.
interposer v.t.
interpositif n.m.
interposition n.f.
interprétable adj.
interprétariat n.m.
interprétatif, ive adj.
interprétation n.f.
interprète n.
interpréter v.t. (conj. **11**)
interpréteur n.m.
interprofession n.f.
interprofessionnel, elle adj.
interquartile adj.
interracial, e, aux adj.
interrégional, e, aux adj.
interrègne n.m.
interrogateur, trice adj. *et* n.
interrogatif, ive adj.
interrogatif n.m.
interrogation n.f.
interrogative n.f.
interrogativement adv.
interrogatoire n.m.
interrogeable adj.
interroger v.t. (conj. **10**)
interroi n.m.
interrompre v.t. (conj. **60**)
interro-négatif, ive adj. (pl. interro-négatifs, ives)
interrupteur n.m.
interruption n.f.
intersaison n.f.
intersecté, e adj.
intersection n.f.
intersession n.f.
intersexualité n.f.
intersidéral, e, aux adj.
intersigne n.m.
interspécifique adj.
interstellaire adj.
interstice n.m.
interstitiel, elle adj.
intersubjectif, ive adj.
intersubjectivité n.f.
intersyndical, e, aux adj.
intersyndicale n.f.
intertextualité n.f.
intertextuel, elle adj.
intertidal, e, aux adj.
intertitre n.m.
intertrigo n.m.
intertropical, e, aux adj.
interurbain, e adj.
interurbain n.m.
intervalle n.m.
intervenant, e adj. *et* n.
intervenir v.i. (conj. **28** ; auxil. *être*)
intervention n.f.
interventionnel, elle adj.
interventionnisme n.m.
interventionniste adj. *et* n.
interversion n.f.
intervertébral, e, aux adj.
intervertir v.t.
interview n.f. *ou* n.m.
interviewé, e adj. *et* n.

interviewer v.t.
interviewer n.m. *ou*
intervieweur, euse n.
intervocalique adj.
intestat adj. inv. en genre *et* n.
intestin, e adj.
intestin n.m.
intestinal, e, aux adj.
intimation n.f.
intime adj.
intimé, e adj. *et* n.
intimement adv.
intimer v.t.
intimidable adj.
intimidant, e adj.
intimidateur, trice adj.
intimidation n.f.
intimider v.t.
intimisme n.m.
intimiste adj. *et* n.
intimité n.f.
intitulé n.m.
intituler v.t.
intolérable adj.
intolérance n.f.
intolérant, e adj. *et* n.
intonatif, ive adj.
intonation n.f.
intouchable adj. *et* n.
intox n.f.
intoxicant, e adj.
intoxication n.f.
intoxiqué, e adj. *et* n.
intoxiquer v.t.
intra-atomique adj. (pl. intra-atomiques)
intracardiaque adj.
intracellulaire adj.
intracommunautaire adj.
intracrânien, enne adj.
intradermique adj.
intradermo *ou*
intradermo-réaction n.f. (pl. intradermos, intradermo-réactions)
intrados n.m.
intraduisible adj.
intraitable adj.
intramoléculaire adj.
intramontagnard, e adj.
intra-muros adv. *et* adj. inv.
intramusculaire adj.
intransigeance n.f.
intransigeant, e adj. *et* n.
intransitif, ive adj.
intransitif n.m.
intransitivement adv.
intransitivité n.f.
intransmissibilité n.f.
intransmissible adj.
intransportable adj.
intrant n.m.
intranucléaire adj.
intraoculaire adj.
intra-utérin, e adj. (pl. intra-utérins, es)
intraveineuse n.f.
intraveineux, euse adj.
intrépide adj. *et* n.
intrépidement adv.
intrépidité n.f.
intrication n.f.
intrigant, e adj. *et* n.
intrigue n.f.
intriguer v.t. *et* i.
intrinsèque adj.
intrinsèquement adv.
intriquer v.t.
introducteur, trice n.
introductif, ive adj.
introduction n.f.
introduire v.t. (conj. **78**)
introït n.m.
introjection n.f.
intromission n.f.
intronisation n.f.
introniser v.t.
introrse adj.
introspectif, ive adj.
introspection n.f.
introuvable adj.
introversion n.f.
introverti, e adj. *et* n.
intrus, e adj. *et* n.
intrusion n.f.
intubation n.f.
intuber v.t.
intuitif, ive adj. *et* n.
intuition n.f.
intuitionnisme n.m.
intuitivement adv.
intumescence n.f.
intumescent, e adj.
intussusception n.f.
inuit adj. *et* n. inv.
inuktitut n.m. sing.
inule n.f.
inuline n.f.
inusable adj.
inusité, e adj.
inusuel, elle adj.
in utero loc. adj. inv. *et* loc. adv.
inutile adj. *et* n.
inutilement adv.
inutilisable adj.
inutilisé, e adj.
inutilité n.f.
invagination n.f.
invaginer (s') v. pr.
invaincu, e adj.
invalidant, e adj.
invalidation n.f.
invalide adj. *et* n. ; n.m.
invalider v.t.
invalidité n.f.
Invar n.m. (nom déposé)
invariabilité n.f.
invariable adj.
invariablement adv.
invariance n.f.
invariant, e adj.
invasif, ive adj.
invasion n.f.
invective n.f.
invectiver v.i. *et* t.
invendable adj.
invendu, e adj.
invendu n.m.
inventaire n.m.
inventer v.t.
inventeur, trice n.
inventif, ive adj.
invention n.f.
inventivité n.f.
inventoriage n.m.
inventorier v.t. (conj. **5**)
invérifiable adj.

inversable adj.
inverse adj. *et* n.m.
inversement adv.
inverser v.t.
inverseur n.m.
inversible adj.
inversion n.f.
invertase n.f.
invertébré, e adj.
invertébré n.m.
inverti, e adj. ; n.
invertine n.f.
invertir v.t.
investigateur, trice adj. *et* n.
investigation n.f.
investiguer v.i.
investir v.t.
investissement n.m.
investisseur, euse adj. *et* n.
investiture n.f.
invétéré, e adj.
invétérer (s') v.pr. (conj. **11**)
invincibilité n.f.
invincible adj.
invinciblement adv.
inviolabilité n.f.
inviolable adj.
inviolé, e adj.
invisibilité n.f.
invisible adj. *et* n.m.
invisiblement adv.
invitant, e adj.
invitation n.f.
invite n.f.
invité, e n.
inviter v.t.
in vitro loc. adj. inv. *et* loc. adv.
invivable adj.
in vivo loc. adj. inv. *et* loc. adv.
invocateur, trice n.
invocation n.f.
invocatoire adj.
involontaire adj.
involontairement adv.
involucre n.m.
involuté, e adj.
involutif, ive adj.
involution n.f.
invoquer v.t.
invraisemblable adj.
invraisemblablement adv.
invraisemblance n.f.
invulnérabilité n.f.
invulnérable adj.
iodate n.m.
iode n.m.
iodé, e adj.
ioder v.t.
iodhydrique adj.
iodique adj.
iodler, jodler *ou* **yodler** v.i.
iodoforme n.m.
iodure n.m.
ioduré, e adj.
ion n.m.
ionien, enne adj. *et* n.
ionien n.m. sing.
ionique adj.
ionisant, e adj.
ionisation n.f.
ioniser v.t.
ionogramme n.m.
ionone n.f.
ionoplastie n.f.
ionosphère n.f.
ionosphérique adj.
iota n.m. inv.
iouler v.i.
iourte *ou* **yourte** n.f.
ipé n.m.
ipéca *ou* **ipécacuana** n.m. (pl. ipécas, ipécacuanas)
ipomée n.f.
ippon n.m.
ipso facto loc. adv.
irakien *ou* **iraquien, enne** adj. *et* n.
iranien, enne adj. *et* n.
iranien n.m. sing.
iraquien *ou* **irakien, enne** adj. *et* n.
irascibilité n.f.
irascible adj.
ire n.f.
irénique adj.
irénisme n.m.
iridacée n.f.
iridectomie n.f.
iridié, e adj.
iridium n.m. (pl. iridiums)
iridologie n.f.
irien, enne adj.
iris n.m.
irisable adj.
irisation n.f.
irisé, e adj.
iriser v.t.
irish-coffee [aj-] n.m. (pl. irish-coffees)
irish-terrier [aj-] n.m. (pl. irish-terriers)
iritis n.f.
irlandais, e adj. *et* n.
irlandais n.m.
irone n.f.
ironie n.f.
ironique adj.
ironiquement adv.
ironiser v.i.
ironiste n.
iroquoien, enne adj.
iroquoien n.m.
iroquois, e adj. *et* n.
irrachetable adj.
irradiant, e adj.
irradiation n.f.
irradier v.i. *et* t. (conj. **9**)
irraisonné, e adj.
irrationalisme n.m.
irrationaliste adj. *et* n.
irrationalité n.f.
irrationnel, elle adj.
irrattrapable adj.
irréalisable adj.
irréalisé, e adj.
irréalisme n.m.
irréaliste adj. *et* n.
irréalité n.f.
irrecevabilité n.f.
irrecevable adj.
irréconciliable adj.
irrécouvrable adj.
irrécupérable adj.

irrécusable adj.
irrédentisme n.m.
irrédentiste adj. *et* n.
irréductibilité n.f.
irréductible adj.
irréductiblement adv.
irréel, elle adj.
irréel n.m.
irréfléchi, e adj.
irréflexion n.f.
irréformable adj.
irréfragable adj.
irréfutabilité n.f.
irréfutable adj.
irréfutablement adv.
irréfuté, e adj.
irrégularité n.f.
irrégulier, ère adj.
irrégulier n.m.
irrégulièrement adv.
irréligieux, euse adj.
irréligion n.f.
irrémédiable adj.
irrémédiablement adv.
irrémissible adj.
irrémissiblement adv.
irremplaçable adj.
irréparable adj.
irréparablement adv.
irrépréhensible adj.
irrépressible adj.
irréprochable adj.
irréprochablement adv.
irrésistible adj.
irrésistiblement adv.
irrésolu, e adj. *et* n.
irrésolution n.f.
irrespect n.m.
irrespectueusement adv.
irrespectueux, euse adj.
irrespirable adj.
irresponsabilité n.f.
irresponsable adj. *et* n.
irrétrécissable adj.
irrévérence n.f.
irrévérencieusement adv.
irrévérencieux, euse adj.
irréversibilité n.f.
irréversible adj.
irréversiblement adv.
irrévocabilité n.f.
irrévocable adj.
irrévocablement adv.
irrigable adj.
irrigateur n.m.
irrigation n.f.
irriguer v.t.
irritabilité n.f.
irritable adj.
irritant, e adj.
irritatif, ive adj.
irritation n.f.
irriter v.t.
irruption n.f.
isabelle adj. inv. *et* n.m.
isallobare n.f.
isard n.m.
isatis n.m.
isba n.f.
ischémie [-k-] n.f.
ischémique [-k-] adj.
ischiatique [-k-] adj.
ischion [-k-] n.m.
isentropique adj.
isiaque adj.
islam n.m. sing.
islamique adj.
islamisation n.f.
islamiser v.t.
islamisme n.m.
islamiste adj. *et* n.
islamologie n.f.
islandais, e adj. *et* n.
islandais n.m.
ismaélien, enne n.
ismaélisme n.m.
ismaélite adj. *et* n.
ismaïlien, enne n.
iso adj. inv.
isobare adj. *et* n.m. ; n.f.
isobathe adj. *et* n.f.
isocarde n.m.
isocarène adj.
isocèle adj.
isochore [-k-] adj.
isochromatique [-k-] adj.
isochrone *ou*
isochronique [-k-] adj.
isochronisme [-k-] n.m.
isoclinal, e, aux adj.
isocline adj.
isodome adj.
isodynamie n.f.
isodynamique adj.
isoédrique adj.
isoélectrique adj.
isoète n.m.
isogamie n.f.
isoglosse adj. *et* n.f.
isoglucose n.m.
isogone adj.
isogreffe n.f.
isohyète adj. *et* n.f.
isohypse adj. *et* n.f.
isoïonique adj.
isolable adj.
isolant, e adj.
isolant n.m.
isolat n.m.
isolateur n.m.
isolation n.f.
isolationnisme n.m.
isolationniste adj. *et* n.
isolé, e adj.
isolement n.m.
isolément adv.
isoler v.t.
isoleucine n.f.
isoloir n.m.
isomérase n.f.
isomère adj. *et* n.m.
isomérie n.f.
isomérisation n.f.
isométrie n.f.
isométrique adj.
isomorphe adj.
isomorphisme n.m.
isopet n.m.
isopode n.m.
isoprène n.m.
isoptère n.m.
isoséiste adj. *et* n.f.
isosiste adj. *et* n.f.
isostasie n.f.
isostatique adj.
isosyllabique adj.
isothérapie n.f.
isotherme adj. *et* n.f.
isotonie n.f.

isotonique adj.
isotope n.m.
isotopique adj.
isotrope adj.
isotropie n.f.
israélien, enne adj. *et* n.
israélite adj. *et* n.
issu, e adj.
issue n.f.
isthme [ism] n.m.
isthmique [ismik] adj.
italianisant, e adj.et n.
italianiser v.t.
italianisme n.m.
italianiste n.
italien, enne adj. *et* n.
italien n.m. sing.
italique adj. *et* n.m.
item [itɛm] adv. ; n.m. (pl. items)
itératif, ive adj.
itératif adj. m. *et* n.m.
itération n.f.
itérativement adv.
ithyphallique adj.
itinéraire n.m.
itinérant, e adj. *et* n.
itou adv.
iule n.m.
ive n.f.
ivette n.f.
ivoire n.m.
ivoirerie n.f.
ivoirien, enne adj. *et* n.
ivoirier, ère n.
ivoirin, e adj.
ivraie n.f.
ivre adj.
ivresse n.f.
ivrogne n.
ivrognerie n.f.
ivrognesse n.f.
iwan n.m.
ixia n.f.
ixode n.m.

j

j n.m. inv.
jabiru n.m.
jable n.m.
jabler v.t.
jabloir n.m. *ou* **jabloire** n.f.
jablière n.f.
jaborandi n.m.
jabot n.m.
jaboter v.i.
jacaranda n.m. (pl. jacarandas)
jacassement n.m.
jacasser v.i.
jacassier, ère adj. *et* n.
jacasseur, euse adj. *et* n.
jacée n.f.
jachère n.f.
jacinthe n.f.
jack n.m.
jackpot [dʒakpɔt] n.m.
jaco, jacot *ou* **jacquot** n.m.
jacobée n.f.
jacobin, e adj. *et* n.
jacobinisme n.m.
jacobite adj. *et* n.
jacobus n.m. inv.
jaconas n.m.
jacot, jaco *ou* **jacquot** n.m.
jacquard n.m.
jacquemart *ou* **jaquemart** n.m.
jacquerie n.f.
jacques n.m.
jacquet n.m.
jacquier *ou* **jaquier** n.m.
jacquot, jacot *ou* **jaco** n.m.
jactance n.f.
jacter v.i.
jaculatoire adj.
Jacuzzi n.m. (nom déposé)
jade n.m.
jadéite n.f.
jadis adv.
jaguar n.m.
jaillir v.i.
jaillissant, e adj.
jaillissement n.m.
jaïn, e *ou* **djaïn, e** adj. *et* n.
jaïna adj. inv. *et* n. inv.
jaïnisme *ou* **djaïnisme** n.m.
jais n.m.
jalap n.m.
jale n.f.
jalon n.m.
jalon-mire n.m. (pl. jalons-mires)
jalonnement n.m.
jalonner v.t. *et* i.
jalonneur, euse n.
jalousement adv.
jalouser v.t.
jalousie n.f.
jaloux, ouse adj. *et* n.
jamaïquain, e *ou* **jamaïcain, e** adj. *et* n.
jamais adv.
jamais-vu n.m. inv.
jambage n.m.
jambe n.f.
jambette n.f.
jambier, ère adj.
jambière n.f.
jambon n.m.
jambonneau n.m.
jamboree n.m.
jambose n.f.
jambosier n.m.
jam-session n.f. (pl. jam-sessions)
jangada n.f.
janissaire n.m.
janotisme n.m.
jansénisme n.m.
janséniste adj. *et* n.
jante n.f.
janvier n.m.
japon n.m.
japonais, e adj. *et* n.
japonais n.m.
japonaiserie n.f.
japonerie n.f.
japonisant, e adj. *et* n.
japonisme n.m.
jappement n.m.
japper v.i.
jappeur, euse n.
jaque n.m.
jaquelin n.m.
jaqueline n.f.
jaquemart *ou* **jacquemart** n.m.
jaquette n.f.
jaquier *ou* **jacquier** n.m.
jar *ou* **jard** n.m.
jarde n.f.
jardin n.m.
jardinage n.m.
jardiner v.i. *et* t.
Jardinerie n.f. (nom déposé)
jardinet n.m.
jardinier, ère n. *et* adj.
jardinière n.f.
jardon n.m.
jargon n.m.
jargonaphasie n.f.
jargonner v.i.
jarnicoton ! interj.
jarosse *ou* **jarousse** n.f.
jarovisation n.f.
jarre n.f. (vase) ; n.m. (poil de fourrure)

jarret n.m.
jarreté, e adj.
jarretelle n.f.
jarreter v.i. (conj. **16**)
jarretière n.f.
jars n.m. (mâle de l'oie)
jas n.m.
jaser v.i.
jaseur, euse adj. *et* n.
jaseur n.m.
jasmin n.m.
jaspe n.m.
jasper v.t.
jaspiner v.i.
jaspure n.f.
jass *ou* **yass** n.m.
jataka n.m. inv.
jatte n.f.
jattée n.f.
jauge n.f.
jaugeage n.m.
jauger v.t. *et* i. (conj. **10**)
jaugeur n.m.
jaumière n.f.
jaunâtre adj.
jaune adj. ; n. ; n.m. ; adv.
jaunet, ette adj.
jaunet n.m.
jaunir v.t. *et* i.
jaunissant, e adj.
jaunisse n.f.
jaunissement n.m.
java n.f. (danse) ; n.m. (tissu)
javanais, e adj. *et* n.
javanais n.m.
javart n.m.
Javel n.f. inv. (eau)
javelage n.m.
javeler v.t. (conj. **16**)
javeleur, euse n. *et* adj.
javeline n.f.
javelle n.f. (tas de tiges)
javellisation n.f.
javelliser v.t.
javelot n.m.
jazz n.m.
jazz-band n.m. (pl. jazz-bands)
jazzique *ou* **jazzistique** adj.
jazzman n.m. (pl. jazzmans *ou* jazzmen)
jazz-rock n.m.
jazzy adj. inv.
je pron. pers.
jean [dʒin] *ou* **jeans** n.m.
jean-foutre n.m. inv.
jean-le-blanc n.m. inv.
jeannette n.f.
Jeep n.f. (nom déposé)
jéjunal, e, aux adj.
jéjuno-iléon n.m. (pl. jéjuno-iléons)
jéjunum n.m. (pl. jéjunums)
je-m'en-foutisme *ou* **je-m'en-fichisme** n.m. (pl. je-m'en-foutismes, je-m'en-fichismes)
je-m'en-foutiste *ou* **je-m'en-fichiste** adj. *et* n. (pl. je-m'en-foutistes, je-m'en-fichistes)
je-ne-sais-quoi n.m. inv.
jennérien, enne adj.
jenny n.f. (pl. jennys)
jérémiade n.f.
jerez [rerɛs] n.m.
jerk n.m.
jerker v.i.
jéroboam n.m.
jerrican *ou* **jerrycan** n.m.
jersey n.m.
jersiais, e adj. *et* n.
jésuite adj. *et* n. ; n.m.
jésuitique adj.
jésuitisme n.m.
jésus n.m. ; adj. inv.
jet [ʒɛ] n.m. (lancer)
jet [dʒɛt] n.m. (avion)
jetable adj.
jetage n.m.
jeté, e adj.
jeté n.m.
jetée n.f.
jeter v.t. (conj. **16**)
jeteur, euse n.
jeton n.m.
jet-set [dʒɛtsɛt] n.f. *ou* n.m. (pl. jet-sets)
jet-stream [dʒɛtstrim] n.m. (pl. jet-streams)
jettatura [djɛt-] n.f.
jeu n.m. (pl. jeux)
jeudi n.m.
jeun (à) loc. adv. *et* loc. adj. inv.
jeune adj. ; n.m. ; adv.
jeûne n.m.
jeunement adv.
jeûner v.i.
jeunesse n.f.
jeunet, ette adj.
jeune-turc, jeune-turque n. (pl. jeunes-turcs, -turques)
jeûneur, euse n.
jeunot, otte adj. *et* n.
jigger n.m.
jingle n.m.
jingxi n.m.
jinisme n.m.
jiu-jitsu n.m. inv.
joaillerie n.f.
joaillier, ère adj. *et* n.
job n.m.
jobard, e adj. *et* n.
jobarder v.t.
jobardise *ou* **jobarderie** n.f.
jobelin n.m.
jobiste n.
jocasse n.f.
jociste adj. *et* n.
jockey n.
jocrisse n.m.
jodhpurs n.m. pl.
jodler [jɔd-] *ou* **iodler** v.i.
joggeur, euse n.
jogging n.m.
johannique adj.
joie n.f.
joignable adj.
joindre v.t. et i. (conj. **62**)
joint, e adj.
joint n.m.
jointif, ive adj.
jointoiement n.m.

jointoyer v.t. (conj. **7**)
jointure n.f.
joint-venture [dʒɔjntventʃər] n.m. (pl. joint-ventures)
jojo adj. inv. ; n.m. (pl. jojos)
jojoba n.m.
joker n.m.
joli, e adj.
joli n.m.
joliesse n.f.
joliet, ette adj.
joliment adv.
jomon n.m. sing.
jonc n.m.
joncacée n.f.
joncer v.t. (conj. **9**)
jonchaie n.f. (joncs)
jonchée n.f. (quantité)
joncher v.t.
joncheraie n.f.
jonchère n.f.
jonchet n.m.
jonction n.f.
jongler v.i.
jonglerie n.f.
jongleur, euse n.
jonque n.f.
jonquille n.f. ; adj. inv.
joran n.m.
jordanien, enne adj. *et* n.
joruri n.m. sing.
joseph adj. m. *et* n.m.
joséphisme n.m.
jota [xɔta] n.f.
jottereau n.m.
jouable adj.
jouailler v.i.
joual n.m. sing.
jouasse adj.
joubarbe n.f.
joue n.f.
jouée n.f.
jouer v.i., t. *et* t. ind.
jouet n.m.
jouette n.f.
joueur, euse n.
joufflu, e adj.
joug [ʒu] n.m.
jouir v.t. ind. *et* i.
jouissance n.f.
jouissant, e adj.
jouisseur, euse n.
jouissif, ive adj.
joujou n.m. (pl. joujoux)
joujouthèque n.f.
joule n.m.
jour n.m.
jour-amende n.m. (pl. jours-amendes)
journade n.f.
journal n.m. (pl. journaux)
journalier, ère adj. *et* n.
journalisme n.m.
journaliste n.
journalistique adj.
journée n.f.
journellement adv.
joute n.f.
jouter v.i.
jouteur, euse n.
jouvence n.f.
jouvenceau, elle n.
jouxter v.t.
jovial, e, als *ou* **aux** adj.
jovialement adv.
jovialité n.f.
jovien, enne adj.
joyau n.m. (pl. joyaux)
joyeusement adv.
joyeuseté n.f.
joyeux, euse adj.
joystick n.m.
jubarte n.f.
jubé n.m.
jubilaire adj. ; n.
jubilant, e adj.
jubilation n.f.
jubilatoire adj.
jubilé n.m.
jubiler v.i.
juchée n.f.
jucher v.t. *et* i.
juchoir n.m.
judaïcité n.f.
judaïque adj.
judaïser v.t.
judaïsme n.m.
judas n.m.
judéité *ou* **judaïté** n.f.
judelle n.f.
judéo-allemand, e adj. (pl. judéo-allemands, es)
judéo-allemand n.m. sing.
judéo-chrétien, enne adj. *et* n. (pl. judéo-chrétiens, ennes)
judéo-christianisme n.m.
judéo-espagnol n.m. sing.
judicature n.f.
judiciaire adj.
judicieusement adv.
judicieux, euse adj.
judo n.m.
judogi n.m.
judoka n.
jugal, e, aux adj.
juge n.m.
jugé *ou* **juger** n.m.
juge-commissaire n.m. (pl. juges-commissaires)
jugeable adj.
jugement n.m.
jugeote n.f.
juger v.t. *et* t. ind. (conj. **10**)
juger *ou* **jugé** n.m.
jugeur, euse n.
juglandacée n.f.
jugulaire adj. ; n.f.
juguler v.t.
juif, ive n. *et* adj.
juillet n.m.
juillettiste n.
juin n.m.
juiverie n.f.
jujitsu *ou* **ju-jitsu** n.m. inv.
jujube n.m.
jujubier n.m.
juke-box n.m. (pl. juke-boxes *ou* inv.)
julep n.m.
jules n.m.
julien, enne adj.
juliénas n.m.
julienne n.f.

jumbo n.m.
jumbo-jet n.m. (pl. jumbo-jets)
jumeau, elle adj. *et* n.
jumeau n.m. (pl. jumeaux)
jumel adj.m.
jumelage n.m.
jumelé, e adj.
jumeler v.t. (conj. **16**)
jumelle adj.f. *et* n.f.
jumelles n.f. pl.
jument n.f.
jumping n.m.
jungle [ʒœ̃gl *ou* ʒɔ̃gl] n.f.
junior adj. *et* n.
junker [junkœr] n.m.
junkie *ou* **junky** [junki] n. (pl. junkies)
junonien, enne adj.
junte [ʒœ̃t] n.f.
jupe n.f.
jupe-culotte n.f. (pl. jupes-culottes)
jupette n.f.
jupier, ère n.
jupitérien, enne adj.
jupon n.m.
juponner v.t.
jurançon n.m.
jurande n.f.
jurassien, enne adj. *et* n.
jurassique adj. *et* n.m.
jurat n.m.
juré, e adj.
juré n.m.
jurement n.m.
jurer v.t. *et* i.
jureur adj.m. *et* n.m.
juridiction n.f.
juridictionnel, elle adj.
juridique adj.
juridiquement adv.
juridisme n.m.
jurisconsulte n.m.
jurisprudence n.f.
jurisprudentiel, elle adj.
juriste n.
juron n.m.
jury n.m.
jus n.m.
jusant n.m.
jusée n.f.
jusqu'au-boutisme n.m. (pl. jusqu'au-boutismes)
jusqu'au-boutiste adj. *et* n. (pl. jusqu'au-boutistes)
jusque prép.
jusquiame n.f.
jussieua n.m. *ou* **jussiée** n.f.
jussion n.f.
justaucorps n.m.
juste adj. *et* n. ; adv.
juste-à-temps n.m. inv.
justement adv.
justesse n.f.
justice n.f.
justiciable adj. *et* n.
justicier, ère adj. *et* n.
justifiable adj. *et* n.
justifiant, e adj.
justificateur, trice adj.
justificatif, ive adj.
justificatif n.m.
justification n.f.
justifier v.t. (conj. **5**)
jute n.m.
juter v.i.
juteux, euse adj.
juteux n.m.
juvénat n.m.
juvénile adj. ; n.m.
juvénilité n.f.
juxtalinéaire adj.
juxtaposable adj.
juxtaposé, e adj.
juxtaposer v.t.
juxtaposition n.f.

k

k n.m. inv.
ka n.m.
kabbale *ou* **cabale** n.f.
kabbaliste *ou* **cabaliste** n.
kabbalistique *ou* **cabalistique** adj.
kabig *ou* **kabic** n.m.
kabuki n.m.
kabyle adj. *et* n. ; n.m.
kacha n.f.
kaddish n.m.
kafkaïen, enne adj.
kaiser [kajzœr *ou* kɛzɛr] n.m.
kakatoès *ou* **cacatoès** n.m.
kakemono n.m. (pl. kakemonos)
kaki adj. inv. ; n.m. (pl. kakis)
kala-azar n.m. (pl. kala-azars)
kalachnikov n.m.
kalé n. inv. *et* adj. inv.
kaléidoscope n.m.
kaléidoscopique adj.
kaliémie n.f.
kami n.m.
kamichi n.m.
kamikaze n.m.
kammerspiel n.m.
kamptozoaire n.m.
kan *ou* **khan** n.m. (abri)
kana n.m. inv.
kanak, e adj. *et* n.
kandjar n.m.
kangourou n.m.
kanji n.m. inv.
kannara n.m. sing.
kanun *ou* **qanun** n.m.
kantien, enne adj. *et* n.
kantisme n.m.
kaoliang n.m.
kaolin n.m.
kaolinisation n.f.
kaolinite n.f.
kaon n.m.
kapo n.m.
kapok n.m.
kapokier n.m.
kappa n.m. inv.
karaïte, caraïte *ou* **qaraïte** adj. *et* n.
karakul *ou* **caracul** n.m.
karaoké n.m.
karaté n.m.
karatéka n.
karbau n.m.
karité n.m.
karma *ou* **karman** n.m.
karst n.m.
karstification n.f.
karstique adj.
kart n.m.
karting n.m.
kasher, casher *ou* **cachère** adj. inv.
kashrout n.f.
kassite adj.
kata n.m.
katakana n.m.
katchina n.m.
kathakali n.m.
kawa *ou* **kava** n.m.
kayak n.m.
kayakable adj.
kayakiste n.
kazakh, e adj. *et* n.
kazakh n.m. sing.
keepsake [kipsɛk] n.m.
keffieh n.m.
kéfir n.m.
keirin n.m.
kelvin n.m.
kémalisme n.m.
kendo n.m.
kénotron n.m.
kentia [kɛntja *ou* kɛ̃sja] n.m.
kenyan, e adj. *et* n.
képhir *ou* **kéfir** n.m.
képi n.m.
kérabau n.m.
kératine n.f.
kératinisation n.f.
kératinisé, e adj.
kératite n.f.
kératocône n.m.
kératoplastie n.f.
kératose n.f.
kératotomie n.f.
kermès n.m.
kermesse n.f.
kérogène n.m.
kérosène n.m.
kerria n.m. *ou* **kerrie** n.f.
ketch n.m.
ketchup [kɛtʃəp] n.m.
ketmie n.f.
keuf n.m.
keum n.m.
Kevlar n.m. (nom déposé)
keynésianisme n.m.
keynésien, enne adj. *et* n.
khâgne *ou* **cagne** n.f.
khâgneux, euse *ou* **cagneux, euse** n.
khalifat *ou* **califat** n.m.
khalife *ou* **calife** n.m.
khalkha n.m.
khamsin *ou* **chamsin** [kamsin *ou* xamsin] n.m.
khan n.m. (titre)
khan *ou* **kan** n.m. (abri)
khanat n.m.

kharidjisme n.m.
kharidjite adj. *et* n.
khat *ou* **qat** n.m.
khédivat *ou* **khédiviat** n.m.
khédive n.m.
khi n.m. inv.
khmer, ère adj. *et* n.
khmer n.m. sing.
khoin *ou* **khoisan** n.m.
khôl *ou* **kohol** n.m.
kibboutz n.m. (pl. inv. *ou* kibboutzim)
kichenotte *ou* **quichenotte** n.f.
kick n.m.
kicker n.m.
kid n.m.
kidnapper v.t.
kidnappeur, euse n.
kidnapping n.m.
kief [kjɛf] n.m.
kiesérite n.f.
kif n.m.
kif-kif adj. inv.
kig ha farz n.m. inv.
kiki n.m.
kil n.m.
kilim n.m.
kilo n.m.
kilofranc n.m.
kilogramme n.m.
kilohertz n.m.
kilométrage n.m.
kilomètre n.m.
kilométrer v.t. (conj. **11**)
kilométrique adj.
kilotonne n.f.
kilotonnique adj.
kilovolt n.m.
kilowatt n.m.
kilowattheure n.m.
kilt n.m.
kimbanguisme n.m.
kimberlite n.f.
kimono n.m. (pl. kimonos) ; adj. inv.
kinase n.f.
kiné n.
kinésie n.f.
kinésiste n.
kinésithérapeute n.
kinésithérapie n.f.
kinesthésie n.f.
kinesthésique adj.
Kinétoscope n.m. (nom déposé)
king-charles n.m. inv.
kinkajou n.m. (pl. kinkajous)
kinois, e adj. *et* n.
kiosque n.m.
kiosquier, ère n.
kiosquiste n.
kip n.m.
kippa n.f.
kipper n.m.
Kippour n.m. inv.
kir n.m.
kirghiz, e adj. *et* n.
kirsch n.m.
kit n.m.
kitchenette n.f.
kitsch *ou* **kitch** adj. inv. *et* n.m. inv.
kiwi n.m.
Klaxon n.m. (nom déposé)
klaxonner v.i. *et* t.
Kleenex n.m. (nom déposé)
klephte *ou* **clephte** n.m.
kleptomane *ou* **cleptomane** n.
kleptomanie *ou* **cleptomanie** n.f.
klippe n.f.
klystron n.m.
knickers [nik@rs] n.m. pl.
knock-down [nɔkdawn] n.m. inv.
knock-out [nɔkawt] n.m. inv.
knout [knut] n.m.
know-how [noaw] n.m. inv.
K.-O. n.m. inv. *et* adj. inv.
koala n.m.
kob *ou* **cob** n.m.
kobold n.m.
kodiak n.m.
kohol *ou* **khôl** n.m.
koinè [kɔjne] n.f.
kola *ou* **cola** n.m.
kolatier n.m.
kolinski n.m.
kolkhoz *ou* **kolkhoze** n.m.
kolkhozien, enne adj. *et* n.
kommandantur n.f.
komsomol n.
kondo n.m.
konzern n.m.
kopeck n.m.
kora n.f.
korê *ou* **coré** n.f. (pl. savant korai)
korrigan, e n.
kot n.m.
koto n.m.
koubba n.f.
kouglof n.m.
kouing-amann n.m.
koulak n.m.
koulibiac n.m.
koumys *ou* **koumis** n.m.
kourgane n.m.
kouros *ou* **couros** n.m. (pl. savant kouroi)
koweïtien, enne adj. *et* n.
kraal n.m.
krach [krak] n.m. (débâcle financière)
kraft adj. *et* n.m.
krak n.m. (fortification)
kremlin n.m.
kremlinologue n.
kreuzer n.m.
krill n.m.
kriss *ou* **criss** n.m.
kronprinz n.m.
krypton n.m.
ksar n.m. (pl. ksour)
kshatriya *ou* **ksatriya** n.m. inv.
ksi *ou* **xi** n.m. inv.
kufique [ku-] *ou* **coufique** adj. *et* n.m.
kummel n.m.
kumquat [kumkwat] n.m.

kung-fu [kungfu] n.m. inv.
kurde adj. *et* n.
kuru [kuru] n.m.
kwa n.m. sing.
kwas *ou* **kvas** n.m.
kwashiorkor n.m.
K-way n.m. (nom déposé)
kyat n.m.
Kyrie *ou* **Kyrie eleison** n.m. inv.
kyrielle n.f.
kyste n.m.
kystique adj.
kyudo n.m.

l

l n.m. inv.
la art. déf. fém. sing. *et* pron. pers. fém. sing. ; n.m. inv. (note)
là adv.
labanotation n.f.
labarum n.m. (pl. labarums)
là-bas adv.
labbe n.m.
labdanum n.m. (pl. labdanums)
label n.m. (marque)
labéliser *ou* **labelliser** v.t.
labelle n.m. (pétale)
labeur n.m.
labial, e, aux adj.
labiale n.f.
labialiser v.t.
labié, e adj.
labiée n.f.
labile adj.
labilité n.f.
labiodentale adj.f. *et* n.f.
labium n.m. (pl. labiums)
labo n.m.
laborantin, e n.
laboratoire n.m.
laborieusement adv.
laborieux, euse adj. *et* n.
labour n.m.
labourable adj.
labourage n.m.
labourer v.t.
laboureur n.m.
labrador n.m.
labre n.m.
labri *ou* **labrit** n.m.
labyrinthe n.m.
labyrinthique adj.
labyrinthite n.f.
labyrinthodonte n.m.
lac n.m.
laçage n.m.
lacaune n. *et* adj.
laccolite n.m.
lacédémonien, enne adj. *et* n.
lacement n.m.
lacer v.t. (conj. **9**)
lacération n.f.
lacérer v.t. (conj. **11**)
lacerie n.f.
lacertilien n.m.
lacet n.m.
laceur, euse n.
lâchage n.m.
lâche adj. *et* n.
lâché, e adj.
lâchement adv.
lâcher v.t. *et* i.
lâcher n.m. (pl. lâchers)
lâcheté n.f.
lâcheur, euse n.
lacinié, e adj.
lacis n.m.
laconique adj.
laconiquement adv.
laconisme n.m.
lacrima-christi n.m. inv.
lacrymal, e, aux adj.
lacrymogène adj.
lacrymo-nasal, aux adj.m.
lacs [la] n.m.
lactaire n.m.
lactalbumine n.f.
lactame n.m.
lactarium n.m. (pl. lactariums)
lactase n.f.
lactate n.m.
lactation n.f.
lacté, e adj.
lactescence n.f.
lactescent, e adj.
lactifère adj.
lactique adj.
lactodensimètre n.m.
lactoflavine n.f.
lactone n.f.
lactomètre n.m.
lactose n.m.
lactosérum n.m.
lacunaire adj.
lacune n.f.
lacuneux, euse adj.
lacustre adj.
lad n.m.
ladang n.m.
ladanum n.m. (pl. ladanums)
ladin n.m.
ladino n.m. sing.
ladite adj.
ladre adj. *et* n. ; n.m.
ladrerie n.f.
lady n.f. (pl. ladys *ou* ladies)
lagomorphe n.m.
lagon n.m.
lagopède n.m.
lagotriche [-triʃ] *ou* **lagothrix** n.m.
laguiole [lajɔl] n.m.
laguis n.m.
lagunage n.m.
lagunaire adj.
lagune n.f.
lahar n.m.
là-haut adv.
lai n.m. (poème)
lai, e adj. (religieux)
laïc adj.m. *et* n.m.
laïcat n.m.
laîche n.f.

laïcisation n.f.
laïciser v.t.
laïcisme n.m.
laïciste adj. *et* n.
laïcité n.f.
laid, e adj.
laidement adv.
laideron n.m.
laideronne n.f.
laideur n.f.
laie n.f. (femelle du sanglier)
laie *ou* **laye** n.f. (hache)
laimargue n.f.
lainage n.m.
laine n.f.
lainé, e adj.
lainer v.t.
laineuse n.f.
laineux, euse adj.
lainier, ère adj. *et* n.
laïque *ou* **laïc, laïque** adj. *et* n.
laird n.m.
lais n.m. pl. (alluvions)
laisse n.f.
laissées n.f. pl.
laissé-pour-compte, laissée-pour-compte n. (pl. laissés-, laissées-pour-compte)
laisser v.t.
laisser-aller n.m. inv.
laisser-courre n.m. inv. *ou* **laissé-courre** n.m. (pl. laissés-courre)
laissez-passer n.m. inv.
lait n.m. (liquide)
laitage n.m.
laitance n.f.
laité, e adj.
laiterie n.f.
laiteron n.m.
laiteux, euse adj.
laitier, ère adj. *et* n.
laitier n.m.
laitière n.f.
laiton n.m.
laitonnage n.m.
laitonner v.t.
laitue n.f.
laïus n.m. inv.
laïusser v.i.
laïusseur, euse adj. *et* n.
laize n.f.
lakiste adj. *et* n.
lallation n.f.
lama n.m.
lamage n.m.
lamaïque adj.
lamaïsme n.m.
lamaïste adj. *et* n.
lamanage n.m.
lamaneur n.m.
lamantin n.m.
lamarckisme n.m.
lamaserie n.f.
Lambada n.f. (nom déposé)
lambda n.m. inv. *et* adj. inv.
lambeau n.m.
lambel n.m.
lambi n.m.
lambic *ou* **lambick** n.m.
lambin, e adj. *et* n.
lambiner v.i.
lamblia n.f.
lambourde n.f.
lambrequin n.m.
lambris n.m.
lambrissage n.m.
lambrisser v.t.
lambruche *ou*
lambrusque n.f.
lambswool n.m.
lame n.f.
lamé, e adj.
lamé n.m.
lamellaire adj.
lamelle n.f.
lamellé, e adj.
lamellé-collé n.m. (pl. lamellés-collés)
lamelleux, euse adj.
lamellibranche n.m.
lamellicorne adj. *et* n.m.
lamelliforme adj.
lamellirostre adj.
lamentable adj.
lamentablement adv.
lamentation n.f.
lamenter (se) v.pr.
lamento n.m.
lamer v.t.
lamiacée n.f.
lamie n.f.
lamier n.m.
lamifié, e adj.
lamifié n.m.
laminage n.m.
laminaire adj. ; n.f.
laminectomie n.f.
laminer v.t.
lamineur adj.m.
laminoir n.m.
lampadaire n.m.
lampant, e adj.
lamparo n.m. (pl. lamparos)
lampas n.m.
lampassé, e adj.
lampe n.f.
lampée n.f.
lamper v.t.
lampe-tempête n.f. (pl. lampes-tempête)
lampion n.m.
lampiste n.m.
lampisterie n.f.
lampourde n.f.
lamproie n.f.
lamprophyre n.m.
lampyre n.m.
lançage n.m.
lance n.f.
lance-amarre n.m. (pl. lance-amarres ou inv.)
lance-bombe *ou*
lance-bombes n.m. (pl. lance-bombes)
lancée n.f.
lance-flamme *ou*
lance-flammes n.m. (pl. lance-flammes)
lance-fusée *ou*
lance-fusées n.m. (pl. lance-fusées)
lance-grenade *ou*
lance-grenades n.m. (pl. lance-grenades)
lancement n.m.

lance-missile *ou*
lance-missiles n.m. (pl. lance-missiles)
lancéolé, e adj.
lance-pierre *ou*
lance-pierres n.m. (pl. lance-pierres)
lancer v.t. (conj. **9**)
lancer n.m. (pl. lancers)
lance-roquette *ou*
lance-roquettes n.m. (pl. lance-roquettes)
lance-torpille *ou*
lance-torpilles n.m. (pl. lance-torpilles)
lancette n.f.
lanceur, euse n.
lanceur n.m.
lancier n.m.
lancinant, e adj.
lancination n.f.
lanciner v.t. *et* i.
lançon n.m.
Land n.m. (pl. Länder)
landais, e adj. *et* n.
landammann n.m. (pl. landammanns)
land art n.m. sing.
landau n.m. (pl. landaus)
landaulet n.m.
lande n.f.
landerneau *ou*
landernau n.m.
landgrave n.m.
landgraviat n.m.
landier n.m.
landolphia n.f.
Landsgemeinde n.f.
Landtag n.m.
laneret n.m.
langage n.m.
langagier, ère adj.
lange n.m.
langer v.t. (conj. **10**)
langoureusement adv.
langoureux, euse adj.
langouste n.f.
langoustier n.m.
langoustine n.f.
langres n.m.
langue n.f.
langue-de-bœuf n.f. (pl. langues-de-bœuf)
langue-de-cerf n.f. (pl. langues-de-cerf)
langue-de-chat n.f. (pl. langues-de-chat)
langue-de-chien n.f. (pl. langues-de-chien)
langue-de-serpent n.f. (pl. langues-de-serpent)
languedocien, enne adj. *et* n.
languette n.f.
langueur n.f.
languide adj.
languir v.i., **se languir** v. pr.
languissamment adv.
languissant, e adj.
lanice adj.
lanier n.m.
lanière n.f.
lanigère *ou* **lanifère** adj.
laniste n.m.
lanlaire adv.
lanoline n.f.
lansquenet n.m.
lantanier *ou* **lantana** n.m.
lanterne n.f.
lanterneau n.m. (pl. lanterneaux)
lanterner v.i.
lanternon n.m.
lanthane n.m.
lanthanide n.m.
lanugineux, euse adj.
lao n.m. sing.
laotien, enne adj. *et* n.
lapalissade n.f.
laparoscopie n.f.
laparotomie n.f.
lapement n.m.
laper v.i. *et* t.
lapereau n.m.
lapiaz n.m.
lapidaire adj. ; n.m.
lapidation n.f.
lapider v.t.
lapié n.m.
lapilli n.m. pl.
lapin, e n.
lapiner v.i.
lapinière n.f.
lapinisme n.m.
lapis *ou* **lapis-lazuli** n.m. inv.
lapon, one *ou* **onne** adj. *et* n.
lapping n.m.
laps n.m.
lapsi n.m. pl.
lapsus n.m. inv.
laquage n.m.
laquais n.m.
laque n.f. ; n.m.
laqué, e adj.
laquelle pron. relat. *et* interr. (pl. lesquelles)
laquer v.t.
laqueur, euse n.
laqueux, euse adj.
laraire n.m.
larbin n.m.
larcin n.m.
lard n.m. (graisse)
larder v.t.
lardoire n.f.
lardon n.m.
lardonner v.t.
lare n.m. *et* adj. (dieu)
largable adj.
largage n.m.
large adj. ; n.m. ; adv.
largement adv.
largesse n.f.
largeur n.f.
larghetto adv. ; n.m. (pl. larghettos)
largo adv. ; n.m. (pl. largos)
largue adj. *et* n.m.
larguer v.t.
largueur n.m.
lariforme n.m.
larme n.f.
larme-de-Job n.f. (pl. larmes-de-Job)
larmier n.m.
larmoiement n.m.
larmoyant, e adj.
larmoyer v.i. (conj. **7**)

larron n.m.
larsen n.m.
larvaire adj.
larve n.f.
larvé, e adj.
larvicide adj. *et* n.m.
laryngé, e adj.
laryngectomie n.f.
laryngien, enne adj.
laryngite n.f.
laryngologie n.f.
laryngologiste *ou* **laryngologue** n.
laryngoscope n.m.
laryngoscopie n.f.
laryngotomie n.f.
larynx n.m. inv.
las ! interj.
las, lasse adj.
lasagne [-za-] n.f. (pl. inv. *ou* lasagnes)
lascar n.m.
lascif, ive [-sif] adj.
lascivité *ou* **lasciveté** [-si-] n.f.
laser [lazɛr] n.m.
lassant, e adj.
lasser v.t.
lasserie n.f.
lassis n.m.
lassitude n.f.
lasso n.m.
Lastex n.m. (nom déposé)
lasting n.m.
latanier n.m.
latence n.f.
latent, e adj.
latéral, e, aux adj.
latéralement adv.
latéralisation n.f.
latéralisé, e adj.
latéralité n.f.
latérisation n.f.
latérite n.f.
latéritique adj.
latéritisation n.f.
latex n.m. inv.
laticifère adj. *et* n.m.
laticlave n.m.
latifolié, e adj.
latifundiste n.m.
latifundium n.m. (pl. latifundia)
latin, e adj. *et* n.
latin n.m.
latinisant, e adj. *et* n.
latinisation n.f.
latiniser v.t.
latinisme n.m.
latiniste n.
latinité n.f.
latino n. *et* adj. (pl. latinos)
latino-américain, e adj. *et* n. (pl. latino-américains, es)
latitude n.f.
latitudinaire adj. *et* n.
latomies n.f. pl.
lato sensu loc. adv.
latrie n.f.
latrines n.f. pl.
lats [lats] n.m.
lattage n.m.
latte n.f.
latter v.t.
lattis n.m.
laudanum n.m. (pl. laudanums)
laudateur, trice n.
laudatif, ive adj.
laudes n.f. pl.
lauracée n.f.
laure n.f.
lauré, e adj.
lauréat, e adj. *et* n.
laurentien, enne adj. *et* n.
laurier n.m.
laurier-cerise n.m. (pl. lauriers-cerises)
laurier-rose n.m. (pl. lauriers-roses)
laurier-sauce n.m. (pl. lauriers-sauce)
laurier-tin n.m. (pl. lauriers-tins)
lause *ou* **lauze** n.f.
lavable adj.
lavabo n.m.
lavage n.m.
lavallière n.f.
lavande n.f. ; adj. inv.
lavandière n.f.
lavandin n.m.
lavaret n.m.
lavasse n.f.
lavatory n.m. (pl. lavatories)
lave n.f.
lavé, e adj.
lave-auto n.m. (pl. lave-autos)
lave-dos n.m. inv.
lave-glace n.m. (pl. lave-glaces)
lave-linge n.m. inv.
lave-mains n.m. inv.
lavement n.m.
lave-pont n.m. (pl. lave-ponts)
laver v.t.
laverie n.f.
lave-tête n.m. inv.
lavette n.f.
laveur, euse n.
laveur n.m.
lave-vaisselle n.m. inv.
lavis n.m.
lavoir n.m.
lavra n.f.
lavure n.f.
lawrencium n.m. (pl. lawrenciums)
laxatif, ive adj.
laxatif n.m.
laxisme n.m.
laxiste adj. *et* n.
laxité n.f.
laye *ou* **laie** n.f. (hache)
layer [lɛje] v.t. (conj. **6**)
layette [lejɛt] n.f.
layon [lejɔ̃] n.m.
lazaret n.m.
lazariste n.m.
lazurite n.f.
lazzarone n.m. (pl. lazzarones *ou* lazzaroni)
lazzi n.m. (pl. inv. *ou* lazzis)
le, la art. déf. (pl. les)
le, la pron. pers. (pl. les)

lé n.m. (largeur)
leader [lidœr] n.m.
leadership n.m.
leasing [liziŋ] n.m.
lebel n.m.
lécanore n.f.
léchage n.m.
lèche n.f.
léché, e adj.
lèche-bottes *ou*
lèche-cul n. inv.
lèchefrite n.f.
lèchement n.m.
lécher v.t. (conj. **11**)
lécheur, euse n.
lécheur adj.m.
lèche-vitrines n.m. inv.
lécithine n.f.
leçon n.f.
lecteur, trice n.
lecteur n.m.
lectorat n.m.
lecture n.f.
lécythe n.m.
ledit adj. (pl. lesdits)
légal, e, aux adj.
légalement adv.
légalisation n.f.
légaliser v.t.
légalisme n.m.
légaliste adj. *et* n.
légalité n.f.
légat n.m.
légataire n.
légation n.f.
legato adv.
lège adj.
légendaire adj.
légende n.f.
légender v.t.
léger, ère adj.
légèrement adv.
légèreté n.f.
leggings *ou* **leggins** n.f. pl.
leghorn n.f.
légiférer v.i. (conj. **11**)
légion n.f.
légionellose n.f.
légionnaire n.m. ; n.
législateur, trice adj. *et* n.
législateur n.m.
législatif, ive adj.
législation n.f.
législativement adv.
législature n.f.
légiste n.m. *et* adj.
légitimation n.f.
légitime adj. ; n.f.
légitimé, e adj. *et* n.
légitimement adv.
légitimer v.t.
légitimisme n.m.
légitimiste adj. *et* n.
légitimité n.f.
Lego n.m. (nom déposé)
legs [lɛ *ou* lɛg] n.m.
léguer v.t. (conj. **11**)
légume n.m. ; n.f.
légumier, ère adj. *et* n.
légumier n.m.
légumine n.f.
légumineuse n.f.
lei n.m. pl.
léiomyome n.m.
leipoa n.m.
leishmanie *ou*
leishmania n.f.
leishmaniose n.f.
leitmotiv n.m. (pl. leitmotivs *ou* leitmotive)
lek n.m.
lémanique adj.
lemme n.m.
lemming n.m.
lemnacée n.f.
lemniscate n.f.
lempira n.m.
lémure n.m.
lémurien n.m.
lendemain n.m.
lendit n.m.
lénifiant, e adj.
lénifier v.t. (conj. **5**)
léninisme n.m.
léniniste adj. *et* n.
lénitif, ive adj.
lent, e adj.
lente n.f.
lentement adv.
lenteur n.f.
lenticelle n.f.
lenticulaire adj.
lenticule n.f.
lenticulé, e adj.
lentigo n.m.
lentigine n.f.
lentille n.f.
lentillon n.m.
lentisque n.m.
lentivirus n.m.
lento adv. ; n.m. (pl. lentos)
léonard, e adj. *et* n.
léonin, e adj.
léonure n.m.
léopard n.m.
léopardé, e adj.
lépidodendron n.m.
lépidolite n.m.
lépidoptère n.m.
lépidostée n.m.
lépiote n.f.
lépisme n.m.
lépisostée n.m.
léporidé n.m.
lèpre n.f.
lépreux, euse adj. *et* n.
léprologie n.f.
lépromateux, euse adj.
léprome n.m.
léproserie n.f.
lepte n.m.
leptocéphale n.m.
lepton n.m.
leptonique adj.
leptosome adj. *et* n.
leptospire n.m.
leptospirose n.f.
lepture n.m.
lequel pron. relat. *et* interr. (pl. lesquels)
lerche adv.
lérot n.m.
les art. *et* pron. pl.
lès *ou* **lez** prép.
lesbianisme n.m.
lesbien, enne adj. *et* n.
lesbienne n.f.

lesbisme n.m.
lèse-majesté n.f. inv.
léser v.t. (conj. **11**)
lésine n.f.
lésiner v.i.
lésinerie n.f.
lésineur, euse adj. *et* n.
lésion n.f.
lésionnaire adj.
lésionnel, elle adj.
lessivable adj.
lessivage n.m.
lessive n.f.
lessiver v.t.
lessiveuse n.f.
lessiviel, elle adj.
lessivier n.m.
lest n.m.
lestage n.m.
leste adj.
lestement adv.
lester v.t.
let adj. inv.
létal, e, aux adj.
létalité n.f.
letchi n.m. (pl. letchis)
léthargie n.f.
léthargique adj.
letton *ou* **lette** n.m.
letton, onne *ou* **one** adj. *et* n.
lettrage n.m.
lettre n.f.
lettré, e adj. *et* n.
lettre-transfert n.f. (pl. lettres-transferts)
lettrine n.f.
lettrisme n.m.
leu n.m. inv.
leu n.m. (pl. lei)
leucanie n.f.
leucémie n.f.
leucémique adj. *et* n.
leucine n.f.
leucite n.f.
leucobryum n.m. (pl. leucobryums)
leucocytaire adj.
leucocyte n.m.
leucocytose n.f.
leucoderme adj. *et* n.
leucodermie n.f.
leuco-encéphalite n.f. (pl. leuco-encéphalites)
leucome n.m.
leucopénie n.f.
leucoplasie n.f.
leucopoïèse n.f.
leucorrhée n.f.
leucose n.f.
leucotomie n.f.
leude n.m.
leur pron. pers. inv.
leur adj. *et* pron. poss. (pl. leurs)
leurre n.m.
leurrer v.t.
lev n.m. (pl. leva)
levage n.m.
levain n.m.
levalloisien, enne adj. *et* n.
levant n.m. ; adj. m.
levantin, e adj. *et* n.
levé, e adj.
levé *ou* **lever** n.m.
levée n.f.
lève-glace n.m. (pl. lève-glaces)
lever v.t. *et* i. (conj. **12**)
lever n.m. (pl. levers)
lève-tard n. inv.
lève-tôt n. inv.
lève-vitre n.m. (pl. lève-vitres)
levier n.m.
lévigation n.f.
léviger v.t. (conj. **10**)
lévirat n.m.
lévitation n.f.
lévite n.m.
lévogyre adj.
levraut n.m.
lèvre n.f.
levrette n.f.
levretté, e adj.
levretter v.i.
lévrier n.m.
levron, onne n.
lévulose n.m.
levure n.f.
lexème n.m.
lexical, e, aux adj.
lexicalisation n.f.
lexicalisé, e adj.
lexicaliser (se) v. pr.
lexicographe n.
lexicographie n.f.
lexicographique adj.
lexicologie n.f.
lexicologique adj.
lexicologue n.
lexie n.f.
lexique n.m.
lexis n.f.
lez *ou* **lès** prép.
lézard n.m.
lézarde n.f.
lézarder v.i. *et* t.
li n.m. (monnaie)
liage n.m.
liais n.m.
liaison n.f.
liaisonner v.t.
liane n.f.
lianescent, e adj.
liant, e adj.
liant n.m.
liard n.m.
liarder v.i.
lias n.m.
liasique adj.
liasse n.f.
libage n.m.
libanais, e adj. *et* n.
libanisation n.f.
libation n.f.
libeccio n.m. (pl. libeccios)
libelle n.m.
libellé n.m.
libeller v.t.
libelliste n.
libellule n.f.
liber n.m.
libera n.m. inv.
libérable adj.
libéral, e, aux adj. *et* n.
libéralement adv.
libéralisation n.f.
libéraliser v.t.

libéralisme n.m.
libéralité n.f.
libérateur, trice adj. *et* n.
libération n.f.
libératoire adj.
libéré, e adj. *et* n.
libérer v.t. (conj. **11**)
libérien, enne adj. *et* n.
libérine n.f.
libériste adj. *et* n.
libero *ou* **libéro** n.m. (pl. liberos, libéros)
libéro-ligneux, euse adj. (pl. libéro-ligneux, euses)
libertaire n. *et* adj.
liberté n.f.
liberticide adj. *et* n.
libertin, e adj. *et* n.
libertinage n.m.
Liberty n.m. inv. *et* adj. inv. (nom déposé)
liberum veto n.m. inv.
libidinal, e, aux adj.
libidineux, euse adj. *et* n.
libido n.f. (pl. libidos)
libouret n.m.
libraire n.
librairie n.f.
libration n.f.
libre adj.
libre-échange n.m. (pl. libre-échanges)
libre-échangisme n.m.
libre-échangiste adj. *et* n. (pl. libre-échangistes)
librement adv.
libre-pensée n.f. (pl. libres-pensées)
libre-penseur n.m. (pl. libres-penseurs)
libre-service n.m. (pl. libres-services)
librettiste n.
libretto n.m. (pl. librettos *ou* libretti)
libyen, enne adj. *et* n.
lice n.f. (terrain)
lice ou **lisse** n.f. (métier à tisser)
licence n.f.
licenciable adj.
licencié, e adj. *et* n.
licenciement n.m.
licencier v.t. (conj. **5**)
licencieusement adv.
licencieux, euse adj.
lichen [likɛn] n.m.
licher v.t.
lichette n.f.
licier *ou* **lissier** n.m.
licitation n.f.
licite adj.
licitement adv.
liciter v.t.
licol n.m.
licorne n.f.
licou n.m. (pl. licous)
licteur n.m.
lido n.m. (pl. lidos)
lidocaïne n.f.
lie n.f.
lié, e adj.
lied [lid] n.m. (pl. lieds *ou* lieder)
lie-de-vin adj. inv.
liège n.m.
liégé, e adj.
liégeois, e adj. *et* n.
lien n.m.
lier v.t. (conj. **5**)
lierne n.f.
lierre n.m.
liesse n.f.
lieu n.m. (pl. lieux) [endroit]
lieu n.m. (pl. lieus) [poisson]
lieu-dit *ou* **lieudit** n.m. (pl. lieux-dits, lieudits)
lieue n.f.
lieur, euse n.
lieuse n.f.
lieutenant n.m.
lieutenant-colonel n.m. (pl. lieutenants-colonels)
lièvre n.m.
lift n.m.
lifter v.t. *et* i.
liftier, ère n.
lifting n.m.
ligament n.m.
ligamentaire adj.
ligamenteux, euse adj.
ligand n.m.
ligase n.f.
ligature n.f.
ligaturer v.t.
lige adj.
ligérien, enne adj.
ligie n.f.
lignage n.m.
ligne n.f.
lignée n.f.
ligner v.t.
ligneul n.m.
ligneux, euse adj.
lignicole adj.
lignification n.f.
lignifier (se) v.pr. (conj. **5**)
lignine n.f.
lignite n.m.
lignomètre n.m.
ligot n.m.
ligotage n.m.
ligoter v.t.
ligue n.f.
liguer v.t.
ligueur, euse n.
ligule n.f.
ligulé, e adj.
liguliflore n.f.
ligure *ou* **ligurien, enne** adj. *et* n.
lilas n.m. *et* adj.
liliacée n.f.
lilial, e, aux adj.
lilliflore n.f.
lilliputien, enne adj. *et* n.
lillois, e adj. *et* n.
limace n.f.
limaçon n.m.
limage n.m.
limaille n.f.
liman n.m.
limande n.f.
limbaire adj.
limbe n.m.
limbes n.m. pl.
limbique adj.
lime n.f.

limer v.t.
limerick n.m.
limes [limɛs] n.m.
limette n.f.
limettier n.m.
limeur, euse adj.
limicole adj.
limier n.m.
liminaire adj.
liminal, e, aux adj.
limitatif, ive adj.
limitation n.f.
limite n.f.
limité, e adj.
limiter v.t.
limiteur n.m.
limitrophe adj.
limivore adj.
limnée n.f.
limnologie n.f.
limnologique adj.
limogeage n.m.
limoger v.t. (conj. **10**)
limon n.m.
limonade n.f.
limonadier, ère n.
limonage n.m.
limonaire n.m.
limonène n.m.
limoneux, euse adj.
limonier n.m. *et* adj. m.
limonière n.f.
limonite n.f.
limoselle n.f.
limougeaud, e adj. *et* n.
limousin, e adj. *et* n.
limousinage n.m.
limousine n.f.
limpide adj.
limpidité n.f.
limule n.f.
lin n.m.
linacée n.f.
linaigrette n.f.
linaire n.f.
linceul n.m.
linçoir *ou* **linsoir** n.m.
linéaire adj. ; n.m.
linéairement adv.
linéal, e, aux adj.
linéament n.m.
linéarité n.f.
linéature n.f.
linéique adj.
liner [lajnœr] n.m.
linette n.f.
linga *ou* **lingam** n.m.
linge n.m.
lingère n.f.
lingerie n.f.
lingette n.f.
lingot n.m.
lingotière n.f.
lingua franca n.f. inv.
lingual, e, aux [lɛ̃gwal, o] adj.
linguatule [lɛ̃gwa-] n.f.
lingue [lɛ̃g] n.f.
linguette [lɛ̃g-] n.f.
linguiste [lɛ̃gɥi-] n.
linguistique [lɛ̃gɥi-] n.f.
linguistiquement [lɛ̃gɥi-] adv.
linier, ère adj.
linière n.f.
liniment n.m.
linkage n.m.
links [links] n.m. pl.
linnéen, enne adj.
lino n.m. (pl. linos)
linogravure n.f.
linoléine n.f.
linoléique adj.
linoléum n.m. (pl. linoléums)
linon n.m.
linotte n.f.
Linotype n.f. (nom déposé)
linotypie n.f.
linotypiste n.
linsang n.m.
linsoir n.m.
linteau n.m.
linters n.m. pl.
lion, lionne n.
lionceau n.m.
lipase n.f.
lipémie n.f.
lipide n.m.
lipidémie n.f.
lipidique adj.
lipizzan n. *et* adj. inv. en genre
lipochrome n.m.
lipogramme n.m.
lipome n.m.
lipophile adj.
lipophobe adj.
lipoprotéine n.f.
liposoluble adj.
liposome n.m.
liposuccion n.f.
lipothymie n.f.
lipotrope adj.
lippe n.f.
lippée n.f.
lippu, e adj.
liquation n.f.
liquéfacteur n.m.
liquéfaction n.f.
liquéfiable adj.
liquéfiant, e adj.
liquéfier v.t. (conj. **5**)
liquette n.f.
liqueur n.f.
liquidable adj.
liquidambar n.m.
liquidateur, trice adj. *et* n.
liquidatif, ive adj.
liquidation n.f.
liquide adj. ; n.m.
liquider v.t.
liquidien, enne adj.
liquidité n.f.
liquoreux, euse adj.
liquoriste n.
lire v.t. (conj. **86**)
lire n.f. (monnaie)
lirette n.f.
lis *ou* **lys** n.m.
lisage n.m.
lisbonnais, e adj. *et* n.
lisbonnin, e adj. *et* n.
lise n.f.
liseré *ou* **liséré** n.m.
liserer (conj. **12**) *ou*
lisérer v.t. (conj. **11**)
liseron n.m.

lisette n.f.
liseur, euse n.
liseuse n.f.
lisibilité n.f.
lisible adj.
lisiblement adv.
lisier n.m.
lisière n.f.
lisp n.m.
lissage n.m.
lisse adj. ; n.f. (outil)
lisse *ou* **lice** n.f. (métier à tisser)
lissé n.m.
lisser v.t.
lisseur, euse n.
lisseuse n.f.
lissier *ou* **licier** n.m.
lissoir n.m.
listage n.m.
liste n.f.
listel *ou* **listeau** n.m.
lister v.t.
listériose n.f.
listing n.m. (pl. listings)
liston n.m.
lit n.m. (meuble)
litanie n.f.
litas n.m.
lit-cage n.m. (pl. lits-cages)
litchi *ou* **lychee** n.m. (pl. litchis, lychees)
liteau n.m.
litée n.f.
liter v.t.
literie n.f.
litham n.m.
litharge n.f.
lithergol n.m.
lithiase n.f.
lithiasique adj. *et* n.
lithine n.f.
lithiné, e adj.
lithinifère adj.
lithique adj.
lithium n.m. (pl. lithiums)
litho n.f. (pl. lithos)
lithobie n.m.
lithodome n.m.
lithographe n.
lithographie n.f.
lithographier v.t. (conj. **5**)
lithographique adj.
lithologie n.f.
lithologique adj.
lithophage adj. ; n.m.
lithophanie n.f.
lithopone n.m.
lithosol n.m.
lithosphère n.f.
lithosphérique adj.
lithothamnium n.m. (pl. lithothamniums)
lithotriteur *ou* **lithotripteur** n.m.
lithotritie *ou* **lithotripsie** n.f.
litière n.f.
litige n.m.
litigieux, euse adj.
litispendance n.f.
litorne n.f.
litote n.f.
litre n.m.
litron n.m.
litsam n.m.
littéraire adj. *et* n.
littérairement adv.
littéral, e, aux adj.
littéralement adv.
littéralité n.f.
littérarité n.f.
littérateur n.m.
littérature n.f.
littoral, e, aux adj.
littoral n.m. (pl. littoraux)
littorine n.f.
lituanien, enne adj. *et* n.
lituanien n.m. sing.
liturgie n.f.
liturgique adj.
liure n.f.
livarot n.m.
live [lajv] adj. *et* n.m. inv.
livèche n.f.
livedo n.m. *ou* f.
livet n.m.
livide adj.
lividité n.f.
living *ou* **living-room** n.m. (pl. livings, living-rooms)
livrable adj.
livraison n.f.
livre n.m. ; n.f.
livre-cassette n.m. (pl. livres-cassettes)
livrée n.f.
livrer v.t.
livresque adj.
livret n.m.
livreur, euse n.
lixiviation n.f.
lixivier v.t. (conj. **5**)
llanos [ljanos] n.m. pl.
loader [lowdœr] n.m.
lob n.m. (trajectoire d'une balle)
lobaire adj.
lobby n.m. (pl. lobbys *ou* lobbies)
lobbying *ou* **lobbysme** n.m.
lobe n.m. (partie d'un organe)
lobé, e adj.
lobectomie n.f.
lobélie n.f.
lober v.t. *et* i.
lobotomie n.f.
lobulaire adj.
lobule n.m.
lobulé, e adj.
local, e, aux adj.
local n.m. (pl. locaux)
localement adv.
localisable adj.
localisateur, trice adj.
localisation n.f.
localiser v.t.
localité n.f.
locataire n.
locatif, ive adj.
locatif n.m.
location n.f.
location-accession n.f. (pl. locations-accessions)
location-gérance n.f. (pl. locations-gérances)

location-vente n.f. (pl. locations-ventes)
loch [lɔk] n.m.
loche n.f.
locher v.t.
lochies [lɔʃi] n.f. pl.
lock-out [lɔkawt] n.m. inv.
locomobile n.f.
locomoteur, trice adj.
locomotion n.f.
locomotive n.f.
locomotrice n.f.
locotracteur n.m.
locus n.m. inv.
locuste n.f.
locuteur, trice n.
locution n.f.
loden n.m.
lods n.m. pl.
lœss n.m. inv.
lof n.m.
lofer v.i.
lofing-match n.m. (pl. lofing-matches)
loft n.m.
logarithme n.m.
logarithmique adj.
loge n.f.
logeable adj.
logement n.m.
loger v.i. *et* t. (conj. **10**)
logette n.f.
logeur, euse n.
loggia n.f.
logiciel, elle adj.
logiciel n.m.
logicien, enne n. *et* adj.
logicisme n.m.
logique adj. ; n.f.
logiquement adv.
logis n.m.
logisticien, enne n.
logistique adj. ; n.f.
logithèque n.f.
logo n.m. (pl. logos)
logographe n.m.
logogriphe n.m.
logomachie [-maʃi] n.f.
logopédie n.f.
logorrhée n.f.
logorrhéique adj.
logos [-gos] n.m.
logotype n.m.
loi n.f.
loi-cadre n.f. (pl. lois-cadres)
loin adv.
lointain, e adj.
lointain n.m.
loi-programme n.f. (pl. lois-programmes)
loir n.m.
loisible adj.
loisir n.m.
lokoum n.m. (pl. lokoums)
lolita n.f. (pl. lolitas)
lollard n.m.
lolo n.m. (pl. lolos)
lombago n.m.(pl. lombagos)
lombaire adj. *et* n.f.
lombalgie n.f.
lombard, e adj. *et* n.
lombes n.f. pl.
lombo-sacré, e adj. (pl. lombo-sacrés, es)
lombostat n.m.
lombric n.m.
lombriculture n.f.
lompe n.m.
londonien, enne adj. *et* n.
londrès n.m.
long, longue adj.
long n.m.
longane n.m.
longanimité n.f.
long-courrier n.m. (pl. long-courriers)
long drink n.m. (pl. long drinks)
longe n.f.
longer v.t. (conj. **10**)
longeron n.m.
longévité n.f.
longicorne adj. *et* n.m.
longiligne adj.
longitude n.f.
longitudinal, e, aux adj.
longitudinalement adv.
long-jointé, e adj. (pl. long-jointés, es)
long(-)métrage n.m. (pl. longs[-]métrages)
longotte n.f.
longrine n.f.
longtemps adv.
longue n.f.
longuement adv.
longuet, ette adj.
longuet n.m.
longueur n.f.
longue-vue n.f. (pl. longues-vues)
loofa *ou* **luffa** n.m. (pl. loofas, luffas)
look [luk] n.m.
looping [lupiŋ] n.m.
lope *ou* **lopette** n.f.
lophophore n.m.
lopin n.m.
loquace [lɔkas]adj.
loquacité [lɔka-] n.f.
loque n.f.
loquet n.m.
loqueteau n.m.
loqueteux, euse adj.
loran n.m.
lord [lɔr *ou* lɔrd] n.m.
lord-maire n.m. (pl. lords-maires)
lordose n.f.
lorette n.f.
lorgner v.t.
lorgnette n.f.
lorgnon n.m.
lori n.m. (perroquet)
loricaire n.m.
loriot n.m.
loriquet n.m.
loris n.m. (mammifère)
lorrain, e adj. *et* n.
lorry n.m. (pl. lorrys *ou* lorries) [chariot]
lors adv.
lorsque conj.
losange n.m.
losangé, e adj.
losangique adj.
loser [luzœr] n.m.
lot n.m.

lote *ou* **lotte** n.f.
loterie n.f.
loti, e adj.
lotier n.m.
lotion n.f.
lotionner v.t.
lotir v.t.
lotissement n.m.
lotisseur, euse n.
loto n.m. (pl. lotos)
lotois, e adj. *et* n.
lotte *ou* **lote** n.f.
lotus n.m.
louable adj.
louage n.m.
louange n.f.
louanger v.t. (conj. **10**)
louangeur, euse adj. *et* n.
loubard *ou* **loubar** n.m.
louche adj. ; n.m. ; n.f.
louchement n.m.
loucher v.i.
loucherie n.f.
louchet n.m.
loucheur, euse n.
louchon n.m.
louer v.t.
loueur, euse n.
loufiat n.m.
loufoque adj. *et* n.
loufoquerie n.f.
lougre n.m.
louis n.m.
louise-bonne n.f. (pl. louises-bonnes)
loukoum n.m. (pl. loukoums)
loulou, louloute n.
loulou n.m. (pl. loulous)
loup n.m.
loupage n.m.
loup-cervier n.m. (pl. loups-cerviers)
loupe n.f.
loupé n.m.
louper v.t.
loup-garou n.m. (pl. loups-garous)
loupiot, e n.
loupiote n.f.
lourd, e adj.
lourd n.m. ; adv.
lourdaud, e adj. *et* n.
lourde n.f.
lourdement adv.
lourder v.t.
lourdeur n.f.
lourdingue adj.
loure n.f.
lourer v.t.
lousse adj.
loustic n.m.
loutre n.f.
louve n.f.
louver v.t.
louveter v.i. (conj. **16**)
louvet, ette adj.
louveteau n.m.
louveterie n.f.
louvetier n.m.
louvette n.f.
louvoyage *ou* **louvoiement** n.m.
louvoyer v.i. (conj. **7**)
lovelace n.m.
lover v.t.
loxodromie n.f.
loxodromique adj.
loyal, e, aux adj.
loyalement adv.
loyalisme n.m.
loyaliste adj. *et* n.
loyauté n.f.
loyer n.m.
lozérien, enne adj. *et* n.
lubie n.f.
lubricité n.f.
lubrifiant, e adj.
lubrifiant n.m.
lubrification n.f.
lubrifier v.t. (conj. **5**)
lubrique adj.
lubriquement adv.
lucane n.m.
lucanophile n.
lucarne n.f.
lucernaire n.m. ; n.f.
lucide adj.
lucidement adv.
lucidité n.f.
luciférase n.f.
luciférien, enne adj.
luciférien n.m.
luciférine n.f.
lucifuge adj.
lucilie n.f.
luciole n.f.
lucite n.f.
lucratif, ive adj.
lucrativement adv.
lucre n.m.
luddisme n.m. (organisation anglaise)
luddite n.m.
ludiciel n.m.
ludion n.m.
ludique adj.
ludisme n.m. (jeu)
ludologue n.
ludothécaire n.
ludothèque n.f.
ludwigia n.f.
luette n.f.
lueur n.f.
luffa *ou* **loofa** n.m.
luge n.f.
luger v.i. (conj. **10**)
luger [lyʒɛr] n.m. (pl. lugers)
lugeur, euse n.
lugubre adj.
lugubrement adv.
lui pron. pers.
luire v.i. (conj. **77**)
luisance n.f.
luisant, e adj.
lulu n.m.
lumachelle n.f.
lumbago [lœbago] n.m. (pl. lumbagos)
lumen [lymɛn] n.m.
lumière n.f.
lumignon n.m.
luminaire n.m.
luminance n.f.
luminescence n.f.
luminescent, e adj.
lumineusement adv.
lumineux, euse adj.

luminisme n.m.
luministe adj. *et* n.
luminophore n.m.
luminosité n.f.
Lumitype n.f. (nom déposé)
lump [lœp] n.m.
lumpenprolétariat n.m.
lunaire adj. ; n.f.
lunaison n.f.
lunatique adj. *et* n.
lunch n.m. (pl. lunchs *ou* lunches)
lundi n.m.
lune n.f. ; n.m.
luné, e adj.
lunetier, ère adj. *et* n.
lunette n.f.
lunetté, e adj.
lunetterie n.f.
luni-solaire adj. (pl. luni-solaires)
lunule n.f.
lunure n.f.
lupanar n.m.
lupercales n.f. pl.
luperque n.m.
lupin n.m.
lupique adj. *et* n.
lupulin n.m.
lupuline n.f.
lupus n.m. inv.
lurette n.f.
Lurex n.m. (nom déposé)
luron, onne n.
lusin *ou* **luzin** n.m.
lusitain, e *ou* **lusitanien, enne** adj. *et* n.
lusophone adj. *et* n.
lustrage n.m.
lustral, e, aux adj.
lustration n.f.
lustre n.m.
lustrer v.t.
lustrerie n.f.
lustrine n.f.
lut n.m. (ciment)
lutéal, e, aux adj.
lutécium n.m. (pl. lutéciums)
lutéinique adj.
luter v.t. (cimenter)
luth n.m. (musique)
luthéranisme n.m.
lutherie n.f.
luthérien, enne adj. *et* n.
luthier n.m.
luthiste n.
lutin, e adj.
lutin n.m.
lutiner v.t.
lutraire n.f.
lutrin n.m.
lutte n.f.
lutter v.i. (combattre)
lutteur, euse n.
lutz n.m.
lux n.m. (lumière)
luxation n.f.
luxe n.m. (richesse)
luxembourgeois, e adj. *et* n.
luxer v.t.
luxmètre n.m.
luxueusement adv.
luxueux, euse adj.
luxure n.f.
luxuriance n.f.
luxuriant, e adj.
luxurieux, euse adj.
luzerne n.f.
luzernière n.f.
luzin *ou* **lusin** n.m.
luzule n.f.
lycanthrope n.m.
lycanthropie n.f.
lycaon n.m.
lycée n.m.
lycéen, enne n.
lycène n.f.
lycénidé n.m.
lychee *ou* **litchi** n.m. (pl. lychees, litchis)
lychnis n.m.
lycope n.m.
lycoperdon n.m.
lycophyte n.m.
lycopode n.m.
lycopodiale n.f.
lycose n.f.
Lycra n.m. (nom déposé)
lyddite n.f.
lydien, enne adj. *et* n.
lymphangiome n.m.
lymphangite n.f.
lymphatique adj.
lymphe n.f.
lymphoblaste n.m.
lymphocitaire adj.
lymphocyte n.m.
lymphocytose n.f.
lymphogranulomatose n.f.
lymphographie n.f.
lymphoïde adj.
lymphokine n.f.
lymphome n.m.
lymphopénie n.f.
lymphopoïèse n.f.
lymphoréticulose n.f.
lymphosarcome n.m.
lynchage n.m.
lyncher v.t.
lynx n.m.
lyonnais, e adj.
lyophile adj.
lyophilisat n.m.
lyophilisation n.f.
lyophiliser v.t.
lyre n.f. (musique)
lyric n.m.(partie chantée d'une œuvre)
lyrique adj. ; n.m. (poète) ; n.f.
lyriquement adv.
lyrisme n.m.
lys *ou* **lis** n.m.
lysat n.m.
lyse n.f.
lyser v.t.
lysergamide *ou* **lysergide** n.m.
lysergique adj.
lysimaque n.f.
lysine n.f.
lysosome n.m.
lysozyme n.m.
lytique adj.

m

m n.m. inv.
ma adj. poss. fém.
maar n.m.
maboul, e adj. *et* n.
mac n.m.
macabre adj.
macache ! interj.
macadam n.m.
macadamiser v.t.
macaque n.m.
macareux n.m.
macaron n.m.
macaroni n.m. (pl. macaronis *ou* inv.)
macaronique adj.
macassar n.m.
maccartisme *ou*
maccarthysme n.m.
macchabée [-ka-] n.m.
macchiaioli n.m. pl.
macédoine n.f.
macédonien, enne adj. *et* n.
macérateur n.m.
macération n.f.
macérer v.t. *et* i. (conj. **11**)
maceron n.m.
machaon [-ka-] n.m.
mâche n.f.
mâchefer n.m.
mâchement n.m.
mâcher v.t.
machette n.f.
mâcheur, euse n.
machiavel [-kja-] n.m.
machiavélique [-kja-] adj.
machiavélisme [-kja-] n.m.
mâchicoulis n.m.
machin, e n.
machin n.m.
machinal, e, aux adj.
machinalement adv.
machination n.f.
machine n.f.
machine-outil n.f. (pl. machines-outils)
machiner v.t.
machinerie n.f.
machine-transfert n.f. (pl. machines-transferts)
machinisme n.m.
machiniste n.
machisme n.m.
machiste adj. *et* n.m.
machmètre [mak-] n.m.
macho [matʃo] adj. *et* n.m.
mâchoire n.f.
mâchon n.m.
mâchonnement n.m.
mâchonner v.t.
mâchouiller v.t.
mâchure n.f.
mâchurer v.t.
macis n.m.
maclage n.m.
macle n.f.
maclé, e adj.
macler v.t.
mâcon n.m.
maçon, onne adj. *et* n.
maçon n.m.
maçonnage n.m.
mâconnais, e adj. *et* n.
maçonner v.t.
maçonnerie n.f.
maçonnique adj.
macramé n.m.
macre n.f.
macreuse n.f.
macro n.f.
macrobiotique adj. *et* n.f.
macrocéphale adj. *et* n.
macrocéphalie n.f.
macrocheire [-kɛr] n.m.
macrocosme n.m.
macrocosmique adj.
macrocyste *ou*
macrocystis n.m.
macrocytaire adj.
macrocyte n.m.
macrocytose n.f.
macroéconomie n.f.
macroéconomique adj.
macroglobuline n.f.
macroglobulinémie n.f.
macrographie n.f.
macrographique adj.
macro-instruction n.f. (pl. macro-instructions)
macrolide n.m.
macromoléculaire adj.
macromolécule n.f.
macromutation n.f.
macronutriment n.m.
macro-ordinateur n.m. (pl. macro-ordinateurs)
macrophage n.m.
macrophotographie n.f.
macropode n.m.
macropsie n.f.
macroscélide n.m.
macroscopique adj.
macroséisme n.m.
macrosociologie n.f.
macrosporange n.m.
macrospore n.f.
macroure n.m.
macula n.f.
maculage n.m.
maculature n.f.
macule n.f.
maculer v.t.

macumba n.f.
madame n.f.
(pl. mesdames)
madapolam n.m.
madeleine n.f.
madelonnette n.f.
mademoiselle n.f.
(pl. mesdemoiselles)
madère n.m.
madérisation n.f.
madériser (se) v.pr.
madone n.f.
madourais n.m.
madrague n.f.
madras n.m.
madrasa n.f. inv.
madré, e adj.
madréporaire n.m.
madrépore n.m.
madréporique adj.
madrier n.m.
madrigal n.m.
(pl. madrigaux)
madrigaliste n.
madrilène adj. *et* n.
madrure n.f.
maelström *ou* **malstrom** n.m.
maërl *ou* **merl** n.m.
maestoso adv.
maestria n.f.
maestro n.m.
(pl. maestros)
mafé n.m.
mafflu, e adj.
mafia *ou* **maffia** n.f.
mafieux, euse *ou* **maffieux, euse** adj. *et* n.
mafioso *ou* **maffioso** n.m. (pl. maf[f]iosi)
magané, e adj.
maganer v.t.
magasin n.m.
magasinage n.m.
magasiner v.i.
magasinier, ère n.
magazine n.m.
magdalénien, enne adj.
magdalénien n.m.
mage n.m.
magenta adj. inv. *et* n.m.
(pl. magentas)
maghrébin, e adj. *et* n.
maghzen *ou* **makhzen** n.m.
magicien, enne n.
magie n.f.
magique adj.
magiquement adv.
magister n.m. (pédant)
magistère n.m. (diplôme)
magistral, e, aux adj.
magistralement adv.
magistrat n.m.
magistrature n.f.
magma n.m.
magmatique adj.
magmatisme n.m.
magnan n.m.
magnanarelle n.f.
magnanerie n.f.
magnanier, ère n.
magnanime adj.
magnanimement adv.
magnanimité n.f.
magnat n.m.
magner (se) *ou* **manier (se)** v.pr.
magnésie n.f.
magnésien, enne adj.
magnésiothermie n.f.
magnésite n.f.
magnésium n.m.
(pl. magnésiums)
magnet n.m.
magnétique adj.
magnétisable adj.
magnétisant, e adj.
magnétisation n.f.
magnétiser v.t.
magnétiseur, euse n.
magnétisme n.m.
magnétite n.f.
magnéto n.f. ; n.m.
magnétocassette n.m.
magnétochimie n.f.
magnétodynamique adj.
magnétoélectrique adj.
magnétohydro-dynamique adj. *et* n.f.
magnétomètre n.m.
magnétométrie n.f.
magnétomoteur, trice adj.
magnéton n.m.
magnéto-optique n.f.
(pl. magnéto-optiques)
magnétopause n.f.
magnétophone n.m.
magnétoscope n.m.
magnétoscoper v.t.
magnétosphère n.f.
magnétostatique n.f.
magnétostriction n.f.
magnétron n.m.
magnificat n.m. inv.
magnificence n.f.
magnifier v.t. (conj. **5**)
magnifique adj.
magnifiquement adv.
magnitude n.f.
magnolia n.m.
magnoliacée n.f.
magnolier n.m.
magnum n.m.
(pl. magnums)
magot n.m.
magouillage n.m.
magouille n.f.
magouiller v.t. *et* i.
magouilleur, euse adj. *et* n.
magret n.m.
magyar, e adj. *et* n.
maharaja *ou* **maharadjah** n.m.
maharané *ou* **maharani** n.f.
mahatma n.m.
mahayana adj.
mahdi n.m.
mahdisme n.m.
mahdiste adj. *et* n.
mah-jong *ou* **ma-jong** n.m. (pl. ma[h]-jongs)
mahométan, e adj. *et* n.
mahonia n.m.
mahous, ousse *ou* **maous, ousse** [maus] adj.
mahratte n.m.
mai n.m.

maïa n.m.
maiche n.m.
maie n.f. (coffre pour le pain)
maïeur, e *ou* **mayeur, e** n.
maïeutique [majø-] n.f.
maigre adj. *et* n. ; n.m.
maigrelet, ette adj.
maigrement adv.
maigreur n.f.
maigrichon, onne *ou*
maigriot, otte adj.
maigrir v.i. *et* t.
mail [maj] n.m. (pl. mails)
mail-coach [mɛlkotʃ] n.m. (pl. mail-coachs *ou* mail-coaches)
mailing n.m.
maillage n.m.
maille n.f.
maillechort n.m.
mailler v.t.
maillet n.m.
mailleton n.m.
mailloche n.f.
maillon n.m.
maillot n.m.
maillotin n.m.
maillure n.f.
main n.f.
mainate n.m.
main-d'œuvre n.f. (pl. mains-d'œuvre)
main-forte n.f. sing.
mainlevée n.f.
mainmise n.f.
mainmortable adj.
mainmorte n.f.
maint, e adj.
maintenance n.f.
maintenant adv.
mainteneur n.m.
maintenir v.t. (conj. **28**)
maintien n.m.
maïolique *ou* **majolique** n.f.
maïoral, e, aux *ou*
mayoral, e, aux adj.
maïorat *ou* **mayorat** n.m.
maire n.m.
mairesse n.f.
mairie n.f.
mais adv. ; conj.
maïs n.m.
maïserie n.f.
maison n.f. ; adj. inv.
maisonnée n.f.
maisonnette n.f.
maistrance *ou*
mestrance n.f.
maître, maîtresse adj.
maître n.m.
maître-à-danser n.m. (pl. maîtres-à-danser)
maître-autel n.m. (pl. maîtres-autels)
maître-chien n.m. (pl. maîtres-chiens)
maître-couple *ou* **maître couple** n.m. (pl. maîtres[-]couples)
maître-cylindre n.m. (pl. maîtres-cylindres)
maître-penseur n.m. (pl. maîtres-penseurs)
maîtresse n.f.
maîtrisable adj.
maîtrise n.f.
maîtriser v.t.
Maïzena n.f. (nom déposé)
majesté n.f.
majestueusement adv.
majestueux, euse adj.
majeur, e adj.
majeur n.m.
majeure n.f.
majolique [majɔ-] *ou*
maïolique n.f.
ma-jong *ou* **mah-jong** n.m. (pl. ma[-]jongs)
major n.m.
majorant n.m.
majorat n.m.
majoration n.f.
majordome n.m.
majorer v.t.
majorette n.f.
majoritaire adj. *et* n.
majoritairement adv.
majorité n.f.
majorquin, e adj. *et* n.
majuscule adj. *et* n.f.
makaire n.m.
makhzen *ou* **maghzen** n.m.
maki n.m. (animal)
makila n.m.
makimono n.m.
mal adv. ; adj. inv. ; n.m. (pl. maux)
malabar n.m.
malabsorption n.f.
malachite [-kit] n.f.
malacologie n.f.
malacostracé n.m.
malade adj. *et* n.
maladie n.f.
maladif, ive adj.
maladivement adv.
maladrerie n.f.
maladresse n.f.
maladroit, e adj. *et* n.
maladroitement adv.
malaga n.m.
mal-aimé, e n. (pl. mal-aimés, es)
malaire adj. *et* n.m.
malais, e adj. *et* n.
malais n.m.
malaise n.m.
malaisé, e adj.
malaisément adv.
malandre n.f.
malandrin n.m.
malappris, e adj. *et* n.
malard *ou* **malart** n.m.
malaria n.f.
malavisé, e adj.
malaxage n.m.
malaxer v.t.
malaxeur n.m. *et* adj.m.
malayalam n.m.
malayo-polynésien, enne adj. (pl. malayo-polynésiens, ennes)
malbâti, e adj.
malbec n.m.
malchance n.f.

malchanceux, euse adj. *et* n.
malcommode adj.
maldonne n.f.
mâle adj. ; n.m.
malédiction n.f.
maléfice n.m.
maléfique adj.
malékisme n.m.
malencontreusement adv.
malencontreux, euse adj.
malengueulé, e adj. *et* n.
mal-en-point adj. inv.
malentendant, e adj. *et* n.
malentendu n.m.
mal-être n.m. inv.
malfaçon n.f.
malfaisant, e adj.
malfaiteur n.m.
malfamé, e adj.
malformation n.f.
malfrat n.m.
malgache adj. *et* n. ; n.m.
malgré prép.
malhabile adj.
malhabilement adv.
malheur n.m.
malheureusement adv.
malheureux, euse adj. *et* n.
malhonnête adj.
malhonnêtement adv.
malhonnêteté n.f.
mali n.m.
malice n.f.
malicieusement adv.
malicieux, euse adj. *et* n.
malien, enne adj. *et* n.
malignement adv.
malignité n.f.
malikisme n.m.
malin, igne adj. *et* n.
malines n.f.
malingre adj.
malinké n.m. sing.
malinois n.m.
malintentionné, e adj. *et* n.
malique adj.
malle n.f.
malléabilisation n.f.
malléabiliser v.t.
malléabilité n.f.
malléable adj.
malléolaire adj.
malléole n.f.
malle-poste n.f. (pl. malles-poste)
mallette n.f.
mal-logé, e n. (pl. mal-logés, es)
mallophage n.m.
malm n.m.
malmener v.t. (conj. **12**)
malmignatte n.f.
malnutrition n.f.
malodorant, e adj.
malonique adj.
malotru, e n.
malouin, e adj. *et* n.
malpighie n.f.
malpoli, e adj. *et* n.
malposition n.f.
malpropre adj. *et* n.
malproprement adv.
malpropreté n.f.
malsain, e adj.
malséant, e adj.
malsonnant, e adj.
malstrom *ou* **maelström** n.m.
malt n.m.
maltage n.m.
maltais, e adj. *et* n.
maltaise n.f.
maltase n.f.
malter v.t.
malterie n.f.
malteur n.m.
malthusianisme n.m.
malthusien, enne adj. *et* n.
maltose n.m.
maltôte n.f.
maltraitance n.f.
maltraiter v.t.
malus [-lys] n.m. inv.
malvacée n.f.
malveillance n.f.
malveillant, e adj.
malvenu, e adj.
malversation n.f.
mal-vivre n.m. inv.
malvoisie n.m.
malvoyant, e adj. *et* n.
maman n.f.
mamba n.m.
mambo n.m. (pl. mambos)
mamelle n.f.
mamelon n.m.
mamelonnaire adj.
mamelonné, e adj.
mamelouk *ou* **mameluk** n.m.
mamelu, e adj.
mamie, mamy *ou* **mammy** n.f. (pl. mamies, mamys, mammys)
mamillaire adj. ; n.f.
mammaire adj.
mammalien, enne adj.
mammalogie n.f.
mammectomie n.f.
mammifère n.m.
mammite n.f.
mammographie n.f.
mammoplastie n.f.
mammouth n.m.
mammy , mamy *ou* **mamie** n.f. (pl. mammys, mamys, mamies)
mamours n.m. pl.
mam'selle *ou* **mam'zelle** n.f.
mamy, mammy *ou* **mamie** n.f. (pl. mamys, mammys, mamies)
man [mɑ̃] n.m.
mana n.m.
manade n.f.
management n.m.
manager [manadʒœr *ou* manadʒɛr] n.m.
manager [manadʒe] v.t. (conj. **10**)
manageur, euse n.
manant n.m.

manceau, elle adj. *et* n.
mancelle n.f.
mancenille n.f.
mancenillier n.m.
manche n.m. ; n.f.
mancheron n.m.
manchette n.f.
manchon n.m.
manchot, e adj. *et* n.
manchot n.m.
manchou, e *ou*
mandchou, e adj. *et* n.
mancie n.f.
mandala n.m.
mandale n.f.
mandant, e n.
mandarin n.m.
mandarinat n.m.
mandarine n.f.
mandarinier n.m.
mandat n.m.
mandataire n.
mandat-carte n.m. (pl. mandats-cartes)
mandat-contributions n.m. (pl. mandats-contributions)
mandatement n.m.
mandater v.t.
mandat-lettre n.m. (pl. mandats-lettres)
mandature n.f.
mandchou, e *ou*
manchou, e adj. *et* n.
mandé n.m.
mandéen, enne adj. *et* n.
mandéisme n.m.
mandement n.m.
mander v.t.
mandibulaire adj.
mandibulate n.m.
mandibule n.f.
mandingue adj. *et* n. ; n.m.
mandoline n.f.
mandoliniste n.
mandorle n.f.
mandragore n.f.
mandrill n.m.
mandrin n.m.
manducation n.f.
manécanterie n.f.
manège n.m.
mânes n.m. pl.
maneton n.m.
manette n.f.
manga n.m.
manganate n.m.
manganèse n.m.
manganeux adj.m.
Manganine n.f. (nom déposé)
manganique adj.m.
manganite n.m.
mangeable adj.
mangeaille n.f.
mange-disque n.m. (pl. mange-disques)
mange-mil n.m. inv.
mangeoire n.f.
mangeotter v.t. *et* i.
manger v.t. *et* i. (conj. **10**) ; n.m. (pl. mangers)
mange-tout *ou*
mangetout n.m. inv.
mangeur, euse n.
mangeure [mɑ̃ʒyr] n.f.
mangle n.f.
manglier n.m.
mangonneau n.m.
mangoustan n.m.
mangoustanier n.m.
mangouste n.f.
mangrove n.f.
mangue n.f.
manguier n.m.
maniabilité n.f.
maniable adj.
maniaco-dépressif, ive adj. *et* n. (pl. maniaco-dépressifs, ives)
maniaque adj. *et* n.
maniaquerie n.f.
manichéen, enne [-ke-] adj. *et* n.
manichéisme [-ke-] n.m.
manicle n.f.
manie n.f.
maniement n.m.
manier v.t. (conj. **5**)
manière n.f.
maniéré, e adj.
maniérisme n.m.
maniériste adj. *et* n.
manieur, euse n.
manif n.f.
manifestant, e n.
manifestation n.f.
manifeste adj. ; n.m.
manifestement adv.
manifester v.t. *et* i.
manifold n.m.
manigance n.f.
manigancer v.t. (conj. **9**)
maniguette n.f.
manille n.f. ; n.m.
manioc n.m.
manip *ou* **manipe** n.f.
manipulable adj.
manipulateur, trice n.
manipulateur n.m.
manipulation n.f.
manipule n.m.
manipuler v.t.
manique n.f.
manitou n.m. (pl. manitous)
manivelle n.f.
manne n.f.
mannequin n.m.
mannite n.f.
mannitol n.m.
mannose n.m.
manodétendeur n.m.
manœuvrabilité n.f.
manœuvrable adj.
manœuvre n.f. ; n.m.
manœuvrer v.t.
manœuvrier, ère adj. *et* n.
manographe n.m.
manoir n.m.
manomètre n.m.
manométrie n.f.
manométrique adj.
manoque n.f.
manostat n.m.
manouche adj. *et* n.
manouvrier n.m.
manquant, e adj.
manque n.m. ; n.f.

manqué, e adj.
manqué n.m.
manquement n.m.
manquer v.i., t. *et* t. ind.
mansarde n.f.
mansardé, e adj.
manse n.m. *ou* f.
mansion n.f.
mansuétude n.f.
manta n.f.
mante n.f.
manteau n.m.
mantelé, e adj.
mantelée n.f.
mantelet n.m.
mantelure n.f.
mantille n.f.
mantique n.f.
mantisse n.f.
mantouan, ane adj. *et* n.
mantra n.m.
manualité n.f.
manubrium n.m.
(pl. manubriums)
manucure n. ; n.f.
manucurer v.t.
manuel, elle adj. *et* n.
manuel n.m.
manuélin, e adj.
manuellement adv.
manufacture n.f.
manufacturé, e adj.
manufacturer v.t.
manufacturier, ère adj.
manu militari loc. adv.
manuscrit, e adj.
manuscrit n.m.
manutention n.f.
manutentionnaire n.
manutentionner v.t.
manzanilla n.m.
maoïsme n.m.
maoïste adj. *et* n.
maori, e adj. *et* n.
maous, ousse *ou*
mahous, ousse [maus]
adj.
mappemonde n.f.
maquée n.f.
maquer v.t.
maqueraison n.f.
maquereau n.m.
maquerelle n.f.
maquette n.f.
maquettiste n.
maquignon n.m.
maquignonnage n.m.
maquignonner v.t.
maquillage n.m.
maquiller v.t.
maquilleur, euse n.
maquis n.m. (végétation)
maquisard n.m.
marabout n.m.
maraboutage n.m.
marabouter v.t.
maraca n.f.
maraîchage n.m.
maraîcher, ère adj. *et* n.
maraîchin, e adj. *et* n.
marais n.m.
marans n.f. *et* adj. inv.
maranta n.m. *ou*
marante n.f.
marasme n.m.
marasque n.f.
marasquin n.m.
marathe, mahratte *ou*
marathi n.m. sing.
marathon n.m.
marathonien, enne n.
marâtre n.f.
maraud, e n.
maraudage n.m.
maraude n.f.
marauder v.i.
maraudeur, euse n.
maravédis n.m.
marbre n.m.
marbré, e adj.
marbrer v.t.
marbrerie n.f.
marbrier, ère adj.
marbrier n.m.
marbrière n.f.
marbrure n.f.
marc [mar] n.m.
marcassin n.m.
marcassite *ou* **marcasite**
n.f.
marcel n.m.
marcescence n.f.
marcescent, e adj.
marchand, e adj. ; n.
marchandage n.m.
marchander v.t.
marchandeur, euse n.
marchandisage n.m.
marchandise n.f.
marchant, e adj.
marchantia [marʃɑ̃tja]
n.f.
marche n.f.
marché n.m.
marchéage n.m.
marchepied n.m.
marcher v.i.
marcheur, euse n.
marcheuse n.f.
marcionisme n.m.
marconi adj. inv.
marcophilie n.f.
marcottage n.m.
marcotte n.f.
marcotter v.t.
mardi n.m.
mare n.f.
marécage n.m.
marécageux, euse adj.
maréchal n.m.
(pl. maréchaux)
maréchalat n.m.
maréchale n.f.
maréchalerie n.f.
maréchal-ferrant n.m.
(pl. maréchaux-ferrants)
maréchaussée n.f.
marée n.f.
marégraphe n.m.
marelle n.f.
marémoteur, trice adj.
marengo adj. inv. ; n.m.
marennes n.f.
mareyage n.m.
mareyeur, euse n.
margarine n.f.
margauder v.i.
margaux n.m.
margay n.m.
marge n.f.
margelle n.f.

marger v.t. (conj. **10**)
margeur, euse n.
margeur n.m.
marginal, e, aux adj. ; n.
marginalement adv.
marginalisation n.f.
marginaliser v.t.
marginalisme n.m.
marginalité n.f.
marginer v.t.
margoter ou **margotter** v.i.
margouillat n.m.
margouillis n.m.
margoulette n.f.
margoulin n.m.
margousier n.m.
margrave n.m.
margraviat n.m.
marguerite n.f.
marguillier n.m.
mari n.m.
mariable adj.
mariachi n.m.
mariage n.m.
marial, e, als *ou* **aux** adj.
marianiste n.m.
marié, e n.
marie-jeanne n.f. inv.
marie-louise n.f. (pl. maries-louises)
marier v.t. (conj. **5**)
marie-salope n.f. (pl. maries-salopes)
marieur, euse n.
marigot n.m.
marijuana *ou* **marihuana** n.f.
marimba n.m.
marin, e adj.
marin n.m.
marina n.f.
marinade n.f.
marinage n.m.
marine n.f. ; n.m. ; adj. inv.
mariner v.t. *et* i.
maringouin n.m.
marinier, ère adj.
marinier n.m.
marinière n.f.
marinisme n.m.
mariol, mariole *ou* **mariolle** adj. *et* n.
mariologie n.f.
marionnette n.f.
marionnettiste n.
marisque n.f.
mariste n.m.
marital, e, aux adj.
maritalement adv.
maritime adj.
maritorne n.f.
marivaudage n.m.
marivauder v.i.
marjolaine n.f.
mark n.m.
marketing n.m.
marli n.m.
marlin n.m.
marlou n.m. (pl. marlous)
marmaille n.f.
marmelade n.f.
marmenteau adj.m. *et* n.m.
marmite n.f.
marmitée n.f.
marmiton n.m.
marmonnement n.m.
marmonner v.t. *et* i.
marmoréen, enne adj.
marmot n.m.
marmotte n.f.
marmottement n.m.
marmotter v.t. *et* i.
marmouset n.m.
marnage n.m.
marnais, e adj. *et* n.
marne n.f.
marner v.t. *et* i.
marneux, euse adj.
marnière n.f.
marocain, e adj. *et* n.
maroilles n.m.
marollien n.m.
maronite adj. *et* n.
maronner v.i.
maroquin n.m.
maroquinage n.m.
maroquiner v.t.
maroquinerie n.f.
maroquinier, ère n.
marotte n.f.
marouette n.f.
marouflage n.m.
maroufler v.t.
marquage n.m.
marquant, e adj.
marque n.f.
marqué, e adj.
marque-page n.m. (pl. inv. *ou* marque-pages)
marquer v.t. *et* i.
marqueter v.t. (conj. **16**)
marqueterie n.f.
marqueteur n.m.
marqueur, euse n.
marqueur n.m.
marquis n.m.
marquisat n.m.
marquise n.f.
marquoir n.m.
marraine n.f.
marrane n.m.
marrant, e adj.
marre adv.
marrer (se) v.pr.
marri, e adj.
marron, onne adj.
marron n.m. ; adj. inv.
marronnier n.m.
marrube n.m.
mars n.m.
marsala n.m.
marsault *ou* **marseau** n.m.
marseillais, e adj. *et* n.
marshmallow n.m.
marsouin n.m.
marsupial, e, aux adj.
marsupial n.m. (pl. marsupiaux)
marsupium n.m.
martagon n.m.
marte n.f.
marteau n.m. ; adj.
marteau-pilon n.m. (pl. marteaux-pilons)
marteau-piolet n.m. (pl. marteaux-piolets)

martel n.m.
martelage n.m.
martèlement n.m.
marteler v.t. (conj. **12**)
marteleur n.m. *et* adj. m.
martensite n.f.
martensitique adj.
martial, e, aux adj.
martien, enne adj. *et* n.
martin-chasseur n.m. (pl. martins-chasseurs)
martinet n.m.
martingale n.f.
Martini n.m. (nom déposé)
martiniquais, e adj. *et* n.
martinisme n.m.
martin-pêcheur n.m. (pl. martins-pêcheurs)
martre n.f.
martyr, e n. *et* adj. (personne)
martyre n.m. (supplice)
martyriser v.t.
martyrium n.m. (pl. martyriums)
martyrologe n.m.
marxien, enne adj.
marxisant, e adj.
marxisme n.m.
marxisme-léninisme n.m. sing.
marxiste adj. *et* n.
marxiste-léniniste adj. *et* n. (pl. marxistes-léninistes)
marxologue n.
maryland n.m.
mas n.m. (maison)
mascara n.m.
mascarade n.f.
mascaret n.m.
mascaron n.m.
mascarpone n.m.
mascogne n.f.
mascotte n.f.
masculin, e adj.
masculin n.m.
masculinisation n.f.
masculiniser v.t.
masculinité n.f.
maser n.m.
maskinongé n.m.
maso adj. *et* n.
masochisme n.m.
masochiste adj. *et* n.
masquage n.m.
masque n.m.
masqué, e adj.
masquer v.t. *et* i.
massacrante adj.f.
massacre n.m.
massacrer v.t.
massacreur, euse n.
massage n.m.
massaliote adj. *et* n.
masse n.f.
masselotte n.f.
massepain n.m.
masser v.t.
masséter adj.m. *et* n.m.
massette n.f.
masseur, euse n.
massicot n.m.
massicoter v.t.
massier, ère n.
massif, ive adj.
massif n.m.
massification n.f.
massifier v.t.(conj. **5**)
massique adj.
massivement adv.
massivité n.f.
mass media n.m. pl.
massore *ou* **massorah** n.f.
massorète n.m.
massue n.f.
mastaba n.m.
mastard n.m.
mastectomie n.f.
mastère n.m.
mastic n.m.
masticage n.m.
masticateur, trice adj.
mastication n.f.
masticatoire adj. *et* n.m.
mastiff n.m.
mastiquer v.t.
mastite n.f.
mastoc adj. inv.
mastocyte n.m.
mastodonte n.m.
mastoïde adj.
mastoïdien, enne adj.
mastoïdite n.f.
mastologie n.f.
mastopathie n.f.
mastose n.f.
mastroquet n.m.
masturbation n.f.
masturber v.t.
m'as-tu-vu n. inv.
masure n.f.
mat, e [mat] adj.
mat [mat] n.m. ; adj. inv.
mât [mɑ] n.m. (pièce d'un navire)
matabiche n.m.
matador n.m.
mataf n.m.
matage n.m.
matamore n.m.
match n.m. (pl. matchs *ou* matches)
matchiche n.f.
match-play n.m. (pl. match-plays)
maté n.m.
matefaim n.m.
matelas n.m.
matelassage n.m.
matelassé, e adj.
matelassé n.m.
matelasser v.t.
matelassier, ère n.
matelassure n.f.
matelot n.m.
matelotage n.m.
matelote n.f.
mater v.t. (soumettre ; regarder)
mâter v.t. (mettre un mât)
mâtereau n.m.
matérialisation n.f.
matérialiser v.t.
matérialisme n.m.
matérialiste adj. *et* n.
matérialité n.f.
matériau n.m. (pl. matériaux)

matériel, elle adj.
matériel n.m.
matériellement adv.
maternage n.m.
maternel, elle adj.
maternelle n.f.
maternellement adv.
materner v.t.
maternisé, e adj.
maternité n.f.
math *ou* **maths** n.f. pl.
mathématicien, enne n.
mathématique adj. *et* n.f.
mathématiquement adv.
mathématisation n.f.
mathématiser v.t.
matheux, euse n.
mathurin n.m.
mathusalem n.m.
matière n.f.
matiérisme n.m.
matiériste adj. *et* n.
matifiant, e adj.
matin n.m. (partie du jour) ; adv.
mâtin n.m. (chien) ; interj.
mâtin, e n. (personne)
matinal, e, aux adj.
mâtiné, e adj.
matinée n.f.
mâtiner v.t.
matines n.f. pl.
matineux, euse adj. *et* n.
matinier, ère adj.
matir v.t.
matité n.f.
matoir n.m.
matois, e adj. *et* n.
maton, onne n.
matorral n.m. (pl. matorrals)
matos [-tos] n.m.
matou n.m. (pl. matous)
matraquage n.m.
matraque n.f.
matraquer v.t.
matraqueur, euse n. *et* adj.
matras n.m.
matriarcal, e, aux adj.
matriarcat n.m.
matriçage n.m.
matricaire n.f.
matrice n.f.
matricer v.t. (conj. **9**)
matricide n.m.
matriciel, elle adj.
matriclan n.m.
matricule n.f. ; n.m.
matrilignage n.m.
matrilinéaire adj.
matrilocal, e, aux adj.
matrimonial, e, aux adj.
matriochka n.f.
matrone n.f.
matronyme n.m.
matte n.f.
matthiole n.f.
maturation n.f.
mature adj.
mâture n.f.
maturité n.f.
matutinal, e, aux adj.
maubèche n.f.
maudire v.t. (conj. **84**)
maudit, e adj. *et* n.
maugréer v.i. *et* t.
maul n.m.
maurandie n.f.
maure *ou* **more** adj. *et* n.
mauresque *ou* **moresque** adj.
mauresque n.f.
mauricien, enne adj. *et* n.
mauriste n.m.
mauritanien, enne adj. *et* n.
mauser [mozɛr] n.m.
mausolée n.m.
maussade adj.
maussaderie n.f.
mauvais, e adj.
mauvais n.m. ; adv.
mauve n.f. ; adj. *et* n.m.
mauvéine n.f.
mauviette n.f.
mauvis n.m.
maxi adj. inv. ; adv. ; n.m.
maxillaire adj. *et* n.m.
maxille n.f.
maxillipède n.m.
maxillo-facial, e, aux adj.
maxima (a) loc. adj. inv.
maxima n.m. pl.
maximal, e, aux adj.
maximalisation n.f.
maximaliser v.t.
maximalisme n.m.
maximaliste adj. *et* n.
maxime n.f.
maximisation n.f.
maximiser v.t.
maximum n.m. *et* adj. (pl. maximums *ou* maxima)
maxwell n.m.
maya adj. *et* n. (pl. mayas) ; n.m. sing.
maya n.f.
maye [mɛ] n.f. (auge)
mayen n.m.
mayeur *ou* **maïeur** n.m.
mayonnaise n.f.
mayoral, e, aux adj.
mayorat n.m.
mazagran n.m.
mazarinade n.f.
mazdéen, enne adj.
mazdéisme n.m.
mazette n.f. ; interj.
mazot n.m.
mazout n.m.
mazouter v.t.
mazurka n.f.
me pron. pers.
mea culpa *ou* **mea-culpa** n.m. inv.
méandre n.m.
méandrine n.f.
méat n.m.
mec n.m.
mécanicien, enne n.
mécanique adj. *et* n.f.
mécaniquement adv.
mécanisation n.f.
mécaniser v.t.
mécanisme n.m.
mécaniste adj. *et* n.

mécano n.m.
mécanographe n.
mécanographie n.f.
mécanographique adj.
mécanorécepteur n.m.
mécanothérapie n.f.
Meccano n.m. (nom déposé)
mécénat n.m.
mécène n.m.
méchage n.m.
méchamment adv.
méchanceté n.f.
méchant, e adj. *et* n.
mèche n.f.
mécher v.t. (conj. **11**)
méchoui n.m.
mechta n.f.
mécompte n.m.
méconduire (se) v.pr. (conj. **78**)
méconduite n.f.
méconium n.m. (pl. méconiums)
méconnaissable adj.
méconnaissance n.f.
méconnaître v.t. (conj. **71**)
méconnu, e adj. *et* n.
mécontent, e adj. *et* n.
mécontentement n.m.
mécontenter v.t.
mécoptère n.m.
mécréant, e n.
médaille n.f.
médaillé, e adj. *et* n.
médailler v.t.
médailleur n.m.
médaillier n.m.
médaillon n.m.
medal play n.m. (pl. medal plays)
mède adj. *et* n.
médecin n.m.
médecin-conseil n.m. (pl. médecins-conseils)
médecine n.f.
médecine-ball n.m. (pl. médecine-balls)
medersa n.f.
média n.m. (pl. médias)
médial, e, aux adj.
médiale n.f.
médian, e adj.
médiane n.f.
médianoche n.m.
médiante n.f.
médiaplanneur n.m.
médiaplanning n.m.
médiastin n.m.
médiat, e adj.
médiateur, trice adj. *et* n.
médiathèque n.f.
médiation n.f.
médiatique adj.
médiatisation n.f.
médiatiser v.t.
médiator n.m.
médiatrice n.f.
médical, e, aux adj.
médicalement adv.
médicalisation n.f.
médicalisé, e adj.
médicaliser v.t.
médicament n.m.
médicamenteux, euse adj.
médicastre n.m.
médication n.f.
médicinal, e, aux adj.
medicine-ball n.m. (pl. medicine-balls)
médicinier n.m.
médico-légal, e, aux adj.
médico-pédagogique adj. (pl. médico-pédagogiques)
médico-psychologique adj. (pl. médico-psychologiques)
médico-social, e, aux adj.
médico-sportif, ive adj. (pl. médico-sportifs, ives)
médiéval, e, aux adj.
médiévisme n.m.
médiéviste n. *et* adj.
médina n.f.
médiocratie n.f.
médiocre adj. *et* n.
médiocrement adv.
médiocrité n.f.
médique adj.
médire v.t. ind. (conj. **83**)
médisance n.f.
médisant, e adj. *et* n.
méditatif, ive adj. *et* n.
méditation n.f.
méditer v.t. *et* t. ind.
méditerranéen, enne adj. *et* n.
médium n.m. ; n. (pl. médiums)
médiumnique adj.
médiumnité n.f.
médius n.m. inv.
médoc n.m.
médulla n.f.
médullaire adj.
médulleux, euse adj.
médullosurrénale adj.f. *et* n.f.
méduse n.f.
médusé, e adj.
méduser v.t.
meeting n.m.
méfait n.m.
méfiance n.f.
méfiant, e adj. *et* n.
méfier (se) v.pr. (conj. **5**)
méforme n.f.
méga n.m.
mégabit n.m.
mégacaryocyte n.m.
mégacéros n.m.
mégacôlon n.m.
mégaflops n.m.
mégahertz n.m.
mégalérythème n.m.
mégalithe n.m.
mégalithique adj.
mégalithisme n.m.
mégalo adj. *et* n.
mégalomane adj. *et* n.
mégalomaniaque adj.
mégalomanie n.f.
mégalopole ou **mégalopolis** n.f.
mégaloptère n.m.
mégaoctet n.m.
mégaphone n.m.

mégapode n.m.
mégapole n.f.
mégaptère n.m.
mégarde (par) loc. adv.
mégaron n.m.
mégathérium n.m. (pl. mégathériums)
mégatonne n.f.
mégère n.f.
mégir v.t.
mégis n.m.
mégisser v.t.
mégisserie n.f.
mégissier n.m.
mégohm n.m.
mégot n.m.
mégotage n.m.
mégoter v.i.
méharée n.f.
méhari n.m. (pl. méharis *ou* méhara)
méhariste n.
meilleur, e adj.
meilleur n.m.
méiose n.f.
méiotique adj.
meitnerium n.m. (pl. meitneriums)
méjuger v.t. *et* t. ind. (conj. **10**)
melœna *ou* **méléna** n.m.
mélamine n.f.
mélaminé, e adj.
mélampyre n.m.
mélancolie n.f.
mélancolique adj. *et* n.
mélancoliquement adv.
mélanésien, enne adj. *et* n.
mélange n.m.
mélangé, e adj.
mélanger v.t. (conj. **10**)
mélangeur n.m.
mélanine n.f.
mélanique adj.
mélanisme n.m.
mélanocyte n.m.
mélanoderme adj. *et* n.
mélanodermie n.f.
mélanome n.m.
mélanose n.f.
mélasse n.f.
mélatonine n.f.
Melba adj. inv.
melchite [-kit] *ou* **melkite** adj. *et* n.
meldois, e adj. *et* n.
mêlé, e adj.
méléagrine n.f.
mêlé-cassis, mêlé-cass *ou* **mêlé-casse** n.m. inv.
mêlée n.f.
méléna *ou* **melœna** n.m.
mêler v.t.
mêle-tout n. inv.
mélèze n.m.
melia n.m.
méliacée n.f.
mélilot n.m.
méli-mélo n.m. (pl. mélis-mélos)
mélinite n.f.
mélioratif, ive adj.
mélioratif n.m.
mélisse n.f.
mélitococcie n.f.
mélitte n.f.
melkite *ou* **melchite** adj. *et* n.
mellah n.m.
mellifère adj.
mellification n.f.
mellifique adj.
melliflu, e *ou* **melliflue** (selon l'Académie) adj.
mélo n.m.
mélodie n.f.
mélodieusement adv.
mélodieux, euse adj.
mélodique adj.
mélodiste n.
mélodramatique adj.
mélodrame n.m.
méloé n.m.
mélomane n. *et* adj.
mélomanie n.f.
melon n.m.
mélongène *ou* **mélongine** n.f.
melonné, e adj.
melonnière n.f.
mélopée n.f.
mélophage n.m.
melting-pot n.m. (pl. melting-pots)
mélusine n.f.
membranaire adj.
membrane n.f.
membraneux, euse adj.
membre n.m.
membré, e adj.
membron n.m.
membru, e adj.
membrure n.f.
même adj. *et* n.m. ; adv.
mémé n.f.
mêmement adv.
mémento n.m.
mémère n.f.
mémérer v.i. (conj. **11**)
mémoire n.f. ; n.m.
mémorable adj.
mémorandum n.m. (pl. mémorandums)
mémorial n.m. (pl. mémoriaux)
mémorialiste n.
mémoriel, elle adj.
mémorisable adj.
mémorisation n.f.
mémoriser v.t.
menaçant, e adj.
menace n.f.
menacé, e adj.
menacer v.t. (conj. **9**)
ménade n.f.
ménage n.m.
ménagé, e adj.
ménagement n.m.
ménager v.t. (conj. **10**)
ménager, ère adj.
ménagère n.f.
ménagerie n.f.
ménagiste n.
menchevique *ou* **menchevik** adj. *et* n.
mendélévium n.m. (pl. mendéléviums)
mendélien, enne adj.
mendélisme n.m.
mendiant, e n. *et* adj.

mendicité n.f.
mendier v.t. *et* i. (conj. **5**)
mendigot, e n.
mendigoter v.t. *et* i.
mendole n.f.
meneau n.m.
menée n.f.
menées n.f. pl.
mener v.t. *et* i. (conj. **12**)
ménestrel n.m.
ménétrier n.m.
meneur, euse n.
menhir n.m.
menin, e n.
méninge n.f.
méningé, e adj.
méningiome n.m.
méningite n.f.
méningitique adj.
méningocoque n.m.
méningo-encéphalite n.f. (pl. méningo-encéphalites)
méniscal, e, aux adj.
méniscographie n.f.
ménisque n.m.
mennonite n.
ménologe n.m.
ménopause n.f.
ménopausée adj.f.
ménopausique adj.
menora n.f.
ménorragie n.f.
menotte n.f.
menotter v.t.
mense n.f.
mensonge n.m.
mensonger, ère adj.
mensongèrement adv.
menstruation n.f.
menstruel, elle adj.
menstrues n.f. pl.
mensualisation n.f.
mensualiser v.t.
mensualité n.f.
mensuel, elle adj. *et* n.
mensuellement adv.
mensuration n.f.
mental, e, aux adj.
mentalement adv.
mentalisation n.f.
mentalisme n.m.
mentalité n.f.
menterie n.f.
menteur, euse adj. *et* n.
menthe n.f.
menthol n.m.
mentholé, e adj.
mention n.f.
mentionner v.t.
mentir v.i. (conj. **26**)
mentisme n.m.
menton n.m.
mentonnet n.m.
mentonnier, ère adj.
mentonnière n.f.
mentor n.m.
menu, e adj. ; n.m. ; adv.
menuet n.m.
menuise n.f.
menuiser v.t.
menuiserie n.f.
menuisier n.m.
ménure n.m.
ményanthe n.m.
méphistophélique adj.
méphitique adj.
méphitisme n.m.
méplat, e adj.
méplat n.m.
méprendre (se) v.pr. (conj. **61**)
mépris n.m.
méprisable adj.
méprisant, e adj.
méprise n.f.
mépriser v.t.
mer n.f. (eau)
mercanti n.m.
mercantile adj.
mercantilisme n.m.
mercantiliste adj. *et* n.
mercaptan n.m.
mercaticien, enne n.
mercatique n.f.
mercenaire adj. ; n.m.
mercerie n.f.
mercerisage n.m.
merceriser v.t.
merchandising n.m.
merci n.f. sing. ; interj. ; n.m. (pl. *mercis*)
mercier, ère n.
mercredi n.m.
mercure n.m.
mercureux adj.m.
mercurey n.m.
mercuriale n.f.
mercuriel, elle adj.
mercurique adj.
Mercurochrome n.m. (nom déposé)
merde n.f. ; interj.
merder v.i. *et* t.
merdeux, euse adj. *et* n.
merdier n.m.
merdique adj.
merdoyer v.i. (conj. **7**)
mère adj. ; n.f. (femme)
mère-grand n.f. (pl. mères-grand)
mérens n.m.
merguez n.f.
mergule n.m.
méridien, enne adj.
méridien n.m.
méridienne n.f.
méridional, e, aux adj. *et* n.
meringue n.f.
meringuer v.t.
mérinos n.m.
merise n.f.
merisier n.m.
mérisme n.m.
méristème n.m.
méritant, e adj.
mérite n.m.
mériter v.t. *et* t. ind.
méritocratie n.f.
méritoire adj.
merl *ou* **maërl** n.m.
merlan n.m.
merle n.m.
merlette n.f.
merlin n.m.
merlon n.m.
merlot n.m.
merlu n.m.
merluche n.f.

mérostome n.m.
mérou n.m. (pl. mérous)
mérovingien, enne adj.
merrain n.m.
mérule n.m. *ou* f.
merveille n.f.
merveilleuse n.f.
merveilleusement adv.
merveilleux, euse adj.
merveilleux n.m.
mérycisme n.m.
merzlota n.f.
mes adj. poss. pl.
mesa n.f.
mésaise n.m.
mésalliance n.f.
mésallier (se) v.pr. (conj. **5**)
mésange n.f.
mésangette n.f.
mésaventure n.f.
mésaxonien adj.m. *et* n.m.
mescaline n.f.
mesclun n.m.
mesdames n.f. pl.
mesdemoiselles n.f. pl.
mésencéphale n.m.
mésenchyme n.m.
mésentente n.f.
mésentère n.m.
mésentérique adj.
mésestime n.f.
mésestimer v.t.
mésintelligence n.f.
mesmérisme n.m.
méso-américain, e adj. (pl. méso-américains, es)
mésoblaste n.m.
mésoblastique adj.
mésocarpe n.m.
mésoderme n.m.
mésodermique adj.
mésoéconomie n.f.
mésolithique adj. *et* n.m.
mésomère adj.
mésomérie n.f.
mésomorphe adj.
méson n.m.
mésopause n.f.
mésopotamien, enne adj. *et* n.
mésosphère n.f.
mésothérapie n.f.
mésothorax n.m.
mésozoaire n.m.
mésozoïque adj. *et* n.m.
mesquin, e adj.
mesquinement adv.
mesquinerie n.f.
mess n.m. inv.
message n.m.
messager, ère n.
messagerie n.f.
messe n.f.
messeoir v.t. ind. *et* v. impers. (conj. **53**)
messer n.m.
messianique adj.
messianisme n.m.
messidor n.m.
messie n.m.
messieurs n.m. pl.
messin, e adj. *et* n.
messire n.m.
mestrance *ou* **maistrance** n.f.
mesurable adj.
mesurage n.m.
mesure n.f.
mesuré, e adj.
mesurer v.t.
mesureur n.m.
mésusage n.m.
mésuser v.t. ind.
Méta n.m. (nom déposé)
métabole adj.
métabolique adj.
métaboliser v.t.
métabolisme n.m.
métabolite n.m.
métacarpe n.m.
métacarpien, enne adj.
métacarpien n.m.
métacentre n.m.
métacentrique adj.
métacognition n.f.
métaconnaissance n.f.
métairie n.f.
métal n.m. (pl. métaux)
métalangage n.m.
métalangue n.f.
métal-carbonyle n.m. (pl. métaux-carbonyles)
métaldéhyde n.m.
métalinguistique adj.
métallerie n.f.
métallier, ère n.
métallifère adj.
métallique adj.
métallisation n.f.
métalliser v.t.
métalliseur adj.m.
métallo n.m.
métallochromie n.f.
métallogénie n.f.
métallographie n.f.
métallographique adj.
métalloïde n.m.
métalloplastique adj.
métalloprotéine n.f.
métallurgie n.f.
métallurgique adj.
métallurgiste n.m.
métalogique adj. *et* n.f.
métamathématique adj. *et* n.f.
métamère n.m.
métamérie n.f.
métamérisé, e adj.
métamorphique adj.
métamorphiser v.t.
métamorphisme n.m.
métamorphosable adj.
métamorphose n.f.
métamorphoser v.t.
métaphase n.f.
métaphore n.f.
métaphorique adj.
métaphoriquement adv.
métaphosphorique adj.
métaphyse n.f.
métaphysicien, enne n.
métaphysique adj. *et* n.f.
métaphysiquement adv.
métaplasie n.f.
métapsychique adj. *et* n.f.
métapsychologie n.f.
métastable adj.

métastase n.f.
métastaser v.i.
métastatique adj.
métatarse n.m.
métatarsien, enne adj.
métatarsien n.m.
métathéorie n.f.
métathérien n.m.
métathèse n.f.
métathorax n.m.
métayage n.m.
métayer, ère n.
métazoaire n.m.
méteil n.m.
métempsycose n.f.
métencéphale n.m.
météo n.f.
météore n.m.
météorique adj.
météorisation n.f.
météorisme n.m.
météorite n.f.
météoritique adj.
météorologie n.f.
météorologique adj.
météorologue *ou* **météorologiste** n.
métèque n.m.
méthacrylate n.m.
méthacrylique adj.
méthadone n.f.
méthanal n.m. (pl. méthanals)
méthane n.m.
méthanier adj. ; n.m.
méthaniser v.t.
méthanoïque adj.
méthanol n.m.
méthémoglobine n.f.
méthémoglobinémie n.f.
méthionine n.f.
méthode n.f.
méthodique adj.
méthodiquement adv.
méthodisme n.m.
méthodiste adj. *et* n.
méthodologie n.f.
méthodologique adj.
méthylacrylique adj.
méthyle n.m.
méthylène n.m.
méthylique adj.
méthylorange n.m.
metical n.m. (pl. meticals)
méticuleusement adv.
méticuleux, euse adj.
méticulosité n.f.
métier n.m.
métis, isse adj. *et* n.
métissage n.m.
métisser v.t.
métonymie n.f.
métonymique adj.
métope n.f.
métrage n.m.
mètre n.m.
métré n.m.
métrer v.t. (conj. **11**)
métreur, euse n.
métricien, enne n.
métrique adj. *et* n.f.
métrisation n.f.
métrite n.f.
métro n.m. ; adj. *et* n.
métrologie n.f.
métrologique adj.
métrologiste *ou* **métrologue** n.
métronome n.m.
métropole n.f.
métropolitain, e adj.
métropolitain n.m.
métropolite n.m.
métrorragie n.f.
mets n.m.
mettable adj.
metteur n.m.
mettre v.t. (conj. **64**)
meublant, e adj.
meuble adj. ; n.m.
meublé, e adj.
meublé n.m.
meubler v.t. *et* i.
meuf n.f.
meuglement n.m.
meugler v.i.
meulage n.m.
meule n.f.
meuler v.t.
meulette n.f.
meulière n.f.
meulon n.m.
meunerie n.f.
meunier, ère adj.
meunier n.m.
meunière n.f.
meurette n.f.
meursault n.m.
meurtre n.m.
meurtrier, ère adj. *et* n.
meurtrière n.f.
meurtrir v.t.
meurtrissure n.f.
meusien, enne adj. *et* n.
meute n.f.
mévente n.f.
mexicain, e adj. *et* n.
mézigue *ou* **mézig** pron. pers.
mezzanine n.f.
mezza voce loc. adv.
mezzo-soprano n.m. *ou* n.f. (pl. mezzo-sopranos)
mezzotinto n.m. inv.
mi n.m. inv.
miam *ou* **miam-miam !** interj.
miaou n.m. (pl. *miaous*)
miasmatique adj.
miasme n.m.
miaulement n.m.
miauler v.i.
miauleur, euse adj.
mi-bas n.m. inv.
mi-bois (à) loc. adv.
mica n.m.
micacé, e adj.
mi-carême n.f. (pl. mi-carêmes)
micaschiste n.m.
micellaire adj.
micelle n.f.
miche n.f.
micheline n.f.
mi-chemin (à) loc. adv.
micheton n.m.
mi-clos, e adj.
micmac n.m.
micocoulier n.m.

micoquien, enne adj.
micoquien n.m.
mi-corps (à) loc. adv.
mi-côte (à) loc. adv.
mi-course (à) loc. adv.
micro n.m. ; n.f.
microalvéole n.f.
microanalyse n.f.
microbalance n.f.
microbe n.m.
microbien, enne adj.
microbille n.f.
microbiologie n.f.
microbiologiste n.
microbouturage n.m.
microbus n.m.
microcassette n.f.
microcéphale adj. *et* n.
microcéphalie n.f.
microchimie n.f.
microchirurgie n.f.
microcircuit n.m.
microclimat n.m.
microcline n.m.
microcoque n.m.
microcosme n.m.
microcosmique adj.
micro-cravate n.m. (pl. micros-cravates)
microcristal n.m. (pl. microcristaux)
microcuvette n.f.
microcytose n.f.
microdissection n.f.
microéconomie n.f.
microéconomique adj.
microédition n.f.
microélectronique n.f.
microfibre n.f.
microfiche n.f.
microfilm n.m.
microfilmer v.t.
microflore n.f.
microforme n.f.
microfractographie n.f.
microglie n.f.
microglobuline n.f.
microglossaire n.m.
micrographie n.f.
micrographique adj.
microgravité n.f.
microgrenu, e adj.
micro-informatique n.f. (pl. micro-informatiques)
micro-intervalle n.m. (pl. micro-intervalles)
micro-irrigation n.f. (pl. micro-irrigations)
microlite n.m. (cristal)
microlithe n.m. (pierre taillée)
microlithique adj.
microlitique adj.
micromanipulateur n.m.
micromécanique n.f.
micrométéorite n.f.
micromètre n.m.
micrométrie n.f.
micrométrique adj.
micromodule n.m.
micromutation n.f.
micron n.m.
micronésien, enne adj. *et* n.
micronisation n.f.
microniser v.t.
micronutriment n.m.
micro-onde n.f. (pl. micro-ondes)
micro-ondes n.m. inv.
micro-ordinateur n.m. (pl. micro-ordinateurs)
micro-organisme n.m. (pl. micro-organismes)
micropesanteur n.f.
microphage n.m.
microphone n.m.
microphonique adj.
microphotographie n.f.
microphotographique adj.
microphysique n.f.
micropilule n.f.
micropodiforme n.m.
microprocesseur n.m.
microprogrammation n.f.
micropropagation n.f.
micropsie n.f.
micropyle n.m.
microsatellite n.m.
microscope n.m.
microscopie n.f.
microscopique adj.
microséisme n.m.
microsillon n.m.
microsociologie n.f.
microsonde n.f.
microsporange n.m.
microspore n.f.
microstructure n.f.
microtechnique n.f.
microtome n.m.
microtracteur n.m.
microtraumatisme n.m.
micro-trottoir n.m. (pl. micros-trottoirs)
microtubule n.m.
microvoiture n.f.
miction n.f.
middle jazz n.m. inv.
midi n.m. ; adj. inv.
midinette n.f.
midrash n.m. (pl. midrashim)
midship n.m.
mie n.f.
miel n.m.
miellat n.m.
miellé, e adj.
miellée n.f.
mielleusement adv.
mielleux, euse adj.
mien, mienne pron. *et* adj. poss.
miette n.f.
mieux adv. ; n.m.
mieux-être n.m. inv.
mièvre adj.
mièvrement adv.
mièvrerie n.f.
mi-fer (à) loc. adv.
migmatite n.f.
mignard, e adj.
mignardise n.f.
mignon, onne adj. *et* n.
mignon n.m.
mignonnet, ette adj.
mignonnette n.f.
mignoter v.t.
migraine n.f.

migraineux, euse adj. *et* n.
migrant, e adj. *et* n.
migrateur, trice adj..
migrateur n.m.
migration n.f.
migratoire adj.
migrer v.i.
mihrab n.m. inv.
mi-jambe (à) loc. adv.
mijaurée n.f.
mijoter v.t. *et* i.
Mijoteuse n.f. (nom déposé)
mikado n.m.
mil adj. num. inv.
mil n.m. (millet)
milan n.m.
milanais, e adj. *et* n.
mildiou n.m.
mildiousé, e adj.
mile [majl] n.m. (mesure anglaise)
miler [majlœr] n.m.
miliaire adj.
milice n.f.
milicien, enne n.
milieu n.m. (pl. milieux)
militaire adj. *et* n.
militairement adv.
militant, e adj. *et* n.
militantisme n.m.
militarisation n.f.
militariser v.t.
militarisme n.m.
militariste adj. *et* n.
militaro-industriel, elle adj. (pl. militaro-industriels, elles)
militer v.i.
milk-shake n.m. (pl. milk-shakes)
millage n.m.
millas n.m.
millasse *ou* **milliasse** n.f.
mille adj. num. inv. *et* n.m. inv.
mille n.m. (unité de mesure)
mille-feuille n.f. ; n.m. (pl. mille-feuilles)
millefiori n.m. inv.
mille-fleurs n.f. inv.
millénaire adj. ; n.m.
millénarisme n.m.
millénariste adj. *et* n.
millenium n.m. (pl. milleniums)
mille-pattes n.m. inv.
millepertuis n.m.
millépore n.m.
milleraies n.m.
millerandage n.m.
millerandé, e adj.
millésime n.m.
millésimer v.t.
millet [mijɛ] n.m.
milliaire adj.
milliampère n.m.
milliampèremètre n.m.
milliard n.m.
milliardaire adj. *et* n.
milliardième adj. num. ord. *et* n.
milliasse *ou* **millasse** n.f.
millibar n.m.
millième adj. num. ord. *et* n.
millier n.m.
milligramme n.m.
millilitre n.m.
millimètre n.m.
millimétrique *ou* **millimétré, e** adj.
million n.m.
millionième adj. num. ord. *et* n.
millionnaire adj. *et* n.
millivolt n.m.
millivoltmètre n.m.
milonga n.f.
milord n.m.
milouin n.m.
mi-lourd adj.m. *et* n.m. (pl. mi-lourds)
mime n.m.
mimer v.t. *et* i.
mimétique adj.
mimétisme n.m.
mimi n.m.
mimique adj. ; n.f.
mimodrame n.m.
mimolette n.f.
mimologie n.f.
mimosa n.m.
mimosacée n.f.
mi-moyen adj.m. *et* n.m. (pl. mi-moyens)
min n.m. sing.
minable adj. *et* n.
minablement adv.
minage n.m.
minaret n.m.
minauder v.i.
minauderie n.f.
minaudier, ère adj. *et* n.
Minaudière n.f. (nom déposé)
minbar n.m.
mince adj. ; interj.
minceur n.f.
mincir v.t. *et* i.
mindel n.m.
mine n.f.
miner v.t.
minerai n.m.
minéral, e, aux adj.
minéral n.m. (pl. minéraux)
minéralier n.m.
minéralier-pétrolier n.m. (pl. minéraliers-pétroliers)
minéralisateur, trice adj.
minéralisateur n.m.
minéralisation n.f.
minéralisé, e adj.
minéraliser v.t.
minéralocorticoïde adj. *et* n.m.
minéralogie n.f.
minéralogique adj.
minéralogiste n.
minéralurgie n.f.
minerval n.m. (pl. minervals)
minerve n.f.
minervois n.m.
minestrone n.m.
minet, ette n.
minette n.f.
mineur, e adj. *et* n.
mineur n.m.

mineure n.f.
mini adj. inv. ; n.m.
miniature n.f. *et* adj.
miniaturisation n.f.
miniaturiser v.t.
miniaturiste n.
minibus *ou* **minicar** n.m.
Minicassette n.f. (nom déposé)
minichaîne n.f.
minier, ère adj.
minigolf n.m.
minijupe n.f.
minima (a) loc. adj. inv.
minima n.m. pl.
minimal, e, aux adj.
minimalisation n.f.
minimaliser v.t.
minimalisme n.m.
minimaliste adj. *et* n.
minime adj. ; n. ; n.m.
minimex n.m.
minimexé, e n.
minimisation n.f.
minimiser v.t.
minimum n.m. *et* adj. (pl. minimums *ou* minima)
mini-ordinateur n.m. (pl. mini-ordinateurs)
minipilule n.f.
minisatellite n.m.
ministère n.m.
ministériel, elle adj.
ministrable adj. *et* n.
ministre n.m.
Minitel n.m. (nom déposé)
minitéliste n.
minium n.m. (pl. miniums)
minivague n.f.
minnesang n.m. sing.
minnesänger n.m. inv.
minoen n.m.
minois n.m.
minorant adj.m. *et* n.m.
minoratif, ive adj.
minoration n.f.
minorer v.t.
minoritaire adj. *et* n.
minorité n.f.
minorquin, e adj. *et* n.
minoterie n.f.
minotier n.m.
minou n.m. (pl. minous)
minque n.f.
minuit n.m.
minus n.m. inv.
minuscule adj. ; n.f.
minutage n.m.
minutaire adj.
minute n.f. ; interj.
minuter v.t.
minuterie n.f.
minuteur n.m.
minutie n.f.
minutier n.m.
minutieusement adv.
minutieux, euse adj.
miocène n.m. *et* adj.
mioche n.
mi-parti, e adj. (pl. mi-partis, es)
mir n.m.
mirabelle n.f.
mirabellier n.m.
mirabilis n.m.
miracidium n.m. (pl. miracidiums)
miracle n.m.
miraculé, e adj. *et* n.
miraculeusement adv.
miraculeux, euse adj.
mirador n.m.
mirage n.m.
miraud, e *ou* **miro** adj. *et* n.
mirbane n.f.
mire n.f.
mire-œuf *ou* **mire-œufs** n.m. (pl. mire-œufs)
mirepoix n.f.
mirer v.t.
mirettes n.f. pl.
mireur, euse n.
mirifique adj.
mirliflore *ou* **mirliflor** n.m.
mirliton n.m.
mirmidon n.m.
mirmillon n.m.
miro *ou* **miraud, e** adj. *et* n.
mirobolant, e adj.
miroir n.m.
miroitant, e adj.
miroité, e adj.
miroitement n.m.
miroiter v.i.
miroiterie n.f.
miroitier, ère n.
miroton *ou* **mironton** n.m.
misaine n.f.
misandre adj. *et* n.
misandrie n.f.
misanthrope adj. *et* n.
misanthropie n.f.
misanthropique adj.
miscellanées n.f. pl.
miscibilité n.f.
miscible adj.
mise n.f.
miser v.t. *et* i.
misérabilisme n.m.
misérabiliste adj.
misérable adj. *et* n.
misérablement adv.
misère n.f.
miserere n.m. inv. *ou* **miséréré** n.m. (pl. misérérés)
miséreux, euse adj. *et* n.
miséricorde n.f.
miséricordieux, euse adj.
misogyne adj. *et* n.
misogynie n.f.
misonéisme n.m.
misonéiste adj. *et* n.
mispickel n.m.
miss n.f. (pl. miss *ou* misses)
missel n.m.
missi dominici n.m. pl.
missile n.m.
missilier n.m.
mission n.f.
missionnaire n. *et* adj.
missive n.f. *et* adj. f.
mistelle n.f.
mistigri n.m.

miston, onne n.
mistoufle n.f.
mistral n.m. (pl. mistrals)
mita n.f.
mitage n.m.
mitaine n.f.
mitan n.m.
mitard n.m.
mite n.f.
mité, e adj.
mi-temps loc. adv. ; n.f. inv. ; n.m. inv.
miter (se) v.pr.
miteux, euse adj.
mithriacisme n.m.
mithriaque adj.
mithridatisation n.f.
mithridatiser v.t
mithridatisme n.m.
mitigation n.f.
mitigé, e adj.
mitiger v.t. (conj. **10**)
mitigeur n.m.
mitochondrie n.f.
mitonner v.i. *et* t.
mitose n.f.
mitotique adj.
mitoyen, enne adj.
mitoyenneté n.f.
mitraillade n.f.
mitraillage n.m.
mitraille n.f.
mitrailler v.t.
mitraillette n.f.
mitrailleur n.m.
mitrailleuse n.f.
mitral, e, aux adj.
mitre n.f.
mitré, e adj.
mitron n.m.
mi-voix (à) loc. adv.
mixage n.m.
mixer v.t.
mixer *ou* **mixeur** n.m.
mixité n.f.
mixte adj.
mixtion n.f.
mixture n.f.
mnémonique adj.
mnémotechnique adj.
mnésique adj.
moa n.m.
moabite adj. *et* n.
mob n.f.
mobile adj. ; n.m.
mobile home n.m. (pl. mobile homes)
mobilier, ère adj.
mobilier n.m.
mobilisable adj.
mobilisateur, trice adj.
mobilisation n.f.
mobiliser v.t.
mobilité n.f.
Mobylette n.f. (nom déposé)
mocassin n.m.
mochard, e adj.
moche adj.
mocheté n.f.
modal, e, aux adj.
modalisation n.f.
modalité n.f.
mode n.f. ; n.m.
modelage n.m.
modèle n.m. ; adj.
modelé n.m.
modeler v.t. (conj. **12**)
modeleur, euse n.
modélisation n.f.
modéliser v.t.
modélisme n.m.
modéliste n.
modem n.m.
modénature n.f.
modérateur, trice adj. *et* n.
modérateur n.m.
modération n.f.
moderato adv.
modéré, e adj. *et* n.
modérément adv.
modérer v.t. (conj. **11**)
modern dance n.f. (pl. modern dances)
moderne adj. ; n.m.
modernisateur, trice adj. *et* n.
modernisation n.f.
moderniser v.t.
modernisme n.m.
moderniste adj. *et* n.
modernité n.f.
modern style n.m. sing. ; adj. inv.
modeste adj.
modestement adv.
modestie n.f.
modicité n.f.
modifiable adj.
modificateur, trice adj.
modificatif, ive adj.
modification n.f.
modifier v.t. (conj. **5**)
modillon n.m.
modique adj.
modiquement adv.
modiste n.
modulable adj.
modulaire adj.
modulant, e adj.
modulateur, trice adj.
modulation n.f.
module n.m.
moduler v.t. *et* i.
modulo adj. inv.
Modulor n.m. (nom déposé)
modus vivendi n.m. inv.
moelle n.f.
moelleusement adv.
moelleux, euse adj.
moellon n.m.
moere *ou* **moëre** n.f.
mœurs n.f. pl.
mofette n.f.
mofler v.t.
mohair n.m.
moho n.m.
moi pron. pers. ; n.m. inv.
moie *ou* **moye** n.f.
moignon n.m.
moindre adj.
moindrement adv.
moine n.m.
moineau n.m.
moinerie n.f.
moinillon n.m.
moins adv. ; prép. ; n.m.

moins-disant n.m. (pl. moins-disants)
moins-perçu n.m. (pl. moins-perçus)
moins-value n.f. (pl. moins-values)
moirage n.m.
moire n.f.
moiré, e adj.
moiré n.m.
moirer v.t.
moirure n.f.
mois n.m.
moise n.f.
moïse n.m.
moiser v.t.
moisi n.m.
moisir v.t. *et* i.
moisissure n.f.
moissine n.f.
moisson n.f.
moissonnage n.m.
moissonner v.t.
moissonneur, euse n.
moissonneuse n.f.
moissonneuse-batteuse n.f. (pl. moissonneuses-batteuses)
moissonneuse-lieuse n.f. (pl. moissonneuses-lieuses)
moite adj.
moiteur n.f.
moitié n.f.
moitir v.t.
moka n.m.
mol adj.m.
molaire adj. (de *mole*) ; n.f.
môlaire adj. (de *môle*)
molalité n.f.
molarité n.f.
molasse n.f.
moldave adj. *et* n.
mole n.f. (unité de mesure)
môle n.m. (digue) ; n.f. (poisson-lune)
moléculaire adj.
molécule n.f.
molécule-gramme n.f. (pl. molécules-grammes)
molène n.f.
moleskine n.f.
molester v.t.
moletage n.m.
moleter v.t. (conj. **16**)
molette n.f.
molière n.m.
moliéresque adj.
molinisme n.m.
moliniste adj. *et* n.
mollah, mulla *ou* **mullah** n.m.
mollard n.m.
mollasse adj. *et* n.f.
mollasserie n.f.
mollasson, onne adj. *et* n.
mollement adv.
mollesse n.f.
mollet, ette adj.
mollet n.m.
molletière n.f. *et* adj.f.
molleton n.m.
molletonner v.t.
molletonneux, euse adj.
mollir v.i. *et* t.
mollisol n.m.
mollo adv.
molluscum n.m. (pl. molluscums)
mollusque n.m.
moloch n.m.
molosse n.m.
molure n.m.
molybdène n.m.
molybdénite n.f.
molybdique adj.
mombin n.m.
môme n.
moment n.m.
momentané, e adj.
momentanément adv.
momerie n.f. (sentiments feints)
mômerie n.f. (enfantillage)
momie n.f.
momification n.f.
momifier v.t. (conj. **5**)
mon adj. poss. m. (pl. mes)
monacal, e, aux adj.
monachisme n.m.
monade n.f.
monadelphe adj.
monadisme n.m.
monadologie n.f.
monarchie n.f.
monarchien n.m.
monarchique adj.
monarchisme n.m.
monarchiste adj. *et* n.
monarque n.m.
monastère n.m.
monastique adj.
monaural, e, aux adj.
monazite n.f.
monceau n.m.
mondain, e adj. *et* n.
mondanité n.f.
monde n.m.
monder v.t.
mondial, e, aux adj.
mondial n.m. sing.
mondialement adv.
mondialisation n.f.
mondialiser v.t.
mondialisme n.m.
mondialiste adj. *et* n.
mondovision n.f.
monégasque adj. *et* n.
Monel n.m. (nom déposé)
monème n.m.
monergol n.m.
monétaire adj.
monétarisation n.f.
monétarisme n.m.
monétariste adj. *et* n.
Monétique n.f. (nom déposé)
monétisation n.f.
monétiser v.t.
mongol, e adj. *et* n.
mongol n.m. sing.
mongolien, enne adj. *et* n.
mongolisme n.m.
mongoloïde adj.
moniale n.f.
monilia n.m.

moniliose n.f.
monisme n.m.
moniste adj. *et* n.
moniteur, trice n.
moniteur n.m.
monition n.f.
monitoire n.m. *et* adj.
monitor n.m.
monitorage n.m.
monitorat n.m.
monitoring n.m.
môn-khmer, ère adj. (pl. môn-khmers, ères)
môn-khmer n.m. sing.
monnaie n.f.
monnaie-du-pape n.f. (pl. monnaies-du-pape)
monnayable adj.
monnayage n.m.
monnayer v.t. (conj. **6**)
monnayeur n.m.
mono n. ; n.f.
monoacide adj. *et* n.m.
monoamine n.f.
monoamine-oxydase n.f. (pl. monoamines-oxydases)
monoatomique adj.
monobase n.f.
monobasique adj.
monobloc adj. *et* n.m.
monocâble adj.
monocaméral, e, aux adj.
monocamérisme *ou* **monocaméralisme** n.m.
monocaténaire adj.
monochromateur n.m.
monochromatique adj.
monochrome adj.
monochromie n.f.
monocle n.m.
monoclinal, e, aux adj.
monoclinique adj.
monoclonal, e, aux adj.
monocolore adj.
monocoque adj. ; n.m.
monocorde adj. ; n.m.
monocorps adj. *et* n.m.
monocotylédone n.f.
monocristal n.m. (pl. monocristaux)
monoculaire adj.
monoculture n.f.
monocycle n.m.
monocyclique adj.
monocylindre adj. *et* n.m.
monocyte n.m.
monodépartemental, e, aux adj.
monodie n.f.
monodique adj.
monœcie n.f.
monogame adj.
monogamie n.f.
monogamique adj.
monogatari n.m.
monogénique adj.
monogénisme n.m.
monogramme n.m.
monographie n.f.
monographique adj.
monoï n.m. inv.
monoïque adj.
monokini n.m.
monolingue adj. *et* n.
monolinguisme n.m.
monolithe adj. *et* n.m.
monolithique adj.
monolithisme n.m.
monologue n.m.
monologuer v.i.
monomanie n.f.
monôme n.m.
monomère adj. *et* n.m.
monométallisme n.m.
monométalliste adj. *et* n.
monomoteur adj.m. *et* n.m.
mononucléaire n.m.
mononucléé, e adj.
mononucléose n.f.
monoparental, e, aux adj.
monopartisme n.m.
monophasé, e adj.
monophonie n.f.
monophonique adj.
monophysisme n.m.
monophysite adj. *et* n.
monoplace adj. ; n.f.
monoplan adj. *et* n.m.
monoplégie n.f.
monopole n.m.
monopoleur, euse adj. *et* n.
monopolisateur, trice n.
monopolisation n.f.
monopoliser v.t.
monopoliste adj. *et* n.
monopolistique adj.
Monopoly n.m. (nom déposé)
monoprocesseur adj.m. *et* n.m.
monopsone n.m.
monoptère adj. *et* n.m.
monorail adj. *et* n.m.
monosaccharide n.m.
monosémique adj.
monosépale adj.
monoski n.m.
monospace n.m.
monosperme adj.
monostyle adj.
monosyllabe adj. *et* n.m.
monosyllabique adj.
monothéisme n.m.
monothéiste adj. *et* n.
monothélisme n.m.
monotone adj.
monotonie n.f.
monotrace adj.
monotrème n.m.
monotype n.m.
Monotype n.f. (nom déposé)
monovalent, e adj.
monoxyde n.m.
monoxyle adj.
monozygote adj.
monseigneur n.m. (pl. messeigneurs *ou* nosseigneurs)
monsieur n.m. (pl. messieurs)

monsignor *ou*
monsignore n.m.
(pl. monsignors, monsignori)
monstera n.m.
monstrance n.f.
monstre n.m. *et* adj.
monstrillidé n.m.
monstrueusement adv.
monstrueux, euse adj.
monstruosité n.f.
mont n.m.
montage n.m.
montagnard, e adj. *et* n.
montagne n.f.
montagneux, euse adj.
montaison n.f.
montalbanais, e adj. *et* n.
montanisme n.m.
montaniste adj. *et* n.
montant, e adj.
montant n.m.
montbéliard, e adj. *et* n.
mont-blanc n.m. (pl. monts-blancs)
mont-de-piété n.m. (pl. monts-de-piété)
mont-d'or n.m. (pl. monts-d'or)
monte n.f.
monté, e adj.
monte-charge n.m. (pl. inv. *ou* monte-charges)
montée n.f.
monte-en-l'air n.m. inv.
monténégrin, e adj. *et* n.
monte-plat *ou*
monte-plats n.m. (pl. monte-plats)
monter v.i. *et* t.
monte-sac *ou*
monte-sacs n.m. (pl. monte-sacs)
monteur, euse n.
montgolfière n.f.
monticule n.m.
mont-joie n.f. (pl. monts-joie)
montmartrois, e adj. *et* n.
montmorency n.f.
montmorillonite n.f.
montoir n.m.
montois, e adj. *et* n.
montpelliérain, e adj. *et* n.
montrable adj.
montrachet n.m.
montre n.f.
montréalais, e adj. *et* n.
montre-bracelet n.f. (pl. montres-bracelets)
montrer v.t.
montreur, euse n.
montueux, euse adj.
monture n.f.
monument n.m.
monumental, e, aux adj.
monumentalité n.f.
moque n.f.
moquer v.t.
moquerie n.f.
moquette n.f.
moquetter v.t.
moqueur, euse adj. *et* n.
moqueur n.m.
moracée n.f.
moraillon n.m.
moraine n.f.
morainique adj.
moral, e, aux adj.
moral n.m. sing.
morale n.f.
moralement adv.
moralisant, e adj.
moralisateur, trice adj. *et* n.
moralisation n.f.
moraliser v.t.
moralisme n.m.
moraliste n.
moralité n.f.
morasse n.f.
moratoire adj. ; n.m.
morave adj. *et* n.
morbide adj.
morbidesse n.f.
morbidité n.f.
morbier n.m.
morbihannais, e adj. *et* n.
morbilleux, euse adj.
morbleu ! interj.
morce n.f.
morceau n.m.
morcelable adj.
morceler v.t. (conj. **16**)
morcellement n.m.
mordache n.f.
mordacité n.f.
mordançage n.m.
mordancer v.t. (conj. **9**)
mordant, e adj.
mordant n.m.
mordicant, e adj.
mordicus adv.
mordillage *ou*
mordillement n.m.
mordiller v.t.
mordoré, e adj.
mordorure n.f.
mordre v.t., i. *et* t. ind. (conj. **59**)
mordu, e adj. *et* n.
more *ou* **maure** adj. *et* n.
morelle n.f.
morène n.f.
moresque *ou*
mauresque adj.
morfal, e n. (pl. morfals, ales)
morfil n.m.
morfler v.i.
morfondre (se) v.pr. (conj. **59**)
morganatique adj.
morganatiquement adv.
morganite n.f.
morgeline n.f.
morgon n.m.
morgue n.f.
moribond, e adj. *et* n.
moricaud, e adj. *et* n.
morigéner v.t. (conj. **11**)
morille n.f.
morillon n.m.
moringa n.m.
morio n.m.
morion n.m.
morisque adj. *et* n.

mormon, e n. *et* adj.
mormonisme n.m.
morne adj. ; n.m.
mornifle n.f.
morose adj.
morosité n.f.
morphème n.m.
morphine n.f.
morphing n.m.
morphinique adj.
morphinisme n.m.
morphinomane n.
morphinomanie n.f.
morphogène adj.
morphogenèse n.f.
morphologie n.f.
morphologique adj.
morphologiquement adv.
morphopsychologie n.f.
morpion n.m.
mors n.m. (du cheval)
morse n.m.
morsure n.f.
mort, e adj. *et* n.
mort n.f. ; n. m. (de *mourir*)
mortadelle n.f.
mortaisage n.m.
mortaise n.f.
mortaiser v.t.
mortaiseuse n.f.
mortalité n.f.
mort-aux-rats n.f. inv.
mort-bois n.m. (pl. morts-bois)
morte-eau n.f. (pl. mortes-eaux)
mortel, elle adj. *et* n.
mortellement adv.
morte-saison n.f. (pl. mortes-saisons)
mortier n.m.
mortifère adj.
mortifiant, e adj.
mortification n.f.
mortifier v.t. (conj. **5**)
mortinatalité n.f.
mort-né, e adj. *et* n. (pl. mort-nés, mort-nées)
mortuaire adj. ; n.f.
morue n.f.
morula n.f.
morutier, ère adj.
morutier n.m.
morvandiau adj.m. *et* n.m. *ou* **morvandeau, elle** adj. *et* n.
morve n.f.
morveux, euse adj. *et* n.
mos [mos] n.m. (transistor)
mosaïque adj. ; n.f.
mosaïsme n.m.
mosaïste n.
mosan, e adj.
moscovite adj. *et* n.
mosellan, e adj. *et* n.
mosquée n.f.
mot n.m. (langue)
motard, e n.
mot-clé *ou* **mot-clef** n.m. (pl. mots-clés, mots-clefs)
motel n.m.
motelle n.f.
motet n.m.
moteur, trice adj.
moteur n.m.
moteur-fusée n.m. (pl. moteurs-fusées)
motif n.m.
motilité n.f.
motion n.f.
motivant, e adj.
motivation n.f.
motivé, e adj.
motiver v.t.
moto n.f.
moto-ball n.m. (pl. moto-balls)
motociste n.
motocross n.m. inv.
motoculteur n.m.
motoculture n.f.
motocycle n.m.
motocyclette n.f.
motocyclisme n.m.
motocycliste n.
motonautique adj.
motonautisme n.m.
motoneige n.f.
motoneigisme n.m.
motoneigiste n.
motopaver n.m.
motopompe n.f.
motor-home n.m. (pl. motor-homes)
motorisation n.f.
motorisé, e adj.
motoriser v.t.
motoriste n.
motorship n.m.
motrice n.f.
motricité n.f.
mots croisés *ou* **mots-croisés** n.m.
mots-croisiste n. (pl. mots-croisistes)
motte n.f.
motter (se) v.pr.
motteux n.m.
motu proprio loc. adv. ; n. m. inv.
motus ! interj.
mot-valise n.m. (pl. mots-valises)
mou *ou* **mol, molle** adj. *et* n.
mou n.m.
mouchage n.m.
moucharabieh n.m.
mouchard, e adj. *et* n.
mouchard n.m.
mouchardage n.m.
moucharder v.t. *et* i.
mouche n.f.
moucher v.t.
moucheron n.m.
moucheronner v.i.
mouchet n.m.
moucheté, e adj.
moucheter v.t. (conj. **16**)
mouchetis n.m.
mouchette n.f.
moucheture n.f.
mouchoir n.m.
mouchure n.f.
mouclade n.f.
moudjahid n.m. (pl. moudjahidine *ou* moudjahidin)
moudre v.t. (conj. **65**)

moue n.f.
mouette n.f.
moufeter v.i.
moufette ou **mouffette** n.f.
moufle n.f. ; n.m.
mouflet, ette n.
mouflon n.m.
moufter (conj. **3**) *ou* **moufeter** v.i. (conj. **16**)
mouillabilité n.f.
mouillable adj.
mouillage n.m.
mouillance n.f.
mouillant, e adj.
mouillant n.m.
mouille n.f.
mouillé, e adj.
mouillement n.m.
mouiller v.t.
mouillère n.f.
mouillette n.f.
mouilleur n.m.
mouilloir n.m.
mouillon n.m.
mouillure n.f.
mouise n.f.
moujik n.m.
moujingue n.
moukère *ou* **mouquère** n.f.
moulage n.m.
moulant, e adj.
moule n.m. ; n.f.
moulé, e adj.
mouler v.t.
mouleur, euse n.
moulière n.f.
moulin n.m.
moulinage n.m.
moulin-à-vent n.m. inv.
mouliner v.t.
moulinet n.m.
Moulinette n.f. (nom déposé)
Mouloud *ou* **Mulud** n.m.
moult adv.
moulu, e adj.
mouluration n.f.
moulure n.f.
moulurer v.t.
moulurière n.f.
moumoute n.f.
mouquère *ou* **moukère** n.f.
mourant, e adj. *et* n.
mourir v.i. (conj. **30** ; auxil. *être*)
mouroir n.m.
mouron n.m.
mourre n.f.
mousmé n.f.
mousquet n.m.
mousquetaire n.m.
mousqueterie n.f.
mousqueton n.m.
moussage n.m.
moussaillon n.m.
moussaka n.f.
moussant, e adj.
mousse n.m. ; n.f. ; adj.
mousseline n.f. ; adj. inv.
mousser v.i.
mousseron n.m.
mousseux, euse adj.
moussoir n.m.
mousson n.f.
moussu, e adj.
moustache n.f.
moustachu, e adj. *et* n.
moustérien, enne adj.
moustérien n.m.
moustiquaire n.f.
moustique n.m.
moût n.m.
moutard n.m.
moutarde n.f. ; adj. inv.
moutardier n.m.
moutier n.m.
mouton n.m.
moutonné, e adj.
moutonnement n.m.
moutonner v.i.
moutonnerie n.f.
moutonneux, euse adj.
moutonnier, ère adj.
mouture n.f.
mouvance n.f.
mouvant, e adj.
mouvement n.m.
mouvementé, e adj.
mouvementer v.t.
mouvoir v.t. (conj. **41**)
Moviola n.f. (nom déposé)
mox n.m. inv.
moxa n.m.
moxibustion n.f.
moye *ou* **moie** [mwa] n.f.
moyé, e adj.
moyen, enne adj.
moyen n.m.
Moyen Âge n.m. sing.
moyenâgeux, euse adj.
moyen-courrier n.m. *et* adj. (pl. moyen-courriers)
moyen-métrage *ou* **moyen métrage** n.m. (pl. moyens [-] métrages)
moyennant prép.
moyenne n.f.
moyennement adv.
moyenner v.t.
moyen-oriental, e, aux adj.
moyette n.f.
moyeu n.m. (pl. moyeux)
mozabite *ou* **mzabite** adj. *et* n.
mozambicain, e adj. *et* n.
mozarabe adj. *et* n.
mozette n.f.
mozzarelle *ou* **mozzarella** n.f.
mu n.m. inv. (lettre) ; n.m. (muon)
mû, mue part. pass. de *mouvoir* (pl. mus, mues)
muance n. f.
mucilage n.m.
mucilagineux, euse adj.
mucine n.f.
mucor n.m.
mucosité n.f.
mucoviscidose n.f.
mucron n.m.
mucus n.m. inv.
mudéjar, e adj. *et* n.
mudra n.f. inv.
mue n.f.
muer v.i.

muesli n.m.
muet, ette adj. *et* n.
muette n.f.
muezzin n.m.
muffin n.m.
mufle n.m.
muflerie n.f.
muflier n.m.
mufti *ou* **muphti** n.m.
muge n.m.
mugir v.i.
mugissant, e adj.
mugissement n.m.
muguet n.m.
muid n.m.
mulard, e n. *et* adj.
mulassier, ère adj.
mulâtre adj. *et* n.
mulâtresse n.f.
mule n.f.
mule-jenny n.f. (pl. mule-jennys)
mulet n.m.
muleta n.f.
muletier, ère adj. *et* n.
mulette n.f.
mulhousien, enne adj. *et* n.
mulla *ou* **mullah** n.m.
mulon n.m.
mulot n.m.
mulsion n.f.
multicâble adj. *et* n.m.
multicarte adj.
multicellulaire adj.
multicolore adj.
multiconfessionnel, elle adj.
multicoque adj. *et* n.m.
multicouche adj.
multiculturalisme n.m.
multiculturaliste adj. *et* n.
multiculturel, elle adj.
multidiffusion n.f.
multidimensionnel, elle adj.
multidisciplinaire adj.
multiethnique adj.
multifenêtre adj.
multifilaire adj.
multifonction *ou* **multifonctions** adj.
multiforme adj.
multigrade adj.
multilatéral, e, aux adj.
multilinéaire adj.
multilingue adj.
multilinguisme n.m.
multiloculaire adj.
multimédia adj. ; n.m.
multimètre n.m.
multimilliardaire adj. *et* n.
multimillionnaire adj. *et* n.
multinational, e, aux adj.
multinationale n.f.
multinationalisation n.f.
multinévrite n.f.
multinorme adj.
multipare adj. f. *et* n.f.
multiparité n.f.
multipartisme n.m.
multipartite adj.
multiple adj. ; n.m.
multiplet n.m.
multiplex adj. inv. *et* n.m. inv.
multiplexage n.m.
multiplexe n.m.
multiplexeur n.m.
multipliable adj.
multiplicande n.m.
multiplicateur, trice adj.
multiplicateur n.m.
multiplicatif, ive adj.
multiplication n.f.
multiplicativement adv.
multiplicité n.f.
multiplier v.t. *et* i. (conj. **5**)
multiplieur n.m.
multipoint *ou* **multipoints** adj.
multipolaire adj.
multiposte adj. *et* n.m.
multiprise n.f.
multiprocesseur adj.m. *et* n.m.
multiprogrammation n.f.
multiprogrammé, e adj.
multipropriété n.f.
multiracial, e, aux adj.
multirécidiviste n.
multirisque adj.
multisalle *ou* **multisalles** adj.
multiservice adj.
multisoupapes adj.
multistades adj.
multistandard adj.
multitâche adj.
multitraitement n.m.
multitube adj.
multitubulaire adj.
multitude n.f.
multivarié, e adj.
multivibrateur n.m.
multivoie adj. *et* n.m.
Mulud *ou* **Mouloud** n.m.
mungo n.m.
munichois, e adj. *et* n.
municipal, e, aux adj.
municipales n.f. pl.
municipalisation n.f.
municipaliser v.t.
municipalité n.f.
municipe n.m.
munificence n.f.
munificent, e adj.
munir v.t.
munition n.f.
munitionnaire n.m.
munster n.m.
muntjac n.m.
muon n.m.
muphti ou **mufti** n.m.
muqarnas n.m. pl.
muqueuse n.f.
muqueux, euse adj.
mur n.m.
mûr, e adj.
murage n.m.
muraille n.f.
mural, e, aux adj.
muralisme n.m.
muraliste adj. *et* n.
mûre n.f.

mûrement adv.
murène n.f.
murénidé n.m.
murer v.t.
muret n.m.
murette n.f.
murex n.m.
muridé n.m.
mûrier n.m.
murin n.m.
mûrir v.i. *et* t.
mûrissage n.m.
mûrissant, e adj.
mûrissement n.m.
mûrisserie n.f.
murmel n.m.
murmurant, e adj.
murmure n.m.
murmurer v.i.
mur-rideau n.m. (pl. murs-rideaux)
musacée n.f.
musagète adj.m.
musaraigne n.f.
musard, e adj. *et* n.
musarder v.i.
musardise n.f.
musc n.m.
muscade n.f.
muscadet n.m.
muscadier n.m.
muscadin n.m.
muscadine n.f.
muscardin n.m.
muscardine n.f.
muscari n.m.
muscarine n.f.
muscat n.m. *et* adj. m.
muscidé [-si-] n.m.
muscinal, e, aux [-si-] adj.
muscinée [-si-] n.f.
muscle n.m.
musclé, e adj.
muscler v.t.
muscovite n.f.
musculaire adj.
musculation n.f.
musculature n.f.
musculeux, euse adj.
musculo-membraneux, euse adj. (pl. musculo-membraneux, euses)
muse n.f.
muséal, e, aux adj.
museau n.m.
musée n.m.
museler v.t. (conj. **16**)
muselet n.m.
muselière n.f.
musellement n.m.
muséographe n.
muséographie n.f.
muséologie n.f.
muséologue n.
muser v.i.
muserolle n.f.
musette n.f.
muséum n.m. (pl. muséums)
musical, e, aux adj.
musical n.m. (pl. musicals)
musicalement adv.
musicalité n.f.
music-hall n.m. (pl. music-halls)
musicien, enne adj. *et* n.
musicographe n.
musicographie n.f.
musicographique adj.
musicologie n.f.
musicologique adj.
musicologue n.
musicothérapie n.f.
musique n.f.
musiquette n.f.
musoir n.m.
musqué, e adj.
mussif, ive adj.
mussipontain, e adj. *et* n.
must [mœst] n.m.
mustang n.m.
mustélidé n.m.
musulman, e adj. *et* n.
mutabilité n.f.
mutable adj.
mutage n.m.
mutagène adj.
mutagenèse n.f.
mutant, e adj. *et* n.
mutateur n.m.
mutation n.f.
mutationnisme n.m.
mutationniste adj. *et* n.
mutatis mutandis loc. adv.
mutazilisme n.m.
mutazilite n.m.
muter v.t. *et* i.
mutilant, e adj.
mutilateur, trice adj. *et* n.
mutilation n.f.
mutilé, e n.
mutiler v.t.
mutin, e adj.
mutin n.m.
mutiné, e adj. *et* n.
mutiner (se) v.pr.
mutinerie n.f.
mutique adj.
mutisme n.m.
mutité n.f.
mutualiser v.t.
mutualisme n.m.
mutualiste adj. *et* n.
mutualité n.f.
mutuel, elle adj.
mutuelle n.f.
mutuellement adv.
mutuellisme n.m.
mutuelliste n.
mutule n.f.
myalgie n.f.
myasthénie n.f.
myatonie n.f.
mycélien, enne adj.
mycélium n.m. (pl. mycéliums)
mycénien, enne adj. *et* n.
mycénien n.m.
mycobactérie n.f.
mycoderme n.m.
mycologie n.f.
mycologique adj.
mycologue n.
mycoplasme n.m.
mycorhize n.f.
mycose n.f.

mycosique adj.
mydriase n.f.
mydriatique adj. *et* n.m.
mye n.f. (mollusque)
myélencéphale n.m.
myéline n.f.
myélinisé, e adj.
myélite n.f.
myéloblaste n.m.
myélocyte n.m.
myélogramme n.m.
myélographie n.f.
myéloïde adj.
myélome n.m.
myélopathie n.f.
mygale n.f.
myiase n.f.
mylonite n.f.
myocarde n.m.
myocardiopathie n.f.
myocardite n.f.
myocastor n.m.
myofibrille n.f.
myoglobine n.f.
myologie n.f.
myome n.m.
myomectomie n.f.
myopathe adj. *et* n.
myopathie n.f.
myope adj. *et* n.
myopie n.f.
myorelaxant, e adj.
myorelaxant n.m.
myosine n.f.
myosis n.m.
myosite n.f.
myosotis n.m.
myotique adj. *et* n.m.
myriade n.f.
myriapode n.m.
myriophylle n.f.
myrmécophile adj. *et* n.
myrmidon *ou* **mirmidon** n.m.
myrobalan *ou* **myrobolan** n.m.
myrosine n.f.
myroxyle *ou* **myroxylon** n.m.
myrrhe n.f.
myrtacée n.f.
myrte n.m.
myrtille n.f.
mystère n.m.
mystérieusement adv.
mystérieux, euse adj.
mysticète n.m.
mysticisme n.m.
mysticité n.f.
mystifiable adj.
mystifiant, e adj.
mystificateur, trice adj. *et* n.
mystification n.f.
mystifier v.t. (conj. **5**)
mystique adj. *et* n. ; n.f.
mystiquement adv.
mythe n.m.
mythifier v.t. (conj. **5**)
mythique adj.
mythologie n.f.
mythologique adj.
mythologue n.
mythomane n.
mythomaniaque adj.
mythomanie n.f.
mytiliculteur, trice n.
mytiliculture n.f.
myxine n.f.
myxœdémateux, euse adj. *et* n.
myxœdème n.m.
myxomatose n.f.
myxomycète n.m.
mzabite *ou* **mozabite** adj. *et* n.

n

n n.m. inv.
na ! interj.
nabab n.m.
nabatéen, enne adj.
nabi n.m.
nable n.m.
nabot, e n.
nabuchodonosor n.m.
nacelle n.f.
nacre n.f.
nacré, e adj.
nacrer v.t.
nadir n.m.
nævo-carcinome n.m. (pl. nævo-carcinomes)
nævus n.m. (pl. nævi)
nagaïka n.f.
nagari n.f. sing.
nage n.f.
nageoire n.f.
nager v.i. *et* t. (conj. **10**)
nageur, euse n.
naguère adv.
nahuatl n.m.
naïade n.f.
naïf, ïve adj. *et* n.
naïf n.m.
nain, naine n. *et* adj.
naira n.m.
naissain n.m.
naissance n.f.
naissant, e adj.
naître v.i. (conj. **72**; auxil. *être*)
naïvement adv.
naïveté n.f.
naja n.m.
namibien, enne adj. *et* n.
nana n.f.
nanan n.m.
nanar n.m.
nandou n.m.
naniser (conj. **3**) *ou*
nanifier v.t. (conj. **5**)
nanisme n.m.
nankin n.m.
nanomètre n.m.
nanophysique n.f.
nanotechnologie n.f.
nansouk *ou* **nanzouk** n.m.
nantais, e adj. *et* n.
nanti, e adj. *et* n.
nantir v.t.
nantissement n.m.
nanzouk *ou* **nansouk** n.m.
naos n.m.
napalm n.m.
napée n.f.
napel n.m.
naphta n.m.
naphtalène n.m.
naphtaline n.f.
naphte n.m.
naphtol n.m.
napoléon n.m.
napoléonien, enne adj.
napolitain, e adj. *et* n.
nappage n.m.
nappe n.f.
napper v.t.
napperon n.m.
narcisse n.m.
narcissique adj.
narcissisme n.m.
narcoanalyse n.f.
narcodollar n.m.
narcolepsie n.f.
narcose n.f.
narcotique adj. *et* n.m.
narcotrafiquant, e n.
nard n.m.
narguer v.t.
narguilé, narghilé *ou* **narghileh** n.m.
narine n.f.
narquois, e adj.
narquoisement adv.
narrateur, trice n.
narratif, ive adj.
narration n.f.
narrer v.t.
narthex n.m.
narval n.m. (pl. narvals)
nasal, e, aux adj.
nasalisation n.f.
nasaliser v.t.
nasalité n.f.
nasarde n.f.
nase *ou* **naze** n.m. ; adj.
naseau n.m.
nasillard, e adj.
nasillement n.m.
nasiller v.i.
nasilleur, euse n.
nasique n.m.
nasitort n.m.
nasonnement n.m.
nasse n.f.
natal, e, als adj.
nataliste adj.
natalité n.f.
natation n.f.
natatoire adj.
natice n.f.
natif, ive adj. *et* n.
nation n.f.
national, e, aux adj.
nationale n.f.
nationalisation n.f.
nationaliser v.t.
nationalisme n.m.
nationaliste adj. *et* n.
nationalité n.f.

national-populisme n.m. sing.
national-socialisme n.m. sing.
national-socialiste adj. *et* n. (pl. nationaux-socialistes)
nationaux n.m. pl.
nativisme n.m.
nativité n.f.
natoufien,enne adj.
natoufien n.m.
natrémie n.f.
natron *ou* **natrum** n.m.
nattage n.m.
natte n.f.
natter v.t.
nattier, ère n.
naturalisation n.f.
naturalisé, e adj. *et* n.
naturaliser v.t.
naturalisme n.m.
naturaliste adj. *et* n.
nature n.f. ; adj. inv.
naturel, elle adj. ; n.
naturel n.m.
naturellement adv.
naturisme n.m.
naturiste adj. *et* n.
naturopathe n.
naturopathie n.f.
naucore n.f.
naufrage n.m.
naufragé, e adj. *et* n.
naufrager v.i. (conj. **10**)
naufrageur, euse n.
naumachie n.f.
naupathie n.f.
nauplius n.m. inv.
nauséabond, e adj.
nausée n.f.
nauséeux, euse adj.
nautile n.m.
nautique adj.
nautisme n.m.
nautonier n.m.
navaja n.f.
naval, e, als adj.
navalisation n.f.
navarin n.m.
navarrais, e adj. *et* n.
navel n.f.
navet n.m.
navette n.f.
navetteur, euse n.
navicert n.m. inv.
navicule n.f.
navigabilité n.f.
navigable adj.
navigant, e adj. *et* n.
navigateur, trice n.
navigation n.f.
naviguer v.i.
Naviplane n.m. (nom déposé)
navire n.m.
navire-atelier n.m. (pl. navires-ateliers)
navire-citerne n.m. (pl. navires-citernes)
navire-école n.m. (pl. navires-écoles)
navire-hôpital n.m. (pl. navires-hôpitaux)
navire-jumeau n.m. (pl. navires-jumeaux)
navire-usine n.m. (pl. navires-usines)
navisphère n.f.
navrant, e adj.
navré, e adj.
navrement n.m.
navrer v.t.
näy *ou* **ney** n.m.
nazaréen, enne adj. *et* n.
naze *ou* **nase** n.m. ; adj.
nazi, e adj. *et* n.
nazisme n.m.
ne adv.
né, e adj.
néandertalien, enne adj.
néandertalien n.m.
néanmoins adv.
néant n.m.
néantisation n.f.
néantiser v.t.
nebka n.f.
nébuleuse n.f.
nébuleux, euse adj.
nébulisation n.f.
nébuliser v.t.
nébuliseur n.m.
nébulosité n.f.
nécessaire adj. *et* n.m.
nécessairement adv.
nécessitant, e adj.
nécessité n.f.
nécessiter v.t.
nécessiteux, euse adj. *et* n.
neck n.m.
nec plus ultra n.m. inv.
nécrobie n.f.
nécrologe n.m.
nécrologie n.f.
nécrologique adj.
nécrologue n.
nécromancie n.f.
nécromancien, enne n.
nécromant n.m.
nécrophage adj.
nécrophile adj. *et* n.
nécrophilie n.f.
nécrophore n.m.
nécropole n.f.
nécropsie n.f.
nécrose n.f.
nécroser v.t.
nécrotique adj.
nectaire n.m.
nectar n.m.
nectarifère adj.
nectarine n.f.
nectarivore adj.
necton n.m.
néerlandais, e adj. *et* n.
néerlandais n.m.
néerlandophone adj. *et* n.
nef n.f.
néfaste adj.
nèfle n.f.
néflier n.m.
négateur, trice adj. *et* n.
négatif, ive adj.
négatif n.m.
négation n.f.
négationnisme n.m.
négative n.f.
négativement adv.
négativisme n.m.

négativité n.f.
négatoscope n.m.
négligé n.m.
négligeable adj.
négligemment adv.
négligence n.f.
négligent, e adj. *et* n.
négliger v.t. (conj. **10**)
négoce n.m.
négociabilité n.f.
négociable adj.
négociant, e n.
négociateur, trice n.
négociation n.f.
négocier v.t. (conj. **5**)
négondo *ou* **negundo** n.m.
nègre, négresse n.
nègre adj.
négrier, ère adj.
négrier n.m.
négrille n.m.
négrillon, onne n.
négritude n.f.
négro-africain, e adj. (pl. négro-africains, es)
négroïde adj. *et* n.
negro spiritual n.m. (pl. negro spirituals)
néguentropie n.f.
negundo *ou* **négondo** n.m.
négus n.m.
neige n.f.
neigeoter v. impers.
neiger v. impers. (conj. **10**)
neigeux, euse adj.
nelumbo *ou* **nélombo** n.m.
nem n.m.
némathelminthe n.m.
nématique adj.
nématoblaste n.m.
nématocère n.m.
nématocyste n.m.
nématode n.m.
néméens adj.m. pl.
némerte n.m. *ou* f.
némertien n.m
ne-me-touchez-pas n.m. inv.
néné n.m.
nénette n.f.
nénies n.f. pl.
nenni adv.
nénuphar n.m.
néoblaste n.m.
néo-calédonien, enne adj. *et* n. (pl. néo-calédoniens, ennes)
néocapitalisme n.m.
néocapitaliste adj. *et* n.
néoclassicisme n.m.
néoclassique adj.
néocolonialisme n.m.
néocolonialiste adj. *et* n.
néocommunisme n.m.
néocortex n.m.
néodarwinisme n.m.
néodyme n.m.
néofascisme n.m.
néofasciste adj. *et* n.
néoformation n.f.
néoformé, e adj.
néogène adj. *et* n.m.
néogothique adj. *et* n.m.
néogrammairien, enne adj. *et* n.
néogrec, néogrecque adj.
néo-hébridais, e adj. *et* n. (pl. néo-hébridais, es)
néo-impressionnisme n.m.
néo-impressionniste adj. *et* n. (pl. néo-impressionnistes)
néokantisme n.m.
néolibéralisme n.m.
néolithique n.m.
néolithisation n.f.
néolocal, e, aux adj.
néologie n.f.
néologique adj.
néologisme n.m.
néomercantilisme n.m.
néomortalité n.f.
néomycine n.f.
néon n.m.
néonatal, e, als adj.
néonatalogie n.f.
néonazi, e adj. *et* n.
néonazisme n.m.
néophyte n.
néopilina n.m.
néoplasie n.f.
néoplasique adj.
néoplasme n.m.
néoplasticisme n.m.
néoplatonicien, enne adj. *et* n.
néoplatonisme n.m.
néopositivisme n.m.
néopositiviste adj. *et* n.
Néoprène n.m. (nom déposé)
néoréalisme n.m.
néoréaliste adj. *et* n.
néotectonique n.f.
néoténie n.f.
néothomisme n.m.
néottie n.f.
néo-zélandais, e adj. *et* n. (pl. néo-zélandais, es)
népalais, e adj. *et* n.
népalais *ou* **népali** n.m.
nèpe n.f.
népenthès n.m.
népérien, enne adj.
néphélémétrie n.f.
néphéline n.f.
néphrectomie n.f.
néphrétique adj.
néphridie n.f.
néphrite n.f.
néphrologie n.f.
néphrologue n.
néphron n.m.
néphropathie n.f.
népotisme n.m.
neptunisme n.m.
neptunium n.m. (pl. neptuniums)
néré n.m.
néréide n.f.
néréis n.m.
nerf n.m.
néritique adj.
néroli n.m.
néronien, enne adj.

nerprun n.m.
nervation n.f.
nerveusement adv.
nerveux, euse adj. *et* n.
nervi n.m.
nervin, e adj.
nervosité n.f.
nervure n.f.
nervurer v.t.
Nescafé n.m. (nom déposé)
n'est-ce pas adv. interr.
nestorianisme n.m.
nestorien, enne adj. *et* n.
net, nette adj.
net n.m. ; adj. inv. ; adv.
netsuke n.m. inv.
nettement adv.
netteté n.f.
nettoiement n.m.
nettoyage n.m.
nettoyant n.m.
nettoyer v.t. (conj. **7**)
nettoyeur, euse n.
nettoyeur n.m.
neuchâteloise n.f.
neuf adj. num. inv. *et* n.m. inv.
neuf, neuve adj.
neufchâtel [nøʃatɛl] n.m.
neume n.m.
neural, e, aux adj.
neurasthénie n.f.
neurasthénique adj. *et* n.
neurinome n.m.
neurobiologie n.f.
neuroblaste n.m.
neurochimie n.f.
neurochimique adj.
neurochirurgical, e, aux adj.
neurochirurgie n.f.
neurochirurgien, enne n.
neurodépresseur adj. m. *et* n.m.
neuroendocrinien, enne adj.
neuroendocrinologie n.f.
neurofibromatose n.f.
neuroleptique adj. *et* n.m.
neurolinguistique n.f.
neurologie n.f.
neurologique adj.
neurologue n.
neuromédiateur n.m.
neuromusculaire adj.
neuronal, e, aux adj.
neurone n.m.
neuronique adj.
neuropathie n.f.
neuropeptide n.m.
neurophysiologie n.f.
neurophysiologique adj.
neuroplégique adj. *et* n.m.
neuropsychiatre n.
neuropsychiatrie n.f.
neuropsychologie n.f.
neuropsychologue n.
neurosciences n.f. pl.
neurotomie n.f.
neurotonie n.f.
neurotonique adj. *et* n.
neurotoxine n.f.
neurotransmetteur n.m.
neurotransmission n.f.
neurotrope adj.
neurovégétatif, ive adj.
neurula n.f.
neutralisant, e adj.
neutralisation n.f.
neutraliser v.t.
neutralisme n.m.
neutraliste adj. *et* n.
neutralité n.f.
neutre adj. *et* n. ; n.m.
neutrino n.m.
neutron n.m.
neutronique adj.
neutronographie n.f.
neutropénie n.f.
neutrophile adj. *et* n.m.
neuvain n.m.
neuvaine n.f.
neuvième adj. num. ord. *et* n. ; n.f.
neuvièmement adv.
ne varietur loc. adj. inv. *et* loc. adv.
névé n.m.
neveu n.m. (pl. neveux)
névralgie n.f.
névralgique adj.
névraxe n.m.
névrite n.f.
névritique adj.
névroglie n.f.
névropathe adj. *et* n.
névropathie n.f.
névroptère n.m.
névrose n.f.
névrosé, e adj. *et* n.
névrotique adj.
new-look [nju-] adj. inv. *et* n.m. inv.
newsmagazine *ou* **news** [njuz] n.m.
newton [nju-] n.m.
newtonien, enne [nju-] adj.
new wave [nju-] n.f.
new-yorkais, e [nu-] adj. *et* n. (pl. new-yorkais, es)
ney *ou* **näy** n.m.
nez n.m. inv.
ni conj.
niable adj.
niais, e adj. *et* n.
niaisement adv.
niaiser v.i.
niaiserie n.f.
niaiseux, euse adj. *et* n.
niaouli n.m.
nib adv.
nicam n.m.
nicaraguayen, enne adj. *et* n.
niche n.f.
nichée n.f.
nicher v.i., **se nicher** v.pr.
nichet n.m.
nichoir n.m.
nichon n.m.
nickel n.m.
nickelage n.m.
nickeler v.t. (conj. **16**)
nicodème n.m.
niçois, e adj. *et* n.

nicol n.m.
nicolaïsme n.m.
nicolaïte n.m.
nicotinamide n.f.
nicotine n.f.
nicotinique adj.
nictation n.f.
nictitant, e adj.
nictitation n.f.
nid n.m.
nidation n.f.
nid-d'abeilles n.m. (pl. nids-d'abeilles)
nid-de-pie n.m. (pl. nids-de-pie)
nid-de-poule n.m. (pl. nids-de-poule)
nid-d'oiseau n.m. (pl. nids-d'oiseau)
nidification n.f.
nidifier v.i. (conj. **5**)
niébé n.m.
nièce n.f.
niellage n.m.
nielle n.m. ; n.f.
nieller v.t.
niellure n.f.
nielsbohrium n.m. (pl. nielsbohriums)
nième, n-ième *ou* **nième** adj. *et* n.
nier v.t. (conj. **5**)
nietzschéen, enne [nitʃ-] adj. *et* n.
nife [nife] n.m.
nigaud, e adj. *et* n.
nigauderie n.f.
nigelle n.f.
nigérian, e adj. *et* n.
nigérien, enne adj. *et* n.
nigéro-congolais, e adj. (pl. nigéro-congolais, es)
night-club [najtklœb] n.m. (pl. night-clubs)
nihilisme n.m.
nihiliste adj. *et* n.
nilgaut n.m.
nille n.f.
nilles n.f. pl.
nilo-saharien, enne adj. (pl. nilo-sahariens, ennes)
nilotique adj.
nimbe n.m.
nimber v.t.
nimbo-stratus n.m. inv.
nimbus n.m. inv.
nîmois, e adj. *et* n.
n'importe adv.
ninas n.m.
niobium n.m. (pl. niobiums)
niolo n.m.
nippe n.f.
nipper v.t.
nippon, onne *ou* **one** adj. *et* n.
nique n.f.
niquer v.t.
nirvana n.m.
nissart n.m.
nitrant, e adj.
nitratation n.f.
nitrate n.m.
nitrate-fuel n.m. (pl. nitrates-fuels)
nitrater v.t.
nitration n.f.
nitre n.m.
nitré, e adj.
nitrer v.t.
nitreux, euse adj.
nitrifiant, e adj.
nitrification n.f.
nitrifier v.t. (conj. **5**)
nitrile n.m.
nitrique adj.
nitrite n.m.
nitrobacter n.m.
nitrobenzène n.m.
nitrocellulose n.f.
nitrogène n.m.
nitroglycérine n.f.
nitrosation n.f.
nitrosé, e adj.
nitrosomonas n.m.
nitrosyle n.m.
nitruration n.f.
nitrure n.m.
nitrurer v.t.
nival, e, aux adj.
nivéal, e, aux adj.
niveau n.m.
nivelage n.m.
niveler v.t. (conj. **16**)
niveleur, euse adj. *et* n.
niveleurs n.m. pl.
niveleuse n.f.
nivelle n.f.
nivellement n.m.
nivéole n.f.
nivernais, e adj. *et* n.
nivicole adj.
nivo-glaciaire adj. (pl. nivo-glaciaires)
nivo-pluvial, e, aux adj.
nivôse n.m.
nixe n.f.
nô n.m. inv.
nobel n.
nobélisable adj. *et* n.
nobélium n.m. (pl. nobéliums)
nobiliaire adj. ; n.m.
noblaillon n.m.
noble adj. *et* n.
noblement adv.
noblesse n.f.
nobliau n.m.
noce n.f.
noceur, euse n.
nocher n.m.
nociception n.f.
nocif, ive adj.
nocivité n.f.
noctambule adj. *et* n.
noctambulisme n.m.
noctiluque n.f.
noctuelle n.f.
noctuidé n.m.
noctule n.f.
nocturne adj. ; n.m. ; n.f.
nocuité n.f.
nodal, e, aux adj.
nodosité n.f.
nodulaire adj.
nodule n.m.
noduleux, euse adj.
Noël n.m. ; n.f.
noël n.m.
noème n.m.
noèse n.f.

noétique adj.
nœud n.m.
noir, e adj. ; n. (avec une majuscule)
noir n.m.
noirâtre adj.
noiraud, e adj. *et* n.
noirceur n.f.
noircir v.t.
noircissement n.m.
noircissure n.f.
noire n.f.
noise n.f.
noiseraie n.f.
noisetier n.m.
noisette n.f. ; adj. inv.
noix n.f.
noli-me-tangere n.m. inv.
noliser v.t.
nom n.m.
nomade adj. *et* n.
nomadiser v.i.
nomadisme n.m.
no man's land n.m. inv.
nombrable adj.
nombre n.m.
nombrer v.t.
nombreux, euse adj.
nombril n.m.
nombrilisme n.m.
nome n.m.
nomenclature n.f.
nomenklatura n.f.
nominal, e, aux adj.
nominalement adv.
nominalisation n.f.
nominaliser v.t.
nominalisme n.m.
nominaliste adj. *et* n.
nominatif, ive adj.
nominatif n.m.
nomination n.f.
nominativement adv.
nominer v.t.
nommé, e adj. *et* n.
nommément adv.
nommer v.t.
nomothète n.m.
non adv. ; n.m. inv.
non-accompli, e adj.
non-accompli n.m. (pl. non-accomplis)
non-activité n.f. (pl. non-activités)
nonagénaire adj. *et* n.
non-agression n.f. (pl. non-agressions)
non-aligné, e adj. *et* n. (pl. non-alignés, es)
non-alignement n.m. (pl. non-alignements)
non-animé, e adj. (pl. non-animés, es)
nonantaine n.f.
nonante adj. num.
nonantième adj. num. ord. *et* n.
non-assistance n.f. (pl. non-assistances)
non-belligérance n.f. (pl. non-belligérances)
non-belligérant, e adj. *et* n. (pl. non-belligérants, es)
nonce n.m.
nonchalamment adv.
nonchalance n.f.
nonchalant, e adj. *et* n.
nonciature n.f.
non-combattant, e adj. *et* n. (pl. non-combattants, es)
non-comparant, e adj. *et* n. (pl. non-comparants, es)
non-comparution n.f. (pl. non-comparutions)
non-comptable adj. *et* n.m. (pl. non-comptables)
non-conciliation n.f. (pl. non-conciliations)
non-concurrence n.f. (pl. non-concurrences)
non-conformisme n.m. (pl. non-conformismes)
non-conformiste adj. *et* n. (pl. non-conformistes)
non-conformité n.f. (pl. non-conformités)
non-contradiction n.f. (pl. non-contradictions)
non-croyant, e adj. *et* n. (pl. non-croyants, es)
non-cumul n.m. (pl. non-cumuls)
non-dénonciation n.f. (pl. non-dénonciations)
non-directif, ive adj. (pl. non-directifs, ives)
non-directivité n.f. (pl. non-directivités)
non-discrimination n.f. (pl. non-discriminations)
non-dissémination n.f. (pl. non-disséminations)
non-dit n.m. inv.
non-droit n.m. sing.
none n.f.
non-engagé, e adj. (pl. non-engagés, es)
nones n.f. pl.
non-être n.m. inv.
non-euclidien, enne adj. (pl. non-euclidiens, ennes)
non-événement *ou* **non-évènement** n.m. (pl. non-évé[è]nements)
non-exécution n.f. (pl. non-exécutions)
non-existence n.f. (pl. non-existences)
non-figuratif, ive adj. *et* n. (pl. non-figuratifs, ives)
non-figuration n.f. (pl. non-figurations)
non-fumeur, euse n. (pl. non-fumeurs, euses)
non-ingérence n.f. (pl. non-ingérences)
non-initié, e adj. *et* n. (pl. non-initiés, es)
non-inscrit, e adj. *et* n. (pl. non-inscrits, es)
non-intervention n.f. (pl. non-interventions)
non-interventionniste adj. *et* n. (pl. non-interventionnistes)
non-jouissance n.f. (pl. non-jouissances)

non-lieu n.m. (pl. non-lieux)
non-métal n.m. (pl. non-métaux)
non-moi n.m. inv.
nonne n.f.
nonnette n.f.
nonobstant prép. *et* adv.
non-paiement n.m. (pl. non-paiements)
nonpareil, eille adj.
non-prolifération n.f. (pl. non-proliférations)
non-recevoir n.m. inv.
non-réponse n.f. (pl. non-réponses)
non-représentation n.f. (pl. non-représentations)
non-résident n.m. (pl. non-résidents)
non-respect n.m. (pl. non-respects)
non-retour n.m. inv.
non-salarié, e n. (pl. non-salariés, es)
non-sens n.m. inv.
non-spécialiste adj. *et* n. (pl. non-spécialistes)
non standard adj. inv.
non-stop adj. inv. ; n.f. inv.
non-tissé n.m. (pl. non-tissés)
nonupler v.t.
non-usage n.m. (pl. non-usages)
non-valeur n.f. (pl. non-valeurs)
non-violence n.f. (pl. non-violences)
non-violent, e adj. *et* n. (pl. non-violents, es)
non-voyant, e n. (pl. non-voyants, es)
nopal n.m. (pl. nopals)
noradrénaline n.f.
noramidopyrine n.f.
nord n.m. inv. *et* adj. inv.
nord-africain, e adj. *et* n. (pl. nord-africains, es)
nord-américain, e adj. *et* n. (pl. nord-américains, es)
nord-coréen, enne adj. *et* n. (pl. nord-coréens, ennes)
nordé *ou* **nordet** n.m.
nord-est n.m. inv. *et* adj. inv.
nordicité n.f.
nordique adj. *et* n.
nordir v.i.
nordiste adj. *et* n.
nord-ouest n.m. inv. *et* adj. inv.
nord-vietnamien, enne adj. *et* n. (pl. nord-vietnamiens, ennes)
noria n.f.
normal, e, aux adj.
normale n.f.
normalement adv.
normalien, enne n.
normalisateur, trice adj. *et* n.
normalisation n.f.
normalisé, e adj.
normaliser v.t.
normalité n.f.
normand, e adj. *et* n.
normatif, ive adj.
normativité n.f.
norme n.f.
normé, e adj.
normographe n.m.
noroît *ou* **norois** n.m. (vent)
norrois n.m. (langue)
norvégien, enne adj. *et* n.
norvégien n.m. sing.
nos adj. poss. pl.
nosémose n.f.
nosocomial, e, aux adj.
nosoconiose n.f.
nosographie n.f.
nosologie n.f.
nosophobie n.f.
nostalgie n.f.
nostalgique adj. *et* n.
nostoc n.m.
nota bene *ou* **nota** n.m. inv.
notabilité n.f.
notable adj. ; n.m.
notablement adv.
notaire n.m.
notairesse n.f.
notamment adv.
notarial, e, aux adj.
notariat n.m.
notarié, e adj.
notateur, trice n.
notation n.f.
note n.f.
noter v.t.
nothofagus n.m. inv.
notice n.f.
notificatif, ive adj.
notification n.f.
notifier v.t. (conj. **5**)
notion n.f.
notionnel, elle adj.
notoire adj.
notoirement adv.
notonecte n.f.
notoriété n.f.
notre adj. poss. (pl. **nos**)
nôtre pron. *et* adj. poss.
Notre-Dame n.f. sing.
notule n.f.
nouage n.m.
nouaison n.f.
nouba n.f.
noue n.f.
noué, e adj.
nouer v.t.
nouet n.m.
noueux, euse adj.
nougat n.m.
nougatine n.f.
nouille n.f.
noulet n.m.
nouménal, e, aux adj.
noumène n.m.
nounou n.f. (pl. nounous)
nounours n.m.
nourrain n.m.
nourri, e adj.
nourrice n.f.
nourricier, ère adj.

nourrir v.t.
nourrissage n.m.
nourrissant, e adj.
nourrisseur n.m.
nourrisson n.m.
nourriture n.f.
nous pron. pers.
nouure n.f.
nouveau, elle adj. *et* n
nouveau n.m.
nouveau-né, e adj. *et* n.
(pl. nouveau-nés, es)
nouveauté n.f.
nouvel adj. m. (devant une voyelle ou un *h* muet)
nouvelle n.f.
nouvellement adv.
nouvelliste n.
nova n.f. (pl. novae)
novateur, trice adj. *et* n.
novation n.f.
novatoire adj.
novélisation n.f.
novembre n.m.
nover v.t.
novice n. *et* adj.
noviciat n.m.
noyade n.f.
noyau n.m. (pl. noyaux)
noyautage n.m.
noyauter v.t.
noyé, e n.
noyer v.t. (conj. **7**) ; n.m.
nu, e adj.
nu n.m. inv. (lettre) ; n.m. (beaux-arts)
nuage n.m.
nuageux, euse adj.
nuance n.f.
nuancer v.t. (conj. **9**)
nuancier n.m.
nubien, enne adj. *et* n.
nubile adj.
nubilité n.f.
nubuck n.m.
nucal, e, aux adj.
nucelle n.m.
nucléaire adj. *et* n.m.
nucléarisation n.f.
nucléariser v.t.
nucléase n.f.
nucléé, e adj.
nucléide n.m.
nucléique adj.
nucléole n.m.
nucléolyse n.f.
nucléon n.m.
nucléonique adj.
nucléophile adj. *et* n.m.
nucléoprotéine n.f. *ou*
nucléoprotéide n.m.
nucléoside n.m.
nucléosynthèse n.f.
nucléotide n.m.
nucléus *ou* **nucleus** n.m. inv.
nuclide n.m.
nudibranche n.m.
nudisme n.m.
nudiste adj. *et* n.
nudité n.f.
nue n.f.
nué, e adj.
nuée n.f.
nuement *ou* **nûment** adv.
nue-propriété n.f. (pl. nues-propriétés)
nuer v.t.
nuire v.t. ind. (conj. **77**)
nuisance n.f.
nuisette n.f.
nuisible adj. ; n.m.
nuit n.f.
nuitamment adv.
nuitée n.f.
nul, nulle adj. *et* pron. indéf. ; adj.
nullard, e adj. *et* n.
nullement adv.
nullipare adj. f. *et* n.f.
nullité n.f.
nûment *ou* **nuement** adv.
numéraire adj. ; n.m.
numéral, e, aux adj.
numéral n.m.
(pl. numéraux)
numérateur n.m.
numération n.f.
numérique adj.
numériquement adv.
numérisation n.f.
numérisé, e adj.
numériser v.t.
numériseur n.m.
numéro n.m.
numérologie n.f.
numérologue n.
numérotage n.m.
numérotation n.f.
numéroter v.t.
numéroteur n.m.
numerus clausus n.m. inv.
numide adj. *et* n.
numismate n.
numismatique adj. *et* n.f.
nummulaire n.f.
nummulite n.f.
nummulitique adj. *et* n.m.
nunatak n.m.
nunchaku n.m.
nunuche adj.
nuoc-mâm n.m. inv.
nu-pieds n.m. inv.
nu-propriétaire, nue-propriétaire n. *et* adj. (pl. nus-propriétaires, nues-propriétaires)
nuptial, e, aux adj.
nuptialité n.f.
nuque n.f.
nuraghe n.m.
(pl. nuraghes *ou* nuraghi)
nuragique adj.
nursage n.m.
nurse n.f.
nursery n.f. (pl. nurserys *ou* nurseries)
nursing n.m.
nutation n.f.
nutriment n.m.
nutritif, ive adj.
nutrition n.f.
nutritionnel, elle adj.
nutritionniste n.
nyctaginacée n.f.
nyctalope adj. *et* n.
nyctalopie n.f.
nycthéméral, e, aux adj.
nycthémère n.m.

Nylon n.m. (nom déposé)
nymphal, e, als *ou* **aux** adj.
nymphalidé n.m.
nymphe n.f.
nymphéa n.m.
nymphée n.m.
nymphette n.f.
nymphomane n.f.
nymphomanie n.f.
nymphose n.f.
nystagmus n.m. inv.
nystatine n.f.

O

o n.m. inv.
ô ! interj.
oaristys n.f.
oasien, enne adj. *et* n.
oasis n.f.
obédience n.f.
obéir v.t. ind.
obéissance n.f.
obéissant, e adj.
obel *ou* **obèle** n.m.
obélisque n.m.
obérer v.t. (conj. **11**)
obèse adj. *et* n.
obésité n.f.
obi n.f.
obier n.m.
obit [ɔbit] n.m.
obituaire adj.
objectal, e, aux adj.
objecter v.t.
objecteur n.m.
objectif, ive adj.
objectif n.m.
objection n.f.
objectivation n.f.
objectivement adv.
objectiver v.t.
objectivisme n.m.
objectivité n.f.
objet n.m.
objurgation n.f.
oblat, e n.
oblatif, ive adj.
oblation n.f.
oblats n.m. pl.
obligataire n. *et* adj.
obligation n.f.
obligatoire adj.
obligatoirement adv.
obligé, e adj. *et* n.
obligeamment adv.
obligeance n.f.
obligeant, e adj.
obliger v.t. (conj. **10**)
oblique adj. *et* n.m. ; n.f.
obliquement adv.
obliquer v.i.
obliquité n.f.
oblitérateur, trice adj.
oblitération n.f.
oblitérer v.t. (conj. **11**)
oblong, oblongue adj.
obnubilation n.f.
obnubilé, e adj.
obnubiler v.t.
obole n.f.
obombrer v.t.
obscène adj.
obscénité n.f.
obscur, e adj.
obscurantisme n.m.
obscurantiste adj. *et* n.
obscurcir v.t.
obscurcissement n.m.
obscurément adv.
obscurité n.f.
obsédant, e adj.
obsédé, e adj. *et* n.
obséder v.t. (conj. **11**)
obsèques n.f. pl.
obséquieusement adv.
obséquieux, euse adj.
obséquiosité n.f.
observable adj.
observance n.f.
observateur, trice n. *et* adj.
observation n.f.
observatoire n.m.
observer v.t.
obsession n.f.
obsessionnel, elle adj. *et* n.
obsidienne n.f.
obsidional, e, aux adj.
obsolescence n.f.
obsolescent, e adj.
obsolète adj.
obstacle n.m.
obstétrical, e, aux adj.
obstétricien, enne n.
obstétrique n.f.
obstination n.f.
obstiné, e adj. *et* n.
obstinément adv.
obstiner (s') v.pr.
obstructif, ive adj.
obstruction n.f.
obstructionnisme n.m.
obstructionniste adj. *et* n.
obstruer v.t.
obtempérer v.t. ind. (conj. **11**)
obtenir v.t. (conj. **28** ; auxil. *avoir*)
obtention n.f.
obturateur, trice adj.
obturateur n.m.
obturation n.f.
obturer v.t.
obtus, e adj.
obtusangle adj.
obus n.m.
obusier n.m.
obvie adj.
obvier v.t. ind. (conj. **5**)
oc adv.
ocarina n.m.
occase n.f.
occasion n.f.
occasionnalisme n.m.
occasionnel, elle adj.
occasionnellement adv.
occasionner v.t.
occident n.m.

occidental, e, aux adj. *et* n.
occidentalisation n.f.
occidentaliser v.t.
occidentaliste adj. *et* n.
occipital, e, aux adj.
occipital n.m. (pl. occipitaux)
occiput n.m.
occire v.t. (seulem. à l'inf. et au part. pass. *occis,e*)
occitan, e adj. *et* n.
occitan n.m.
occitanisme n.m.
occlusif, ive adj.
occlusion n.f.
occultation n.f.
occulte adj.
occulter v.t.
occultisme n.m.
occultiste adj. *et* n.
occupant, e adj. *et* n.
occupation n.f.
occupé, e adj.
occuper v.t.
occurrence n.f.
occurrent, e adj.
océan n.m.
océanaute n.
océane adj.f.
océanide n.f.
océanien, enne adj. *et* n.
océanique adj.
océanographe n.
océanographie n.f.
océanographique adj.
océanologie n.f.
océanologique adj.
océanologue n.
ocelle n.m.
ocellé, e adj.
ocelot n.m.
ocre n.f. ; adj. inv.
ocrer v.t.
octaèdre adj. *et* n.m.
octaédrique adj.
octal, e, aux adj.
octane n.m.
octant n.m.
octante adj. num. inv.
octave n.f.
octavier v.i. (conj. **5**)
octet n.m.
octobre n.m.
octocoralliaire n.m.
octogénaire adj. *et* n.
octogonal, e, aux adj.
octogone adj. *et* n.m.
octopode adj. ; n.m.
octostyle adj.
octosyllabe adj. *et* n.m.
octosyllabique adj.
octroi n.m.
octroyer v.t. (conj. **7**)
octuor n.m.
octuple adj. *et* n.m.
octupler v.t.
oculaire adj. ; n.m.
oculariste n.
oculiste n.
oculogyre adj.
oculomoteur, trice adj.
oculus n.m. (pl. oculi)
ocytocine n.f.
odalisque n.f.
ode n.f.
odéon n.m.
odeur n.f.
odieusement adv.
odieux, euse adj.
odomètre n.m.
odonate n.m.
odontalgie n.f.
odontalgique adj.
odontocète n.m.
odontoïde adj.
odontologie n.f.
odontologiste n.
odontomètre n.m.
odontostomatologie n.f.
odorant, e adj.
odorat n.m.
odoriférant, e adj.
odyssée n.f.
œcuménique [eky-] adj.
œcuménisme [eky-] n.m.
œcuméniste [eky-] adj. *et* n.
œdémateux, euse [ede-] adj.
œdématié, e [ede-] adj.
œdème [edɛm] n.m.
œdicnème [edi-] n.m.
œdipe [edi-] n.m.
œdipien, enne [edi-] adj.
œil n.m. (pl. yeux)
œil-de-bœuf n.m. (pl. œils-de-bœuf)
œil-de-chat n.m. (pl. œils-de-chat)
œil-de-perdrix n.m. (pl. œils-de-perdrix)
œil-de-pie n.m. (pl. œils-de-pie)
œil-de-tigre n.m. (pl. œils-de-tigre)
œillade n.f.
œillère n.f.
œillet n.m.
œilleton n.m.
œilletonnage n.m.
œilletonner v.t.
œillette n.f.
œkoumène [e-] *ou* **écoumène** n.m.
œnanthe [e-] n.f.
œnanthique [e-] adj.
œnolisme [e-] n.m.
œnologie [e-] n.f.
œnologique [e-] adj.
œnologue [e-] n.
œnométrie [e-] n.f.
œnométrique [e-] adj.
œnothèque [e-] n.f.
œnothéracée [e-] n.f.
œnothère *ou* **œnothera** [e-] n.m.
œrsted [œrstɛd] n.m.
œsophage [e-] n.m.
œsophagien, enne *ou* **œsophagique** [e-] adj.
œsophagite [e-] n.f.
œstradiol [ɛs-] n.m.
œstral, e, aux [ɛs-] adj.
œstre [ɛstr] n.m.
œstrogène [ɛs-] *ou*, vx, **estrogène** n.m. *et* adj.
œstroprogestatif, ive [ɛs-] adj.

œstrus [ɛstrys] n.m. inv.
œuf n.m.
œufrier n.m.
œuvé, e adj.
œuvre n.f. ; n.m.
œuvrer v.i.
œuvrette n.f.
off adj. inv.
offensant, e adj.
offense n.f.
offensé, e adj. *et* n.
offenser v.t.
offenseur n.m.
offensif, ive adj.
offensive n.f.
offensivement adv.
offertoire n.m.
office n.m.
official n.m. (pl. officiaux)
officialisation n.f.
officialiser v.t.
officialité n.f.
officiant adj.m. *et* n.m.
officiel, elle adj.
officiel n.m.
officiellement adv.
officier v.i. (conj. **5**)
officier n.m.
officieusement adv.
officieux, euse adj.
officinal, e, aux adj.
officine n.f.
offrande n.f.
offrant n.m.
offre n.f.
offreur, euse n.
offrir v.t. (conj. **23**)
offset adj. inv. *et* n.f. inv. ; n.m. inv.
offsettiste n.
offshore *ou* **off shore** adj. inv. *et* n.m. inv.
offusquer v.t.
oflag n.m.
oghamique adj.
ogival, e, aux adj.
ogive n.f.
ogre, ogresse n.
oh ! interj.
ohé ! interj.
ohm n.m. (unité de mesure)
ohmique adj.
ohmmètre n.m.
oïdium n.m. (pl. oïdiums)
oie n.f.
oignon n.m.
oignonade n.f.
oïl adv.
oindre v.t. (conj. **62**)
oing *ou* **oint** n.m.
oint, e adj. *et* n.
oiseau n.m.
oiseau-lyre n.m. (pl. oiseaux-lyres)
oiseau-mouche n.m. (pl. oiseaux-mouches)
oiseau-trompette n.m. (pl. oiseaux-trompettes)
oiselet n.m.
oiseleur n.m.
oiselier, ère n.
oiselle n.f.
oisellerie n.f.
oiseux, euse adj.
oisif, ive adj. *et* n.
oisillon n.m.
oisiveté n.f.
oison n.m.
o.k. ! interj.
oka n.m.
okapi n.m.
okoumé n.m.
ola n.f.
olé *ou* **ollé !** interj.
oléacée n.f.
oléagineux, euse adj.
oléastre n.m.
oléate n.m.
olécrane n.m.
oléfine n.f.
oléicole adj.
oléiculteur, trice n.
oléiculture n.f.
oléifère adj.
oléiforme adj.
oléine n.f.
oléique adj.
oléoduc n.m.
olé olé adj. inv.
oléomètre n.m.
oléopneumatique adj.
oléoprotéagineux, euse adj.
oléoprotéagineux n.m.
oléorésine n.f.
oléum n.m. (pl. oléums)
olfactif, ive adj.
olfaction n.f.
olibrius n.m. inv.
olifant *ou* **oliphant** n.m.
oligarchie n.f.
oligarchique adj.
oligarque n.m.
oligiste n.m. *et* adj.
oligocène n.m. *et* adj.
oligochète [-kɛt] n.m.
oligoclase n.f.
oligodendrocyte n.m.
oligoélément n.m.
oligomère adj. *et* n.m.
oligophrène adj. *et* n.
oligophrénie n.f.
oligopole n.m.
oligopolistique adj.
oligopsone n.m.
oligothérapie n.f.
oligurie n.f.
oliphant *ou* **olifant** n.m.
olivacé, e adj.
olivaie n.f.
olivaison n.f.
olivâtre adj.
olive n.f. ; adj. inv.
oliveraie n.f.
olivet n.m.
olivétain, e n.
olivette n.f.
olivier n.m.
olivine n.f.
ollé *ou* **olé !** interj.
olographe *ou* **holographe** adj.
olympe n.m.
olympiade n.f.
olympien, enne adj.
olympique adj.
olympisme n.m.
omanais, e adj. *et* n.
ombelle n.f.

ombellé, e adj.
ombellifère n.f.
ombellule n.f.
ombilic n.m.
ombilical, e, aux adj.
ombiliqué, e adj.
omble n.m.
ombrage n.m.
ombragé, e adj.
ombrager v.t. (conj. **10**)
ombrageux, euse adj.
ombre n.m. ; n.f.
ombrelle n.f.
ombrer v.t.
ombrette n.f.
ombreux, euse adj.
ombrien, enne adj. *et* n.
ombrine n.f.
ombudsman n.m. (pl. ombudsmans)
oméga n.m. inv.
omelette n.f.
omerta n.f.
omettre v.t. (conj. **64**)
omicron n.m. inv.
omis n.m.
omission n.f.
ommatidie n.f.
omnibus n.m. ; adj. inv.
omnicolore adj.
omnidirectif, ive adj.
omnidirectionnel, elle adj.
omnipotence n.f.
omnipotent, e adj.
omnipraticien, enne n.
omniprésence n.f.
omniprésent, e adj.
omniscience n.f.
omniscient, e adj.
omnisports adj. inv.
omnium n.f. (pl. omniums)
omnivore adj. *et* n.
omoplate n.f.
on pron. indéf.
onagracée n.f.
onagre n.f. ; n.m.
onanisme n.m.
onc, oncques *ou* **onques** adv.
once n.f.
onchocercose [ɔ̃kɔsɛrkoz] n.f.
oncial, e, aux adj.
onciale n.f.
oncle n.m.
oncogène adj. ; n.m.
oncologie n.f.
oncotique adj.
oncques, onques ou **onc** adv.
onction n.f.
onctueux, euse adj.
onctuosité n.f.
ondatra n.m.
onde n.f.
ondé, e adj.
ondée n.f.
ondemètre n.m.
ondin, e n.
on-dit n.m. inv.
ondoiement n.m.
ondoyant, e adj.
ondoyer v.i. ; v.t. (conj. **7**)
ondulant, e adj.
ondulation n.f.
ondulatoire adj.
ondulé, e adj.
onduler v.i. *et* t.
onduleur n.m.
onduleux, euse adj.
one-man-show [wanmanʃo] n.m. inv.
onéreux, euse adj.
one-step n.m. [wanstɛp] (pl. one-steps)
ongle n.m.
onglé, e adj.
onglée n.f.
onglet n.m.
onglier n.m.
onglon n.m.
onguent n.m.
onguiculé, e adj. *et* n.
ongulé, e adj.
ongulé n.m.
onguligrade adj. *et* n.m.
onirique adj.
onirisme n.m.
oniromancie n.f.
oniromancien, enne n.
onirothérapie n.f.
onomasiologie n.f.
onomastique n.f.
onomatopée n.f.
onomatopéique adj.
onques adv.
ontique adj.
ontogenèse n.f.
ontogénie n.f.
ontologie n.f.
ontologique adj.
onusien, enne adj.
onychophagie [ɔniko-] n.f.
onychophore [ɔniko-] n.m.
onyx n.m.
onyxis n.m.
onzain n.m.
onze adj. num. inv. *et* n.m. inv.
onzième adj. num. ord. *et* n.
onzièmement adv.
oocyte n.m.
oogamie n.f.
oogone n.f.
oolithe *ou* **oolite** n.f. *ou* n.m.
oolithique adj.
oosphère n.f.
oothèque n.f.
opacification n.f.
opacifier v.t. (conj. **5**)
opacimétrie n.f.
opacité n.f.
opale n.f.
opalescence n.f.
opalescent, e adj.
opalin, e adj.
opaline n.f.
opalisation n.f.
opaliser v.t.
opaque adj.
op art n.m. (pl. op arts)
ope n.f. *ou* n.m.
opéable adj. *et* n.f.

open adj. inv. *et* n.m. (pl. opens)
openfield [opɛnfild] n.m.
opéra n.m.
opéra-ballet n.m. (pl. opéras-ballets)
opérable adj.
opéra-bouffe *ou* **opéra bouffe** n.m. (pl. opéras[-]bouffes)
opéra-comique n.m. (pl. opéras-comiques)
opérande n.m.
opérant, e adj.
opérateur, trice n.
opérateur n.m.
opération n.f.
opérationnel, elle adj.
opératoire adj.
operculaire adj.
opercule n.m.
operculé, e adj.
opéré, e adj. *et* n.
opérer v.t. (conj. **11**)
opérette n.f.
opéron n.m.
ophidien n.m.
ophioglosse n.m.
ophiolite n.f.
ophiolitique adj.
ophite n.m.
ophiure n.f.
ophrys n.m.
ophtalmie n.f.
ophtalmique adj.
ophtalmologie n.f.
ophtalmologique adj.
ophtalmologiste *ou* **ophtalmologue** n.
ophtalmomètre n.m.
ophtalmométrie n.f.
ophtalmoscope n.m.
ophtalmoscopie n.f.
opiacé, e adj.
opiacé n.m.
opilion n.m.
opimes adj.f. pl.
Opinel n.m. (nom déposé)
opiner v.t. ind.
opiniâtre adj.
opiniâtrement adv.
opiniâtreté n.f.
opinion n.f.
opiomane n.
opiomanie n.f.
opisthobranche n.m.
opisthodome n.m.
opisthotonos n.m.
opium n.m. (pl. opiums)
oponce n.m.
opopanax n.m.
opossum n. m. (pl. opossums)
oppidum n. m. (pl. oppidums *ou* oppida)
opportun, e adj.
opportunément adv.
opportunisme n.m.
opportuniste adj. *et* n.
opportunité n.f.
opposabilité n.f.
opposable adj.
opposant, e adj. *et* n.
opposé, e adj.
opposé n.m.
opposer v.t.
opposite (à l') loc. adv.
opposition n.f.
oppositionnel, elle adj. *et* n.
oppressant, e adj.
oppressé, e adj.
oppresser v.t.
oppresseur n.m.
oppressif, ive adj.
oppression n.f.
opprimant, e adj.
opprimé, e adj. *et* n.
opprimer v.t.
opprobre n.m.
opsonine n.f.
optatif, ive adj.
optatif n.m.
opter v.i.
opticien, enne n.
optimal, e, aux adj.
optimalisation n.f.
optimaliser v.t.
optimisation n.f.
optimiser v.t.
optimisme n.m.
optimiste adj. *et* n.
optimum n.m. *et* adj. (pl. optimums *ou* optima)
option n.f.
optionnel, elle adj.
optique adj. ; n.f.
optoélectronique n.f.
optomètre n.m.
optométrie n.f.
optronique n.f.; adj.
opulence n.f.
opulent, e adj.
opuntia n.m.
opus n.m. inv.
opuscule n.m.
or n.m. ; adj. inv. ; conj.
oracle n.m.
orage n.m.
orageusement adv.
orageux, euse adj.
oraison n.f.
oral, e, aux adj.
oral n.m. (pl. oraux)
oralement adv.
oraliser v.t.
oralité n.f.
oranais, e adj. *et* n.
orange n.f. ; adj. inv. ; n.m.
orangé, e adj.
orangé n.m.
orangeade n.f.
orangeat n.m.
oranger n.m.
orangeraie n.f.
orangerie n.f.
orangette n.f.
orangiste n. *et* adj.
orang-outan *ou* **orang-outang** n.m. (pl. orangs-outans, orangs-outangs)
orant, e n.
orateur, trice n.
oratoire adj. ; n.m.
oratorien n.m.
oratorio n.m.
orbe n.m.
orbiculaire adj.
orbitaire adj.

orbital, e, aux adj.
orbitale n.f.
orbite n.f.
orbiter v.i.
orbiteur n.m.
orcanette *ou* **orcanète** n.f.
orchestral, e, aux adj.
orchestrateur, trice n.
orchestration n.f.
orchestre n.m.
orchestrer v.t.
orchidacée n.f.
orchidée n.f.
orchis n.m.
orchite n.f.
ordalie n.f.
ordalique adj.
ordinaire adj. ; n.m.
ordinairement adv.
ordinal, e, aux adj.
ordinand n.m. (clerc)
ordinant n.m. (évêque)
ordinateur n.m.
ordination n.f.
ordinogramme n.m.
ordo n.m. inv.
ordonnance n.f. ; n.f. *ou* n.m.
ordonnancement n.m.
ordonnancer v.t. (conj. **9**)
ordonnancier n.m.
ordonnateur, trice n.
ordonné, e adj.
ordonnée n.f.
ordonner v.t.
ordovicien, enne adj.
ordovicien n.m.
ordre n.m.
ordré, e adj.
ordure n.f.
ordurier, ère adj.
öre *ou* **ore** n.m.
oréade n.f.
orée n.f.
oreillard, e adj.
oreillard n.m.
oreille n.f.
oreille-de-mer n.f. (pl. oreilles-de-mer)
oreille-de-souris n.f. (pl. oreilles-de-souris)
oreiller n.m.
oreillette n.f.
oreillon n.m.
orémus n.m. inv.
oréopithèque n.m.
ores adv.
orfèvre n.
orfévré, e adj.
orfèvrerie n.f.
orfraie n.f.
organdi n.m.
organe n.m.
organeau n.m.
organelle n.f.
organicien, enne n.
organicisme n.m.
organiciste adj. *et* n.
organigramme n.m.
organique adj.
organiquement adv.
organisable adj.
organisateur, trice adj. *et* n.
organisateur n.m.
organisateur-conseil n.m. (pl. organisateurs-conseils)
organisation n.f.
organisationnel, elle adj.
organisé, e adj.
organiser v.t.
organiseur n.m.
organisme n.m.
organiste n.
organite n.m.
organochloré, e adj. *et* n.m.
organogenèse n.f.
organoleptique adj.
organologie n.f.
organomagnésien adj.m. *et* n.m.
organométallique adj. *et* n.m.
organophosphoré, e adj.
organophosphoré n.m.
organsin n.m.
organsiner v.t.
orgasme n.m.
orgasmique *ou*
orgastique adj.
orge n.f. ; n.m.
orgeat n.m.
orgelet n.m.
orgiaque adj.
orgie n.f.
orgue n.m.; n.f. (au pl.)
orgueil n.m.
orgueilleusement adv.
orgueilleux, euse adj. *et* n.
orichalque n.m.
oriel n.m.
orient n.m.
orientable adj.
oriental, e, aux adj.
orientalisme n.m.
orientaliste adj.
orientation n.f.
orienté, e adj.
orientement n.m.
orienter v.t.
orienteur, euse n.
orienteur adj. m.
orifice n.m.
oriflamme n.f.
origami n.m.
origan n.m.
originaire adj.
originairement adv.
original, e, aux adj. *et* n.
original n.m. (pl. originaux)
originalement adv.
originalité n.f.
origine n.f.
originel, elle adj.
originellement adv.
orignal n.m. (pl. orignaux)
orin n.m.
oriole n.m.
oripeau n.m.
oriya n.m. sing.
orle n.m.
orléanais, e adj. *et* n.
orléanisme n.m.
orléaniste adj. *et* n.
Orlon n.m. (nom déposé)

ormaie n.f.
orme n.m.
ormeau n.m.
ormet *ou* **ormier** n.m.
ormoie n.f.
orne n.m.
ornemaniste n.
ornement n.m.
ornemental, e, aux adj.
ornementation n.f.
ornementer v.t.
orner v.t.
orniérage n.m.
ornière n.f.
ornithischien n.m.
ornithogale n.m.
ornithologie n.f.
ornithologique adj.
ornithologiste *ou* **ornithologue** n.
ornithomancie n.f.
ornithophilie n.f.
ornithorynque n.m.
ornithose n.f.
orobanche n.f.
orogène n.m.
orogenèse n.f.
orogénique adj.
orographie n.f.
orographique adj.
oronge n.f.
oropharynx n.m.
orpaillage n.m.
orpailleur n.m.
orphelin, e n.
orphelinat n.m.
orphéon n.m.
orphéoniste n.
orphie n.f.
orphique adj. *et* n.
orphisme n.m.
orpiment n.m.
orpin n.m.
orque n.f.
orseille n.f.
orteil n.m.
orthèse n.f.
orthocentre n.m.
orthochromatique adj.
orthodontie n.f.
orthodontiste n.
orthodoxe adj. *et* n.
orthodoxie n.f.
orthodromie n.f.
orthodromique adj.
orthogenèse n.f.
orthogénie n.f.
orthogénisme n.m.
orthogonal, e, aux adj.
orthogonalement adv.
orthogonalité n.f.
orthographe n.f.
orthographier v.t. (conj. **5**)
orthographique adj.
orthonormal, e, aux adj.
orthonormé, e adj.
orthopédie n.f.
orthopédique adj.
orthopédiste n.
orthophonie n.f.
orthophonique adj.
orthophoniste n.
orthophosphorique adj.
orthopnée n.f.
orthoptère n.m.
orthoptie n.f.
orthoptique adj. *et* n.f.
orthoptiste n.
orthorhombique adj.
orthoscopique adj.
orthose n.f.
orthostate n.m.
orthostatique adj.
orthostatisme n.m.
orthosympathique adj.
ortie n.f.
ortolan n.m.
orvet n.m.
orviétan n.m.
oryctérope n.m.
oryx n.m.
os n.m.
oscabrion n.m.
oscar n.m.
oscillaire n.f.
oscillant, e adj.
oscillateur n.m.
oscillation n.f.
oscillatoire adj.
osciller v.i.
oscillogramme n.m.
oscillographe n.m.
oscilloscope n.m.
osculateur, trice adj.
oscule n.m.
ose n.m.
osé, e adj.
oseille n.f.
oser v.t.
oseraie n.f.
oside n.m.
osier n.m.
osiériculture n.f.
osmanli, e adj. *et* n.
osmique adj.
osmium n.m. (pl. osmiums)
osmiure n.m.
osmomètre n.m.
osmonde n.f.
osmose n.f.
osmotique adj.
osque adj.
ossature n.f.
osséine n.f.
osselet n.m.
ossements n.m. pl.
ossète n.m. sing.
osseux, euse adj.
ossianique adj.
ossianisme n.m.
ossification n.f.
ossifier (s') v.pr. (conj. **5**)
osso-buco n.m. inv.
ossu, e adj.
ossuaire n.m.
ost *ou* **host** n.m.
ostéalgie n.f.
ostéichtyen n.m.
ostéite n.f.
ostensible adj.
ostensiblement adv.
ostensoir n.m.
ostentation n.f.
ostentatoire adj.
ostéoblaste n.m.
ostéochondrite n.f.
ostéochondrose n.f.
ostéoclaste n.m.

ostéocyte n.m.
ostéogène adj.
ostéogenèse n.f.
ostéogénie n.f.
ostéologie n.f.
ostéologique adj.
ostéolyse n.f.
ostéomalacie n.f.
ostéome n.m.
ostéomyélite n.f.
ostéopathe n.
ostéopathie n.f.
ostéophyte n.m.
ostéoplastie n.f.
ostéoporose n.f.
ostéosarcome n.m.
ostéosynthèse n.f.
ostéotomie n.f.
ostiak *ou* **ostyak** n.m. sing.
ostinato n.m.
ostiole n.m.
ostracisme n.m.
ostracode n.m.
ostracon n.m. (pl. ostraca)
ostréicole adj.
ostréiculteur, trice n.
ostréiculture n.f.
ostrogoth, e ou **ostrogot, e** adj. *et* n.
ostrogothique adj.
ostyak *ou* **ostiak** n.m. sing.
otage n.m.
otalgie n.f.
otarie n.f.
ôté prép.
ôter v.t.
otique adj.
otite n.f.
otocyon n.m.
otolithe n.f.
otologie n.f.
oto-rhino n. (pl. oto-rhinos)
oto-rhino-laryngologie n.f. sing.
oto-rhino-laryngologiste n. (pl. oto-rhino-laryngologistes)
otorragie n.f.
otorrhée n.f.
otoscope n.m.
otoscopie n.f.
otospongiose n.f.
ottoman, e adj. *et* n.
ottoman n.m.
ottomane n.f.
ottonien, enne adj.
ou conj.
où adv. *et* pron. relat.
ouaille n.f.
ouais adv.
ouananiche n.f.
ouaouaron n.m.
ouate n.f.
ouaté, e adj.
ouater v.t.
ouaterie n.f.
ouatine n.f.
ouatiner v.t.
oubli n.m.
oubliable adj.
oublie n.f.
oublier v.t. (conj. **5**)
oubliette n.f.
oublieux, euse adj.
ouche n.f.
oud n.m. inv.
oudler n.m.
oued n.m.
ouest n.m. inv. ; adj. inv.
ouest-allemand, e adj. *et* n. (pl. ouest-allemands, es)
ouf ! interj.
ougandais, e adj. *et* n.
ougrien, enne adj.
ouguiya n.m.
oui adv. *et* n.m. inv.
ouï-dire n.m. inv.
ouïe [wi] n.f.
ouïe *ou* **ouille** [uj] interj.
ouillage n.m.
ouiller v.t.
ouillère ou **ouillière** n.f.
ouïr v.t. (conj. **38**)
ouistiti n.m.
oukase *ou* **ukase** n.m.
ouléma *ou* **uléma** n.m.
oullière n.f.
oumiak n.m.
ouolof *ou* **wolof** adj. *et* n.m.
ouragan n.m.
ouralien, enne adj.
ouralo-altaïque adj. (pl. ouralo-altaïques)
ouraque n.m.
ourdir v.t.
ourdissage n.m.
ourdisseur, euse n.
ourdissoir n.m.
ourdou *ou* **urdu** n.m. sing.
ourébi n.m.
ourler v.t.
ourlet n.m.
ourlien, enne adj.
ours n.m.
ourse n.f.
oursin n.m.
ourson n.m.
oust *ou* **ouste !** interj.
out [awt] adv.
outarde n.f.
outardeau n.m.
outil n.m.
outillage n.m.
outillé, e adj.
outiller v.t.
outilleur n.m.
outlaw [awtlo] n.m.
outplacement n.m.
output [awtput] n.m.
outrage n.m.
outrageant, e adj.
outrager v.t. (conj. **10**)
outrageusement adv.
outrageux, euse adj.
outrance n.f.
outrancier, ère adj.
outre n.f. ; prép. ; adv.
outré, e adj.
outre-Atlantique adv.
outrecuidance n.f.
outrecuidant, e adj.
outre-Manche adv.
outremer n.m. ; adj. inv.
outre-mer adv.
outrepassé, e adj.

outrepasser v.t.
outrer v.t.
outre-Rhin adv.
outre-tombe (d') loc. adj. inv.
outsider [awtsajdœr] n.m.
ouvala n.f.
ouvert, e adj.
ouvertement adv.
ouverture n.f.
ouvrabilité n.f.
ouvrable adj.
ouvrage n.m.
ouvragé, e adj.
ouvrager v.t. (conj. **10**)
ouvraison n.f.
ouvrant, e adj.
ouvré, e adj.
ouvreau n.m.
ouvre-boîte *ou* **ouvre-boîtes** n.m. (pl. ouvre-boîtes)
ouvre-bouteille *ou* **ouvre-bouteilles** n.m. (pl. ouvre-bouteilles)
ouvre-huître *ou* **ouvre-huîtres** n.m. (pl. ouvre-huîtres)
ouvrer v.t.
ouvreur, euse n.
ouvreuse n.f.
ouvrier, ère n. *et* adj.
ouvrière n.f.
ouvriérisme n.m.
ouvriériste adj. *et* n.
ouvrir v.t. *et* i. (conj. **23**)
ouvroir n.m.
ouzbek *ou* **uzbek** adj. *et* n. ; n.m. sing.
ouzo n.m.
ovaire n.m.
ovalbumine n.f.
ovale adj. ; n.m.
ovalisation n.f.
ovaliser v.t.
ovariectomie n.f.
ovarien, enne adj.
ovarite n.f.
ovation n.f.
ovationner v.t.
ove n.m.
ové, e adj.
overdose n.f.
overdrive n.m.
ovibos n.m.
oviducte n.m.
ovin, e adj.
ovin n.m.
oviné n.m.
ovipare adj. *et* n.
oviparité n.f.
ovipositeur n.m.
oviscapte n.m.
ovni n.m.
ovocyte n.m.
ovogenèse n.f.
ovogénie n.f.
ovogonie n.f.
ovoïde *ou* **ovoïdal, e, aux** adj.
ovotide n.m.
ovovivipare adj. *et* n.
ovoviviparité n.f.
ovulaire adj.
ovulation n.f.
ovulatoire adj.
ovule n.m.
ovuler v.i.
oxacide n.m.
oxalate n.m.
oxalide n.f.
oxalique adj.
oxalis n.m.
oxer n.m.
oxford n.m.
oxhydrique adj.
oxhydryle n.m.
oxime n.f.
oxo adj. inv.
oxonium n.m. (pl. oxoniums)
oxyacétylénique adj.
oxycarboné, e adj.
oxychlorure n.m.
oxycoupage n.m.
oxydable adj.
oxydant, e adj.
oxydant n.m.
oxydase n.f.
oxydation n.f.
oxyde n.m.
oxyder v.t.
oxydoréductase n.f.
oxydoréduction n.f.
oxygénation n.f.
oxygène n.m.
oxygéné, e adj.
oxygéner v.t. (conj. **11**)
oxygénothérapie n.f.
oxyhémoglobine n.f.
oxylithe n.f.
oxymore *ou* **oxymoron** n.m.
oxysulfure n.m.
oxyton adj. m. *et* n.m.
oxyure n.m.
oxyurose n.f.
oyat n.m.
Ozalid n.m. (nom déposé)
ozène n.m.
ozonation n.f.
ozone n.m.
ozoné, e adj.
ozoner v.t.
ozoneur n.m.
ozonide n.m.
ozonosphère n.f.

p

p n.m. inv.
pacage n.m.
pacager v.t. *et* i. (conj. **10**)
pacane n.f.
pacanier n.m.
pacemaker [pesmekər] n.m.
pacha n.m.
pachalik n.m.
pachto *ou* **pachtou** n.m. sing.
pachyderme [paʃi-] n.m.
pachydermie [paʃi-] n.f.
pachyure [pakjyr] n.m.
pacificateur, trice adj. *et* n.
pacification n.f.
pacifier v.t. (conj. **5**)
pacifique adj.
pacifiquement adv.
pacifisme n.m.
pacifiste adj. *et* n.
pack n.m.
package n.m.
packager *ou* **packageur** n.m.
packaging n.m.
pacotille n.f.
pacquage n.m.
pacquer v.t.
pacson, paqson *ou* **paxon** n.m.
pacte n.m.
pactiser v.i.
pactole n.m.
padan, e adj.
paddock n.m.
paddy n.m.
padichah, padischah *ou* **padicha** n.m.
padine n.f.
padou *ou* **padoue** n.m.
pæan *ou* **péan** n.m.
paella n.f.
paf interj. ; adj. inv. ; n.m. inv.
pagaie n.f.
pagaille *ou* **pagaïe** n.f.
paganiser v.t.
paganisme n.m.
pagayer v.i. (conj. **6**)
pagayeur, euse n.
page n.f. ; n.m.
page-écran n.f. (pl. pages-écrans)
pagel n.m. *ou* **pagelle** n.f.
pageot *ou* **pajot** n.m.
pagination n.f.
paginer v.t.
pagne n.m.
pagnot n.m.
pagnoter (se) v.pr.
pagode n.f. ; adj. inv.
pagodon n.m.
pagre n.m.
pagure n.m.
pagus n.m. (pl. pagi)
pahlavi n.m. sing.
paie *ou* **paye** n.f.
paiement *ou* **payement** n.m.
païen, enne adj. *et* n.
paierie n.f.
paillage n.m.
paillard, e adj. *et* n.
paillardise n.f.
paillasse n.f.
paillasson n.m.
paillassonnage n.m.
paillassonner v.t.
paille n.f. ; adj. inv.
paillé, e adj.
paille-en-queue n.m. (pl. pailles-en-queue)
pailler v.t. ; n.m. (pl. paillers)
pailletage n.m.
pailleté, e adj.
pailleter v.t. (conj. **16**)
paillette n.f.
paillis n.m.
paillon n.m.
paillote n.f.
pain n.m. (aliment)
pair, e adj.
pair n.m.
pairage n.m.
paire n.f.
pairesse n.f.
pairie n.f.
pairle n.m.
paisible adj.
paisiblement adv.
paissance n.f.
paisseau n.m.
paître v.t. *et* i. (conj. **71**)
paix n.f.
pajot *ou* **pageot** n.m.
pakistanais, e adj. *et* n.
pal n.m. (pl. pals) ; adj. inv.
palabre n.f. *ou* m.
palabrer v.i.
palace n.m.
paladin n.m.
palafitte n.m.
palais n.m.
palan n.m.
palanche n.f.
palançon n.m.
palangre n.f.
palangrotte n.f.
palanque n.f.
palanquée n.f.
palanquer v.i.
palanquin n.m.

palastre *ou* **palâtre** n.m.
palatal, e, aux adj.
palatale n.f.
palatalisation n.f.
palataliser v.t.
palatial, e, aux adj.
palatin, e adj.
palatin, e n.m.
palatinat n.m.
palâtre *ou* **palastre** n.m.
pale n.f. (d'une hélice)
pale *ou* **palle** n.f. (linge)
pâle adj.
palé, e adj.
pale-ale n.f. (pl. pale-ales)
palée n.f.
palefrenier, ère n.
palefroi n.m.
palémon n.m.
paléobiogéographie n.f.
paléobotanique n.f.
paléocène n.m.
paléochrétien, enne adj.
paléoclimat n.m.
paléoclimatologie n.f.
paléoécologie n.f.
paléoenvironnement n.m.
paléogène n.m. *et* adj.
paléogéographie n.f.
paléographe n.
paléographie n.f.
paléographique adj.
paléohistologie n.f.
paléolithique adj. *et* n.m.
paléomagnétisme n.m.
paléontologie n.f.
paléontologique adj.
paléontologue *ou* **paléontologiste** n.
paléo-océanographie n.f.
paléorelief n.m.
paléosibérien, enne adj.
paléosol n.m.
paléotempérature n.f.
paléothérium n.m. (pl. paléothériums)
paléozoïque adj. *et* n.m.
paleron n.m.
palestinien, enne adj. *et* n.
palestre n.f.
palet n.m.
paletot n.m.
palette n.f.
palettisable adj.
palettisation n.f.
palettiser v.t.
palettiseur n.m.
palétuvier n.m.
pâleur n.f.
pali n.m. sing.
pâlichon, onne adj.
palicinésie n.f.
palier n.m.
palière adj.f.
palilalie n.f.
palimpseste n.m.
palindrome n.m. *et* adj.
palingénésie n.f.
palingénésique adj.
palinodie n.f.
pâlir v.i. *et* t.
palis n.m.
palissade n.f.
palissader v.t.
palissadique adj.
palissage n.m.
palissandre n.m.
pâlissant, e adj.
palisser v.t.
palisson n.m.
palissonner v.t.
paliure n.m.
palladianisme n.m.
palladien, enne adj.
palladium n.m. (pl. palladiums)
palle *ou* **pale** n.f. (linge)
palléal, e, aux adj.
palliatif, ive adj.
palliatif n.m.
pallier v.t. *et* t. ind. (conj. **5**)
pallium n.m. (pl. palliums)
palmacée n.f.
palmaire adj.
palmarès n.m.
palmarium n.m. (pl. palmariums)
palmas n.f. pl.
palmatifide adj.
palmatilobé, e adj.
palmatiséqué, e adj.
palmature n.f.
palme n.f. ; n.m.
palmé, e adj.
palmer [palmɛr] n.m. (pl. palmers)
palmeraie n.f.
palmette n.f.
palmier n.m.
palmifide adj.
palmipède n.m. *et* adj.
palmiste n.m.
palmite n.m.
palmitine n.f.
palmitique adj.m.
palmure n.f.
palois, e adj. *et* n.
palombe n.f.
palonnier n.m.
palot n.m.
pâlot, otte adj.
palourde n.f.
palox n.m. inv.
palpable adj.
palpation n.f.
palpe n.m.
palpébral, e, aux adj.
palper v.t.
palpeur n.m.
palpitant, e adj.
palpitation n.f.
palpiter v.i.
palplanche n.f.
palsambleu ! interj.
paltoquet n.m.
palu n.m. (paludisme)
paluche n.f.
palud *ou* **palude** n.m. (marais)
paludéen, enne adj.
paludier, ère n.
paludine n.f.
paludique adj.
paludisme n.m.
palustre adj.

palynologie n.f.
pâmer (se) v.pr.
pâmoison n.f.
pampa n.f.
pampero n.m.
pamphlet n.m.
pamphlétaire n.
pampille n.f.
pamplemousse n.m. *ou* f.
pamplemoussier n.m.
pampre n.m.
pan n.m. ; interj.
panace n.m.
panacée n.f.
panachage n.m.
panache n.m.
panaché, e adj.
panacher v.t.
panachure n.f.
panade n.f.
panafricain, e adj.
panafricanisme n.m.
panaire adj.
panais n.m.
panama n.m.
panaméen, enne adj. *et* n.
panaméricain, e adj.
panaméricanisme n.m.
panamien, enne adj. *et* n.
panarabisme n.m.
panard, e adj.
panard n.m.
panaris n.m.
panatela *ou* **panatella** n.m.
panathénées n.f. pl.
panax n.m. inv.
pan-bagnat n.m. (pl. pans-bagnats)
panca n.m.
pancartage n.m.
pancarte n.f.
pancetta n.f.
panchen-lama n.m. (pl. panchen-lamas)
panchromatique adj.
panchronique adj.
panclastite n.f.
pancrace n.m.
pancréas n.m.
pancréatectomie n.f.
pancréatique adj.
pancréatite n.f.
panda n.m.
pandanus n.m. inv.
pandémie n.f.
pandémonium n.m. (pl. pandémoniums)
pandiculation n.f.
pandit n.m.
pandore n.m.
pané, e adj.
panégyrique n.m.
panégyriste n.
panel n.m.
paner v.t.
panerée n.f.
paneterie n.f.
panetier n.m.
panetière n.f.
paneton n.m.
pangermanisme n.m.
pangermaniste adj. *et* n.
pangolin n.m.
panhellénique adj.
panic n.m. (millet)
panicaut n.m.
panicule n.f.
paniculé, e adj.
panier n.m.
panière n.f.
panier-repas n.m. (pl. paniers-repas)
panifiable adj.
panification n.f.
panifier v.t. (conj. **5**)
panini n.m. (pl. inv. *ou* paninis)
paniquant, e adj.
paniquard, e n.
panique n.f. *et* adj. (terreur)
paniquer v.t. ; v.i. *ou* **se paniquer** v.pr.
panislamique adj.
panislamisme n.m.
panka *ou* **panca** n.m.
panne n.f.
panné, e adj.
panneau n.m.
panneauter v.i.
panneresse n.f.
panneton n.m.
pannicule n.m.
panonceau n.m.
panophtalmie n.f.
panoplie n.f.
panoptique adj.
panorama n.m.
panoramique adj. *et* n.m.
panorpe n.f.
panosse n.f.
panosser v.t.
pansage n.m.
panse n.f.
pansement n.m.
panser v.t.
panslave adj.
panslavisme n.m.
pansu, e adj.
pantacle n.m.
pantagruélique adj.
pantalon n.m.
pantalonnade n.f.
pante n.m.
pantelant, e adj.
panteler v.i. (conj. **16**)
pantenne *ou* **pantène** n.f.
panthéisme n.m.
panthéiste adj. *et* n.
panthéon n.m.
panthère n.f.
pantière n.f.
pantin n.m.
pantographe n.m.
pantoire n.f.
pantois, e adj.
pantomètre n.m.
pantomime n.f.
pantothénique adj.
pantouflard, e adj. *et* n.
pantoufle n.f.
pantoufler v.i.
pantoum n.m.
panure n.f.
panzer n.m.
paon [pɑ̃] n.m.
paonne [pan] n.f.

papa n.m.
papaïne n.f.
papal, e, aux adj.
paparazzi n.m. (pl. inv. *ou* paparazzis)
papas n.m.
papauté n.f.
papavéracée n.f.
papavérine n.f.
papaye [papaj] n.f.
papayer [papaje] n.m.
pape n.m.
papelard, e adj.
papelard n.m.
papelardise n.f.
paperasse n.f.
paperasserie n.f.
paperassier, ère adj. *et* n.
papesse n.f.
papet n.m.
papeterie n.f.
papetier, ère n.
papette n.f.
papi *ou* **papy** n.m.
papier n.m.
papier-calque n.m. (pl. papiers-calque)
papier-émeri n.m. (pl. papiers-émeri)
papier-filtre n.m. (pl. papiers-filtres)
papier-monnaie n.m. (pl. papiers-monnaies)
papilionacé, e adj.
papilionacée n.f.
papillaire adj.
papille n.f.
papillomavirus n.m.
papillome n.m.
papillon n.m.
papillonnage n.m.
papillonnant, e adj.
papillonnement n.m.
papillonner v.i.
papillonneur, euse n.
papillotage n.m.
papillotant, e adj.
papillote n.f.
papillotement n.m.
papilloter v.i.
papion n.m.
papisme n.m.
papiste n.
papivore n.
papotage n.m.
papoter v.i.
papou, e adj. *et* n. (pl. papous, es)
papouille n.f.
paprika n.m.
papule n.f.
papuleux, euse adj.
papy *ou* **papi** n.m.
papyrologie n.f.
papyrologue n.
papyrus n.m. inv.
paqson *ou* **pacson** n.m.
pâque n.f. (fête juive)
paquebot n.m.
pâquerette n.f.
Pâques n.m. (fête chrétienne) ; n.f. pl.
paquet n.m.
paquetage n.m.
paqueter v.t. (conj. **16**)
par prép. ; n.m.
para n.m.
parabellum n.m. (pl. parabellums)
parabiose n.f.
parabole n.f.
parabolique adj.
paraboliquement adv.
paraboloïde n.m.
paracentèse n.f.
paracétamol n.m.
parachèvement n.m.
parachever v.t. (conj. **12**)
parachimie n.f.
parachronisme n.m.
parachutage n.m.
parachutal, e, aux adj.
parachute n.m.
parachuter v.t.
parachutisme n.m.
parachutiste n.
paraclet n.m.
parade n.f.
parader v.i.
paradeur, euse n.
paradigmatique adj.
paradigme n.m.
paradis n.m.
paradisiaque adj.
paradisier n.m.
parador n.m.
parados n.m.
paradoxal, e, aux adj.
paradoxalement adv.
paradoxe n.m.
parafe *ou* **paraphe** n.m.
parafer *ou* **parapher** v.t.
parafeur *ou* **parapheur** n.m.
paraffinage n.m.
paraffine n.f.
paraffiner v.t.
parafiscal, e, aux adj.
parafiscalité n.f.
parafoudre n.m.
parage n.m.
parages n.m. pl.
paragraphe n.m.
paragrêle adj. inv. *et* n.m.
paraguayen, enne adj. *et* n.
paraison n.f.
paraître v.i. (conj. **71** ; auxil. *être* ou *avoir*) ; n.m.
paralangage n.m.
paralittéraire adj.
paralittérature n.f.
parallactique adj.
parallaxe n.f.
parallèle adj. ; n.f. ; n.m.
parallèlement adv.
parallélépipède n.m.
parallélépipédique adj.
parallélisme n.m.
parallélogramme n.m.
paralogisme n.m.
paralympique adj.
paralysant, e adj.
paralysé, e adj. *et* n.
paralyser v.t.
paralysie n.f.
paralytique adj. *et* n.
paramagnétique adj.
paramagnétisme n.m.
paramécie n.f.
paramédical, e, aux adj.

paramètre n.m.
paramétrer v.t.
paramétrique adj.
paramilitaire adj.
paranéoplasique adj.
parangon n.m.
parangonnage n.m.
parangonner v.t.
paranoïa n.f.
paranoïaque adj. *et* n.
paranoïde adj.
paranormal, e, aux adj. *et* n.m.
parapente n.m.
parapentiste n.
parapet n.m.
parapétrolier, ère adj.
parapharmacie n.f.
paraphasie n.f.
paraphe *ou* **parafe** n.m.
parapher *ou* **parafer** v.t.
parapheur *ou* **parafeur** n.m.
paraphimosis n.m.
paraphlébite n.f.
paraphrase n.f.
paraphraser v.t.
paraphrastique adj.
paraphrénie n.f.
paraphrénique adj.
paraphyse n.f.
paraplégie n.f.
paraplégique adj. *et* n.
parapluie n.m.
parapode n.m.
parapsychique adj.
parapsychologie n.f.
parapsychologique adj.
parapsychologue n.
parapublic, ique adj.
parascève n.f.
parascolaire adj.
parasexualité n.f.
parasismique adj.
parasitaire adj.
parasite n.m. *et* adj.
parasiter v.t.
parasitisme n.m.
parasitologie n.f.
parasitose n.f.
parasol n.m.
parastatal, e, aux adj.
parasympathique adj. *et* n.m.
parasympatholytique adj. *et* n.m.
parasympathomimétique adj. *et* n.m.
parasynthétique adj. *et* n.m.
parataxe n.f.
paratexte n.m.
parathormone n.f.
parathyroïde adj. *et* n.f.
parathyroïdien, enne adj.
paratonnerre n.m.
parâtre n.m.
paratyphique adj.
paratyphoïde adj. *et* n.f.
paravalanche n.m.
paravent n.m.
parbleu ! interj.
parc n.m.
parcage n.m.
parcellaire adj.
parcellarisation n.f.
parcellariser v.t.
parcelle n.f.
parcellisation n.f.
parcelliser v.t.
parce que loc. conj.
parchemin n.m.
parcheminé, e adj.
parchet n.m.
parcimonie n.f.
parcimonieusement adv.
parcimonieux, euse adj.
parcmètre n.m.
parcotrain n.m.
parcourir v.t. (conj. **33**)
parcours n.m.
par-delà loc. prép.
par-derrière loc. adv. *et* loc. prép.
par-dessous loc. adv. *et* loc. prép.
pardessus n.m.
par-dessus loc. adv. *et* loc. prép.
par-devant loc. adv. *et* loc. prép.
par-devers loc. prép.
pardi ! interj.
pardieu ! interj.
pardon n.m.
pardonnable adj.
pardonner v.t. *et* t. ind.
paréage n.m.
pare-balles n.m. inv. *et* adj. inv.
pare-brise n.m. inv.
pare-chocs n.m. inv.
parèdre adj. *et* n.
pare-éclats n.m. inv.
pare-étincelles n.m. inv.
pare-feu adj. inv. *et* n.m. inv.
pare-fumée n.m. inv.
parégorique adj.
pareil, eille adj. *et* n.
pareil adv.
pareillement adv.
parélie *ou* **parhélie** n.m.
parement n.m.
parementer v.t.
parementure n.f.
parenchymateux, euse adj.
parenchyme n.m.
parent, e adj. *et* n.
parent n.m.
parental, e, aux adj.
parentales *ou* **parentalies** n.f. pl.
parenté n.f.
parentèle n.f.
parentéral, e, aux adj.
parenthèse n.f.
paréo n.m.
parer v.t. *et* t. ind.
parère n.m.
parésie n.f.
pare-soleil n.m. inv.
paresse n.f.
paresser v.i.
paresseusement adv.
paresseux, euse adj. *et* n.
paresseux n.m.
paresthésie n.f.

parfaire v.t. (conj. **89**)
parfait, e adj.
parfait n.m.
parfaitement adv.
parfilage n.m.
parfiler v.t.
parfois adv.
parfondre v.t. (conj. **59**)
parfum n.m.
parfumer v.t.
parfumerie n.f.
parfumeur, euse n.
parhélie *ou* **parélie** n.m.
pari n.m.
paria n.m.
pariade n.f.
pariage n.m.
paridigité, e adj.
paridigité n.m.
parier v.t. (conj. **5**)
pariétaire n.f.
pariétal, e, aux adj.
parieur, euse n.
parigot, e adj. *et* n.
paripenné, e adj.
paris-brest n.m. inv.
parisette n.f.
parisianisme n.m.
parisien, enne adj. *et* n.
parisis adj. inv.
parisyllabique adj. *et* n.m.
paritaire adj.
paritarisme n.m.
parité n.f.
parjure n.m. ; adj. *et* n.
parjurer (se) v.pr.
parka n.f. *ou* m.
Parkérisation n.f. (nom déposé)
parking n.m.
parkinson n.m.
parkinsonien, enne adj. *et* n.
parlant, e adj.
parlant n.m.
parlé, e adj.
parlé n.m.
parlement n.m.
parlementaire adj. ; n.
parlementarisme n.m.
parlementer v.i.
parler v.i., t. *et* t. ind. ; n.m. (pl. parlers)
parleur, euse n.
parloir n.m.
parlote *ou* **parlotte** n.f.
parlure n.f.
parme n.m. ; adj. inv.
parmélie n.f.
parmesan, e adj. *et* n.
parmi prép.
parnassien, enne adj. *et* n.
parnassien n.m.
parodie n.f.
parodier v.t. (conj. **5**)
parodique adj.
parodiste n.
parodontal, e, aux adj.
parodonte n.m.
parodontiste n.
parodontologie n.f.
parodontolyse n.f.
parodontopathie n.f.
paroi n.f.
paroir n.m.
paroisse n.f.
paroissial, e, aux adj.
paroissien, enne n.
paroissien n.m.
parole n.f.
parolier, ère n.
paronomase n.f.
paronyme adj. *et* n.m.
paronymie n.f.
paronymique adj.
paronyque n.f.
paros n.m.
parotide adj. *et* n.f.
parotidien, enne adj.
parotidite n.f.
parousie n.f.
paroxysmal, e, aux adj.
paroxysme n.m.
paroxystique ou **paroxysmique** adj.
paroxyton adj.m. *et* n.m.
parpaillot, e n.
parpaing n.m.
parquer v.t. *et* i.
parquet n.m.
parquetage n.m.
parqueter v.t. (conj. **16**)
parqueteur n.m.
parqueur, euse *ou* **parquier, ère** n.
parrain n.m.
parrainage n.m.
parrainer v.t.
parraineur n.m.
parricide adj. *et* n. ; n.m.
parsec n.m.
parsemer v.t. (conj. **12**)
parsi, e n. *et* adj.
parsisme n.m.
part n.f.
partage n.m.
partageable adj.
partager v.t. (conj. **10**)
partageur, euse adj.
partageux, euse n. *et* adj.
partance n.f.
partant, e adj. *et* n.
partant conj.
partenaire n.
partenarial, e, aux adj.
partenariat n.m.
parterre n.m.
parthénogenèse n.f.
parthénogénétique adj.
parti, e adj.
parti n.m.
partiaire adj.
partial, e, aux adj.
partialement adv.
partialité n.f.
participant, e adj. *et* n.
participatif, ive adj.
participation n.f.
participe n.m.
participer v.t. ind.
participial, e, aux adj.
particularisation n.f.
particulariser v.t.
particularisme n.m.
particularité n.f.
particule n.f.
particulier, ère adj.

particulier n.m.
particulièrement adv.
partie n.f.
partiel, elle adj.
partiel n.m.
partiellement adv.
partir v.i. (conj. **31** ; auxil. *être*)
partisan, e adj.
partisan n.m.
partita n.f. (pl. partite *ou* partitas)
partiteur n.m.
partitif, ive adj.
partitif n.m.
partition n.f.
partout adv.
partouze *ou* **partouse** n.f.
parturiente n.f.
parturition n.f.
parure n.f.
parurerie n.f.
parurier, ère n.
parution n.f.
parvenir v.i. (conj. **28** ; auxil. *être*)
parvenu, e n.
parvis n.m.
pas n.m. ; adv.
pas-à-pas adj. inv. *et* n.m. inv.
pascal, e, als *ou* **aux** adj.
pascal n.m. (pl. pascals) [unité]
pascal n.m. inv. (informatique)
pascalien, enne adj.
pascal-seconde n.m. (pl. pascals-seconde)
pas-d'âne n.m. inv.
pas-de-porte n.m. inv.
pas-grand-chose n. inv.
paso doble n.m. inv.
passable adj.
passablement adv.
passacaille n.f.
passade n.f.
passage n.m.
passager, ère adj. ; n.
passagèrement adv.
passant, e adj. ; n.
passant n.m.
passation n.f.
passavant n.m.
passe n.m. ; n.f.
passé, e adj.
passé n.m.; prép.
passe-bande adj. inv.
passe-bas adj. inv.
passe-crassane n.f. inv.
passe-droit n.m. (pl. passe-droits)
passée n.f.
passe-haut adj. inv.
passéisme n.m.
passéiste adj. *et* n.
passe-lacet n.m. (pl. passe-lacets)
passement n.m.
passementer v.t.
passementerie n.f.
passementier, ère n.
passe-montagne n.m. (pl. passe-montagnes)
passe-partout n.m. inv. *et* adj. inv.
passe-passe n.m. inv.
passe-pied n.m. (pl. passe-pieds)
passe-plat n.m. (pl. passe-plats)
passepoil n.m.
passepoilé, e adj.
passeport n.m.
passer v.i. (auxil. *être* ou, plus rarement, *avoir*) ; v.t. (auxil. *avoir*)
passerage n.f.
passereau n.m.
passerelle n.f.
passériforme n.m.
passerine n.f.
passerose n.f.
passe-temps n.m. inv.
passe-tout-grain n.m. inv.
passeur, euse n.
passe-velours n.m. inv.
passe-vite n.m. inv.
passible adj.
passif, ive adj.
passif n.m.
passifloracée n.f.
passiflore n.f.
passim adv.
passing-shot n.m. (pl. passing-shots)
passion n.f.
passioniste n.m.
passionnant, e adj.
passionné, e adj. *et* n.
passionnel, elle adj.
passionnellement adv.
passionnément adv.
passionner v.t.
passivation n.f.
passivement adv.
passiver v.t.
passivité n.f.
passoire n.f.
pastel n.m. ; adj. inv.
pastelliste n.
pastenague n.f.
pastèque n.f.
pasteur n.m.
pasteurella n.f.
pasteurellose n.f.
pasteurien, enne adj.
pasteurisation n.f.
pasteuriser v.t.
pastiche n.m.
pasticher v.t.
pasticheur, euse n.
pastillage n.m.
pastille n.f.
pastilleuse n.f.
pastis n.m.
pastoral, e, aux adj.
pastorale n.f.
pastoralisme n.m.
pastorat n.m.
pastorien, enne adj.
pastoureau, elle n.
pastourelle n.f.
pat [pat] adj. inv. *et* n.m.
patache n.f.
patachon n.m.
patagium n.m. (pl. patagiums)
pataphysique n.f.
patapouf n.m.

pataquès [patakɛs] n.m.
pataras n.m.
patarin n.m.
patas n.m.
patate n.f.
patati, patata ! interj.
patatoïde n.m.
patatras ! interj.
pataud, e n. *et* adj.
Pataugas n.m. (nom déposé)
pataugeage n.m.
pataugeoire n.f.
patauger v.i. (conj. **10**)
patauger, euse n.
patch n.m. (pl. patchs *ou* patches)
patchouli n.m.
patchwork n.m.
pâte n.f.
pâté n.m.
pâtée n.f.
patelin, e adj. *et* n.
patelin n.m.
pateliner v.i.
patelle n.f.
patène n.f.
patenôtre n.f.
patent, e adj.
patentage n.m.
patente n.f.
patenté, e adj.
patenter v.t.
Pater n.m. inv.
patère n.f.
paterfamilias n.m.
paternalisme n.m.
paternaliste adj. *et* n.
paterne adj.
paternel, elle adj.
paternel n.m.
paternellement adv.
paternité n.f.
pâteux, euse adj.
pathétique adj. *et* n.m.
pathétiquement adv.
pathétisme n.m.
pathogène adj.
pathogenèse *ou* **pathogénie** n.f.
pathogénique adj.
pathognomonique adj.
pathologie n.f.
pathologique adj.
pathologiquement adv.
pathologiste n.
pathomimie n.f.
pathos n.m.
patibulaire adj.
patiemment adv.
patience n.f.
patient, e adj. ; n.
patienter v.i.
patin n.m.
patinage n.m.
patine n.f.
patiner v.i. *et* t.
patinette n.f.
patineur, euse n.
patinoire n.f.
patio n.m. (pl. patios)
pâtir v.i.
pâtis n.m.
pâtisser v.i.
pâtisserie n.f.
pâtissier, ère n. *et* adj.
pâtisson n.m.
patoche n.f.
patois n.m.
patoisant, e adj. *et* n.
pâton n.m.
patouiller v.i.
patraque adj.
pâtre n.m.
patriarcal, e, aux adj.
patriarcat n.m.
patriarche n.m.
patrice n.m.
patriciat n.m.
patricien, enne n. *et* adj.
patriclan n.m.
patrie n.f.
patrilignage n.m.
patrilinéaire adj.
patrilocal, e, aux adj.
patrimoine n.m.
patrimonial, e, aux adj.
patriotard, e adj. *et* n.
patriote adj. *et* n.
patriotique adj.
patriotiquement adv.
patriotisme n.m.
patristique n.f. *et* adj.
patrologie n.f.
patron, onne n.
patron n.m.
patronage n.m.
patronal, e, aux adj.
patronat n.m.
patronner v.t.
patronnesse adj.f.
patronyme n.m.
patronymique adj.
patrouille n.f.
patrouiller v.i.
patrouilleur n.m.
patte n.f. (partie du corps)
patté, e adj.
patte-de-loup n.f. (pl. pattes-de-loup)
patte-d'oie n.f. (pl. pattes-d'oie)
patte-mâchoire n.f. (pl. pattes-mâchoires)
pattemouille n.f.
pattern n.m.
pattier n.m.
pattinsonage n.m.
pattu, e adj.
pâturable adj.
pâturage n.m.
pâture n.f.
pâturer v.t. *et* i.
pâturin n.m.
paturon n.m.
pauchouse *ou* **pochouse** n.f.
paulette n.f.
paulien, enne adj.
paulinien, enne adj.
paulinisme n.m.
pauliste n.m. ; adj. *et* n.
paulownia n.m.
paume n.f.
paumé, e adj. *et* n.
paumée n.f.
paumelle n.f.
paumer v.t.
paumoyer v.t. (conj. **7**)
paupérisation n.f.

paupériser v.t.
paupérisme n.m.
paupière n.f.
paupiette n.f.
pause n.f. (arrêt)
pause-café n.f. (pl. pauses-café)
pause-carrière n.f. (pl. pauses-carrière)
pauser v.i. (faire une pause)
pauvre adj. *et* n.
pauvrement adv.
pauvresse n.f.
pauvret, ette n.
pauvreté n.f.
pavage n.m.
pavane n.f.
pavaner (se) v.pr.
pavé n.m.
pavement n.m.
paver v.t.
paveur n.m.
pavie n.f.
pavillon n.m.
pavillonnaire adj.
pavillonnerie n.f.
pavimenteux, euse adj.
pavlovien, enne adj.
pavois n.m.
pavoisement n.m.
pavoiser v.t. *et* i.
pavot n.m.
paxon *ou* **pacson** n.m.
payable adj.
payant, e adj.
paye *ou* **paie** n.f.
payement *ou* **paiement** n.m.
payer v.t. *et* i. (conj. **6**)
payeur, euse adj. *et* n.
payeur n.m.
pays, e n.
pays n.m.
paysage n.m.
paysager, ère adj.
paysagiste n. *et* adj.
paysan, anne n.
paysannat n.m.
paysannerie n.f.
p.-d.g. n. inv.
péage n.m.
péagiste n.
péan *ou* **pæan** n.m.
peau n.f.
peaucier adj.m. *et* n.m. (muscle)
peaufiner v.t.
peau-rouge adj. *et* n. (pl. peaux-rouges)
peausserie n.f.
peaussier n.m. *et* adj.m. (artisan)
pébrine n.f.
pébroc *ou* **pébroque** n.m.
pécaïre ! interj.
pécan n.m.
pécari n.m.
peccadille n.f.
peccant, e adj.
pechblende n.f.
pêche n.f. ; adj. inv.
péché n.m. (faute)
pécher v.i. (conj. **11**) [commettre un péché]
pêcher n.m. (arbre)
pêcher v.t. (poisson)
pechère *ou* **peuchère !** interj.
pêcherie n.f.
pêchette n.f.
pécheur, eresse n. (qui commet des péchés)
pêcheur, euse n. (qui prend du poisson)
pécloter v.i.
pecnot *ou* **péquenot** n.m.
pécoptéris n.m.
pécore n.f.
pecten n.m.
pectine n.f.
pectiné, e adj.
pectique adj.
pectoral, e, aux adj.
pectoral n.m. (pl. pectoraux)
péculat n.m.
pécule n.m.
pécune n.f.
pécuniaire adj.
pécuniairement adv.
pédagogie n.f.
pédagogique adj.
pédagogiquement adv.
pédagogue n.
pédalage n.m.
pédale n.f.
pédaler v.i.
pédaleur, euse n.
pédalier n.m.
Pédalo n.m. (nom déposé)
pédant, e adj. *et* n.
pédanterie n.f.
pédantesque adj.
pédantisme n.m.
pédé n.m.
pédéraste n.m.
pédérastie n.f.
pédérastique adj.
pédestre adj.
pédestrement adv.
pédiatre n.
pédiatrie n.f.
pédiatrique adj.
pedibus adv.
pédicellaire n.m.
pédicelle n.m.
pédicellé, e adj.
pédiculaire adj. ; n.f.
pédicule n.m.
pédiculé, e adj.
pédiculose n.f.
pédicure n.
pédicurie n.f.
pédieux, euse adj.
pedigree n.m.
pédiluve n.m.
pédiment n.m.
pédipalpe n.m.
pédiplaine n.f.
pédodontie n.f.
pédogenèse n.f.
pédologie n.f.
pédologue n.
pédonculaire adj.
pédoncule n.m.
pédonculé, e adj.
pédophile adj. *et* n.
pédophilie n.f.

pédopsychiatre n.
pédopsychiatrie n.f.
pedzer v.i.
peeling n.m.
pégase n.m.
pegmatite n.f.
pégosité n.f.
pègre n.f.
pégueux, euse adj.
pehlvi n.m. sing.
peignage n.m.
peigne n.m.
peigné n.m.
peigne-cul n.m. (pl. inv. *ou* peigne-culs)
peignée n.f.
peigner v.t.
peignette n.f.
peigneur, euse adj. *et* n.
peigneuse n.f.
peignoir n.m.
peignures n.f. pl.
peinard, e adj.
peinardement adv.
peindre v.t. (conj. **62**)
peine n.f. (souffrance)
peiner v.t. *et* i.
peintre n.m.
peintre-graveur n.m. (pl. peintres-graveurs)
peinture n.f.
peinture-émulsion n.f. (pl. peintures-émulsions)
peinturer v.t.
peinturlurer v.t.
péjoratif, ive adj.
péjoratif n.m.
péjoration n.f.
péjorativement adv.
pékan n.m.
péket *ou* **péquet** n.m.
pékin *ou* **péquin** n.m.
pékiné, e adj.
pékiné n.m.
pékinois, e adj. *et* n.
pékinois n.m.
pelade n.f.
pelage n.m.
pélagianisme n.m.
pélagien, enne adj. *et* n.
pélagique adj.
pelagos n.m.
pélamide *ou* **pélamyde** n.f.
pelard adj.m.
pélargonium n.m. (pl. pélargoniums)
pelé, e adj.
pélécaniforme n.m.
péléen, enne *ou* **peléen, enne** adj.
pêle-mêle adv. ; n.m. inv.
peler v.t. *et* i.(conj. **12**) [ôter la peau]
pèlerin n.m.
pèlerinage n.m.
pèlerine n.f.
péliade n.f.
pélican n.m.
pelisse n.f.
pellagre n.f.
pellagreux, euse adj. *et* n.
pelle n.f.
pelle-bêche n.f. (pl. pelles-bêches)
pelle-pioche n.f. (pl. pelles-pioches)
peller v.t. (conj. **17**) [pelleter]
pellet n.m.
pelletage n.m.
pelletée n.f.
pelleter v.t. (conj. **16**)
pelleterie n.f.
pelleteur, euse n.
pelleteuse n.f.
pelletier, ère adj. *et* n.
pelliculage n.m.
pelliculaire adj.
pellicule n.f.
pelliculer v.t.
pelliculeux, euse adj.
pellucide adj.
pélobate n.m.
pélodyte n.m.
péloponnésien, enne adj. *et* n.
pelotage n.m.
pelotari n.m.
pelote n.f.
peloter v.t.
peloteur, euse adj. *et* n.
peloton n.m.
pelotonnement n.m.
pelotonner v.t.
pelouse n.f.
pelté, e adj.
peluche n.f.
peluché, e *ou*, vx, **pluché, e** adj.
pelucher *ou*, vx, **plucher** v.i.
pelucheux, euse *ou*, vx, **plucheux, euse** adj.
pelure n.f.
pélusiaque adj.
pelvien, enne adj.
pelvimétrie n.f.
pelvis n.m.
pemmican n.m.
pemphigus n.m. inv.
pénal, e, aux adj.
pénalement adv.
pénalisant, e adj.
pénalisation n.f.
pénaliser v.t.
pénaliste n.
pénalité n.f.
penalty n.m. (pl. penaltys *ou* penalties)
pénates n.m. pl.
penaud, e adj.
pence n.m. pl.
penchant n.m.
pencher v.t. *et* i.
pendable adj.
pendage n.m.
pendaison n.f.
pendant, e adj.
pendant n.m. ; prép.
pendard, e n.
pendeloque n.f.
pendentif n.m.
penderie n.f.
pendiller v.i.
pendillon n.m.
pendjabi n.m. sing.
pendoir n.m.
pendouiller v.i.
pendre v.t. *et* i. (conj. **59**)

pendu, e adj. *et* n.
pendulaire adj.
pendule n.m. ; n.f.
penduler v.i.
pendulette n.f.
pendulier, ère n.
pêne n.m. (serrure)
pénéplaine n.f.
pénétrabilité n.f.
pénétrable adj.
pénétrant, e adj.
pénétrante n.f.
pénétration n.f.
pénétré, e adj.
pénétrer v.t. *et* i. (conj. **11**)
pénétromètre n.m.
pénibilité n.f.
pénible adj.
péniblement adv.
péniche n.f.
pénicillé, e adj.
pénicillinase n.f.
pénicilline n.f.
pénicillinorésistant, e adj.
pénicillium n.m. (pl. pénicilliums)
pénien, enne adj.
pénil n.m.
péninsulaire adj.
péninsule n.f.
pénis n.m.
pénitence n.f.
pénitencerie n.f.
pénitencier n.m.
pénitent, e n.
pénitent n.m.
pénitentiaire adj.
pénitentiaux adj.m. pl.
pénitentiel, elle adj.
pennage n.m.
penne n.f. (plume)
penné, e adj.
penniforme adj.
pennon n.m. (flamme)
pennon ou **penon** n.m. (marine)
pennsylvanien, enne adj. *et* n.
penny n.m. (pl. pence [monnaie] *ou* pennies [pièces])
pénologie n.f.
pénombre n.f.
penon *ou* **pennon** n.m. (marine)
pensable adj.
pensant, e adj.
pense-bête n.m. (pl. pense-bêtes)
pensée n.f.
penser v.i., t. *et* t. ind.
penseur, euse n.
pensif, ive adj.
pension n.f.
pensionnaire n.
pensionnat n.m.
pensionné, e adj. *et* n.
pensionner v.t.
pensivement adv.
pensum [pɛ̃-] n.m.
pentacle [pɛ̃-] n.m.
pentacorde [pɛ̃-] n.m.
pentacrine [pɛ̃-] n.m.
pentadactyle [pɛ̃-] adj.
pentadécagone [pɛ̃-] n.m.
pentaèdre [pɛ̃-] n.m. *et* adj.
pentagonal, e, aux [pɛ̃-] adj.
pentagone [pɛ̃-] n.m.
pentamère [pɛ̃-] adj. *et* n.m.
pentamètre [pɛ̃-] n.m.
pentane [pɛ̃-] n.m.
pentapole [pɛ̃-] n.f.
pentaradié, e [pɛ̃-] adj.
pentarchie [pɛ̃-] n.f.
pentathlon [pɛ̃-] n.m.
pentatome [pɛ̃-] n.f.
pentatonique [pɛ̃-] adj.
pente n.f.
Pentecôte n.f.
pentecôtisme n.m.
pentecôtiste adj. *et* n.m.
pentédécagone [pɛ̃-] n.m.
pentose [pɛ̃-] n.m.
pentrite [pɛ̃-] n.f.
pentu, e adj.
penture n.f.
pénultième adj. *et* n.f.
pénurie n.f.
péon n.m. (pl. péons *ou* péones).
pep n.m.
pépé n.m.
pépée n.f.
pépère adj. *et* n.m.
pépettes *ou* **pépètes** n.f. pl.
pépie n.f.
pépiement n.m.
pépier v.i. (conj. **5**)
pépin n.m.
pépinière n.f.
pépiniériste n.
pépite n.f.
péplum n.m. (pl. péplums)
pépon *ou* **péponide** n.m.
peppermint n.m.
pepsine n.f.
peptide n.m.
peptidique adj.
peptique adj.
péquenot, pecnot n.m. *ou* **péquenaud, e** n.
péquet *ou* **péket** n.m.
péquin *ou* **pékin** n.m.
péquiste adj. *et* n.
perborate n.m.
perçage n.m.
percale n.f.
percaline n.f.
perçant, e adj.
perce n.f.
percée n.f.
percement n.m.
perce-muraille n.f. (pl. perce-murailles).
perce-neige n.m. *ou* f. inv.
perce-oreille n.m. (pl. perce-oreilles).
perce-pierre n.f. (pl. perce-pierres).
percepteur n.m.
perceptibilité n.f.
perceptible adj.
perceptiblement adv.

perceptif, ive adj.
perception n.f.
percer v.t. *et* i. (conj. **9**)
percet n.m.
perceur, euse n.
perceuse n.f.
percevable adj.
percevoir v.t. (conj. **39**)
perchage n.m.
perche n.f.
percher v.i. *et* t.
percheron, onne adj. *et* n.
percheur, euse adj.
perchis n.m.
perchiste n.
perchlorate n.m.
perchlorique adj.m.
perchman n.m. (pl. perchmans *ou* perchmen)
perchoir n.m.
perciforme n.m.
percipient n.m.
perclus, e adj.
percnoptère n.m.
perçoir n.m.
percolateur n.m.
percolation n.f.
percussion n.f.
percussionniste n.
percutané, e adj.
percutant, e adj.
percuter v.t.
percuteur n.m.
perdable adj.
perdant, e adj. *et* n.
perditance n.f.
perdition n.f.
perdre v.t. (conj. **59**)
perdreau n.m.
perdrigon n.m.
perdrix n.f.
perdu, e adj. *et* n.
perdurer v.i.
père n.m.
pérégrin n.m.
pérégrination n.f.
péremption n.f.
péremptoire adj.
péremptoirement adv.
pérennant, e adj.
pérenne adj.
pérennisation n.f.
pérenniser v.t.
pérennité n.f.
péréquation n.f.
perestroïka n.f.
perfectibilité n.f.
perfectible adj.
perfectif n.m.
perfection n.f.
perfectionnement n.m.
perfectionner v.t.
perfectionnisme n.m.
perfectionniste adj. *et* n.
perfide adj. *et* n.
perfidement adv.
perfidie n.f.
perfolié, e adj.
perforage n.m.
perforant, e adj.
perforateur, trice adj.
perforation n.f.
perforatrice n.f.
perforer v.t.
performance n.f.
performant, e adj.
performant n.m.
performatif, ive adj.
performatif n.m.
perfringens adj. *et* n.m.
perfuser v.t.
perfusion n.f.
pergélisol n.m.
pergola n.f.
péri n.f.
périanthaire adj.
périanthe n.m.
périarthrite n.f.
périastre n.m.
péribole n.m.
péricarde n.m.
péricardique adj.
péricardite n.f.
péricarpe n.m.
périchondre n.m.
péricliter v.i.
péricycle n.m.
péridinien n.m.
péridot n.m.
péridotite n.f.
péridural, e, aux adj.
péridurale n. f.
périf *ou* **périph** n.m.
périgée n.m.
périglaciaire adj.
périgordien n.m.
périgourdin, e adj. *et* n.
périhélie n.m.
péri-informatique n.f.
péril n.m.
périlleusement adv.
périlleux, euse adj.
périmé, e adj.
périmer (se) v.pr.
périmètre n.m.
périnatal, e, als *ou* **aux** adj.
périnatalité n.f.
périnatalogie n.f.
périnéal, e, aux adj.
périnée n.m.
période n.f.
périodicité n.f.
periodique adj. ; n.m.
périodiquement adv.
périoste n.m.
périostite n.f.
péripate n.m.
péripatéticien, enne adj. *et* n.
péripatéticienne n.f.
péripatétisme n.m.
péripétie n.f.
périph *ou* **périf** n.m.
périphérie n.f.
périphérique adj.
périphlébite n.f.
périphrase n.f.
périphrastique adj.
périple n.m.
périptère adj. *et* n.m.
périr v.i. (auxil. *avoir*)
périscolaire adj.
périscope n.m.
périscopique adj.
périsélène n.m.
périsperme n.m.
périssable adj.

périssodactyle adj. *et* n.m.
périssoire n.f.
péristaltique adj.
péristaltisme n.m.
péristome n.m.
péristyle n.m.
péritéléphonie n.f.
péritélévision n.f.
périthèce n.m.
péritoine n.m.
péritonéal, e, aux adj.
péritonite n.f.
périurbain, e adj.
perlan n.m.
perlant, e adj.
perlant n.m.
perle n.f.
perlé, e adj.
perlèche n.f.
perler v.t. *et* i.
perlier, ère adj.
perlimpinpin n.m.
perlingual, e, aux adj.
perlite n.f.
perlon n.m.
perlot n.m.
perlouse *ou* **perlouze** n.f.
permafrost n.m.
permagel n.m.
permanence n.f.
permanencier, ère n.
permanent, e adj.; n.
permanente n.f.
permanganate n.m.
permanganique adj.
perméabilité n.f.
perméable adj.
permettre v.t. (conj. **64**)
permien, enne adj.
permien n.m.
permis n.m.
permissif, ive adj.
permission n.f.
permissionnaire n.m.
permissivité n.f.
permittivité n.f.
permsélectif, ive adj.
permutabilité n.f.
permutable adj.
permutant, e n.
permutation n.f.
permuter v.t.
pernicieusement adv.
pernicieux, euse adj.
péroné n.m.
péronier, ère adj.
péronisme n.m.
péroniste adj. *et* n.
péronnelle n.f.
péroraison n.f.
pérorer v.i.
péroreur, euse n.
per os loc. adv.
peroxydase n.f.
peroxyde n.m.
peroxyder v.t.
perpendiculaire adj. ; n.f.
perpendiculairement adv.
perpendicularité n.f.
perpétration n.f.
perpétrer v.t. (conj. **11**)
perpette (à) *ou* **perpète (à)** loc. adv.
perpétuation n.f.
perpétuel, elle adj.
perpétuellement adv.
perpétuer v.t.
perpétuité n.f.
perpignanais, e adj. *et* n.
perplexe adj.
perplexité n.f.
perquisition n.f.
perquisitionner v.i. *et* t.
perré n.m.
perrière n.f.
perron n.m.
perroquet n.m.
perruche n.f.
perruque n.f.
perruquier n.m.
pers, e adj.
persan, e adj. *et* n.
persan n.m. *et* adj.m.
perse adj. *et* n. ; n.m. sing.
persécuté, e adj. *et* n.
persécuter v.t.
persécuteur, trice adj. *et* n.
persécution n.f.
perséides n.f. pl.
persel n.m.
persévérance n.f.
persévérant, e adj. *et* n.
persévération n.f.
persévérer v.i. (conj. **11**)
persicaire n.f.
persienne n.f.
persiflage n.m.
persifler v.t.
persifleur, euse adj. *et* n.
persil n.m.
persillade n.f.
persillé, e adj.
persillère n.f.
persique adj.
persistance n.f.
persistant, e adj.
persister v.i.
persona grata loc. adj. inv.
personale n.f.
personé, e adj.
personnage n.m.
personnalisation n.f.
personnaliser v.t.
personnalisme n.m.
personnaliste adj. *et* n.
personnalité n.f.
personne n.f.
personne pron. indéf. m. sing.
personnel, elle adj.
personnel n.m.
personnellement adv.
personne-ressource n.f. (pl. personnes-ressources)
personnification n.f.
personnifier v.t. (conj. **5**)
perspectif, ive adj.
perspective n.f.
perspicace adj.
perspicacité n.f.
perspiration n.f.
persuader v.t. *et* t. ind.
persuasif, ive adj.

persuasion n.f.
persulfate n.m.
persulfure n.m.
perte n.f.
pertinemment adv.
pertinence n.f.
pertinent, e adj.
pertuis n.m.
pertuisane n.f.
perturbateur, trice adj. *et* n.
perturbation n.f.
perturbé, e adj.
perturber v.t.
péruvien, enne adj. *et* n.
pervenche n.f. ; adj. inv.
pervers, e adj. *et* n.
perversion n.f.
perversité n.f.
pervertir v.t.
pervertissement n.m.
pervibrage n.m.
pervibrateur n.m.
pervibration n.f.
pervibrer v.t.
pesade n.f.
pesage n.m.
pesamment adv.
pesant, e adj.
pesant n.m.
pesanteur n.f.
pèse-acide n.m. (pl. inv. *ou* pèse-acides)
pèse-alcool n.m. inv.
pèse-bébé n.m. (pl. inv. *ou* pèse-bébés)
pesée n.f.
pèse-esprit n.m. (pl. inv. *ou* pèse-esprits)
pèse-lait n.m. inv.
pèse-lettre n.m. (pl. inv. *ou* pèse-lettres)
pèse-liqueur n.m. (pl. inv. *ou* pèse-liqueurs)
pèse-moût n.m. (pl. inv. *ou* pèse-moûts)
pèse-personne n.m. (pl. inv. *ou* pèse-personnes)
peser v.t. *et* i. (conj. **12**)
pèse-sel n.m. (pl. inv. *ou* pèse-sels)
pèse-sirop n.m. (pl. inv. *ou* pèse-sirops)
peseta n.f. (pl. pesetas)
pesette n.f.
peseur, euse n.
peseuse n.f.
peseuse-ensacheuse n.f. (pl. peseuses-ensacheuses)
pèse-vin n.m. inv.
peso n.m. (pl. pesos)
peson n.m.
pessaire n.m.
pesse n.f.
pessière n.f.
pessimisme n.m.
pessimiste adj. *et* n.
peste n.f.
pester v.i.
pesteux, euse adj.
pesticide adj. *et* n.m.
pestiféré, e adj. *et* n.
pestilence n.f.
pestilentiel, elle adj.
pet [pɛ] n.m. (gaz)
pet [pɛt] n.m. (coup) ; n.m. inv. (matière)
pétainiste adj. *et* n.
pétale n.m.
pétaloïde adj.
pétanque n.f.
pétant, e adj.
pétaradant, e adj.
pétarade n.f.
pétarader v.i.
pétard n.m.
pétase n.m.
pétaudière n.f.
pétaure n.m.
pétauriste n.m.
pet-de-nonne n.m. (pl. pets-de-nonne)
pétéchial, e, aux [-ʃjal, ʃjo] adj.
pétéchie [-ʃi] n.f.
péter v.i. *et* t. (conj. **11**)
pète-sec adj. inv. *et* n. inv.
péteur, euse n.
péteux, euse n. *et* adj.
pétillant, e adj.
pétillement n.m.
pétiller v.i.
pétiole n.m.
pétiolé, e adj.
petiot, e adj. *et* n.
petit, e adj.
petit n.m. ; adv.
petit-beurre n.m. (pl. petits-beurre)
petit-bois n.m. (pl. petits-bois)
petit-bourgeois, petite-bourgeoise adj. *et* n. (pl. petits-bourgeois, petites-bourgeoises)
petit déjeuner n.m. (pl. petits déjeuners)
petit-déjeuner v.i.
petite-fille n.f. (pl. petites-filles)
petitement adv.
petitesse n.f.
petit-fils n.m. (pl. petits-fils)
petit-four n.m. (pl. petits-fours)
petit-gris n.m. (pl. petits-gris)
pétition n.f.
pétitionnaire n.
pétitionner v.i.
petit-lait n.m. (pl. petits-laits)
petit-maître, petite-maîtresse n. (pl. petits-maîtres, petites-maîtresses)
petit-nègre n.m. sing.
petit-neveu, petite-nièce n. (pl. petits-neveux, petites-nièces)
pétitoire adj.
petit pois n.m. (pl. petits pois)
petits-enfants n.m. pl.
petit-suisse n.m. (pl. petits-suisses)
pétoche n.f.
pétoire n.f.
pétole n.f.
peton n.m.
pétoncle n.m.

pétouiller v.i.
pétrarquisme n.m.
pétrel n.m.
pétreux, euse adj.
pétrifiant, e adj.
pétrification n.f.
pétrifier v.t. (conj. **5**)
pétrin n.m.
pétrir v.t.
pétrissage n.m.
pétrisseur, euse adj. *et* n.
pétrochimie n.f.
pétrochimique adj.
pétrochimiste n.
pétrodollar n.m.
pétrogale n.m.
pétrogenèse n.f.
pétroglyphe n.m.
pétrographe n.
pétrographie n.f.
pétrographique adj.
pétrole n.m.
pétrolette n.f.
pétroleuse n.f.
pétrolier, ère adj.
pétrolier n.m.
pétrolier-minéralier n.m. (pl. pétroliers-minéraliers)
pétrolifère adj.
pétrologie n.f.
pétrologue n.
pétulance n.f.
pétulant, e adj.
pétun n.m.
pétuner v.i.
pétunia n.m.
peu adv.
peucédan n.m.
peuchère *ou* **pechère !** interj.
peuh ! interj.
peul, e adj. *et* n.
peul n.m.
peuplade n.f.
peuple n.m.
peuplé, e adj.
peuplement n.m.
peupler v.t.
peupleraie n.f.
peuplier n.m.
peur n.f.
peureusement adv.
peureux, euse adj. *et* n.
peut-être adv.
peyotl n.m.
pèze n.m.
pezizale n.f.
pezize n.f.
pfennig n.m. (pl. pfeennigs *ou* pfennige)
pff, pfft *ou* **pfut !** interj.
phacochère n.m.
phaéton n.m.
phage n.m.
phagocytaire adj.
phagocyte n.m.
phagocyter v.t.
phagocytose n.f.
phalange n.f.
phalanger n.m.
phalangère n.f.
phalangette n.f.
phalangien, enne adj.
phalangine n.f.
phalangiste n. *et* adj.
phalanstère n.m.
phalarope n.m.
phalène n.f.
phalère n.f.
phalline n.f.
phallique adj.
phallocentrique adj.
phallocentrisme n.m.
phallocrate adj. *et* n.
phallocratie n.f.
phallocratique adj.
phalloïde adj.
phallotoxine n.f.
phallus n.m. inv.
phanère n.m.
phanérogame adj. *et* n.m. *ou* f.
phanie n.f.
phanotron n.m.
phantasme *ou* **fantasme** n.m.
pharaon n.m.
pharaonique *ou*
pharaonien, enne adj.
phare n.m.
pharillon n.m.
pharisaïque adj.
pharisaïsme n.m.
pharisien, enne n. *et* adj.
pharmaceutique adj.
pharmacie n.f.
pharmacien, enne n.
pharmacocinétique n.f.
pharmacodépendance n.f.
pharmacodynamie n.f.
pharmacodynamique adj.
pharmacologie n.f.
pharmacologique adj.
pharmacologue *ou*
pharmacologiste n.
pharmacopée n.f.
pharmacovigilance n.f.
pharyngal, e, aux adj.
pharyngale n.f.
pharyngé, e adj.
pharyngien, enne adj.
pharyngite n.f.
pharynx n.m.
phase n.f.
phasemètre n.m.
phasianidé n.m.
phasme n.m.
phasmide n.m.
phasmoptère n.m.
phelloderme n.m.
phellogène adj.
phénakistiscope n.m.
phénanthrène n.m.
phénate n.m.
phencyclidine n.f.
phénétique adj.
phénicien, enne adj. *et* n.
phénicien n.m. sing.
phénique adj.
phéniqué, e adj.
phénix n.m.
phénobarbital n.m. (pl. phénobarbitals)
phénocristal n.m. (pl. phénocristaux)
phénol n.m.
phénolate n.m.

phénolique adj.
phénologie n.f.
phénoménal, e, aux adj.
phénoménalement adv.
phénomène n.m.
phénoménisme n.m.
phénoméniste adj. *et* n.
phénoménologie n.f.
phénoménologique adj.
phénoménologue n.
phénoplaste n.m.
phénothiazine n.f.
phénotype n.m.
phénotypique adj.
phénylalanine n.f.
phénylbutazone n.f.
phénylcétonurie n.f.
phényle n.m.
phénylique adj.
phéochromocytome n.m.
phéophycée n.f.
phéromone *ou* **phérormone** n.f.
phi n.m. inv.
philanthe n.m.
philanthrope n.
philanthropie n.f.
philanthropique adj.
philatélie n.f.
philatélique adj.
philatéliste n.
philharmonie n.f.
philharmonique adj.
philippin, e adj. *et* n.
philippine n.f.
philippique n.f.
philistin n.m.
philistinisme n.m.
philo n.f.
philodendron n.m.
philologie n.f.
philologique adj.
philologue adj. *et* n.
philosophale adj.f.
philosophe n.
philosopher v.i.
philosophie n.f.
philosophique adj.
philosophiquement adv.
philtre n.m. (breuvage magique)
phimosis n.m.
phlébite n.f.
phlébographie n.f.
phlébologie n.f.
phlébologue n.
phlébothrombose n.f.
phlébotome n.m.
phlébotomie n.f.
phlegmon *ou*, vx, **flegmon** n.m.
phlegmoneux, euse adj.
phléole *ou* **fléole** n.f.
phloème n.m.
phlogistique n.m.
phlox n.m. inv.
phlyctène n.f.
pH-mètre n.m. (pl. pH-mètres)
phobie n.f.
phobique adj. *et* n.
phocéen, enne adj. *et* n.
phocidien, enne adj.
phocomélie n.f.
phœnix *ou* **phénix** n.m.
pholade n.f.
pholcodine n.f.
pholidote n.m.
pholiote n.f.
phonateur, trice adj.
phonation n.f.
phonatoire adj.
phone n.m.
phonématique adj.
phonème n.m.
phonémique adj.
phonéticien, enne n.
phonétique adj. *et* n.f.
phonétiquement adv.
phonétisme n.m.
phoniatre n.
phoniatrie n.f.
phonie n.f.
phonique adj.
phono n.m.
phonocapteur, trice adj.
phonogénie n.f.
phonogénique adj.
phonogramme n.m.
phonographe n.m.
phonographique adj.
phonolite n.f.
phonolitique adj.
phonologie n.f.
phonologique adj.
phonologue n.
phonon n.m.
phonothèque n.f.
phoque n.m.
phormion n.m.
phormium n.m. (pl. phormiums)
phosgène n.m.
phosphatage n.m.
phosphatase n.f.
phosphatation n.f.
phosphate n.m.
phosphaté, e adj.
phosphater v.t.
phosphène n.m.
phosphine n.f.
phosphite n.m.
phosphocalcique adj.
phosphoglycérique adj.
phospholipide n.m.
phosphoprotéine n.f.
phosphore n.m.
phosphoré, e adj.
phosphorer v.i.
phosphorescence n.f.
phosphorescent, e adj.
phosphoreux, euse adj.
phosphorique adj. m.
phosphorite n.f.
phosphorylation n.f.
phosphoryle n.m.
phosphure n.m.
phot n.m.
photo n.f.
photocathode n.f.
photochimie n.f.
photochimique adj.
photocomposer v.t.
photocomposeur n.m
photocomposeuse n.f.
photocompositeur n.m.
photocomposition n.f.
photoconducteur, trice adj.

photoconduction n.f.
photocopie n.f.
photocopier v.t. (conj. **5**)
photocopieur n.m.
photocopieuse n.f.
photocopillage n.m.
photodiode n.f.
photodissociation n.f.
photoélasticimétrie n.f.
photoélasticité n.f.
photoélectricité n.f.
photoélectrique adj.
photoémetteur, trice adj.
photo-finish n.f. (pl. photos-finish)
photogenèse n.f.
photogénique adj.
photogéologie n.f.
photogramme n.m.
photogrammétrie n.f.
photographe n.
photographie n.f.
photographier v.t. (conj. **5**)
photographique adj.
photographiquement adv.
photograveur n.m.
photogravure n.f.
photo-interprétation n.f. (pl. photos-interprétations)
photojournalisme n.m.
photojournaliste n.
photolithographie n.f.
photoluminescence n.f.
photolyse n.f.
Photomaton n.m. (nom déposé)
photomécanique adj.
photomètre n.m.
photométrie n.f.
photométrique adj.
photomontage n.m.
photomultiplicateur, trice adj.
photon n.m.
photonique adj.
photopériode n.f.
photopériodique adj.
photopériodisme n.m.
photophobie n.f.
photophore n.m.
photopile n.f.
photopolymère adj.
photorécepteur n.m.
photoreportage n.m.
photorésistant, e adj.
photo-robot n.f. (pl. photos-robots)
photo-roman n.m. (pl. photos-romans)
photosensibilisation n.f.
photosensibilité n.f.
photosensible adj.
photosphère n.f.
photostat n.m.
photostoppeur, euse n.
photostyle n.m.
photosynthèse n.f.
photosynthétique adj.
phototactisme n.m.
phototaxie n.f.
photothèque n.f.
photothérapie n.f.
phototransistor n.m.
phototropisme n.m.
phototype n.m.
phototypie n.f.
photovoltaïque adj.
phragmite n.m.
phrase n.f.
phrasé n.m.
phraséologie n.f.
phraséologique adj.
phraser v.t.
phraseur, euse n.
phrastique adj.
phratrie n.f. (clan)
phréatique adj.
phrénique adj.
phrénologie n.f.
phrygane n.f.
phrygien, enne adj. *et* n.
phtaléine n.f.
phtalique adj.
phtiriase n.f.
phtisie n.f.
phtisiologie n.f.
phtisique adj. *et* n.
phycocyanine n.f.
phycoérythrine n.f.
phycomycète n.m.
phylactère n.m.
phylétique adj.
phyllade n.m.
phyllie n.f.
phyllotaxie n.f.
phylloxéra *ou* **phylloxera** n.m.
phylloxérien, enne *ou* **phylloxérique** adj.
phylogenèse *ou* **phylogénie** n.f.
phylogénétique *ou* **phylogénique** adj.
phylum n.m. (pl. phylums)
physalie n.f.
physalis n.m.
physe n.f.
physicalisme n.m.
physicien, enne n.
physico-chimie n.f.
physico-chimique adj. (pl. physico-chimiques)
physico-mathématique adj. (pl. physico-mathématiques)
physiocrate adj. *et* n.
physiocratie n.f.
physiognomonie n.f.
physiologie n.f.
physiologique adj.
physiologiquement adv.
physiologiste n.
physionomie n.f.
physionomiste adj. *et* n.
physiopathologie n.f.
physiopathologique adj.
physiothérapie n.f.
physique adj. ; n.f. ; n.m.
physiquement adv.
physisorption n.f.
physostigma n.m. (pl. physostigmas)
phytéléphas n.m.
phytobiologie n.f.
phytocide adj. *et* n.m.
phytoflagellé n.m.
phytogéographie n.f.
phytohormone n.f.

phytopathologie n.f.
phytophage adj. *et* n.m.
phytopharmacie n.f.
phytoplancton n.m.
phytosanitaire adj.
phytosociologie n.f.
phytothérapeute n.
phytothérapie n.f.
phytotron n.m.
phytozoaire n.m.
pi n.m. inv. (lettre grecque); n.m. (pion)
piaculaire adj.
piaf n.m.
piaffant, e adj.
piaffement n.m.
piaffer v.i. ; n.m. (pl. piaffers)
piaillard, e adj. *et* n.
piaillement n.m.
piailler v.i.
piaillerie n.f.
piailleur, euse adj. *et* n.
pian n.m.
pianissimo n.m. (pl. pianissimos) ; adv.
pianiste n.
pianistique adj.
piano n.m. (pl. pianos) ; adv.
piano-bar n.m. (pl. pianos-bars)
pianoforte [-fɔrte] n.m. inv.
pianotage n.m.
pianoter v.i.
piassava n.m. (pl. piassavas)
piastre n.f.
piaule n.f.
piaulement n.m.
piauler v.i.
piaute n.f.
piazza n.f. (pl. piazzas)
pibale n.f.
pible (à) loc. adj.
pic n.m.
pic (à) loc. adv.
pica n.m. (pl. picas)
picador n.m.
picage n.m.
picaillons n.m. pl.
picard, e adj. *et* n.
picard n.m. sing.
picarel n.m.
picaresque adj.
piccolo n.m.
pichenette n.f.
pichet n.m.
picholine [pikɔlin] n.f.
pickles [pikœls] n.m. pl.
pickpocket n.m.
pick-up n.m. inv.
picoler v.i. *et* t.
picorer v.t.
picot n.m.
picotage n.m.
picote n.f.
picoté, e adj.
picotement n.m.
picoter v.t.
picotin n.m.
picoulet n.m.
picpoul n.m.
picrate n.m.
picride n.f.
picrique adj.
picris n.m.
picrocholine adj.f.
pictogramme n.m.
pictographie n.f.
pictographique adj.
pictorialisme n.m.
pictural, e, aux adj.
pic-vert *ou* **pivert** n.m. (pl. pics-verts)
pidgin [pidʒin] n.m. sing.
pie adj. (pl. pies *ou* inv. ; n.f.
pièce n.f.
piécette n.f.
pied n.m.
pied-à-terre n.m. inv.
pied-bot n.m. (pl. pieds-bots)
pied-d'alouette n.m. (pl. pieds-d'alouette)
pied-de-biche n.m. (pl. pieds-de-biche)
pied-de-cheval n.m. (pl. pieds-de-cheval)
pied-de-lion n.m. (pl. pieds-de-lion)
pied-de-loup n.m. (pl. pieds-de-loup)
pied-de-mouton n.m. (pl. pieds-de-mouton)
pied-de-poule adj. inv. *et* n.m. (pl. pieds-de-poule)
pied-de-roi n.m. (pl. pieds-de-roi)
pied-de-veau n.m. (pl. pieds-de-veau)
pied-d'oiseau n.m. (pl. pieds-d'oiseau)
pied-droit *ou* **piédroit** n.m. (pl. pieds-droits)
piédestal n.m. (pl. piédestaux)
piedmont *ou* **piémont** n.m.
pied-noir n. *et* adj. (pl. pieds-noirs)
piédouche n.m.
pied-plat n.m. (pl. pieds-plats)
piédroit *ou* **pied-droit** n.m. (pl. pieds-droits)
piège n.m.
piégeage n.m.
piéger v.t. (conj. **15**)
piégeur, euse n.
pie-grièche n.f. (pl. pies-grièches)
pie-mère n.f. (pl. pies-mères)
piémont *ou* **piedmont** n.m.
piémontais, e adj. *et* n.
piéride n.f.
pierraille n.f.
pierre n.f.
pierré n.m. *ou* **pierrée** n.f.
pierreries n.f. pl.
pierreux, euse adj.
pierrier n.m.
pierrot n.m.
pietà n.f. inv.
piétaille n.f.
piété n.f.
piétement *ou* **piètement** (selon l'Académie) n.m.

piéter v.i. (conj. **11**)
piétin n.m.
piétinant, e adj.
piétinement n.m.
piétiner v.i. *et* t.
piétisme n.m.
piétiste adj. *et* n.
piéton, onne n. ; adj.
piétonnier, ère adj.
piétonnier n.m.
piétrain n.m. *et* adj.m.
piètre adj.
piètrement adv.
pieu n.m. (pl. pieux)
pieusement adv.
pieuter (se) v.pr.
pieuvre n.f.
pieux, euse adj.
pièze n.f.
piézo-électricité n.f. (pl. piézo-électricités)
piézo-électrique adj. (pl. piézo-électriques)
piézographe n.m.
piézomètre n.m.
piézométrique adj.
pif n.m. ; interj.
pifer *ou* **piffer** v.t.
pifomètre n.m.
pige n.f.
pigeon n.m.
pigeonnant, e adj.
pigeonne n.f.
pigeonneau n.m.
pigeonner v.t.
pigeonnier n.m.
piger v.t. (conj. **10**)
pigiste n.
pigment n.m.
pigmentaire adj.
pigmentation n.f.
pigmenter v.t.
pignada n.f.
pignade n.f.
pigne n.f.
pignocher v.i.
pignon n.m.
pignoratif, ive adj.
pignouf n.m.
pilaf n.m.
pilage n.m.
pilaire adj.
pilastre n.m.
pilaw n.m.
pilchard n.m.
pile n.f. ; adv.
piler v.t. *et* i.
pilet n.m.
pileux, euse adj.
pilier n.m.
pilifère adj.
pili-pili n.m. inv.
pilipino n.m.
pillage n.m.
pillard, e adj. *et* n.
piller v.t.
pilleur, euse n.
pillow-lava n.f. (pl. pillow-lavas)
pilocarpe n.m.
pilocarpine n.f.
pilon n.m.
pilonnage n.m.
pilonner v.t.
pilori n.m.
pilo-sébacé, e adj. (pl. pilo-sébacés, es)
piloselle n.f.
pilosisme n.m.
pilosité n.f.
pilot n.m.
pilotage n.m.
pilote n.m. *et* adj.
piloter v.t.
pilotin n.m.
pilotis n.m.
pilou n.m. (pl. pilous)
pils n.f.
pilulaire adj. *et* n.f.
pilule n.f.
pilulier n.m.
pilum n.m. (pl. pilums)
pimbêche n.f.
pimbina n.m. (pl. pimbinas)
piment n.m.
pimenter v.t.
pimpant, e adj.
pimprenelle n.f.
pin n.m. (arbre)
pinacée n.f.
pinacle n.m.
pinacothèque n.f.
pinaillage n.m.
pinailler v.i.
pinailleur, euse adj. *et* n.
pinard n.m.
pinardier n.m.
pinasse n.f.
pinçage n.m.
pinçard, e adj. *et* n.
pince n.f.
pincé, e adj.
pinceau n.m.
pincée n.f.
pincelier n.m.
pincement n.m.
pince-monseigneur n.f. (pl. pinces-monseigneur)
pince-nez n.m. inv.
pince-oreille *ou*
pince-oreilles n.m. (pl. pince-oreilles)
pincer v.t. (conj. **9**)
pince-sans-rire adj. inv. *et* n. inv.
pincette n.f.
pinchard, e adj. *et* n.
pinçon n.m.
pinçure n.f.
pindarique adj.
pinéal, e, aux adj.
pineau n.m. (vin de liqueur des Charentes)
pinède n.f.
pinène n.m.
pineraie n.f.
pingouin n.m.
ping-pong n.m. (pl. ping-pongs)
pingre adj. *et* n.
pingrerie n.f.
pinière n.f.
pinne n.f.
pinnipède n.m.
pinnothère n.m.
pinnule n.f.
pinocytose n.f.
pinot n.m. (vin de Bourgogne)
pin-pon ! interj.

pin's n.m. inv.
pinscher [pinʃɛr] n.m.
pinson n.m.
pintade n.f.
pintadeau n.m.
pintadine n.f.
pinte n.f.
pinter v.i. *et* t.
pintocher v.i.
pin-up n.f. inv.
pinyin [pinjin] n.m. sing.
piochage n.m.
pioche n.f.
piocher v.t.
piocheur, euse adj. er n.
piolet n.m.
pion, pionne n.
pion n.m.
pioncée n.f.
pioncer v.i. (conj. **9**)
pionnier, ère n.
piorne n.f.
piorner v.i.
pioupiou n.m.
pipa n.m.
pipe n.f.
pipeau n.m. (flûte)
pipée n.f.
pipelet, ette n.
pipeline *ou* **pipe-line** n.m. (pl. pipe-lines)
piper v.t.
pipéracée n.f.
piperade n.f.
piper-cub n.m. (pl. piper-cubs)
piperie n.f.
pipérine n.f.
pipéronal n.m. (pl. pipéronals)
pipette n.f.
pipeur, euse n.
pipi n.m. (urine)
pipier, ère adj. *et* n.
pipistrelle n.f.
pipit *ou* **pitpit** n.m. (oiseau)
pipo n. (polytechnicien)
piquage n.m.
piquant, e adj.
piquant n.m.
pique n.f. ; n.m.
piqué, e adj.
piqué n.m.
pique-assiette n. (pl. inv. *ou* pique-assiettes)
pique-bœuf n.m. (pl. inv. *ou* pique-bœufs)
pique-feu n.m. (pl. inv. *ou* pique-feux)
pique-fleur *ou* **pique-fleurs** n.m. (pl. pique-fleurs)
pique-nique n.m. (pl. pique-niques)
pique-niquer v.i.
pique-niqueur, euse n. (pl. pique-niqueurs, euses)
pique-note *ou* **pique-notes** n.m. (pl. pique-notes)
piquer v.t.
piquet n.m.
piquetage n.m.
piqueter v.t. (conj. **16**)
piqueteur, euse n.
piquette n.f.
piqueur, euse adj.; n.
piqueur n.m.
piqueux n.m.
piquier n.m.
piqûre n.f.
piranha n.m. (pl. piranhas)
piratage n.m.
pirate n.m. *et* adj.
pirater v.t.
piraterie n.f.
piraya n.m. (pl. pirayas)
pire adj. *et* n.m.
piriforme adj.
pirogue n.f.
piroguier n.m.
pirojki n.m. pl.
pirole *ou* **pyrole** n.f.
piroplasmose n.f.
pirouette n.f.
pirouettement n.m.
pirouetter v.i.
pis n.m. (mamelle de la vache) ; adv. *et* adj.
pis-aller n.m. inv.
pisan, e adj. *et* n.
piscicole adj.
pisciculteur, trice n.
pisciculture n.f.
pisciforme adj.
piscine n.f.
piscivore adj. *et* n.
pisé n.m.
pisiforme adj. *et* n.m.
pisolite *ou* **pisolithe** n.f.
pisolitique *ou* **pisolithique** adj.
pissaladière n.f.
pissat n.m.
pisse n.f.
pisse-froid n.m. inv.
pissement n.m.
pissenlit n.m.
pisser v.t. *et* i.
pissette n.f.
pisseur, euse n.
pisseux, euse adj.
pisse-vinaigre n.m. inv.
pissoir n.m.
pissotière n.f.; adj. inv.
pistache n.f.
pistachier n.m.
pistage n.m.
pistard, e n.
piste n.f.
pister v.t.
pisteur n.m.
pistil n.m.
pistole n.f.
pistolet n.m.
pistolet-mitrailleur n.m. (pl. pistolets-mitrailleurs)
pistoleur n.m.
piston n.m.
pistonner v.t.
pistou n.m. (pl. pistous)
pita n.m. (pl. pitas)
pitance n.f.
pitbull *ou* **pit-bull** n.m. (pl. pit-bulls)
pitch n.m. (pl. pitchs *ou* pitches)
pitchoun, e *ou* **pitchounet, ette** n.

pitchpin n.m.
pite n.f.
piteusement adv.
piteux, euse adj.
pithécanthrope n.m.
pithiatisme n.m.
pithiviers n.m.
pitié n.f.
piton n.m.
pitonnage n.m.
pitonner v.t.
pitoyable adj.
pitoyablement adv.
pitpit n.m.
pitre n.m.
pitrerie n.f.
pittoresque adj. *et* n.m.
pittosporum n.m. (pl. pittosporums)
pituitaire adj.
pituite n.f.
pityriasis n.m.
pive n.f.
pivert *ou* **pic-vert** n.m. (pl. pics-verts)
pivoine n.f.
pivot n.m.
pivotant, e adj.
pivotement n.m.
pivoter v.i.
pixel n.m.
pizza n.f.
pizzaiolo n.m. (pl. pizzaiolos *ou* pizzaioli)
pizzeria n.f.
pizzicato n.m. (pl. pizzicatos *ou* pizzicati)
placage n.m.
placard n.m.
placarder v.t.
place n.f.
placé, e adj.
placebo n.m.
placement n.m.
placenta n.m.
placentaire adj. ; n.m.
placentation n.f.
placer v.t. (conj. **9**)
placer [plasɛr] n.m.
placet [plasɛ] n.m.
placette n.f.
placeur, euse n.
placide adj.
placidement adv.
placidité n.f.
placier n.m.
placoderme n.m.
Placoplâtre n.m. (nom déposé)
placotage n.m.
placoter v.i.
plaçure n.f.
plafond n.m.
plafonnage n.m.
plafonné, e adj.
plafonnement n.m.
plafonner v.i.
plafonneur n.m.
plafonnier n.m.
plage n.f.
plagiaire n.
plagiat n.m.
plagier v.t. (conj. **5**)
plagioclase n.m.
plagiste n.
plaid [plɛ] n.m. (assemblée juridique)
plaid [plɛd] n.m. (couverture)
plaidable adj.
plaidant, e adj.
plaider v.t. *et* i.
plaideur, euse n.
plaidoirie n.f.
plaidoyer n.m.
plaie n.f.
plaignant, e adj. *et* n.
plain, e adj. (héraldique)
plain-chant n.m. (pl. plains-chants)
plaindre v.t. (conj. **62**)
plaine n.f.
plain-pied (de) loc. adv.
plainte n.f.
plaintif, ive adj.
plaintivement adv.
plaire v.t. ind. , v. i. *et* impers. (conj. **90**)
plaisamment adv.
plaisance n.f.
plaisancier, ère n.
plaisant, e adj.
plaisanter v.i. *et* t.
plaisanterie n.f.
plaisantin n.m.
plaisir n.m.
plan, e adj.
plan n.m. (surface plane)
planage n.m.
planaire n.f.
planant, e adj.
planarisation n.f.
planche n.f.
planche-contact n.f. (pl. planches-contacts)
planchéiage n.m.
planchéier v.t. (conj. **5**))
plancher v.i. ; n.m. (pl. planchers)
planchette n.f.
planchiste n.
plançon n.m.
plan-concave adj. (pl. plan-concaves)
plan-convexe adj. (pl. plan-convexes)
plancton n.m.
planctonique adj.
plane n.f.
plané adj.m.
planéité n.f.
planelle n.f.
planer v.t. ; v.i.
planétaire adj. ; n.m.
planétairement adv.
planétarisation n.f.
planétarium n.m. (pl. planétariums)
planète n.f.
planétoïde n.m.
planétologie n.f.
planeur n.m.
planeuse n.f.
planèze n.f.
planifiable adj.
planificateur, trice adj. *et* n.
planification n.f.
planifier v.t. (conj. **5**)
planimétrage n.m.
planimètre n.m.

planimétrie n.f.
planimétrique adj.
planipenne n.m.
planisphère n.m.
plan-masse n.m. (pl. plans-masses)
planning n.m.
planoir n.m.
planorbe n.f.
plan-plan adj. inv.
planque n.f.
planqué, e adj. *et* n.
planquer v.t.
plan-relief n.m. (pl. plans-reliefs)
plan-séquence n.m. (pl. plans-séquences)
plansichter n.m.
plant n.m. (jeune tige)
plantage n.m.
plantain n.m.
plantaire adj.
plantard n.m.
plantation n.f.
plante n.f.
planter v.t.
planteur n.m.
planteuse n.f.
plantigrade adj. *et* n.m.
plantoir n.m.
planton n.m.
plantule n.f.
plantureusement adv.
plantureux, euse adj.
plaquage n.m.
plaque n.f.
plaqué n.m.
plaquemine n.f.
plaqueminier n.m.
plaque-modèle n.f. (pl. plaques-modèles)
plaquer v.t.
plaquettaire adj.
plaquette n.f.
plaqueur, euse n.
plasma n.m.
plasmaphérèse n.f.
plasmatique adj.
plasmide n.m.
plasmique adj.
plasmocytaire adj.
plasmocyte n.m.
plasmode n.m.
plasmodium n.m. (pl. plasmodiums)
plasmolyse n.f.
plasmopara n.m.
plaste n.m.
plastic n.m. (explosif)
plasticage *ou*
plastiquage n.m.
plasticien, enne n.
plasticine n.f.
plasticité n.f.
plasticulture n.f.
plastie n.f.
plastifiant n.m.
plastification n.f.
plastifier v.t. (conj. **5**)
plastiquage *ou*
plasticage n.m.
plastique adj. ; n.f. ; n.m. (matière synthétique)
plastiquer v.t.
plastiqueur, euse n.
plastisol n.m.
plastron n.m.
plastronner v.i.
plasturgie n.f.
plasturgiste n.
plat, e adj.
plat n.m.
platane n m.
plataniste n.m.
plat-bord n.m. (pl. plats-bords)
plate n.f.
plateau n.m.
plateau-repas n.m. (pl. plateaux-repas)
plate-bande n.f. (pl. plates-bandes)
platée n.f.
plate-forme n.f. (pl. plates-formes)
platelage n.m.
plate-longe n.f. (pl. plates-longes)
platement adv.
plateresque adj.
plateure n.f.
plathelminthe n.m.
platinage n.m.
platine n.f.; n.m. *et* adj. inv.
platiné, e adj.
platiner v.t.
platinifère adj.
platinite n.f.
platinoïde n.m.
platitude n.f.
platode n.m.
platonicien, enne adj. *et* n.
platonique adj.
platoniquement adv.
platonisme n.m.
plâtrage n.m.
plâtras n.m.
plâtre n.m.
plâtrer v.t.
plâtrerie n.f.
plâtreux, euse adj.
plâtrier n.m.
plâtrière n.f.
platyrhinien n.m.
plausibilité n.f.
plausible adj.
play-back n.m. inv.
play-boy n.m. (pl. play-boys)
plèbe n.f.
plébéien, enne adj.
plébiscitaire adj.
plébiscite n.m.
plébisciter v.t.
plécoptère n.m.
plectre n.m.
pléiade n.f.
plein, e adj. (rempli)
plein n.m. ; prép. *et* adv.
pleinement adv.
plein-emploi *ou* **plein emploi** n.m. sing.
plein-temps n.m. (pl. pleins-temps); adj. inv.
plein-vent n.m. (pl. pleins-vents)
pléistocène adj. *et* n.m.
plénier, ère adj.
plénipotentiaire adj. *et* n.

plénitude n.f.
plénum n.m. (pl. plénums)
pléonasme n.m.
pléonastique adj.
plésiomorphe adj.
plésiomorphie n.f.
plésiosaure n.m.
pléthore n.f.
pléthorique adj.
pleur n.m.
pleurage n.m.
pleural, e, aux adj.
pleurant n.m.
pleurard, e adj. *et* n.
pleurer v.i. *et* t.
pleurésie n.f.
pleurétique adj.
pleureur, euse adj.
pleureuse n.f.
pleurnichard, e adj. *et* n.
pleurnichement n.m.
pleurnicher v.i.
pleurnicherie n.f.
pleurnicheur, euse adj. *et* n.
pleurodynie n.f.
pleuronectiforme n.m.
pleurote n.m.
pleutre n.m. *et* adj.
pleutrerie n.f.
pleuvasser v. impers.
pleuviner v. impers.
pleuvoir v. impers. *et* i. (conj. **54**)
pleuvoter v. impers.
plèvre n.f.
Plexiglas n.m. (nom déposé)
plexus n.m. inv.
pleyon n.m.
pli n.m.
pliable adj.
pliage n.m.
pliant, e adj.
pliant n.m.
plie n.f.
plié n.m.
pliement n.m.
plier v.t. *et* i. (conj. **5**)
plieur, euse n.
plieuse n.f.
plinthe n.f.
pliocène adj. *et* n.m.
plioir n.m.
plion n.m.
plissage n.m.
plissé, e adj.
plissé n.m.
plissement n.m.
plisser v.t. *et* i.
plisseur, euse n.
plisseuse n.f.
pliure n.f.
ploc ! interj.
plocéidé n.m.
ploiement n.m.
plomb n.m.
plombage n.m.
plombagine n.f.
plombe n.f.
plombé, e adj.
plombée n.f.
plomber v.t.
plomberie n.f.
plombeur n.m.
plombeux, euse adj.
plombier n.m.
plombières n.f.
plombifère adj.
plombure n.f.
plonge n.f.
plongeant, e adj.
plongée n.f.
plongement n.m.
plongeoir n.m.
plongeon n.m.
plonger v.t. *et* i. (conj. **10**)
plongeur, euse n.
plongeur n.m.
plot n.m.
plouc *ou* **plouk** n. ; adj. inv. en genre
plouf ! interj.
ploutocrate n.
ploutocratie n.f.
ploutocratique adj.
ployable adj.
ployer v.t. *et* i. (conj. **7**)
pluché, e *ou* **peluché, e** adj.
plucher *ou* **pelucher** v.i.
pluches n.f. pl.
plucheux, euse *ou* **pelucheux, euse** adj.
pluie n.f.
plumage n.m.
plumaison n.f.
plumard n.m.
plumasserie n.f.
plumassier, ère n.
plum-cake n.m. (pl. plum-cakes)
plume n.f.; n.m.
plumeau n.m.
plumer v.t.
plumet n.m.
plumetis n.m.
plumeux, euse adj.
plumier n.m.
plumitif n.m.
plum-pudding n.m. (pl. plum-puddings)
plumule n.f.
plupart (la) n.f.
plural, e, aux adj.
pluralisme n.m.
pluraliste adj. *et* n.
pluralité n.f.
pluriannuel, elle adj.
pluricausal, e, als *ou* **aux** adj.
pluricellulaire adj.
pluridimensionnel, elle adj.
pluridisciplinaire adj.
pluridisciplinarité n.f.
pluriel, elle adj.
pluriel n.m.
pluriethnique adj.
plurilatéral, e, aux adj.
plurilingue adj.
plurilinguisme n.m.
pluripartisme n.m.
pluriséculaire adj.
plurivalent, e adj.
plurivoque adj.
plus adv.; n.m.
plusieurs adj. *et* pron. indéf. pl.

plus-que-parfait n.m. (pl. plus-que-parfaits)
plus-value n.f. (pl. plus-values)
pluton n.m.
plutonique adj.
plutonisme n.m.
plutonium n.m. (pl. plutoniums)
plutôt adv.
pluvial, e, aux adj.
pluvian n.m.
pluvier n.m.
pluvieux, euse adj.
pluviner v. impers.
pluviomètre n.m.
pluviométrie n.f.
pluviométrique adj.
pluviôse n.m.
pluviosité n.f.
pneu n.m. (pl. pneus)
pneumallergène n.m.
pneumatique adj.; n.m.
pneumatophore n.m.
pneumoconiose n.f.
pneumocoque n.m.
pneumocystose n.f.
pneumogastrique adj. *et* n.m.
pneumologie n.f.
pneumologue n.
pneumonectomie n.f.
pneumonie n.f.
pneumopathie n.f.
pneumopéritoine n.m.
pneumothorax n.m.
pochade n.f.
pochard, e n.
pocharder (se) v.pr.
poche n.f.; n.m.
pocher v.t.
pochetée n.f.
pochette n.f.
pochette-surprise n.f. (pl. pochettes-surprises)
pochoir n.m.
pochon n.m.
pochothèque n.f.
pochouse *ou* **pauchouse** n.f.
poco a poco adv.
podagre adj. *et* n.
podaire n.f.
podestat n.m.
podion n.m.
podium n.m. (pl. podiums)
podolithe n.m.
podologie n.f.
podologue n.
podomètre n.m.
podzol n.m.
podzolique adj.
podzolisation n.f.
pœcile [pesil] n.m.
pœcilotherme [pesi-] adj. *et* n.m.
poêle n.m. (appareil de chauffage ; drap mortuaire) ; n.f. (ustensile de cuisine)
poêlée n.f.
poêler v.t.
poêlon n.m.
poème n.m.
poésie n.f.
poète n.m.
poétesse n.f.
poétique adj. *et* n.f.
poétiquement adv.
poétisation n.f.
poétiser v.t.
pogne n.f.
pognon n.m.
pogonophore n.m.
pogrom *ou* **pogrome** n.m.
poids n.m. (masse)
poignant, e adj.
poignard n.m.
poignarder v.t.
poigne n.f.
poignée n.f.
poignet n.m.
poïkilotherme adj. *et* n.m.
poil n.m. (pelage)
poilant, e adj.
poil-de-carotte adj. inv.
poiler (se) v.pr.
poilu, e adj.
poinçon n.m.
poinçonnage n.m.
poinçonnement n.m.
poinçonner v.t.
poinçonneur, euse n.
poinçonneuse n.f.
poindre v.i. (conj. **72**)
poing n.m. (main fermée)
poinsettia n.m.
point n.m. (signe, endroit) ; adv.
pointage n.m.
point de vue n.m. (pl. points de vue)
pointe n.f.
pointeau n.m.
pointer v.t. *et* i.
pointer [pwɛ̃tɛr] n.m. (pl. pointers)
pointeur, euse n.
pointeur n.m.
pointeuse n.f.
pointil n.m.
pointillage n.m.
pointillé n.m.
pointiller v.i. *et* t.
pointilleux, euse adj.
pointillisme n.m.
pointilliste adj. *et* n.
pointu, e adj.
pointu n.m.
pointure n.f.
point-virgule n.m. (pl. points-virgules)
poire n.f.
poiré n.m.
poireau n.m.
poireauter *ou* **poiroter** v.i.
poirée n.f.
poirier n.m.
pois n.m. (plante)
poise n.m.
poison n.m.
poissard, e adj.
poissarde n.f.
poisse n.f.
poisser v.t.
poisseux, euse adj.
poisson n.m.
poisson-chat n.m. (pl. poissons-chats)

poisson-épée n.m. (pl. poissons-épées)
poisson-globe n.m. (pl. poissons-globes)
poisson-lune n.m. (pl. poissons-lunes)
poissonnerie n.f.
poissonneux, euse adj.
poissonnier, ère n.
poissonnière n.f.
poisson-paradis n.m. (pl. poissons-paradis)
poisson-perroquet n.m. (pl. poissons-perroquets)
poisson-scie n.m. (pl. poissons-scies)
poitevin, e adj. *et* n.
poitrail n.m. (pl. poitrails)
poitrinaire adj. *et* n.
poitrine n.f.
poivrade n.f.
poivre n.m.
poivré, e adj.
poivrer v.t.
poivrier n.m.
poivrière n.f.
poivron n.m.
poivrot, e n.
poix n.f.
poker n.m.
polaire adj.; n.f.
polaque n.m.
polar n.m. (policier)
polard, e adj. *et* n. (studieux)
polarimètre n.m.
polarimétrie n.f.
polarisation n.f.
polarisé, e adj.
polariser v.t.
polariseur n.m. *et* adj.m.
polarité n.f.
polarographie n.f.
Polaroid n.m. (nom déposé)
polatouche n.m.
polder n.m.
poldérisation n.f.
pôle n.m.
polémarque n.m.
polémique adj. ; n.f.
polémiquer v.i.
polémiste n.
polémologie n.f.
polémologue n.
polenta n.f.
pole position n.f. (pl. pole positions)
poli, e adj.
poli n.m.
police n.f.
policé, e adj.
policeman n.m. (pl. policemans *ou* policemen)
policer v.t. (conj. **9**)
polichinelle n.m.
policier, ère adj. *et* n.
policlinique n.f. (où l'on soigne sans hospitaliser)
policologie n.f.
poliment adv.
polio n. ; n.f.
poliomyélite n.f.
poliomyélitique adj. *et* n.
poliorcétique adj. *et* n.f.
polir v.t.
polissable adj.
polissage n.m.
polisseuse n.f.
polissoir n.m.
polisson, onne adj. *et* n.
polissonner v.i.
polissonnerie n.f.
poliste n.m.
politesse n.f.
politicaillerie n.f.
politicard, e adj. *et* n.
politicien, enne n. *et* adj.
politicologie n.f.
politicologue n.
politique adj. ; n.m. ; n.f. n.
politique-fiction n.f. (pl. politiques-fictions)
politiquement adv.
politisation n.f.
politiser v.t.
politologie n.f.
politologue n.
poljé n.m.
polka n.f. ; adj. inv.
pollakiurie n.f.
pollen n.m.
pollicitation n.f.
pollinie n.f.
pollinique adj.
pollinisation n.f.
pollinose n.f.
polluant, e adj.
polluant n.m.
polluer v.t.
pollueur, euse adj. *et* n.
pollution n.f.
polo n.m.
polochon n.m.
polonais, e adj. *et* n.
polonais n.m.
polonaise n.f.
polonium n.m. (pl. poloniums)
poltron, onne adj. *et* n.
poltronnerie n.f.
polyacide adj. *et* n.m.
polyacrylique adj. *et* n.m.
polyaddition n.f.
polyakène n.m.
polyalcool n.m.
polyamide n.m.
polyamine n.f.
polyandre adj.
polyandrie n.f.
polyarthrite n.f.
polybutadiène n.m.
polycarbonate n.m.
polycarpique adj. ; n.f.
polycentrique adj.
polycentrisme n.m.
polychète n.m.
polychlorobiphényle n.m.
polychlorure n.m.
polychroïsme n.m.
polychrome adj.
polychromie n.f.
polyclinique n.f. (où l'on soigne des maladies diverses)
polycondensat n.m.
polycondensation n.f.
polycopie n.f.
polycopié n.m.

polycopier v.t. (conj. **5**)
polycourant adj. inv.
polyculture n.f.
polycyclique adj.
polydactyle adj. *et* n.
polydactylie n.f.
polydipsie n.f.
polyèdre adj. *et* n.m.
polyédrique adj.
polyélectrolyte n.m. *et* adj.
polyembryonie n.f.
polyester n.m.
polyéther n.m.
polyéthylène n.m.
polygale *ou* **polygala** n.m.
polygame adj. *et* n.m.
polygamie n.f.
polygénique adj.
polygénisme n.m.
polyglobulie n.f.
polyglotte adj. *et* n.
polygonacée n.f.
polygonal, e, aux adj.
polygonation n.f.
polygone n.m.
polygraphe n.
polygynie n.f.
polyholoside n.m.
polyiodure n.m.
polylobé, e adj.
polymère adj. *et* n.m.
polymérie n.f.
polymérisable adj.
polymérisation n.f.
polymériser v.t.
polymétallique adj.
polymorphe adj.
polymorphisme n.m.
polynésien, enne adj. *et* n.
polynésien n.m. sing.
polynévrite n.f.
polynôme n.m.
polynomial, e, aux adj.
polynucléaire adj.
polyol n.m.
polyoléfine n.f.
polyoside n.m.
polype n.m.
polypeptide n.m.
polypeptidique adj.
polypeux, euse adj.
polyphasé, e adj.
polyphonie n.f.
polyphonique adj.
polyphoniste n.
polypier n.m.
polyplacophore n.m.
polyploïde adj. *et* n.m.
polypnée n.f.
polypode n.m.
polypore n.m.
polypropylène n.m.
polyptère n.m.
polyptyque n.m.
polyradiculonévrite n.f.
polysaccharide n.m.
polysémie n.f.
polysémique adj.
polysoc adj.
polystyrène n.m.
polysulfure n.m.
polysyllabe *ou* **polysyllabique** adj. *et* n.m.
polysynodie n.f.
polysynthétique adj.
polytechnicien, enne n.
polytechnique adj.
polytétrafluoroéthylène n.m.
polythéisme n.m.
polythéiste adj. *et* n.
polytherme adj. *et* n.m.
polytonal, e, aux adj.
polytonalité n.f.
polytoxicomanie n.f.
polytransfusé, e adj. *et* n.
polytraumatisme n.m.
polytric n.m.
polyuréthanne *ou* **polyuréthane** n.m.
polyurie n.f.
polyurique adj. *et* n.
polyvalence n.f.
polyvalent, e adj.
polyvalent n.m.
polyvalente n.f.
polyvinyle n.m.
polyvinylique adj.
polyvitamine n.f.
pomelo n.m.
pomerium *ou* **pomœrium** n.m. (pl. pomeriums, pomœriums)
pomerol n.m.
pomiculteur, trice n.
pommade n.f.
pommader v.t.
pommard n.m.
pomme n.f.
pommé, e adj.
pommeau n.m.
pomme de terre n.f. (pl. pommes de terre)
pommelé, e adj.
pommeler (se) v.pr. (conj. **16**)
pommelle n.f.
pommer v.i.
pommeraie n.f.
pommette n.f.
pommier n.m.
pomœrium *ou* **pomerium** n.m. (pl. pomœriums, pomeriums)
pomologie n.f.
pomologue *ou* **pomologiste** n.
pompage n.m.
pompe n.f.
pompéien, enne adj. *et* n.
pomper v.t.
pompette adj.
pompeusement adv.
pompeux, euse adj.
pompier, ère adj.
pompier n.m.
pompiérisme n.m.
pompile n.m.
pompiste n.
pompon n.m.
pomponner v.t.
ponant n.m.
ponantais, e adj. *et* n.

ponçage n.m.
ponce adj. f.
ponceau n.m.; adj. inv.
poncer v.t. (conj. **9**)
ponceuse n.f.
ponceux, euse adj.
poncho n.m.
poncif n.m.
ponction n.f.
ponctionner v.t.
ponctualité n.f.
ponctuation n.f.
ponctuel, elle adj.
ponctuellement adv.
ponctuer v.t.
pondaison n.f.
pondérable adj.
pondéral, e, aux adj.
pondérateur, trice adj.
pondération n.f.
pondéré, e adj.
pondérer v.t. (conj. **11**)
pondéreux, euse adj.
pondéreux n.m.
pondeur, euse adj.
pondoir n.m.
pondre v.t. (conj. **59**)
ponette n.f.
poney n.m.
pongé *ou* **pongée** n.m.
pongidé n.m.
pongiste n.
pont n.m.
pontage n.m.
pont-bascule n.m. (pl. ponts-bascules)
pont-canal n.m. (pl. ponts-canaux)
ponte n.m.; n.f.
ponté, e adj.
pontée n.f.
ponter v.i. *et* t.
pontet n.m.
pontier n.m.
pontife n.m.
pontifiant, e adj.
pontifical, e, aux adj.
pontifical n.m. (pl. pontificaux)
pontificat n.m.
pontifier v.i. (conj. **5**)
pontil n.m.
pont-l'évêque n.m. inv.
pont-levis n.m. (pl. ponts-levis)
ponton n.m.
ponton-grue n.m. (pl. pontons-grues)
pontonnier n.m.
pont-promenade n.m. (pl. inv. *ou* ponts-promenades)
pont-rail n.m. (pl. ponts-rails)
pont-route n.m. (pl. ponts-routes)
pontuseau n.m. (pl. pontuseaux)
pool n.m.
pop n.f. *ou* m. inv. *et* adj. inv.
pop art n.m. (pl. pop arts)
pop-corn n.m. inv.
pope n.m.
popeline n.f.
poplité, e adj.
pop music n.f. (pl. pop musics)
popote n.f.; adj. inv.
popotin n.m.
populace n.f.
populacier, ère adj.
populage n.m.
populaire adj.
populairement adv.
popularisation n.f.
populariser v.t.
popularité n.f.
population n.f.
populationniste adj. *et* n.
populeux, euse adj.
populiculteur, trice n.
populiculture n.f.
populisme n.m.
populiste adj. *et* n.
populo n.m.
poquer v.i.
poquet n.m.
porc n.m. (animal)
porcelaine n.f.
porcelainier, ère adj. *et* n.
porcelet n.m.
porc-épic n.m. (pl. porcs-épics)
porchaison n.f.
porche n.m.
porcher, ère n.
porcherie n.f.
porcin, e adj.
porcin n.m.
pore n.m. (orifice d'une glande)
poreux, euse adj.
porion n.m.
porno adj. ; n.m. ; n.f.
pornographe n.
pornographie n.f.
pornographique adj.
porophore n.m.
porosité n.f.
porphyra n.f.
porphyre n.m.
porphyrie n.f.
porphyrine n.f.
porphyrique adj.
porphyrogénète adj. *et* n.
porphyroïde adj.
porque n.f.
porridge n.m.
port n.m. (abri pour les bateaux)
portabilité n.f.
portable adj. ; n.m.
portage n.m.
portail n.m. (pl. portails)
portal, e, aux adj.
portance n.f.
portant, e adj.
portant n.m.
portatif, ive adj.
porte n.f.; adj.
porté, e adj.
porté *ou* **porter** n.m.
porte-aéronefs n.m. inv.
porte-à-faux n.m. inv.
porte-aiguille n.m. (pl. inv. *ou* porte-aiguilles)
porte-amarre n.m. (pl. inv. *ou* porte-amarres)

porte-à-porte n.m. inv.
porte-autos n.m. inv.
porte-avions n.m. inv.
porte-bagages n.m. inv.
porte-balai n.m. (pl. inv. *ou* porte-balais)
porte-bannière n. (pl. inv. *ou* porte-bannières)
porte-barge n.m. (pl. inv. *ou* porte-barges)
porte-bébé n.m. (pl. inv. *ou* porte-bébés)
porte-billet *ou* **porte-billets** n.m. (pl. porte-billets)
porte-bonheur n.m. inv.
porte-bouquet n.m. (pl. inv. *ou* porte-bouquets)
porte-bouteille *ou* **porte-bouteilles** n.m. (pl. porte-bouteilles)
porte-brancard n.m. (pl. inv. *ou* porte-brancards)
porte-carte *ou* **porte-cartes** n.m. (pl. porte-cartes)
porte-cigare *ou* **porte-cigares** n.m. (pl. porte-cigares)
porte-cigarette *ou* **porte-cigarettes** n.m. (pl. porte-cigarettes)
porte-clefs *ou* **porte-clés** n.m. inv.
porte-conteneurs n.m. inv.
porte-copie n.m. (pl. inv. *ou* porte-copies)
porte-couteau n.m. (pl. inv. *ou* porte-couteaux)
porte-crayon n.m. (pl. inv. *ou* porte-crayons)
porte-croix n.m. inv.
porte-document *ou* **porte-documents** n.m. (pl. porte-documents)
porte-drapeau n.m. (pl. inv. *ou* porte-drapeaux)
portée n.f.
porte-épée n.m. (pl. inv. *ou* porte-épées)
porte-étendard n.m. (pl. inv. *ou* porte-étendards)
porte-étrivière n.m. (pl. inv. *ou* porte-étrivières)
portefaix n.m.
porte-fanion n.m. (pl. inv. *ou* porte-fanions)
porte-fenêtre n.f. (pl. portes-fenêtres)
portefeuille n.m.
porte-fort n.m. inv.
porte-glaive n.m. (pl. inv. *ou* porte-glaives)
porte-greffe n.m. (pl. inv. *ou* porte-greffes)
porte-hauban n.m. (pl. porte-haubans)
porte-hélicoptères n.m. inv.
porte-jarretelles n.m. inv.
porte-lame n.m. (pl. inv. *ou* porte-lames)
portelone n.m.
porte-malheur n.m. inv.
portemanteau n.m.
portement n.m.
porte-menu n.m. (pl. inv. *ou* porte-menus)
portemine n.m.
porte-monnaie n.m. inv.
porte-montre n.m. (pl. inv. *ou* porte-montres)
porte-objet n.m. (pl. inv. *ou* porte-objets)
porte-outil n.m. (pl. inv. *ou* porte-outils)
porte-papier n.m. (pl. inv. *ou* porte-papiers)
porte-paquet n.m. (pl. porte-paquets)
porte-parapluie n.m. (pl. inv. *ou* porte-parapluies)
porte-parole n. inv.
porte-plume n.m. (pl. inv. *ou* porte-plumes)
porte-queue n.m. (pl. inv. *ou* porte-queues)
porter v.t. *et* i.
porter *ou* **porté** n.m.
porter [pɔrtɛr] n.m.
porte-revues n.m. inv.
porterie n.f.
porte-savon n.m. (pl. inv. *ou* porte-savons)
porte-serviette n.m. (pl. porte-serviettes)
porteur, euse adj. ; n.
porte-voix n.m. inv.
portfolio n.m. (pl. portfolios)
portier, ère n.
portier n.m.
portière n.f. ; adj.f.
portillon n.m.
portion n.f.
portique n.m.
portland n.m.
porto n.m.
portoricain, e adj. *et* n.
portrait n.m.
portraitiste n.
portrait-robot n.m. (pl. portraits-robots)
portraiturer v.t.
Port-Salut n.m. inv. (nom déposé)
portuaire adj.
portugais, e adj. *et* n.
portugaise n.f.
portulan n.m.
pose n.f. (action de mettre)
posé, e adj.
posément adv.
posemètre n.m.
poser v.t. *et* i. (mettre)
poseur, euse n. *et* adj.
posidonie n.f.
positif, ive adj.
positif n.m.
position n.f.
positionnement n.m.
positionner v.t.
positionneur n.m.
positivement adv.
positivisme n.m.
positiviste adj. *et* n.
positivité n.f.
positron *ou* **positon** n.m.
positronium *ou* **positonium** n.m.
posologie n.f.
possédant, e adj. *et* n.

possédé, e adj. *et* n.
posséder v.t. (conj. **11**)
possesseur n.m.
possessif, ive adj.
possessif n.m.
possession n.f.
possessionnel, elle adj.
possessivité n.f.
possessoire adj.
possibilité n.f.
possible adj. ; adv. ; n.m.
possiblement adv.
postage n.m.
postal, e, aux adj.
postclassique adj.
postcombustion n.f.
postcommunion n.f.
postcommunisme n.m.
postcommuniste adj.
postcure n.f.
postdate n.f.
postdater v.t.
poste n.f. ; n.m.
posté, e adj.
poster v.t.
poster [pɔstɛr] n.m.
postérieur, e adj.
postérieur n.m.
postérieurement adv.
posteriori (a) loc. adv.
postériorité n.f.
postérité n.f.
postface n.f.
postglaciaire adj.
posthite n.f.
posthume adj.
posthypophyse n.f.
postiche adj. ; n.m.
postier, ère n.
postillon n.m.
postillonner v.i.
postimpressionnisme n.m.
postimpressionniste adj. *et* n.
postindustriel, elle adj.
Post-it n.m. inv. (nom déposé)
post-marché n.m. (pl. post-marchés)
postmoderne adj. *et* n.
postmodernisme n.m.
postmodernité n.f.
post mortem loc. adv. *et* adj.
postnatal, e, als *ou* **aux** adj.
postopératoire adj.
post-partum n.m. inv.
postposer v.t.
postposition n.f.
postprandial, e, aux adj.
postproduction n.f.
postromantique adj.
postscolaire adj.
post-scriptum n.m. inv.
postsynchronisation n.f.
postsynchroniser v.t.
postulant, e n.
postulat n.m.
postuler v.t.
postural, e, aux adj.
posture n.f.
pot n.m.
potable adj.
potache n.m.
potage n.m.
potager, ère adj.
potamochère n.m.
potamologie n.f.
potamot n.m.
potard n.m.
potasse n.f.
potasser v.t.
potassique adj.
potassium n.m. (pl. potassiums)
pot-au-feu n.m. inv. ; adj. inv.
pot-de-vin n.m. (pl. pots-de-vin)
pote n.m. ; n.f.
poteau n.m.
potée n.f.
potelé, e adj.
potence n.f.
potencé, e adj.
potentat n.m.
potentialisation n.f.
potentialiser v.t.
potentialité n.f.
potentiel, elle adj.
potentiel n.m.
potentiellement adv.
potentille n.f.
potentiomètre n.m.
poterie n.f.
poterne n.f.
potestatif, ive adj.
potiche n.f.
potier, ère n.
potimarron n.m.
potin n.m.
potiner v.i.
potinier, ère adj. *et* n.
potion n.f.
potiron n.m.
potlatch n.m. inv.
potomanie n.f.
potomètre n.m.
poto-poto n.m. inv.
pot-pourri n.m. (pl. pots-pourris)
potron-jacquet *ou* **potron-minet** n.m. inv.
potto n.m.
pottock [potjɔk] n.m.
potu, e adj.
pou n.m. (pl. poux) [parasite]
pouacre n. *et* adj.
pouah ! interj.
poubelle n.f.
pouce n.m.
pouce-pied n.m. (pl. pouces-pieds)
poucettes n.f. pl.
poucier n.m.
pouding *ou* **pudding** n.m.
poudingue n.m.
poudrage n.m.
poudre n.f.
poudrer v.t.
poudrerie n.f.
poudrette n.f.
poudreuse n.f.
poudreux, euse adj.
poudrier n.m.
poudrière n.f.

poudrin n.m.
poudroiement n.m.
poudroyer v.i. (conj. **7**)
pouf n.m. ; interj.
pouffer v.i.
pougner v.i.
pouillard n.m.
pouillerie n.f.
pouilles n.f. pl.
pouilleux, euse adj. *et* n.
pouillot n.m.
pouilly n.m. inv.
poujadisme n.m.
poujadiste adj. *et* n.
poulailler n.m.
poulain n.m.
poulaine n.f.
poularde n.f.
poulbot n.m.
poule n.f.
poulet n.m.
poulette n.f.
pouliche n.f.
poulie n.f.
pouliner v.i.
poulinière adj.f. *et* n.f.
pouliot n.m.
poulot, otte n.
poulpe n.m.
pouls n.m. (battement des artères)
poumon n.m.
poupard, e n.
poupe n.f.
poupée n.f.
poupin, e adj.
poupon n.m.
pouponner v.i.
pouponnière n.f.
pour prép. ; n.m. inv.
pourboire n.m.
pourceau n.m.
pourcentage n.m.
pourchasser v.t.
pourfendeur, euse n.
pourfendre v.t. (conj. **59**)
pourlèche n.f.
pourlécher (se) v.pr. (conj. **11**)
pourparlers n.m. pl.
pourpier n.m.
pourpoint n.m.
pourpre n.f. ; n.m. *et* adj.
pourpré, e adj.
pourquoi adv. interr. ; n.m. inv.
pourri, e adj.
pourri n.m.
pourridié n.m.
pourrir v.i. *et* t.
pourrissage n.m.
pourrissant, e adj.
pourrissement n.m.
pourrissoir n.m.
pourriture n.f.
poursuite n.f.
poursuiteur, euse n.
poursuivant, e n.
poursuivre v.t. (conj. **69**)
pourtant adv.
pourtour n.m.
pourvoi n.m.
pourvoir v.t. ind. *et* t. (conj. **50**)
pourvoirie n.f.
pourvoyeur, euse n.
pourvoyeur n.m.
pourvu que loc. conj.
poussage n.m.
poussah n.m.
pousse n.f.
poussé, e adj.
pousse-café n.m. inv.
poussée n.f.
pousse-pousse n.m. inv.
pousser v.t.
poussette n.f.
poussette-canne n.f. (pl. poussettes-cannes)
pousseur n.m.
poussier n.m.
poussière n.f.
poussiéreux, euse adj.
poussif, ive adj.
poussin n.m.
poussine n.f.
poussinière n.f.
poussivement adv.
poussoir n.m.
poutargue n.f.
poutine n.f.
poutrage n.m.
poutraison n.f
poutre n.f.
poutrelle n.f.
poutser v.t.
pouvoir v.t. (conj. **44**) ; n.m. (pl. pouvoirs)
pouzzolane n.f.
poya n.f.
practice n.m.
praesidium *ou* **présidium** n.m. (pl. praesidiums, présidiums)
pragmatique adj. ; n.f.
pragmatisme n.m.
pragmatiste adj. *et* n.
pragois, e *ou* **praguois, e** adj. *et* n.
praire n.f.
prairial n.m. (pl. prairials)
prairie n.f.
prakrit n.m. sing.
pralin n.m.
pralinage n.m.
praline n.f.
praliné n.m.
praliner v.t.
prame n.f.
prandial, e, aux adj.
prao n.m.
praséodyme n.m.
praticable adj. ; n.m.
praticien, enne n.
pratiquant, e adj. *et* n.
pratique adj. ; n.f.
pratiquement adv.
pratiquer v.t.
praxie n.f.
praxis n.f.
pré n.m. (prairie)
préaccord n.m.
préadaptation n.f.
préadolescence n.f.
préadolescent, e n.
préalable adj.
préalablement adv.
préalpin, e adj.
préambule n.m.

préamplificateur n.m.
préannonce n.f.
préapprentissage n.m.
préau n.m.
préavis n.m.
préaviser v.t.
prébende n.f.
prébendé adj.m. *et* n.m.
précaire adj.
précairement adv.
précambrien, enne adj
précambrien n.m.
précampagne n.f.
précancéreux, euse adj.
précarisation n.f.
précariser v.t.
précarité n.f.
précaution n.f.
précautionner (se) v.pr.
précautionneusement adv.
précautionneux, euse adj.
précédemment adv.
précédent, e adj.
précédent n.m.
précéder v.t. (conj. **11**)
préceinte n.f.
précellence n.f.
précepte n.m.
précepteur, trice n.
préceptorat n.m.
précéramique adj.
précession n.f.
préchambre n.f.
préchauffage n.m.
préchauffer v.t.
prêche n.m.
prêcher v.t. *et* i.
prêcheur, euse adj. *et* n.
prêchi-prêcha n.m. inv.
précieuse n.f.
précieusement adv.
précieux, euse adj. *et* n.
préciosité n.f.
précipice n.m.
précipitamment adv.
précipitation n.f.
précipité, e adj.
précipiter v.t. *et* i.
préciput n.m.
préciputaire adj.
précis, e adj.
précis n.m.
précisément adv.
préciser v.t.
précision n.f.
précisionnisme n.m.
précité, e adj.
préclassique adj.
précoce adj.
précocement adv.
précocité n.f.
précolombien, enne adj.
précombustion n.f.
précompte n.m.
précompter v.t.
préconception n.f.
préconçu, e adj.
préconisation n.f.
préconiser v.t.
préconscient n.m.
précontraint, e adj.
précontrainte n.f.
précordial, e, aux adj.
précordialgie n.f.
précuire v.t. (conj. **78**)
précuisson n.f.
précuit, e adj.
précurseur adj.m. ; n.m.
prédaté, e adj.
prédateur, trice adj.
prédateur n.m.
prédation n.f.
prédécesseur n.m.
prédécoupé, e adj.
prédélinquant, e n.
prédelle n.f.
prédestination n.f.
prédestiné, e adj. *et* n.
prédestiner v.t.
prédétermination n.f.
prédéterminer v.t.
prédicable adj.
prédicant n.m.
prédicat n.m.
prédicateur, trice n.
prédicatif, ive adj.
prédication n.f.
prédictibilité n.f.
prédictible adj.
prédictif, ive adj.
prédiction n.f.
prédigéré, e adj.
prédilection n.f.
prédiquer v.t.
prédire v.t. (conj. **83**)
prédisposer v.t.
prédisposition n.f.
prédominance n.f.
prédominant, e adj.
prédominer v.i.
préélectoral, e, aux adj.
préélémentaire adj.
préemballé, e adj.
prééminence n.f.
prééminent, e adj.
préempter v.t.
préemption n.f.
préencollé, e adj.
préenregistré, e adj.
préétabli, e adj.
préétablir v.t.
préexcellence n.f.
préexistant, e adj.
préexistence n.f.
préexister v.i.
préfabrication n.f.
préfabriqué, e adj.
préfabriqué n.m.
préfabriquer v.t.
préface n.f.
préfacer v.t. (conj. **9**)
préfacier n.m.
préfectoral, e, aux adj.
préfecture n.f.
préférable adj.
préférablement adv.
préféré, e adj. *et* n.
préférence n.f.
préférentiel, elle adj.
préférentiellement adv.
préférer v.t. (conj. **11**)
préfet n.m.
préfète n.f.
préfiguration n.f.
préfigurer v.t.
préfinancement n.m.
préfix, e adj.
préfixal, e, aux adj.

préfixation n.f.
préfixe n.m.
préfixer v.t.
préfloraison n.f.
préfoliation *ou*
préfoliaison n.f.
préformage n.m.
préforme n.f.
préformer v.t.
préfourrière n.f.
préformation n.f.
prégénital, e, aux adj.
préglaciaire adj.
prégnance n.f.
prégnant, e adj.
préhellénique adj.
préhenseur adj.m.
préhensile adj.
préhension n.f.
préhispanique adj.
préhistoire n.f.
préhistorien, enne n.
préhistorique adj.
préhominien n.m.
préimplantatoire adj.
préindustriel, elle adj.
préinscription n.f.
préislamique adj.
préjudice n.m.
préjudiciable adj.
préjudicié, e n.
préjudiciel, elle adj.
préjugé n.m.
préjuger v.t. *et* t. ind. (conj. **10**)
prélart n.m.
prélasser (se) v.pr.
prélat n.m.
prélatin, e adj.
prélature n.f.
prélavage n.m.
prêle *ou* **prèle** (selon l'Académie) n.f.
prélèvement n.m.
prélever v.t. (conj. **12**)
préliminaire adj. ; n.m.
prélogique adj.
prélude n.m.
préluder v.i. *et* t. ind.
prématuré, e adj. *et* n.
prématurément adv.
prématurité n.f.
prémédication n.f.
préméditation n.f.
préméditer v.t.
prémenstruel, elle adj.
prémices n.f. pl. (début)
premier, ère adj. *et* n.
première n.f.
premièrement adv.
premier-né, première-née n. *et* adj. (pl. premiers-nés, premières-nées)
prémilitaire adj.
prémisse n.f. (logique)
prémolaire n.f.
prémonition n.f.
prémonitoire adj.
prémontré, e n.
prémunir v.t.
prenable adj.
prenant, e adj.
prénatal, e, als *ou* **aux** adj.
prendre v.t. *et* i. (conj. **61**)
preneur, euse n. *et* adj.
prénom n.m.
prénommé, e adj. *et* n.
prénommer v.t.
prénotion n.f.
prénuptial, e, aux adj.
préoccupant, e adj.
préoccupation n.f.
préoccupé, e adj.
préoccuper v.t.
préœdipien, enne adj.
préolympique adj.
préopératoire adj.
préoral, e, aux adj.
prépa n.f.
préparateur, trice n.
préparatif n.m.
préparation n.f.
préparatoire adj.
préparer v.t.
prépayer v.t. (conj. **6**)
prépension n.f.
prépensionné, e n.
prépondérance n.f.
prépondérant, e adj.
préposé, e n.
préposer v.t.
prépositif, ive adj.
préposition n.f.
prépositionnel, elle adj.
prépositivement adv.
prépresse n.m.
préprogrammé, e adj.
prépsychose n.f.
prépsychotique adj. *et* n.
prépuce n.m.
préraphaélisme n.m.
préraphaélite adj. *et* n.
préréglage n.m.
prérégler v.t. (conj. **11**)
prérentrée n.f.
préretraite n.f.
préretraité, e n.
prérogative n.f.
préroman, e adj.
préromantique adj.
préromantisme n.m.
près adv.
présage n.m.
présager v.t. (conj. **10**)
présalaire n.m.
pré-salé n.m. (pl. prés-salés)
presbyophrénie n.f.
presbyopie n.f.
presbyte adj. *et* n.
presbytéral, e, aux adj.
presbytère n.m.
presbytérianisme n.m.
presbytérien, enne adj. *et* n.
presbytie n.f.
prescience n.f.
prescient, e adj.
préscolaire adj.
prescripteur n.m.
prescriptible adj.
prescription n.f.
prescrire v.t. (conj. **79**)
préséance n.f.
présélecteur n.m.
présélection n.f.
présélectionner v.t.

présence n.f.
présénescence n.f.
présénile adj.
présent, e adj. *et* n.
présent n.m.
présentable adj.
présentateur, trice n.
présentation n.f.
présentement adv.
présenter v.t. *et* i.
présentoir n.m.
présérie n.f.
préservateur, trice adj.
préservatif, ive adj.
préservatif n.m.
préservation n.f.
préserver v.t.
préside n.m.
présidence n.f.
président, e n.
présidentiable adj. *et* n.
présidentialisme n.m.
présidentiel, elle adj.
présidentielle n.f.
présider v.t. *et* t. ind.
présidial n.m. (pl. présidiaux)
présidialité n.f.
présidium *ou* **praesidium** n.m. (pl. présidiums, prasidiums)
présocratique adj. *et* n.
présomptif, ive adj.
présomption n.f.
présomptueux, euse adj. *et* n.
présonorisation n.f.
presque adv.
presqu'île n.f. (pl. presqu'îles)
pressage n.m.
pressant, e adj.
press-book n.m. (pl. press-books)
presse n.f.
pressé, e adj.
presse-agrume *ou* **presse-agrumes** n.m. (pl. presse-agrumes)
presse-bouton adj. inv.
presse-citron n.m. (pl. inv. *ou* presse-citrons)
pressée n.f.
presse-étoupe n.m. (pl. inv. *ou* presse-étoupes)
pressentiment n.m.
pressentir v.t. (conj. **26**)
presse-papiers n.m. inv.
presse-purée n.m. inv.
presser v.t. *et* i.
presse-raquette n.m. (pl. inv. *ou* presse-raquettes)
presseur, euse adj.
presse-viande n.m. inv.
pressing n.m.
pression n.f.
pressoir n.m.
pressostat n.m.
presspahn n.m.
pressurage n.m.
pressurer v.t.
pressurisation n.f.
pressuriser v.t.
prestance n.f.
prestataire n.
prestation n.f.
preste adj.
prestement adv.
prester v.t.
prestesse n.f.
prestidigitateur, trice n.
prestidigitation n.f.
prestige n.m.
prestigieux, euse adj.
prestissimo adv.
presto adv.
présumable adj.
présumé, e adj.
présumer v.t. *et* t. ind.
présupposé n.m.
présupposer v.t.
présupposition n.f.
présure n.f.
présurer v.t.
prêt, e adj.
prêt n.m.
prêt-à-coudre n.m. (pl. prêts-à-coudre)
prêt-à-monter n.m. (pl. prêts-à-monter)
prétantaine *ou* **prétentaine** n.f.
prêt-à-porter n.m. (pl. prêts-à-porter)
prêté n.m.
prétendant, e n.
prétendre v.t. *et* t. ind. (conj. **59**)
prétendu, e adj.
prétendument adv.
prête-nom n.m. (pl. prête-noms)
prétensionneur n.m.
prétentaine *ou* **prétantaine** n.f.
prétentieusement adv.
prétentieux, euse adj. *et* n.
prétention n.f.
prêter v.t. *et* t. ind.
prétérit n.m.
prétériter v.t.
prétérition n.f.
préteur n.m. (magistrat romain)
prêteur, euse adj. *et* n. (qui prête)
prétexte n.m. ; adj.f.
prétexter v.t.
pretium doloris n.m. inv.
prétoire n.m.
prétorial, e, aux adj.
prétorien, enne adj. *et* n.m.
prêtraille n.f.
prétraité, e adj.
prêtre n.m.
prêtre-ouvrier n.m. (pl. prêtres-ouvriers)
prêtresse n.f.
prêtrise n.f.
préture n.f.
preuve n.f.
preux adj.m. inv. *et* n.m. inv.
prévalence n.f.
prévaloir v.i. (conj. **47**)
prévaricateur, trice adj. *et* n.
prévarication n.f.
prévenance n.f.

prévenant, e adj.
prévenir v.t. (conj. **28**)
préventif, ive adj.
prévention n.f.
préventivement adv.
préventologie n.f.
préventorium n.m. (pl. préventoriums)
prévenu, e n.
préverbe n.m.
prévisibilité n.f.
prévisible adj.
prévision n.f.
prévisionnel, elle adj.
prévisionniste n.
prévoir v.t. (conj. **49**)
prévôt n.m.
prévôtal, e, aux adj.
prévôté n.f.
prévoyance n.f.
prévoyant, e adj.
priant n.m.
priapée n.f.
priapisme n.m.
prie-Dieu n.m. inv.
prier v.t. *et* i. (conj. **5**)
prière n.f.
prieur, e n.
prieuré n.m.
prima donna n.f. (pl. inv. *ou* prime donne)
primaire adj. ; n.m. ; n.f.
primal, e, aux adj.
primarité n.f.
primat n.m.
primate n.m.
primatial, e, aux adj.
primatie n.f.
primatologie n.f.
primatologue n.
primauté n.f.
prime n.f. ; adj.
primé, e adj.
primer v.t. ; v.t. ind.
primerose n.f.
primesautier, ère adj.
prime time [prim- *ou* prajmtajm] n.m. (pl. prime times)
primeur n.f.
primeuriste n.
primevère n.f.
prim'Holstein n. inv. *et* adj. inv.
primipare adj. f. *et* n.f.
primipile n.m.
primitif, ive adj. *et* n.
primitif n.m.
primitive n.f.
primitivement adv.
primitivisme n.m.
primo adv.
primogéniture n.f.
primo-infection n.f. (pl. primo-infections)
primordial, e, aux adj.
primulacée n.f.
prince n.m.
prince-de-galles n.m. inv. *et* adj. inv.
princeps adj. inv.
princesse n.f.
princier, ère adj.
princièrement adv.
principal, e, aux adj.
principal n.m. (pl. principaux)
principalement adv.
principat n.m.
principauté n.f.
principe n.m.
printanier, ère adj.
printanisation n.f.
printemps n.m.
priodonte n.m.
prion n.m.
priorat n.m.
priori (a) loc. adv.
prioritaire adj. *et* n.
prioritairement adv.
priorité n.f.
pris, e adj.
prise n.f.
prisé, e adj.
prisée n.f.
priser v.t.
priseur, euse n.
prismatique adj.
prisme n.m.
prison n.f.
prisonnier, ère adj. *et* n.
prisonnier n.m.
privat-docent n.m. (pl. privat-docents)
privatif, ive adj.
privation n.f.
privatique n.f.
privatisable adj. *et* n.f.
privatisation n.f.
privatisée n.f.
privatiser v.t.
privatiste n.
privauté n.f.
privé, e adj.
privé n.m.
priver v.t.
privilège n.m.
privilégié, e adj. *et* n.
privilégier v.t. (conj. **5**)
prix n.m.
pro adj. *et* n.
probabilisme n.m.
probabiliste adj. *et* n.
probabilité n.f.
probable adj.
probablement adv.
probant, e adj.
probation n.f.
probationnaire n.
probatoire adj.
probe adj.
probité n.f.
problématique adj. ; n.f.
problématiquement adv.
problème n.m.
proboscidien n.m.
procaïne n.f.
procaryote adj. *et* n.m.
procédé n.m.
procéder v.i. *et* t. ind. (conj. **11**)
procédural, e, aux adj.
procédure n.f.
procédurier, ère adj. *et* n.
procellariiforme n.m.
procès n.m.
processeur n.m.
processif, ive adj.
procession n.f.

processionnaire n.f.
processus n.m.
procès-verbal n.m. (pl. procès-verbaux)
prochain, e adj.
prochain n.m.
prochaine n.f.
prochainement adv.
proche adj. ; n. ; n.m.
proche-oriental, e, aux adj.
prochinois, e adj. *et* n.
procidence n.f.
proclamation n.f.
proclamer v.t.
proclitique adj. *et* n.m.
proclive adj.
proconsul n.m.
proconsulaire adj.
proconsulat n.m.
procordé n.m.
procréateur, trice adj. *et* n.
procréation n.f.
procréatique n.f.
procréer v.t. (conj. **8**)
proctalgie n.f.
proctite n.f.
proctologie n.f.
proctologue n.
procurateur n.m.
procuration n.f.
procure n.f.
procurer v.t.
procureur, e n.
procureur n.m.
procyonidé n.m.
prodigalité n.f.
prodige n.m.
prodigieusement adv.
prodigieux, euse adj.
prodigue adj. *et* n.
prodiguer v.t.
pro domo loc. adj. inv.
prodrome n.m.
prodromique adj.
producteur, trice adj. *et* n.
productibilité n.f.
productible adj.
productif, ive adj.
production n.f.
productique n.f.
productivisme n.m.
productiviste adj.
productivité n.f.
produire v.t. (conj. **78**)
produit n.m.
proéminence n.f.
proéminent, e adj.
prof n.
profanateur, trice adj. *et* n.
profanation n.f.
profane adj. *et* n. ; n.m.
profaner v.t.
profectif, ive adj.
proférer v.t. (conj. **11**)
profès, esse n.
professer v.t.
professeur n.m.
profession n.f.
professionnalisation n.f.
professionnaliser v.t.
professionnalisme n.m.
professionnel, elle adj. *et* n.
professionnellement adv.
professoral, e, aux adj.
professorat n.m.
profil n.m.
profilage n.m.
profilé n.m.
profiler v.t.
profilographe n.m.
profit n.m.
profitable adj.
profitant, e adj.
profiter v.t. ind. *et* i.
profiterole n.f.
profiteur, euse n.
profond, e adj.
profond adv.
profondément adv.
profondeur n.f.
pro forma loc. adj. inv.
profus, e adj.
profusion n.f.
progéniture n.f.
progénote n.m.
progestatif, ive adj.
progestatif n.m.
progestérone n.f.
progiciel n.m.
proglottis n.m.
prognathe adj. *et* n.
prognathisme n.m.
programmable adj.
programmateur, trice n.
programmateur n.m.
programmation n.f.
programmatique adj.
programme n.m.
programmé, e adj.
programmer v.t.
programmeur, euse n.
progrès n.m.
progresser v.i.
progressif, ive adj.
progression n.f.
progressisme n.m.
progressiste adj. *et* n.
progressivement adv.
progressivité n.f.
prohibé, e adj.
prohiber v.t.
prohibitif, ive adj.
prohibition n.f.
prohibitionnisme n.m.
prohibitionniste adj. *et* n.
proie n.f.
projecteur n.m.
projectif, ive adj.
projectile n.m.
projection n.f.
projectionniste n.
projet n.m.
projeté n.m.
projeter v.t. (conj. **16**)
prolactine n.f.
prolapsus n.m.
prolégomènes n.m. pl.
prolepse n.f.
prolétaire n. *et* adj.
prolétariat n.m.
prolétarien, enne adj.
prolétarisation n.f.
prolétariser v.t.

prolifération n.f.
proliférer v.i. (conj. **11**)
prolifique adj.
prolixe adj.
prolixité n.f.
prolo n.
prolog n.m. sing. (langage)
prologue n.m. (début)
prolongateur n.m.
prolongation n.f.
prolongement n.m.
prolonger v.t. (conj. **10**)
promenade n.f.
promener v.t. (conj. **12**)
promeneur, euse n.
promenoir n.m.
promesse n.f.
prométhazine n.f.
prométhéen, enne adj.
prométhéum n.m. (pl. prométhéums)
prometteur, euse adj.
promettre v.t. *et* i. (conj. **64**)
promis, e adj. *et* n.
promiscuité n.f.
promo n.f.
promontoire n.m.
promoteur, trice n.
promoteur n.m.
promotion n.f.
promotionnel, elle adj.
promouvoir v.t. (conj. **42**)
prompt, e adj.
promptement adv.
prompteur n.m.
promptitude n.f.
promu, e adj. *et* n.
promulgation n.f.
promulguer v.t.
promyélocyte n.m.
pronaos n.m.
pronateur, trice adj.
pronateur n.m.
pronation n.f.
prône n.m.
prôner v.t.
prôneur, euse n.
pronom n.m.
pronominal, e, aux adj.
pronominalement adv.
prononçable adj.
prononcé, e adj.
prononcé n.m.
prononcer v.t. *et* i. (conj. **9**)
prononciation n.f.
pronostic n.m.
pronostique adj.
pronostiquer v.t.
pronostiqueur, euse n.
pronunciamiento n.m.
pro-occidental, e, aux adj. *et* n.
propadiène n.m.
propagande n.f.
propagandisme n.m.
propagandiste adj. *et* n.
propagateur, trice adj. *et* n.
propagation n.f.
propager v.t. (conj. **10**)
propagule n.f.
propane n.m.
propanier n.m.
proparoxyton adj.m. *et* n.m.
propédeutique n.f.
propène n.m.
propension n.f.
propergol n.m.
propharmacien, enne n.
prophase n.f.
prophète n.m.
prophétesse n.f.
prophétie n.f.
prophétique adj.
prophétiquement adv.
prophétiser v.t.
prophétisme n.m.
prophylactique adj.
prophylaxie n.f.
propice adj.
propithèque n.m.
propitiation n.f.
propitiatoire adj.
propolis n.f.
proportion n.f.
proportionnalité n.f.
proportionné, e adj.
proportionnel, elle adj.
proportionnellement adv.
proportionner v.t.
propos n.m.
proposable adj.
proposer v.t.
proposition n.f.
propositionnel, elle adj.
propre adj. ; n.m.
propre-à-rien n. (pl. propres-à-rien)
proprement adv.
propret, ette adj.
propreté n.f.
propréteur n.m.
propréture n.f.
propriétaire n.
propriété n.f.
proprio n.
proprioceptif, ive adj.
propulser v.t.
propulseur n.m.
propulsif, ive adj.
propulsion n.f.
propylée n.m.
propylène n.m.
prorata n.m. inv.
prorogatif, ive adj.
prorogation n.f.
proroger v.t. (conj. **10**)
prosaïque adj.
prosaïquement adv.
prosaïsme n.m.
prosateur n.m.
proscenium *ou* **proscénium** n.m. (pl. prosceniums, proscéniums)
proscripteur n.m.
proscription n.f.
proscrire v.t. (conj. **79**)
proscrit, e adj. *et* n.
prose n.f.
prosélyte n.
prosélytisme n.m.
prosencéphale n.m.
prosimien n.m.

prosobranche n.m.
prosodie n.f.
prosodique adj.
prosopagnosie n.f.
prosopopée n.f.
prospect n.m.
prospecter v.t.
prospecteur, trice n.
prospecteur-placier n.m. (pl. prospecteurs-placiers)
prospectif, ive adj.
prospection n.f.
prospective n.f.
prospectiviste adj. *et* n.
prospectus n.m. inv.
prospère adj.
prospérer v.i. (conj. **11**)
prospérité n.f.
prostaglandine n.f.
prostate n.f.
prostatectomie n.f.
prostatique adj. *et* n.m.
prostatite n.f.
prosternation n.f.
prosternement n.m.
prosterner (se) v.pr.
prosthèse n.f.
prosthétique adj.
prostitué, e n.
prostituer v.t.
prostitution n.f.
prostration n.f.
prostré, e adj.
prostyle adj. *et* n.m.
protactinium n.m. (pl. protactiniums)
protagoniste n.
protamine n.f.
protandrie n.f.
protase n.f.
prote n.m.
protéagineux, euse adj.
protéagineux n.m.
protéase n.f.
protecteur, trice adj. *et* n.
protecteur n.m.
protection n.f.
protectionnisme n.m.
protectionniste adj. *et* n.
protectorat n.m.
protée n.m. (animal)
protégé, e n.
protège-bas n.m. inv.
protège-cahier n.m. (pl. protège-cahiers)
protège-dents n.m. inv.
protéger v.t. (conj. **15**)
protège-slip n.m. (pl. protège-slips)
protège-tibia n.m. (pl. protège-tibias)
protéiforme adj.
protéine n.f.
protéiné, e adj.
protéinique adj.
protéinurie n.f.
protéique adj.
protèle n.m.
protéolyse n.f.
protéolytique adj.
protérandrie n.f.
protérogynie n.f.
protérozoïque adj. *et* n.m.
protestable adj.
protestant, e adj. *et* n.
protestantisme n.m.
protestataire adj. *et* n.
protestation n.f.
protester v.i., t. *et* t. ind.
protêt n.m. (acte)
prothalle n.m.
prothèse n.f.
prothésiste n.
prothétique adj.
prothorax n.m.
prothrombine n.f.
protide n.m.
protidique adj.
protique adj.
protiste n.m.
protococcus n.m. inv.
protocolaire adj.
protocole n.m.
protoétoile n.f.
protogalaxie n.f.
protogynie n.f.
protohistoire n.f.
protohistorien, enne n.
protohistorique adj.
proto-industrialisation n.f. (pl. proto-industrialisations)
protomé n.f.
proton n.m.
protonéma n.m.
protonique adj.
protonotaire n.m.
protophyte n.m.
protoplanète n.f.
protoplasme *ou* **protoplasma** n.m.
protoplasmique adj.
protoptère n.m.
protostomien n.m.
protothérien n.m.
prototypage n.m.
prototype n.m.
protoure n.m.
protoxyde n.m.
protozoaire n.m.
protractile adj.
protubérance n.f.
protubérant, e adj.
prou adv.
proudhonien, enne adj. *et* n.
proue n.f.
prouesse n.f.
proustien, enne adj.
prouvable adj.
prouver v.t.
provenance n.f.
provençal, e, aux adj. *et* n.
provençal n.m. sing.
provende n.f.
provenir v.i. (conj. **28** ; auxil. *être*)
proverbe n.m.
proverbial, e, aux adj.
proverbialement adv.
providence n.f.
providentiel, elle adj.
providentiellement adv.
provignage n.m.
provignement n.m.
provigner v.t.
provin n.m.

province n.f.
provincial, e, aux adj.
provincial n.m.
(pl. provinciaux)
provincialat n.m.
provincialisme n.m.
proviseur n.m.
provision n.f.
provisionnel, elle adj.
provisionner v.t.
provisoire adj. *et* n.m.
provisoirement adv.
provisorat n.m.
provitamine n.f.
provocant, e adj.
provocateur, trice adj. *et* n.
provocation n.f.
provoquer v.t.
proxémique n.f.
proxène n.m.
proxénète n.
proxénétisme n.m.
proximal, e, aux adj.
proximité n.f.
proyer n.m.
pruche n.f.
prude adj. *et* n.
prudemment adv.
prudence n.f.
prudent, e adj. *et* n.
pruderie n.f.
prud'homal, e, aux adj.
prud'homie n.f.
prud'homme n.m.
pruine n.f.
prune n.f. ; adj. inv.
pruneau n.m.
prunelle n.f.
prunellier n.m.
prunier n.m.
prunus n.m. inv.
prurigineux, euse adj.
prurigo n.m.
prurit [-rit] n.m.
prussiate n.m.
prussien, enne adj. *et* n.
prussik n.m.
prussique adj.m.
prytane n.m.
prytanée n.m.
psalliote n.f.
psalmiste n.m.
psalmodie n.f.
psalmodier v.t. *et* i. (conj. **5**)
psaltérion n.m.
psaume n.m.
psautier n.m.
pschent [pskɛnt] n.m.
pseudarthrose n.f.
pseudohermaphrodisme n.m.
pseudomembrane n.f.
pseudomembraneux, euse adj.
pseudonyme n.m.
pseudopode n.m.
pseudoscience n.f.
pseudotumeur n.f.
psi n.m. inv.
psilocybe n.m.
psilocybine n.f.
psilophyte n.m.
psilotum n.m.
(pl. psilotums)
psitt *ou* **pst !** interj.
psittacidé n.m.
psittacisme n.m.
psittacose n.f.
psoas adj. *et* n.m.
psoque n.m.
psoralène n.m.
psoriasis [-zis] n.m.
psy n.
psychanalyse n.f.
psychanalyser v.t.
psychanalyste n.
psychanalytique adj.
psychasthénie n.f.
psychasthénique adj. *et* n.
psyché [psiʃe] n.f.
psychédélique adj.
psychédélisme n.m.
psychiatre n.
psychiatrie n.f.
psychiatrique adj.
psychiatrisation n.f.
psychiatriser v.t.
psychique adj.
psychisme n.m.
psychoaffectif, ive adj.
psychoanaleptique adj. *et* n.m.
psychobiologie n.f.
psychochirurgie n.f.
psychocritique n.f.
psychodrame n.m.
psychodysleptique adj. *et* n.m.
psychogène adj.
psychogenèse n.f.
psychogénétique n.f.
psychokinésie n.f.
psycholeptique adj. *et* n.m.
psycholinguiste n.
psycholinguistique n.f.
psychologie n.f.
psychologique adj.
psychologiquement adv.
psychologisme n.m.
psychologue n.
psychométricien, enne n.
psychométrie n.f.
psychométrique adj.
psychomoteur, trice adj.
psychomotricité n.f.
psychopathe n.
psychopathie n.f.
psychopathologie n.f.
psychopédagogie n.f.
psychopédagogue n.
psychopharmacologie n.f.
psychophysiologie n.f.
psychophysique n.f.
psychoplasticité n.f.
psychopompe adj. *et* n.
psychoprophylactique adj.
psychorééducateur, trice n.
psychorigide adj. *et* n.
psychorigidité n.f.
psychose n.f.
psychosensoriel, elle adj.
psychosocial, e, aux adj.

psychosociologie n.f.
psychosociologue n.
psychosomatique adj.
psychostimulant, e adj.
psychostimulant n.m.
psychotechnicien, enne n.
psychotechnique adj.
psychothérapeute n.
psychothérapie n.f.
psychothérapique *ou* **psychothérapeutique** adj.
psychotique adj.
psychotonique adj. *et* n.m.
psychotrope adj. *et* n.m.
psychromètre n.m.
psychrométrie n.f.
psylle n.m. *ou* f.
psyllium n.m. (pl. psylliums)
ptéranodon n.m.
ptéridophyte n.m.
ptéridospermée n.f.
ptérobranche n.m.
ptérodactyle n.m.
ptéropode n.m.
ptérosaurien n.m.
ptérygoïde adj. f. *et* n.f.
ptérygote n.m.
ptolémaïque adj.
ptomaïne n.f.
ptôse n.f.
ptôsis n.m.
ptyaline n.f.
ptyalisme n.m.
puant, e adj.
puanteur n.f.
pub [pœb] n.m.
pub [pyb] n.f.
pubalgie n.f.
pubère adj. *et* n.
pubertaire adj.
puberté n.f.
pubescence n.f.
pubescent, e adj.
pubien, enne adj.
pubis n.m.
publiable adj.
public, ique adj.
public n.m.
publicain n.m.
publication n.f.
publiciste n.
publicitaire adj. *et* n.
publicité n.f.
publier v.t. (conj. **5**)
publi-information n.f. (pl. publi-informations)
Publiphone n.m. (nom déposé)
publipostage n.m.
publiquement adv.
publireportage n.m.
puccinia n.m.
puccinie n.f.
puce n.f.
puceau n.m. *et* adj.m.
pucelage n.m.
pucelle n.f. *et* adj.f.
puceron n.m.
puche n.f.
pucheux n.m.
pucier n.m.
pudding *ou* **pouding** n.m.
puddlage n.m.
puddler v.t.
pudeur n.f.
pudibond, e adj.
pudibonderie n.f.
pudicité n.f.
pudique adj.
pudiquement adv.
puer v.i.
puéricultrice n.f.
puériculture n.f.
puéril, e adj.
puérilement adv.
puérilisme n.m.
puérilité n.f.
puerpéral, e, aux adj.
puffin n.m.
pugilat n.m.
pugiliste n.m.
pugilistique adj.
pugnace adj.
pugnacité n.f.
puîné, e adj. *et* n.
puis adv.
puisage n.m.
puisard n.m.
puisatier n.m.
puisement n.m.
puiser v.t. *et* i.
puisette n.f.
puisque conj.
puissamment adv.
puissance n.f.
puissant, e adj.
puissants n.m. pl.
puits n.m. (trou)
puja n.f.
pulicaire n.f.
pull n.m. (pl. pulls)
pullman n.m. (pl. pullmans)
pullorose n.f.
pull-over n.m. (pl. pull-overs)
pullulation n.f.
pullulement n.m.
pulluler v.i.
pulmonaire adj. ; n.f.
pulmoné n.m.
pulpaire adj.
pulpe n.f.
pulpectomie n.f.
pulpeux, euse adj.
pulpite n.f.
pulque [pulke] n.m.
pulsar n.m.
pulsation n.f.
pulser v.t.
pulsion n.f.
pulsionnel, elle adj.
pulsoréacteur n.m.
pultacé, e adj.
pultrusion n.f.
pulvérin n.m.
pulvérisable adj.
pulvérisateur n.m.
pulvérisation n.f.
pulvériser v.t.
pulvériseur n.m.
pulvérulence n.f.
pulvérulent, e adj.
puma n.m.
puna n.f.

punaise n.f.
punaiser v.t.
punch [pɔ̃ʃ] n.m. (pl. punchs) [boisson]
punch [pœnʃ] n.m. inv. [énergie]
puncheur [pœnʃœr] n.m.
punching-ball [pœnʃiŋbol] n.m. (pl. punching-balls)
punctum [pɔ̃ktɔm] n.m. sing.
puncture [pɔ̃k-] n.f.
puni, e adj. *et* n.
punique adj.
punir v.t.
punissable adj.
punitif, ive adj.
punition n.f.
punk adj. inv. *et* n.
pupe n.f.
pupillaire adj.
pupillarité n.f.
pupille n. ; n.f.
pupinisation n.f.
pupipare adj.
pupitre n.m.
pupitreur, euse n.
pur, e adj. *et* n.
pureau n.m.
purée n.f.
purement adv.
pureté n.f.
purgatif, ive adj.
purgatif n.m.
purgation n.f.
purgatoire n.m.
purge n.f.
purgeoir n.m.
purger v.t. (conj. **10**)
purgeur n.m.
purifiant, e adj.
purificateur, trice adj. *et* n.m.
purification n.f.
purificatoire adj.; n.m.
purifier v.t. (conj. **5**)
purin n.m.
purine n.f.
purique adj.
purisme n.m.
puriste adj. *et* n.
puritain, e n. *et* adj.
puritanisme n.m.
purot n.m.
purotin n.m.
purpura n.m.
purpurin, e adj.
purpurine n.f.
pur-sang n.m. inv.
purulence n.f.
purulent, e adj.
pus n.m.
puseyisme n.m.
push-pull n.m. inv. *et* adj. inv.
pusillanime adj. *et* n.
pusillanimité n.f.
pustule n.f.
pustuleux, euse adj.
putain n.f.
putassier, ère adj.
putatif, ive adj.
pute n.f.
putiet *ou* **putier** n.m.
putois n.m.
putonghua n.m. sing.
putréfaction n.f.
putréfiable adj.
putréfier v.t. (conj. **5**)
putrescence n.f.
putrescible adj.
putride adj.
putridité n.f.
putsch n.m. (pl. putschs)
putschiste adj. *et* n.
putt [pœt] n.m.
putter [pœtœr] n.m. (pl. putters)
putter [pœte] v.i.
putting [pœtiŋ] n.m.
putto [puto] n.m. (pl. puttos *ou* putti)
puvathérapie n.f.
puy n.m. (montagne)
puzzle n.m.
pycnogonide n.m.
pycnomètre n.m.
pyélite n.f.
pycnose n.f.
pyélonéphrite n.f.
pygargue n.m.
pygmée adj. *et* n.
pyjama n.m.
pylône n.m.
pylore n.m.
pylorique adj.
pyocyanique adj.
pyodermite n.f.
pyogène adj. *et* n.m.
pyorrhée n.f.
pyracantha n.m.
pyrale n.f.
Pyralène n.m. (nom déposé)
pyramidal, e, aux adj.
pyramide n.f.
pyramidé, e adj.
pyramidion n.m.
pyranne n.m.
pyrène n.m.
pyrénéen, enne adj. *et* n.
pyrénéite n.f.
pyrénomycète n.m.
pyrèthre n.m.
pyréthrine n.f.
Pyrex n.m. (nom déposé)
pyrexie n.f.
pyridine n.f.
pyridoxine n.f.
pyrimidine n.f.
pyrimidique adj.
pyrite n.f.
pyroclastique adj.
pyrocorise n.m.
pyroélectricité n.f.
pyrogallique adj.m.
pyrogallol n.m.
pyrogénation n.f.
pyrogène adj.
pyrographe n.m.
pyrogravure n.f.
pyrole n.f.
pyroligneux, euse adj.
pyrolusite n.f.
pyrolyse n.f.
pyromane n.
pyromanie n.f.
pyromécanisme n.m.
pyromètre n.m.
pyrométrie n.f.

pyrométrique adj.
pyrophore n.m.
pyrophosphorique adj.m.
pyrophyte adj. *et* n.f.
pyrosis n.m.
pyrosulfurique adj.m.
pyrotechnicien, enne n.
pyrotechnie n.f.
pyrotechnique adj.
pyroxène n.m.
pyroxile n.m.
pyrrhique n.f.
pyrrhocoris *ou* **pyrocorise** n.m.
pyrrhonien, enne adj. *et* n.
pyrrhonisme n.m.
pyrrhotite n.f.
pyrrole *ou* **pyrrol** n.m.
pyrrolique adj.
pythagoricien, enne adj. *et* n.
pythagorique adj.
pythagorisme n.m.
pythie n.f.
pythien, enne adj.
pythiques adj.m. pl.
python n.m.
pythonisse n.f.
pyurie n.f.
pyxide n.f.

q

q n.m. inv.
qanun *ou* **kanun** n.m.
qaraïte *ou* **karaïte** adj. *et* n.
qasida n.f.
qat *ou* **khat** n.m.
qatari, e adj. *et* n.
qibla n.f.
quadra adj. inv. *et* n.
quadragénaire adj. *et* n.
quadragésimal, e, aux adj.
quadragésime n.f.
quadrangle n.m.
quadrangulaire adj.
quadrant n.m.
quadratique adj.
quadrature n.f.
quadrette n.f.
quadri n.f.
quadriceps adj. *et* n.m.
quadrichromie n.f.
quadriennal, e, aux adj.
quadrifide adj.
quadrige n.m.
quadrijumeau adj.m.
quadrilatéral, e, aux adj.
quadrilatère n.m.
quadrillage n.m.
quadrille n.m.
quadriller v.t.
quadrilobe n.m.
quadrimoteur n.m. *et* adj.m.
quadripartite adj.
quadriphonie n.f.
quadriplégie n.f.
quadripolaire adj.
quadripôle n.m.
quadrique n.f.
quadriréacteur n.m. *et* adj.m.
quadrisyllabe adj. *et* n.m.
quadrisyllabique adj.
quadrivalent, e adj.
quadrumane adj. *et* n.m.
quadrupède adj. *et* n.m.
quadruple adj. *et* n.m.
quadrupler v.t.
quadruplés, ées n. pl.
quadruplet n.m.
quadruplex n.m. inv.
quahog n.m.
quai n.m.
quaker, eresse n.
qualifiable adj.
qualifiant, e adj.
qualificatif, ive adj.
qualification n.f.
qualifié, e adj.
qualifier v.t. (conj. **5**)
qualitatif, ive adj.
qualitativement adv.
qualité n.f.
qualiticien, enne n.
quand adv. interr. *et* conj.
quanta n.m. pl.
quant à loc. prép.
quant-à-soi n.m. inv.
quantième n.m.
quantifiable adj.
quantificateur n.m.
quantification n.f.
quantifié, e adj.
quantifier v.t. (conj. **5**)
quantique adj.
quantitatif, ive adj.
quantitativement adv.
quantité n.f.
quanton n.m.
quantum n.m. (pl. quanta)
quarantaine n.f.
quarante adj. num. inv. *et* n.m. inv.
quarante-huitard, e adj. *et* n. (pl. quarante-huitards, es)
quarantenaire adj.
quarantième adj. num. ord. *et* n.
quark n.m.
quart n.m.
quartage n.m.
quartannier *ou* **quartanier** n.m.
quartaut n.m.
quart-bouillon n.m. sing.
quart-de-pouce n.m. (pl. quarts-de-pouce)
quart-de-rond n.m. (pl. quarts-de-rond)
quarte adj.f. ; n.f.
quarté n.m.
quarter v.t.
quarteron, onne n.
quarteron n.m.
quartette n.m.
quartier n.m.
quartier-maître n.m. (pl. quartiers-maîtres)
quartile n.m.
quart-monde n.m. (pl. quarts-mondes)
quarto adv.
quartz n.m. inv.
quartzeux, euse adj.
quartzifère adj.
quartzite n.m.
quasar n.m.
quasi adv. ; n.m. (pl. quasis)
quasi-contrat n.m. (pl. quasi-contrats)
quasi-cristal n.m. (pl. quasi-cristaux)

quasi-délit n.m. (pl. quasi-délits)
quasiment adv.
Quasimodo n.f.
quasi-monnaie n.f. (pl. quasi-monnaies)
quassia *ou* **quassier** n.m.
quater adv.
quaternaire adj. ; n.m.
quaterne n.m.
quaternion n.m.
quatorze adj. num. inv. *et* n.m. inv.
quatorzième adj. num. ord. *et* n.
quatorzièmement adv.
quatrain n.m.
quatre adj. num. inv. *et* n.m. inv.
quatre-cent-vingt-et-un n.m. inv.
quatre-de-chiffre n.m. inv.
quatre-épices n.m. inv.
quatre-feuilles n.m. inv.
quatre-mâts n.m. inv.
quatre-quarts n.m. inv.
quatre-quatre n.m. inv. ; n.f. inv.
quatre-saisons n.f. inv.
quatre-temps n.m. pl.
quatre-vingt-dix adj. num. *et* n.m. inv.
quatre-vingt-dixième adj. num. ord. *et* n.
quatre-vingtième adj. num. ord. *et* n.
quatre-vingts adj. num. *et* n.m. (*quatre-vingt* devant un nombre)
quatrième adj. num. ord. *et* n.
quatrièmement adv.
quatrillion n.m.
quattrocento n.m. sing.
quatuor n.m.
quat'zarts n.m. pl.
que pron. relat. ; pron. interr. ; conj. ; adv.
québécisme n.m.
québécois, e adj. *et* n.
quebracho n.m.
quechua n.m. sing.
quel, quelle adj. interr. *et* exclam.
quelconque adj. indéf. ; adj.
quéléa n.m.
quel que, quelle que adj. relat.
quelque adj. indéf.
quelque adv.
quelque chose pron. indéf. m.
quelquefois adv.
quelque part adv.
quelques-uns, quelques-unes pron. indéf. pl.
quelqu'un, e pron. indéf. sing.
quémander v.t. *et* i.
quémandeur, euse n.
qu'en-dira-t-on n.m. inv.
quenelle n.f.
quenotte n.f.
quenouille n.f.
quérable adj.
quercinois, e *ou* **quercynois, e** adj. *et* n.
quercitron n.m.
querelle n.f.
quereller v.t.
querelleur, euse adj. *et* n.
quérir v.t. (seulem. à l'inf.)
quérulence n.f.
quérulent, e adj. *et* n.
quèsaco adv. interr.
questeur n.m.
question n.f.
questionnaire n.m.
questionnement n.m.
questionner v.t.
questionneur, euse n.
questure n.f.
quête n.f.
quêter v.t.
quêteur, euse n.
quetsche n.f.
quette n.f.
quetzal n.m. (pl. quetzals) [oiseau]
quetzal n.m. (pl. quetzales) [monnaie]
queue n.f. (extrémité)
queue-d'aronde n.f. (pl. queues-d'aronde)
queue-de-cheval n.f. (pl. queues-de-cheval)
queue-de-cochon n.f. (pl. queues-de-cochon)
queue-de-morue n.f. (pl. queues-de-morue)
queue-de-pie n.f. (pl. queues-de-pie)
queue-de-rat n.f. (pl. queues-de-rat)
queue-de-renard n.f. (pl. queues-de-renard)
queusot n.m.
queuter v.i.
queux n.m. (cuisinier)
queux *ou* **queue** n.f. (pierre à aiguiser)
qui pron. relat. *et* interr.
quia (à) loc. adv.
quicageon *ou* **quiquajon** n.m.
quiche n.f.
quichenotte *ou* **kichenotte** n.f.
quichua n.m.
quick [kwik] n.m.
quiconque pron. relat. indéf. ; pron. indéf.
quid adv. interr.
quidam n.m. (pl. quidams)
quiddité n.f.
quiescence n.f.
quiescent, e adj.
quiet, ète adj.
quiétisme n.m.
quiétiste adj. *et* n.
quiétude n.f.
quignon n.m.
quille n.f.
quilleur, euse n.
quimboiseur n.m.
quinaire adj.
quinaud, e adj.
quincaillerie n.f.

quincaillier, ère n.
quinconce n.m.
quindécemvir n.m.
(pl. quindécemvirs)
quine n.m. *ou* f.
quiné, e adj.
quinine n.f.
quinoa n.m.
quinoléine n.f.
quinolone n.f.
quinone n.f.
quinquagénaire adj. *et* n.
quinquagésime n.f.
quinquennal, e, aux adj.
quinquennat n.m.
quinquet n.m.
quinquina n.m.
quintaine n.f.
quintal n.m. (pl. quintaux)
quinte n.f.
quinté [kɛ̃te] n.m. (pari)
quintefeuille n.f. ; n.m.
quintessence n.f.
quintet [kɛ̃tɛt] n.m. (jazz)
quintette n.m.
quinteux, euse adj.
quintillion n.m.
quinto adv.
quintolet n.m.
quintuple adj. *et* n.m.
quintupler v.t. *et* i.
quintuplés, ées n. pl.
quinzaine n.f.
quinze adj. num. inv.
et n.m. inv.
quinzième adj. num. ord.
et n.
quinzièmement adv.
quinziste n.m.
quiproquo n.m.
(pl. quiproquos)
quipu, quipou *ou* **quipo**
n.m.
quiquajon *ou* **quicageon**
n.m.
quirat n.m.
quirataire n.
quirite n.m.
quiscale n.m.
quittance n.f.
quitte adj.
quitter v.t.
quitus n.m. inv.
qui vive ! loc. interj.
qui-vive n.m. inv.
quiz [kwiz] n.m. inv.
quôc-ngu n.m. inv.
quoi pron. relat. ; pron.
et adv. interr. ; adv.
exclam.
quoique conj.
quolibet n.m.
quorum n.m.
(pl. quorums)
quota n.m. (pl. quotas)
quote-part n.f. (pl.
quotes-parts)
quotidien, enne adj.
quotidien n.m.
quotidiennement adv.
quotidienneté n.f.
quotient n.m.
quotité n.f.

r

r n.m. inv.
ra n.m. inv.
raag n.m. inv.
rab *ou* **rabe** n.m.
rabab n.m.
rabâchage n.m.
rabâcher v.t. *et* i.
rabâcheur, euse adj. *et* n.
rabais n.m.
rabaissement n.m.
rabaisser v.t.
raban n.m.
rabane n.f.
rabat n.m.
rabat-joie n. inv. *et* adj. inv.
rabattable adj.
rabattage n.m.
rabattant, e adj.
rabattement n.m.
rabatteur, euse n.
rabatteur n.m.
rabattre v.t. *et* i. (conj. **63**)
rabbi n.m.
rabbin n.m.
rabbinat n.m.
rabbinique adj.
rabbinisme n.m.
rabe *ou* **rab** n.m.
rabelaisien, enne adj.
rabibocher v.t.
rabiot n.m.
rabioter v.t.
rabique adj.
râble n.m.
râblé, e adj.
râbler v.t.
rabonnir v.i.
rabot n.m.
rabotage n.m.
raboter v.t.
raboteur n.m.
raboteuse n.f.
raboteux, euse adj.
rabougri, e adj.
rabougrir v.t.
rabouillère n.f.
rabouilleur, euse n.
raboutage n.m.
rabouter v.t.
rabrouer v.t.
raca ! interj.
racage n.m.
racahout n.m.
racaille n.f.
raccard n.m.
raccommodable adj.
raccommodage n.m.
raccommodement n.m.
raccommoder v.t.
raccommodeur, euse n.
raccompagner v.t.
raccord n.m.
raccordement n.m.
raccorder v.t.
raccourci n.m.
raccourcir v.t. *et* i.
raccourcissement n.m.
raccroc n.m.
raccrochage n.m.
raccrocher v.t. *et* i.
race n.f.
racé, e adj.
racémique adj.m.
racer [resœr] n.m.
rachat n.m.
rachetable adj.
racheter v.t. (conj. **12**)
rachi n.f.
rachialgie [-ʃjal-] n.f.
rachianesthésie *ou* **rachianalgésie** [-ʃja-] n.f.
rachidien, enne adj.
rachis n.m.
rachitique adj. *et* n.
rachitisme n.m.
racial, e, aux adj.
racinage n.m.
racinal n.m. (pl. racinaux)
racine n.f.
racisme n.m.
raciste adj. *et* n.
rack n.m.
racket [rakɛt] n.m.
racketter v.t.
racketteur, euse n. (auteur d'un racket)
raclage n.m.
racle n.f.
raclée n.f.
raclement n.m.
racler v.t.
raclette n.f.
racleur, euse n.
racloir n.m.
raclure n.f.
racolage n.m.
racoler v.t.
racoleur, euse adj. *et* n.
racontable adj.
racontar n.m.
raconter v.t.
raconteur, euse n.
racornir v.t.
racornissement n.m.
racquet-ball n.m. (pl. racquet-balls)
rad n.m.
radar n.m.
radarastronomie n.f.
radariste n.
rade n.f. ; n.m.
radeau n.m.
rader v.t.

radeuse n.f.
radiaire adj.
radial, e, aux adj.
radiale n.f.
radian n.m. (mesure)
radiance n.f.
radiant, e adj.
radiant n.m. (astronomie)
radiateur n.m.
radiatif, ive adj.
radiation n.f.
radical, e, aux adj. *et* n.
radical n.m. (pl. radicaux)
radicalaire adj.
radicalement adv.
radicalisation n.f.
radicaliser v.t.
radicalisme n.m.
radicalité n.f.
radical-socialisme n.m. sing.
radical-socialiste adj. *et* n. (pl. radicaux-socialistes)
radicant, e adj.
radicelle n.f.
radicotomie n.f.
radiculaire adj.
radiculalgie n.f.
radicule n.f.
radiculite n.f.
radié, e adj.
radier v.t. (conj. **5**) ; n.m. (pl. radiers)
radiesthésie n.f.
radiesthésiste n.
radieux, euse adj.
radin, e adj. *et* n.
radiner v.i. *ou* **se radiner** v.pr.
radinerie n.f.
radio n.f. ; n.m.
radioactif, ive adj.
radioactivation n.f.
radioactivité n.f.
radioalignement n.m.
radioaltimètre n.m.
radioamateur n.m.
radioastronome n.
radioastronomie n.f.
radiobalisage n.m.
radiobalise n.f.
radiobaliser v.t.
radiobiologie n.f.
radiocarbone n.m.
radiocassette n.f.
radiochronologie n.f.
radiocobalt n.m.
radiocommande n.f.
radiocommunication n.f.
radiocompas n.m.
radioconcentrique adj.
radioconducteur n.m.
radiocristallographie n.f.
radiodermite n.f.
radiodiagnostic n.m.
radiodiffuser v.t.
radiodiffusion n.f.
radioélectricien, enne n.
radioélectricité n.f.
radioélectrique adj.
radioélément n.m.
radiofréquence n.f.
radiogalaxie n.f.
radiogoniomètre n.m.
radiogoniométrie n.f.
radiographie n.f.
radiographier v.t. (conj. **5**)
radiographique adj.
radioguidage n.m.
radioguider v.t.
radio-immunologie n.f. sing.
radio-isotope n.m. (pl. radio-isotopes)
radiolaire n.m.
radiolarite n.f.
radiolésion n.f.
radiolocalisation n.f.
radiologie n.f.
radiologique adj.
radiologue *ou*
radiologiste n.
radiolyse n.f.
radiomessagerie n.f.
radiomètre n.m.
radionavigant n.m.
radionavigation n.f.
radionécrose n.f.
radiophare n.m.
radiophonie n.f.
radiophonique adj.
radioprotection n.f.
radiorécepteur n.m.
radiorepérage n.m.
radioreportage n.m.
radioreporter n.m.
radiorésistance n.f.
radioréveil *ou*
radio-réveil n.m. (pl. radios-réveils)
radioscopie n.f.
radiosensibilité n.f.
radiosondage n.m.
radiosonde n.f.
radiosource n.f.
radio-taxi n.m. (pl. radio-taxis)
radiotechnique n.f. ; adj.
radiotélégraphie n.f.
radiotélégraphiste n.
radiotéléphone n.m.
radiotéléphonie n.f.
radiotéléphoniste n.
radiotélescope n.m.
radiotélévisé, e adj.
radiotélévision n.f.
radiothérapeute n.
radiothérapie n.f.
radiotrottoir n.m. *ou* f.
radis n.m.
radium n.m. (pl. radiums)
radius n.m. inv.
radjah, rajah *ou* **raja** n.m.
radôme n.m.
radon n.m.
radotage n.m.
radoter v.i.
radoteur, euse n.
radoub n.m.
radouber v.t.
radoucir v.t.
radoucissement n.m.
radsoc n. *et* adj.
radula n.f.
rafale n.f.

raffermir v.t.
raffermissement n.m.
raffinage n.m.
raffinat n.m.
raffiné, e adj.
raffinement n.m.
raffiner v.t. *et* t. ind.
raffinerie n.f.
raffineur, euse n.
raffineur n.m.
raffle n.f.
rafflesia n.m.
rafflésie n.f.
raffoler v.t. ind.
raffut n.m.
raffûter v.t.
rafiot *ou* **rafiau** n.m.
rafistolage n.m.
rafistoler v.t.
rafle n.f. (saisie)
rafle *ou* **raffle** n.f. (botanique)
rafler v.t.
rafraîchir v.t.
rafraîchissant, e adj.
rafraîchissement n.m.
raft n.m.
rafting n.m.
raga n.m. inv.
ragaillardir v.t.
rage n.f.
rageant, e adj.
rager v.i. (conj. **10**)
rageur, euse adj.
rageusement adv.
raggamuffin n.m.
raglan adj. inv. *et* n.m.
ragondin n.m.
ragot, e adj.
ragot n.m.
ragougnasse n.f.
ragoût n.m.
ragoûtant, e adj.
ragréer v.t. (conj. **8**)
ragtime [ragtajm] n.m.
raguer v.i.
rahat-loukoum *ou* **rahat-lokoum** n.m. (pl. rahat-loukoums, -lokoums)
rai n.m. (rayon)
raï [raj] n.m. inv.
raïa *ou* **raya** n.m.
raid n.m.
raide adj. ; adv.
raider [rɛdɛr] n.m.
raideur n.f.
raidillon n.m.
raidir v.t.
raidissement n.m.
raidisseur n.m.
raie n.f.
raifort n.m.
rail n.m.
railler v.t.
raillerie n.f.
railleur, euse adj. *et* n.
rail-route adj. inv.
rainer v.t.
rainette n.f. (grenouille)
rainette *ou* **rénette** n.f. (outil)
rainurage n.m.
rainure n.f.
rainurer v.t.
raiponce n.f.
raire v.i. (conj. **92**)
raïs n.m.
rais-de-cœur n.m. pl.
raisin n.m.
raisiné n.m. (confiture)
raisinet n.m. (groseille)
raison n.f.
raisonnable adj.
raisonnablement adv.
raisonné, e adj.
raisonnement n.m.
raisonner v.i. *et* t. (discuter)
raisonneur, euse adj. *et* n.
raja, rajah *ou* **radjah** n.m.
rajeunir v.t. *et* i.
rajeunissant, e adj.
rajeunissement n.m.
rajout n.m.
rajouter v.t.
rajustement n.m.
rajuster v.t.
raki n.m.
râlant, e adj.
râle n.m.
râlement n.m.
ralenti n.m.
ralentir v.t. *et* i.
ralentissement n.m.
ralentisseur n.m.
râler v.i.
râleur, euse adj. *et* n.
ralingue n.f.
ralinguer v.t. *et* i.
rallidé n.m.
rallié, e adj. *et* n.
ralliement n.m.
rallier v.t. (conj. **5**)
ralliforme n.m.
rallonge n.f.
rallongement n.m.
rallonger v.t. *et* i. (conj. **10**)
rallumer v.t.
rallye n.m.
ram n.f. inv.
ramadan n.m.
ramage n.m.
ramager v.t. *et* i. (conj. **10**)
ramas n.m.
ramassage n.m.
ramassé, e adj.
ramasse-miettes n.m. inv.
ramasser v.t.
ramassette n.f.
ramasseur, euse n.
ramasseur n.m.
ramasseuse-presse n.f. (pl. ramasseuses-presses)
ramassis n.m.
ramassoire n.f.
rambarde n.f.
ramdam n.m.
rame n.f.
rameau n.m.
ramée n.f.
ramender v.t.
ramendeur, euse n.
ramener v.t. (conj. **12**) ; n.m. (pl. rameners)
ramequin n.m.

ramer v.t. ; v.i.
ramette n.f.
rameur, euse n.
rameur n.m.
rameuter v.t.
rameux, euse adj.
rami n.m.
ramie n.f.
ramier adj.m. *et* n.m.
ramification n.f.
ramifier v.t. (conj. **5**)
ramille n.f.
ramingue adj.
ramolli, e adj. *et* n.
ramollir v.t.
ramollissant, e adj.
ramollissement n.m.
ramollo adj. *et* n.
ramonage n.m.
ramoner v.t.
ramoneur n.m.
rampant, e adj.
rampant n.m.
rampe n.f.
rampement n.m.
ramper v.i.
rampon n.m.
ramponneau *ou* **ramponeau** n.m.
ramule n.f.
ramure n.f.
ranale n.f.
ranatre n.f.
rancard, rancart *ou* **rencard** n.m. (rendez-vous)
rancarder *ou* **rencarder** v.t.
rancart n.m. (débarras)
rance adj. *et* n.m.
ranch n.m. (pl. ranchs *ou* ranches)
ranche n.f.
rancher n.m.
ranci n.m.
rancio n.m.
rancir v.i. *et* t.
rancissement n.m.
rancœur n.f.
rançon n.f.
rançonnement n.m.
rançonner v.t.
rançonneur, euse n.
rancune n.f.
rancunier, ère adj. *et* n.
rand n.m. (unité monétaire)
randomisation n.f.
randomiser v.t.
randonnée n.f.
randonner v.i.
randonneur, euse n.
rang n.m. (rangée)
rangé, e adj.
rangée n.f.
rangement n.m.
ranger v.t. (conj. **10**)
ranger [rɑ̃dʒɛr] n.m.
rani n.f.
ranidé n.m.
ranimation n.f.
ranimer v.t.
rantanplan *ou* **rataplan !** interj.
ranz [rɑ̃z *ou* rɑ̃] n.m.
raout [raut] n.m.
rap n.m.
rapace adj. ; n.m.
rapacité n.f.
râpage n.m.
rapatriable adj.
rapatrié, e n.
rapatriement n.m.
rapatrier v.t. (conj. **5**)
râpe n.f.
râpé, e adj.
râpé n.m.
râper v.t.
rapercher v.t.
rapetassage n.m.
rapetasser v.t.
rapetissement n.m.
rapetisser v.t. *et* i.
râpeux, euse adj.
raphaélique *ou* **raphaélesque** adj.
raphé n.m.
raphia n.m.
raphide n.m.
rapiat, e adj.
rapicoler v.i.
rapide adj. ; n.m.
rapidement adv.
rapidité n.f.
rapiècement *ou* **rapiéçage** n.m.
rapiécer v.t. (conj. **13**)
rapière n.f.
rapin n.m.
rapine n.f.
rapiner v.t. *et* i.
rapinerie n.f.
raplapla adj. inv.
raplatir v.t.
rapointis *ou* **rappointis** n.m.
rappareiller v.t.
rappariement n.m.
rapparier v.t. (conj. **5**)
rappel n.m.
rappelé, e adj. *et* n.
rappeler v.t. (conj. **16**)
rappeur, euse n.
rappliquer v.i.
rappointis *ou* **rapointis** n.m.
rapport n.m.
rapporté, e adj.
rapporter v.t.
rapporteur, euse adj. *et* n.
rapporteur n.m.
rapprendre v.t.
rapprochage n.m.
rapprochement n.m.
rapprocher v.t.
rapsode *ou* **rhapsode** n.m.
rapsodie *ou* **rhapsodie** n.f.
rapt n.m.
raptus n.m. inv.
râpure n.f.
raquer v.t.
raquette n.f.
raquetteur, euse n. (qui a des raquettes aux pieds)
rare adj.
raréfaction n.f.
raréfiable adj.
raréfier v.t. (conj. **5**)
rarement adv.

rarescent, e adj.
rareté n.f.
rarissime adj.
ras [ra] n.m. (plate-forme)
ras [ras] n.m. (chef éthiopien)
ras, e [ra, raz] adj.
rasade n.f.
rasage n.m.
rasant, e adj.
rascasse n.f.
ras du cou *ou* **ras-du-cou** adj. inv. *et* n.m. inv.
rase-mottes n.m. inv.
raser v.t.
rasette n.f.
raseur, euse n.
rash n.m. (pl. rashs *ou* rashes)
rasibus adv.
raskol n.m.
ras-le-bol n.m. inv.
rasoir n.m. ; adj. inv. en genre
raspoutitsa n.f.
rassasiement n.m.
rassasier v.t. (conj. **5**)
rassemblement n.m.
rassembler v.t.
rassembleur, euse adj. *et* n.
rasseoir v.t. (conj. **51**)
rasséréner v.t. (conj. **11**)
rassir v.i. (auxil. *avoir* ou *être*)
rassis, e adj.
rassissement n.m.
rassortiment n.m.
rassortir v.t.
rassurant, e adj.
rassurer v.t.
rasta *ou* **rastafari** adj. inv. *et* n.
rasta *ou* **rastaquouère** n.m.
rastel n.m.
rat n.m. (animal)
rata n.m.
ratafia n.m.
ratage n.m.
rataplan ! interj.
ratatiné, e adj.
ratatiner v.t.
ratatouille n.f.
rat-de-cave n.m. (pl. rats-de-cave)
rate n.f. (animal)
raté, e adj. *et* n.
raté n.m.
râteau n.m.
ratel n.m.
râtelage n.m.
râtelée n.f.
râteler v.t. (conj. **16**)
râteleur, euse n.
râtelier n.m.
rater v.i. *et* t.
ratiboiser v.t.
raticide adj. *et* n.m.
ratier n.m.
ratière n.f.
ratification n.f.
ratifier v.t. (conj. **5**)
ratinage n.m.
ratine n.f.
ratiner v.t.
ratineuse n.f.
rating n.m.
ratio [rasjo] n.m.
ratiocination n.f.
ratiociner v.i.
ration n.f.
rational n.m. (pl. rationaux)
rationalisation n.f.
rationaliser v.t.
rationalisme n.m.
rationaliste adj. *et* n.
rationalité n.f.
rationnaire adj. *et* n.
rationnel, elle adj.
rationnellement adv.
rationnement n.m.
rationner v.t.
ratissage n.m.
ratisser v.t.
ratite n.m.
raton n.m.
ratonnade n.f.
rattachement n.m.
rattacher v.t.
rattachiste n. *et* adj.
rat-taupe n.m. (pl. rats-taupes)
ratte n.f. (pomme de terre)
rattrapable adj.
rattrapage n.m.
rattraper v.t.
raturage n.m.
rature n.f.
raturer v.t.
rauchage n.m.
raucher v.t.
raucité n.f.
rauque adj.
rauquer v.i.
rauwolfia n.m.
ravage n.m.
ravager v.t. (conj. **10**)
ravageur, euse adj. *et* n.
raval n.m. (pl. ravals)
ravalement n.m.
ravaler v.t.
ravaleur n.m.
ravaudage n.m.
ravauder v.t.
ravaudeur, euse n.
rave n.f.
ravenala n.m.
ravenelle n.f.
ravi, e adj.
ravier n.m.
ravigotant, e adj.
ravigote n.f.
ravigoter v.t.
ravilir v.t.
ravin n.m.
ravine n.f.
ravinement n.m.
raviner v.t.
raviole n.f.
ravioli n.m. (pl. inv. *ou* raviolis)
ravir v.t.
raviser (se) v.pr.
ravissant, e adj.
ravissement n.m.
ravisseur, euse n. ; adj.
ravitaillement n.m.

ravitailler v.t.
ravitailleur, euse n.
ravitailleur n.m.
ravivage n.m.
raviver v.t.
ravoir v.t. (seulem. à l'inf.)
ray n.m. (agriculture)
raya *ou* **raïa** n.m.
rayage n.m.
rayé, e adj.
rayer v.t. (conj. **6**)
ray-grass n.m. inv.
rayon n.m.
rayonnage n.m.
rayonnant, e adj.
rayonne n.f.
rayonné, e adj.
rayonnement n.m.
rayonner v.i.; v.t.
rayonneur n.m.
rayure n.f.
raz [rɑ] n.m. (détroit)
raz de marée *ou* **raz-de-marée** n.m. inv.
razzia n.f.
razzier v.t. (conj. **5**)
ré n.m. inv.
réa n.m.
réabonnement n.m.
réabonner v.t.
réabsorber v.t.
réabsorption n.f.
réac adj. *et* n.
réaccoutumer v.t.
réactance n.f.
réactant n.m.
réacteur n.m.
réactif, ive adj.
réactif n.m.
réaction n.f.
réactionnaire adj. *et* n.
réactionnel, elle adj.
réactivation n.f.
réactiver v.t.
réactivité n.f.
réactogène adj. *et* n.m.
réactualisation n.f.
réactualiser v.t.
réadaptation n.f.
réadapter v.t.
réadmettre v.t. (conj. **64**)
réadmission n.f.
ready-made n.m. (pl. inv. *ou* ready-mades)
réaffirmer v.t.
réagir v.i.
réajustement n.m.
réajuster v.t.
real n.m. (pl. reais) [monnaie du Brésil]
réal, e, aux adj.
réal n.m. (pl. réaux) [anc. monnaie espagnole]
réalésage n.m.
réaléser v.t. (conj. **11**)
réalgar n.m.
réalignement n.m.
réaligner v.t.
réalisable adj.
réalisateur, trice n.
réalisation n.f.
réaliser v.t.
réalisme n.m.
réaliste adj. *et* n.
réalité n.f.
reality-show *ou* **reality show** n.m. (pl. reality[-]shows)
realpolitik n.f.
réaménagement n.m.
réaménager v.t. (conj. **10**)
réamorcer v.t. (conj. **9**)
réanimateur, trice n.
réanimation n.f.
réanimer v.t.
réapparaître v.i. (conj. **71** ; auxil. *être* ou *avoir*)
réapparition n.f.
réapprendre v.t. (conj. **61**)
réapprovisionnement n.m.
réapprovisionner v.t.
réargenter v.t.
réarmement n.m.
réarmer v.t.
réarrangement n.m.
réarranger v.t. (conj. **10**)
réassignation n.f.
réassigner v.t.
réassort n.m.
réassortiment n.m.
réassortir v.t.
réassurance n.f.
réassurer v.t.
réassureur n.m.
rebab n.m.
rebaisser v.i. *et* t.
rebaptiser v.t.
rébarbatif, ive adj.
rebâtir v.t.
rebattement n.m.
rebattre v.t. (conj. **63**)
rebattu, e adj.
rebec n.m.
rebelle adj. *et* n.
rebeller (se) v.pr.
rébellion n.f.
rebelote ! interj.
rébétiko n.m.
rebibe n.f.
rebiffer (se) v.pr.
rebiquer v.i.
reblanchir v.t.
reblochon n.m.
reboire v.t. *et* i. (conj. **88**)
reboisement n.m.
reboiser v.t.
rebond n.m.
rebondi, e adj.
rebondir v.i.
rebondissement n.m.
rebord n.m.
reborder v.t.
rebot n.m.
rebouchage n.m.
reboucher v.t.
rebours (à) loc. adv.
rebouteux, euse *ou* **rebouteur, euse** n.
reboutonner v.t.
rebras n.m.
rebroder v.t.
rebroussement n.m.
rebrousse-poil (à) loc. adv.
rebrousser v.t.
rebrûler v.t.

rebuffade n.f.
rébus n.m. inv.
rebuse n.f.
rebut n.m.
rebutant, e adj.
rebuter v.t.
recacheter v.t. (conj. **16**)
recadrage n.m.
recadrer v.t.
recalage n.m.
recalcification n.f.
recalcifier v.t. (conj. **5**)
récalcitrant, e adj. *et* n.
recalculer v.t.
recalé, e adj. *et* n.
recaler v.t.
recapitaliser v.t.
récapitulatif, ive adj.
récapitulatif n.m.
récapitulation n.f.
récapituler v.t.
recarburation n.f.
recarburé, e adj.
recarder v .t.
recarreler v.t. (conj. **16**)
recaser v.t.
recauser v.t. ind.
recéder v.t. (conj. **11**)
recel n.m.
receler (conj. **12**) *ou*
recéler (selon l'Académie) v.t. (conj. **11**)
receleur, euse n.
récemment adv.
récence n.f.
recensement n.m.
recenser v.t.
recenseur, euse adj. *et* n.
recension n.f.
récent, e adj.
recentrage n.m.
recentrer v.t.
recepage *ou* **recépage** n.m.
receper (conj. **12**) *ou*
recéper v.t. (conj. **11**)
récépissé n.m.
réceptacle n.m.
récepteur, trice adj.
réceptif, ive adj.
réception n.f.
réceptionnaire n.
réceptionner v.t.
réceptionniste n.
réceptivité n.f.
recercler v.t.
recès n.m.
récessif, ive adj.
récession n.f.
récessivité n.f.
recette n.f.
recevabilité n.f.
recevable adj.
receveur, euse n.
recevoir v.t. *et* i. (conj. **39**)
recez *ou* **recès** n.m.
réchampir *ou* **rechampir** v.t.
réchampissage *ou* **rechampissage** n.m.
rechange n.m.
rechanger v.t. (conj. **10**)
rechanter v.t.
rechapage n.m.
rechaper v.t.
réchapper v.i. *et* t. ind. (auxil. *avoir* ou *être*)
recharge n.f.
rechargeable adj.
rechargement n.m.
recharger v.t. (conj. **10**)
rechasser v.t.
réchaud n.m.
réchauffage n.m.
réchauffé n.m.
réchauffement n.m.
réchauffer v.t.
réchauffeur n.m.
rechaussement n.m.
rechausser v.t.
rêche adj.
recherche n.f.
recherché, e adj.
recherche-action n.f. (pl. recherches-actions)
recherche-développement n.f. (pl. recherches-développements)
rechercher v.t.
recherchiste n.
rechigner v.i. *et* t. ind.
rechristianiser v.t.
rechute n.f.
rechuter v.i.
récidivant, e adj.
récidive n.f.
récidiver v.i.
récidiviste adj. *et* n.
récif n.m.
récifal, e, aux adj.
recingle, resingle *ou* **résingle** n.f.
récipiendaire n.
récipient n.m.
réciprocité n.f.
réciproque adj. *et* n.f.
réciproquement adv.
réciproquer v.i. *et* t.
récit n.m.
récital n.m. (pl. **récitals**)
récitant, e n.
récitatif n.m.
récitation n.f.
réciter v.t.
réclamant, e n.
réclamation n.f.
réclame n.m. ; n.f.
réclamer v.t. *et* i.
reclassement n.m.
reclasser v.t.
reclouer v.t.
reclus, e adj. *et* n.
réclusion n.f.
réclusionnaire n.
récognitif adj.m.
récognition *ou* **recognition** n.f.
recoiffer v.t.
recoin n.m.
récolement n.m.
récoler v.t.
recollage n.m.
récollection n.f.
recollement n.m.
recoller v.t.
récollet n.m.
récoltable adj.
récoltant, e adj. *et* n.
récolte n.f.

récolter v.t.
recombinaison n.f.
recombinant, e adj.
recombiner v.t.
recommandable adj.
recommandation n.f.
recommandé, e adj.
recommandé n.m.
recommander v.t.
recommencement n.m.
recommencer v.t. *et* i. (conj. **9**)
recomparaître v.i. (conj. **71**)
récompense n.f.
récompenser v.t.
recomposable adj.
recomposé, e adj.
recomposer v.t.
recomposition n.f.
recompter v.t.
réconciliation n.f.
réconcilier v.t. (conj. **5**)
recondamner v.t.
reconductible adj.
reconduction n.f.
reconduire v.t. (conj. **78**)
reconduite n.f.
réconfort n.m.
réconfortant, e adj.
réconforter v.t.
reconnaissable adj.
reconnaissance n.f.
reconnaissant, e adj.
reconnaître v.t. (conj. **71**)
reconnu, e adj.
reconquérir v.t. (conj. **27**)
reconquête n.f.
reconsidérer v.t. (conj. **11**)
reconstituant, e adj.
reconstituant n.m.
reconstituer v.t.
reconstitution n.f.
reconstructeur, trice adj.
reconstruction n.f.
reconstruire v.t. (conj. **78**)
reconvention n.f.
reconventionnel, elle adj.
reconventionnellement adv.
reconversion n.f.
reconvertir v.t.
recopier v.t. (conj. **5**)
record n.m. ; adj.
recorder v.t.
recordman n.m. (pl. recordmans *ou* recordmen)
recorriger v.t. (conj. **10**)
recoucher v.t.
recoudre v.t. (conj. **66**)
recoupage n.m.
recoupe n.f.
recoupement n.m.
recouper v.t.
recourant n.m.
recourbement n.m.
recourber v.t.
recourbure n.f.
recourir v.t., t.ind. *et* i. (conj. **33**)
recours n.m.
recouvrable adj.
recouvrage n.m.
recouvrement n.m.
recouvrer v.t.
recouvrir v.t. (conj. **23**)
recracher v.t. *et* i.
récré n.f.
récréance n.f.
récréatif, ive adj.
recréation n.f.
récréation n.f.
recréer v.t. (conj. **8**)
récréer v.t. (conj. **8**)
recrépir v.t.
recrépissage n.m.
recreuser v.t.
récrier (se) v.pr. (conj. **5**)
récriminateur, trice adj. *et* n.
récrimination n.f.
récriminer v.i.
récrire *ou* **réécrire** v.t. (conj. **79**)
recristallisation n.f.
recristalliser v.t. *et* i.
recroître v.i. (conj. **74**)
recroquevillé, e adj.
recroqueviller (se) v.pr.
recru, e adj.
recrû n.m.
recrudescence n.f.
recrudescent, e adj.
recrue n.f.
recrutement n.m.
recruter v.t.
recruteur, euse n.
recta adv.
rectal, e, aux adj.
rectangle n.m. *et* adj.
rectangulaire adj.
recteur, trice adj.
recteur n.m.
rectifiable adj.
rectificateur n.m.
rectificatif, ive adj.
rectificatif n.m.
rectification n.f.
rectifier v.t. (conj. **5**)
rectifieuse n.f.
rectiligne adj. ; n.m.
rectilinéaire adj.
rection n.f.
rectite n.f.
rectitude n.f.
recto n.m.
recto-colite n.f. (pl. recto-colites)
rectoral, e, aux adj.
rectorat n.m.
rectoscopie n.f.
rectrice n.f.
rectum n.m. (pl. rectums)
reçu, e n.
reçu n.m.
recueil n.m.
recueillement n.m.
recueilli, e adj.
recueillir v.t. (conj. **29**)
recuire v.t. *et* i. (conj. **78**)
recuit n.m.
recul n.m.
reculade n.f.
reculé, e adj.
reculée n.f.
reculement n.m.

reculer v.t.
reculons (à) loc. adv.
reculotter v.t.
récupérable adj.
récupérateur, trice adj. ; adj. *et* n.
récupérateur n.m.
récupération n.f.
récupérer v.t. *et* i. (conj. **11**)
récurage n.m.
récurer v.t.
récurrence n.f.
récurrent, e adj.
récursif, ive adj.
récursivité n.f.
récursoire adj.
récusable adj.
récusation n.f.
récuser v.t.
recyclable adj.
recyclage n.m.
recycler v.t.
rédacteur, trice n.
rédaction n.f.
rédactionnel, elle adj.
rédactionnel n.m.
redan *ou* **redent** n.m.
reddition n.f.
redécouvrir v.t. (conj. **23**)
redéfaire v.t. (conj. **89**)
redéfinir v.t.
redéfinition n.f.
redemander v.t.
redémarrage n.m.
redémarrer v.i.
rédempteur, trice adj. *et* n.
rédemption n.f.
rédemptoriste n.m.
redent *ou* **redan** n.m.
redenté, e adj.
redéploiement n.m.
redéployer v.t. (conj. **7**)
redescendre v.i. *et* t. (conj. **59**)
redevable adj. *et* n.
redevance n.f.
redevenir v.i. (conj. **28** ; auxil. *être*)
redevoir v.t. (conj. **40**)
rédhibition n.f.
rédhibitoire adj.
rédie n.f.
rediffuser v.t.
rediffusion n.f.
rédiger v. t. (conj. **10**)
rédimé, e adj.
redimensionner v.t.
rédimer v.t.
redingote n.f.
rédintégration n.f.
redire v.t. (conj. **82**)
rediscuter v.t.
redistribuer v.t.
redistribution n.f.
redite n.f.
redondance n.f.
redondant, e adj.
redonner v.t.
redorer v.t.
redoublant, e n.
redoublé, e adj.
redoublement n.m.
redoubler v.t., t. ind. *et* i.
redoutable adj.
redoutablement adv.
redoute n.f.
redouter v.t.
redoux n.m.
rédowa n.f.
redox adj. inv.
redressage n.m.
redresse (à la) loc. adj.
redressement n.m.
redresser v.t.
redresseur, euse adj.
redresseur n.m.
réducteur, trice adj.
réducteur n.m.
réductibilité n.f.
réductible adj.
réduction n.f.
réductionnisme n.m.
réduire v.t. *et* i. (conj. **78**)
réduit, e adj.
réduit n.m.
réduplication n.f.
réduve n.m.
rééchelonnement n.m.
réécouter v.t.
réécrire v.t.
réécriture n.f.
réédification n.f.
réédifier v.t. (conj. **5**)
rééditer v.t.
réédition n.f.
rééducation n.f.
rééduquer v.t.
réel, elle adj.
réel n.m.
réélection n.f.
rééligible adj.
réélire v.t. (conj. **86**)
réellement adv.
réembaucher v.t.
réémetteur n.m.
réemploi n.m.
réemployer v.t. (conj. **7**)
réemprunter v.t.
réengagement n.m.
réengager v.t. (conj. **10**)
réenregistrement n.m.
réenregistrer v.t.
réensemencement n.m.
réensemencer v.t. (conj. **9**)
rééquilibrage n.m.
rééquilibrer v.t.
réer v.i.
réescompte n.m.
réescompter v.t.
réessayage n.m.
réessayer v.t. (conj. **6**)
réétudier v.t. (conj. **5**)
réévaluation n.f.
réévaluer v.t.
réexamen n.m.
réexaminer v.t.
réexpédier v.t. (conj. **5**)
réexpédition n.f.
réexportation n.f.
réexporter v.t.
refaçonner v.t.
réfaction n.f.
refaire v.t. *et* i. (conj. **89**)
réfection n.f.
réfectoire n.m.
refend n.m.
refendre v.t. (conj. **59**)

référé n.m.
référé-liberté n.m. (pl. référés-libertés)
référence n.f.
référencement n.m.
référencer v.t. (conj. **9**)
référendaire adj.
référendum n.m. (pl. référendums)
référent n.m.
référentiel, elle adj.
référer v.t. ind. (conj. **11**)
refermer v.t.
refiler v.t.
refinancement n.m.
réfléchi, e adj.
réfléchir v.t., t. ind. *et* i.
réfléchissant, e adj.
réflecteur n.m.
réflectorisé, e adj.
reflet n.m.
refléter v.t. (conj. **11**)
refleurir v.i. *et* t.
reflex adj. inv. *et* n.m. inv. (appareil photo)
réflexe adj. *et* n.m. (réaction)
réflexible adj.
réflexif, ive adj.
réflexion n.f.
réflexivité n.f.
réflexogène adj.
réflexogramme n.m.
réflexologie n.f.
refluer v.i.
reflux n.m.
refondation n.f.
refonder v.t.
refondre v.t. (conj. **59**)
refonte n.f.
reforestation n.f.
réformable adj.
reformage n.m.
réformateur, trice n.
réformation n.f.
réforme n.f.
réformé, e adj. *et* n.
réformé n.m.
reformer v.t.
réformer v.t.
réformette n.f.
reformeur n.m.
réformisme n.m.
réformiste adj. *et* n.
reformuler v.t.
refouiller v.t.
refoulé, e adj. *et* n.
refoulé n.m.
refoulement n.m.
refouler v.t.
refouloir n.m.
réfractaire adj. ; n.m.
réfracter v.t.
réfracteur n.m.
réfraction n.f.
réfractomètre n.m.
refrain n.m.
réfrangibilité n.f.
réfrangible adj.
réfrènement *ou* **refrènement** n.m.
réfréner *ou* **refréner** v.t. (conj. **11**)
réfrigérant, e adj.
réfrigérant n.m.
réfrigérateur n.m.
réfrigération n.f.
réfrigéré, e adj.
réfrigérer v.t. (conj. **11**)
réfringence n.f.
réfringent, e adj.
refroidir v.t. *et* i.
refroidissement n.m.
refroidisseur n.m.
refuge n.m.
réfugié, e adj. *et* n.
réfugier (se) v.pr. (conj. **5**)
refus n.m.
refusable adj.
refusé, e adj. *et* n.
refuser v.t.
réfutabilité n.f.
réfutable adj.
réfutation n.f.
réfuter v.t.
refuznik n.
reg n.m.
regagner v.t.
regain n.m.
régal n.m. (pl. régals)
régalade n.f.
régalage n.m.
régale n.f. ; adj.f.
régalec n.m.
régalement n.m.
régaler v.t.
régalien, enne adj.
regard n.m.
regardant, e adj.
regarder v.t. *et* t. ind.
regardeur, euse n.
regarnir v.t.
régate n.f.
régater v.i.
régatier, ère n.
regel n.m.
regeler v.t. *et* impers. (conj. **12**)
régence n.f.
Regency adj. inv.
régendat n.m.
régénérateur, trice adj. *et* n.
régénérateur n.m.
régénération n.f.
régénéré, e adj.
régénérer v.t. (conj. **11**)
régent, e n.
régenter v.t.
reggae n.m. inv. *et* adj. inv.
régicide n. ; n.
régie n.f.
regimber v.i. *ou* **se regimber** v.pr.
regimbeur, euse n.
régime n.m.
régiment n.m.
régimentaire adj.
région n.f.
régional, e, aux adj.
régionales n.f. pl.
régionalisation n.f.
régionaliser v.t.
régionalisme n.m.
régionaliste adj. *et* n.
régir v.t.
régisseur n.m.
registraire n.

registration n.f.
registre n.m.
registrer v.t.
réglable adj.
réglage n.m.
règle n.f.
réglé, e adj.
règlement n.m.
réglementaire *ou* **règlementaire** adj.
réglementairement *ou* **règlementairement** adv.
réglementarisme *ou* **règlementarisme** n.m.
réglementation *ou* **règlementation** n.f.
réglementer *ou* **règlementer** (selon l'Académie) v.t.
régler v.t. (conj. **11**)
réglet n.m.
réglette n.f.
régleur, euse n.
réglisse n.f.
réglo adj. inv.
réglure n.f.
régnant, e adj.
règne n.m.
régner v.i. (conj. **11**)
régolite n.m.
regonflement *ou* **regonflage** n.m.
regonfler v.t. *et* i.
regorgement n.m.
regorger v.i. (conj. **10**)
regrattage n.m.
regratter v.t.
regrattier, ère n.
regréer v.t. (conj. **8**)
regreffer v.t.
régresser v.i.
régressif, ive adj.
régression n.f.
regret n.m.
regrettable adj.
regretter v.t.
regrimper v.i. *et* t.
regros n.m.
regrossir v.i.
regroupement n.m.
regrouper v.t.
régularisation n.f.
régulariser v.t.
régularité n.f.
régulateur, trice adj.
régulateur n.m.
régulation n.f.
régule n.m.
réguler v.t.
régulier, ère adj.
régulier n.m.
régulièrement adv.
regur n.m.
régurgitation n.f.
régurgiter v.t.
réhabilitable adj.
réhabilitation n.f.
réhabilité, e adj. *et* n.
réhabiliter v.t.
réhabituer v.t.
rehaussement n.m.
rehausser v.t.
rehausseur adj.m. *et* n.m.
rehaut n.m.
réhoboam n.m.
réhydrater v.t.
reichsmark n.m.
réification n.f.
réifier v.t. (conj. **5**)
réimperméabiliser v.t.
réimplantation n.f.
réimplanter v.t.
réimportation n.f.
réimporter v.t.
réimposer v.t.
réimposition n.f.
réimpression n.f.
réimprimer v.t.
rein n.m.
réincarcération n.f.
réincarcérer v.t. (conj. **11**)
réincarnation n.f.
réincarner (se) v.pr.
réincorporer v.t.
reine n.f. (femme du roi)
reine-claude n.f. (pl. reines-claudes)
reine-des-prés n.f. (pl. reines-des-prés)
reine-marguerite n.f. (pl. reines-marguerites)
reinette n.f. (pomme)
réinscriptible adj.
réinscription n.f.
réinscrire v.t. (conj. **79**)
réinsérer v.t. (conj. **11**)
réinsertion n.f.
réinstallation n.f.
réinstaller v.t.
réintégrable adj.
réintégrande n.f.
réintégration n.f.
réintégrer v.t. (conj. **11**)
réintroduction n.f.
réintroduire v.t. (conj. **78**)
réinventer v.t.
réinvestir v.t. *et* i.
réinviter v.t.
reis n.m.
réitératif, ive adj.
réitération n.f.
réitérer v.t. *et* i. (conj. **11**)
reître n.m.
rejaillir v.i.
rejaillissement n.m.
rejet n.m.
rejetable adj.
rejeter v.t. *et* i. (conj. **16**)
rejeton n.m.
rejoindre v.t. (conj. **62**)
rejointoiement n.m.
rejointoyer v.t. (conj. **7**)
rejouer v.t. *et* i.
réjoui, e adj.
réjouir v.t.
réjouissance n.f.
réjouissant, e adj.
rejuger v.t. (conj. **10**)
relâche n.f.
relâché, e adj.
relâchement n.m.
relâcher v.t. *et* i.
relais n.m.
relaisser (se) v.pr.
relance n.f.
relancer v.t. (conj. **9**)
relaps, e adj. *et* n.
rélargir v.t.

relater v.t.
relatif, ive adj.
relation n.f.
relationnel, elle adj.
relationniste n.
relative n.f.
relativement adv.
relativisation n.f.
relativiser v.t.
relativisme n.m.
relativiste adj.
relativité n.f.
relaver v.t.
relax *ou* **relaxe** adj.
relaxant, e adj.
relaxation n.f.
relaxe n.f.
relaxe *ou* **relax** adj.
relaxer v.t.
relayer v.t. (conj. **6**)
relayeur, euse n.
releasing factor n.m. (pl. releasing factors)
relecture n.f.
relégation n.f.
reléguer v.t. (conj. **11**)
relent n.m.
relevable adj.
relevage n.m.
relevailles n.f. pl.
relève n.f.
relevé, e adj.
relevé n.m.
relèvement n.m.
relever v.t. *et* t. ind. (conj. **12**)
releveur, euse adj.
releveur n.m.
reliage n.m.
relief n.m.
relier v.t. (conj. **5**)
relieur, euse n.
religieuse n.f.
religieusement adv.
religieux, euse adj. *et* n.
religion n.f.
religionnaire n.
religiosité n.f.
reliquaire n.m.
reliquat n.m.
relique n.f.
relire v.t. (conj. **86**)
reliure n.f.
relogement n.m.
reloger v.t. (conj. **10**)
relooker v.t.
relouer v.t.
réluctance n.f.
reluire v.i. (conj. **77**)
reluisant, e adj.
reluquer v.t.
rem n.m.
remâcher v.t.
remaillage *ou* **remmaillage** n.m.
remailler *ou* **remmailler** v.t.
remake n.m.
rémanence n.f.
rémanent, e adj.
remanger v.t. *et* i. (conj. **10**)
remaniable adj.
remaniement n.m.
remanier v.t. (conj. **5**)
remaquiller v.t.
remarcher v.i.
remariage n.m.
remarier (se) v.pr. (conj. **5**)
remarquable adj.
remarquablement adv.
remarque n.f.
remarquer v.t.
remasticage n.m.
remastiquer v.t.
remballage n.m.
remballer v.t.
rembarquement n.m.
rembarquer v.t. *et* i.
rembarrer v.t.
rembaucher v.t.
remblai n.m.
remblaiement n.m.
remblaver v.t.
remblayage n.m.
remblayer v.t. (conj. **6**)
remblayeuse n.f.
rembobiner v.t.
remboîtage *ou* **remboîtement** n.m.
remboîter v.t.
rembourrage n.m.
rembourrer v.t.
rembourrure n.f.
remboursable adj.
remboursement n.m.
rembourser v.t.
rembranesque adj.
rembrunir (se) v.pr.
rembuchement n.m.
rembucher v.t.
remède n.m.
remédiable adj.
remédier v.t. ind. (conj. **5**)
remembrement n.m.
remembrer v.t.
remémoration n.f.
remémorer v.t.
remerciement n.m.
remercier v.t. (conj. **5**)
réméré n.m.
remettant n.m.
remettre v.t. (conj. **64**)
remeubler v.t.
rémige n.f.
remilitarisation n.f.
remilitariser v.t.
réminiscence n.f.
remisage n.m.
remise n.f.
remiser v.t.
remisier n.m.
rémissible adj.
rémission n.f.
rémittent, e adj.
rémiz n.m.
remmaillage n.m.
remmailler v.t.
remmailleuse n.f.
remmailloter v.t.
remmancher v.t.
remmener v.t. (conj. **12**)
remmoulage n.m. (en fonderie)
remmouler v.t.
remnographie n.f.
remodelage n.m.

remodeler v.t. (conj. **12**)
rémois, e adj. *et* n.
remontage n.m.
remontant, e adj.
remontant n.m.
remonte n.f.
remontée n.f.
remonte-pente n.m. (pl. remonte-pentes)
remonter v.i. *et* t.
remonteur, euse n.
remontoir n.m.
remontrance n.f.
remontrer v.t.
rémora n.m.
remordre v.t. (conj. **59**)
remords n.m.
remorquage n.m.
remorque n.f.
remorquer v.t.
remorqueur, euse adj.
remorqueur n.m.
remoudre v.t. (conj. **65**)
remouiller v.t.
rémoulade n.f.
remoulage n.m. (en meunerie)
rémouleur n.m.
remous n.m.
rempaillage n.m.
rempailler v.t.
rempailleur, euse n.
rempaqueter v.t. (conj. **16**)
rempart n.m.
rempiétement *ou* **rempiètement** (selon l'Académie) n.m.
rempiler v.t. *et* i.
remplaçable adj.
remplaçant, e n.
remplacement n.m.
remplacer v.t. (conj. **9**)
remplage n.m.
remplier v.t. (conj. **5**)
remplir v.t.
remplissage n.m.
remploi n.m.
remployer v.t.
remplumer (se) v.pr.
rempocher v.t.
rempoissonnement n.m.
rempoissonner v.t.
remporter v.t.
rempotage n.m.
rempoter v.t.
remprunter v.t.
remuage n.m.
remuant, e adj.
remue n.f.
remue-ménage n.m. inv.
remue-méninges n.m. inv.
remuement n.m.
remuer v.t. *et* i.
remueur, euse n.
remugle n.m.
rémunérateur, trice adj.
rémunération n.f.
rémunératoire adj.
rémunérer v.t. (conj. **11**)
renâcler v.i.
renaissance n.f. ; adj. inv.
renaissant, e adj.
renaître v.i. (conj. **72**, inusité aux temps composés)
rénal, e, aux adj.
renard n.m.
renarde n.f.
renardeau n.m.
renardière n.f.
renauder v.i.
rencaissage *ou* **rencaissement** n.m.
rencaisser v.t.
rencard *ou* **rancard** n.m. (rendez-vous)
rencarder *ou* **rancarder** v.t.
renchérir v.i.
renchérissement n.m.
renchérisseur, euse n.
rencogner v.t.
rencontre n.f. ; n.m.
rencontrer v.t.
rendement n.m.
rendez-vous n.m. inv.
rendormir v.t. (conj. **25**)
rendosser v.t.
rendre v.t. (conj. **59**)
rendu, e adj.
rendu n.m.
rendzine n.f.
rêne n.f. (courroie)
renégat, e n.
renégociation n.f.
renégocier v.t. (conj. **5**)
reneiger v. impers. (conj. **10**)
rénette n.f. (outil)
renfermé, e adj.
renfermé n.m.
renfermement n.m.
renfermer v.t.
renfiler v.t.
renflé, e adj.
renflement n.m.
renfler v.t.
renflouage *ou* **renflouement** n.m.
renflouer v.t.
renfoncement n.m.
renfoncer v.t. (conj. **9**)
renforçateur n.m.
renforcement n.m.
renforcer v.t. (conj. **9**)
renformir v.t.
renformis n.m.
renfort n.m.
renfrogner (se) v.pr.
rengagé n.m.
rengagement n.m.
rengager v.t. (conj. **10**)
rengaine n.f.
rengainer v.t.
rengorger (se) v.pr. (conj. **10**)
rengraisser v.i.
rengrènement n.m.
rengréner (conj. **11**) *ou* **rengrener** v.t. (conj. **12**)
reniement n.m.
renier v.t. (conj. **5**)
reniflard n.m.
reniflement n.m.
renifler v.i. *et* t.
renifleur, euse adj. *et* n.
réniforme adj.
rénine n.f.
rénitence n.f.

rénitent, e adj.
rennais, e adj. *et* n.
renne n.m. (animal)
renom n.m. (renommée)
renommé, e adj.
renommée n.f.
renommer v.t.
renon n.m. (résiliation d'un bail)
renonçant n.m.
renonce n.f.
renoncement n.m.
renoncer v.t. ind., t. *et* i. (conj. **9**)
renonciataire n.
renonciateur, trice n.
renonciation n.f.
renonculacée n.f.
renoncule n.f.
renouée n.f.
renouer v.t. *et* i.
renouveau n.m.
renouvelable adj.
renouvelant, e n.
renouveler v.t. (conj. **16**)
renouvellement n.m.
rénovateur, trice adj. *et* n.
rénovation n.f.
rénové, e adj.
rénover v.t.
renseignement n.m.
renseigner v.t.
rentabilisable adj.
rentabilisation n.f.
rentabiliser v.t.
rentabilité n.f.
rentable adj.
rentamer v.t.
rente n.f.
renter v.t.
rentier, ère n.
rentoilage n.m.
rentoiler v.t.
rentoileur, euse n.
rentraiture n.f.
rentrant, e adj.
rentrayer (conj. **6**) *ou*
rentraire v.t. (conj. **92**)
rentré, e adj.
rentré n.m.
rentre-dedans n.m. inv.
rentrée n.f.
rentrer v.i. (auxil. *être*) ; v.t. (auxil. *avoir*)
renversant, e adj.
renverse n.f.
renversé, e adj.
renversement n.m.
renverser v.t. *et* i.
renvidage n.m.
renvider v.t.
renvideur n.m.
renvoi n.m.
renvoyer v.t. (conj. **19**)
réoccupation n.f.
réoccuper v.t.
réopérer v.t. (conj. **11**)
réorchestration n.f.
réorchestrer v.t.
réorganisateur, trice adj. *et* n.
réorganisation n.f.
réorganiser v.t.
réorientation n.f.
réorienter v.t.
réouverture n.f.
repaire n.m. (gîte, refuge)
repairer v.i.
repaître v.t. (conj. **71**)
répandre v.t. (conj. **59**)
répandu, e adj.
réparable adj.
reparaître v.i. (conj. **71** ; auxil. *avoir* ou *être*)
réparateur, trice adj.; n.
réparation n.f.
réparer v.t.
reparler v.i. *et* t. ind.
repartager v.t. (conj. **10**)
repartie n.f.
repartir v.t. (conj. **31** ; auxil. *avoir*] ; v.i. (conj. **31** ; auxil. *être*)
répartir v.t. (conj. **21**)
répartiteur, trice n.
répartition n.f.
reparution n.f.
repas n.m.
repassage n.m.
repasser v.i. *et* t.
repasseur n.m.
repasseuse n.f.
repavage n.m.
repaver v.t.
repayer v.t. (conj. **6**)
repêchage n.m.
repêcher v.t.
repeindre v.t. (conj. **62**)
repeint n.m.
rependre v.t. (conj. **59**)
repenser v.t. *et* t. ind.
repentance n.f.
repentant, e adj.
repenti, e adj. *et* n.
repentir n.m. (pl. repentirs)
repentir (se) v.pr. (conj. **26**)
repérable adj.
repérage n.m.
repercer v.t. (conj. **9**)
répercussion n.f.
répercuter v.t.
reperdre v.t. (conj. **59**)
repère n.m. (marque)
repérer v.t. (conj. **11**)
répertoire n.m.
répertorier v.t. (conj. **5**)
répéter v.t. (conj. **11**)
répéteur n.m.
répétiteur, trice n.
répétitif, ive adj.
répétition n.f.
répétitivité n.f.
repeuplement n.m.
repeupler v.t.
repiquage n.m.
repique n.f.
repiquer v.t. *et* t. ind.
répit n.m.
replacement n.m.
replacer v.t. (conj. **9**)
replantation n.f.
replanter v.t.
replat n.m.
replâtrage n.m.
replâtrer v.t.
replet, ète adj.
réplétion n.f.

repleuvoir v. impers. (conj. **54**)
repli n.m.
repliable adj.
réplication n.f.
repliement n.m.
replier v.t. (conj. **5**)
réplique n.f.
répliquer v.t. *et* i.
replisser v.t.
reploiement n.m.
replonger v.t. *et* i. (conj. **10**)
reployer v.t. (conj. **7**)
repolir v.t.
repolissage n.m.
répondant, e n.
répondant n.m.
répondeur, euse adj.
répondeur n.m.
répondre v.t., i. *et* t. ind. (conj. **59**)
répons [repɔ̃] n.m.
réponse n.f.
repopulation n.f.
report n.m.
reportage n.m.
reporter [-tɛr] n.m. (pl. reporters)
reporter v.t.
reporter-cameraman n. (pl. reporters-cameramans *ou* reporters-cameramen)
reporter-photographe n.m. (pl. reporters-photographes)
reporteur, trice n.
repos n.m.
reposant, e adj.
repose n.f.
reposé, e adj.
reposée n.f.
repose-pieds n.m. inv. *ou*
repose-pied n.m. (pl. repose-pieds)
reposer v.t. *et* i.
repose-tête n.m. inv.
repositionner v.t.
reposoir n.m.
repourvoir v.t. (conj. **50**)
repoussage n.m.
repoussant, e adj.
repousse n.f.
repoussé adj.m. *et* n.m.
repousser v.t. *et* i.
repoussoir n.m.
répréhensible adj.
reprendre v.t. (conj. **61**)
repreneur n.m.
représailles n.f. pl.
représentable adj.
représentant, e n.
représentatif, ive adj.
représentation n.f.
représentativité n.f.
représenter v.t.
répresseur n.m.
répressif, ive adj.
répression n.f.
réprimande n.f.
réprimander v.t.
réprimer v.t.
reprint n.m.
repris n.m.
reprisage n.m.
reprise n.f.
repriser v.t.
réprobateur, trice adj.
réprobation n.f.
reproche n.m.
reprocher v.t.
reproducteur, trice adj. *et* n.
reproducteur n.m.
reproductibilité n.f.
reproductible adj.
reproductif, ive adj.
reproduction n.f.
reproduire v.t. (conj. **78**)
reprogrammer v.t.
reprographie n.f.
reprographier v.t. (conj. **5**)
réprouvé, e adj. *et* n.
réprouver v.t.
reps n.m.
reptation n.f.
reptile n.m.
reptilien, enne adj.
repu, e adj.
républicain, e adj. *et* n.
républicain n.m.
républicanisme n.m.
république n.f.
répudiation n.f.
répudier v.t. (conj. **5**)
répugnance n.f.
répugnant, e adj.
répugner v.t. ind.
répulsif, ive adj.
répulsion n.f.
réputation n.f.
réputé, e adj.
requalification n.f.
requalifier v.t. (conj. **5**)
requérant, e adj. *et* n.
requérir v.t. (conj. **27**)
requête n.f.
requeté n.m.
requêter v.t.
requiem n.m. (pl. requiems)
requin n.m.
requin-marteau n.m. (pl. requins-marteaux)
requin-pèlerin n.m. (pl. requins-pèlerins)
requinquer v.t.
requin-taupe n.m. (pl. requins-taupes)
requis, e adj.
requis n.m.
réquisit n.m.
réquisition n.f.
réquisitionner v.t.
réquisitoire n.m.
réquisitorial, e, aux adj.
requitter v.t.
resaler v.t.
resalir v.t.
rescapé, e adj. *et* n.
rescindable adj.
rescindant, e adj.
rescinder v.t.
rescision n.f.
rescisoire adj.
rescousse n.f.
rescrit n.m.
réseau n.m.
résection n.f.
réséda n.m. (pl. résédas)

réséquer v.t. (conj. **11**)
réserpine n.f.
réservataire adj. *et* n.
réservation n.f.
réserve n.f.
réservé, e adj.
réserver v.t.
réserviste n.m.
réservoir n.m.
résidanat n.m.
résidant, e adj. *et* n. (qui réside en un lieu)
résidence n.f.
résident, e n. (qui réside dans un autre endroit que son pays d'origine)
résidentiel, elle adj.
résider v.i.
résidu n.m.
résiduaire adj.
résiduel, elle adj.
résignation n.f.
résigné, e adj. *et* n.
résigner v.t.
résiliable adj.
résiliation n.f.
résilience n.f.
résilient, e adj.
résilier v.t. (conj. **5**)
résille n.f.
résine n.f.
résiné adj.m. *et* n.m.
résiner v.t.
résineux, euse adj.
résineux n.m.
résingle, resingle *ou* **recingle** n.f.
résinier, ère adj. *et* n.
résinifère adj.
résipiscence n.f.
résistance n.f.
résistant, e adj.
résister v.t. ind.
résistible adj.
résistivité n.f.
resocialisation n.f.
resocialiser v.t.
résolu, e adj.
résoluble adj.
résolument adv.
résolutif, ive adj.
résolutif n.m.
résolution n.f.
résolutoire adj.
résolvante n.f.
résonance n.f.
résonant, e *ou* **résonnant, e** adj.
résonateur n.m.
résonner v.i.
résorbable adj.
résorber v.t.
résorcine n.f.
résorcinol n.m
résorption n.f.
résoudre v.t. (conj. **68**)
respect n.m.
respectabiliser v.t.
respectabilité n.f.
respectable adj.
respecter v.t.
respectif, ive adj.
respectivement adv.
respectueusement adv.
respectueux, euse adj.
respirable adj.
respirateur n.m.
respiration n.f.
respiratoire adj.
respirer v.i.
resplendir v.i.
resplendissant, e adj.
resplendissement n.m.
responsabilisation n.f.
responsabiliser v.t.
responsabilité n.f.
responsable adj.
resquillage n.m.
resquille n.f.
resquiller v.t.
resquilleur, euse n.
ressac n.m.
ressaigner v.i.
ressaisir v.t.
ressaisissement n.m.
ressasser v.t.
ressat n.m.
ressaut n.m.
ressauter v.t. *et* i.
ressayage n.m.
ressayer v.t. (conj. **6**)
ressemblance n.f.
ressemblant, e adj.
ressembler v.t. ind.
ressemelage n.m.
ressemeler v.t. (conj. **16**)
ressemer v.t. (conj. **12**)
ressentiment n.m.
ressentir v.t. (conj. **26**)
resserre n.f.
resserré, e adj.
resserrement n.m.
resserrer v.t.
resservir v.t. *et* i. (conj. **31**)
ressort n.m.
ressortir v.i. (conj. **31** ; auxil. *être*) ; v.t. (auxil. *avoir*)
ressortir v.t. ind. (conj. **21** ; auxil. *avoir*)
ressortissant, e n.
ressouder v.t.
ressource n.f.
ressourcement n.m.
ressourcer (se) v.pr.
ressouvenir (se) v.pr. (conj. **28**)
ressuage n.m.
ressuer v.i.
ressui n.m.
ressurgir *ou* **resurgir** v.i.
ressusciter v.i. *et* t.
ressuyage n.m.
ressuyer v.t. (conj. **7**)
restant, e adj.
restant n.m.
restau ou **resto** n.m.
restaurant n.m.
restaurateur, trice n.
restauration n.f.
restaurer v.t.
reste n.m.
rester v.i. (auxil. *être*)
restituable adj.
restituer v.t.
restitution n.f.
resto *ou* **restau** n.m.
Restoroute n.m. (nom déposé)
restreindre v.t. (conj. **62**)

restrictif, ive adj.
restriction n.f.
restructuration n.f.
restructurer v.t.
resucée n.f.
résultant, e adj.
résultante n.f.
résultat n.m.
résulter v.i. *et* impers. (auxil. *être* ou *avoir*)
résumé n.m.
résumer v.t.
resurchauffe n.f.
resurchauffer v.t.
resurchauffeur n.m.
résurgence n.f.
résurgent, e adj.
resurgir *ou* **ressurgir** v.i.
résurrection n.f.
retable n.m.
rétablir v.t.
rétablissement n.m.
retaille n.f.
retailler v.t.
rétamage n.m.
rétamer v.t.
rétameur n.m.
retapage n.m.
retape n.f.
retaper v.t.
retard n.m. ; adj. inv.
retardataire adj. *et* n.
retardateur, trice adj.
retardé, e adj. *et* n.
retardement n.m.
retarder v.t.
retassure n.f.
retâter v.t. *et* t. ind.
reteindre v.t. (conj. **62**)
retendre v.t. (conj. **59**)
retenir v.t. (conj. **28**)
retenter v.t.
rétenteur n.m.
rétention n.f.
retentir v.i.
retentissant, e adj.
retentissement n.m.
retenue n.f.
rétiaire n.m.
réticence n.f.
réticent, e adj.
réticulaire adj.
réticulation n.f.
réticule n.m.
réticulé, e adj.
réticuler v.t.
réticulocyte n.m.
réticulo-endothélial, e, aux adj.
réticulum n.m. (pl. réticulums)
rétif, ive adj.
rétine n.f.
rétinien, enne adj.
rétinite n.f.
rétinoïde n.m.
rétinol n.m.
rétinopathie n.f.
rétique *ou* **rhétique** adj.
retirable adj.
retirage n.m.
retiration n.f.
retiré, e adj.
retirer v.t.
retissage n.m.
retisser v.t.
rétivité n.f.
retombant, e adj.
retombé n.m.
retombée n.f.
retomber v.i. (auxil. *être*)
retondre v.t. (conj. **9**)
retordage *ou* **retordement** n.m.
retordre v.t. (conj. **59**)
rétorquer v.t.
retors, e adj.
rétorsion n.f.
retouche n.f.
retoucher v.t. *et* t. ind.
retoucheur, euse n.
retour n.m.
retournage n.m.
retourne n.f.
retourné n.m.
retournement n.m.
retourner v.t. (auxil. *avoir*) ; v.i. (auxil. *être*)
retracer v.t. (conj. **9**)
rétractabilité n.f.
rétractable adj.
rétractation n.f.
rétracter v.t.
rétractif, ive adj.
rétractile adj.
rétractilité n.f.
rétraction n.f.
retraduire v.t. (conj. **78**)
retrait n.m.
retraitant, e n.
retraite n.f.
retraité, e adj. *et* n.
retraitement n.m.
retraiter v.t.
retranchement n.m.
retrancher v.t.
retranscription n.f.
retranscrire v.t. (conj. **79**)
retransmettre v.t. (conj. **64**)
retransmission n.f.
retravailler v.t. *et* i.
retraverser v.t.
retrayant, e adj. *et* n.
retrayé, e adj. *et* n.
rétrécir v.t. *et* i.
rétrécissement n.m.
rétreindre v.t. (conj. **62**)
rétreint n.m.
retreinte n.f.
retrempe n.f.
retremper v.t.
rétribuer v.t.
rétribution n.f.
retriever n.m.
rétro adj. inv. *et* n.m. sing. (mode) ; n.m. (pl. rétros) [rétroviseur]
rétroactes n.m. pl.
rétroactif, ive adj.
rétroaction n.f.
rétroactivement adv.
rétroactivité n.f.
rétroagir v.t. ind.
rétrocéder v.t. (conj. **11**)
rétrocession n.f.
rétrocontrôle n.m.
rétroflexe adj. *et* n.f.
rétrofusée n.f.

rétrogradation n.f.
rétrograde adj.
rétrograder v.i. *et* t.
rétrogression n.f.
rétropédalage n.m.
rétroprojecteur n.m.
rétropropulsion n.f.
rétrospectif, ive adj.
rétrospective n.f.
rétrospectivement adv.
rétrosynthétique adj.
retroussé, e adj.
retroussement n.m.
retrousser v.t.
retroussis n.m.
retrouvailles n.f. pl.
retrouver v.t.
rétroversion n.f.
rétrovirus n.m.
rétroviseur n.m.
rets [rɛ] n.m. (filet)
retsina n.m.
réunification n.f.
réunifier v.t. (conj. **5**)
réunion n.f.
réunionnais, e adj. *et* n.
réunionnite n.f.
Réunion-Téléphone n.f. (nom déposé)
réunir v.t.
réunissage n.m.
réussi, e adj.
réussir v.i., t. ind. *et* t.
réussite n.f.
réutilisable adj.
réutilisation n.f.
réutiliser v.t.
revaccination n.f.
revacciner v.t.
revaloir v.t. (conj. **46**)
revalorisation n.f.
revaloriser v.t.
revanchard, e adj. *et* n.
revanche n.f.
revancher (se) v.pr.
revanchisme n.m.
revascularisation n.f.
revasculariser v.t.
rêvasser v.i.
rêvasserie n.f.
rêvasseur, euse adj. *et* n.
rêve n.m.
rêvé, e adj.
revêche adj.
réveil n.m.
réveille-matin n.m. inv.
réveiller v.t.
réveillon n.m.
réveillonner v.i.
révélateur, trice adj.
révélateur n.m.
révélation n.f.
révélé, e adj.
révéler v.t. (conj. **11**)
revenant n.m.
revendeur, euse n.
revendicateur, trice adj. *et* n.
revendicatif, ive adj.
revendication n.f.
revendiquer v.t.
revendre v.t. (conj. **59**)
revenez-y n.m. inv.
revenir v.i. (conj. **28** ; auxil. *être*)
revente n.f.
revenu n.m.
rêver v.i., t. ind. *et* t.
réverbérant, e adj.
réverbération n.f.
réverbère n.m.
réverbérer v.t. (conj. **11**)
reverchon n.m.
reverdir v.t. *et* i.
reverdoir n.m.
révérence n.f.
révérenciel, elle adj.
révérencieux, euse adj.
révérend, e n. *et* adj.
révérendissime adj.
révérer v.t. (conj. **11**)
rêverie n.f.
revernir v.t.
revers n.m.
reversal, e, aux adj.
reversement n.m.
reverser v.t.
reversi *ou* **reversis** n.m.
réversibilité n.f.
réversible adj.
réversion n.f.
reversoir n.m.
revêtement n.m.
revêtir v.t. (conj. **32**)
rêveur, euse adj. *et* n.
rêveusement adv.
revient n.m. sing.
revigorer v.t.
revirement n.m.
révisable adj.
réviser v.t.
réviseur, euse n.
révision n.f.
révisionnel, elle adj.
révisionnisme n.m.
révisionniste adj. *et* n.
revisiter v.t.
revisser v.t.
revitalisation n.f.
revitaliser v.t.
revival n.m. (pl. revivals)
revivification n.f.
revivifier v.t. (conj. **5**)
reviviscence n.f.
reviviscent, e adj.
revivre v.i. *et* t. (conj. **70**)
révocabilité n.f.
révocable adj.
révocation n.f.
révocatoire adj.
revoici prép.
revoilà prép.
revoir v.t. (conj. **48**)
revoir (au) loc. adv.
revoler v.i.
révoltant, e adj.
révolte n.f.
révolté, e adj. *et* n.
révolter v.t.
révolu, e adj.
révolution n.f.
révolutionnaire adj. *et* n.
révolutionnarisme n.m.
révolutionner v.t.
revolver n.m.
revolving adj. inv.
révoquer v.t.
revoter v.t. *et* i.
revouloir v.t. (conj. **43**)
revoyure n.f.

revue n.f.
revuiste n.
révulsé, e adj.
révulser v.t.
révulsif, ive adj.
révulsif n.m.
révulsion n.f.
rewriter [rərajtœr] n.m. (pl. rewriters)
rewriter [rərajte] v.t.
rewriting [rərajtiŋ] n.m.
rexisme n.m.
rexiste adj. *et* n.
rez-de-chaussée n.m. inv.
rez-de-jardin n.m. inv.
rhabdomancie n.f.
rhabdomancien, enne n.
rhabillage n.m.
rhabiller v.t.
rhabilleur, euse n.
rhamnacée n.f.
rhapsode *ou* **rapsode** n.m.
rhapsodie *ou* **rapsodie** n.f.
rhénan, e adj.
rhénium n.m. (pl. rhéniums)
rhéologie n.f.
rhéologique adj.
rhéostat n.m.
rhésus n.m. inv.
rhéteur n.m.
rhétique *ou* **rétique** adj.
rhétoricien, enne adj. *et* n.
rhétorique n.f.
rhétoriqueur n.m.
rhéto-roman, e adj. *et* n.m. (pl. rhéto-romans, es)
rhéto-roman n.m. sing.
rhexistasie n.f.
rhinanthe n.m.
rhinencéphale n.m.
rhingrave n.m.
rhinite n.f.
rhinocéros n.m.
rhinologie n.f.
rhinolophe n.m.
rhino-pharyngien, enne *ou* **rhino-pharyngé, e** adj. (pl. rhino-pharyngiens, rhino-pharyngés, es)
rhino-pharyngite n.f. (pl. rhino-pharyngites)
rhino-pharynx n.m. inv.
rhinoplastie n.f.
rhinoscopie n.f.
rhizobium n.m. (pl. rhizobiums)
rhizocarpé, e adj.
rhizoctone n.m.
rhizoflagellé n.m.
rhizoïde n.m.
rhizomateux, euse adj.
rhizome n.m.
rhizophage adj.
rhizophore n.m.
rhizopode n.m.
rhizopus n.m. inv.
rhizostome n.m.
rhizotome n.m.
rhô n.m. inv. (lettre)
rhodamine n.f.
rhodanien, enne adj.
rhodiage n.m.
rhodié, e adj.
rhodien, enne adj. *et* n.
rhodium n.m. (pl. rhodiums)
rhododendron n.m.
Rhodoïd n.m. (nom déposé)
rhodophycée n.f.
rhodopsine n.f.
rhombe n.m.
rhombencéphale n.m.
rhombique adj.
rhomboèdre n.m.
rhomboédrique adj.
rhomboïdal, e, aux adj.
rhomboïde n.m.
rhônalpin, e adj. *et* n.
rhotacisme n.m.
Rhovyl n.m. (nom déposé)
rhubarbe n.f.
rhum [rɔm] n.m.
rhumatisant, e adj. *et* n.
rhumatismal, e, aux adj.
rhumatisme n.m.
rhumatoïde adj.
rhumatologie n.f.
rhumatologique adj.
rhumatologue n.
rhumb *ou* **rumb** [rɔ̃b] n.m.
rhume n.m.
rhumer [rɔme] v.t.
rhumerie n.f.
rhynchite [rɛ̃kit] n.m.
rhynchocéphale [-ko-] n.m.
rhynchonelle [-ko-] n.f.
rhyolite n.f.
rhythm and blues n.m. inv.
rhytidome n.m.
rhytine n.f.
rhyton n.m.
ria n.f.
rial n.m. (pl. rials)
riant, e adj.
ribambelle n.f.
ribat n.m. inv.
ribaud, e adj. *et* n.
ribaudequin n.m.
riblon n.m.
riboflavine n.f.
ribonucléase n.f.
ribonucléique adj.
ribose n.m.
ribosomal, e, aux adj.
ribosome n.m.
ribosomique adj.
ribote n.f.
ribouis n.m.
riboulant, e adj.
ribouldingue n.f.
ribouler v.i.
ribovirus n.m. inv.
ribozyme n.m.
ricain, e adj. *et* n.
ricanant, e adj.
ricanement n.m.
ricaner v.i.
ricaneur, euse adj. *et* n.
riccie n.f.
ricercare n.m. (pl. ricercari)
richard, e n.

riche adj. *et* n.
richelieu n.m. (pl. richelieus)
richement adv.
richesse n.f.
richissime adj.
ricin n.m.
riciné, e adj.
rickettsie n.f.
rickettsiose n.f.
rickshaw n.m.
ricocher v.i.
ricochet n.m.
ricotta n.f.
ric-rac adv.
rictus n.m. inv.
ridage n.m.
ride n.f.
ridé, e adj.
rideau n.m.
ridée n.f.
ridelle n.f.
ridement n.m.
rider v.t.
ridicule adj. *et* n.m.
ridiculement adv.
ridiculiser v.t.
ridoir n.m.
ridule n.f.
riel n.m.
riemannien, enne adj.
rien pron. indéf. ; n.m. (pl. riens)
riesling [rislinŋ] n.m.
rieur, euse adj. *et* n.
rieuse n.f.
rif ou **riffe** n.m. (bagarre)
rifain, e adj. *et* n.
rifampicine n.f.
riff n.m. (en jazz)
riffle n.m. (bagarre)
rififi n.m.
riflard n.m.
rifle n.m. (carabine)
riflette n.f.
rifloir n.m.
rift n.m.
rigaudon *ou* **rigodon** n.m.
rigide adj.
rigidement adv.
rigidifier v.t. (conj. **5**)
rigidité n.f.
rigodon *ou* **rigaudon** n.m.
rigolade n.f.
rigolage n.m.
rigolard, e adj. *et* n.
rigole n.f.
rigoler v.i.
rigoleur, euse adj. *et* n.
rigolo, ote adj.
rigorisme n.m.
rigoriste adj. *et* n.
rigotte n.f.
rigoureusement adv.
rigoureux, euse adj.
rigueur n.f.
rikiki adj. inv.
rillettes n.f. pl.
rillons n.m. pl.
Rilsan n.m. (nom déposé)
rimailler v.t. *et* i.
rimailleur, euse n.
rimaye n.f.
rime n.f.
rimer v.i. *et* t.
rimeur, euse n.
Rimmel n.m. (nom déposé)
rinçage n.m.
rinceau n.m.
rince-bouche n.m. inv.
rince-bouteille *ou* **rince-bouteilles** n.m. (pl. rince-bouteilles)
rince-doigts n.m. inv.
rincée n.f.
rincer v.t. (conj. **9**)
rincette n.f.
rinceur, euse adj.
rinceuse n.f.
rinçure n.f.
rinforzando adv.
ring n.m.
ringard, e adj. *et* n.
ringard n.m.
ringardage n.m.
ringarder v.t.
ringardiser v.t.
ringgit n.m.
ringuette n.f.
rink-hockey n.m. (pl. rink-hockeys)
rioja n.m.
rioter v.i.
ripage *ou* **ripement** n.m.
ripaille n.f.
ripailler v.i.
ripailleur, euse n.
ripaton n.m.
ripe n.f.
ripement n.m.
riper v.t. *et* i.
ripieno n.m.
Ripolin n.m. (nom déposé)
ripoliner v.t.
riposte n.f.
riposter v.t. ind., v.t. *et* i.
ripou adj. *et* n. (pl. ripoux *ou* ripous)
ripper n.m.
ripple-mark n.f. (pl. ripple-marks)
ripuaire adj.
riquiqui *ou* **rikiki** adj. inv.
rire v.i. *et* t. ind. (conj. **75**) ; n.m. (pl. rires)
ris n.m. (partie d'une voile)
risberme n.f.
risée n.f.
riser [rizεr *ou* rajzœr] n.m.
risette n.f.
risible adj.
risotto n.m.
risque n.m.
risqué, e adj.
risquer v.t.
risque-tout n. inv. *et* adj. inv.
riss n.m. inv.
rissole n.f.
rissoler v.t. *et* i.
ristourne n.f.
ristourner v.t.
ristrette n.m.
rital, e n. (pl. ritals, es)
ritardando adv.
rite n.m.

ritournelle n.f.
ritualisation n.f.
ritualiser v.t.
ritualisme n.m.
ritualiste adj. *et* n.
rituel, elle adj.
rituel n.m.
rituellement adv.
rivage n.m.
rival, e, aux adj. *et* n.
rivaliser v.i.
rivalité n.f.
rive n.f.
rivelaine n.f.
river v.t.
riverain, e adj. *et* n.
riveraineté n.f.
rivesaltes n.m.
rivet n.m.
rivetage n.m.
riveter v.t. (conj. **16**)
riveteuse n.f.
rivière n.f.
rivoir n.m.
rivulaire n.f.
rivure n.f.
rixe n.f.
riyal n.m. (pl. riyals)
riz n.m. inv. (plante)
rizerie n.f.
rizette n.f.
rizicole adj.
riziculteur, trice n.
riziculture n.f.
rizière n.f.
riz-pain-sel n.m. inv.
RMiste *ou* **RMIste** n.
road-movie *ou* **road movie** n.m. (pl. road[-]movies)
roadster n.m.
roast-beef n.m. (pl. roast-beefs)
robage n.m.
robe n.f.
robelage n.m.
rober v.t.
robert n.m.
robin n.m.
robinet n.m.
robinetier n.m.
robinetterie n.f.
robinier n.m.
roboratif, ive adj.
robot n.m.
roboticien, enne n.
robotique n.f.
robotisation n.f.
robotiser v.t.
robusta n.m.
robuste adj.
robustesse n.f.
roc n.m. (pierre)
rocade n.f.
rocaillage n.m.
rocaille n.f. ; adj. inv.
rocailleux, euse adj.
rocamadour n.m.
rocambole n.f.
rocambolesque adj.
rochage n.m.
roche n.f.
roche-magasin n.f. (pl. roches-magasins)
roche-mère n.f. (pl. roches-mères)
rocher v.i. ; n.m. (pierre)
roche-réservoir n.f. (pl. roches-réservoirs)
rochet n.m. (surplis ; bobine)
rocheux, euse adj.
Roch ha-Shana *ou* **Rosh ha-Shana** n.m. inv.
rochier n.m.
rock n.m. (oiseau)
rock adj. inv. *et* n.m. (danse)
rock and roll n.m. inv.
rocker [rɔkœr] n.m.
rocket *ou* **roquette** n.f. (missile)
rockeur, euse n.
rocking-chair n.m. (pl. rocking-chairs)
rococo adj. inv. *et* n.m. sing.
rocou n.m. (pl. rocous)
rocouer v.t.
rocouyer n.m.
rodage n.m.
rôdailler v.i.
rodéo n.m.
roder v.t. (mettre au point)
rôder v.i. (errer)
rôdeur, euse n.
rodoir n.m.
rodomont n.m.
rodomontade n.f.
rœntgen *ou* **röntgen** n.m.
rœsti *ou* **rösti** [røʃti] n.m. pl.
rogations n.f. pl.
rogatoire adj.
rogaton n.m.
rognage n.m.
rogne n.f.
rogner v.t. *et* i.
rogneux, euse adj.
rognon n.m.
rognonnade n.f.
rognonner v.i.
rognure n.f.
rogomme n.m.
rogue adj. ; n.f.
rogué, e adj.
rohart n.m.
roi n.m.
roide adj.
roideur n.f.
roidir v.t.
roille n.f.
roiller v. impers.
roitelet n.m.
rôlage n.m.
rôle n.m.
rôle-titre n.m. (pl. rôles-titres)
roller n.m.
roller ball n.m. (pl. roller balls)
rollier n.m.
rollmops n.m.
roll on-roll off n.m. inv.
rollot n.m.
rom adj. *et* n. inv.
romain, e adj. *et* n.
romain n.m.
romaine adj.f. ; n.f.
romaïque adj.

roman, e adj.
roman n.m.
romance n.m. ; n.f.
romancer v.t. (conj. **9**)
romancero n.m. (pl. romanceros)
romanche adj. *et* n.
romanche n.m. sing.
romancier, ère n.
romand, e adj. *et* n.
romanée n.m.
romanesque adj. *et* n.m.
roman-feuilleton n.m. (pl. romans-feuilletons)
roman-fleuve n.m. (pl. romans-fleuves)
romani n.m. sing.
romanichel, elle n.
romanisation n.f.
romaniser v.t.
romanisme n.m.
romaniste n.
romanité n.f.
roman-photo n.m. (pl. romans-photos)
romanticisme n.m.
romantique adj. *et* n.
romantisme n.m.
romarin n.m.
rombière n.f.
rompre v.t. *et* i. (conj. **60**)
rompu, e adj.
rompu n.m.
romsteck *ou* **rumsteck** n.m.
ronce n.f.
ronceraie n.f.
ronceux, euse adj.
ronchon, onne adj. *et* n.
ronchonnement n.m.
ronchonner v.i.
ronchonneur, euse adj. *et* n.
ronchopathie [rɔ̃kopati] n.f.
roncier n.m.
roncière n.f.
rond, e adj.
rond n.m. ; adv.
rondache n.f.
rondade n.f.
rond-de-cuir n.m. (pl. ronds-de-cuir)
ronde n.f.
rondeau n.m. (poème)
ronde-bosse n.f. (pl. rondes-bosses)
rondel n.m.
rondelet, ette adj.
rondelle n.f.
rondement adv.
rondeur n.f.
rondier n.m.
rondin n.m.
rondo *ou* **rondeau** n.m. (musique)
rondouillard, e adj.
rond-point n.m. (pl. ronds-points)
Ronéo n.f. (nom déposé)
ronéoter *ou* **ronéotyper** v.t.
rôneraie n.f.
ronflant, e adj.
ronflement n.m.
ronfler v.i.
ronfleur, euse n.
rongement n.m.
ronger v.t. (conj. **10**)
rongeur, euse adj.
rongeur n.m.
rônier n.m.
rônin n.m.
ronron n.m.
ronronnement n.m.
ronronner v.i.
röntgen *ou* **roentgen** n.m.
roof *ou* **rouf** n.m.
rookerie *ou* **roquerie** n.f.
roque n.m.
roquefort n.m.
roquentin n.m.
roquer v.i.
roquerie n.f.
roquet n.m.
roquetin n.m.
roquette n.f. (salade)
roquette *ou* **rocket** n.f. (missile)
rorqual n.m. (pl. rorquals)
rosace n.f.
rosacé, e adj.
rosacée n.f.
rosaire n.m.
rosalbin n.m.
rosaniline n.f.
rosat adj. inv.
rosâtre adj.
rosbif n.m.
rose n.f. ; n.m. ; adj.
rosé, e adj.
roseau n.m.
rose-croix n.m. inv.
rosé-des-prés n.m. (pl. rosés-des-prés)
rosée n.f.
roselet n.m.
roselière n.f.
roséole n.f.
roser v.t.
roseraie n.f.
rosette n.f.
roseur n.f.
roseval n.f. (pl. rosevals)
Rosh ha-Shana *ou* **Roch ha-Shana** n.m. inv.
rosicrucien, enne adj.
rosier n.m.
rosière n.f.
rosiériste n.
rosir v.t. *et* i.
rossard, e n.
rosse n.f. *et* adj.
rossée n.f.
rosser v.t.
rosserie n.f.
rossignol n.m.
rossinante n.f.
rossolis n.m.
rösti *ou* **rœsti** [røʃti] n.m. pl.
rostral, e, aux adj.
rostre n.m.
rot [ro] n.m. (éructation)
rot [rɔt] n.m. (maladie des plantes)
rôt [ro] n.m. (rôti)
rotacé, e adj.
rotang n.m.
rotary n.m. (pl. rotarys)
rotateur, trice adj.

rotateur n.m.
rotatif, ive adj.
rotation n.f.
rotative n.f.
rotativiste n.
rotatoire adj.
rote n.f.
rotengle n.m.
roténone n.f.
roter v.i.
rôti n.m.
rôtie n.f.
rotifère n.m.
rotin n.m.
rôtir v.t. *et* i.
rôtissage n.m.
rôtisserie n.f.
rôtisseur, euse n.
rôtissoire n.f.
rotogravure n.f.
rotonde n.f.
rotondité n.f.
rotoplots n.m. pl.
rotor n.m.
Rotring n.m. (nom déposé)
rotule n.f.
rotulien, enne adj.
roture n.f.
roturier, ère adj. *et* n.
rouable n.m.
rouage n.m.
rouan, anne adj.
rouanne n.f.
rouannette n.f.
roubaisien, enne adj. *et* n.
roublard, e adj. *et* n.
roublardise n.f.
rouble n.m.
rouchi n.m. sing.
roucoulade n.f.
roucoulant, e adj.
roucoulement n.m.
roucouler v.i.
roucoulis n.m.
roudoudou n.m. (pl. roudoudous)
roue n.f.
roué, e adj. *et* n.
roué n.m.
rouelle n.f.
rouennais, e adj. *et* n.
roue-pelle n.f. (pl. roues-pelles)
rouer v.t.
rouergat, e adj. *et* n.
rouerie n.f.
rouet n.m.
rouf *ou* **roof** n.m.
rouflaquette n.f.
rouge adj. *et* n. ; n.m. ; adv.
rougeâtre adj.
rougeaud, e adj. *et* n.
rouge-gorge n.m. (pl. rouges-gorges)
rougeoiement n.m.
rougeole n.f.
rougeoleux, euse adj. *et* n.
rougeoyant, e adj.
rougeoyer v.i. (conj. **7**)
rouge-queue n.m. (pl. rouges-queues)
rouget n.m.
rougeur n.f.
rough [rœf] n.m. (pl. roughs)
rougir v.i. *et* t.
rougissant, e adj.
rougissement n.m.
rouille n.f. ; adj. inv.
rouillé, e adj.
rouiller v.t. *et* i.
rouillure n.f.
rouir v.t.
rouissage n.m.
rouissoir n.m.
roulade n.f.
roulage n.m.
roulant, e adj.
roulé, e adj.
roulé n.m.
rouleau n.m.
rouleauté, e *ou* **roulotté, e** adj. *et* n.m.
roulé-boulé n.m. (pl. roulés-boulés)
roulement n.m.
rouler v.t. *et* i.
roulette n.f.
rouleur, euse adj.
rouleur n.m.
roulier n.m.
roulis n.m.
roulotte n.f.
roulotté, e *ou* **rouleauté, e** adj. *et* n.m.
roulure n.f.
roumain, e adj. *et* n.
roumain n.m. sing.
roumi n.m.
round [rawnd *ou* rund] n.m.
roupie n.f.
roupiller v.i.
roupillon n.m.
rouquette n.f.
rouquin, e adj. *et* n.
rouquin n.m.
rouscailler v.i.
rouspétance n.f.
rouspéter v.i. (conj. **11**)
rouspéteur, euse adj. *et* n.
roussâtre adj.
rousse n.f.
rousseau n.m.
rousserolle n.f.
roussette n.f.
rousseur n.f.
roussi n.m.
roussillonnais, e adj. *et* n.
roussin n.m.
roussir v.t. *et* i.
roussissement n.m.
rouste n.f.
routage n.m.
routard, e n.
route n.f.
router v.t.
routeur n.m.
routier, ère adj.
routier n.m.
routière n.f.
routine n.f.
routinier, ère adj. *et* n.
rouverin *ou* **rouverain** adj.m.

rouvraie n.f.
rouvre n.m.
rouvrir v.t. *et* i.(conj. **23**)
roux, rousse adj. *et* n.
roux n.m.
royal, e, aux adj.
royale n.f.
royalement adv.
royalisme n.m.
royaliste adj. *et* n.
royalties [rwajalti] n.f. pl.
royaume n.m.
royaumer (se) v.pr.
royauté n.f.
ru n.m.
ruade n.f.
ruban n.m.
rubané, e adj.
rubaner v.t.
rubanerie n.f.
rubanier, ère adj.
rubanier n.m.
rubato adv.
rubéfaction n.f.
rubéfiant, e adj.
rubéfiant n.m.
rubéfier v.t.
rubénien, enne adj.
rubéole n.f.
rubéoleux, euse adj. *et* n.
rubescent, e adj.
rubiacée n.f.
rubican adj.m.
rubicond, e adj.
rubidium n.m. (pl. rubidiums)
rubigineux, euse adj.
rubis n.m.
rubrique n.f.
rubriquer v.t.
ruche n.f.
ruché n.m. (bande d'étoffe)
ruchée n.f.
rucher n.m. (ensemble de ruches)
rucher v.t.
ruclon n.m.
rudbeckia n.m. (pl. rudbeckias)
rude adj.
rudement adv.
rudenté, e adj.
rudenture n.f.
rudéral, e, aux adj.
rudesse n.f.
rudiment n.m.
rudimentaire adj.
rudiste n.m.
rudoiement n.m.
rudoyer v.t. (conj. **7**)
rue n.f.
ruée n.f.
ruelle n.f.
ruer v.i. ; **se ruer** v.pr.
ruffian *ou* **rufian** n.m.
Rufflette n.f. (nom déposé)
rugby n.m.
rugbyman n.m. (pl. rugbymans *ou* rugbymen)
rugine n.f.
rugir v.i.
rugissant, e adj.
rugissement n.m.
rugosité n.f.
rugueux, euse adj.
ruiler v.t.
ruine n.f.
ruine-de-Rome n.f. (pl. ruines-de-Rome)
ruiner v.t.
ruineux, euse adj.
ruiniforme adj.
ruiniste n.
ruinure n.f.
ruisseau n.m.
ruisselant, e adj.
ruisseler v.i. (conj. **16**)
ruisselet n.m.
ruissellement n.m.
rumb *ou* **rhumb** [rɔ̃b] n.m.
rumba [rumba] n.f.
rumen [rymɛn] n.m.
rumeur n.f.
rumex n.m. inv.
ruminant, e adj.
ruminant n.m.
rumination n.f.
ruminer v.t.
rumsteck *ou* **romsteck** n.m.
runabout [rœnabawt] n.m.
rune n.f.
runique adj.
ruolz n.m. inv.
ruper v.t.
rupestre adj.
rupiah [rupja] n.f.
rupicole n.m.
rupin, e adj. *et* n.
rupteur n.m.
rupture n.f.
rural, e, aux adj.
rural n.m. (pl. ruraux)
ruralisme n.m.
ruralité n.f.
rurbain, e adj.
rurbanisation n.f.
ruse n.f.
rusé, e adj. *et* n.
ruser v.i.
rush [rœʃ] n.m. (pl. rushs *ou* rushes)
rushes [rœʃ] n.m. pl.
russe adj. *et* n.
russe n.m. sing.
russification n.f.
russifier v.t. (conj. **5**)
russophile adj. *et* n.
russophone adj. *et* n.
russule n.f.
rustaud, e adj. *et* n.
rusticage n.m.
rusticité n.f.
Rustine n.f. (nom déposé)
rustique adj. *et* n.m.
rustiquer v.t.
rustre adj. *et* n.
rut [ryt] n.m.
rutabaga n.m.
rutacée n.f.
ruthène adj. *et* n.
ruthénium n.m. (pl. ruthéniums)
ruthénois, e adj. *et* n.

rutilance n.f..
rutilant, e adj.
rutile n.m.
rutilement n.m.
rutiler v.i.
rutine n.f.
rutoside n.m.
ruz [ry] n.m. inv.
rwandais, e adj. *et* n.
rye [raj] n.m.
rythme n.m.
rythmer v.t.
rythmicité n.f.
rythmique adj. ; n.f.

S

s n.m. inv.
sa adj. poss. fém. sing.
saanen [sanən] n.f.
sabayon n.m.
sabbat n.m.
sabbatique adj.
sabéen, enne adj. *et* n.
sabéen n.m.
sabéisme n.m.
sabelle n.f.
sabellianisme n.m.
sabine n.f.
sabir n.m.
sablage n.m.
sable n.m. ; adj. inv.
sablé, e adj.
sablé n.m.
sabler v.t.
sablerie n.f.
sableur n.m.
sableuse n.f.
sableux, euse adj.
sablier, ère adj.
sablier n.m.
sablière n.f.
sablon n.m.
sablonner v.t.
sablonneux, euse adj.
sablonnière n.f.
sabord n.m.
sabordage *ou*
sabordement n.m.
saborder v.t.
sabot n.m.
sabotage n.m.
sabot-de-Vénus n.m. (pl. sabots-de-Vénus)
saboter v.t.
saboterie n.f.
saboteur, euse n.
sabotier, ère n.
sabouler v.t.
sabra n. (pl. sabras)
sabrage n.m.
sabre n.m.
sabre-baïonnette n.m. (pl. sabres-baïonnettes)
sabrer v.t.
sabretache n.f.
sabreur n.m.
sabreuse n.f.
saburral, e, aux adj.
sac n.m.
saccade n.f.
saccadé, e adj.
saccader v.t.
saccage n.m.
saccager v.t. (conj. **10**)
saccageur, euse n.
saccharase n.f.
saccharate n.m.
saccharide n.m.
saccharifère adj.
saccharification n.f.
saccharifier v.t. (conj. **5**)
saccharimètre n.m.
saccharimétrie n.f.
saccharimétrique adj.
saccharin, e adj.
saccharine n.f.
sacchariné, e adj.
saccharoïde adj.
saccharomyces [sakarɔmisɛs] n.m.
saccharose n.m.
saccharure n.m.
saccule n.m.
sacculine n.f.
sacerdoce n.m.
sacerdotal, e, aux adj.
sachée n.f.
sachem [saʃɛm] n.m.
sacherie n.f.
sachet n.m.
sacoche n.f.
sac-poubelle n.m. (pl. sacs-poubelle)
sacquer *ou* **saquer** v.t.
sacral, e, aux adj.
sacralisation n.f.
sacraliser v.t.
sacramentaire n. ; n.m.
sacramental n.m. (pl. sacramentaux)
sacramentel, elle adj.
sacre n.m.
sacré n.m.
Sacré-Cœur n.m. sing.
sacredieu *ou* **sacrebleu** ! interj.
sacrement n.m.
sacrément adv.
sacrer v.t.
sacret n.m.
sacrificateur, trice n.
sacrifice n.m.
sacrificiel, elle adj.
sacrifié, e adj. *et* n.
sacrifier v.t. *et* t. ind. (conj. **5**)
sacrilège adj. *et* n. ; n.m.
sacripant n.m.
sacristain n.m.
sacristi ! interj.
sacristie n.f.
sacristine n.f.
sacro-iliaque adj. (pl. sacro-iliaques)
sacro-saint, e adj. (pl. sacro-saints, es)
sacrum n.m. (pl. sacrums)
sadducéen, enne *ou*
saducéen, enne adj. *et* n.
sadique adj. *et* n.
sadique-anal, e adj. (pl. sadiques-anaux, -anales)
sadiquement adv.

sadisme n.m.
sadomasochisme n.m.
sadomasochiste adj. *et* n.
saducéen, enne *ou* **sadducéen, enne** adj. *et* n.
safari n.m.
safari-photo n.m. (pl. safaris-photos)
safran n.m. ; adj. inv.
safraner v.t.
safranière n.f.
safre n.m.
saga n.f.
sagace adj.
sagacité n.f.
sagaie n.f.
sagard n.m.
sage adj. *et* n. ; n.m.
sage-femme n.f. (pl. sages-femmes)
sagement adv.
sagesse n.f.
sagette n.f.
sagine n.f.
sagittaire n.m. ; n.f.
sagittal, e, aux adj.
sagitté, e adj.
sagou n.m. (pl. sagous)
sagouin n.m.
sagouin, e n.
sagoutier n.m.
saharien, enne adj. *et* n.
saharienne n.f.
sahélien, enne adj.
sahib n.m.
sahraoui, e adj. *et* n.
saï n.m.
saie n.f.
saïga n.m.
saignant, e adj.
saignée n.f.
saignement n.m.
saigner v.t. *et* i.
saigneur n.m. (qui saigne les porcs)
saigneux, euse adj.
saillant, e adj.
saillant n.m.
saillie n.f.
saillir v.i. (conj. **37**)
saillir v.t. (conj. **21** ; ne s'emploie guère qu'à l'inf., aux 3es pers. des temps simples et au part. prés.)
saïmiri n.m.
sain, e adj. (en bonne santé)
sainbois n.m.
saindoux n.m.
sainement adv.
sainfoin n.m.
saint, e adj. *et* n. (sacré)
saint-amour n.m. inv.
saint-bernard n.m. inv.
saint-crépin n.m. inv.
saint-cyrien, enne n. (pl. saint-cyriens, ennes)
sainte-barbe n.f. (pl. saintes-barbes)
sainte-maure n.m. inv.
saintement adv.
saint-émilion n.m. inv.
sainte-nitouche n.f. (pl. saintes-nitouches)
Saint-Esprit n.m. sing.
sainteté n.f.
saint-florentin n.m. inv.
saint-frusquin n.m. inv.
saint-glinglin (à la) loc. adv.
saint-honoré n.m. inv.
saintongeais, e adj. *et* n.
saint-marcellin n.m. inv.
saint-nectaire n.m. inv.
Saint-Nicolas n.f. inv.
Saint-Office n.m. sing.
saintpaulia n.m. (pl. saintpaulias)
saint-paulin n.m. inv.
saint-père n.m. (pl. saints-pères)
saint-pierre n.m. inv.
Saint-Siège n.m. sing.
saint-simonien, enne adj. *et* n. (pl. saint-simoniens, ennes)
saint-simonisme n.m.
saint-synode n.m. (pl. saints-synodes)
saisi, e n. *et* adj.
saisie n.f.
saisie-arrêt n.f. (pl. saisies-arrêts)
saisie-brandon n.f. (pl. saisies-brandons)
saisie-exécution n.f. (pl. saisies-exécutions)
saisie-gagerie n.f. (pl. saisies-gageries)
saisie-revendication n.f. (pl. saisies-revendications)
saisine n.f.
saisir v.t.
saisissable adj.
saisissant, e adj.
saisissant n.m.
saisissement n.m.
saison n.f.
saisonnalité n.f.
saisonnier, ère adj. *et* n.
saïte adj.
sajou n.m. (pl. sajous)
saké n.m.
saki n.m.
sakieh n.f.
sal n.m. (pl. sals)
salace adj.
salacité n.f.
salade n.f.
saladier n.m.
salage n.m.
salaire n.m.
salaison n.f.
salaisonnerie n.f.
salamalecs n.m. pl.
salamandre n.f.
salami n.m.
salangane n.f.
salant adj.m. *et* n.m.
salarial, e, aux adj.
salariat n.m.
salarié, e adj. *et* n.
salarier v.t. (conj. **5**)
salaud n.m.
salbande n.f.
salchow [salko] n.m.
sale adj. *et* n.m.
salé, e adj.
salé n.m.
salement adv.

saler v.t.
saleron n.m.
salers [salɛrs] n.m.
salésien, enne adj. *et* n.
saleté n.f.
salicacée n.f.
salicaire n.f.
salicole adj.
salicoque n.f.
salicorne n.f.
saliculture n.f.
salicylate n.m.
salicylé, e adj.
salicylique adj.
salidiurétique adj. *et* n.m.
salien, enne adj.
salien adj.m. *et* n.m.
salière n.f.
salifère adj.
salifiable adj.
salification n.f.
salifier v.t. (conj. **5**)
saligaud, e n.
salignon n.m.
salin, e adj.
salin n.m.
saline n.f.
salinier n.m.
salinité n.f.
salique adj.
salir v.t.
salissant, e adj.
salisson n.f.
salissure n.f.
salivaire adj.
salivation n.f.
salive n.f.
saliver v.i.
salle n.f.
salmanazar n.m.
salmigondis n.m.
salmis n.m.
salmonelle n.f.
salmonellose n.f.
salmoniculture n.f.
salmonidé n.m.
saloir n.m.
salomé n.m.
salon n.m.
salonnard, e *ou*
salonard, e n.
salonnier n.m.
saloon n.m.
salop n.m.
salopard n.m.
salope n.f.
saloper v.t.
saloperie n.f.
salopette n.f.
salopiaud, salopiau *ou*
salopiot n.m.
salpe n.f.
salpêtrage n.m.
salpêtre n.m.
salpêtrer v.t.
salpicon n.m.
salpingite n.f.
salsa n.f.
salsepareille n.f.
salsifis n.m.
saltation n.f.
saltationnisme n.m.
saltatoire adj.
saltimbanque n.m.
salto n.m.
salubre adj.
salubrité n.f.
saluer v.t.
salure n.f.
salut n.m. ; interj.
salutaire adj.
salutation n.f.
salutiste adj. *et* n.
salvadorien, enne adj. *et* n.
salvagnin n.m.
salvateur, trice adj.
salve n.f.
samara n.m.
samare n.f.
samaritain, e adj. *et* n.
samarium n.m. (pl. samariums)
samba n.f.
sambo n.m.
samboïste n.
sambuque n.f.
same n.m. sing.
samedi n.m.
samit [sami] n.m.
samizdat [-dat] n.m.
sammy n.m. (pl. sammies)
samnite n.m.
samoan, e adj. *et* n.
samole n.m.
samouraï n.m.
samovar n.m.
samoyède adj. *et* n.
sampan *ou* **sampang** n.m.
sample n.m.
sampler [sɑ̃plœr] n.m.
sampler v.t.
sampling n.m.
sampot n.m.
sana n.m.
sanatorium n.m. (pl. sanatoriums)
san-benito n.m. (pl. san-benitos)
sancerre n.m. inv.
sanctifiant, e adj.
sanctificateur, trice adj. *et* n.
sanctification n.f.
sanctifier v.t. (conj. **5**)
sanction n.f.
sanctionner v.t.
sanctuaire n.m.
sanctuariser v.t.
sanctus n.m. inv.
sandale n.f.
sandalette n.f.
sandaraque n.f.
sanderling [sɑ̃dɛrlɛ̃] n.m.
sandinisme n.m.
sandiniste adj. *et* n.
sandjak n.m.
Sandow n.m. (nom déposé)
sandre n.m. *ou* f.
sandwich n.m. (pl. sandwichs *ou* sandwiches)
Sanforisage n.m. (nom déposé)
sang n.m.
sang-dragon *ou* **sang-de-dragon** n.m. inv.

sang-froid n.m. inv.
sanglant, e adj.
sangle n.f.
sangler v.t.
sanglier n.m.
sanglon n.m.
sanglot n.m.
sanglotement n.m.
sangloter v.i.
sang-mêlé n. inv.
sangria n.f.
sangsue n.f.
sanguin, e adj. ; n.
sanguinaire adj. ; n.f.
sanguine n.f.
sanguinolent, e adj.
sanguisorbe n.f.
sanhédrin n.m.
sanicle *ou* **sanicule** n.f.
sanie n.f.
sanieux, euse adj.
Sanisette n.f. (nom déposé)
sanitaire adj. ; n.m.
sans prép.
sans-abri n. inv.
sans-cœur adj. inv. *et* n. inv.
sanscrit, e *ou* **sanskrit, e** adj.
sanscrit *ou* **sanskrit** n.m.
sans-culotte n.m. (pl. sans-culottes)
sans-emploi n. inv.
sansevière n.f.
sans-façon n.m. inv.
sans-faute n.m. inv.
sans-fil n.m. inv.
sans-gêne n.m. inv. ; n. inv.
sans-grade n. inv.
sanskrit, e *ou* **sanscrit, e** adj.
sanskrit *ou* **sanscrit** n.m.
sanskritiste n.
sans-le-sou n. inv.
sans-logis n.
sansonnet n.m.
sans-papiers n. inv.
sans-parti n. inv.
sans-plomb n.m. inv.
sans-souci n. inv.
santal n.m. (pl. santals)
santé n.f.
santiag n.f.
santoline n.f.
santon n.m.
sanve n.f.
sanza n.f.
saola n.m.
saoudien, enne adj. *et* n.
saoudite adj.
saoul, e [su, sul] *ou* **soûl, e** adj.
saouler [sule] *ou* **soûler** v.t.
sapajou n.m. (pl. sapajous)
sape n.f.
sapement n.m.
sapèque n.f.
saper v.t.
saperde n.f.
saperlipopette ! interj.
sapeur n.m.
sapeur-pompier n.m. (pl. sapeurs-pompiers)
saphène adj. *et* n.f.
saphique adj.
saphir n.m.
saphisme n.m.
sapide adj.
sapidité n.f.
sapience n.f.
sapientiaux adj.m. pl.
sapientiel, elle adj.
sapin n.m.
sapindacée n.f.
sapine n.f.
sapinette n.f.
sapinière n.f.
sapiteur n.m.
saponacé, e adj.
saponaire n.f.
saponifiable adj.
saponification n.f.
saponifier v.t. (conj. **5**)
saponine n.f.
saponite n.f.
sapotacée n.f.
sapote n.f.
sapotier n.m.
sapotille n.f.
sapotillier n.m.
sapristi *ou* **sacristi !** interj.
sapropèle n.m.
saprophage adj. *et* n.m.
saprophyte adj. *et* n.m.
saquer *ou* **sacquer** v.t.
sar n.m.
sarabande n.f.
sarbacane n.f.
sarcasme n.m.
sarcastique adj.
sarcastiquement adv.
sarcelle n.f.
sarcine n.f.
sarclage n.m.
sarcler v.t.
sarclette n.f.
sarcloir n.m.
sarcoïde n.f.
sarcoïdose n.f.
sarcomateux, euse adj.
sarcome n.m.
sarcophage n.m.
sarcopte n.m.
sardane n.f.
sarde adj. *et* n. ; n.m. sing.
sardine n.f.
sardinelle n.f.
sardinerie n.f.
sardinier, ère n.
sardinier n.m.
sardoine n.f.
sardonique adj.
sardoniquement adv.
sardonyx n.f. inv.
sargasse n.f.
sari n.m. (pl. saris)
sarigue n.f.
sarisse n.f.
sarment n.m.
sarmenter v.t.
sarmenteux, euse adj.
sarode *ou* **sarod** n.m.
sarodiste n.
sarong n.m.
saros n.m.

saroual *ou* **sarouel** n.m. (pl. sarouals, sarouels)
sarracenia n.m.
sarracénie n.f.
sarrancolin n.m.
sarrasin, e adj. *et* n.
sarrasin n.m.
sarrasine n.f.
sarrau n.m. (pl. sarraus)
sarrette ou **sarrète** n.f.
sarriette n.f.
sarrois, e adj. *et* n.
sarthois, e adj. *et* n.
sas n.m.
sashimi n.m.
sassafras n.m.
sassanide adj.
sassement n.m.
sassenage n.m.
sasser v.t.
satané, e adj.
satanique adj.
satanisme n.m.
satellisable adj.
satellisation n.f.
satelliser v.t.
satellitaire adj.
satellite n.m. ; adj.
sati n.m. inv. ; n.f. inv.
satiation n.f.
satiété n.f.
satin n.m.
satinage n.m.
satiné, e adj.
satiné n.m.
satiner v.t.
satinette n.f.
satire n.f. (critique)
satirique adj.
satiriquement adv.
satiriser v.t.
satiriste n.
satisfaction n.f.
satisfaire v.t. *et* t. ind. (conj. **89**)
satisfaisant, e adj.
satisfait, e adj.
satisfecit n.m. inv.
satisfiable adj.
satori n.m. inv.
satrape n.m.
satrapie n.f.
saturabilité n.f.
saturable adj.
saturant, e adj.
saturateur n.m.
saturation n.f.
saturé, e adj.
saturer v.t.
saturnales n.f. pl.
saturnie n.f.
saturnien, enne adj.
saturnin, e adj.
saturnisme n.m.
satyre n.m. (mythologie)
satyriasis n.m.
satyrique adj.
sauce n.f.
saucée n.f.
saucer v.t. (conj. **9**)
saucier n.m.
saucière n.f.
saucisse n.f.
saucisson n.m.
saucissonnage n.m.
saucissonner v.i. *et* t.
sauf, sauve adj.
sauf prép.
sauf-conduit n.m. (pl. sauf-conduits)
sauge n.f.
saugrenu, e adj.
saulaie n.f. (lieu planté de saules)
saule n.m.
saulée n.f. (rangée de saules)
saumâtre adj.
saumon n.m. ; adj. inv.
saumoné, e adj.
saumoneau n.m.
saumonette n.f.
saumurage n.m.
saumure n.f.
saumurer v.t.
sauna n.m.
saunage n.m.
saunaison n.f.
sauner v.i.
saunier n.m.
saunière n.f.
saupiquet n.m.
saupoudrage n.m.
saupoudrer v.t.
saupoudreuse n.f.
saur adj.m.
saurage n.m.
saurer v.t.
saurien n.m.
saurin n.m.
sauris n.m.
saurischien n.m.
saurissage n.m.
saurisserie n.f.
saurisseur, euse n.
saurophidien n.m.
sauropsidé n.m.
saussaie n.f.
saut n.m. (bond)
sautage n.m.
saut-de-lit n.m. (pl. sauts-de-lit)
saut-de-loup n.m. (pl. sauts-de-loup)
saut-de-mouton n.m. (pl. sauts-de-mouton)
saute n.f.
sauté n.m.
saute-mouton n.m. inv.
sauter v.i. *et* t.
sautereau n.m.
sauterelle n.f.
sauterie n.f.
sauternes n.m.
saute-ruisseau n.m. inv.
sauteur, euse adj. ; n.
sauteur n.m.
sauteuse n.f.
sautier n.m.
sautillant, e adj.
sautillement n.m.
sautiller v.i.
sautoir n.m.
sauvage adj. *et* n.
sauvagement adv.
sauvageon, onne n.
sauvageon n.m.
sauvagerie n.f.
sauvagin, e adj.
sauvagin n.m.

sauvagine n.f.
sauvegarde n.f.
sauvegarder v.t.
sauve-qui-peut n.m. inv.
sauver v.t.
sauvetage n.m.
sauveté n.f.
sauveterrien, enne adj.
sauveterrien n.m.
sauveteur n.m.
sauvette (à la) loc. adv.
sauveur n.m.
sauvignon n.m. inv.
savamment adv.
savane n.f.
savant, e adj. *et* n.
savarin n.m.
savart n.m.
savate n.f.
savetier n.m.
saveur n.f.
savoir v.t. (conj. **45**) ; n.m. (pl. savoirs)
savoir-faire n.m. inv.
savoir-vivre n.m. inv.
savoisien, enne adj. *et* n.
savon n.m.
savonnage n.m.
savonnée n.f.
savonner v.t.
savonnerie n.f.
savonnette n.f.
savonneux, euse adj.
savonnier, ère adj.
savonnier n.m.
savourer v.t.
savoureusement adv.
savoureux, euse adj.
savoyard, e adj. *et* n.
saxatile adj.
saxe n.m.
saxhorn n.m.
saxicole adj.
saxifragacée n.f.
saxifrage n.f.
saxo n.m. ; n.
saxon, onne adj. *et* n.
saxophone n.m.
saxophoniste n.
saynète n.f.
sayon [sɛjɔ̃] n.m.
sbire n.m.
sbrinz n.m. inv.
scabieuse n.f.
scabieux, euse adj.
scabreux, euse adj.
scaferlati n.m.
scalaire adj. ; n.m.
scalde n.m.
scaldien, enne adj.
scaldique adj.
scalène adj. *et* n.m.
scalp n.m.
scalpel n.m.
scalper v.t.
scampi fritti *ou* **scampi** n.m. pl.
scandale n.m.
scandaleusement adv.
scandaleux, euse adj.
scandaliser v.t.
scander v.t.
scandinave adj. *et* n.
scandium n.m. (pl. scandiums)
scanner [-nɛr] n.m. (pl. scanners)
scanner v.t.
scanneur n.m.
scanographe n.m.
scanographie n.f.
scansion n.f.
scaphandre n.m.
scaphandrier n.m.
scaphite n.m.
scaphoïde adj. *et* n.m.
scaphopode n.m.
scapula n.f.
scapulaire adj. ; n.m.
scapulo-huméral, e, aux adj.
scarabée n.m.
scarabéidé n.m.
scare n.m.
scarieux, euse adj.
scarifiage n.m.
scarificateur n.m.
scarification n.f.
scarifier v.t. (conj. **5**)
scarlatine n.f.
scarole n.f.
scat n.m.
scatologie n.f.
scatologique adj.
scatophile adj.
sceau n.m. (cachet)
sceau-de-salomon n.m. (pl. sceaux-de-salomon)
scélérat, e adj. *et* n.
scélératesse n.f.
scellage n.m.
scellement n.m.
sceller v.t.
scellés n.m. pl.
scénarimage n.m.
scénario *ou*, rare, **scenario** n.m. (pl. scénarios *ou* scenarii)
scénariser v.t.
scénariste n.
scène n.f. (de théâtre)
scénique adj.
scéniquement adv.
scénographe n.
scénographie n.f.
scénographique adj.
scepticisme n.m.
sceptique adj. *et* n. (qui doute)
sceptre n.m.
schabraque n.f.
schader v.i.
schako *ou* **shako** n.m.
schappe n.f.
schapska *ou* **chapska** n.m.
scheidage n.m.
scheik *ou* **cheikh** n.m.
schelem *ou* **chelem** n.m.
schéma n.m.
schématique adj.
schématiquement adv.
schématisation n.f.
schématiser v.t.
schématisme n.m.
schème n.m.
schéol *ou* **shéol** n.m.
scherzo [skɛ-] n.m. (pl. scherzos)
schiedam [skidam] n.m.

schilling n.m. (monnaie autrichienne)
schinder *ou* **chinder** v.i.
schismatique adj. *et* n.
schisme n.m.
schiste n.m.
schisteux, euse adj.
schistosité n.f.
schistosomiase n.f.
schizogamie [ski-] n.f.
schizogonie [ski-] n.f.
schizoïde [ski-] adj.
schizophasie [ski-] n.f.
schizophrène [ski-] n. *et* adj.
schizophrénie [ski-] n.f.
schizophrénique [ski-] adj.
schizothymie [ski-] n.f.
schizothymique [ski-] adj. *et* n.
schlague n.f.
schlamms n.m. pl.
schlass n.m. inv.; adj. inv.
schleu, e *ou* **chleuh, e** adj. *et* n.
schlinguer *ou* **chlinguer** v.i.
schlittage n.m.
schlitte n.f.
schlitter v.t.
schlitteur n.m. *et* adj.m.
schnaps n.m.
schnauzer n.m.
schnock, schnoque *ou* **chnoque** n.m.
schnorchel *ou* **schnorkel** n.m.
schnouff, schnouf *ou* **chnouf** n.f.
schofar n.m.
scholiaste [skɔ-] *ou* **scoliaste** n.m.
scholie [skɔ-] *ou* **scolie** n.f.
schooner n.m.
schorre n.m.
schproum n.m.
schuss n.m. inv. ; adv.
sciable adj.
sciage n.m.
Scialytique n.m. (nom déposé)
sciant, e adj.
sciatique adj. *et* n.m. ; n.f.
scie n.f.
sciemment adv.
science n.f.
science-fiction n.f. (pl. sciences-fictions)
sciène n.f.
scientificité n.f.
scientifique adj.
scientifiquement adv.
scientisme n.m.
scientiste adj. *et* n.
scientologie n.f.
scier v.t. (conj. **5**)
scierie n.f.
scieur n.m.
scieuse n.f.
scille n.f.
scinder v.t.
scinque n.m.
scintigraphie n.f.
scintillant, e adj.
scintillateur n.m.
scintillation n.f.
scintillement n.m.
scintiller v.i.
scion n.m.
sciotte n.f.
scirpe n.m.
scission n.f.
scissionniste adj. *et* n.
scissipare adj.
scissiparité n.f.
scissure n.f.
sciure n.f.
sciuridé n.m.
scléral, e, aux adj.
scléranthe n.m.
sclère n.f.
sclérenchyme n.m.
scléreux, euse adj.
sclérodermie n.f.
sclérophylle adj.
scléroprotéine n.f.
sclérosant, e adj.
sclérose n.f.
sclérosé, e adj.
scléroser v.t.
sclérote n.m.
sclérothérapie n.f.
sclérotique adj. *et* n.f.
scolaire adj. et n.m.
scolarisable adj.
scolarisation n.f.
scolariser v.t.
scolarité n.f.
scolasticat n.m.
scolastique adj. *et* n.f. ; n.m.
scolex n.m. inv.
scoliaste *ou* **scholiaste** n.m.
scolie *ou* **scholie** n.f.
scoliose n.f.
scoliotique adj. *et* n.
scolopacidé n.m.
scolopendre n.f.
scolyte n.m.
scombridé n.m.
sconse, skons, skuns *ou* **skunks** n.m.
scoop n.m.
scooter n.m.
scootériste n.
scopie n.f.
scopolamine n.f.
scorbut n.m.
scorbutique adj.
score n.m.
scoriacé, e adj.
scorie n.f.
scorpène n.f.
scorpénidé n.m.
scorpion n.m.
scorsonère *ou* **scorzonère** n.f.
scotch n.m. (pl. scotchs) [whisky]
Scotch n.m. (nom déposé) [ruban adhésif]
scotcher v.t.
scotie n.f.
scotisme n.m.
scotome n.m.
scotomisation n.f.
scotomiser v.t.

scottish-terrier n.m. (pl. scottish-terriers)
scoumoune n.f.
scoured n.m.
scout, e n. *et* adj.
scout-car n.m. (pl. scout-cars).
scoutisme n.m.
Scrabble n.m. (nom déposé)
scrabbler v.i.
scrabbleur, euse n.
scraper n.m.
scratch adj. inv.
scratch n.m. (pl. scratchs *ou* scratches)
scratcher v.t.
scratching n.m.
scriban n.m.
scribanne n.f..
scribe n.m.
scribouillard n.m.
scribouilleur, euse n.
scripophilie n.f.
script n.m. (écriture)
scripte n. (personne)
scripteur n.m.
scripturaire adj.
scriptural, e, aux adj.
scrofulaire n.f.
scrofulariacée n.f.
scrofule n.f.
scrofuleux, euse adj. *et* n.
scrotal, e, aux adj.
scrotum n.m. (pl. scrotums)
scrub [skrœb] n.m.
scrupule n.m.
scrupuleusement adv.
scrupuleux, euse adj.
scrutateur, trice adj. ; n.
scruter v.t.
scrutin n.m.
scull [skœl] n.m.
sculpter v.t.
sculpteur n.m.
sculptural, e, aux adj.
sculpture n.f.
scutellaire n.f.
scyphozoaire [si-] n.m.
scythe *ou* **scythique** adj.
se pron. pers.
sea-line [silajn] n.m. (pl. sea-lines)
séance n.f.
séant, e adj.
séant n.m.
seau n.m. (récipient)
sébacé, e adj.
sébaste n.m.
sébile n.f.
sebkra *ou* **sebkha** n.f.
séborrhée n.f.
sébum n.m. (pl. sébums)
sec, sèche adj.
sec n.m. ; adv.
sécable adj.
Secam adj. inv.
sécant, e adj.
sécante n.f.
sécateur n.m.
secco n.m. (pl. seccos)
sécession n.f.
sécessionniste adj. *et* n.
séchage n.m.
sèche n.f.
sèche-cheveux n.m. inv.
sèche-linge n.m. inv.
sèche-mains n.m. inv.
sèchement adv.
sécher v.t. *et* i. (conj. **11**)
sécheresse *ou* **sècheresse** n.f.
sécherie *ou* **sècherie** n.f.
sécheur n.m.
sécheuse n.f.
séchoir n.m.
second, e [-gɔ̃] adj.
second [-gɔ̃] n.m.
secondaire [-gɔ̃-] adj. *et* n.m.
secondairement [-gɔ̃-] adv.
seconde [-gɔ̃-] n.f.
seconder [-gɔ̃-] v.t.
secouement n.m.
secouer v.t.
secoueur n.m.
secourable adj.
secoureur, euse adj. *et* n.
secourir v.t. (conj. **33**)
secourisme n.m.
secouriste n.
secours n.m.
secousse n.f.
secret, ète adj.
secret n.m.
secrétage n.m.
secrétaire n. ; n.m.
secrétairerie n.f.
secrétariat n.m.
secrétariat-greffe n.m. (pl. secrétariats-greffes)
secrètement adv.
secréter v.t. (conj. **11**)
sécréter v.t. (conj. **11**)
sécréteur, euse *ou* **trice** adj.
sécrétine n.f.
sécrétion n.f.
sécrétoire adj.
sectaire adj. *et* n.
sectarisme n.m.
sectateur, trice n.
secte n.f.
secteur n.m.
section n.f.
sectionnement n.m.
sectionner v.t.
sectionneur n.m.
sectoriel, elle adj.
sectorisation n.f.
sectoriser v.t.
séculaire adj.
sécularisation n.f.
séculariser v.t.
séculier, ère adj.
séculier n.m.
secundo [səgɔ̃do] adv.
sécurisant, e adj.
sécurisation n.f.
sécuriser v.t.
sécuritaire adj.
sécurité n.f.
sedan n.m.
sédatif, ive adj.
sédatif n.m.
sédation n.f.
sédentaire adj. *et* n.
sédentarisation n.f.

sédentariser v.t.
sédentarité n.f.
sedia gestatoria n.f. inv.
sédiment n.m.
sédimentaire adj.
sédimentation n.f.
sédimenter v.i. *ou* **se sédimenter** v.pr.
sédimentologie n.f.
sédimentologue n.
séditieux, euse adj. *et* n.
sédition n.f.
séducteur, trice adj. *et* n.
séduction n.f.
séduire v.t. (conj. **78**)
séduisant, e adj.
sedum n.m. (pl. sedums)
seersucker [sirsœkœr] n.m.
séfarade adj. *et* n.
sefardi adj. *et* n. inv. en genre (pl. sefardim)
ségala n.m.
seghia *ou* **seguia** n.f.
segment n.m.
segmentaire adj.
segmentation n.f.
segmenter v.t.
ségrégabilité n.f.
ségrégatif, ive adj.
ségrégation n.f.
ségrégationnisme n.m.
ségrégationniste adj. *et* n.
séguedille *ou* **seguidilla** n.f.
seguia *ou* **seghia** n.f.
seiche n.f.
séide n.m.
seigle n.m.
seigneur n.m. (maître)
seigneurial, e, aux adj.
seigneurie n.f.
seille n.f.
seillon n.m.
seime n.f.
sein n.m. (poitrine)
seine *ou* **senne** n.f. (filet de pêche)
seing n.m. (signature)
séismal, e, aux adj.
séisme n.m.
séismicité n.f.
séismique adj.
séismographe n.m.
séismologie n.f.
seize adj. num. inv. *et* n.m. inv.
seizième adj. num. ord. *et* n.
seizièmement adv.
séjour n.m.
séjourner v.i.
sel n.m.
sélacien n.m.
sélaginelle n.f.
sélect, e adj.
sélecter v.t.
sélecteur n.m.
sélectif, ive adj.
sélection n.f.
sélectionné, e adj. *et* n.
sélectionner v.t.
sélectionneur, euse n.
sélectivement adv.
sélectivité n.f.
sélénate n.m.
sélène adj.
sélénhydrique adj.m.
séléniate n.m.
sélénieux adj.m.
sélénique adj.m.
sélénite n.m. ; n.
sélénium n.m. (pl. séléniums)
séléniure n.m.
sélénographie n.f.
sélénographique adj.
sélénologie n.f.
self n.f. ; n.m.
self-control n.m. (pl. self-controls)
self-government n.m. (pl. self-governments)
self-inductance n.f. (pl. self-inductances)
self-induction n.f. (pl. self-inductions)
self-made-man n.m. (pl. self-made-mans *ou* self-made-men)
self-service n.m. (pl. self-services)
selle n.f. ; n.m.
seller v.t.
sellerie n.f.
sellerie-bourrellerie n.f. (pl. selleries-bourrelleries)
sellerie-garnissage n.f. (pl. selleries-garnissages)
sellerie-maroquinerie n.f. (pl. selleries-maroquineries)
sellette n.f.
sellier n.m.
selon prép.
selve *ou* **selva** n.f.
semailles n.f. pl.
semaine n.f.
semainier, ère n.
semainier n.m.
sémantème n.m.
sémanticien, enne n.
sémantique adj. *et* n.f.
sémantiquement adv.
sémantisme n.m.
sémaphore n.m.
sémasiologie n.f.
semblable adj. *et* n.
semblablement adv.
semblant n.m.
sembler v.i. *et* impers.
sème n.m.
séméiologie *ou* **sémiologie** n.f.
séméiologique *ou* **sémiologique** adj.
semelage n.m.
semelle n.f.
sémème n.m.
semence n.f.
semencier, ère adj.
semencier n.m.
semen-contra n.m. inv.
semer v.t. (conj. **12**)
semestre n.m.
semestriel, elle adj.
semestriellement adv.
semeur, euse n.
semi-aride adj. (pl. semi-arides)

semi-automatique adj. (pl. semi-automatiques)
semi-auxiliaire adj. *et* n.m. (pl. semi-auxiliaires)
semi-chenillé, e adj. *et* n.m. (pl. semi-chenillés, es)
semi-circulaire adj. (pl. semi-circulaires)
semi-coke n.m. (pl. semi-cokes)
semi-conducteur, trice adj. *et* n.m. (pl. semi-conducteurs, trices)
semi-conserve n.f. (pl. semi-conserves)
semi-consonne n.f. (pl. semi-consonnes)
semi-convergente adj.f. (pl. semi-convergentes)
semi-dressant n.m. (pl. semi-dressants)
semi-durable adj. (pl. semi-durables)
semi-fini adj.m. (pl. semi-finis)
semi-globale adj.f. (pl. semi-globales)
semi-grossiste n. (pl. semi-grossistes)
semi-liberté n.f. (pl. semi-libertés)
sémillant, e adj.
sémillon n.m.
semi-logarithmique adj. (pl. semi-logarithmiques)
semi-lunaire adj. *et* n.m. (pl. semi-lunaires)
séminaire n.m.
séminal, e, aux adj.
séminariste n.m.
séminifère adj.
semi-nomade adj. *et* n. (pl. semi-nomades)
semi-nomadisme n.m. (pl. semi-nomadismes)
séminome n.m.
semi-officiel, elle adj. (pl. semi-officiels, elles)
sémiologie n.f.
sémiologique adj.
sémiologue n.
sémioticien, enne n.
sémiotique n.f. *et* adj.
semi-ouvert, e adj. (pl. semi-ouverts, es)
semi-ouvré, e adj. (pl. semi-ouvrés, es)
semi-peigné adj.m. (pl. semi-peignés)
semi-perméable adj. (pl. semi-perméables)
semi-polaire adj. (pl. semi-polaires)
semi-présidentiel, elle adj. (pl. semi-présidentiels, elles)
semi-produit n.m. (pl. semi-produits)
semi-public, ique adj. (pl. semi-publics, iques)
sémique adj.
semi-remorque n.f. (pl. semi-remorques)
semi-rigide adj. (pl. semi-rigides)
semis n.m.
semi-submersible adj. (pl. semi-submersibles)
sémite adj. *et* n.
sémitique adj.
sémitisant, e n.
sémitisme n.m.
semi-voyelle n.f. (pl. semi-voyelles)
semnopithèque n.m.
semoir n.m.
semonce n.f.
semoncer v.t. (conj. **9**)
semoule n.f.
semoulerie n.f.
semoulier n.m.
sempervirent, e adj.
sempiternel, elle adj.
sempiternellement adv.
semple n.m.
sen [sɛn] n.m. inv.
sénat n.m.
sénateur n.m.
sénatorial, e, aux adj.
sénatus-consulte n.m. (pl. sénatus-consultes)
senau n.m. (pl. senaus)
séné n.m.
sénéchal n.m. (pl. sénéchaux)
sénéchaussée n.f.
séneçon *ou* **sèneçon** n.m.
sénégalais, e adj. *et* n.
senellier *ou* **cenellier** n.m.
sénescence n.f.
sénescent, e adj.
senestre *ou* **sénestre** adj.
senestrochère *ou* **sénestrochère** n.m.
senestrorsum *ou* **sénestrorsum** adj. inv. *et* adv.
sénevé *ou* **sènevé** n.m.
sénile adj.
sénilisme n.m.
sénilité n.f.
senior n. *et* adj.
séniorité n.f.
senne *ou* **seine** n.f.
senneur n.m.
sénologie n.f.
sénonais, e adj. *et* n.
señorita n.m.
sens n.m.
sensass *ou* **sensas** adj. inv.
sensation n.f.
sensationnalisme n.m.
sensationnel, elle adj.
sensationnel n.m.
sensé, e adj. (qui a du bon sens)
sensément adv.
senseur n.m. (capteur)
sensibilisant, e adj.
sensibilisant n.m.
sensibilisateur, trice adj.
sensibilisateur n.m.
sensibilisation n.f.
sensibiliser v.t.
sensibilité n.f.
sensible adj.
sensiblement adv.
sensiblerie n.f.
sensille n.f.
sensitif, ive adj. *et* n.

sensitive n.f.
sensitomètre n.m.
sensitométrie n.f.
sensoriel, elle adj.
sensorimétrique adj.
sensori-moteur, trice adj. (pl. sensori-moteurs, trices)
sensualisme n.m.
sensualiste adj. *et* n.
sensualité n.f.
sensuel, elle adj. *et* n.
sente n.f.
sentence n.f.
sentencieusement adv.
sentencieux, euse adj.
senteur n.f.
senti, e adj.
sentier n.m.
sentiment n.m.
sentimental, e, aux adj. *et* n.
sentimentalement adv.
sentimentalisme n.m.
sentimentalité n.f.
sentine n.f.
sentinelle n.f.
sentir v.t. *et* i. (conj. **26**)
seoir v.t. ind. (conj. **53** ; seulem. 3e pers. du sing. et du pl. et temps simples)
sep n.m. (pièce de charrue)
sépale n.m.
sépaloïde adj.
séparable adj.
séparateur, trice adj.
séparateur n.m.
séparation n.f.
séparatisme n.m.
séparatiste adj. *et* n.
séparé, e adj.
séparément adv.
séparer v.t.
sépia n.f. ; adj. inv.
sépiole n.f.
sépiolite n.f.
seppuku n.m.
seps n.m. (lézard)
sept [sɛt] adj. num. inv. *et* n.m. inv.
septain [sɛtɛ̃] n.m.
septal, e, aux adj.
septantaine n.f.
septante adj. num.
septantième adj. num. ord. *et* n.
septembre n.m.
septembriseur n.m.
septénaire n.m.
septennal, e, aux adj.
septennalité n.f.
septennat n.m.
septentrion n.m.
septentrional, e, aux adj.
septicémie n.f.
septicémique adj.
septicité n.f.
septicopyoémie n.f.
septième adj. num. ord. *et* n. ; n.f.
septièmement adv.
septimo adv.
septique adj. (fosse)
septmoncel [sɛmɔ̃sɛl] n.m.
septomycète n.m.
septuagénaire adj. *et* n.
septuagésime n.f.
septum n.m. (pl. septums)
septuor n.m.
septuple adj. *et* n.m.
septupler v.t. *et* i.
sépulcral, e, aux adj.
sépulcre n.m.
sépulture n.f.
séquelle n.f.
séquençage n.m.
séquence n.f.
séquenceur n.m.
séquentiel, elle adj.
séquestration n.f.
séquestre n.m.
séquestrer v.t.
sequin n.m.
séquoia [sekɔja] n.m.
sérac n.m.
sérail n.m. (pl. sérails)
serapeum *ou* **sérapéum** n.m. (pl. sérapéums)
séraphin, e adj. *et* n.
séraphin n.m.
séraphique adj.
serbe adj. *et* n. ; n.m. sing.
serbo-croate adj. (pl. serbo-croates) ; n.m. sing.
serdab n.m.
séré n.m.
serein, e adj.
sereinement adv.
sérénade n.f.
sérénissime adj.
sérénité n.f.
séreuse adj.f. *et* n.f.
séreux, euse adj.
serf, serve n. *et* adj.
serfouage n.m.
serfouette n.f.
serfouir v.t.
serfouissage n.m.
serge n.f.
sergé n.m.
sergent n.m.
sergent-chef n.m. (pl. sergents-chefs)
sergent-major n.m. (pl. sergents-majors)
sergette n.f.
serial n.m. (pl. serials)
sérialisme n.m.
sériation n.f.
séricicole adj.
sériciculteur, trice n.
sériciculture n.f.
séricigène adj.
séricine n.f.
série n.f.
sériel, elle adj.
sérier v.t. (conj. **5**)
sérieusement adv.
sérieux, euse adj.
sérieux n.m.
sérigraphie n.f.
serin, e n.
sérine n.f.
seriner v.t.
serinette n.f.
seringa *ou* **seringat** n.m.
seringage n.m.
seringue n.f.

seringuer v.t.
sérique adj.
serlienne n.f.
serment n.m.
sermon n.m.
sermonnaire n.m.
sermonner v.t.
sermonneur, euse n. *et* adj.
séroconversion n.f.
sérodiagnostic n.m.
sérologie n.f.
sérologique adj.
sérologiste n.
séronégatif, ive adj. *et* n.
séropositif, ive adj. *et* n.
séropositivité n.f.
sérosité n.f.
sérothérapie n.f.
sérotonine n.f.
sérovaccination n.f.
serpe n.f.
serpent n.m.
serpentaire n.m.
serpenteau n.m.
serpentement n.m.
serpenter v.i.
serpentiforme adj.
serpentin n.m.
serpentine n.f.
serpette n.f.
serpillière n.f.
serpolet n.m.
serpule n.f.
serra n.f.
serrage n.m.
serran n.m.
serranidé n.m.
serratule n.f.
serre n.f. ; n.m.
serré, e adj.
serre-file n.m. (pl. serre-files)
serre-fils n.m. inv.
serre-joint n.m. (pl. serre-joints)
serre-livres n.m. inv.
serrement n.m.
serrer v.t.
serre-tête n.m. inv.
serrette n.f.
serriculture n.f.
serriste n.
serrure n.f.
serrurerie n.f.
serrurier n.m.
sertão n.m.
serti n.m.
sertir v.t.
sertissage n.m.
sertisseur, euse n.
sertisseur n.m.
sertissure n.f.
sérum n.m. (pl. sérums)
sérumalbumine n.f.
servage n.m.
serval n.m. (pl. servals)
servant n.m. *et* adj. m.
servante n.f.
serventois n.m.
serveur, euse n.
serveur n.m.
serviabilité n.f.
serviable adj.
service n.m.
serviette n.f.
serviette-éponge n.f. (pl. serviettes-éponges)
servile adj.
servilement adv.
servilité n.f.
servir v.t., t. ind. *et* i. (conj. **31**)
servite n.m.
serviteur n.m.
servitude n.f.
servocommande n.f.
servofrein n.m.
servomécanisme n.m.
servomoteur n.m.
ses adj. poss. pl.
sésame n.m.
sésamoïde adj. *et* n.m.
sesbania n.m.
sesbanie n.f.
sessile adj.
session n.f. (période)
sesterce n.m.
set [sɛt] n.m.
sétacé, e adj. (de soie)
setar *ou* **sehtar** n.m.
setier n.m.
séton n.m.
setter n.m.
seuil n.m.
seul, e adj.
seulement adv.
seulet, ette adj.
sève n.f.
sévère adj.
sévèrement adv.
sévérité n.f.
sévices n.m. pl.
sévillan, e adj. *et* n.
sévir v.i.
sevrage n.m.
sevrer v.t. (conj. **12**)
sèvres n.m.
sévrienne n.f.
sexage n.m.
sexagénaire adj. *et* n.
sexagésimal, e, aux adj.
sexagésime n.f.
sex-appeal n.m. (pl. sex-appeals)
sexe n.m.
sexisme n.m.
sexiste adj. *et* n.
sexologie n.f.
sexologue n.
sexothérapie n.f.
sexpartite adj.
sex-ratio n.m. (pl. sex-ratios)
sex-shop n.m. (pl. sex-shops)
sex-symbol n.m. (pl. sex-symbols)
sextant n.m.
sexte n.f.
sextillion n.m.
sextine n.f.
sexto adv.
sextolet n.m.
sextuor n.m.
sextuple adj. *et* n.m.
sextupler v.t. *et* i.
sextuplés, ées n. pl.
sexualisation n.f.
sexualiser v.t.

sexualité n.f.
sexué, e adj.
sexuel, elle adj.
sexuellement adv.
sexy adj. inv.
seyant, e adj.
seychellois, e adj. *et* n.
sézigue *ou* **sézig** pron. pers.
sforzando adv.
sfumato n.m.
sgraffite n.m.
shabbat n.m.
shah *ou* **chah** n.m.
shahnaï n.m.
shaker [ʃekœr] n.m.
shakespearien, enne adj.
shako *ou* **schako** n.m.
shaktisme n.m.
shamisen [ʃamizɛn] n.m.
shampooing *ou* **shampoing** n.m.
shampouiner v.t.
shampouineur, euse n.
shampouineur n.m.
shampouineuse n.f.
shana n.m.
shantung, shantoung *ou* **chantoung** n.m.
shed n.m.
shekel n.m.
shelf n.m.
shéol *ou* **schéol** n.m.
shérardisation n.f.
shérif n.m.
sherpa n.m.
sherry n.m. (pl. sherrys *ou* sherries)
shetland n.m.
shiatsu n.m.
shigelle n.f.
shikhara n.m. inv.
shilling n.m. (anc. monnaie anglaise)
shilom *ou* **chilom** n.m.
shimmy n.m.
shingle [ʃingəl] n.m.
shinto *ou* **shintoïsme** [ʃin-] n.m.
shintoïste [ʃin-] adj. *et* n.
shipchandler [ʃipʃɑ̃dlœr] n.m.
shirting [ʃœrtiŋ] n.m.
shit n.m.
shivaïsme, sivaïsme *ou* **çivaïsme** n.m.
shivaïte, sivaïte *ou* **çivaïte** adj. *et* n.
shocking adj. inv.
shogun *ou* **shogoun** n.m.
shogunal, e, aux *ou* **shogounal, e, aux** adj.
shoot n.m.
shooter v.i. ; **se shooter** v.pr.
shopping n.m.
short n.m.
shorthorn n. *et* adj.
short ton [ʃɔrtɔn] n.m. (pl. short tons)
short-track n.m. (pl. short-tracks)
show n.m.
show-business [ʃobiznɛs] *ou* **show-biz** n.m. inv.
showroom n.m.
shrapnell *ou* **shrapnel** n.m.
shudra *ou* **sudra** [ʃudra] n.m. inv.
shunt [ʃœ̃t] n.m.
shunter [ʃœ̃te] v.t.
si conj. *et* adv. , n.m. inv.
sial n.m. sing.
sialagogue adj. *et* n.m.
sialis n.m.
sialorrhée n.f.
siamang n.m.
siamois, e adj. *et* n.
sibérien, enne adj. *et* n.
sibilant, e adj.
sibylle n.f.
sibyllin, e adj.
sic adv.
sicaire n.m.
siccatif, ive adj.
siccatif n.m.
siccativité n.f.
siccité n.f.
sicilien, enne adj. *et* n.
sicilienne n.f.
sicle n.m.
siclée *ou* **ciclée** n.f.
sicler *ou* **cicler** v.i.
sida n.m.
side-car n.m. (pl. side-cars)
sidéen, enne adj. *et* n.
sidéral, e, aux adj.
sidérant, e adj.
sidération n.f.
sidérer v.t. (conj. **11**)
sidérite n.f.
sidérolithe *ou* **sidérolite** n.f.
sidérolithique *ou* **sidérolitique** adj. *et* n.m.
sidérose n.f.
sidérostat n.m.
sidéroxylon n.m.
sidérurgie n.f.
sidérurgique adj.
sidérurgiste n.
siècle n.m.
siège n.m.
siéger v.i. (conj. **15**)
siemens n.m.
sien, sienne pron. poss. (pl. les siens, les siennes)
sierra n.f.
sieste n.f.
sieur n.m.
sievert n.m.
sifflage n.m.
sifflant, e adj.
sifflement n.m.
siffler v.i. *et* t.
sifflet n.m.
siffleur, euse adj. *et* n.
siffleux n.m.
sifflotement n.m.
siffloter v.i. *et* t.
sifilet n.m.
sigillaire adj. ; n.f.
sigillé, e adj.
sigillographie n.f.
sigillographique adj.
sigisbée n.m.
siglaison n.f.
sigle n.m.

siglé, e adj.
sigma n.m. inv.
sigmoïde adj.
sigmoïdite n.f.
signal n.m. (pl. signaux)
signalé, e adj.
signalement n.m.
signaler v.t.
signalétique adj. ; n.f.
signaleur n.m.
signalisation n.f.
signaliser v.t.
signataire adj. *et* n.
signature n.f.
signe n.m.
signer v.t.
signet n.m.
signifiant, e adj.
signifiant n.m.
significatif, ive adj.
signification n.f.
significativement adv.
signifié n.m.
signifier v.t. (conj. **5**)
sikh adj. *et* n.
sikhisme n.m.
silane n.m.
silence n.m.
silencieusement adv.
silencieux, euse adj.
silencieux n.m.
silène n.m.
Silentbloc n.m. (nom déposé)
siler v.i.
silésien, enne adj. *et* n.
silex n.m. inv.
silhouette n.f.
silhouetter v.t.
Silicagel n.m. (nom déposé)
silicate n.m.
silice n.f.
siliceux, euse adj.
silicicole adj.
silicique adj.
silicium n.m. (pl. siliciums)
siliciure n.m.
silicone n.f. ; n.m.
silicose n.f.
silicosé, e adj.
silicotique adj.
silicule n.f.
Silionne n.f. (nom déposé)
silique n.f.
sillage n.m.
sillet n.m.
sillimanite n.f.
sillon n.m.
sillonner v.t.
silo n.m.
silotage n.m.
silphe n.m.
silt n.m.
silure n.m.
silurien, enne adj.
silurien n.m.
siluriforme n.m.
silves n.f. pl.
sima n.m.
simagrée n.f.
simarre n.f.
simaruba n.m.
simbleau n.m.
simien, enne adj.
simien n.m.
simiesque adj.
similaire adj.
similarité n.f.
simili n.m. ; n.f.
similicuir n.m.
similigravure n.f.
similisage n.m.
similiser v.t.
similiste n.
similitude n.f.
similor n.m.
simoniaque adj. *et* n.
simonie n.f.
simoun n.m.
simple adj. *et* n.m.
simplement adv.
simplet, ette adj.
simplex n.m. inv. (transmission)
simplexe n.m. (algèbre)
simplicité n.f.
simplifiable adj.
simplificateur, trice adj.
simplification n.f.
simplifier v.t. (conj. **5**)
simplisme n.m.
simpliste adj. *et* n.
simulacre n.m.
simulateur, trice n.
simulateur n.m.
simulation n.f.
simulé, e adj.
simuler v.t.
simulie n.f.
simultané, e adj.
simultanée n.f.
simultanéisme n.m.
simultanéité n.f.
simultanément adv.
sinanthrope n.m.
sinapisé, e adj.
sinapisme n.m.
sincère adj.
sincèrement adv.
sincérité n.f.
sincipital, e, aux adj.
sinciput [sɛ̃sipyt] n.m.
sinécure n.f.
sine die loc. adv.
sine qua non [sinekwanɔn] loc. adj. inv.
singalette n.f.
singapourien, enne adj. *et* n.
singe n.m.
singer v.t. (conj. **10**)
singerie n.f.
single [singœl] n.m.
singlet n.m.
singleton n.m.
singulariser v.t.
singularité n.f.
singulier, ère adj.
singulier n.m. *et* adj.m.
singulièrement adv.
sinisant, e n.
sinisation n.f.
siniser v.t.
sinistralité n.f.
sinistre adj. ; n.m.
sinistré, e adj. *et* n.
sinistrement adv.
sinistrose n.f.

sinité n.f.
sinoc adj. *et* n. inv. *ou* **sinoque, cinoque** adj. *et* n.
sinologie n.f.
sinologue n.
sinon conj.
sinople n.m.
sinoque, cinoque adj. *et* n. *ou* **sinoc** adj. *et* n. inv.
sino-tibétain, e adj. (pl. sino-tibétains, es)
sino-tibétain n.m. sing.
sintérisation n.f.
sintériser v.t.
sinué, e adj.
sinuer v.i.
sinueux, euse adj.
sinuosité n.f.
sinus n.m. inv.
sinusal, e, aux adj.
sinusien, enne adj.
sinusite n.f.
sinusoïdal, e, aux adj.
sinusoïde n.f.
sionisme n.m.
sioniste adj. *et* n.
sioux adj. et n. inv.
siphoïde adj.
siphomycète n.m.
siphon n.m.
siphonaptère n.m.
siphonné, e adj.
siphonner v.t.
siphonogamie n.f.
siphonophore n.m.
sipo n.m.
sir [sœr] n.m. (titre anglais)
sirdar n.m.
sire n.m. (roi)
sirène n.f.
sirénien n.m.
sirex n.m. inv.
sirli n.m.
sirocco *ou* **siroco** n.m.
sirop n.m.
siroperie n.f.
siroter v.t. *et* i.
sirtaki n.m.
sirupeux, euse adj.
sirventès n. m.
sis, e adj.
sisal n.m. (pl. sisals)
sismal, e, aux adj.
sismicité n.f.
sismique adj.
sismogramme n.m.
sismographe n.m.
sismologie n.f.
sismologique adj.
sismologue n.
sismométrie n.f.
sismothérapie n.f.
sister-ship n.m. (pl. sister-ships)
sistre n.m.
sisymbre n.m.
sitar n.m. (instrument de musique indien)
sitariste n.
sitcom n.m. *ou* f.
site n.m.
sit-in n.m. inv.
sitiomanie n.f.
sitologue n.
sitostérol n.m.
sitôt adv.
sittelle *ou* **sittèle** n.f.
sittidé n.m.
situation n.f.
situationnisme n.m.
situationniste adj. *et* n.
situé, e adj.
situer v.t.
sivaïsme, shivaïsme *ou* **çivaïsme** n.m.
sivaïte, shivaïte *ou* **çivaïte** adj. *et* n.
sivapithèque n.m.
six adj. num. inv. *et* n.m.
sixain n.m.
six-huit n.m. inv.
sixième adj. num. ord. *et* n. ; n.f.
sixièmement adv.
six-quatre-deux (à la) loc. adv.
sixte n.f.
sixtus n.m. inv.
sizain *ou* **sixain** n.m.
sizerin n.m.
ska n.m.
Skaï n.m. (nom déposé)
skateboard [sketbɔrd] *ou* **skate** n.m.
skeet n.m.
sketch n.m. (pl. sketchs *ou* sketches)
ski n.m.
skiable adj.
skiascopie n.f.
ski-bob n.m. (pl. ski-bobs)
skier v.i. (conj. **5**)
skieur, euse n.
skiff *ou* **skif** n.m.
skinhead [skinɛd] *ou* **skin** n.
skip n.m.
skipper [skipœr] n.m.
skons, skuns, skunks ou **sconse** n.m.
skua n.m.
skunks, skuns, skons *ou* **sconse** n.m.
skydome [skajdom] n.m.
skye-terrier [skaj-] n.m. (pl. skye-terriers)
sky-surfing [skajsœrfiŋ] n.m. (pl. sky-surfings)
slalom n.m.
slalomer v.i.
slalomeur, euse n.
slang n.m.
slash n.m. (pl. slashs *ou* slashes)
slave adj. *et* n.
slave n.m. sing.
slavisant, e n.
slaviser v.t.
slavistique n.f.
slavon n.m. sing.
slavophile adj. *et* n.
sleeping-car *ou* **sleeping** [slipiŋ] n.m. (pl. sleeping-cars, sleepings)
slice [slajs] n.m.
slicer [slajse] v.t. (conj. **9**)
slikke [slik] n.f.
slip n.m.
slogan n.m.
sloop n.m.

sloughi n.m.
slovaque adj. *et* n. ; n.m. sing.
slovène adj. *et* n. ; n.m. sing.
slow n.m.
smala *ou* **smalah** n.f.
smalt n.m.
smaragdite n.f.
smart adj. inv.
smash n.m. (pl. smashs *ou* smashes)
smasher v.i. *et* t.
smectique adj.
smegma n.m.
smicard, e n.
smilax n.m. inv.
smillage n.m.
smille n.f.
smithsonite n.f.
smocks n.m. pl.
smog n.m.
smoking n.m.
smolt n.m.
smorzando adv.
smurf n.m.
snack-bar *ou* **snack** n.m. (pl. snack-bars, snacks)
sniff *ou* **snif !** interj.
sniffer v.t.
snob adj. *et* n.
snober v.t.
snobinard, e adj. *et* n.
snobisme n.m.
snow-boot n.m. (pl. snow-boots)
soap opera n.m. (pl. soap operas)
sobre adj.
sobrement adv.
sobriété n.f.
sobriquet n.m.
soc n.m. (d'une charrue)
soccer [sɔsœr] n.m.
sociabiliser v.t.
sociabilité n.f.
sociable adj.
social, e, aux adj.
social-chrétien, sociale-chrétienne adj. *et* n. (pl. sociaux-chrétiens, sociales-chrétiennes)
social-démocrate, sociale-démocrate adj. *et* n. (pl. sociaux-démocrates, sociales-démocrates)
social-démocratie n.f. (pl. social-démocraties)
socialement adv.
socialisant, e adj. *et* n.
socialisation n.f.
socialiser v.t.
socialisme n.m.
socialiste adj. *et* n.
social-révolutionnaire, sociale-révolutionnaire adj. *et* n. (pl. sociaux-révolutionnaires, sociales-révolutionnaires)
sociétaire adj. *et* n.
sociétal, e, aux adj.
sociétariat n.m.
société n.f.
socinianisme n.m.
socinien, enne adj. *et* n.
sociobiologie n.f.
sociocritique n.f.
socioculturel, elle adj.
sociodrame n.m.
socio-économique adj. (pl. socio-économiques)
socio-éducatif, ive adj. (pl. socio-éducatifs, ives)
sociogenèse n.f.
sociogramme n.m.
sociolinguistique n.f.
sociologie n.f.
sociologique adj.
sociologiquement adv.
sociologisme n.m.
sociologue n.
sociométrie n.f.
sociométrique adj.
sociopathie n.f.
sociopolitique adj.
socioprofessionnel, elle adj.
sociothérapie n.f.
socket *ou* **soquet** n.m.
socle n.m.
socque n.m. (chaussure)
socquette n.f.
socratique adj.
soda n.m.
sodé, e adj.
sodique adj.
sodium n.m. (pl. sodiums)
sodoku [-ku] n.m. (pl. sodokus)
sodomie n.f.
sodomiser v.t.
sodomite n.m.
sœur n.f.
sœurette n.f.
sofa n.m.
soffite n.m.
soft adj. inv.
softball n.m.
soft-drink n.m. (pl. soft-drinks)
software [sɔftwɛr] n.m.
soi pron. pers.
soi-disant adj. inv. *et* adv.
soie n.f.
soierie n.f.
soif n.f.
soiffard, e n.
soignant, e adj. *et* n.
soigné, e adj.
soigner v.t.
soigneur n.m.
soigneusement adv.
soigneux, euse adj.
soin n.m.
soir n.m.
soirée n.f.
soit [swa] conj.
soit [swat] adv.
soit-communiqué n.m. inv.
soixantaine n.f.
soixante adj. num. inv. *et* n.m. inv.
soixante-dix adj. num. *et* n.m. inv.
soixante-dixième adj. num. ord. *et* n.

soixante-huitard, e adj. *et* n. (pl. soixante-huitards, es)
soixantième adj. num. ord. *et* n.
soja n.m.
sol n.m. (terrain)
sol n.m. inv. (note de musique)
solaire adj. *et* n.m.
solanacée n.f.
solarium n.m. (pl. solariums)
soldanelle n.f.
soldat n.m.
soldate n.f.
soldatesque adj. *et* n.f.
solde n.f. ; n.m.
solder v.t.
solderie n.f.
soldeur, euse n.
sole n.f.
soléaire adj. *et* n.m.
solécisme n.m.
soleil n.m.
solen n.m.
solennel, elle adj.
solennellement adv.
solenniser v.t.
solennité n.f.
solénoïdal, e, aux adj.
solénoïde n.m.
soleret n.m.
Solex n.m. (nom déposé)
solfatare n.f.
solfège n.m.
solfier v.t. (conj. **5**)
solicitor n.m.
solidage n.f.
solidago n.m.
solidaire adj.
solidairement adv.
solidariser v.t.
solidarité n.f.
solide adj. ; n.m.
solidement adv.
solidification n.f.
solidifier v.t. (conj. **5**)
solidité n.f.
soliflore n.m.
solifluxion n.f.
soliloque n.m.
soliloquer v.i.
solin n.m.
solipède adj.
solipsisme n.m.
soliste n.
solitaire adj. *et* n. ; n.m.
solitairement adv.
solitude n.f.
solive n.f.
soliveau n.m.
sollicitation n.f.
solliciter v.t.
solliciteur, euse n.
sollicitude n.f.
solo n.m. (pl. solos *ou* soli) ; adj.
solognot, e adj. *et* n.
solstice n.m.
solsticial, e, aux adj.
solubilisation n.f.
solubiliser v.t.
solubilité n.f.
soluble adj.
soluté n.m.
solution n.f.
solutionner v.t.
solutréen, enne adj.
solutréen n.m.
solvabilité n.f.
solvable adj.
solvant n.m.
solvatation n.f.
solvate n.m.
soma n.m.
somali, e adj. *et* n.
somali n.m. sing.
somalien, enne adj. *et* n.
somatique adj.
somatisation n.f.
somatiser v.t.
somatotrope adj.
somatotrophine n.f.
sombre adj.
sombrer v.i.
sombrero n.m.
somesthésie n.f.
somite n.m.
sommable adj.
sommaire adj. ; n.m.
sommairement adv.
sommation n.f.
somme n.f. ; n.m.
sommeil n.m.
sommeiller v.i.
sommelier, ère n.
sommellerie n.f.
sommer v.t.
sommet n.m.
sommier n.m.
sommital, e, aux adj.
sommité n.f.
somnambule adj. *et* n.
somnambulique adj.
somnambulisme n.m.
somnifère adj. *et* n.m.
somniloquie n.f.
somnolence n.f.
somnolent, e adj.
somnoler v.i.
somptuaire adj.
somptueusement adv.
somptueux, euse adj.
somptuosité n.f.
son n.m.
son adj. poss. m. sing. (pl. ses)
sonagramme n.m.
sonagraphe n.m.
sonal n.m. (pl. sonals)
sonar n.m.
sonate n.f.
sonatine n.f.
sondage n.m.
sonde n.f.
sondé, e n.
sonder v.t.
sondeur, euse n.
sondeur n.m.
sondeuse n.f.
songe n.m.
songe-creux n.m. inv.
songer v.t. ind. *et* i. (conj. **10**)
songerie n.f.
songeur, euse adj.
sonie n.f.
sonique adj.
sonnaille n.f.

sonnailler v.i. ; n.m.
sonnant, e adj.
sonné, e adj.
sonner v.i. *et* t.
sonnerie n.f.
sonnet n.m.
sonnette n.f.
sonneur n.m.
sono n.f.
sonomètre n.m.
sonore adj.
sonorisation n.f.
sonoriser v.t.
sonorité n.f.
sonothèque n.f.
sophisme n.m.
sophiste n.m.
sophistication n.f.
sophistique adj. *et* n.f.
sophistiqué, e adj.
sophistiquer v.t.
sophora n.m.
sophrologie n.f.
sophrologique adj.
sophrologue n.
soporifique adj. *et* n.m.
sopraniste n.m.
soprano adj. *et* n., n.m. (pl. sopranos *ou* soprani)
soquet n.m.
sorbe n.f.
sorbet n.m.
sorbetière n.f.
sorbier n.m.
sorbitol n.m.
sorbonnard, e n.
sorcellerie n.f.
sorcier, ère n.
sordide adj.
sordidement adv.
sordidité n.f.
sore n.m. (en botanique)
sorgho n.m.
sorite n.m.
sornette n.f.
sororal, e, aux adj.
sororat n.m.
sort n.m. (destin)
sortable adj.
sortant, e adj. *et* n.
sortant n.m.
sorte n.f.
sortie n.f.
sortie-de-bain n.f. (pl. sorties-de-bain)
sortie-de-bal n.f. (pl. sorties-de-bal)
sortilège n.m.
sortir v.i. (conj. **31** ; auxil. *être*) ; v.t. (auxil. *avoir*)
sortir n.m. sing.
sosie n.m.
sostenuto adv.
sot, sotte adj. *et* n.
sotch n.m.
sot-l'y-laisse n.m. inv.
sottement adv.
sottie *ou* **sotie** n.f.
sottise n.f.
sottisier n.m.
sou n.m. (pl. sous)
souahéli, e adj.
souahéli n.m. sing.
soubassement n.m.
soubresaut n.m.
soubrette n.f.
soubreveste n.f.
souche n.f.
souchet n.m.
souchette n.f.
sou-chong n.m. inv.
souci n.m.
soucier (se) v.pr. (conj. **5**)
soucieusement adv.
soucieux, euse adj.
soucoupe n.f.
soudabilité n.f.
soudable adj.
soudage n.m.
soudain, e adj.
soudain adv.
soudainement adv.
soudaineté n.f.
soudanais, e adj. *et* n.
soudard n.m.
soude n.f.
souder v.t.
soudeur, euse n.
soudoyer v.t. (conj. **7**)
soudure n.f.
soue n.f.
soufflage n.m.
soufflant, e adj.
soufflante n.f.
soufflard n.m.
souffle n.m.
soufflé n.m.
soufflement n.m.
souffler v.i. *et* t.
soufflerie n.f.
soufflet n.m.
souffleter v.t. (conj. **16**)
souffleur, euse n.
souffleur n.m.
souffleuse n.f.
soufflure n.f.
souffrance n.f.
souffrant, e adj.
souffre-douleur n. inv.
souffreteux, euse adj.
souffrir v.t., i. *et* t. ind. (conj. **23**)
soufi, e adj. *et* n.
soufisme n.m.
soufrage n.m.
soufre n.m. ; adj. inv.
soufrer v.t.
soufreuse n.f.
soufrière n.f.
souhait n.m.
souhaitable adj.
souhaiter v.t.
souillard n.m.
souille n.f.
souiller v.t.
souillon n.
souillure n.f.
souimanga *ou* **soui-manga** n.m. (pl. soui-mangas)
souk n.m.
soul [sol] adj. inv. *et* n.f. inv. *ou* **soul music** n.f. inv.
soûl, e *ou* **saoul, e** adj.
soûl *ou* **saoul** n.m.
soulagement n.m.
soulager v.t. (conj. **10**)
soulane n.f.
soûlant, e adj.

soûlard, en.
soûlaud, e *ou* **soûlot, e** n.
soûler *ou* **saouler** v.t.
soûlerie n.f.
soulèvement n.m.
soulever v.t. (conj. **2**)
soulier n.m.
soulignage *ou* **soulignement** n.m.
souligner v.t.
soul music n.f. inv.
soûlographe n.
soûlographie n.f.
soûlon n.m.
soûlot, e *ou* **soûlaud,e** n.
soulte n.f.
soumaintrain n.m.
soumettre v.t. (conj. **64**)
soumis, e adj.
soumission n.f.
soumissionnaire adj. *et* n.
soumissionner v.t.
soupape n.f.
soupçon n.m.
soupçonnable adj.
soupçonner v.t.
soupçonneusement adv.
soupçonneux, euse adj.
soupe n.f.
soupente n.f.
souper v.i. ; n.m. (pl. soupers)
soupeser v.t. (conj. **12**)
soupeur, euse n.
soupière n.f.
soupir n.m.
soupirail n.m. (pl. soupiraux)
soupirant n.m.
soupirer v.i. *et* t. ind.
souple adj.
souplement adv.
souplesse n.f.
souquenille n.f.
souquer v.t.
sourate *ou* **surate** n.f.
source n.f.
sourcier n.m.
sourcil n.m.
sourcilier, ère adj.
sourciller v.i.
sourcilleux, euse adj.
sourd, e adj. *et* n.
sourdement adv.
sourdine n.f.
sourdingue adj. *et* n.
sourd-muet, sourde-muette adj. *et* n. (pl. sourds-muets, sourdes-muettes)
sourdre v.i. (conj. **59** ; seulem. à l'inf. et à la 3e pers. de l'ind. prés. et imparfait)
souriant, e adj.
souriceau n.m. (pl. souriceaux)
souricière n.f.
sourire v.i. *et* t. ind. (conj. **75**) ; n.m.
souris n.f.
sournois, e adj. *et* n.
sournoisement adv.
sournoiserie n.f.
sous prép.
sous-acquéreur n.m. (pl. sous-acquéreurs)
sous-administré, e adj. (pl. sous-administrés, es)
sous-alimentation n.f. (pl. sous-alimentations)
sous-alimenté, e adj. (pl. sous-alimentés, es)
sous-alimenter v.t.
sous-amendement n.m. (pl. sous-amendements)
sous-arachnoïdien, enne adj. (pl. sous-arachnoïdiens, ennes)
sous-arbrisseau n.m. (pl. sous-arbrisseaux)
sous-assurer v.t.
sous-barbe n.f. (pl. sous-barbes)
sous-bois n.m.
sous-brigadier n.m. (pl. sous-brigadiers)
sous-calibré, e adj. (pl. sous-calibrés, es)
sous-cavage n.m. (pl. sous-cavages)
sous-chef n.m. (pl. sous-chefs)
sous-classe n.f. (pl. sous-classes)
sous-clavier, ère adj. (pl. sous-claviers, ères)
sous-comité n.m. (pl. sous-comités)
sous-commission n.f. (pl. sous-commissions)
sous-consommation n.f. (pl. sous-consommations)
sous-continent n.m. (pl. sous-continents)
sous-cortical, e, aux adj.
sous-couche n.f. (pl. sous-couches)
souscripteur n.m.
souscription n.f.
souscrire v.t., t. ind. *et* i. (conj. **79**)
sous-cutané, e adj. (pl. sous-cutanés, es)
sous-déclarer v.t.
sous-développé, e adj. *et* n. (pl. sous-développés, es)
sous-développement n.m. (pl. sous-développements)
sous-diaconat n.m. (pl. sous-diaconats)
sous-diacre n.m. (pl. sous-diacres)
sous-directeur, trice n. (pl. sous-directeurs, trices)
sous-dominante n.f. (pl. sous-dominantes)
sous-effectif n.m. (pl. sous-effectifs)
sous-embranchement n.m. (pl. sous-embrachements)
sous-emploi n.m. (pl. sous-emplois)
sous-employer v.t. (conj. **7**)
sous-ensemble n.m. (pl. sous-ensembles)
sous-entendre v.t. (conj. **59**)

sous-entendu n.m. (pl. sous-entendus)
sous-entrepreneur n.m. (pl. sous-entrepreneurs)
sous-équipé, e adj. (pl. sous-équipés, es)
sous-équipement n.m. (pl. sous-équipements)
sous-espace n.m. (pl. sous-espaces)
sous-espèce n.f. (pl. sous-espèces)
sous-estimation n.f. (pl. sous-estimations)
sous-estimer v.t.
sous-évaluation n.f. (pl. sous-évaluations)
sous-évaluer v.t.
sous-exploitation n.f. (pl. sous-exploitations)
sous-exploiter v.t.
sous-exposer v.t.
sous-exposition n.f. (pl. sous-expositions)
sous-faîte n.m. (pl. sous-faîtes)
sous-famille n.f. (pl. sous-familles)
sous-fifre n.m. (pl. sous-fifres)
sous-garde n.f. (pl. sous-gardes)
sous-genre n.m. (pl. sous-genres)
sous-glaciaire adj. (pl. sous-glaciaires)
sous-gorge n.f. inv.
sous-gouverneur n.m. (pl. sous-gouverneurs)
sous-groupe n.m. (pl. sous-groupes)
sous-homme n.m. (pl. sous-hommes)
sous-humanité n.f. (pl. sous-humanités)
sous-jacent, e adj. (pl. sous-jacents, es)
sous-lieutenant n.m. (pl. sous-lieutenants)
souslik n.m.
sous-locataire n. (pl. sous-locataires)
sous-location n.f. (pl. sous-locations)
sous-louer v.t.
sous-main n.m. inv.
sous-maître n.m. (pl. sous-maîtres)
sous-maîtresse n.f. (pl. sous-maîtresses)
sous-marin, e adj. (pl. sous-marins, es)
sous-marin n.m. (pl. sous-marins)
sous-marinier n.m. (pl. sous-mariniers)
sous-marque n.f. (pl. sous-marques)
sous-maxillaire adj. (pl. sous-maxillaires)
sous-médicalisé, e adj. (pl. sous-médicalisés, es)
sous-ministre n. (pl. sous-ministres)
sous-multiple adj. *et* n.m. (pl. sous-multiples)
sous-nappe n.f. (pl. sous-nappes)
sous-normale n.f. (pl. sous-normales)
sous-œuvre n.m. sing.
sous-off n.m. (pl. sous-offs)
sous-officier n.m. (pl. sous-officiers)
sous-orbital, e, aux adj.
sous-ordre n.m. (pl. sous-ordres)
sous-palan (en) loc. adv.
sous-payer v.t. (conj. **6**)
sous-peuplé, e adj. (pl. sous-peuplés, es)
sous-peuplement n.m. (pl. sous-peuplements)
sous-pied n.m. (pl. sous-pieds)
sous-plat n.m. (pl. sous-plats)
sous-préfectoral, e, aux adj.
sous-préfecture n.f. (pl. sous-préfectures)
sous-préfet n.m. (pl. sous-préfets)
sous-préfète n.f. (pl. sous-préfètes)
sous-pression n.f. (pl. sous-pressions)
sous-production n.f. (pl. sous-productions)
sous-produit n.m. (pl. sous-produits)
sous-programme n.m. (pl. sous-programmes)
sous-prolétaire n. (pl. sous-prolétaires)
sous-prolétariat n.m. (pl. sous-prolétariats)
sous-pull n.m. (pl. sous-pulls)
sous-saturé, e adj. (pl. sous-saturés, es)
sous-scapulaire adj. (pl. sous-scapulaires)
sous-secrétaire n.m. (pl. sous-secrétaires)
sous-secrétariat n.m. (pl. sous-secrétariats)
sous-secteur n.m. (pl. sous-secteurs)
sous-section n.f. (pl. sous-sections)
sous-seing n.m. inv.
soussigné, e adj. *et* n.
sous-sol n.m. (pl. sous-sols)
sous-solage n.m. (pl. sous-solages)
sous-soleuse n.f. (pl. sous-soleuses)
sous-station n.f. (pl. sous-stations)
sous-système n.m. (pl. sous-systèmes)
sous-tangente n.f. (pl. sous-tangentes)
sous-tasse n.f. (pl. sous-tasses)
sous-tendre v.t. (conj. **59**)
sous-tension n.f. (pl. sous-tensions)
sous-titrage n.m. (pl. sous-titrages)
sous-titre n.m. (pl. sous-titres)
sous-titrer v.t.

soustracteur n.m.
soustractif, ive adj.
soustraction n.f.
soustraire v.t. (conj. **92**)
sous-traitance n.f. (pl. sous-traitances)
sous-traitant n.m. (pl. sous-traitants)
sous-traiter v.t.
sous-utiliser v.t.
sous-ventrière n.f. (pl. sous-ventrières)
sous-verge n.m. inv.
sous-verre n.m. inv.
sous-vêtement n.m. (pl. sous-vêtements)
sous-virer v.i.
sous-vireur, euse adj. (pl. sous-vireurs, euses)
soutache n.f.
soutacher v.t.
soutane n.f.
soute n.f.
soutenable adj.
soutenance n.f.
soutènement n.m.
souteneur n.m.
soutenir v.t. (conj. **28**)
soutenu, e adj.
souterrain, e adj.
souterrain n.m.
soutien n.m.
soutien-gorge n.m. (pl. soutiens-gorge)
soutier n.m.
soutirage n.m.
soutirer v.t.
soutra *ou* **sutra** n.m.
soutrage n.m.
souvenance n.f.
souvenir n.m.
souvenir (se) v.pr. (conj. **28**)
souvenir-écran n.m. (pl. souvenirs-écrans)
souvent adv.
souverain, e adj.
souverain n.m.
souverainement adv.
souveraineté n.f.
souverainiste n. *et* adj.
souvlaki n.m.
soviet n.m.
soviétique adj. *et* n.
soviétisation n.f.
soviétiser v.t.
soviétologue n.
sovkhoz *ou* **sovkhoze** n.m.
soyeux, euse adj.
soyeux n.m.
space opera [spes-] n.m. (pl. space operas)
spacieusement adv.
spacieux, euse adj.
spadassin n.m.
spadice n.m.
spaetzli [∫petzli] n.m. (pl. spaetzlis)
spaghetti n.m. (pl. inv. *ou* spaghettis)
spahi n.m.
spalax n.m. inv.
spallation n.f.
spalter n.m.
spanioménorrhée n.f.
sparadrap n.m.
spardeck n.m.
sparganier n.m.
sparidé n.m.
sparring-partner n.m. (pl. sparring-partners)
spart *ou* **sparte** n.m.
spartakisme n.m.
spartakiste adj. *et* n.
sparterie n.f.
spartiate adj. *et* n. ; n.f.
spasme n.m.
spasmodique adj.
spasmolytique adj. *et* n.m.
spasmophile adj. *et* n.
spasmophilie n.f.
spatangue n.m.
spath n.m. (minerai)
spathe n.f. (feuille)
spathique adj.
spatiabiliser v.t.
spatial, e, aux adj.
spatialisation n.f.
spatialiser v.t.
spatialité n.f.
spationaute n.
spationef n.m.
spatio-temporel, elle adj. (pl. spatio-temporels, elles)
spatule n.f.
spatulé, e adj.
speaker [spikœr] n.m.
speaker, speakerine n.
spécial, e, aux adj.
spéciale n.f.
spécialement adv.
spécialisation n.f.
spécialisé, e adj.
spécialiser v.t.
spécialiste n. *et* adj.
spécialité n.f.
spéciation n.f.
spécieusement adv.
spécieux, euse adj.
spécification n.f.
spécificité n.f.
spécifier v.t. (conj. **5**)
spécifique adj.
spécifiquement adv.
spécimen n.m.
spéciosité n.f.
spectacle n.m.
spectaculaire adj.
spectateur, trice n.
spectral, e, aux adj.
spectre n.m.
spectrochimique adj.
spectrogramme n.m.
spectrographe n.m.
spectrographie n.f.
spectrographique adj.
spectrohéliographe n.m.
spectromètre n.m.
spectrométrie n.f.
spectrométrique adj.
spectrophotomètre n.m.
spectrophotométrie n.f.
spectroscope n.m.
spectroscopie n.f.
spectroscopique adj.
spéculaire adj.
spéculateur, trice n.
spéculatif, ive adj.
spéculation n.f.

spéculativement adv.
spéculer v.i.
spéculoos *ou* **spéculaus** n.m.
spéculum n.m. (pl. spéculums)
speech n.m. (pl. speechs *ou* speeches)
speeder v.i.
spéléologie n.f.
spéléologique adj.
spéléologue n.
spencer n.m.
spéos n.m.
spergulaire n.f.
spergule n.f.
spermaceti n.m. (pl. spermacetis)
spermaphyte n.m.
spermatide n.m.
spermatie n.f.
spermatique adj.
spermatocyte n.m.
spermatogenèse n.f.
spermatogonie n.f.
spermatophore n.m.
spermatophyte n.m.
spermatozoïde n.m.
sperme n.m.
spermicide adj. *et* n.m.
spermogramme n.m.
spermophile n.m.
spet n.m.
spetsnaz n.f. pl.
sphacèle n.m.
sphaigne n.f.
sphène n.m.
sphéniscidé n.m.
sphénodon n.m.
sphénoïdal, e, aux adj.
sphénoïde adj. *et* n.m.
sphère n.f.
sphéricité n.f.
sphérique adj.
sphéroïdal, e, aux adj.
sphéroïde n.m.
sphéromètre n.m.
sphincter n.m.
sphinctérien, enne adj.
sphinge n.f.
sphingidé n.m.
sphinx n.m.
sphygmomanomètre n.m.
sphyrène n.f.
spi n.m. (pl. spis)
spic n.m.
spicilège n.m.
spicule n.m.
spider n.m.
spiegel n.m.
spin n.m.
spina-bifida n.m. inv. *et* n. inv.
spinal, e, aux adj.
spinalien, enne adj. *et* n.
spinelle n.m.
spinnaker n.m.
spinozisme n.m.
spinoziste adj. *et* n.
spioncelle n.f.
spiral, e, aux adj.
spirale n.f.
spiralé, e adj.
spire n.f.
spirée n.f.
spirifer n.m.
spirille n.m.
spirillose n.f.
spiritain n.m.
spirite adj. *et* n.
spiritisme n.m.
spiritual [-twol] n.m. (pl. spirituals)
spiritualisation n.f.
spiritualiser v.t.
spiritualisme n.m.
spiritualiste adj. *et* n.
spiritualité n.f.
spirituel, elle adj.
spirituel n.m.
spirituellement adv.
spiritueux, euse adj.
spiritueux n.m.
spirochète [-kɛt] n.m.
spirochétose [-ke] n.f.
spirographe n.m.
spirogyre n.f.
spiroïdal, e, aux adj.
spiromètre n.m.
spirométrie n.f.
spirorbe n.m.
spiruline n.f.
spitant, e adj.
spitz n.m.
splanchnique [-k-] adj.
spleen [splin] n.m.
splendeur n.f.
splendide adj.
splendidement adv.
splénectomie n.f.
splénique adj.
splénomégalie n.f.
spoiler n.m.
spoliateur, trice adj. *et* n.
spoliation n.f.
spolier v.t. (conj. **5**)
sponsaïque adj.
spondée n.m.
spondias n.m.
spondylarthrite n.f.
spondyle n.m.
spondylite n.f.
spongiaire n.m.
spongieux, euse adj.
spongiforme adj.
spongille n.f.
spongiosité n.f.
sponsor n.m.
sponsoring *ou*
sponsorat n.m.
sponsoriser v.t.
spontané, e adj.
spontanéisme n.m.
spontanéité n.f.
spontanément adv.
sporadicité n.f.
sporadique adj.
sporadiquement adv.
sporange n.m.
spore n.f.
sporifère adj.
sporogone n.m.
sporophyte n.m.
sporotrichose [-koz] n.f.
sporozoaire n.m.
sport n.m. ; adj. inv.
sportif, ive adj. *et* n.
sportivement adv.

sportivité n.f.
sport-nature n.m. sing.
sportswear n.m.
sportule n.f.
sporulation n.f.
sporuler v.i.
spot [spɔt] n.m.
sprat [sprat] n.m.
spray n.m.
springbok n.m.
springer [springœr] n.m.
sprinkler [sprinklœr] n.m.
sprint [sprint] n.m.
sprinter, sprinteuse n.
sprinter v.i.
sprue n.f.
spumescent, e adj.
spumeux, euse adj.
spumosité n.f.
squale n.m.
squamate n.m.
squame n.f.
squameux, euse adj.
squamifère adj.
squamule n.f.
square n.m.
squash n.m. (pl. squashs)
squat [skwat] n.m.
squatter n.m.
squatter *ou* **squattériser** v.t.
squaw [skwo] n.f.
squeeze [skwiz] n.m.
squeezer v.t.
squelette n.m.
squelettique adj.
squille n.f.
squirre *ou* **squirrhe** n.m.
sri lankais, e adj. *et* n.
stabat mater n.m. inv.
stabilisant, e adj.
stabilisant n.m.
stabilisateur, trice adj.
stabilisation n.f.
stabiliser v.t.
stabilité n.f.
stable adj.
stabulation n.f.
staccato adv. ; n.m. (pl. staccatos)
stade n.m.
stadhouder n.m.
stadia n.f.
staff n.m. (pl. staffs)
staffer v.t.
staffeur n.m.
stage n.m.
stagflation n.f.
stagiaire adj. *et* n.
stagnant, e adj.
stagnation n.f.
stagner v.i.
stakhanovisme n.m.
stakhanoviste adj. *et* n.
stakning n.m.
stalactite n.f.
stalag n.m.
stalagmite n.f.
stalinien, enne adj. *et* n.
stalinisme n.m.
stalle n.f.
staminal, e, aux adj.
staminé, e adj.
staminifère adj.
stamm n.m. (pl. stamms)
stance n.f.
stand n.m.
standard adj. (pl. inv. *ou* standards) ; n.m.
standardisation n.f.
standardiser v.t.
standardiste n.
stand-by adj. inv. *et* n. inv.
standing n.m.
stanneux adj.m.
stannifère adj.
stannique adj.
staphisaigre n.f.
staphylier n.m.
staphylin, e adj.
staphylin n.m.
staphylococcie n.f.
staphylocoque n.m.
staphylome n.m.
star n.f.
starets *ou* **stariets** n.m.
starie n.f.
starisation n.f.
stariser v.t.
starking n.f.
starlette n.f.
staroste n.m.
star-system *ou* **star-système** n.m. (pl. star-systems, star-systèmes)
starter n.m.
starting-block n.m. (pl. starting-blocks)
starting-gate n.f. (pl. starting-gates)
stase n.f.
statère n.m.
stathouder n.m.
statice n.m.
statif n.m.
statine n.f.
station n.f.
station-aval n.f. (pl. stations-aval)
stationnaire adj.
stationnement n.m.
stationner v.i.
station-service n.f. (pl. stations-service)
statique adj. ; n.f.
statiquement adv.
statisme n.m.
statisticien, enne n.
statistique n.f.
statistiquement adv.
statocyste n.m.
stator n.m.
statoréacteur n.m.
statthalter n.m.
statuaire adj. *et* n. ; n.f.
statue n.f.
statue-colonne n.f. (pl. statues-colonnes)
statuer v.i.
statuette n.f.
statufier v.t. (conj. **5**)
statu quo n.m. inv.
stature n.f.
staturo-pondéral, e, aux adj.
statut n.m.
statutaire adj.
statutairement adv.
staurotide n.f.
stawug n.m.

stayer [stɛjœr] n.m.
steak [stɛk] n.m.
steamer n.m.
stéarate n.m.
stéarine n.f.
stéarique adj.
stéatite n.f.
stéatopyge adj.
stéatopygie n.f.
stéatose n.f.
steenbok *ou* **steinbock** n.m.
steeple-chase *ou* **steeple** n.m. (pl. steeple-chases, steeples)
stégocéphale n.m.
stégomyie *ou* **stegomya** n.f.
stégosaure n.m.
steinbock *ou* **steenbok** n.m.
stèle n.f.
stellage n.m.
stellaire adj. ; n.f.
Stellite n.m. (nom déposé)
stem *ou* **stemm** n.m.
stemmate n.m.
stencil n.m.
stendhalien, enne adj. *et* n.
sténo n.f. ; n.
sténodactylo n.
sténodactylographie n.f.
sténogramme n.m.
sténographe n.
sténographie n.f.
sténographier v.t. (conj. **5**)
sténographique adj.
sténohalin, e adj.
sténopé n.m.
sténose n.f.
sténotherme adj.
sténotype n.f.
sténotypie n.f.
sténotypiste n.
stentor n.m.
step n.m.
stéphanois, e adj. *et* n.
steppage n.m.
steppe n.f.
stepper *ou* **steppeur** n.m.
steppique adj.
stéradian n.m.
stercoraire n.m. ; adj.
stercoral, e, aux adj.
sterculiacée n.f.
stère n.m.
stéréo n.f. ; adj. inv.
stéréochimie n.f.
stéréochimique adj.
stéréocomparateur n.m.
stéréognosie n.f.
stéréogramme n.m.
stéréographique adj.
stéréo-isomère adj. *et* n.m. (pl. stéréo-isomères)
stéréo-isomérie n.f. (pl. stéréo-isoméries)
stéréométrie n.f.
stéréométrique adj.
stéréophonie n.f.
stéréophonique adj.
stéréophotographie n.f.
stéréorégularité n.f.
stéréorégulier, ère adj.
stéréoscope n.m.
stéréoscopie n.f.
stéréoscopique adj.
stéréospécificité n.f.
stéréospécifique adj.
stéréotaxie n.f.
stéréotomie n.f.
stéréotype n.m.
stéréotypé, e adj.
stéréotypie n.f.
stéréovision n.f.
stérer v.t. (conj. **11**)
stérile adj. ; n.m.
stérilement adv.
stérilet n.m.
stérilisant, e adj.
stérilisateur n.m.
stérilisation n.f.
stérilisé, e adj.
stériliser v.t.
stérilité n.f.
stérique adj.
sterlet n.m.
sterling n.m. inv. *et* adj. inv.
sternal, e, aux adj.
sterne n.f.
sternite n.m.
sterno-cléido-mastoïdien adj.m. *et* n.m. (pl. sterno-cléido-mastoïdiens)
sternum n.m. (pl. sternums)
sternutation n.f.
sternutatoire adj.
stéroïde adj. *et* n.m.
stéroïdien, enne *ou* **stéroïdique** adj.
stérol n.m.
stertoreux, euse adj.
stéthoscope n.m.
steward n.m.
sthénique adj.
stibié, e adj.
stibine n.f.
stichomythie [-ko] n.f.
stick n.m.
sticker n.m.
stigma n.m.
stigmate n.m.
stigmatique adj.
stigmatisation n.f.
stigmatisé, e adj. *et* n.
stigmatiser v.t.
stigmatisme n.m.
stigmomètre n.m.
stilligoutte n.m.
stilton [-tɔn] n.m.
stimulant, e adj.
stimulant n.m.
stimulateur n.m.
stimulation n.f.
stimuler v.t.
stimuline n.f.
stimulus n.m. (pl. inv. *ou* stimuli)
stipe n.m.
stipendié, e adj.
stipendier v.t. (conj. **5**)
stipulant, e adj. *et* n.
stipulation n.f.
stipule n.f.
stipuler v.t.

stochastique adj.
stock n.m.
stockage n.m.
stock-car n.m. (pl. stock-cars)
stocker v.t.
stockfisch n.m.
stockiste n.
stock-outil n.m. (pl. stocks-outils)
stock-shot [stɔkʃɔt] n.m. (pl. stock-shots)
stœchiométrie [stekjo-] n.f.
stœchiométrique adj.
stoïcien, enne adj. *et* n.
stoïcisme n.m.
stoïque adj.
stoïquement adv.
stoker n.m.
stokes [stoks] n.m.
stol n.m. inv.
stolon n.m.
stolonifère adj.
stomacal, e, aux adj.
stomachique adj. *et* n.m.
stomate n.m.
stomatite n.f.
stomatologie n.f.
stomatologiste *ou* **stomatologue** n.
stomie n.f.
stomisé, e adj. *et* n.
stomocordé n.m.
stomoxe n.m.
stop n.m. ; interj.
stop-and-go n.m. inv.
stoppage n.m.
stopper v.t. *et* i.
stoppeur, euse n. *et* adj.
stoppeur n.m.
storax n.m. inv.
store n.m.
storiste n.
story-board n.m. (pl. story-boards)
stot n.m.
stoupa n.m.
stout n.m.
strabique adj. *et* n.
strabisme n.m.
stradiot n.m.
stradivarius n.m. inv.
stramoine n.f.
strangulation n.f.
strapontin n.m.
strapping n.m.
strasbourgeois, e adj. *et* n.
strass *ou* **stras** n.m. inv.
strasse n.f.
stratagème n.m.
strate n.f.
stratège n.m.
stratégie n.f.
stratégique adj.
stratégiquement adv.
stratification n.f.
stratifié, e adj.
stratifié n.m.
stratifier v.t. (conj. **5**)
stratigraphie n.f.
stratigraphique adj.
stratiome n.m.
strato-cumulus n.m. inv.
stratoforteresse n.f.
stratopause n.f.
stratosphère n.f.
stratosphérique adj.
stratus n.m. inv.
strelitzia n.m.
strepsiptère n.m.
streptococcie n.f.
streptocoque n.m.
streptomycine n.f.
stress n.m. inv.
stressant, e adj.
stresser v.t.
Stretch n.m. inv. *et* adj. inv. (nom déposé)
stretching n.m.
strette n.f.
striation n.f.
strict, e adj.
strictement adv.
striction n.f.
stricto sensu loc. adv.
stridence n.f.
strident, e adj.
stridor n.m.
stridulant, e adj.
stridulation n.f.
striduler v.i.
striduleux, euse adj.
strie n.f.
strié, e adj.
strier v.t. (conj. **5**)
strige *ou* **stryge** n.f.
strigidé n.m.
strigile n.m.
string n.m.
strioscopie n.f.
stripage n.m.
strip-line [striplajn] n.m. (pl. strip-lines)
stripping n.m.
strip-poker n.m. (pl. strip-pokers)
strip-tease n.m. (pl. strip-teases)
strip-teaseuse n.f. (pl. strip-teaseuses)
striure n.f.
strobile n.m.
stroboscope n.m.
stroboscopie n.f.
stroboscopique adj.
stroma n.m.
strombe n.m.
strombolien, enne adj.
strongle *ou* **strongyle** n.m.
strongylose n.f.
strontium n.m. (pl. strontiums)
strophantus n.m. inv.
strophe n.f.
structurable adj.
structural, e, aux adj.
structuralisme n.m.
structuraliste adj. *et* n.
structurant, e adj.
structuration n.f.
structure n.f.
structuré, e adj.
structurel, elle adj.
structurellement adv.
structurer v.t.
strudel [ʃtrudœl] n.m.
strychnée n.f.
strychnine n.f.
strychnos n.m.

stryge n.f.
stuc n.m.
stucage n.m.
stucateur n.m.
stud-book [stœdbuk] n.m. (pl. stud-books)
studette n.f.
studieusement adv.
studieux, euse adj.
studio n.m.
stuka [ʃtuka] n.m.
stupa *ou* **stoupa** [stupa] n.m.
stupéfaction n.f.
stupéfaire v.t. (conj. **89** ; seulem. 3e pers. sing. ind. prés. et aux temps composés)
stupéfait, e adj.
stupéfiant, e adj.
stupéfiant n.m.
stupéfier v.t. (conj. **5**)
stupeur n.f.
stupide adj.
stupidement adv.
stupidité n.f.
stuporeux, euse adj.
stupre n.m.
stuquer v.t.
sturnidé n.m.
style n.m.
stylé, e adj.
styler v.t.
stylet n.m.
stylicien, enne n.
stylique n.f.
stylisation n.f.
styliser v.t.
stylisme n.m.
styliste n.
stylisticien, enne n.
stylistique adj. *et* n.f.
stylite n.m.
stylo n.m.
stylobate n.m.
stylo-feutre n.m. (pl. stylos-feutres)
stylographe n.m.
styloïde adj. *et* n.f.
Stylomine n.m. (nom déposé)
styrax n.m. inv.
styrène n.m.
styrolène n.m.
su n.m. sing.
suage n.m.
suaire n.m.
suant, e adj.
suave adj.
suavement adv.
suavité n.f.
subaérien, enne adj.
subaigu, uë adj.
subalpin, e adj.
subalterne adj. *et* n.
subaquatique adj.
subaride adj.
subatomique adj.
subcarence n.f.
subconscient, e adj.
subconscient n.m.
subdéléguer v.t. (conj. **11**)
subdésertique adj.
subdiviser v.t.
subdivision n.f.
subdivisionnaire adj.
subduction n.f.
subéquatorial, e, aux adj.
suber [sybɛr] n.m.
subéreux, euse adj.
subérine n.f.
subintrant, e adj.
subir v.t.
subit, e adj.
subitement adv.
subito adv.
subjacent, e adj.
subjectif, ive adj.
subjectile n.m.
subjectivement adv.
subjectivisme n.m.
subjectiviste adj. *et* n.
subjectivité n.f.
subjonctif, ive adj.
subjonctif n.m.
subjuguer v.t.
subkilotonnique adj.
sublimation n.f.
sublime adj. *et* n.m.
sublimé n.m.
sublimer v.t. *et* i.
subliminal, e, aux *ou* **subliminaire** adj.
sublimité n.f.
sublingual, e, aux adj.
sublunaire adj.
submerger v.t. (conj. **10**)
submersible adj. ; n.m.
submersion n.f.
subodorer v.t.
suborbital, e, aux adj.
subordination n.f.
subordonnant n.m.
subordonné, e adj. *et* n.
subordonner v.t.
subornation n.f.
suborner v.t.
suborneur, euse n.
subrécargue n.m.
subreptice adj.
subrepticement adv.
subrogateur adj.m.
subrogatif, ive adj.
subrogation n.f.
subrogatoire adj.
subrogé, e n.
subroger v.t. (conj. **10**)
subsaharien, enne adj.
subséquemment adv.
subséquent, e adj.
subside n.m.
subsidence n.f.
subsidiaire adj.
subsidiarité n.f.
subsidier v.t. (conj. **5**)
subsistance n.f.
subsistant, e n.
subsister v.i.
subsonique adj.
substance n.f.
substantialisme n.m.
substantialiste adj. *et* n.
substantialité n.f.
substantiel, elle adj.
substantiellement adv.
substantif, ive adj.
substantif n.m.
substantifique adj.
substantivation n.f.

substantivement adv.
substantiver v.t.
substituable adj.
substituer v.t.
substitut n.m.
substitutif, ive adj.
substitution n.f.
substrat n.m.
substratum n.m. (pl. substratums)
substruction n.f.
substructure n.f.
subsumer v.t.
subterfuge n.m.
subtil, e adj.
subtilement adv.
subtilisation n.f.
subtiliser v.t. *et* i.
subtilité n.f.
subtropical, e, aux adj.
suburbain, e adj.
suburbicaire adj.
subvenir v.t. ind. (conj. **28** ; auxil. *avoir*)
subvention n.f.
subventionner v.t.
subversif, ive adj.
subversion n.f.
subvertir v.t.
suc n.m.
succédané n.m.
succéder v.t. ind. (conj. **11**)
succenturié, e adj.
succès n.m.
successeur n.m.
successibilité n.f.
successible adj.
successif, ive adj.
succession n.f.
successivement adv.
successoral, e, aux adj.
succin n.m.
succinct, e adj.
succinctement adv.
succinique adj.
succion [sysjɔ̃] n.f.
succomber v.i. *et* t. ind.
succube n.m.
succulence n.f.
succulent, e adj.
succursale n.f.
succursalisme n.m.
succursaliste adj. *et* n.m.
succussion n.f.
sucement n.m.
sucer v.t. (conj. **9**)
sucette n.f.
suceur, euse adj.
suçoir n.m.
suçon n.m.
suçoter v.t.
sucrage n.m.
sucrant, e adj.
sucrase n.f.
sucrate n.m.
sucre n.m.
sucré, e adj.
sucré n.m.
sucrer v.t.
sucrerie n.f.
Sucrette n.f. (nom déposé)
sucrier, ère adj.
sucrier n.m.
sucrin adj.m.
sucrine n.f.
sud n.m. inv. *et* adj. inv.
sud-africain, e adj. *et* n. (pl. sud-africains, es)
sud-américain, e adj. *et* n. (pl. sud-américains, es)
sudation n.f.
sudatoire adj.
sud-coréen, enne adj. *et* n. (pl. sud-coréens, ennes)
sud-est n.m. inv. *et* adj. inv.
sudiste adj. *et* n.
sudoral, e, aux adj.
sudorifère adj
sudorifique adj. *et* n.m.
sudoripare adj.
sud-ouest n.m. inv. *et* adj. inv.
sudra *ou* **shudra** n.m. inv.
sud-vietnamien, enne adj. *et* n. (pl. sud-vietnamiens, ennes)
suède n.m.
suédé, e adj.
suédine n.f.
suédois, e adj. *et* n.
suédois n.m.
suée n.f.
suer v.i. *et* t.
suet n.m. inv.
suette n.f.
sueur n.f.
suffète n.m.
suffire v.t. ind. (conj. **80**)
suffisamment adv.
suffisance n.f.
suffisant, e adj.
suffixal, e, aux adj.
suffixation n.f.
suffixe n.m.
suffixer v.t.
suffocant, e adj.
suffocation n.f.
suffoquer v.t. *et* i.
suffragant adj.m. *et* n.m.
suffrage n.m.
suffragette n.f.
suffusion n.f.
suggérer v.t. (conj. **11**)
suggestibilité n.f.
suggestible adj.
suggestif, ive adj.
suggestion n.f.
suggestionner v.t.
suggestivité n.f.
suicidaire adj. *et* n.
suicidant, e adj. *et* n.
suicide n.m.
suicidé, e adj. *et* n.
suicider (se) v.pr.
suidé n.m.
suie n.f.
suif n.m.
suiffer v.t.
suiffeux, euse adj.
suiforme n.m.
sui generis loc. adj. inv.
suint n.m.
suintant, e adj.
suintement n.m.
suinter v.i.
suintine n.f.
suisse adj. *et* n. ; n.m.

suissesse n.f.
suite n.f.
suitée adj.f.
suivant, e adj. *et* n.
suivant prép.
suiveur, euse adj. ; n.
suiveur n.m.
suivi, e adj.
suivi n.m.
suivisme n.m.
suiviste adj. *et* n.
suivre v.t., i. *et* impers. (conj. **69**)
sujet, ette adj. *et* n.
sujet n.m.
sujétion n.f.
sulciforme adj.
sulfamide n.m.
sulfatage n.m.
sulfatation n.f.
sulfate n.m.
sulfaté, e adj.
sulfater v.t.
sulfateuse n.f.
sulfhydrique adj.m.
sulfhydryle n.m.
sulfinisation n.f.
sulfitage n.m.
sulfite n.m.
sulfonation n.f.
sulfone n.f.
sulfoné, e adj.
sulfosel n.m.
sulfoxyde n.m.
sulfurage n.m.
sulfure n.m.
sulfuré, e adj.
sulfurer v.t.
sulfureux, euse adj.
sulfurique adj.
sulfurisé, e adj.
sulky n.m.
sulpicien, enne adj.
sulpicien n.m.
sultan n.m.
sultanat n.m.
sultane n.f.
sumac n.m.
sumérien, enne adj.
sumérien n.m.
summum [sɔmɔm] n.m. (pl. summums)
sumo [sumo] n.m.
sumotori [sumotori] n.m.
sunna [suna] n.f.
sunnisme n.m.
sunnite adj. *et* n.
super adj. inv. (formidable) ; n.m. inv.
superacide n.m.
superalliage n.m.
superamas n.m.
superbe adj. ; n.f.
superbement adv.
superbénéfice n.m.
supercalculateur n.m.
supercarburant n.m.
superchampion, onne n.
supercherie n.f.
supercritique adj.
supère adj. (en botanique)
supérette n.f.
superfamille n.f.
superfétatoire adj.
superficie n.f.
superficiel, elle adj.
superficiellement adv.
superfin, e adj.
superfinition n.f.
superflu, e adj.
superflu n.m.
superfluide adj.
superfluidité n.f.
superfluité n.f.
superforme n.f.
superforteresse n.f.
super-géant n.m. (pl. super-géants)
supergrand n.m.
super-huit adj. inv. *et* n.m. inv.
supérieur, e adj. *et* n.
supérieurement adv.
superintendant n.m.
supériorité n.f.
superlatif n.m.
superléger *ou* **super-léger** n.m. (pl. super-légers)
superlourd *ou* **super-lourd** n.m. (pl. super-lourds)
superman n.m. (pl. supermans *ou* supermen)
supermarché n.m.
supermolécule n.f.
supernova n.f. (pl. supernovae)
superordinateur n.m.
superordre n.m.
superovarié, e adj.
superoxyde n.m.
superphosphate n.m.
superplasticité n.f.
superplastique adj.
superposable adj.
superposer v.t.
superposition n.f.
superproduction n.f.
superprofit n.m.
superpuissance n.f.
supersonique adj.
superstar n.f.
superstitieusement adv.
superstitieux, euse adj. *et* n.
superstition n.f.
superstructure n.f.
supertanker n.m.
superviser v.t.
superviseur n.m.
supervision n.f.
supin n.m.
supinateur adj.m. *et* n.m.
supination n.f.
supion n.m.
supplanter v.t.
suppléance n.f.
suppléant, e adj. *et* n.
suppléer v.t. *et* t. ind. (conj. **8**)
supplément n.m.
supplémentaire adj.
supplétif, ive adj.
supplétif n.m.
supplétoire adj.
suppliant, e adj. *et* n.
supplication n.f.
supplice n.m.

supplicié, e n.
supplicier v.t. (conj. **5**)
supplier v.t. (conj. **5**)
supplique n.f.
support n.m.
supportable adj.
supporter n.m. *ou*
supporteur, trice n.
supporter v.t.
supposable adj.
supposé, e adj.
supposer v.t.
supposition n.f.
suppositoire n.m.
suppôt n.m.
suppresseur adj.m.
suppression n.f.
supprimer v.t.
suppurant, e adj.
suppuration n.f.
suppuré, e adj.
suppurer v.i.
supputation n.f.
supputer v.t.
supra adv.
supraconducteur, trice adj.
supraconducteur n.m.
supraconductivité *ou*
supraconduction n.f.
supramoléculaire adj.
supranational, e, aux adj.
supranationalité n.f.
suprasegmental, e, aux adj.
suprasensible adj.
supraterrestre adj.
suprématie n.f.
suprématisme n.m.
suprême adj. ; n.m.
suprêmement adv.
sur prép.
sur, e adj. (aigre)
sûr, e adj. (certain)
surabondamment adv.
surabondance n.f.
surabondant, e adj.
surabonder v.i.
suraccumulation n.f.
suractivé, e adj.
suractivité n.f.
surah n.m.
suraigu, uë adj.
surajouter v.t.
sural, e, aux adj.
suralcoolisation n.f.
suralimentation n.f.
suralimenté, e adj.
suralimenter v.t.
suramplificateur n.m.
suranné, e adj.
surarbitre n.m.
surarmement n.m.
surate *ou* **sourate** n.f.
surbaissé, e adj.
surbaissement n.m.
surbaisser v.t.
surbau n.m. (pl. surbaux)
surboum n.f.
surbrillance n.f.
surcapacité n.f.
surcapitalisation n.f.
surcharge n.f.
surcharger v.t. (conj. **10**)
surchauffe n.f.
surchauffer v.t.
surchauffeur n.m.
surchemise n.f.
surchoix n.m.
surclasser v.t.
surcompensation n.f.
surcomposé, e adj.
surcompression n.f.
surcomprimé, e adj.
surcomprimer v.t.
surconsommation n.f.
surcontre n.m.
surcontrer v.t.
surcot n.m.
surcote n.f.
surcoupe n.f.
surcouper v.t.
surcoût n.m.
surcreusement n.m.
surcroît n.m.
surdent n.f.
surdétermination n.f.
surdéterminer v.t.
surdéveloppé, e adj.
surdimensionné, e adj.
surdimutité *ou*
surdi-mutité n.f. (pl. surdi-mutités)
surdité n.f.
surdos n.m.
surdosage n.m.
surdose n.f.
surdoué, e adj. *et* n.
sureau n.m.
sureffectif n.m.
surélévation n.f.
surélever v.t. (conj. **12**)
surelle n.f.
sûrement adv.
suréminent, e adj.
surémission n.f.
suremploi n.m.
surenchère n.f.
surenchérir v.i. (conj. **21**)
surenchérissement n.m.
surenchérisseur, euse n.
surendettement n.m.
surentraînement n.m.
surentraîner v.t.
suréquipement n.m.
suréquiper v.t.
surestarie n.f.
surestimation n.f.
surestimer v.t.
suret, ette adj.
sûreté n.f.
surévaluation n.f.
surévaluer v.t.
surexcitable adj.
surexcitant, e adj.
surexcitation n.f.
surexciter v.t.
surexploitation n.f.
surexploiter v.t.
surexposer v.t.
surexposition n.f.
surf [sœrf] n.m.
surfaçage n.m.
surface n.f.
surfacer v.t. *et* i. (conj. **9**)
surfaceuse n.f.
surfacique adj.
surfacturation n.f.
surfaire v.t. (conj. **89**)

surfait, e adj.
surfaix n.m.
surfer [sœrfe] v.i.
surfeur, euse [sœrfœr] n.
surfil n.m.
surfilage n.m.
surfiler v.t.
surfin, e adj.
surfondu, e adj.
surfusion n.f.
surgélateur n.m.
surgélation n.f.
surgelé, e adj.
surgelé n.m.
surgeler v.t. (conj. **12**)
surgénérateur, trice adj.
surgénérateur n.m.
surgénération n.f.
surgeon n.m.
surgir v.i.
surgissement n.m.
surhaussé, e adj.
surhaussement n.m.
surhausser v.t.
surhomme n.m.
surhumain, e adj.
suricate *ou* **surikate** n.m.
surimi n.m.
surimposer v.t.
surimposition n.f.
surimpression n.f.
surin n.m.
suriner v.t.
surinfection n.f.
surinformation n.f.
surinformer v.t.
surintendance n.f.
surintendant n.m.
surintendante n.f.
surintensité n.f.
surinvestissement n.m.
surir v.i.
surjalée adj.f.
surjaler v.i.
surjectif, ive adj.
surjection n.f.
surjet n.m.
surjeter v.t. (conj. **16**)
sur-le-champ adv.
surlendemain n.m.
surligner v.t.
surligneur n.m.
surliure n.f.
surlonge n.f.
surlouer v.t.
surloyer n.m.
surmédicalisation n.f.
surmédicaliser v.t.
surmenage n.m.
surmener v.t. (conj. **12**)
surmoi n.m. inv.
surmontable adj.
surmonter v.t.
surmontoir n.m.
surmortalité n.f.
surmoulage n.m.
surmoule n.m.
surmouler v.t.
surmulet n.m.
surmulot n.m.
surmultiplication n.f.
surmultiplié, e adj.
surnager v.i. (conj. **10**)
surnaturel, elle adj.
surnaturel n.m.
surnom n.m.
surnombre n.m.
surnommer v.t.
surnuméraire adj. *et* n.
suroffre n.f.
suroît n.m.
suros n.m.
suroxyder v.t.
suroxygéné, e adj.
surpassement n.m.
surpasser v.t.
surpatte n.f.
surpâturage n.m.
surpaye n.f.
surpayer v.t. (conj. **6**)
surpêche n.f.
surpeuplé, e adj.
surpeuplement n.m.
surpiquer v.t.
surpiqûre n.f.
surplace n.m.
surplis n.m.
surplomb n.m.
surplombant, e adj.
surplombement n.m.
surplomber v.t. *et* i.
surplus n.m.
surpoids n.m.
surpopulation n.f.
surprenant, e adj.
surprendre v.t. (conj. **61**)
surpression n.f.
surprime n.f.
surprise n.f.
surprise-partie n.f. (pl. surprises-parties)
surproducteur, trice adj.
surproduction n.f.
surproduire v.t. (conj. **78**)
surprotection n.f.
surprotéger v.t. (conj. **15**)
surréalisme n.m.
surréaliste adj. *et* n.
surrection n.f.
surréel n.m.
surrégénérateur, trice adj. *et* n.m.
surrégénération n.f.
surremise n.f.
surrénal, e, aux adj.
surrénale n.f.
surrénalien, enne adj.
surréservation n.f.
sursalaire n.m.
sursaturation n.f.
sursaturé, e adj.
sursaturer v.t.
sursaut n.m.
sursauter v.i.
surseoir v.t. ind. (conj. **52**)
sursis n.m.
sursitaire n.
surtaux n.m.
surtaxe n.f.
surtaxer v.t.
surtension n.f.
surtitrage n.m.
surtitre n.m.
surtitrer v.t.
surtout adv. ; n.m.
surtravail n.m. (pl. surtravaux)
surveillance n.f.

surveillant, e n.
surveiller v.t.
survenance n.f.
survendre v.t. (conj. **59**)
survenir v.i. (conj. **28** ; auxil. *être*)
survente n.f.
survenue n.f.
survêtement n.m.
survie n.f.
survirage n.m.
survirer v.i.
survireur, euse adj.
survitesse n.f.
survitrage n.m.
survivance n.f.
survivant, e adj. *et* n.
survivre v.i. *et* t. ind. (conj. **70**)
survol n.m.
survoler v.t.
survoltage n.m.
survolter v.t.
survolteur n.m.
survolteur-dévolteur n.m. (pl. survolteurs-dévolteurs)
sus adv.
susceptibilité n.f.
susceptible adj.
susciter v.t.
suscription n.f.
sus-dénommé, e adj. *et* n. (pl. sus-dénommés, es)
susdit, e adj. *et* n.
sus-dominante n.f. (pl. sus-dominantes)
sus-hépatique adj. (pl. sus-hépatiques)
sushi n.m.
sus-jacent, e adj. (pl. sus-jacents, es)
sus-maxillaire adj. (pl. sus-maxillaires)
susmentionné, e adj.
susnommé, e adj. *et* n.
suspect, e adj. *et* n.
suspecter v.t.
suspendre v.t. (conj. **59**)
suspendu, e adj.
suspens adj.m. *et* n.m. (en attente)
suspense n.f.
suspense [syspɛns] n.m. (qui tient en haleine)
suspenseur adj.m.
suspensif, ive adj.
suspension n.f.
suspensoir n.m.
suspente n.f.
suspicieux, euse adj.
suspicion n.f.
sustentation n.f.
sustenter v.t.
sus-tonique n.f. (pl. sus-toniques)
susurrant, e adj.
susurrement n.m.
susurrer v.i. *et* t.
susvisé, e adj.
sutra [sutra] *ou* **soutra** n.m.
sutural, e, aux adj.
suture n.f.
suturer v.t.
suzerain, e n. *et* adj.
suzeraineté n.f.
svastika *ou* **swastika** n.m.
svelte adj.
sveltesse n.f.
swahili, e *ou* **souahéli, e** adj. *et* n.
swahili *ou* **souahéli** n.m. sing.
swap n.m.
swastika [svastika] n.m.
sweater [switœr] n.m.
sweat-shirt [switʃœrt] n.m. (pl. sweat-shirts)
sweepstake [swipstɛk] n.m.
swing [swiŋ] n.m.
swinguer [swinge] v.i.
sybarite n. *et* adj.
sybaritique adj.
sybaritisme n.m.
sycomore n.m.
sycophante n.m.
sycosis n.m.
syénite n.f.
syllabaire n.m.
syllabation n.f.
syllabe n.f.
syllabique adj.
syllabus n.m. inv.
syllepse n.f.
syllogisme n.m.
syllogistique n.f. *et* adj.
sylphe n.m.
sylphide n.f.
sylvain n.m.
sylvaner n.m.
sylve n.f.
sylvestre adj.
sylvicole adj.
sylviculteur, trice n.
sylviculture n.f.
sylviidé n.m.
sylvinite n.f.
sylvite n.f.
symbiose n.f.
symbiote n.m.
symbiotique adj.
symbole n.m.
symbolique adj. *et* n.m. ; n.f.
symboliquement adv.
symbolisation n.f.
symboliser v.t.
symbolisme n.m.
symboliste adj. *et* n.
symétrie n.f.
symétrique adj. *et* n., n.m.
symétriquement adv.
sympa adj. inv.
sympathectomie n.f.
sympathie n.f.
sympathique adj. ; n.m.
sympathiquement adv.
sympathisant, e adj. *et* n.
sympathiser v.i.
sympatholytique adj. *et* n.m.
sympathomimétique adj. *et* n.m.
symphonie n.f.
symphonique adj.
symphoniste n.
symphorine n.f.

symphyse n.f.
symplésiomorphie n.f.
symposium n.m.
(pl. symposiums)
symptomatique adj.
symptomatologie n.f.
symptôme n.m.
synagogue n.f.
synalèphe n.f.
synallagmatique adj.
synanthérée n.f.
synapomorphie n.f.
synapse n.f.
synaptique adj.
synarchie n.f.
synarthrose n.f.
synchrocyclotron n.m.
synchrone adj.
synchronie n.f.
synchronique adj.
synchroniquement adv.
synchronisation n.f.
synchroniser v.t.
synchroniseur n.m.
synchronisme n.m.
synchrotron n.m.
syncinésie n.f.
syncitium *ou* **syncytium**
n.m. (pl. syncitiums,
syncytiums)
synclinal, e, aux adj.
synclinal n.m.
(pl. synclinaux)
syncopal, e, aux adj.
syncope n.f.
syncopé, e adj.
syncoper v.t.
syncrétique adj.
syncrétisme n.m.
syncrétiste adj. *et* n.
syncytial, e, aux adj.
syncytium *ou* **syncitium**
n.m. (pl. syncytiums,
syncitiums)
syndactyle adj.
syndactylie n.f.
synderme n.m.
syndic n.m.
syndical, e, aux adj.
syndicalisation n.f.
syndicaliser v.t.
syndicalisme n.m.
syndicaliste adj.
syndicat n.m.
syndicataire n. *et* adj.
syndication n.f.
syndiqué, e n. *et* adj.
syndiquer v.t.
syndrome n.m.
synecdoque n.f.
synéchie n.f.
synérèse n.f.
synergide n.f.
synergie n.f.
synergique adj.
synergiste adj.
synesthésie n.f.
syngnathe n.m.
syngnathidé n.m.
synodal, e, aux adj.
synode n.m.
synodique adj.
synonyme adj. *et* n.m.
synonymie n.f.
synonymique adj.
synopse n.f.
synopsie n.f.
synopsis n.m.
synoptique adj.
synostose n.f.
synovectomie n.f.
synovial, e, aux adj.
synovie n.f.
synoviorthèse n.f.
synovite n.f.
syntacticien, enne n.
syntagmatique adj.
syntagme n.m.
syntaxe n.f.
syntaxique adj.
synthé n.m.
synthèse n.f.
synthétase n.f.
synthétique adj.
synthétiquement adv.
synthétisable adj.
synthétiser v.t.
synthétiseur n.m.
synthétisme n.m.
syntone adj.
syntonie n.f.
syntonisateur n.m.
syntonisation n.f.
syntoniseur n.m.
syphilide n.f.
syphilis n.f.
syphilitique adj.
syrah n.f.
syriaque n.m.
syrien, enne adj. *et* n.
syringomyélie n.f.
syrinx n.f. inv.
syrphe n.m.
syrphidé n.m.
syrtes n.f. pl.
systématicien, enne n.
systématique adj. *et* n.f.
systématiquement adv.
systématisation n.f.
systématisé, e adj.
systématiser v.t.
système n.m.
systémique adj.
systole n.f.
systolique adj.
syzygie n.f.

t

t n.m. inv.
ta adj. poss. fém. sing.
taal n.m. (pl. taals)
tabac n.m.
tabagie n.f.
tabagique adj.
tabagisme n.m.
tabassage n.m.
tabassée n.f.
tabasser v.t.
tabatière n.f.
tabellaire adj.
tabelle n.f.
tabellion n.m.
tabernacle n.m.
tabès n.m.
tabétique adj.
tabla n.m.
tablar *ou* **tablard** n.m.
tablature n.f.
table n.f.
tableau n.m.
tableautin n.m.
tablée n.f.
tabler v.t. ind.
tabletier, ère n.
tablette n.f.
tabletterie n.f.
tableur n.m.
tablier n.m.
tabloïd *ou* **tabloïde** adj. *et* n.m.
tabor n.m.
taborite n.
tabou, e adj.
tabou n.m. (pl. tabous)
taboulé n.m.
tabouret n.m.
tabulaire adj.
tabulateur n.m.
tabulation n.f.
tabulé n.m.
tac n.m.
tacaud n.m.
tacca n.m.
tacet [taset] n.m.
tache n.f. (saleté)
tâche n.f. (travail)
tachéomètre [-ke-]n.m.
tachéométrie [-ke-] n.f.
tacher v.t. (salir)
tâcher v.t. (essayer)
tâcheron n.m.
tacheter v.t. (conj. **16**)
tacheture n.f.
tachina [-ki-] n.m.
tachine [-ki-] n.f.
tachisme n.m.
tachiste adj. *et* n.
tachistoscope [-ki-] n.m.
tachyarythmie [-ki-] n.f.
tachycardie [-ki-] n.f.
tachygraphe [-ki-] n.m.
tachymètre [-ki-] n.m.
tachyphémie [-ki-] n.f.
tachypsychie [-ki-] n.f.
tacite adj.
tacitement adv.
taciturne adj.
tacle n.m.
tacler v.i. *et* t.
taco n.m. (pl. tacos)
tacon n.m.
taconeos n.m. pl.
tacot n.m.
tact n.m.
tacticien, enne n.
tacticité n.f.
tactile adj.
tactique n.f.
tactiquement adv.
tactisme n.m.
tadjik adj. *et* n. ; n.m.
tadorne n.m.
taekwondo n.m.
tænia *ou* **ténia** n.m.
taffe n.f.
taffetas n.m.
tafia n.m.
tag n.m.
tagal *ou* **tagalog** n.m. sing.
tagetes, tagète *ou* **tagette** n.m.
tagine *ou* **tajine** n.m.
tagliatelle n.f. (pl. inv. *ou* tagliatelles)
tagme n.m.
taguer v.i. *et* t.
tagueur, euse n.
tahitien, enne adj. *et* n.
taïaut *ou* **tayaut !** interj.
tai-chi-chuan *ou* **tai-chi** [taj-] n.m. inv.
taie n.f.
taïga n.f.
taiji n.m.
taillable adj.
taillade n.f.
taillader v.t.
taillage n.m.
taillanderie n.f.
taillandier n.m.
taillant n.m.
taillaule n.f.
taille n.f.
taillé, e adj.
taillé n.m.
taille-crayon n.m. (pl. inv. *ou* taille-crayons)
taille-douce n.f. (pl. tailles-douces)
taille-haie n.m. (pl. taille-haies)
tailler v.t.
taillerie n.f.
tailleur, euse n.

tailleur n.m.
tailleur-pantalon n.m. (pl. tailleurs-pantalons)
taillis n.m.
tailloir n.m.
taillole n.f.
tain n.m. (glace)
taire v.t. (conj. **91**)
taiseux, euse adj. *et* n.
taïwanais, e adj. *et* n.
tajine *ou* **tagine** n.m.
take-off n.m. inv.
tala n.m.
talc n.m.
talé, e adj.
talent n.m.
talentueux, euse adj.
taler v.t.
talet n.m.
talibé n.m.
talion n.m.
talipot n.m.
talisman n.m.
talismanique adj.
talitre n.m.
talkie-walkie [tokiwoki] n.m. (pl. talkies-walkies)
talk-show [tokʃo] n.m. (pl. talk-shows)
tallage n.m.
talle n.f.
taller v.i.
tallith n.m.
talmudique adj.
talmudiste n.
taloche n.f.
talocher v.t.
talon n.m.
talonnade n.f.
talonnage n.m.
talonner v.t.
talonnette n.f.
talonneur n.m.
talonnière n.f.
talquer v.t.
talqueux, euse adj.
talure n.f.
talus n.m. ; adj.m.
taluté, e adj.
talweg *ou*, vx, **thalweg** n.m.
tamandua n.m.
tamanoir n.m.
tamarin n.m.
tamarinier n.m.
tamaris *ou* **tamarix** n.m.
tamazight n.m.
tambouille n.f.
tambour n.m.
tambourin n.m.
tambourinage n.m.
tambourinaire n.m.
tambourinement n.m.
tambouriner v.i. *et* t.
tambourineur, euse n.
tambour-major n.m. (pl. tambours-majors)
tamia n.m. (pl. tamias)
tamier n.m.
tamil n.m. sing.
tamis n.m.
tamisage n.m.
tamiser v.t.
tamiseuse n.f.
tamoul, e adj. *et* n.
tamoul n.m. sing.
tamouré n.m.
tampico n.m.
tampon n.m.
tamponnade n.f.
tamponnage n.m.
tamponnement n.m.
tamponner v.t.
tamponneur, euse adj.
tamponnoir n.m.
tam-tam n.m. (pl. tam-tams)
tan [tɑ̃] n.m. (écorce de chêne)
tanagra n.m. *ou* f. (pl. tanagras)
tanaisie n.f.
tancer v.t. (conj. **9**)
tanche n.f.
tandem n.m.
tandis que loc. conj.
tandoori [tɑ̃dɔri] n.m.
tangage n.m.
tangara n.m. (pl. tangaras)
tangence n.f.
tangent, e adj.
tangente n.f.
tangentiel, elle adj.
tangentiellement adv.
tangerine n.f.
tangibilité n.f.
tangible adj.
tangiblement adv.
tango n.m. ; adj. inv.
tangon n.m.
tangue n.f.
tanguer v.i.
tanière n.f.
tanin *ou* **tannin** n.m.
tanisage *ou* **tannisage** n.m.
taniser *ou* **tanniser** v.t.
tank n.m.
tanka n.m. inv.
tanker [tɑ̃kœr] n.m.
tankiste n.
tannage n.m.
tannant, e adj.
tanne n.f.
tanné, e adj.
tannée n.f.
tanner v.t.
tannerie n.f.
tanneur, euse n. *et* adj.
tannin *ou* **tanin** n.m.
tannique adj.
tannisage ou **tanisage** n.m.
tanniser *ou* **taniser** v.t.
tanrec *ou* **tenrec** n.m.
tan-sad [tɑ̃sad] n.m. (pl. tan-sads)
tant adv.
tantale n.m.
tante n.f. (parenté)
tantième adj. *et* n.m.
tantine n.f.
tantinet n.m.
tantôt adv.
tantra n.m. pl.
tantrique adj.
tantrisme n.m.

tanzanien, enne adj. *et* n.
tao n.m.
taoïsme n.m.
taoïste adj. *et* n.
taon [tɑ̃] n.m. (insecte)
tapage n.m.
tapageur, euse adj.
tapageusement adv.
tapant, e adj.
tapas [tapas] n.f. pl.
tape n.f.
tapé, e adj.
tape-à-l'œil adj. inv.
tapecul *ou* **tape-cul** n.m. (pl. tape-culs)
tapée n.f.
tapement n.m.
tapenade n.f.
taper v.t. *et* i.
tapette n.f.
tapeur, euse n.
tapin n.m.
tapiner v.i.
tapinois (en) loc. adv.
tapioca n.m.
tapir n.m.
tapir (se) v.pr.
tapis n.m.
tapis-brosse n.m. (pl. tapis-brosses)
tapisser v.t.
tapisserie n.f.
tapissier, ère n.
tapon n.m.
tapotement n.m.
tapoter v.t.
tapure n.f.
tapuscrit n.m.
taquage n.m.
taque n.f.
taquer v.t.
taquet n.m.
taquin, e adj. *et* n.
taquin n.m.
taquiner v.t.
taquinerie n.f.
taquoir n.m.
tar *ou* **târ** n.m.
tara n.m.
tarabiscot n.m.
tarabiscoté, e adj.
tarabuster v.t.
taraf n.m.
tarage n.m.
tarama n.m.
tararage n.m.
tarare n.m.
tarasque n.f.
taratata !interj.
taraud n.m. (outil)
taraudage n.m.
tarauder v.t.
taraudeuse n.f.
tarbouch *ou* **tarbouche** n.m.
tard adv. ; n.m. sing.
tarder v.i. *et* t. ind.
tardif, ive adj.
tardigrade n.m.
tardillon, onne n.
tardivement adv.
tardiveté n.f.
tare n.f.
taré, e adj. *et* n.
tarentais, e adj. *et* n.
tarente n.f.
tarentelle n.f.
tarentule n.f.
tarer v.t.
taret n.m.
targe n.f.
targette n.f.
targuer (se) v.pr.
targui, e adj. *et* n. inv. en nombre
targum n.m. (pl. targums)
tarière n.f.
tarif n.m.
tarifaire adj.
tarifer v.t.
tarification n.f.
tarin n.m.
tarir v.t. *et* i.
tarissable adj.
tarissement n.m.
tarlatane n.f.
tarmac n.m.
tarmacadam n.m.
tarnais, e adj. *et* n.
taro n.m. (plante)
tarot n.m. *ou* **tarots** n.m. pl. (jeu de cartes)
taroté, e adj.
tarpan n.m.
tarpon n.m.
tarse n.m.
tarsien, enne adj.
tarsier n.m.
tarsiiforme n.m.
tartan n.m. (étoffe)
Tartan n.m. (nom déposé) [revêtement]
tartane n.f.
tartare adj. ; n.m.
tartarin n.m.
tarte n.f. ; adj.
tartelette n.f.
Tartempion n.m. sing.
tartiflette n.f.
tartine n.f.
tartiner v.t.
tartir v.i.
tartrate n.m.
tartre n.m.
tartré, e adj.
tartreux, euse adj.
tartrique adj.
tartufe *ou* **tartuffe** n.m.
tartuferie *ou* **tartufferie** n.f.
tarzan n.m.
tas n.m.
tassage n.m.
tasse n.f.
tassé, e adj.
tasseau n.m.
tassement n.m.
tasser v.t.
tassette n.f.
tassili n.m.
taste-vin *ou* **tâte-vin** n.m. inv.
tata n.f.
tatami n.m.
tatane n.f.
tatar, e adj.
tatar n.m. sing.
tâter v.t. *et* t. ind.
tâteur adj.m. *et* n.m.

tâte-vin *ou* **taste-vin** n.m. inv.
tatillon, onne adj. *et* n.
tâtonnant, e adj.
tâtonnement n.m.
tâtonner v.i.
tâtons (à) loc. adv.
tatou n.m. (pl. tatous)
tatouage n.m.
tatouer v.t.
tatoueur n.m.
tau n.m. inv. (lettre grecque)
taud n.m. (tente)
taude n.f.
taudis n.m.
taulard, e *ou* **tôlard, e** n.
taule *ou* **tôle** n.f. (prison)
taulier, ère *ou* **tôlier, ère** n. (patron d'hôtel)
tauon n.m.
taupe n.f.
taupé, e adj.
taupé n.m.
taupe-grillon n.m. (pl. taupes-grillons)
tauper v.t.
taupier n.m.
taupière n.f.
taupin n.m.
taupinière *ou* **taupinée** n.f.
taure n.f.
taureau n.m.
taurillon n.m.
taurin, e adj.
taurobole n.m.
tauromachie n.f.
tauromachique adj.
tautologie n.f.
tautologique adj.
tautomère adj. *et* n.m.
tautomérie n.f.
taux n.m. (pourcentage)
tauzin n.m.
tavel n.m.
taveler v.t. (conj. **16**)
tavelure n.f.
taverne n.f.
tavernier, ère n.
tavillon n.m.
taxable adj.
taxacée n.f.
taxateur, trice n.
taxation n.f.
taxaudier *ou* **taxodier** n.m.
taxe n.f.
taxer v.t.
taxi n.m.
taxiarque n.m.
taxi-brousse n.m. (pl. taxis-brousse)
taxidermie n.f.
taxidermiste n.
taxie n.f.
taximan n.m. (pl. taximans *ou* taximen)
taximètre n.m.
taxinomie n.f.
taxinomique adj.
taxinomiste n.
Taxiphone n.m. (nom déposé)
taxiway n.m.
taxodier *ou* **taxaudier** n.m.
taxodium n.m. (pl. taxodiums)
taxol n.m.
taxon n.m.
taxum n.m. (pl. taxa)
tayaut ou **taïaut !** interj.
taylorisation n.f.
tayloriser v.t.
taylorisme n.m.
tchadien, enne adj. *et* n.
tchadien n.m. sing.
tchador n.m.
tchao *ou* **ciao !** interj.
tchapalo n.m.
tcharchaf n.m.
tchatche n.f.
tchatcher v.i.
tchécoslovaque adj. *et* n.
tchèque adj. *et* n. ; n.m. sing.
tchernozem *ou* **tchernoziom** n.m.
tchin-tchin *ou* **tchin !** interj.
tchitola n.m.
te pron. pers. sing.
té n.m.
teaser [tizœr] n.m.
tec n.f. inv. (tonne)
technétium n.m. (pl. tecnétiums)
technicien, enne n. ; adj.
techniciste adj.
techniciser v.t.
technicité n.f.
technico-commercial, e, aux adj. *et* n.
Technicolor n.m. (nom déposé)
technique adj. ; n.f.
techniquement adv.
techno adj. inv. *et* n.f.
technocrate n.
technocratie n.f.
technocratique adj.
technocratisation n.f.
technocratiser v.t.
technocratisme n.m.
technologie n.f.
technologique adj.
technologue *ou* **technologiste** n.
technopole n.f. (ville)
technopôle n.m. (site)
technoscience n.f.
technostructure n.f.
teck *ou* **tek** n.m.
teckel n.m.
tectite n.f.
tectonique n.f. *et* adj.
tectonophysique n.f.
tectrice adj.f. *et* n.f.
teddy-bear n.m. (pl. teddy-bears)
Te Deum n.m. inv.
tee [ti] n.m.
teen-ager [tinedʒœr] n. (pl. teen-agers)
tee-shirt *ou* **T-shirt** [tiʃœrt] n.m. (pl. tee-shirts, T-shirts)
tefillin *ou* **tephillin** n.m. pl.
Teflon n.m. (nom déposé)
tégénaire n.f.

tégument n.m.
tégumentaire adj.
teigne n.f.
teigneux, euse adj. *et* n.
teillage n.m.
teille n.f.
teiller v.t.
teilleuse n.f.
teindre v.t. (conj. **62**)
teint, e adj.
teint n.m. (coloris)
teintant, e adj.
teinte n.f.
teinter v.t. (colorer)
teinture n.f.
teinturerie n.f.
teinturier, ère n.
téju n.m.
tek *ou* **teck** n.m.
tel, telle adj. ; pron. indéf. ; pron. *et* adj. dém.
télamon n.m.
télangiectasie n.f.
télé n.f.
téléachat n.m.
téléacheteur, euse n.
téléaffichage n.m.
téléalarme n.f.
télébenne n.f.
télécabine n.f.
Télécarte n.f. (nom déposé)
téléchargement n.m.
télécharger v.t. (conj. **10**)
télécinéma n.m.
télécommande n.f.
télécommander v.t.
télécommunication n.f.
télécoms n.f. pl.
téléconférence n.f.
télécopie n.f.
télécopieur n.m.
télécran n.m.
télédétection n.f.
télédiagnostic n.m.
télédiffuser v.t.
télédiffusion n.f.
télédistribution n.f.
téléécriture *ou* **télé-écriture** n.f. (pl. télé-écritures)
téléenseignement *ou* **télé-enseignement** n.m. (pl. télé-enseignements)
Téléfax n.m. inv.
téléférique n.m.
téléfilm n.m.
téléga n.f.
télégénique adj.
télégestion n.f.
télégramme n.m.
télégraphe n.m.
télégraphie n.f.
télégraphier v.t. *et* i. (conj. **5**)
télégraphique adj.
télégraphiquement adv.
télégraphiste n.
télègue n.f.
téléguidage n.m.
téléguider v.t.
téléimpression n.f.
téléimprimeur n.m.
téléinformatique n.f.
télékinésie n.f.
télémaintenance n.f.
télémanipulateur n.m.
télémarketing n.m.
télématique n.f.
télémédecine n.f.
télémercatique n.f.
télémessagerie n.f.
télémesure n.f.
télémètre n.m.
télémétrie n.f.
télencéphale n.m.
télénomie n.f.
téléobjectif n.m.
téléologie n.f.
téléologique adj.
téléonomie n.f.
téléostéen n.m.
télépaiement n.m.
télépathe adj. *et* n.
télépathie n.f.
télépathique adj.
télépéage n.m.
téléphérique *ou* **téléférique** n.m.
téléphone n.m.
téléphoné, e adj.
téléphoner v.i. *et* t.
téléphonie n.f.
téléphonique adj.
téléphoniquement adv.
téléphoniste n.
télépointage n.m.
téléport n.m.
téléprompteur n.m.
téléradar n.m.
téléradiographie n.f.
téléreportage n.m.
téléreporter n.m.
téléroman n.m.
télescopage n.m.
télescope n.m.
télescoper v.t.
télescopique adj.
téléscripteur n.m.
télésiège n.m.
télésignalisation n.f.
téléski n.m.
télésouffleur n.m.
téléspectateur, trice n.
télésurveillance n.f.
Télétel n.m. (nom déposé)
télétexte n.m.
télétoxie n.f.
télétraitement n.m.
télétransmission n.f.
télétravail n.m. (pl. télétravaux)
Télétype n.m. (nom déposé)
télévendeur, euse n.
télévente n.f.
télévérité n.f.
téléviser v.t.
téléviseur n.m.
télévision n.f.
télévisuel, elle adj.
télex n.m. inv.
télexer v.t.
télexiste n.
tell n.m.
tellement adv.
tellurate n.m.

tellure n.m.
tellureux adj.m.
tellurhydrique adj.m.
tellurien, enne adj.
tellurique adj.
telluromètre n.m.
tellurure n.m.
télolécithe adj.
télomère n.m.
télophase n.f.
télougou *ou* **telugu** n.m. sing.
telson [-sɔn] n.m.
temenos n.m.
téméraire adj. *et* n.
témérité n.f.
témoignage n.m.
témoigner v.t.
témoin n.m.
tempe n.f.
tempera n.f.
tempérament n.m.
tempérance n.f.
tempérant, e adj. *et* n.
température n.f.
tempéré, e adj.
tempérer v.t. (conj. **11**)
tempête n.f.
tempêter v.i.
tempétueux, euse adj.
temple n.m.
templier n.m.
tempo n.m. (pl. tempos)
temporaire adj.
temporairement adv.
temporal, e, aux adj.
temporal n.m. (pl. temporaux)
temporalité n.f.
temporel, elle adj.
temporel n.m.
temporisateur, trice adj. *et* n.
temporisateur n.m.
temporisation n.f.
temporiser v.i.
temps n.m. (durée)
tenable adj.
tenace adj.
tenacement adv.
ténacité n.f.
tenaille n.f. *ou* **tenailles** n.f. pl.
tenaillement n.m.
tenailler v.t.
tenancier, ère n.
tenant, e adj. ; n.
tendance n.f.
tendanciel, elle adj.
tendancieusement adv.
tendancieux, euse adj.
tendelle n.f.
tender n.m.
tenderie n.f.
tendeur, euse n.
tendeur n.m.
tendineux, euse adj.
tendinite n.f.
tendon n.m.
tendre adj. *et* n. ; n.m.
tendre v.t. *et* t. ind. (conj. **59**)
tendrement adv.
tendresse n.f.
tendreté n.f.
tendron n.m.
tendu, e adj.
ténèbres n.f. pl.
ténébreux, euse adj.
ténébrion n.m.
ténesme n.m.
teneur n.f.
teneur, euse n.
ténia *ou* **tænia** n.m.
ténicide adj. *et* n.m.
ténifuge adj. *et* n.m.
tenir v.t., i. *et* t. ind. (conj. **28**)
tennis n.m. ; n.f.
tennis-ballon n.m. (pl. tennis-ballons)
tennis-elbow n.m. (pl. tennis-elbows)
tennisman n.m. (pl. tennismans *ou* tennismen)
tennistique adj.
tenon n.m.
tenonner v.t.
tenonneuse n.f.
ténor n.m.
ténorino n.m.
ténoriser v.i.
ténotomie n.f.
tenrec *ou* **tanrec** n.m.
tenseur adj.m. *et* n.m.
tensioactif, ive adj.
tensioactivité n.f.
tensiomètre n.m.
tension n.f.
tenson n.f.
tensoriel, elle adj.
tentaculaire adj.
tentacule n.m.
tentant, e adj.
tentateur, trice adj. *et* n.
tentation n.f.
tentative n.f.
tente n.f. (abri)
tenter v.t.
tenthrède n.f.
tenture n.f.
tenu, e adj.
tenu n.m.
ténu, e adj.
tenue n.f.
ténuirostre adj.
ténuité n.f.
tenure n.f.
tenuto adv.
teocalli *ou* **teocali** n.m.
téorbe *ou* **théorbe** n.m.
tep n.f. inv.
tépale n.m.
tephillin *ou* **tefillin** n.m. pl.
téphrite n.f.
tepidarium n.m. (pl. tepidariums)
tepui n.m.
tequila n.f.
ter adv.
tératogène adj.
tératogenèse *ou* **tératogénie** n.f.
tératologie n.f.
tératologique adj.
terbium n.m. (pl. terbiums)
tercet n.m.
térébenthine n.f.

térébinthe n.m.
térébrant, e adj.
térébratule n.f.
téréphtalique adj.
terfès, terfesse *ou*
terfèze n.f.
Tergal n.m. (nom déposé) (pl. Tergals)
tergite n.m.
tergiversation n.f.
tergiverser v.i.
termaillage n.m.
terme n.m.
terminaison n.f.
terminal, e, aux adj.
terminal n.m. (pl. terminaux)
terminale n.f.
terminateur n.m.
terminer v.t.
terminologie n.f.
terminologique adj.
terminologue n.
terminus n.m. inv.
termite n.m.
termitière n.f.
ternaire adj.
terne adj. ; n.m.
ternir v.t.
ternissement n.m.
ternissure n.f.
terpène n.m.
terpénique adj.
terpine n.f.
terpinéol *ou* **terpinol** n.m.
terrain n.m.
terraqué, e adj.
terrarium n.m. (pl. terrariums)
terrasse n.f.
terrassement n.m.
terrasser v.t.
terrassier n.m.
terre n.f.
terre à terre loc. adj. inv.
terreau n.m.
terreautage n.m.
terreauter v.t.
terrefort n.m.
terre-neuvas n.m. inv.
terre-neuve n.m. inv.
terre-neuvien, enne adj. *et* n. (pl. terre-neuviens, ennes)
terre-neuvier n.m. (pl. terre-neuviers)
terre-plein n.m. (pl. terre-pleins)
terrer v.t.
terrestre adj.
terreur n.f.
terreux, euse adj.
terri *ou* **terril** n.m.
terrible adj.
terriblement adv.
terricole adj.
terrien, enne adj. *et* n.
terrier n.m.
terrifiant, e adj.
terrifier v.t. (conj. **5**)
terrigène adj.
terril *ou* **terri** n.m.
terrine n.f.
territoire n.m.
territorial, e, aux adj.
territorial n.m. (pl. territoriaux)
territorialement adv.
territorialité n.f.
terroir n.m.
terrorisant, e adj.
terroriser v.t.
terrorisme n.m.
terroriste adj. *et* n.
tertiaire adj. *et* n. ; n.m.
tertiairisation *ou*
tertiarisation n.f.
tertio adv.
tertre n.m.
tervueren n.m.
Térylène n.m. (nom déposé)
terza rima n.f. (pl. terza rima *ou* terze rime)
terzetto n.m. (pl. terzettos)
tes adj. poss. pl.
tesla n.m.
tesselle n.f.
tessère n.f.
tessiture n.f.
tesson n.m.
test n.m.
testable adj.
testacelle n.f.
testage n.m.
testament n.m.
testamentaire adj.
testateur, trice n.
tester v.i. ; v.t.
testeur n.m.
testiculaire adj.
testicule n.m.
testimonial, e, aux adj.
test-match n.m. (pl. test-matchs *ou* test-matches)
teston n.m.
testostérone n.f.
têt n.m.
tétanie n.f.
tétanique adj.
tétanisation n.f.
tétaniser v.t.
tétanos n.m. inv.
têtard n.m.
tête n.f.
tête-à-queue n.m. inv.
tête-à-tête n.m. inv.
têteau n.m.
tête-bêche adv.
tête-de-clou n.f. (pl. têtes-de-clou)
tête-de-loup n.f. (pl. têtes-de-loup)
tête-de-Maure n.f. (pl. têtes-de-Maure) ; adj. inv.
tête-de-nègre n.m. inv. *et* adj. inv.
tétée n.f.
téter v.t. *et* i. (conj. **11**)
téterelle *ou* **tèterelle** n.f.
têtière n.f.
tétin n.m.
tétine n.f.
téton n.m.
tétrachlorure n.m.
tétracorde n.m.
tétracycline n.f.
tétradactyle adj.
tétrade n.f.

tétradrachme n.m.
tétradyname adj.
tétraèdre n.m.
tétraédrique adj.
tétragone n.f.
tétralogie n.f.
tétramère adj.
tétramètre n.m.
tétraplégie n.f.
tétraplégique adj. *et* n.
tétraploïde adj. *et* n.m.
tétraploïdie n.f.
tétrapode n.m. *et* adj.
tétraptère adj.
tétrarchie n.f.
tétrarque n.m.
tétras n.m.
tétras-lyre n.m. (pl. tétras-lyres)
tétrastyle adj. *et* n.m.
tétrasyllabe adj. *et* n.m.
tétrasyllabique adj.
tétratomique adj.
tétrodon n.m.
tétrodotoxine n.f.
têtu, e adj. *et* n.
têtu n.m.
teuf-teuf n.m. *ou* f. (pl. teufs-teufs)
teuton, onne adj. *et* n.
teutonique adj.
tex n.m. inv.
texan, e adj. *et* n.
texte n.m.
textile adj. ; n.m.
texto adv.
textuel, elle adj.
textuellement adv.
texturant n.m.
texturation n.f.
texture n.f.
texturer v.t.
tézigue *ou* **tézig** pron. pers.
thaï, thaïe adj. *et* n.
thaï n.m. sing.
thaïlandais, e adj. *et* n.
thalamique adj.
thalamus n.m. inv.
thalassémie n.f.
thalassocratie n.f.
thalassothérapie n.f.
thaler n.m.
thalidomide n.f.
thalle n.m.
thallium n.m. (pl. thalliums)
thallophyte n.f.
thalweg *ou* **talweg** n.m.
thanatologie n.f.
thanatopraxie n.f.
thanatos n.m. inv.
thaumaturge n.
thaumaturgie n.f.
thé n.m.
théatin n.m.
théâtral, e, aux adj.
théâtralement adv.
théâtraliser v.t.
théâtralisme n.m.
théâtralité n.f.
théâtre n.m.
théâtreux, euse n.
thébaïde n.f.
thébain, e adj. *et* n.
thébaïne n.f.
thébaïque adj.
théier n.m.
théière n.f.
théine n.f.
théisme n.m.
théiste adj. *et* n.
thématique adj. *et* n.f.
thème n.m.
thénar adj.
théocentrisme n.m.
théocratie n.f.
théocratique adj.
théodicée n.f.
théodolite n.m.
théogonie n.f.
théogonique adj.
théologal, e, aux adj.
théologie n.f.
théologien, enne n.
théologique adj.
théologiquement adv.
théophilanthrope n.
théophilanthropie n.f.
théophylline n.f.
théorbe *ou* **téorbe** n.m.
théorème n.m.
théorétique adj.
théoricien, enne n.
théorie n.f.
théorique adj.
théoriquement adv.
théorisation n.f.
théoriser v.t.
théosophe n.
théosophie n.f.
théosophique adj.
thèque n.f. (enveloppe)
thérapeute n.
thérapeutique adj. *et* n.f.
thérapie n.f.
theravada adj. m.
thériaque n.f.
théridion n.m.
theridium n.m. (pl. theridiums)
thermal, e, aux adj.
thermalisme n.m.
thermalité n.f.
thermes n.m. pl.
thermicien, enne n.
thermicité n.f.
thermidor n.m.
thermidorien, enne adj. *et* n.
thermie n.f.
thermique adj. *et* n.f.
thermiquement adv.
thermistance n.f.
thermite n.f.
thermocautère n.m.
thermochimie n.f.
thermochimique adj.
thermoclastie n.f.
thermocline n.f.
thermocollage n.m.
thermocollant, e adj. *et* n.m.
thermocouple n.m.
thermodurcissable adj.
thermodynamicien, enne n.
thermodynamique n.f. *et* adj.
thermoélectricité n.f.

thermoélectrique adj.
thermoélectronique adj.
thermoformage n.m.
thermogène adj.
thermogenèse n.f.
thermographie n.f.
thermoïonique adj.
thermoluminescence n.f.
thermolyse n.f.
thermomètre n.m.
thermométrie n.f.
thermométrique adj.
thermonucléaire adj.
thermoplastique adj.
thermopropulsé, e adj.
thermopropulsif, ive adj.
thermopropulsion n.f.
thermorécepteur n.m.
thermorégulateur, trice adj.
thermorégulation n.f.
thermorésistant, e adj.
Thermos n.f. (nom déposé)
thermoscope n.m.
thermosphère n.f.
thermosphérique adj.
thermostat n.m.
thermostatique adj.
thermotactisme n.m.
théromorphe n.m.
théropsidé n.m.
thésard, e n.
thésaurisation n.f.
thésauriser v.t. *et* i.
thésauriseur, euse adj. *et* n.
thésaurus *ou* **thesaurus** n.m. inv.
thèse n.f.
thesmophories n.f. pl.
thesmothète n.m.
thessalien, enne adj. *et* n.
thêta n.m. inv.
théurgie n.f.
thiamine n.f.
thiazole n.m.
thibaude n.f.
thioacide n.m.
thioalcool n.m.
thiocarbonate n.m.
thiofène *ou* **thiophène** n.m.
thiol n.m.
thionate n.m.
thionine n.f.
thionique adj.
thiophène *ou* **thiofène** n.m.
thiosulfate n.m.
thiosulfurique adj.
thio-urée n.f. (pl. thio-urées)
thixotropie n.f.
thlaspi n.m.
tholos n.f. inv.
thomas n.m.
thomise n.m.
thomisme n.m.
thomiste adj. *et* n.
thon n.m.
thonaire n.m.
thonier n.m.
thonine n.f.
thoracentèse n.f.
thoracique adj.
thoracocentèse n.f.
thoracoplastie n.f.
thoracotomie n.f.
thorax n.m. inv.
thorine n.f.
thorium n.m. (pl. thoriums)
thoron n.m.
thrace adj. *et* n.
thrène n.m.
thréonine n.f.
thriller [srilœr] n.m.
thrips [trips] n.m.
thrombine n.f. (enzyme)
thrombocyte n.m.
thromboembolique adj.
thrombokinase n.f.
thrombolyse n.f.
thrombopénie n.f.
thrombophlébite n.f.
thrombopoïèse n.f.
thrombose n.f.
thrombotique adj.
thrombus n.m. inv.
thug [tyg] n.m.
thulium n.m. (pl. thuliums)
thune *ou* **tune** n.f.
thuriféraire n.m.
thuya n.m.
thyiade n.f.
thylacine n.m.
thym n.m. (plante)
thymie n.f.
thymine n.f.
thymique adj.
thymoanaleptique adj. *et* n.m.
thymol n.m.
thymus n.m. inv.
thyratron n.m.
thyréostimuline n.f.
thyréotrope adj.
thyristor n.m.
thyroïde adj. ; n.f.
thyroïdectomie n.f.
thyroïdien, enne adj.
thyroïdite n.f.
thyroxine n.f.
thyrse n.m.
thysanoptère n.m.
thysanoure n.m.
tiaffe n.f.
tian n.m.
tiare n.f.
tiaré n.m.
tibétain, e adj. *et* n.
tibétain n.m. sing.
tibéto-birman n.m. sing.
tibia n.m.
tibial, e, aux adj.
tibio-tarsien, enne adj. (pl. tibio-tarsiens, ennes)
tic n.m. (manie)
tichodrome n.m.
ticket n.m.
tic-tac n.m. inv.
tie-break [tajbrɛk] n.m. (pl. tie-breaks)
tiédasse adj.
tiède adj. *et* n. ; adv. ; n.f.
tièdement adv.

tiédeur n.f.
tiédir v.i. *et* t.
tiédissement n.m.
tien, tienne pron. *et* adj. poss.
tiento n.m.
tierce adj.f. ; n.f.
tiercé, e adj.
tiercé n.m.
tiercefeuille n.f.
tiercelet n.m.
tierceron n.m.
tiers n.m.
tiers, tierce adj.
tiers-monde n.m. (pl. tiers-mondes)
tiers-mondisme n.m. (pl. tiers-mondismes)
tiers-mondiste adj. *et* n. (pl. tiers-mondistes)
tiers-point n.m. (pl. tiers-points)
tif *ou* **tiffe** n.m.
tifosi n.m. pl.
tige n.f.
tigelle n.f.
tiglon n.m.
tignasse n.f.
tigre n.m.
tigré, e adj.
tigresse n.f.
tigridie n.f.
tigron n.m.
tilbury n.m. (pl. tilburys)
tilde n.m.
tillac n.m.
tillage n.m.
tillandsia n.m.
tille n.f.
tiller v.t.
tilleul n.m.
tilleuse n.f.
tilsit n.m.
tilt n.m.
timbale n.f.
timbalier n.m.
timbrage n.m.
timbre n.m.
timbré, e adj.
timbre-amende n.m. (pl. timbres-amendes)
timbre-poste n.m. (pl. timbres-poste)
timbre-quittance n.m. (pl. timbres-quittances)
timbrer v.t.
time-sharing [tajmʃeriŋ] n.m. (pl. time-sharings)
timide adj. *et* n.
timidement adv.
timidité n.f.
timing [tajmiŋ] n.m.
timon n.m.
timonerie n.f.
timonier n.m.
timoré, e adj. *et* n.
tin n.m. (pièce de bois)
tinamou n.m.
tincal n .m. (pl. tincals)
tinctorial, e, aux adj.
tinette n.f.
tintamarre n.m.
tintement n.m.
tinter v.t. *et* i. (résonner)
tintin ! interj.
tintinnabuler v.i.
tintouin n.m.
tiper *ou* **tipper** v.t.
tipi n.m.
tipule n.f.
tique n.f. (parasite)
tiquer v.i.
tiqueté, e adj.
tiqueture n.f.
tiqueur, euse adj. *et* n.
tir n.m.
tirade n.f.
tirage n.m.
tiraillement n.m.
tirailler v.t.
tirailleur n.m.
tiramisu [-su] n.m.
tirant n.m.
tirasse n.f.
tire n.f.
tiré, e adj.
tiré n.m.
tire-au-flanc *ou* **tire-au-cul** n.m. inv.
tire-bonde n.m. (pl. tire-bondes)
tire-botte n.m. (pl. tire-bottes)
tire-bouchon n.m. (pl. tire-bouchons)
tire-bouchonner v.t.
tire-braise n.m. (pl. inv. *ou* tire-braises)
tire-clou n.m. (pl. tire-clous)
tire-d'aile (à) loc. adv.
tire-fesses n.m. inv.
tire-fond n.m. inv.
tire-laine n.m. inv.
tire-lait n.m. inv.
tire-larigot (à) loc. adv.
tire-ligne n.m. (pl. tire-lignes)
tirelire n.f.
tire-nerf n.m. (pl. tire-nerfs)
tirer v.t. *et* i.
tiret n.m.
tirette n.f.
tireur, euse n.
tireuse n.f.
tire-veille n.m. inv.
tire-veine n.m. (pl. tire-veines)
tiroir n.m.
tiroir-caisse n.m. (pl. tiroirs-caisses)
tisane n.f.
tisanière n.f.
tison n.m.
tisonner v.t.
tisonnier n.m.
tissage n.m.
tisser v.t.
tisserand, e n.
tisserin n.m.
tisseur, euse n.
tissu n.m.
tissu-éponge n.m. (pl. tissus-éponges)
tissulaire adj.
tissu-pagne n.m. (pl. tissus-pagnes)
tissure n.f.
titan n.m.

titane n.m.
titanesque adj.
titanique adj.
titi n.m.
titillation n.f.
titiller v.t.
titisme n.m.
titiste adj. *et* n.
titrage n.m.
titre n.m.
titré, e adj.
titrer v.t.
titreuse n.f.
titrimétrie n.f.
titrisation n.f.
titubant, e adj.
tituber v.i.
titulaire adj. *et* n.
titularisation n.f.
titulariser v.t.
titulature n.f.
tjäle n.m.
tmèse n.f.
toast n.m.
toasteur *ou* **toaster** n.m.
toboggan n.m.
toby n.m. (pl. tobys)
toc n.m.
tocade *ou* **toquade** n.f.
tocante *ou* **toquante** n.f.
tocard, e adj.
tocard *ou* **toquard** n.m.
toccata n.f. (pl. toccatas *ou* toccate)
tocophérol n.m.
tocsin n.m.
tofu n.m.
toge n.f.
togolais, e adj. *et* n.
tohu-bohu n.m. inv.
toi pron. pers.
toilage n.m.
toile n.f.
toilerie n.f.
toilettage n.m.
toilette n.f.
toiletter v.t.
toise n.f.
toiser v.t.
toison n.f.
toit n.m.
toiture n.f.
toiture-terrasse n.f. (pl. toitures-terrasses)
tokaj n.m.
tokamak n.m.
tokay n.m.
tokharien n.m.
tokyote *ou* **tokyoïte** adj. *et* n.
tolar n.m. (monnaie)
tôlard, e *ou* **taulard, e** n. (prisonnier)
tolbutamide n.m.
tôle n.f. (plaque de métal)
tôle *ou* **taule** n.f. (prison)
tôlée adj.f.
tolérable adj.
tolérance n.f.
tolérant, e adj.
tolérer v.t. (conj. **11**)
tôlerie n.f.
tolet n.m.
tôlier n.m. (ouvrier)
tôlier, ère *ou* **taulier, ère** n. (patron d'hôtel)
tolite n.f.
tollé n.m.
tolu n.m.
toluène n.m.
toluidine n.f.
tomahawk n.m.
tomaison n.f.
toman n.m.
tomate n.f.
tombac n.m.
tombal, e, als *ou* **aux** adj.
tombant, e adj.
tombe n.f.
tombé n.m.
tombeau n.m.
tombée n.f.
tombelle n.f.
tomber v.i. (auxil. *être*) ; v.t. (auxil. *avoir*)
tomber n.m. (pl. tombers)
tombereau n.m.
tombeur, euse n.
tombola n.f.
tombolo n.m.
tome n.m. (volume)
tome *ou* **tomme** n.f. (fromage)
tomenteux, euse adj.
tomme *ou* **tome** n.f. (fromage)
tommette *ou* **tomette** n.f.
tommy n.m. (pl. tommys *ou* tommies)
tomodensitomètre n.m.
tomodensitométrie n.f.
tomographie n.f.
ton adj. poss. m. sing. (pl. tes)
ton n.m.
ton [tœn] n.f.
tonal, e, als adj.
tonalité n.f.
tondaison n.f.
tondeur, euse n.
tondeuse n.f.
tondre v.t. (conj. **59**)
tondu, e adj. *et* n.
toner [tɔnɛr] n.m.
tong n.f.
tonicardiaque adj. *et* n.m.
tonicité n.f.
tonifiant, e adj.
tonifier v.t. (conj. **5**)
tonique adj. *et* n.m. ; adj. *et* n.f.
tonitruant, e adj.
tonitruer v.i.
tonka n.f.
tonkinois, e adj. *et* n.
tonlieu n.m. (pl. tonlieux)
tonnage n.m.
tonnant, e adj.
tonne n.f.
tonneau n.m.
tonnelage n.m.
tonnelet n.m.
tonnelier n.m.
tonnelle n.f.
tonnellerie n.f.
tonner v. impers. *et* i.
tonnerre n.m.
tonologie n.f.
tonométrie n.f.

tonométrique adj.
tonsure n.f.
tonsuré adj.m. *et* n.m.
tonsurer v.t.
tonte n.f.
tontine n.f.
tontiner v.t.
tonton n.m.
tonture n.f.
tonus n.m. inv.
top n.m.
topaze n.f.
toper v.i.
tophacé, e adj.
tophus n.m. inv.
topiaire adj. *et* n.f.
topinambour n.m.
topique adj. *et* n.m. ; n.f.
topless adj. inv.
top model *ou*
top-modèle n.m. (pl. top models, top-modèles)
top niveau n.m. (pl. top niveaux)
topo n.m.
topographe n.
topographie n.f.
topographique adj.
topo-guide n.m. (pl. topo-guides)
topologie n.f.
topologique adj.
topométrie n.f.
toponyme n.m.
toponymie n.f.
toponymique adj.
top secret adj. inv.
toquade *ou* **tocade** n.f.
toquante *ou* **tocante** n.f.
toquard *ou* **tocard** n.m.
toque n.f.
toqué, e adj. *et* n.
toquer (se) v.pr.
torana n.m.
torball n.m.
torche n.f.
torcher v.t.
torchère n.f.
torchis n.m.
torchon n.m.
torchonner v.t.
torcol n.m.
torcou n.m. (pl. torcous)
tordage n.m.
tordant, e adj.
tord-boyaux n.m. inv.
tordeur n.m.
tordeuse n.f.
tord-nez n.m. inv.
tordoir n.m.
tordre v.t. (conj. **59**)
tordu, e adj. *et* n.
tore n.m. (moulure)
toréador n.m.
toréer v.i. (conj. **8**)
torero n.m.
toreutique n.f.
torgnole n.f.
tories n.m. pl.
torii n.m. inv.
toril n.m.
torique adj.
tornade n.f.
toroïdal, e, aux adj.
toron n.m.
toronneuse n.f.
torpédo n.f.
torpeur n.f.
torpide adj.
torpillage n.m.
torpille n.f.
torpiller v.t.
torpilleur n.m.
torque n.m.
torr n.m. (unité de pression)
torrailler v.i.
torrée n.f.
torréfacteur n.m.
torréfaction n.f.
torréfier v.t. (conj. **5**)
torrent n.m.
torrentiel, elle adj.
torrentiellement adv.
torrentueux, euse adj.
torride adj.
tors, e adj. (tordu)
tors n.m. (torsion)
torsade n.f.
torsader v.t.
torse n.m.
torsion n.f.
tort n.m. (préjudice)
torticolis n.m.
tortil n.m.
tortilla n.f.
tortillage n.m.
tortillard n.m.
tortille n.f.
tortillement n.m.
tortiller v.t. *et* i.
tortillère n.f.
tortillon n.m.
tortionnaire n.
tortorer v.t.
tortu, e adj.
tortue n.f.
tortueusement adv.
tortueux, euse adj.
torturant, e adj.
torture n.f.
torturer v.t.
torve adj.
tory n.m. *et* adj. (pl. torys *ou* tories)
torysme n.m.
toscan, e adj. *et* n.
toscan n.m. sing.
tosser v.i.
tôt adv.
total, e, aux adj.
total n.m. (pl. totaux)
totale n.f.
totalement adv.
totalisateur n.m.
totalisation n.f.
totaliser v.t.
totaliseur n.m.
totalitaire adj.
totalitarisme n.m.
totalité n.f.
totem n.m.
totémique adj.
totémisme n.m.
tôt-fait n.m. (pl. tôt-faits)
totipotence n.f.
totipotent, e adj.
toto n.m.
toton n.m.
touage n.m.

touareg adj. inv. *et* n. inv. ; n.m. sing.
touarègue adj. f. *et* n.f.
toubab n.m.
toubib n.m.
toucan n.m.
touchant, e adj.
touchant prép.
touchau, touchaud *ou* **toucheau** n.m. (pl. touchaux, touchauds, toucheaux)
touche n.f.
touche-à-tout n. inv.
toucher v.t. *et* t. ind. ; n.m. (pl. touchers)
touche-touche (à) loc. adv.
toucheur n.m.
touée n.f.
touer v.t.
toueur n.m.
touffe n.f.
touffeur n.f.
touffu, e adj.
touillage n.m.
touille n.f.
touiller v.t.
toujours adv.
touladi n.m.
toulonnais, e adj. *et* n.
toulousain, e adj. *et* n.
touloupe n.f.
toundra n.f.
toungouse *ou* **toungouze** adj. *et* n.m. sing.
toupaye n.m.
toupet n.m.
toupie n.f.
toupiller v.t.
toupilleur n.m.
toupilleuse n.f.
toupillon n.m.
toupin n.m.
toupine n.f.
toupiner v.i.
touque n.f.
tour n.f. ; n.m.
touraillage n.m.
touraille n.f.
touraillon n.m.
tourangeau, elle adj. *et* n.
touranien, enne adj. *et* n.
tourbe n.f.
tourbeux, euse adj.
tourbier, ère adj.
tourbière n.f.
tourbillon n.m.
tourbillonnaire adj.
tourbillonnant, e adj.
tourbillonnement n.m.
tourbillonner v.i.
tourd n.m. (poisson)
tourde n.f.
tourelle n.f.
touret n.m.
tourie n.f.
tourier, ère adj. *et* n.
tourillon n.m.
tourillonner v.t.
tourin n.m.
tourisme n.m.
touriste n.
touristique adj.
tourmaline n.f.
tourment n.m.
tourmente n.f.
tourmenté, e adj.
tourmenter v.t.
tourmentin n.m.
tournage n.m.
tournailler v.i.
tournant, e adj.
tournant n.m.
tourne n.f.
tourné, e adj.
tourne-à-gauche n.m. inv.
tournebouler v.t.
tournebroche n.m.
tourne-disque n.m. (pl. tourne-disques)
tournedos n.m.
tournée n.f.
tournemain n.m. sing.
tourne-pierre n.m. (pl. tourne-pierres)
tourner v.t. *et* i.
tournerie n.f.
tournesol n.m.
tourneur, euse n. *et* adj.
tourne-vent n.m. inv.
tournevis n.m.
tournicoter v.i.
tourniole n.f.
tourniquer v.i.
tourniquet n.m.
tournis n.m.
tournoi n.m.
tournoiement n.m.
tournois adj. inv.
tournoyant, e adj.
tournoyer v.i. (conj. **7**)
tournure n.f.
tournus n.m. inv.
touron n.m.
tour-opérateur n.m. (pl. tour-opérateurs)
tourte n.f.
tourteau n.m.
tourtereau n.m.
tourterelle n.f.
tourtière n.f.
Toussaint n.f.
tousser v.i.
tousserie n.f.
tousseur, euse adj. *et* n.
toussotement n.m.
toussoter v.i.
tout, toute adj. indéf. (pl. tous, toutes)
tout adv. ; n.m.
tout à fait adv.
tout-à-l'égout n.m. inv.
toute-épice n.f. (pl. toutes-épices)
toutefois adv.
toute-puissance n.f. sing.
toutim *ou* **toutime** n.m.
toutou n.m. (pl. toutous)
Tout-Paris n.m. sing.
tout-petit n.m. (pl. tout-petits)
tout-puissant, toute-puissante adj. *et* n. (pl. tout-puissants, toutes-puissantes)
tout-terrain adj. inv. *et* n.m. inv.

tout-venant n.m. inv.
toux n.f.
township n.f.
toxémie n.f.
toxicité n.f.
toxico n.
toxicologie n.f.
toxicologique adj.
toxicologue n.
toxicomane n.
toxicomaniaque adj.
toxicomanie n.f.
toxicomanogène adj.
toxicose n.f.
toxidermie n.f.
toxi-infectieux, euse adj. (pl. toxi-infectieux, euses)
toxi-infection n.f. (pl. toxi-infections)
toxine n.f.
toxique adj. *et* n.m.
toxoplasme n.m.
toxoplasmose n.f.
traboule n.f.
trabouler v.i.
trac n.m.
trac (tout à) loc. adv.
traçabilité n.f.
traçage n.m.
traçant, e adj.
tracas n.m.
tracasser v.t.
tracasserie n.f.
tracassier, ère adj. *et* n.
tracassin n.m.
trace n.f.
tracé n.m.
tracement n.m.
tracéologie n.f.
tracer v.t. *et* i. (conj. **9**)
traceret n.m.
traceur, euse adj. *et* n.
trachéal, e, aux [-ke-] adj.
trachée [-ʃe] n.f.
trachée-artère n.f. (pl. trachées-artères)
trachéen, enne [-ke-] adj.
trachéide [-ke-] n.f.
trachéite [-ke-] n.f.
trachéo-bronchite [-ke-] n.f. (pl. trachéo-bronchites)
trachéotomie [-ke-] n.f.
trachome [-ko-] n.m.
trachyte [-ki-] n.m.
traclet *ou* **traquelet** n.m.
traçoir n.m.
tract n.m.
tractable adj.
tractage n.m.
tractation n.f.
tracter v.t.
tracteur, trice adj.
tracteur n.m.
tractif, ive adj.
traction n.f.
tractoriste n.
tractus n.m. inv.
tradescantia n.m.
trade-union [trɛdynjɔn] n.f. (pl. trade-unions)
tradition n.f.
traditionalisme n.m.
traditionaliste adj. *et* n.
traditionnel, elle adj.
traditionnellement adv.
traducteur, trice n.
traducteur n.m.
traduction n.f.
traduire v.t. (conj. **78**)
traduisible adj.
trafic n.m.
traficoter v.i. *et* t.
trafiquant, e n.
trafiquer v.i., t. *et* t. ind.
tragédie n.f.
tragédien, enne n.
tragi-comédie n.f. (pl. tragi-comédies)
tragi-comique adj. (pl. tragi-comiques)
tragique adj. ; n.m.
tragiquement adv.
tragus n.m. inv.
trahir v.t.
trahison n.f.
trail n.m.
traille n.f.
train n.m.
traînage n.m.
traînailler v.i.
traînant, e adj.
traînard, e n.
traînard n.m.
traînasser v.i.
traîne n.f.
traîneau n.m.
traînée n.f.
traînement n.m.
traîner v.t. *et* i.
traîne-savates n. inv.
traîneur, euse n.
trainglot *ou* **tringlot** n.m.
training n.m.
train-parc n.m. (pl. trains-parcs)
train-train ou **traintrain** n.m. inv.
traire v.t. (conj. **92**)
trait n.m.
traitable adj.
traitant, e adj.
traitant adj.m.
trait d'union n.m. (pl. traits d'union)
traite n.f.
traité n.m.
traitement n.m.
traiter v.t. *et* t. ind.
traiteur n.m.
traître, esse adj. *et* n.
traîtreusement adv.
traîtrise n.f.
trajectographie n.f.
trajectoire n.f.
trajet n.m.
tralala n.m.
trâlée n.f.
traluire v.i. (conj. **77**)
tram n.m.
tramage n.m.
tramail n.m. (pl. tramails)
trame n.f.
tramelot n.m.
tramer v.t.
traminot n.m.
tramontane n.f.
tramp n.m.

tramping n.m.
trampoline n.m.
tramway n.m.
tranchage n.m.
tranchant, e adj.
tranchant n.m.
tranche n.f.
tranché, e adj.
tranchée n.f.
tranchefile n.f.
trancher v.t. *et* i.
tranchet n.m.
trancheur n.m.
trancheuse n.f.
tranchoir n.m.
tranquille adj.
tranquillement adv.
tranquillisant, e adj.
tranquillisant n.m.
tranquilliser v.t.
tranquillité n.f.
transaction n.f.
transactionnel, elle adj.
transafricain, e adj.
transalpin, e adj.
transaminase n.f.
transandin, e adj.
transat n.m. ; n.f.
transatlantique adj. ; n.m.
transatmosphérique adj.
trans-avant-garde n.f. (pl. trans-avant-gardes)
transbahuter v.t.
transbordement n.m.
transborder v.t.
transbordeur adj.m. *et* n.m.
transcanadien, enne adj.
transcaucasien, enne adj.
transcendance n.f.
transcendant, e adj.
transcendantal, e, aux adj.
transcendantalisme n.m.
transcender v.t.
transcodage n.m.
transcoder v.t.
transcontinental, e, aux adj.
transcripteur n.m.
transcription n.f.
transcrire v.t. (conj. **79**)
transculturel, elle adj.
transcutané, e adj.
transdermique adj.
transducteur n.m.
transduction n.f.
transe n.f.
transept n.m.
transfection n.f.
transférable adj.
transférase n.f.
transfèrement n.m.
transférer v.t. (conj. **11**)
transfert n.m.
transfiguration n.f.
transfigurer v.t.
transfiler v.t.
transfo n.m.
transformable adj.
transformante adj.f.
transformateur, trice adj.
transformateur n.m.
transformation n.f.
transformationnel, elle adj.
transformé n.m.
transformée n.f.
transformer v.t.
transformisme n.m.
transformiste adj. *et* n.
transfrontalier, ère adj.
transfuge n. *et* n.m.
transfusé, e adj. *et* n.
transfuser v.t.
transfusion n.f.
transfusionnel, elle adj.
transgénique adj.
transgénose n.f.
transgresser v.t.
transgression n.f.
transhorizon adj. inv.
transhumance n.f.
transhumant, e adj.
transhumer v.i. *et* t.
transi, e adj.
transi n.m.
transiger v.i. (conj. **10**)
transillumination n.f.
transir v.t.
transistor n.m.
transistorisation n.f.
transistoriser v.t.
transit n.m.
transitaire adj. ; n.m.
transiter v.t. *et* i.
transitif, ive adj.
transition n.f.
transitionnel, elle adj.
transitivement adv.
transitivité n.f.
transitoire adj.
translatif, ive adj.
translation n.f.
translittération n.f.
translocation n.f.
translucide adj.
translucidité n.f.
transluminal, e, aux adj.
transmanche adj. inv.
transmetteur n.m.
transmettre v.t. (conj. **64**)
transmigration n.f.
transmigrer v.i.
transmissibilité n.f.
transmissible adj.
transmission n.f.
transmodulation n.f.
transmuable adj.
transmuer v.t.
transmutabilité n.f.
transmutable adj.
transmutation n.f.
transmuter v.t.
transnational, e, aux adj.
transocéanique adj.
transpalette n.m.
transparaître v.i. (conj. **71** ; auxil. *avoir*)
transparence n.f.
transparent, e adj.
transparent n.m.
transpercer v.t. (conj. **9**)
transphrastique adj.

transpirant, e adj.
transpiration n.f.
transpirer v.i.
transplant n.m.
transplantable adj.
transplantation n.f.
transplanter v.t.
transpolaire adj.
transpondeur n.m.
transport n.m.
transportable adj.
transporter v.t.
transporteur, euse adj.
transporteur n.m.
transposable adj.
transposée adj.f. *et* n.f.
transposer v.t.
transpositeur adj.m.
transposition n.f.
transposon n.m.
transpyrénéen, enne adj.
transsaharien, enne adj.
transsexualisme n.m.
transsexuel, elle adj. *et* n.
transsonique adj.
transstockeur n.m.
transsubstantiation n.f.
transsudat n.m.
transsudation n.f.
transuranien adj.m. *et* n.m.
transvasement n.m.
transvaser v.t.
transversal, e, aux adj.
transversale n.f.
transversalement adv.
transversalité n.f.
transverse adj.
transvestisme n.m.
transvider v.t.
transylvain, e *ou* **transylvanien, enne** adj. *et* n.
trantran n.m. inv.
trapèze n.m.
trapéziste n.
trapézoïdal, e, aux adj.
trapézoïde n.m.
trapillon *ou* **trappillon** n.m.
trappe n.f.
trapper v.t.
trappeur n.m.
trappillon *ou* **trapillon** n.m.
trappiste n.m.
trappistine n.f.
trapu, e adj.
traque n.f.
traquelet *ou* **traclet** n.m.
traquenard n.m.
traquer v.t.
traquet n.m.
traqueur, euse adj. *et* n.
trattoria n.f.
trauma n.m.
traumatique adj.
traumatisant, e adj.
traumatiser v.t.
traumatisme n.m.
traumatologie n.f.
traumatologique adj.
traumatologiste *ou* **traumatologue** n.
travail n.m. (pl. travaux) [activité]
travail n.m. (pl. travails) [appareil]
travaillé, e adj.
travailler v.i. *et* t.
travailleur, euse n. *et* adj.
travailleuse n.f.
travaillisme n.m.
travailliste adj. *et* n.
travailloter v.i.
travée n.f.
travelage n.m.
traveller's cheque *ou* **traveller's check** n.m. (pl. traveller's cheques, traveller's checks)
travelling n.m.
travelo n.m.
travers n.m.
traversable adj.
traversant, e adj. *et* n.m.
travers-banc n.m. (pl. travers-bancs)
traverse n.f.
traversée n.f.
traversée-jonction n.f. (pl. traversées-jonctions)
traverser v.t.
traversier, ère adj.
traversin n.m.
traversine n.f.
travertin n.m.
travesti n.m.
travestir v.t.
travestisme n.m.
travestissement n.m.
traviole (de) loc. adv.
trax n.m. inv.
trayeur, euse n.
trayeuse n.f.
trayon [trejɔ̃] n.m.
trébuchant, e adj.
trébucher v.i.
trébuchet n.m.
trécheur *ou* **trescheur** n.m.
tréfilage n.m.
tréfiler v.t.
tréfilerie n.f.
tréfileur, euse n.
trèfle n.m.
tréflé, e adj.
tréflière n.f.
tréfoncier, ère adj.
tréfonds n.m.
trégorrois, e *ou* **trégorois, e** adj. *et* n.
tréhalose n.m.
treillage n.m.
treillager v.t. (conj. **10**)
treille n.f.
treillis n.m.
treillisser v.t.
treize adj. num. inv. *et* n.m. inv.
treizième adj. num. ord. *et* n.
treizièmement adv.
treiziste n.m.
trekking *ou* **trek** n.m.
tréma n.m.
trémail n.m. (pl. trémails)
trématage n.m.

trémater v.t.
trématode n.m.
tremblaie n.f.
tremblant, e adj.
tremblante n.f.
tremble n.m.
tremblé, e adj.
tremblement n.m.
trembler v.i.
trembleur, euse n.
tremblotant, e adj.
tremblote n.f.
tremblotement n.m.
trembloter v.i.
trémelle n.f.
trémie n.f.
trémière adj.f.
trémolite n.f.
trémolo n.m.
trémoussement n.m.
trémousser (se) v.pr.
trempabilité n.f.
trempage n.m.
trempe n.f.
trempé, e adj.
tremper v.t. *et* i.
trempette n.f.
tremplin n.m.
trémulant, e adj.
trémulation n.f.
trémuler v.i.
trench-coat *ou* **trench** n.m. (pl. trench-coats, trenchs)
trend n.m.
trentain n.m.
trentaine n.f.
trente adj. num. inv. *et* n.m. inv.
trente-et-quarante n.m. inv.
trentenaire adj.
trente-six adj. num. inv. *et* n.m. inv.
trentième adj. num. ord. *et* n.
trépan n.m. (instrument)
trépanation n.f.
trépaner v.t.
trépang n.m. (animal marin)
trépas n.m.
trépassé, e n.
trépasser v.i.
trépidant, e adj.
trépidation n.f.
trépider v.i.
trépied n.m.
trépignement n.m.
trépigner v.i.
trépointe n.f.
tréponématose n.f.
tréponème n.m.
très adv.
trésaille n.f.
trescheur *ou* **trécheur** n.m.
trésor n.m.
trésorerie n.f.
trésorier, ère n.
trésorier-payeur n.m. (pl. trésoriers-payeurs)
tressage n.m.
tressaillement n.m.
tressaillir v.i. (conj. **35**)
tressauter v.i.
tresse n.f.
tresser v.t.
tréteau n.m. (pl. tréteaux)
treuil n.m.
treuillage n.m.
treuiller v.t.
trêve n.f.
trévire n.f.
trévirer v.t.
trévise n.f.
tri n.m.
triacide n.m.
triade n.f.
triadique adj.
triage n.m.
trial n.m. (pl. trials)
trialcool n.m.
trialle n.f.
triandine n.f.
triandrie n.f.
triangle n.m.
triangulaire adj.
triangulation n.f.
trianguler v.t.
trias n.m.
triasique adj.
triathlète n.
triathlon n.m.
triathlonien, enne n.
triatomique adj.
tribade n.f.
tribadisme n.m.
tribal, e, aux *ou* **als** adj.
tribalisme n.m.
triballe n.f.
triballer v.t.
tribart n.m.
triboélectricité n.f.
triboélectrique adj.
tribologie n.f.
triboluminescence n.f.
tribométrie n.f.
tribord n.m.
tribordais n.m.
triboulet n.m.
tribu n.f.
tribulations n.f. pl.
tribun n.m.
tribunal n.m. (pl. tribunaux)
tribunat n.m.
tribune n.f.
tribunitien, enne adj.
tribut n.m.
tributaire adj.
tricalcique adj.
tricard, e adj. *et* n.
tricennal, e, aux adj.
tricentenaire n.m. *et* adj.
tricéphale adj.
triceps adj. *et* n.m.
tricératops n.m.
triche n.f.
tricher v.i. *et* t. ind.
tricherie n.f.
tricheur, euse adj. *et* n.
trichine [-kin] n.f.
trichinose [-ki-] n.f.
trichloréthylène [-klɔ-] n.m.
trichocéphale [-kɔ-] n.m.
trichogramme [-kɔ-] n.m.
tricholome [-kɔ-] n.m.
trichoma *ou* **trichome** [-kɔ-] n.m.
trichomonas [-kɔ-] n.m.

trichophyton [-kɔ-] n.m.
trichoptère [-kɔ-] n.m.
trichrome adj.
trichromie n.f.
trickster [trikstɛr] n.m.
triclinique adj.
triclinium n.m. (pl. tricliniums)
tricoises n.f. pl.
tricolore adj. *et* n.
tricône n.m.
tricorne n.m.
tricot n.m.
tricotage n.m.
tricoter v.t. *et* i.
tricoteur, euse n.
tricoteuse n.f.
trictrac n.m.
tricuspide adj.
tricycle n.m.
tricyclique adj.
tridacne n.m.
tridactyle adj.
trident n.m.
tridenté, e adj.
tridimensionnel, elle adj.
trièdre adj. *et* n.m.
triennal, e, aux adj.
trier v.t. (conj. **5**)
triérarque n.m.
trière n.f.
triester n.m.
trieur, euse n.
trieur n.m.
trieuse n.f.
trifide adj.
trifoliolé, e adj.
trifonctionnel, elle adj.
triforium n.m. (pl. triforiums)
trifouiller v.i.
trigémellaire adj.
trigle n.m.
triglycéride n.m.
triglyphe n.m.
trigone adj. *et* n.m.
trigonelle n.f.
trigonométrie n.f.
trigonométrique adj.
trigonométriquement adv.
trigramme n.m.
trijumeau adj.m. *et* n.m. (pl. trijumeaux)
trilatéral, e, aux adj.
trilingue adj. *et* n.
trilitère adj.
trille n.m.
triller v.i.
trillion n.m.
trilobé, e adj.
trilobite n.m.
triloculaire adj.
trilogie n.f.
trimaran n.m.
trimard n.m.
trimarder v.i.
trimardeur n.m.
trimbalage ou **trimballage** n.m.
trimbalement *ou* **trimballement** n.m.
trimbaler *ou* **trimballer** v.t.
trimer v.i.
trimère adj.
trimestre n.m.
trimestriel, elle adj.
trimestriellement adv.
trimétal n.m. (pl. trimétaux)
trimètre n.m.
trimmer n.m.
trimoteur adj.m. *et* n.m.
trin, e adj.
trinervé, e adj.
tringle n.f.
tringler v.t.
tringlot *ou* **trainglot** n.m.
trinidadien, enne adj. *et* n.
trinitaire adj. *et* n.
trinité n.f.
trinitrine n.f.
trinitrotoluène n.m.
trinôme n.m.
trinqueballe n.m.
trinquer v.i.
trinquet n.m.
trinquette n.f.
trinqueur, euse n.
trio n.m.
triode n.f.
triol n.m.
triolet n.m.
triolisme n.m.
triomphal, e, aux adj.
triomphalement adv.
triomphalisme n.m.
triomphaliste adj. *et* n.
triomphant, e adj.
triomphateur, trice n.
triomphe n.m.
triompher v.i. *et* t. ind.
trionyx n.m. inv.
trip n.m.
tripaille n.f.
tripale adj.
tripang n.m.
tripant, e adj.
triparti, e adj.
tripartisme n.m.
tripartite adj. ; n.f.
tripartition n.f.
tripatouillage n.m.
tripatouiller v.t.
tripatouilleur, euse n.
tripe n.f.
triperie n.f.
tripette n.f.
triphasé, e adj.
triphénylméthane n.m.
triphosphate adj.
triphtongue n.f.
tripier, ère n.
triplace adj.
triplan n.m.
triple adj., adv. *et* n.m.
triplé n.m.
triplement adv. ; n.m.
tripler v.t. *et* i.
triplés, ées n. pl.
triplet n.m.
triplette n.f.
Triplex n.m. (nom déposé) [matériau]
triplex n.m. inv. (appartement)

triplicata n.m. (pl. inv. *ou* triplicatas)
triploblastique adj.
triploïde adj. *et* n.
triploïdie n.f.
triplure n.f.
tripode adj.
triporteur n.m.
tripot n.m.
tripotage n.m.
tripotée n.f.
tripoter v.t.
tripoteur, euse n.
tripous *ou* **tripoux** n.m. pl.
triptyque n.m.
trique n.f.
triqueballe n.m.
trique-madame n.f. inv.
triquet n.m.
trirectangle adj.
trirème n.f.
trisaïeul, e n. (pl. trisaïeuls, trisaïeules)
trisannuel, elle adj.
trisecteur, trice adj.
trisection n.f.
triskèle n.f. *ou* m.
trisme n.m. *ou* **trismus** n.m. inv.
trisoc n.m.
trisomie n.f.
trisomique adj. *et* n.
trisser v.t. ; v.i.
triste adj.
tristement adv.
tristesse n.f.
tristounet, ette adj.
trisyllabe adj. *et* n.m.
trisyllabique adj.
trithérapie n.f.
triticale n.m.
tritium n.m. (pl. tritiums)
triton n.m.
triturateur n.m.
trituration n.f.
triturer v.t.
triumvir n.m.
triumviral, e, aux adj.
triumvirat n.m.
trivalent, e adj.
trivalve adj.
trivial, e, aux adj.
trivialement adv.
trivialité n.f.
troc n.m.
trocart n.m.
trochaïque [-ka-] adj.
trochanter [-kɑ̃-] n.m.
troche n.f.
trochée n.f.
troches n.f. pl.
trochilidé [-ki-] n.m.
trochin n.m.
trochiter [-ki-] n.m.
trochlée [-kl-] n.f.
trochophore *ou* **trochosphère** [-kɔ-] n.f.
trochure n.f.
troène n.m.
troglodyte n.m.
troglodytique adj.
trogne n.f.
trognon n.m. ; adj. inv. en genre
troïka n.f.
trois adj. num. *et* n.m. inv.
trois-étoiles n.m. *et* adj.
trois-huit n.m. pl.
troisième adj. num. ord. *et* n. ; n.f.
troisièmement adv.
trois-mâts n.m.
trois-ponts n.m.
trois-quarts n.m.
trois-quatre n.m. inv.
troll n.m.
trolle n.f.
trolley n.m.
trolleybus n.m.
trombe n.f.
trombidion n.m.
trombidiose n.f.
trombine n.f. (visage)
trombinoscope n.m.
tromblon n.m.
trombone n.m.
tromboniste n.
trommel n.m.
trompe n.f.
trompe-la-mort n. inv.
trompe-l'œil n.m. inv.
tromper v.t.
tromperie n.f.
trompeter v.i. *et* t. (conj. **16**)
trompette n.f. ; n.m.
trompette-des-morts *ou* **trompette-de-la-mort** n.f. (pl. trompettes-des-morts, trompettes-de-la-mort)
trompettiste n.
trompeur, euse adj. *et* n.
trompeusement adv.
tronc n.m.
troncation n.f.
troncature n.f.
tronche n.f.
tronchet n.m.
tronçon n.m.
tronconique adj.
tronçonnage n.m.
tronçonnement n.m.
tronçonner v.t.
tronçonneuse n.f.
tronculaire adj.
trône n.m.
trôner v.i.
tronquer v.t.
trop adv.
trope n.m.
trophallaxie n.f.
trophée n.m.
trophique adj.
trophoblaste n.m.
trophoblastique adj.
tropical, e, aux adj.
tropicalisation n.f.
tropicaliser v.t.
tropique adj. ; n.m.
tropisme n.m.
tropopause n.f.
troposphère n.f.
troposphérique adj.
trop-perçu n.m. (pl. trop-perçus)
trop-plein n.m. (pl. trop-pleins)
troque n.m.
troquer v.t.

troquet n.m.
troqueur, euse n.
trot n.m.
trotskisme n.m.
trotskiste adj. *et* n.
trotte n.f.
trotte-menu adj. inv.
trotter v.i.
trotteur, euse adj.
trotteur n.m.
trotteuse n.f.
trottin n.m.
trottinement n.m.
trottiner v.i.
trottinette n.f.
trottoir n.m.
trou n.m.
troubadour n.m.
troublant, e adj.
trouble adj. ; adv. ; n.m. ; n.f.
troubleau n.m.
trouble-fête n. (pl. inv. *ou* trouble-fêtes)
troubler v.t.
trouée n.f.
trouer v.t.
troufion n.m.
trouillard, e adj. *et* n.
trouille n.f.
trouillomètre n.m.
trou-madame n.m. (pl. trous-madame)
troupe n.f.
troupeau n.m.
troupiale n.m.
troupier n.m. *et* adj. m.
troussage n.m.
trousse n.f.
trousseau n.m.
trousse-pied n.m. inv.
trousse-queue n.m. inv.
troussequin n.m.
trousser v.t.
trousseur n.m.
trou-trou n.m. (pl. trou-trous)
trouvable adj.
trouvaille n.f.
trouvé, e adj.
trouver v.t.
trouvère n.m.
trouveur, euse n.
troyen, enne adj. *et* n.
truand, e n.
truander v.i.
truanderie n.f.
truble n.f.
trublion n.m.
truc n.m.
trucage *ou* **truquage** n.m.
truchement n.m.
trucider v.t.
truck [trœk] n.m.
trucmuche n.
truculence n.f.
truculent, e adj.
truelle n.f.
truellée n.f.
truffe n.f.
truffer v.t.
trufficulture n.f.
truffier, ère adj.
truffière n.f.
truie n.f.
truisme n.m.
truite n.f.
truité, e adj.
trullo [trulo] n.m. (pl. trullos *ou* trulli)
trumeau n.m.
truquage *ou* **trucage** n.m.
truquer v.t.
truqueur, euse n.
truquiste n.
trusquin n.m.
trusquiner v.t.
trust [trœst] n.m.
truste [tryst] *ou* **trustis** [trystis] n.f.
trustee [trœsti] n.m.
truster [trœste] v.t.
trutticulture n.f.
trypanosome n.m.
trypanosomiase n.f.
trypsine n.f.
trypsinogène n.m.
tryptophane n.m.
tsar *ou* **tzar** n.m.
tsarévitch *ou* **tzarévitch** n.m.
tsarine *ou* **tzarine** n.f.
tsarisme n.m.
tsariste adj. *et* n.
tsé-tsé n.f. inv.
T-shirt *ou* **tee-shirt** n.m. (pl. T-shirts, tee-shirts)
tsigane *ou* **tzigane** adj. *et* n.
tsuba n.m.
tsunami n.m.
tu pron. pers. sing.
tuant, e adj.
tub [tœb] n.m.
tuba n.m.
tubage n.m.
tubaire adj.
tubard, e adj. *et* n.
tube n.m.
tubeless adj. inv.
tuber v.t.
tubéracé, e adj.
tubérale n.f.
tubercule n.m.
tuberculeux, euse adj. *et* n.
tuberculination n.f.
tuberculine n.f.
tuberculinique adj.
tuberculinisation n.f.
tuberculoïde adj.
tuberculose n.f.
tubéreuse n.f.
tubéreux, euse adj.
tubériforme adj.
tubérisation n.f.
tubérisé, e adj.
tubérosité n.f.
tubicole adj.
tubifex n.m. inv.
tubing n.m.
tubipore n.m.
tubiste n.
tubulaire adj.
tubule n.m.
tubulé, e adj.
tubuleux, euse adj.
tubulidenté n.m.

tubuliflore adj.
tubulure n.f.
tudesque adj.
tudieu ! interj.
tué, e n.
tue-chien n.m. inv.
tue-diable n.m. inv.
tue-mouches adj. inv.
tuer v.t.
tuerie n.f.
tue-tête (à) loc. adv.
tueur, euse n.
tuf n.m.
tuffeau *ou* **tufeau** n.m.
tuile n.f.
tuileau n.m.
tuiler v.t.
tuilerie n.f.
tuilier, ère adj.
tuilier n.m.
tularémie n.f.
tulipe n.f.
tulipier n.m.
tulle n.m.
tullerie n.f.
tulliste n.
tumbling n.m.
tuméfaction n.f.
tuméfié, e adj.
tuméfier v.t. (conj. **5**)
tumescence n.f.
tumescent, e adj.
tumeur n.f.
tumoral, e, aux adj.
tumulaire adj.
tumulte n.m.
tumultueusement adv.
tumultueux, euse adj.
tumulus n.m. (pl. inv. *ou* tumuli)
tunage n.m.
tune n.f. (en agriculture)
tune *ou* **thune** n.f. (argent)
tuner [tynɛr *ou* tjunœr] n.m.
tungar [tœ̃gar] n.m.
tungstate n.m.
tungstène n.m.
tungstique adj.
tunicier n.m.
tunique n.f.
tuniqué, e adj.
tunisien, enne adj. *et* n.
tunisois, e adj. *et* n.
tunnel n.m.
tunnelier n.m.
tupaïa n.m.
tupi-guarani n.m. inv.
tupinambis n.m.
tuque n.f.
turban n.m.
türbe *ou* **turbeh** n.m.
turbellarié n.m.
turbide adj.
turbidimètre n.m.
turbidité n.f.
turbin n.m.
turbinage n.m.
turbine n.f.
turbiné, e adj.
turbiner v.i. ; v.t.
turbo adj. inv. (moteur) ; n.m. ; n.f.
turboalternateur n.m.
turbocompressé, e adj.
turbocompresseur n.m.
turboforage n.m.
turbomachine n.f.
turbomoteur n.m.
turbopompe n.f.
turbopropulseur n.m.
turboréacteur n.m.
turbosoufflante n.f.
turbot n.m. (poisson)
turbotière n.f.
turbotin n.m.
turbotrain n.m.
turbulence n.f.
turbulent, e adj.
turc, turque adj. *et* n.
turc n.m. sing.
turcique adj.
turcophone adj. *et* n.
turdidé n.m.
turf [tœrf *ou* tyrf] n.m.
turfiste [tœr- *ou* tyr-] n.
turgescence n.f.
turgescent, e adj.
turgide adj.
turinois, e adj. *et* n.
turion n.m.
turista [tu-] n.f.
turkmène adj. *et* n. ; n.m. sing.
turlupiner v.t.
turlutte n.f.
turlututu ! interj.
turne n.f.
turnover [tœrnɔvœr] n.m.
turpide adj.
turpitude n.f.
turquerie n.f.
turquette n.f.
turquin adj.m.
turquoise n.f. ; adj. inv. *et* n.m.
turritelle n.f.
tussah n.m.
tussau n.m. (pl. tussaux)
tussilage n.m.
tussor *ou*, vx, **tussore** n.m.
tutélaire adj.
tutelle n.f.
tuteur, trice n.
tuteur n.m.
tuteurage n.m.
tuteurer v.t.
tutoiement n.m.
tutorat n.m.
tutoyer v.t. (conj. **7**)
tutoyeur, euse adj. *et* n.
tutti [tuti] n.m. inv.
tutti frutti [tutifruti] loc. adj. inv.
tutti quanti [tutikwɑ̃ti] loc. adv.
tutu n.m.
tuyau n.m. (pl. tuyaux)
tuyautage n.m.
tuyauté n.m.
tuyauter v.t.
tuyauterie n.f.
tuyère n.f.
tweed [twid] n.m.
tweeter [twitœr] n.m.
twin-set [twinsɛt] n.m. (pl. twin-sets)

twirling bâton *ou* **twirling** n.m. (pl. twirling bâtons, twirlings)
twist n.m.
twister v.i.
tylenchus n.m. inv.
tympan n.m.
tympanal n.m. (pl. tympanaux)
tympanique adj.
tympanisme n.m.
tympanon n.m.
tympanoplastie n.f.
tyndallisation n.f.
type n.m.
typé, e adj.
typer v.t.
typesse n.f.
typhacée n.f.
typhique adj. *et* n.
typhlite n.f.
typhoïde adj. *et* n.f.
typhoïdique adj.
typhon n.m.
typhose n.f.
typhus n.m. inv.
typicité n.f.
typique adj.
typiquement adv.
typo, ote n.
typo n.f.
typographe n.
typographie n.f.
typographique adj.
typologie n.f.
typologique adj.
typomètre n.m.
typon n.m.
typtologie n.f.
tyran n.m.
tyranneau n.m.
tyrannicide n. ; n.m.
tyrannie n.f.
tyrannique adj.
tyranniquement adv.
tyranniser v.t.
tyrannosaure n.m.
tyrien, enne adj. *et* n.
tyrolien, enne adj. *et* n.
tyrolienne n.f.
tyrosinase n.f.
tyrosine n.f.
tyrothricine n.f.
tzar *ou* **tsar** n.m.
tzarévitch *ou* **tsarévitch** n.m.
tzarine *ou* **tsarine** n.f.
tzigane *ou* **tsigane** adj. *et* n.

u

u n.m. inv.
ubac n.m.
ubiquiste adj. *et* n.
ubiquité n.f.
ubuesque adj.
ufologie n.f.
uhlan [ylɑ̃] n.m.
ukase *ou* **oukase** n.m.
ukrainien, enne adj. *et* n.
ukrainien n.m.
ukulélé [uku-] n.m.
ulcération n.f.
ulcère n.m.
ulcéré, e adj.
ulcérer v.t. (conj. **11**)
ulcéreux, euse adj. *et* n.
uléma *ou* **ouléma** n.m.
ulluque *ou* **ullucu** n.m.
ulmacée n.f.
ulmiste n.
ulna n.f.
ulnaire adj.
ultérieur, e adj.
ultérieurement adv.
ultimatum n.m.
(pl. ultimatums)
ultime adj.
ultimo adv.
ultra n. *et* adj. (pl. ultras)
ultrabasique adj.
ultracentrifugation n.f.
ultracentrifugeuse n.f.
ultracourt, e adj.
ultrafiltration n.f.
ultrafiltre n.m.
ultraléger, ère adj.
ultramicroscope n.m.
ultramoderne adj.
ultramontain, e adj. *et* n.
ultramontanisme n.m.
ultraorthodoxe adj. *et* n.
ultra-petita n.m. inv.
ultrapression n.f.
ultrapropre adj.
ultrapropreté n.f.
ultraroyaliste n. *et* adj.
ultrasensible adj.
ultrason n.m.
ultrasonore *ou*
ultrasonique adj.
ultravide n.m.
ultraviolet, ette adj.
ultraviolet n .m.
ultravirus n.m. inv.
ululation n.f.
ululement *ou*
hululement n.m..
ululer *ou* **hululer** v.i.
ulve n.f.
umbanda n.m.
un, une adj. num.
un, une art. indéf.
(pl. des)
unanime adj.
unanimement adv.
unanimisme n.m.
unanimiste adj. *et* n.
unanimité n.f.
unau n.m. (pl. unaus)
unciforme [ɔ̃si-] adj.
unciné, e [ɔ̃si-] adj.
underground
[œndœrgrawnd] adj. inv.
et n.m. inv.
une n.f.
unetelle n.f.
unguéal, e, aux [ɔ̃ge-]
adj.
unguifère [ɔ̃gɥi-] adj.
uni, e adj.
uni n.m.
uniate adj. *et* n.
uniaxe adj.
unicellulaire adj.
unicité n.f.
unicolore adj.
unicorne adj.
unidimensionnel, elle
adj.
unidirectionnel, elle adj.
unième adj. num. ord.
unièmement adv.
unificateur, trice adj.
et n.
unification n.f.
unifier v.t. (conj. **5**)
unifilaire adj.
uniflore adj.
uniforme adj. ; n.m.
uniformément adv.
uniformisation n.f.
uniformiser v.t.
uniformité n.f.
unijambiste adj. *et* n.
unilatéral, e, aux adj.
unilatéralement adv.
unilinéaire adj.
unilingue adj.
uniloculaire adj.
uniment adv.
uninominal, e, aux adj.
union n.f.
unionisme n.m.
unioniste adj. *et* n.
uniovulé, e adj.
unipare adj.
unipersonnel, elle adj.
unipolaire adj.
unique adj.
uniquement adv.
unir v.t.
unisexe adj.
unisexué, e *ou*
unisexuel, elle adj.
unisson n.m.
unitaire adj.
unité n.f.

univalent, e adj.
univalve adj.
univers n.m.
universalisation n.f.
universaliser v.t.
universalisme n.m.
universaliste adj. *et* n.
universalité n.f.
universaux n.m. pl.
universel, elle adj.
universellement adv.
universitaire adj. *et* n.
université n.f.
univitellin, e adj.
univocité n.f.
univoque adj.
untel, unetelle n.
upas n.m.
upérisation n.f.
upériser v.t.
uppercut [ypɛrkyt] n.m.
upsilon [ypsilɔn] n.m. inv.
upwelling [œpwɛliŋ] n.m.
uracile n.m.
uraète n.m.
uræus [yreys] n.m. inv.
uranate n.m.
uraneux adj.m.
uranie n.f.
uranifère adj.
uraninite n.f.
uranique adj.
uranisme n.m.
uranium n.m. (pl. uraniums)
uranoscope n.m.
uranyle n.m.
urate n.m.
urbain, e adj.
urbanisation n.f.
urbaniser v.t.
urbanisme n.m.
urbaniste n. *et* adj.
urbanistique adj.
urbanité n.f.
urbi et orbi loc. adj. *et* loc. adv.
urcéolé, e adj.
urdu *ou* **ourdou** n.m.
ure n.m.
urédinale n.f.
urée n.f.
urémie n.f.
urémique adj. *et* n.
urétéral, e, aux adj.
uretère n.m.
urétérite n.f.
urétérostomie n.f.
uréthanne *ou* **uréthane** n.m.
urétral, e, aux adj.
urètre n.m.
urétrite n.f.
urgemment adv.
urgence n.f.
urgent, e adj.
urgentiste adj. *et* n.
urger v. impers. (conj. **10**)
uricémie n.f.
urinaire adj.
urinal n.m. (pl. urinaux)
urine n.f.
uriner v.i. *et* t.
urinifère adj.
urinoir n.m.
urique adj.
urne n.f.
urobiline n.f.
urobilinurie n.f.
urocordé n.m.
urodèle n.m.
uro-génital, e, aux adj.
urographie n.f.
urokinase n.f.
urolagnie n.f.
urologie n.f.
urologue n.
uropode n.m.
uropygial, e, aux adj.
uropygien, enne adj.
ursidé n.m.
ursuline n.f.
urticacée n.f.
urticaire n.f.
urticant, e adj.
urtication n.f.
urubu n.m.
uruguayen, enne adj. *et* n.
urus n.m. inv.
us n.m. pl.
usage n.m.
usagé, e adj.
usager n.m.
usance n.f.
usant, e adj.
usé, e adj.
user v.t. ind. *et* t.
usinabilité n.f.
usinage n.m.
usine n.f.
usiner v.t.
usinier, ère adj.
usité, e adj.
usnée n.f.
ustensile n.m.
ustilaginale n.f.
usucapion n.f.
usuel, elle adj.
usuel n.m.
usuellement adv.
usufructuaire adj.
usufruit n.m.
usufruitier, ère adj. *et* n.
usuraire adj.
usure n.f.
usurier, ère n.
usurpateur, trice adj. *et* n.
usurpation n.f.
usurpatoire adj.
usurper v.t.
usus n.m. inv.
ut n.m. inv.
utérin, e adj. *et* n.
utérus n.m. inv.
utile adj.
utilement adv.
utilisable adj.
utilisateur, trice n.
utilisation n.f.
utiliser v.t.
utilitaire adj. ; n.m.
utilitarisme n.m.
utilitariste adj. *et* n.
utilité n.f.
utopie n.f.
utopique adj.
utopisme n.m.

utopiste n. *et* adj.
utraquiste n.m.
utriculaire n.f.
utricule n.m.
uval, e, aux adj.
uva-ursi n.m. inv.
uvée n.f.
uvéite n.f.
uvulaire adj.
uvule *ou* **uvula** n.f.
uxorilocal, e, aux adj.
uzbek *ou* **ouzbek** adj. *et* n.

V

v n.m. inv.
va ! interj.
vacance n.f.
vacances n.f. pl.
vacancier, ère n.
vacant, e adj.
vacarme n.m.
vacataire adj. *et* n.
vacation n.f.
vaccin n.m.
vaccinable adj.
vaccinal, e, aux adj.
vaccinateur, trice adj. *et* n.
vaccination n.f.
vaccine n.f.
vacciner v.t.
vaccinostyle n.m.
vaccinothérapie n.f.
vachard, e adj.
vache n.f. ; adj.
vachement adv.
vacher, ère n.
vacherie n.f.
vacherin n.m.
vachette n.f.
vacieu n.m. (pl. vacieus)
vacillant, e adj.
vacillement n.m.
vaciller v.i.
vacive adj.f. *et* n.f.
vacuité n.f.
vacuolaire adj.
vacuole n.f.
vade-mecum n.m. inv.
vadrouille n.f.
vadrouiller v.i.
vadrouilleur, euse n.
va-et-vient n.m. inv.
vagabond, e adj.
vagabondage n.m.
vagabonder v.i.
vagal, e, aux adj.
vagile adj.
vagin n.m.
vaginal, e, aux adj.
vaginisme n.m.
vaginite n.f.
vagir v.i.
vagissant, e adj.
vagissement n.m.
vagolytique adj. *et* n.m.
vagotomie n.f.
vagotonie n.f.
vagotonique adj.
vague adj. et n.m. ; n.f.
vaguelette n.f.
vaguement adv.
vaguemestre n.m.
vaguer v.i.
vahiné n.f.
vaigrage n.m.
vaigre n.f.
vaillamment adv.
vaillance n.f.
vaillant, e adj.
vain, e adj.
vaincre v.t. (conj. **94**)
vaincu, e n.
vainement adv.
vainqueur adj.m. *et* n.m.
vair n.m. (fourrure)
vairé n.m.
vairon adj.m. ; n.m.
vaishya n.m. inv.
vaisseau n.m.
vaisselier n.m.
vaisselle n.f.
vaissellerie n.f.
val n.m. (pl. vals *ou* vaux)
valable adj.
valablement adv.
valaisan, anne adj. *et* n.
valaque adj. *et* n.
valdinguer v.i.
valdôtain, e adj. *et* n.
valençay n.m.
valence n.f.
valencia n.f.
valence-gramme n.f. (pl. valences-grammes)
valenciennes n.f.
valenciennois, e adj. *et* n.
valentinite n.f.
valentinois, e adj. *et* n.
valérianacée n.f.
valériane n.f.
valérianelle n.f.
valérique adj.
valet n.m.
valetaille n.f.
valétudinaire adj. *et* n.
valeur n.f.
valeureusement adv.
valeureux, euse adj.
valgus adj. m. inv., **valga** adj. f. inv.
validation n.f.
valide adj.
validement adv.
valider v.t.
valideuse n.f.
validité n.f.
valine n.f.
valise n.f.
vallée n.f.
valleuse n.f.
vallisnérie n.f.
vallon n.m.
vallonné, e adj.
vallonnement n.m.
valoche n.f.
valoir v.i. *et* t. (conj. **46**)
valorisant, e adj.
valorisation n.f.
valoriser v.t.

valpolicella n.m.
valse n.f.
valse-hésitation n.f. (pl. valses-hésitations)
valser v.i. *et* t.
valseur, euse n.
valvaire adj.
valve n.f.
valvé, e adj.
valvulaire adj.
valvule n.f.
vamp n.f.
vamper v.t.
vampire n.m.
vampiriser v.t.
vampirisme n.m.
vampirique adj.
van n.m.
vanadinite n.f.
vanadique adj.
vanadium n.m. (pl. vanadiums)
vanda n.f.
vandale n.
vandaliser v.t.
vandalisme n.m.
vandoise n.f.
vanesse n.f.
vangeron n.m.
vanille n.f.
vanillé, e adj.
vanillier n.m.
vanilline n.f.
vanillon n.m.
vanisage n.m.
vanisé, e adj.
vanité n.f.
vaniteusement adv.
vaniteux, euse adj. *et* n.
vanity-case n.m. (pl. vanity-cases)
vannage n.m.
vanne n.f.
vanné, e adj.
vanneau n.m.
vannée n.f.
vannelle n.f.
vanner v.t. *et* i.
vannerie n.f.
vanneur, euse n.
vannier n.m.
vannure n.f.
vantail n.m. (pl. vantaux)
vantard, e adj. *et* n.
vantardise n.f.
vantelle n.f.
vanter v.t.
va-nu-pieds n. inv.
vapes n.f. pl.
vapeur n.f.
vapocraquage n.m.
vapocraqueur n.m.
vaporeux, euse adj.
vaporisage n.m.
vaporisateur n.m.
vaporisation n.f.
vaporiser v.t.
vaquer v.i. *et* t. ind.
var n.m.
vara adj.f.
varaigne n.f.
varan n.m.
varangue n.f.
varappe n.f.
varapper v.i.
varappeur, euse n.
varech n.m.
vareuse n.f.
varia n.m. pl.
variabilité n.f.
variable adj. ; n.f.
variance n.f.
variante n.f.
variateur n.m.
variation n.f.
varice n.f.
varicelle n.f.
varicocèle n.f.
varié, e adj.
varier v.t. *et* i. (conj. **5**)
variétal, e, aux adj.
variété n.f.
variole n.f.
varioleux, euse adj. *et* n.
variolique adj.
variolisation n.f.
variomètre n.m.
variqueux, euse adj.
varistance n.f.
varlet n.m.
varlope n.f.
varloper v.t.
varois, e adj. *et* n.
varroa n.m.
varron *ou* **varon** n.m.
varsovien, enne adj. *et* n.
varus adj. m. inv., **vara** adj. f. inv.
varve n.f.
vasard, e adj.
vasculaire adj.
vascularisation n.f.
vascularisé, e adj.
vasculo-nerveux, euse adj. (pl. vasculo-nerveux, euses)
vase n.f. ; n.m.
vasectomie n.f.
vasectomiser v.t.
vaseline n.f.
vaseliner v.t.
vaseux, euse adj.
vasière n.f.
vasistas n.m.
vasoconstricteur, trice adj.
vasoconstricteur n.m.
vasoconstriction n.f.
vasodilatateur, trice adj.
vasodilatateur n.m.
vasodilatation n.f.
vasomoteur, trice adj.
vasomotricité n.f.
vasopressine n.f.
vasotomie n.f.
vasouillard, e adj.
vasouiller v.i.
vasque n.f.
vassal, e adj. *et* n.
vassalique adj.
vassaliser v.t.
vassalité n.f.
vasselage n.m.
vassiveau n.m. (pl. vassiveaux)
vaste adj.
vastement adv.
va-t-en-guerre adj. *et* n. inv.
vaticane adj.f.
vaticinateur, trice n.

vaticination n.f.
vaticiner v.i.
va-tout n.m. inv.
vau n.m. (pl. vaux)
vauchérie n.f.
vauclusien, enne adj. *et* n.
vaudaire n.f.
vaudeville n.m.
vaudevillesque adj.
vaudevilliste n.
vaudois, e adj. *et* n.
vaudou, e adj.
vaudou n.m. (pl. vaudous)
vau-l'eau (à) loc. adv.
vaurien, enne n. *et* adj. (enfant)
Vaurien n.m. (nom déposé) [bateau]
vautour n.m.
vautrait n.m.
vautrer (se) v.pr.
vaux n.m. pl. (vallées)
vavasseur n.m.
va-vite (à la) loc. adv.
vé n.m.
veau n.m. (pl. veaux) [animal]
vécés n.m. pl.
vecteur, trice adj.
vecteur n.m.
vectoriel, elle adj.
vectorisation n.f.
vécu, e adj.
vécu n.m.
vedettariat n.m.
vedette n.f.
vedettisation n.f.
vedettiser v.t.
vedika n.f. inv.
védique adj. ; n.m.
védisme n.m.
végétal, e, aux adj.
végétal n.m. (pl. végétaux)
végétalien, enne adj. *et* n.
végétalisation n.f.
végétalisé, e adj.
végétaliser v.t.
végétalisme n.m.
végétaliste adj. *et* n.
végétarien, enne adj. *et* n.
végétarisme n.m.
végétatif, ive adj.
végétation n.f.
végéter v.i. (conj. **11**)
véhémence n.f.
véhément, e adj.
véhémentement adv.
véhiculaire adj.
véhicule n.m.
véhiculer v.t.
véhiculeur n.m.
veille n.f.
veillée n.f.
veiller v.i. ; t. ind. *et* t.
veilleur n.m.
veilleuse n.f.
veinard, e adj. *et* n.
veine n.f.
veiné, e adj.
veiner v.t.
veineux, euse adj.
veinosité n.f.
veinule n.f.
veinure n.f.
vêlage n.m.
vélaire adj. *et* n.f.
vélani n.m.
vélar n.m.
vélarium *ou* **velarium** n.m. (pl. vélariums, velariums)
velche, welche *ou* **welsche** adj. *et* n.
Velcro n.m. (nom déposé)
veld n.m.
vêlement n.m.
vêler v.i.
vêleuse n.f.
vélideltiste n.
vélie n.f.
vélin n.m.
véliplanchiste n.
vélique adj.
vélite n.m.
vélivole *ou* **vélivoliste** n. *et* adj.
vellave adj. *et* n.
velléitaire adj. *et* n.
velléité n.f.
vélo n.m. (bicyclette)
véloce adj.
vélocimètre n.m.
vélocimétrie n.f.
vélocipède n.m.
vélociste n.
vélocité n.f.
vélocross n.m. inv.
vélodrome n.m.
vélomoteur n.m.
véloski n.m.
velot n.m. (peau de veau)
velours n.m.
velouté, e adj.
veloutement n.m.
velouter v.t.
velouteux, euse adj.
veloutier n.m.
veloutine n.f.
velu, e adj.
vélum *ou* **velum** n.m. (pl. vélums, velums)
Velux n.m. (nom déposé)
velvet n.m.
velvote n.f.
venaison n.f.
vénal, e, aux adj.
vénalité n.f.
venant n.m. sing.
vendable adj.
vendange n.f.
vendangeoir n.m.
vendanger v.t. *et* i. (conj. **10**)
vendangerot n.m.
vendangeur, euse n.
vendangeuse n.f.
vendéen, enne adj. *et* n.
vendémiaire n.m.
vendetta n.f.
vendeur, euse n.
vendre v.t. (conj. **59**)
vendredi n.m.
vendu, e adj. *et* n.
venelle n.f.
vénéneux, euse adj.
vénérable adj. ; n.m. ; n.
vénération n.f.

vénérer v.t. (conj. **11**)
vénerie *ou* **vènerie** n.f.
vénérien, enne adj.
venet n.m.
venette n.f.
veneur n.m.
vénézuélien, enne adj. *et* n.
vengeance n.f.
venger v.t. (conj. **10**)
vengeron *ou* **vangeron** n.m.
vengeur, eresse adj. *et* n.
véniel, elle adj.
venimeux, euse adj.
venin n.m.
venir v.i. (conj. **28** ; auxil. *être*)
vénitien, enne adj. *et* n.
vent n.m.
ventage n.m.
ventail n.m. (pl. **ventaux**)
ventaille n.f.
vente n.f.
venté, e adj.
venter v. impers.
venteux, euse adj.
ventilateur n.m.
ventilation n.f.
ventiler v.t.
ventileuse n.f.
ventôse n.m.
ventouse n.f.
ventral, e, aux adj.
ventre n.m.
ventrèche n.f.
ventre-de-biche adj. inv.
ventrée n.f.
ventriculaire adj.
ventricule n.m.
ventrière n.f.
ventriloque n. *et* adj.
ventripotent, e adj.
ventru, e adj.
venturi n.m.
venu, e adj. *et* n.
venue n.f.
vénus n.f.
vénusien, enne adj. *et* n.
vénusté n.f.
vépéciste n.
vêpres n.f. pl.
ver n.m. (animal)
véracité n.f.
véraison n.f.
véranda n.f.
vératre n.m.
verbal, e, aux adj.
verbalement adv.
verbalisateur, trice adj. *et* n.
verbalisation n.f.
verbaliser v.i. *et* t.
verbalisme n.m.
verbe n.m.
verbénacée n.f.
verbeusement adv.
verbeux, euse adj.
verbiage n.m.
verbicruciste n.
verbigération n.f.
verboquet n.m.
verbosité n.f.
verdâtre adj.
verdelet, ette adj.
verdet n.m.
verdeur n.f.
verdict n.m.
verdier n.m.
verdir v.i. *et* t.
verdissage n.m.
verdissement n.m.
verdoiement n.m.
verdoyant, e adj.
verdoyer v.i. (conj. **7**)
verdunisation n.f.
verduniser v.t.
verdure n.f.
vérétille n.m.
véreux, euse adj.
verge n.f.
vergé, e adj.
vergence n.f.
vergeoise n.f.
verger n.m.
vergerette n.f.
vergeté, e adj.
vergette n.f.
vergeture n.f.
vergeure [-ʒyr] n.f.
verglacé, e adj.
verglacer v. impers. (conj. **9**).
verglas n.m.
vergne *ou* **verne** n.m.
vergobret n.m.
vergogne n.f.
vergue n.f.
véridicité n.f.
véridique adj.
véridiquement adv.
vérifiable adj.
vérificateur, trice adj. *et* n.
vérificateur n.m.
vérificatif, ive adj.
vérification n.f.
vérificationnisme n.m.
vérifier v.t. (conj. **5**)
vérifieur, euse n.
vérin n.m.
vérine *ou* **verrine** n.f.
vérisme n.m.
vériste adj. *et* n.
véritable adj.
véritablement adv.
vérité n.f.
verjus n.m.
verjuté, e adj.
verlan n.m.
vermée n.f.
vermeil, eille adj.
vermeil n.m.
vermet n.m.
vermicelle n.m.
vermicide adj. *et* n.m.
vermiculaire adj.
vermiculé, e adj.
vermiculure n.f.
vermiforme adj.
vermifuge adj. *et* n.m.
vermiller v.i.
vermillon n.m. ; adj. inv.
vermillonner v.i.
vermine n.f.
vermineux, euse adj.
verminose n.f.
vermis n.m.
vermisseau n.m.
vermouler (se) v.pr.

vermoulu, e adj.
vermoulure n.f.
vermouth n.m.
vernaculaire adj.
vernal, e, aux adj.
vernalisation n.f.
vernation n.f.
verne *ou* **vergne** n.m.
verni, e adj. *et* n.
vernier n.m.
vernir v.t.
vernis n.m.
vernissage n.m.
vernissé, e adj.
vernisser v.t.
vernisseur, euse n.
vernix caseosa n.m. inv.
vérole n.f.
vérolé, e adj. *et* n.
véronique n.f.
verranne n.f.
verrat n.m.
verre n.m. (récipient)
verrée n.f.
verrerie n.f.
verrier, ère adj.
verrier n.m.
verrière n.f.
verrine *ou* **vérine** n.f.
verroterie n.f.
verrou n.m. (pl. verrous)
verrouillage n.m.
verrouiller v.t.
verrouilleur n.m.
verrucosité n.f.
verrue n.f.
verruqueux, euse adj.
vers n.m. (en poésie) ; prép.
versaillais, e adj. *et* n.
versant n.m.
versatile adj.
versatilité n.f.
verse n.f.
verse (à) loc. adv.
versé, e adj.
verseau n.m.
versement n.m.
verser v.t. *et* i.
verset n.m.
verseur adj.m.
verseuse n.f.
versicolore adj.
versificateur, trice n.
versification n.f.
versifier v.i. *et* t. (conj. **5**)
version n.f.
vers-libriste adj. *et* n. (pl. vers-libristes)
verso n.m.
versoir n.m.
verste n.f.
versus prép.
vert, e adj.
vert n.m. (couleur)
vert-de-gris n.m. inv.
vert-de-grisé, e adj. (pl. vert-de-grisés, es)
vertébral, e, aux adj.
vertèbre n.f.
vertébré, e adj.
vertébrothérapie n.f.
vertement adv.
vertex n.m. inv.
vertical, e, aux adj.
vertical n.m. (pl. verticaux)
verticale n.f.
verticalement adv.
verticalité n.f.
verticille n.m.
verticillé, e adj.
verticité n.f.
vertige n.m.
vertigineux, euse adj.
vertigo n.m.
vertisol n.m.
vertu n.f.
vertubleu, vertuchou *ou* **vertudieu !** interj.
vertueusement adv.
vertueux, euse adj.
vertugadin n.m.
verve n.f.
verveine n.f.
vervet n.m.
verveux, euse adj.
verveux n.m.
vésanie n.f.
vesce n.f. (plante)
vésical, e, aux adj.
vésicant, e adj.
vésication n.f.
vésicatoire adj. *et* n.m.
vésiculaire adj.
vésicule n.f.
vésiculeux, euse adj.
vesou n.m. (pl. vesous)
Vespa n.f. (nom déposé)
vespasienne n.f.
vespéral, e, aux adj.
vespéral n.m. (pl. vespéraux)
vespertilion n.m.
vespidé n.m.
vesse n.f. (gaz)
vesse-de-loup n.f. (pl. vesses-de-loup)
vesser v.i.
vessie n.f.
vessigon n.m.
vestale n.f.
veste n.f.
vestiaire n.m.
vestibulaire adj.
vestibule n.m.
vestige n.m.
vestimentaire adj.
veston n.m.
vêtage n.m.
vétéciste n.
vêtement n.m.
vétéran n.m.
vétérinaire adj. *et* n.
vététiste n.
vétillard, e adj.
vétille n.f.
vétiller v.i.
vétilleux, euse adj.
vêtir v.t. (conj. **32**)
vétiver n.m.
veto n.m. inv.
vêtu, e adj.
vêture n.f.
vétuste adj.
vétusté n.f.
veuf, veuve adj. *et* n.
veule adj.
veulerie n.f.
veuvage n.m.

veuve n.f.
vexant, e adj.
vexateur, trice adj.
vexation n.f.
vexatoire adj.
vexer v.t.
vexille n.m.
vexillologie n.f.
vexillum n.m. (pl. vexillums)
via prép.
viabiliser v.t.
viabilité n.f.
viable adj.
viaduc n.m.
viager, ère adj.
viager n.m.
viande n.f.
viander v.i., **se viander** v.pr.
viatique n.m.
vibice n.f.
vibrage n.m.
vibrant, e adj.
vibrante n.f.
vibraphone n.m.
vibraphoniste n.
vibrateur n.m.
vibratile adj.
vibration n.f.
vibrato n.m.
vibratoire adj.
vibrer v.i. *et* t.
vibreur n.m.
vibrion n.m.
vibrionner v.i.
vibrisse n.f.
vibromasseur n.m.
vicaire n.m.
vicarial, e, aux adj.
vicariant, e adj.
vicariat n.m.
vice n.m.
vice-amiral n.m. (pl. vice-amiraux)
vice-consul n.m. (pl. vice-consuls)
vice-consulat n.m. (pl. vice-consulats)
vicelard, e adj. *et* n.
vicennal, e, aux adj.
vice-présidence n.f. (pl. vice-présidences)
vice-président, e n. (pl. vice-présidents, es)
vice-recteur n.m. (pl. vice-recteurs)
vice-roi n.m. (pl. vice-rois)
vice-royauté n.f. (pl. vice-royautés)
vicésimal, e, aux adj.
vice versa loc. adv.
vichy n.m.
vichyssois, e adj. *et* n.
vichyste adj. *et* n.
viciable adj.
viciateur, trice adj.
viciation n.f.
vicié, e adj.
vicier v.t. (conj. **5**)
vicieusement adv.
vicieux, euse adj. *et* n.
vicinal, e, aux adj.
vicinal n.m. (pl. vicinaux)
vicinalité n.f.
vicissitude n.f.
vicomtal, e, aux adj.
vicomte n.m.
vicomté n.f.
vicomtesse n.f.
victime n.f.
victimologie n.f.
victoire n.f.
victoria n.f. ; n.m.
victorien, enne adj.
victorieusement adv.
victorieux, euse adj.
victuailles n.f. pl.
vidage n.m.
vidame n.m.
vidange n.f.
vidanger v.t. (conj. **10**)
vidangeur n.m.
vide adj. *et* n.m.
vidéaste n.
vide-bouteille *ou* **vide-bouteilles** n.m. (pl. vide-bouteilles)
vide-cave n.m. (pl. inv. *ou* vide-caves)
vide-greniers n.m. inv.
videlle n.f.
vidéo adj. inv. ; n.f. (pl. vidéos)
vidéocassette n.f.
vidéo-clip n.m. (pl. vidéo-clips)
vidéoclub n.m.
vidéocommunication n.f.
vidéoconférence n.f.
vidéodisque n.m.
vidéofréquence n.f.
vidéogramme n.m.
vidéographie n.f.
vidéographique adj.
vidéolecteur n.m.
vide-ordures n.m. inv.
vidéosurveillance n.f.
vidéotex n.m. inv.
vidéothèque n.f.
vidéotransmission n.f.
vide-poche *ou* **vide-poches** n.m. (pl. vide-poches)
vide-pomme n.m. (pl. inv. *ou* vide-pommes)
vider v.t.
videur, euse n.
videur n.m.
vide-vite n.m. inv.
vidicon n.m.
vidoir n.m.
viduité n.f.
vidure n.f.
vie n.f.
vieil adj.m. sing.
vieillard n.m.
vieille n.f.
vieillerie n.f.
vieillesse n.f.
vieilli, e adj.
vieillir v.i. *et* t.
vieillissant, e adj.
vieillissement n.m.
vieillot, otte adj.
vièle n.f. (ancêtre du violon)
vielle n.f. (à roue)
vielleur, euse *ou* **vielleux, euse** n.
viennois, e adj. *et* n.

viennoiserie n.f.
vierge adj. ; n.f.
vietnamien, enne adj. *et* n.
vietnamien n.m. sing.
vieux *ou* **vieil, vieille** adj. *et* n.
vieux-catholique, vieille-catholique n. *et* adj. (pl. vieux-catholiques, vieilles-catholiques)
vieux-croyant n.m. (pl. vieux-croyants)
vieux-lille n.m. inv.
vif, vive adj.
vif n.m.
vif-argent n.m. (pl. vifs-argents)
vigie n.f.
vigil, e adj.
vigilamment adv.
vigilance n.f.
vigilant, e adj.
vigile n.f. ; n.m.
vigne n.f.
vigneau *ou* **vignot** n.m.
vigneron, onne n.
vignetage n.m.
vigneter v.i. (conj. **16**)
vignette n.f.
vignettiste n.
vignoble n.m.
vignot *ou* **vigneau** n.m.
vigogne n.f.
vigoureusement adv.
vigoureux, euse adj.
vigousse adj.
viguerie n.f.
vigueur n.f.
viguier n.m.
vihara n.m. inv.
viking adj.
vil, e adj.
vilain, e adj.
vilain n.m. ; adv.
vilainement adv.
vilayet n.m.
vilebrequin n.m.
vilement adv.
vilenie n.f.
vilipender v.t.
villa n.f.
village n.m.
villageois, e n.
villanelle n.f.
ville n.f.
ville-champignon n.f. (pl. villes-champignons)
ville-dortoir n.f. (pl. villes-dortoirs)
villégiature n.f.
villégiaturer v.i.
ville-satellite n.f. (pl. villes-satellites)
villeurbannais, e adj. *et* n.
villosité n.f.
vimana n.m. inv.
vin n.m.
vina n.f. inv.
vinage n.m.
vinaigre n.m.
vinaigrer v.t.
vinaigrerie n.f.
vinaigrette n.f.
vinaigrier n.m.
vinaire adj.
vinasse n.f.
vinblastine n.f.
vincamine n.f.
vindicatif, ive adj. *et* n.
vindicte n.f.
vinée n.f.
viner v.t.
vineux, euse adj.
vingt adj. num. inv. (employé seul ou suivi d'un autre numéral ; pl. vingts dans *quatre-vingts* quand aucun autre numéral ne suit) *et* n.m.
vingtaine n.f.
vingt-deux ! interj.
vingt-et-un n.m. inv.
vingtième adj. num. ord. *et* n. ; n.m.
vingtièmement adv.
vingt-quatre adj.
vinicole adj.
viniculture n.f.
vinifère adj.
vinificateur, trice n.
vinification n.f.
vinifier v.t. (conj. **5**)
vinosité n.f.
vintage n.m.
vinyle n.m.
vinylique adj.
Vinylite n.f. (nom déposé)
vioc, vioque n. *et* adj.
viol n.m.
violacé, e adj.
violacée n.f.
violacer (se) v.pr. (conj. **9**)
violat adj. inv.
violateur, trice n.
violation n.f.
violâtre adj.
viole n.f.
violemment adv.
violence n.f.
violent, e adj. *et* n.
violenter v.t.
violer v.t.
violet, ette adj.
violeter v.t. (conj. **16**)
violette n.f.
violeur, euse n.
violier n.m.
violine adj. *et* n.m.
violiste n.
violon n.m.
violoncelle n.m.
violoncelliste n.
violoné, e adj.
violoneux n.m.
violoniste n.
vioque n.f. *et* adj.f.
viorne n.f.
vipère n.f.
vipereau, vipéreau *ou*
vipériau n.m.
vipéridé n.m.
vipérin, e adj.
vipérine n.f.
virage n.m.
virago n.f.
viral, e, aux adj.
vire n.f.
virée n.f.

virelai n.m. (pl. virelais)
virement n.m.
virer v.i., t. *et* t. ind.
virescence n.f.
vireur n.m.
vireux, euse adj.
virevolte n.f.
virevolter v.i.
virginal, e, aux adj.
virginal n.m. (pl. virginals).
virginie n.m.
virginité n.f.
virgule n.f.
viril, e adj.
virilement adv.
virilisant, e adj.
virilisant n.m.
virilisation n.f.
viriliser v.t.
virilisme n.m.
virilité n.f.
virilocal, e, aux adj.
virion n.m.
virocide adj. *et* n.m.
viroïde n.m.
virole n.f.
virolet n.m.
virologie n.f.
virologique adj.
virologiste *ou* **virologue** n.
virose n.f.
virtualité n.f.
virtuel, elle adj.
virtuellement adv.
virtuose n.
virtuosité n.f.
virucide adj. *et* n.m.
virulence n.f.
virulent, e adj.
virure n.f.
virus n.m. inv.
vis n.f.
visa n.m.
visage n.m.
visagisme n.m.
visagiste n.
vis-à-vis loc. adv. *et* prép. ; n.m.
viscache n.f.
viscéral, e, aux adj.
viscéralement adv.
viscère n.m.
viscoélasticité n.f.
viscoélastique adj.
viscoplasticité n.f.
viscoplastique adj.
viscoréduction n.f.
viscose n.f.
viscosimètre n.m.
viscosité n.f.
visée n.f.
viser v.t., i. *et* t. ind.
viseur n.m.
vishnouisme n.m.
visibilité n.f.
visible adj.
visiblement adv.
visière n.f.
visiocasque n.m.
visioconférence n.f.
vision n.f.
visionique n.f.
visionnage n.m.
visionnaire adj. *et* n.
visionner v.t.
visionneuse n.f.
visiophone n.m.
visiophonie n.f.
visitandine n.f.
visitation n.f.
visite n.f.
visiter v.t.
visiteur, euse n. *et* adj.
vison n.m.
visonnière n.f.
visqueux, euse adj.
vissage n.m.
visser v.t.
visserie n.f.
visseuse n.f.
visualisation n.f.
visualiser v.t.
visuel, elle adj.
visuel n.m.
visuellement adv.
vit n.m.
vitacée n.f.
vital, e, aux adj.
vitalisme n.m.
vitaliste adj. *et* n.
vitalité n.f.
vitamine n.f.
vitaminé, e adj.
vitaminique adj.
vitaminothérapie n.f.
vite adv. ; adj.
vitellin, e adj.
vitellus n.m. inv.
vitelotte n.f.
vitesse n.f.
viticole adj.
viticulteur, trice n.
viticulture n.f.
vitiligo n.m.
vitivinicole adj.
vitiviniculture n.f.
vitoulet n.m.
vitrage n.m.
vitrail n.m. (pl. vitraux)
vitrain n.m.
vitre n.f.
vitré, e adj.
vitrer v.t.
vitrerie n.f.
vitreux, euse adj.
vitrier n.m.
vitrifiable adj.
vitrificateur n.m.
vitrification n.f.
vitrifier v.t. (conj. **5**)
vitrine n.f.
vitriol n.m.
vitriolage n.m.
vitrioler v.t.
vitrioleur, euse n.
vitrocéramique n.f.
vitrophanie n.f.
vitulaire adj.
vitupération n.f.
vitupérer v.t. *et* i. (conj. **11**)
vivable adj.
vivace adj.
vivace [-tʃe] adj. inv. *et* adv.
vivacité n.f.
vivandier, ère n.
vivant, e adj.

vivant n.m.
vivarium n.m. (pl. vivariums)
vivaro-alpin n.m. (pl. vivaro-alpins)
vivat n.m. (pl. vivats) ; interj.
vive n.f. ; interj.
vive-eau n.f. (pl. vives-eaux)
vivement adv. *et* interj.
viverridé n.m.
viveur, euse n.
vivier n.m.
vivifiant, e adj.
vivificateur, trice adj. *et* n.
vivification n.f.
vivifier v.t. (conj. **5**)
vivipare adj. *et* n.
viviparité n.f.
vivisection n.f.
vivoir n.m.
vivoter v.i.
vivre v.i. *et* t. (conj. **70**) ; n.m. sing.
vivres n.m. pl.
vivrier, ère adj.
vizir n.m.
vizirat n.m.
vlan *ou* **v'lan !** interj.
vocable n.m.
vocabulaire n.m.
vocal, e, aux adj.
vocalement adv.
vocalique adj.
vocalisateur, trice n.
vocalisation n.f.
vocalise n.f.
vocaliser v.i. *et* t.
vocalisme n.m.
vocatif n.m.
vocation n.f.
voceratrice [vɔtʃeratritʃe] n.f.
vocero [vɔtʃero] n.m. (pl. voceros *ou* voceri)
vociférateur, trice n.
vocifération n.f.
vociférer v.i. *et* t. (conj. **11**)
vocodeur n.m.
vodka n.f.
vœu n.m. (pl. vœux)
vogelpik n.m.
vogue n.f.
voguer v.i.
voici prép. *et* adv.
voie n.f. (chemin)
voïévodat *ou* **voïvodat** n.m.
voïévode *ou* **voïvode** n.m.
voïévodie *ou* **voïvodie** n.f.
voilà prép. *et* adv.
voilage n.m.
voile n.m. ; n.f.
voilé, e adj.
voilement n.m.
voiler v.t.
voilerie n.f.
voilette n.f.
voilier n.m.
voilure n.f.
voir v.t. *et* t. ind. (conj. **48**)
voire adv.
voirie n.f.
voisé, e adj.
voisement n.m.
voisin, e adj. *et* n.
voisinage n.m.
voisiner v.t. ind.
voiturage n.m.
voiture n.f.
voiture-balai n.f. (pl. voitures-balais)
voiture-bar n.f. (pl. voitures-bars)
voiturée n.f.
voiture-lit *ou* **voiture-lits** n.f. (pl. voitures-lits)
voiture-poste n.f. (pl. voitures-poste)
voiturer v.t.
voiture-restaurant n.f. (pl. voitures-restaurants)
voiturette n.f.
voiturier n.m.
voïvodat *ou* **voïévodat** n.m.
voïvode *ou* **voïévode** n.m.
voïvodie *ou* **voïévodie** n.f.
voix n.f. (parole)
vol n.m.
volable adj.
volage adj.
volaille n.f.
volailler, ère *ou* **volailleur, euse** n.
volant, e adj.
volant n.m.
volapük n.m. sing.
volatil, e adj.
volatile n.m.
volatilisable adj.
volatilisation n.f.
volatiliser v.t.
volatilité n.f.
vol-au-vent n.m. inv.
volcan n.m.
volcanique adj.
volcanisme n.m.
volcanologie n.f.
volcanologique adj.
volcanologue n.
vole n.f.
volé, e adj. *et* n.
volée n.f.
voler v.i. *et* t.
volerie n.f.
volet n.m.
voletant, e adj.
voleter v.i. (conj. **16**)
voleur, euse adj. *et* n.
volière n.f.
volige n.f.
voligeage n.m.
voliger v.t. (conj. **10**)
volis n.m.
volitif, ive adj.
volition n.f.
volley-ball *ou* **volley** n.m. (pl. volley-balls, volleys)
volleyer v.i. *et* t. (conj. **7**)
volleyeur, euse n.
volnay n.m. inv.

volontaire adj. et n.
volontairement adv.
volontariat n.m.
volontarisme n.m.
volontariste adj. *et* n.
volonté n.f.
volontiers adv.
volt n.m.
voltage n.m.
voltaïque adj. ; n.
voltaire n.m.
voltairianisme n.m.
voltairien, enne adj. *et* n.
voltamètre n.m.
voltampère n.m.
volte n.f.
volte-face n.f. inv.
volter v.i.
voltige n.f.
voltigement n.m.
voltiger v.i. (conj. **10**)
voltigeur n.m.
voltmètre n.m.
volubile adj.
volubilis n.m.
volubilité n.f.
volucelle n.f.
Volucompteur n.m. (nom déposé)
volume n.m.
volumétrie n.f.
volumétrique adj.
volumineux, euse adj.
volumique adj.
volupté n.f.
voluptueusement adv.
voluptueux, euse adj. *et* n.
volute n.f.
volvaire n.f.
volve n.f.
volvox n.m. inv.
volvulus n.m. inv.
vomer n.m.
vomi n.m.
vomique adj. ; n.f.
vomiquier n.m.
vomir v.t.
vomissement n.m.
vomissure n.f.
vomitif, ive adj.
vomitif n.m.
vomitoire n.m.
vomito negro n.m. (pl. vomitos negros)
vorace adj.
voracement adv.
voracité n.f.
vortex n.m. inv.
vorticelle n.f.
vos adj. poss. pl.
vosgien, enne adj. *et* n.
votant, e n.
votation n.f.
vote n.m.
voter v.i. *et* t.
votif, ive adj.
votre adj. poss. sing. (pl. vos)
vôtre pron. *et* adj. poss. sing. (pl. vôtres)
voucher [vɔtʃœr] n.m.
vouer v.t.
vouge n.m.
vouivre n.f.
vouloir v.t. *et* t. ind. (conj. **43**) ; n.m. (pl. vouloirs)
voulu, e adj.
vous pron. pers.
voussoir *ou* **vousseau** n.m.
voussoyer v.t. (conj. **7**)
voussure n.f.
voûtain n.m.
voûte n.f.
voûté, e adj.
voûter v.t.
vouvoiement n.m.
vouvoyer v.t. (conj. **7**)
vouvray n.m. inv.
vox populi n.f. inv.
voyage n.m.
voyageage n.m.
voyagement n.m.
voyager v.i. (conj. **10**)
voyageur, euse n.
voyageur-kilomètre n.m. (pl. voyageurs-kilomètres)
voyagiste n.m.
voyance n.f.
voyant, e adj. *et* n.
voyant n.m.
voyelle n.f.
voyeur, euse n.
voyeurisme n.m.
voyou n.m. (pl. voyous)
voyoucratie n.f.
vrac n.m.
vrai, e adj.
vrai n.m.
vrai-faux, vraie-fausse adj. (pl. vrais-faux, vraies-fausses)
vraiment adv.
vraisemblable adj. *et* n.m.
vraisemblablement adv.
vraisemblance n.f.
vraquier n.m.
vreneli n.m.
vrillage n.m.
vrille n.f.
vrillé, e adj.
vrillée n.f.
vriller v.t.
vrillette n.f.
vrombir v.i.
vrombissement n.m.
vroum *ou* **vroom !** interj.
vu, e adj.
vu prép. ; n.m. sing.
vue n.f.
vulcain n.m.
vulcanien, enne adj.
vulcanisation n.f.
vulcaniser v.t.
vulcanologie n.f.
vulcanologique adj.
vulcanologue n.
vulgaire adj. ; n.m.
vulgairement adv.
vulgarisateur, trice adj. *et* n.
vulgarisation n.f.
vulgariser v.t.
vulgarisme n.m.
vulgarité n.f.
vulgo adv.
vulgum pecus n.m. inv.

vulnérabiliser v.t.
vulnérabilité n.f.
vulnérable adj.
vulnéraire adj. *et* n.m. ; n.f.
vulnérant, e adj.
vulpin n.m.
vultueux, euse adj.
vulvaire n.f. ; adj.
vulve n.f.
vulvite n.f.
vumètre n.m.

W

w n.m. inv.
wading [wediŋ] n.m.
wagage [wagaʒ] n.m.
wagnérien, enne [va-] adj. *et* n.
wagnérisme [va-] n.m.
wagon [va-] n.m.
wagon-citerne n.m. (pl. wagons-citernes)
wagon-foudre n.m. (pl. wagons-foudres)
wagon-lit *ou* **wagon-lits** n.m. (pl. wagons-lits)
wagonnet n.m.
wagon-poste n.m. (pl. wagons-poste)
wagon-restaurant n.m. (pl. wagons-restaurants)
wagon-tombereau n.m. (pl. wagons-tombereaux)
wagon-trémie n.m. (pl. wagons-trémies)
wahhabisme [wa-] n.m.
wahhabite [wa-] adj. *et* n.
walé [wa-] n.m.
wali [wa-] n.m.
Walkman [wokman] n.m. (nom déposé) [pl. Walkmans]
wallaby [wa-] n.m. (pl. wallabys *ou* wallabies)
wallingant, e [wa-] n. *et* adj.
wallisien, enne [wa-] adj. *et* n.
wallon, onne [wa-] adj. *et* n.
wallon [wa-] n.m. sing.
wallonisme [wa-] n.m.
wapiti [wa-] n.m.
wargame [wargem] n.m.
warning [warniŋ] n.m.
warrant [warɑ̃] n.m.
warrantage [wa-] n.m.
warranter [wa-] v.t.
wasp [wa-] n. *et* adj. inv.
wassingue [vasɛ̃g] n.f.
water-closet [watɛrklɔzɛt] n.m. (pl. water-closets)
watergang [watɛrgɑ̃g] n.m.
wateringue [watrɛ̃g] n.f.
water-polo [watɛr-] n.m. (pl. water-polos)
waterproof [watɛrpruf] adj. inv.
waters [watɛr] n.m. pl.
waterzooi *ou* **waterzoei** [watɛrzɔj] n.m.
watt [wat] n.m.
wattheure [watœr] n.m.
wattman [watman] n.m. (pl. wattmans *ou* wattmen)
wattmètre [watmɛtr] n.m.
wax [waks] n.m. inv.
w.-c. n.m. pl.
web [wɛb] n.m.
weber [vebɛr] n.m.
week-end [wikɛnd] n.m. (pl. week-ends)
wehnelt [venɛlt] n.m.
welche, welsche *ou* **velche** adj. *et* n.
wellingtonia [we-] n.m.
welter [wɛ-] n.m.
welwitschia [wɛl-] n.f.
wergeld [ver-] n.m.
western [wɛstɛrn] n.m.
wharf [warf] n.m.
whig [wig] n.m. *et* adj.
whipcord [wipkɔrd] n.m.
whippet [wipɛt] n.m.
whiskey [wiskɛ] n.m. (pl. whiskeys)
whisky [wiski] n.m. (pl. whiskys *ou* whiskies)
whist [wist] n.m.
white-spirit [wajtspirit] n.m. (pl. white-spirits)
wienerli [vi-] n.m.
wigwam [wigwam] n.m.
wilaya *ou* **willaya** [vilaja] n.f.
williams [wiljams] n.f.
winch [wintʃ] n.m. (pl. winchs *ou* winches)
winchester [winʃɛstɛr] n.m.
Windsurf [windsœrf] n.m. (nom déposé)
wintergreen [wintœrgrin] n.m.
wishbone [wi-] n.m.
wisigothique *ou* **wisigoth, e** [vizigo,ɔt] adj.
witloof [witlɔf] n.f.
witz [vits] n.m. inv.
wolfram [wɔlfram] n.m.
wolof *ou* **ouolof** adj. *et* n.m. sing.
wombat [vɔ̃ba] n.m.
won [wɔn] n.m.
woofer [wufœr] n.m.
world music [wɔrld-] n.f. (pl. world musics)
wu [vu] n.m. sing.
würm [vyrm] n.m.
wurtembergeois, e [vyr-] adj. *et* n.
wyandotte [vjɑ̃-] n.f. *et* adj.

X

x n.m. inv.
xanthélasma n.m.
xanthie n.f.
xanthine n.f.
xanthoderme adj.
xanthogénique adj.
xanthique adj
xanthome n.m.
xanthophycée n.f.
xanthophylle n.f.
xénarthre n.m.
xénocristal n.m.
(pl. xénocristaux)
xénogreffe n.f.
xénolite n.f.
xénon n.m.
xénophile adj. *et* n.
xénophilie n.f.
xénophobe adj. *et* n.
xénophobie n.f.
xéranthème n.m.
xérès *ou* **jerez** n.m.
Xérocopie n.f. (nom déposé)
xérodermie n.f.
Xérographie n.f. (nom déposé)
xérophile adj.
xérophtalmie n.f.
xérophyte n.f.
xérophytique adj.
xérus n.m. inv.
xi *ou* **ksi** n.m. inv.
xiang n.m. sing.
ximenia n.m.
(pl. ximenias)
ximénie n.f.
xipho n.m.
xiphoïde adj.m.
xiphoïdien, enne adj.
xiphophore n.m.
xylème n.m.
xylène n.m.
xylidine n.f.
xylocope n.m.
xylographie n.f.
xylographique adj.
xylophage adj. *et* n.
xylophone n.m.
xyste n.m.

Z

z n.m. inv.
zabre n.m.
zain adj.m.
zaïre n.m.
zaïrois, e adj. *et* n.
zakouski n.m. pl.
Zamak n.m. (nom déposé)
zambien, enne adj. *et* n.
zamia *ou* **zamier** n.m.
zanni *ou* **zani** [dzani] n.m.
zanzibar *ou* **zanzi** n.m.
zaouïa n.f.
zapateado [sa-] n.m.
zapper v.i.
zapping n.m.
zarzuela [sar-] n.f.
zawiya n.f.
zaydite [zai-] adj. *et* n.
zazou n. *et* adj. (pl. zazous)
zèbre n.m.
zébrer v.t. (conj. **11**)
zébrure n.f.
zébu n.m.
zée n.m.
zéine n.f.
zélateur, trice n.
zèle n.m.
zélé, e adj. *et* n.
zellige n.m.
zélote n.m.
zemstvo n.m.
zen n.m. sing. *et* adj. inv.
zend n.m.
zénith n.m.
zénithal, e, aux adj.
zéolite *ou* **zéolithe** n.f.
zéphyr n.m.
zéphyrien, enne adj.
zeppelin n.m.
zéro n.m. (pl. zéros) ; adj. num. inv.
zérotage n.m.
zérumbet n.m.
zest n.m. *(entre le zist et le –)*
zeste n.m. (écorce)
zester v.t.
zêta *ou* **dzêta** n.m. inv.
zeugme *ou* **zeugma** n.m.
zeuzère n.f.
zézaiement n.m.
zézayer v.i. (conj. **6**)
zibeline n.f.
Zicral n.m. (nom déposé) [pl. Zicrals]
zidovudine n.f.
zieuter *ou* **zyeuter** v.t.
zig *ou* **zigue** n.m.
ziggourat n.f.
zigoto n.m.
zigouiller v.t.
zigzag n.m.
zigzaguer v.i.
zimbabwéen, enne adj. *et* n.
zinc n.m.
zincage n.m.
zincate n.m.
zincifère *ou* **zincique** adj.
zingage n.m.
zingibéracée n.f.
zinguer v.t.
zingueur n.m.
zinjanthrope n.m.
zinnia n.m.
zinzin n.m. *et* adj.
Zip n.m. (nom déposé)
zipper v.t.
zircon n.m.
zircone n.f.
zirconium n.m. (pl. zirconiums)
zist n.m.
zizania n.f.
zizanie n.f.
zizi n.m.
zloty n.m..
zoanthaire n.m.
Zodiac n.m. (nom déposé) [bateau]
zodiacal, e, aux adj.
zodiaque n.m. (en astrologie)
zoé n.f.
zoécie n.f.
zombie *ou* **zombi** n.m.
zona n.m.
zonage n.m.
zonal, e, aux adj.
zonalité n.f.
zonard, e n.
zone n.f.
zoné, e adj.
zoner v.t. ; v.i.
zonier, ère adj.
zonure n.m.
zoo n.m.
zooflagellé n.m.
zoogamète n.m.
zoogéographie n.f.
zooglée n.f.
zoolâtrie n.f.
zoologie n.f.
zoologique adj.
zoologiste *ou* **zoologue** n.
zoom n.m.
zoomer v.i. *et* t. ind.
zoomorphe *ou* **zoomorphique** adj.
zoomorphisme n.m.
zoonose n.f.
zoopathie n.f.
zoophage adj. *et* n.m.
zoophile adj. *et* n.

zoophilie n.f.
zoophobie n.f.
zoophyte n.m.
zooplancton n.m.
zoopsie n.f.
zoospore n.f.
zootechnicien, enne n.
zootechnie n.f.
zootechnique adj.
zoothèque n.f.
zoothérapeutique adj.
zoothérapie n.f.
zoreille n.
zorille n.f.
zoroastrien, enne adj.
zoroastrisme n.m.
zostère n.f.
zostérien, enne adj.
zou ! interj.
zouave n.m.
zouk n.m.
zoulou, e adj. *et* n.
zourna n.f.
zozo n.m.
zozotement n.m.
zozoter v.i.
zurichois, e adj. *et* n.
zut ! interj.
zutique adj.
zutiste n.
zwanze n.f. *ou* m.
zwanzer v.i.
zwanzeur n.m.
zwieback n.m.
zwinglianisme n.m.
zwinglien, enne adj. *et* n.
zydeco n.m. *ou* f.
zyeuter *ou* **zieuter** v.t.
zygène n.f.
zygoma n.m.
zygomatique adj. *et* n.m.
zygomorphe adj.
zygomycète n.m.
zygopétale n.m.
zygopetalum n.m.
(pl. zygopetalums)
zygote n.m.
zyklon n.m.
zymase n.f.
zython n.m.
zythum n.m. (pl. zythums)

N° projet: 11006556

Composition MCP, Fleury-les-Aubrais
Imprimerie «LA TIPOGRAFICA VARESE S.p.A.»
Dépôt légal : mai 2007
Imprimé en Italie (Printed in Italy)
583300 - septembre 2007